全世界无产者，联合起来！

列宁全集

第二版增订版

第三十九卷

1920年5—11月

中共中央　马克思　恩格斯　著作编译局编译
　　　　　列　宁　斯大林

人民出版社

《列宁全集》第二版是根据中国共产党中央委员会的决定，由中共中央马克思恩格斯列宁斯大林著作编译局编译的。

凡　　例

1. 正文和附录中的文献分别按写作或发表时间编排。在个别情况下，为了保持一部著作或一组文献的完整性和有机联系，编排顺序则作变通处理。

2. 每篇文献标题下括号内的写作或发表日期是编者加的。文献本身在开头已注明日期的，标题下不另列日期。

3. 1918 年 2 月 14 日以前俄国通用俄历，这以后改用公历。两种历法所标日期，在 1900 年 2 月以前相差 12 天（如俄历为 1 日，公历为 13 日），从 1900 年 3 月起相差 13 天。编者加的日期，公历和俄历并用时，俄历在前，公历在后。

4. 目录中凡标有星花＊的标题，都是编者加的。

5. 在引文中尖括号〈　〉内的文字和标点符号是列宁加的。

6. 未说明是编者加的脚注为列宁的原注。

7.《人名索引》、《文献索引》条目按汉语拼音字母顺序排列。在《人名索引》条头括号内用黑体字排的是真姓名；在《文献索引》中，带方括号［　］的作者名、篇名、日期、地点等等，是编者加的。

目　　录

插　　图

前　　言

本卷收载列宁在 1920 年 5 月至 11 月期间的著作。

1920 年 4 月下旬风云突变,波兰地主和资产阶级的军队,在法、英等帝国主义的唆使和支持下,悍然进攻乌克兰。与此同时,盘踞在克里木的弗兰格尔白卫军也倾巢而出,乘机发动新的进攻。布尔什维克党和苏维埃政府不得不再次组织力量投入保卫无产阶级政权的斗争。经过 5 个多月的反复较量,波兰反动势力被迫于 10 月 12 日同苏维埃俄国和乌克兰签订了初步和约。10 月下旬,红军挥师南下,直捣克里木,肃清了弗兰格尔匪帮。至此,苏维埃俄国的广大国土,除远东等一部分地区外,已经全部解放,延续达 3 年之久的外国武装干涉和国内战争以苏维埃俄国的胜利而告结束。1920 年夏天,在彼得格勒和莫斯科举行了共产国际第二次代表大会,这是国际共产主义运动史上的重大事件。

国际工人运动和共产主义运动问题是本卷涉及的一个主要问题。编入本卷卷首的《共产主义运动中的"左派"幼稚病》是列宁论述无产阶级革命政党的战略和策略问题的重要著作。共产国际第一次代表大会(1919 年 3 月)以后,国际共产主义运动有了进一步的发展,欧美很多国家相继成立了共产党。然而有些新成立的共产党虽然具有革命热情,但缺乏革命理论修养和斗争经验,没有掌握马克思主义的战略和策略思想,不能把马克思主义的普遍原理同本国的实际结合起来,在有关无产阶级革命的一些重大问题上出现"左"的错误倾向。为了帮助它们认识和纠正错误,正确理解和运用马克思主义关于无产阶级革命的战略和策略,列宁在共产国际第二次代表大会召开前夕撰写了这部著作。

列宁在这部著作中首先阐明了俄国革命的国际意义。他说:"所谓国际意义是指我国所发生过的事情在国际上具有重要性,或者说,具有在国际范围内重演的历史必然性,因此必须承认,具有国际意义的是我国革命的某些基本特点。"(见本卷第1页)他在这部著作中结合国际共产主义运动中最迫切的战略和策略问题,向各国共产党介绍俄国革命的经验,指导它们结合本国实际学习和运用布尔什维主义的具有普遍意义的策略原则。

列宁论述了布尔什维克取得成功的一个基本条件,这就是:它有着极严格的真正铁的纪律,得到了整个工人阶级和广大人民群众的真诚拥护。无产阶级政党的这种严格的纪律能够维持并不断加强,一是"靠无产阶级先锋队的觉悟和它对革命的忠诚";二是"靠它善于同最广大的劳动群众,首先是同无产阶级劳动群众,**但同样也同非无产阶级**劳动群众联系、接近,甚至可以说在某种程度上同他们打成一片";三是"靠这个先锋队所实行的政治领导正确,靠它的政治战略和策略正确"(见本卷第5页)。布尔什维主义之所以能够建立并且在异常艰苦的条件下实现极严格的集中和铁的纪律,是因为布尔什维主义是在坚固的马克思主义理论基础上产生的,俄国革命者在长期革命实践中"真是**饱经苦难才找到了**马克思主义这个唯一正确的革命理论"(见本卷第6页)。

列宁回顾了布尔什维主义在俄国革命几个主要阶段的特点,总结了布尔什维克党运用马克思主义的战略和策略领导俄国人民进行革命斗争的经验，指出它善于根据革命形势的变化交替运用各种不同的斗争手段和斗争形式，为夺取十月革命的胜利作了谨慎的、周到的、细致的和长期的准备。列宁阐明了布尔什维克主义发展壮大的战斗历程，指出布尔什维主义首先是而且主要是在反对机会主义的斗争中成长、壮大和得到锻炼的，机会主义在帝国主义战争爆发后彻底变成社会沙文主义，成为布尔什维主义在工人运动内部的主要敌人。列宁着重论述了布尔什维主义在工人运动内部的另一个敌人，即小资产阶级的革命性，指出"布尔什维主义是在同**小资产阶级革命性**作长期斗争中成长、成熟和得到锻炼的"（见本卷第 12 页）。他剖析了小资产阶级革命性在工人运动中的种种表现，着重剖析了布尔什维克党内出现的"左"倾错误及其根源。

　　德国"左派"共产党人曲解领袖、政党、阶级和群众的关系，制造"群众"和"领袖"、政党和阶级的对立。列宁针对他们的这种错误观点，用唯物史观的基本原理，阐明了领袖、政党、阶级和群众的关系，指出："群众是划分为阶级的"；"阶级是由政党来领导的；政党通常是由最有威信、最有影响、最有经验、被选出担任最重要职务而称为领袖的人们所组成的比较稳定的集团来主持的"（见本卷第 21 页）。列宁揭露了"左派"共产党人否定政党和党的纪律这种错误主张的严重危害，指出他们的这种主张就是完全解除无产阶级的武装，就是纵容小资产阶级的散漫、动摇、不能坚持、不能团结、不能步调一致，这样必然会断送无产阶级的革命运动。列宁着重论述了党的领导和党的纪律对坚持和巩固无产阶级专政的重要意义。他写道："无产阶级专政是对旧社会的势力和传统进行的顽强斗争，流血的和不流血的，暴力的和和平的，军事的和经济的，教育的和行政的斗争。千百万人的习惯势力是最可怕的势力。没有铁一般的在斗争中锻炼出来的党,没有为本阶级一切正直的人们所信赖的党,没有善于考察群众情绪和影响群众情绪的党,要顺利地进行这种斗争是不可能的。""谁哪怕是把无产阶级政党的铁的纪律稍微削弱一点(特别是在无产阶级专政时期),那他事实上就是在帮助资产阶级来反对无产阶级。"(见本卷第 24、25 页)

　　列宁针对德国"左派"共产党人拒绝参加反动工会、抵制资产阶级议会的错误言行,阐明了无产阶级政党对待工会和议会的基本原则。列宁指出:在资本主义社会成立工会是工人阶级的一大进步,实现了初步阶级联合,但随着无产阶级革命政党的建立和发展,工会不可避免地暴露出某些反动色彩,还出现了"工人贵族"。"左派"共产党人以此为借口拒绝参加反动工会,"不在反动工会里工作,就等于抛开那些还不够十分成熟的或落后的工人群众,听凭他们接受反动领袖、资产阶级的代理人、工人贵族或'资产阶级化了的工人'的影响"(见本卷第 32 页)。共产党人应当做到"**哪里有群众**,就一定**到哪里去工作**";"应该善于作出一切牺牲,克服极大的障碍,在一切有无产阶级群众或半无产阶级群众的机关、社团和协会(哪怕这些组织是最反动不过的)里有步骤地、顽强地、坚定地、耐心地进行宣传和鼓动。"(见本卷第 33 页)"共产党人的全部任务,就是要善于**说服**落后分子,善于**在他们中间**进行工作,而不是臆想出一些幼稚的'左的'口号,**把自己**同他们**隔离开来**。"(见本卷第 34 页)

　　列宁批驳了德国"左派"共产党人认为议会制斗争形式已经过时、应当坚决拒绝的错误主张,指出:"在德国,议会制在政治上**还没有**过时,革命无产阶级的政党**必须**参加议会选举,参加议会讲坛上的斗争，其目的**正是**在于教育**本阶级**的落后阶层，正是在于唤醒和启发水平不高的、备受压抑的和愚昧无知的农村**群众**。"（见本卷第38页）共产党人应当在资产阶级议会内部进行长期的、顽强的、百折不挠的斗争，揭露、消除资产阶级民主偏见和议会制偏见对工人和农民中的落后阶层的影响；应当"在反动议会内建立一个由坚定、忠诚、英勇的共产党人组成的优秀的议会党团"（见本卷第44页）。"左派"共产党人妄想"'跳过'利用反动议会来达到革命目的这个难关，那是十足的孩子气"（同上）。

列宁还驳斥了"左派"共产党人笼统否定一切妥协的错误观点，指出：应当分清两种不同性质的妥协，一种是为客观条件所迫而作出的妥协，这种妥协丝毫不会削弱工人阶级对革命的忠诚，另一种是叛徒的妥协，他们屈从于资产阶级的威逼利诱；对于危害革命阶级的机会主义的妥协要善于识别并竭尽全力予以揭露，但不要以为，"只要一承认容许**妥协**，就会抹杀机会主义（我们正同它并且必须同它进行不调和的斗争）和革命马克思主义或共产主义之间的任何界限"（见本卷第48页）。他强调，为了战胜强大的敌人，无产阶级政党可以对其他政党包括资产阶级政党实行必要的通融和妥协；必须把原则的坚定性和策略的灵活性结合起来，必须利用敌人之间的一切利益上的矛盾和裂痕，利用一切机会，哪怕是极小的机会，来获得大量的同盟者；"谁不懂得这一点，谁就是丝毫不懂得马克思主义，丝毫不懂得**现代的科学社会主义**"（见本卷第50页）。

列宁告诫共产党人要正确地对待错误。他说："一个政党对自己的错误所抱的态度，是衡量这个党是否郑重，是否**真正**履行它对**本阶级**和劳动**群众**所负义务的一个最重要最可靠的尺度。公开承认错误,揭露犯错误的原因,分析产生错误的环境,仔细讨论改正错误的方法——这才是一个郑重的党的标志,这才是党履行自己的义务,这才是教育和训练**阶级**,进而又教育和训练**群众**。"(见本卷第37页)

列宁对参加共产国际的各国共产党人寄予厚望,并给他们指明今后的斗争方向。列宁希望各国共产党人十分自觉地既要考虑到同机会主义和"左倾"学理主义的斗争这个主要的基本任务,又要考虑到这一斗争由于各国经济、政治、文化、民族构成、宗教信仰等方面的差异而必然具有的具体特点;要认识到,各国共产主义工人运动国际政策的统一不是要求消除多样性和民族差别。他强调指出:"在每个国家通过**具体的**途径来完成**统一的**国际任务,战胜工人运动内部的机会主义和左倾学理主义,推翻资产阶级,建立苏维埃共和国和无产阶级专政的时候,都必须查明、弄清、找到、揣摩出和把握住民族的特点和特征,这就是一切先进国家(而且不仅是先进国家)在目前历史时期的主要任务。"(见本卷第71—72页)他告诫各国共产党人不仅要善于领导自己的党,还要善于引导广大群众。他说:"单靠先锋队是不能胜利的。当整个阶级,当广大群众还没有采取直接支持先锋队的立场,或者还没有对先锋队采取至少是善意的中立并且完全不会去支持先锋队的敌人时,叫先锋队独自去进行决战,那就不仅是愚蠢,而且是犯罪。"(见本卷第72页)他还指出,革命形势错综复杂,革命阶级为了实现自己的任务,必须善于掌握社会活动的一切形式和一切斗争手段,善于把不合法斗争形式和一切合法斗争形式结合起来;"一切国家的 切共产党人要普遍而彻底地认识到必须使自己的策略具有最大的**灵活性**"(见本卷第81页)。

列宁在评论东南欧国家办的共产国际杂志《共产主义》一文中批评该杂志发表的一些文章的作者害了"共产主义运动中的'左派'幼稚病"：空谈马克思主义，对十分明确的历史情况不作具体分析，不去努力抓住最本质的东西；"忽略了马克思主义的精髓，马克思主义的活的灵魂：对具体情况作具体分析"（见本卷第 128 页）。

《共产主义运动中的"左派"幼稚病》一书所阐述的主要论点在该书出版后不久召开的共产国际第二次代表大会通过的文件中得到了体现、发挥和补充，这些文件成为各国共产党的行动纲领。

列宁在他草拟的《关于共产国际第二次代表大会的基本任务的提纲》中根据俄国无产阶级革命的经验和国际共产主义运动发展的特点，指出："目前各国共产党的主要任务，是团结分散的共产主义力量，在每一个国家中成立统一的共产党（或加强和革新已有的党），以便百倍地加强工作，为无产阶级赢得国家政权，并且是赢得无产阶级专政这种形式的国家政权作好准备。"（见本卷第 187 页）列宁在《提纲》中阐明了无产阶级专政和苏维埃政权的实质，要求各国共产党为实现无产阶级专政和建立苏维埃政权应该立即有步骤地进行各种准备工作。列宁强调指出，各国共产党要为建立苏维埃政权作准备，必须加强反对改良主义和"中派"的斗争，"在揭发那些改良主义者或'中派分子'时，任何不彻底或软弱的表现都会直接增加资产阶级推翻无产阶级政权的危险"（见本卷第 187 页）。列宁针对"左"的错误倾向要求各国共产党"必须竭力实现'更深入群众'和'更密切地联系群众'的口号"（见本卷第 191 页），"必须经常把合法工作和不合法工作、合法组织和不合法组织结合起来"（见本卷第 192 页）。列宁在《提纲》中还对那些退出第二国际并愿意同第三国际接近的政党提出了严格的要求，并作出了具体的规定。

列宁为共产国际第二次代表大会草拟的《加入共产国际的条件》以及他在这次代表大会上就这个问题所作的发言，阐述了建立新型的无产阶级政党的组织原则，提出了防止和肃清机会主义和"左"倾思潮的影响的有力措施。文件中规定：参加共产国际的政党必须承认无产阶级专政，宣传无产阶级专政，为实现无产阶级专政而坚决斗争；必须同改良主义者和中派分子彻底决裂，把他们驱逐出党；必须密切联系群众，坚持在群众中进行组织和宣传工作，把合法斗争和不合法斗争结合起来，到军队、农村、工会和资产阶级议会中去工作；必须支持殖民地人民的民族解放运动；必须按照民主集中制原则组织起来，党内实行严格的纪律；等等。文件中还规定，凡愿意参加共产国际的党都应当称为"某国共产党"。列宁强调指出："名称问题不只是一个形式问题，而且是具有重大意义的政治问题。共产国际已经宣布要同整个资产阶级世界和一切黄色社会民主党进行坚决斗争。必须使每一个普通的劳动者都十分清楚共产党同那些背叛了工人阶级旗帜的旧的正式的'社会民主'党或'社会'党之间的区别。"（见本卷第206页）

列宁草拟的《民族和殖民地问题提纲初稿》和他在共产国际第二次代表大会上代表民族和殖民地问题委员会作的报告，阐述了共产党在民族和殖民地问题上的立场和任务。列宁分析了当代世界的基本矛盾，指出必须把被压迫阶级的利益同笼统说的民族利益明确地加以区分，把被压迫民族同压迫民族明确地加以区分。他认为："共产国际在民族和殖民地问题上的全部政策，主要应该是使各民族和各国的无产者和劳动群众为共同进行革命斗争、打倒地主和资产阶级而彼此接近起来。"（见本卷第164页）共产国际和各国无产阶级政党必须支持被压迫民族的民族民主运动,特别要援助落后国家中反对封建主义的农民运动,西欧共产主义无产阶级要同东方各殖民地以至一切落后国家的农民革命运动结成紧密联盟。列宁还指出:如果无产阶级革命取得胜利的国家以其拥有的一切手段去帮助落后国家,那么"在先进国家无产阶级的帮助下,落后国家可以不经过资本主义发展阶段而过渡到苏维埃制度,然后经过一定的发展阶段过渡到共产主义"(见本卷第236页)。

列宁的《土地问题提纲初稿》对资本主义国家农民的不同阶层的特点作了详细的分析,并相应规定了无产阶级在革命中以及革命胜利后对这些不同阶层的农民应采取的策略。列宁在提纲中阐明了无产阶级领导权的思想,论证了工农联盟的必要性,强调农村劳动者只有在无产阶级的帮助下才能摆脱地主和资本家的压迫,而无产阶级如果没有农民这个同盟者,也不可能夺取革命的胜利。

列宁在共产国际第二次代表大会上所作的《关于国际形势和共产国际基本任务的报告》,全面分析了第一次世界大战和十月革命后国际政治经济形势的变化,指出,全世界的资产阶级制度正在经历巨大的革命危机,一方面群众的经济状况已经到了不可忍受的地步;另一方面,在极少数势力极大的战胜国中间,瓦解已经开始而且正在加深。"现在各国的革命政党都应该用实践来'证明',他们有足够的觉悟和组织性,他们与被剥削群众有密切的联系,有足够的决心和本领利用这个危机来进行成功的、胜利的革命。"(见本卷第219页)列宁在报告中还指出:"我们现在最重要的任务之一,就是要考虑如何在各个非资本主义国家内为组织苏维埃运动奠定头一块基石。在这些国家里组织苏维埃是可能的,但这种苏维埃将不是工人苏维埃,而是农民苏维埃,或劳动者苏维埃。"(见

本卷第224—225页)

列宁在这一时期写的《给奥地利共产党人的信》、《给德国和法国工人的信(关于共产国际第二次代表大会的讨论)》、《论意大利社会党党内的斗争》、《给英国共产党临时联合筹备委员会的回信》、《共产国际第二次代表大会》等著作以及列宁同威廉·波尔和阿古尔斯基的两次谈话表明他对各国共产党和工人运动的发展十分关心,他坚持反对机会主义和"左"倾思潮的斗争,根据共产国际第二次代表大会所确定的纲领和策略,对有关国家的共产党的革命斗争和组织建设及时地提出了许多宝贵的意见。

苏维埃俄国抗击波兰进攻的战争是这一时期列宁著作所涉及的另一个主要问题。列宁在《对开往波兰战线的红军战士的讲话》、《在全俄中央执行委员会、莫斯科苏维埃、工会和工厂委员会联席会议上的讲话》、《在罗戈日-西蒙诺沃区工人、红军战士扩大代表会议上的讲话》、《在全俄农村工作干部第二次会议上的讲话》、《对〈全俄中央执行委员会关于向波兰提出媾和建议问题的声明草案初稿〉的修改和补充》等著作中反复说明波兰的进攻是法英帝国主义唆使地主资产阶级的波兰去作推翻苏维埃政权的又一次尝试,号召俄国人民全力以赴粉碎敌人的进攻。列宁还拟定了苏维埃俄国解决这场战争的指导方针。列宁的《在制革业职工代表大会上的讲话》、《在俄共(布)莫斯科组织积极分子会议上关于共和国国内外形势的报告》、《在莫斯科省的县、乡、村执行委员会主席会议上的讲话》以及他在俄共(布)第九次全国代表会议上代表俄共(布)中央委员会所作的政治报告回顾了这场战争的整个进程,分析了战争的几个基本阶段和俄波双方在每个阶段的得失及其原因,说明了这场战争的国际影响。

　　俄共(布)第九次全国代表会议除了总结对波战争的经验教训、确定苏俄同波兰媾和的方针,还着重讨论了党的建设问题。列宁在这次代表会议上作的《关于党的建设的当前任务的讲话》和草拟的《关于党的建设的当前任务的决议草案》和《对关于党的建设的当前任务决议的建议》以及稍后发表的《俄共(布)中央政治局关于中央监察委员会工作的决定草案》、《关于党的当前任务的意见》等文献中对党内出现的不健康情绪提出了及时的批评,为进一步发扬党内民主、改进党的各级机关的工作、克服官僚主义提出了一些具体措施。他要求经常召开党员大会,听取意见;创办刊物,开展党内批评;制定规章制度,防止某些负责工作人员滥用权力;成立同中央委员会平行的监察委员会,受理党员的申诉。

　　收入本卷的《青年团的任务(在俄国共产主义青年团第三次代表大会上的讲话)》提出了对青年进行共产主义教育的任务和原则,阐明了共青团的性质和它在社会主义建设时期的基本任务。列宁指出:真正建立共产主义社会的任务要由青年一代来担负;青年必须懂得他们的任务是学习;只有受了现代教育,掌握了一切现代知识,他们才能担当起建设共产主义社会的重任。列宁认为,青年要成为共产主义者,只有用人类创造的全部知识财富来丰富自己的头脑。他强调无产阶级文化不是从天上掉下来的,也不是某些以无产阶级文化专家自居的人杜撰出来的,无产阶级文化应当是人类全部知识合乎规律的发展的产物:"共产主义是从人类知识的总和中产生出来的,马克思主义就是这方面的典范。"(见本卷第333页)列宁教导说,青年学习共产主义不能仅凭书本,不能脱离沸腾的实际生活。列宁在讲话中还强调在青年中弘扬共产主义道德的重要性,要求青年团必须坚持与工农的劳动相结合,通过教育、训练和培养,使现代青年成为具有共产主义道德的一代新人。

列宁在《关于无产阶级文化》的决议草案中,强调在文化教育事业中要坚持无产阶级的革命目标和马克思主义世界观,指出马克思主义"并没有抛弃资产阶级时代最宝贵的成就,相反却吸收和改造了两千多年来人类思想和文化发展中一切有价值的东西"(见本卷第374页),只有在这个基础上才能发展真正的无产阶级文化。他批判了无产阶级文化派否定文化遗产、否定党的领导的严重错误。

列宁在《关于专政问题的历史》一文中指出,无产阶级专政问题是现代工人运动的根本问题,"谁不懂得任何一个革命阶级为了取得胜利必须实行专政,谁就对革命史一无所知,或者说根本不想获得这方面的知识。"(见本卷第409页)列宁详述了布尔什维克为实现无产阶级专政进行英勇不屈的斗争历史,阐明了布尔什维克和孟什维克在专政问题上的分歧和争论,驳斥了俄国立宪民主党人和第二国际机会主义者对专政的否定和攻击。列宁指出:"无论对理论家或实际的政治领导者来说,**全部问题就在于给革命下一个确切的阶级定义**。而不用'专政'这个概念,就**不可能**下这个确切的阶级定义。不为实现专政作准备,就不可能**在实际上**成为革命家。"(见本卷第413页)

列宁在《从莫斯科—喀山铁路的第一次星期六义务劳动到五一节全俄星期六义务劳动》和《在全俄省、县国民教育局政治教育委员会工作会议上的讲话》中论述了培养共产主义思想的问题。他指出,必须帮助劳动群众克服旧制度遗留下来的旧习惯、旧风气,克服私有者的习惯和风气;要建设共产主义,工农群众应当自觉地改造自己,培养新的劳动态度,实行新的纪律。他在后一篇文章中还提出了教育与政治的关系问题。列宁指出：教育任务是无产阶级专政的一个重要任务，教育不能不问政治，教育不能脱离政治，而政治不仅是指各阶级之间的斗争，在粉碎资产阶级的反抗之后，政治更应当是从事国家的经济建设；党和教育工作者的基本任务是培养和教育劳动群众，使他们克服旧制度遗留下来的旧习惯、旧风气、旧思想，政治教育的目的是培养真正的共产主义者；要建立一支同党和党的思想保持紧密联系、能贯彻党的精神的新的教育大军；为了重新教育群众，还要做好宣传鼓动工作，整个共产主义宣传归根到底要落实到实际指导国家建设。

在《列宁全集》第 2 版中，本卷文献比第 1 版相应时期的文献增加 48 篇，除了列宁在俄共（布）第九次全国代表会议上就党的建设问题作的讲话和草拟的决议，还有《在俄共（布）莫斯科组织积极分子会议上关于共和国国内外形势的报告》、《俄共（布）中央政治局关于中央监察委员会工作的决定草案》、《关于党的当前任务的意见》，列宁在卡·马克思纪念碑奠基典礼和在彼得格勒卡·李卜克内西和罗·卢森堡纪念碑奠基典礼上的两次讲话，列宁同日本记者中平良、布施胜治的谈话，列宁同霍华德·朗格塞特、威廉·波尔、路易丝·布赖恩特、阿古尔斯基等外国朋友的谈话，等等。

在本增订版中，本卷文献比第 2 版相应时期的文献增加 6 篇。其中列宁在俄共（布）第九次代表会议上所作的政治报告和就政治报告所作的总结发言是会议的速记记录稿，是对本卷原只收录的"报道"的重要补充；此外还收录了列宁为政治报告所写的提纲以及列宁起草的关于乌兰诺夫斯基报告的决议草案。新收的文献还有《为俄共（布）中央全会准备的关于波兰问题的提纲草案》、《答俄国共产主义青年团第三次代表大会代表问》等。

弗·伊·列宁

（1920 年）

共产主义运动中的"左派"幼稚病[1]

（1920 年 4—5 月）

一

在什么意义上可以说
俄国革命具有国际意义？

无产阶级在俄国夺取政权（1917 年 10 月 25 日，即公历 11 月 7 日）后的最初几个月，人们可能觉得，由于落后的俄国同先进的西欧各国有巨大的差别，西欧各国的无产阶级革命同我国的革命将很少有相似之处。现在我们已经有相当丰富的国际经验，它十分明确地说明，我国革命的某些基本特点所具有的意义，不是局部地区的、一国特有的、仅限于俄国的意义，而是国际的意义。我这里所说的国际意义不是按广义来说的，不是说：不仅我国革命的某些基本特点，而且所有基本特点和许多次要特点都具有国际意义，都对所有国家发生影响。不是的，我是按最狭义来说的，就是说，所谓国际意义是指我国所发生过的事情在国际上具有重要性，或者说，具有在国际范围内重演的历史必然性，因此必须承认，具有国际意义的是我国革命的某些基本特点。

当然，要是夸大这个真理，说它不限于我国革命的某些基本特点,那是极大的错误。如果忽略另外一点,同样也是错误的,那就是:只要有一个先进国家的无产阶级革命取得了胜利,就很可能发生一个大变化,那时,俄国很快就不再是模范的国家,而又会成为落后的(在"苏维埃"和社会主义的意义上来说)国家了。

但在目前历史时期,情况正是这样:俄国这一模范向**所有**国家展示了它们在不久的将来必然会发生某些事情,而且是极重大的事情。各国先进工人早就懂得了这一点,而在更多的情况下,与其说是懂得了这一点,不如说是他们凭着革命阶级的本能而领悟到了这一点,感觉到了这一点。因此苏维埃政权以及布尔什维主义的理论原理和策略原理具有国际的"意义"(按狭义来说)。第二国际的"革命"领袖们,如德国的考茨基、奥地利的奥托·鲍威尔和弗里德里希·阿德勒之流不懂得这一点,因此他们成了反动分子,成了最坏的机会主义和背叛社会主义的行为的辩护人。例如,1919年维也纳出版的一本没有署名的小册子《世界革命》(《Weltrevolution》)(《社会主义丛书》伊格纳茨·勃兰德出版社版第11册),就异常清楚地表明了这些人的整个思路和整套思想,更确切些说,表明了他们的困惑、迂腐、卑鄙和对工人阶级利益的背叛,已经达到了无以复加的程度,而这一切又都是用"捍卫""世界革命"的思想作幌子的。

但是,对于这本小册子的详细评论,要等以后有机会时再说了。这里我们只想再指出一点:在很久以前,当考茨基还是一个马克思主义者而不是叛徒的时候,他曾经以一个历史学家的态度看问题,预见到可能会有一天,俄国无产阶级的革命精神将成为西欧的模范。这是1902年的事,当时考茨基在革命的《火星报》[2]上写了一篇题为《斯拉夫人和革命》的文章。他是这样写的:

"现时〈与1848年不同〉可以认为,不仅斯拉夫人加入了革命民族的行列,而且革命思想和革命活动的重心也愈来愈移向斯拉夫人那里。革命中心正从西向东移。19世纪上半叶,革命中心在法国,有时候在英国。到了1848年,德国也加入了革命民族的行列……揭开新世纪序幕的一些事变使人感到,我们正在迎接革命中心的进一步转移,即向俄国转移……从西欧接受了这么多的革命首创精神的俄国,也许现在它本身已有可能成为西欧革命动力的源泉了。轰轰烈烈的俄国革命运动,也许会成为一种最强有力的手段,足以铲除在我们队伍中开始蔓延的萎靡不振的庸俗习气和鼠目寸光的政客作风,促使斗争的渴望和对我们伟大理想的赤诚重新燃起熊熊的火焰。俄国对于西欧来说早已不再是反动势力和专制制度的堡垒了。现在的情况也许恰恰相反。西欧正变成支持俄国反动势力和专制制度的堡垒……俄国的革命者如果不是同时必须跟沙皇的同盟者——欧洲资本作战,也许早就把沙皇打倒了。我们希望,这一次他们能够把这两个敌人一起打倒,希望新的'神圣同盟'比它的前驱垮得更快一些。但是不管俄国目前斗争的结局如何,那些在斗争中牺牲的烈士(不幸的是,牺牲的人会很多很多)所流的鲜血和所受的苦难,决不会是白费的。他们将在整个文明世界中培育出社会革命的幼苗,使它们长得更茂盛、更迅速。1848年时,斯拉夫人还是一股凛冽的寒流,摧残了人民春天的花朵。也许现在他们注定要成为一场风暴,摧毁反动势力的坚冰,以不可阻挡之势给各国人民带来新的幸福的春天。"(**卡尔·考茨基**《斯拉夫人和革命》,载于1902年3月10日俄国社会民主党的革命报纸——《火星报》第18号)

卡尔·考茨基在18年前写得多好啊!

二

布尔什维克成功的基本条件之一

大概,现在差不多每个人都能看出,如果我们党没有极严格的真正铁的纪律,如果我们党没有得到整个工人阶级全心全意的拥护,就是说,没有得到工人阶级中所有一切善于思考、正直、有自我牺牲精神、有威信并且能带领或吸引落后阶层的人的全心全意的拥护，那么布尔什维克别说把政权保持两年半，就是两个半月也保持不住。

无产阶级专政是新阶级对**更强大的**敌人，对资产阶级进行的最奋勇和最无情的战争。资产阶级的反抗，由于资产阶级被推翻（哪怕是在一个国家内）而**凶猛十倍**；资产阶级的强大不仅在于国际资本的力量，在于它的各种国际联系牢固有力，而且还在于**习惯的力量，小生产**的力量。这是因为世界上可惜还有很多很多小生产，而小生产是经常地、每日每时地、自发地和大批地**产生着**资本主义和资产阶级的。由于这一切原因，无产阶级专政是必要的，不进行长期的、顽强的、拼命的、殊死的战争，不进行需要坚持不懈、纪律严明、坚定不移、百折不挠和意志统一的战争，便不能战胜资产阶级。

再说一遍，俄国无产阶级专政取得胜利的经验向那些不善于思索或不曾思索过这一问题的人清楚地表明，无产阶级实现无条件的集中和极严格的纪律，是战胜资产阶级的基本条件之一。

人们时常议论这个问题。但是这到底是什么意思呢？这在什么情况下才是可能的呢？关于这些，他们却考虑得远远不够。在对苏维埃政权和布尔什维克欢呼的同时，是不是应该对布尔什维克**为什么能够建立革命无产阶级所必需的纪律的原因多作些极其认真的分析**呢？

布尔什维主义作为一种政治思潮，作为一个政党而存在，是从1903年开始的。只有布尔什维主义存在的**整个**时期的历史，才能令人满意地说明，为什么它能够建立为无产阶级胜利所必需的铁的纪律并能在最困难的条件下坚持住这种纪律。

这里首先发生这样一个问题:无产阶级革命政党的纪律是靠什么来维持的? 是靠什么来检验的? 是靠什么来加强的? 第一,是靠无产阶级先锋队的觉悟和它对革命的忠诚,是靠它的坚韧不拔、自我牺牲和英雄气概。第二,是靠它善于同最广大的劳动群众,首先是同无产阶级劳动群众,**但同样也同非无产阶级**劳动群众联系、接近,甚至可以说在某种程度上同他们打成一片。第三,是靠这个先锋队所实行的政治领导正确,靠它的政治战略和策略正确,而最广大的群众根据**切身经验**也确信其正确。一个革命政党,要真正能够成为必将推翻资产阶级并改造整个社会的先进阶级的政党,没有上述条件,就不可能建立起纪律。没有这些条件,建立纪律的企图,就必然会成为空谈,成为漂亮话,成为装模作样。可是另一方面,这些条件又不能一下子就产生。只有经过长期的努力和艰苦的实践才能造成这些条件;正确的革命理论——而理论并不是教条——会使这些条件容易造成,但只有同真正群众性的和真正革命的运动的实践密切地联系起来,这些条件才能最终形成。

布尔什维主义所以能够建立并且在1917—1920年异常艰难的条件下顺利地实现极严格的集中和铁的纪律,其原因仅仅在于俄国有若干历史特点。

一方面,布尔什维主义是1903年在最坚固的马克思主义理论基础上产生的。而这个——也只有这个——革命理论的正确性,不仅为整个19世纪全世界的经验所证实,尤其为俄国革命思想界的徘徊和动摇、错误和失望的经验所证实。在将近半个世纪里,大约从上一世纪40年代至90年代,俄国进步的思想界在空前野蛮和反动的沙皇制度的压迫之下,曾如饥似渴地寻求正确的革命理论,专心致志地、密切地注视着欧美在这方面的每一种"最新成就"。俄国在半个世纪里,经受了闻所未闻的痛苦和牺牲,表现了空前未有的革命英雄气概,以难以置信的毅力和舍身忘我的精神去探索、学习和实验,经受了失望,进行了验证,参照了欧洲的经验,真是**饱经苦难才找到了**马克思主义这个唯一正确的革命理论。由于人们在沙皇政府的迫害下侨居国外,俄国的革命者在19世纪下半叶同国际的联系相当广泛,对世界各国革命运动的形式和理论十分熟悉,这是世界上任何一国所不及的。

另一方面,在这个坚如磐石的理论基础上产生的布尔什维主义,有了15年(1903—1917年)实践的历史,这段历史的经验之丰富是举世无比的。这是因为任何一个国家在这15年内,在革命经验方面,在各种运动形式——合法的和不合法的、和平的和激烈的、地下的和公开的、小组的和群众的、议会的和恐怖主义的形式——更替的迅速和多样性方面,都没有哪怕类似这样丰富的经历。任何一个国家都没有在这样一个短短的时期内,集中了现代社会**一切**阶级进行斗争的如此丰富的形式、特色和方法,而且由于俄国的落后和沙皇制度的残酷压迫,这个斗争成熟得特别迅速,它如饥似渴又卓有成效地吸取了欧美政治经验方面相宜的"最新成就"。

三

布尔什维主义历史的几个主要阶段

革命准备年代(1903—1905年)。处处都感到大风暴即将到

来。一切阶级都动了起来,准备应变。国外的侨民报刊,从理论上
提出了革命的**一切**基本问题。三个主要阶级的代表,即自由主义
资产阶级派、小资产阶级民主派(它挂着"社会民主"派和"社会革
命"派[3]的招牌)和无产阶级革命派这三个主要政治派别的代表,在
纲领观点和策略观点上进行着十分激烈的斗争,预示着和准备着
行将到来的公开的阶级斗争。1905—1907 年间以及 1917—1920
年间导致群众武装斗争的**一切**问题,都可以(而且应当)在当时报
刊上找到它们的最初提法。自然,在这三个主要派别之间,还有无
数中间的、过渡的、摇摆的派别。确切些说,在各机关报刊、各政
党、各派别、各集团之间所展开的斗争中,逐渐形成真正代表阶级
的各种思想政治派别;各阶级都在为未来的战斗锻造自己的思想
政治武器。

　　革命年代(1905—1907 年)。一切阶级都公开登台了。一切
纲领观点和策略观点都受到群众行动的检验。罢工斗争的广泛和
激烈是世界上前所未见的。经济罢工发展为政治罢工,政治罢工
又发展为起义。领导者无产阶级同动摇不定的被领导者农民之间
的相互关系,受到了实际检验。苏维埃这种组织形式在自发的斗
争进程中诞生了。当时关于苏维埃的意义的争论,就预示了
1917—1920 年间的伟大斗争。议会斗争形式和非议会斗争形式
的更替,抵制议会活动的策略和参加议会活动的策略的更替,合法
的斗争形式和不合法的斗争形式的更替,以及这些斗争形式的相
互关系和联系——这一切都具有异常丰富的内容。这个时期的每
一个月,就群众和领袖、阶级和政党所受的政治科学原理的训练来
说,可以等于"和平""宪政"发展时期的整整一年。没有 1905 年的
"总演习",就不可能有 1917 年十月革命的胜利。

反动年代(1907—1910年)。沙皇制度胜利了。一切革命党和反对党都失败了。消沉、颓丧、分裂、涣散、叛卖和色情代替了政治。追求哲学唯心主义的倾向加强了;神秘主义成了掩盖反革命情绪的外衣。但同时正是这一大失败给革命政党和革命阶级上了真正的和大有教益的一课,上了历史辩证法的一课,上了使它们懂得如何进行、善于进行和巧妙进行政治斗争的一课。患难识朋友,战败的军队会很好地学习。

胜利了的沙皇制度,不得不加速破坏俄国资本主义以前的宗法制度残余。俄国资产阶级性质的发展突飞猛进。非阶级的、超阶级的幻想,认为可以避免资本主义的幻想,都破灭了。阶级斗争采取了完全新的、更加鲜明的形式。

革命政党应当补课。它们学习过进攻。现在必须懂得,除了进攻以外,还必须学会正确地退却。必须懂得——而革命阶级也正在从本身的痛苦经验中领会到——不学会正确的进攻和正确的退却,就不能取得胜利。在所有被击败的反对党和革命党中,布尔什维克退却得最有秩序,他们的"军队"损失得最少,骨干保存得最多,发生的分裂最小(就其深度和难于挽救的程度来说),颓丧情绪最轻,他们最广泛、最正确和最积极地去恢复工作的能力也最强。布尔什维克所以能够如此,只是因为他们无情地揭露了并且驱逐了口头革命家,这些人不愿意懂得必须退却,必须善于退却,必须学会在最反动的议会、最反动的工会、合作社、保险会等组织中进行合法工作。

高潮年代(1910—1914年)。高潮起初来得非常缓慢,1912年勒拿事件[4]后,稍微快了一些。经过1905年,整个资产阶级看清了孟什维克是资产阶级在工人运动中的代理人,于是千方百计来支持他们反对布尔什维克，布尔什维克克服了闻所未闻的困难，才打退了他们。但是，如果布尔什维克不是运用了正确的策略，即既要进行不合法的工作，又必须利用"合法机会"，那他们是永远做不到这一点的。在最反动的杜马中，布尔什维克把整个工人选民团都争取过来了。

第一次帝国主义世界大战（1914—1917年）。在"议会"极端反动的条件下，合法的议会活动使布尔什维克这一革命无产阶级的政党获得了极大的益处。布尔什维克代表被流放到西伯利亚。[5]社会帝国主义、社会沙文主义、社会爱国主义、不彻底的和彻底的国际主义、和平主义以及反对和平主义幻想的革命主张——所有这些形形色色的观点，都在我们的侨民报刊上充分反映出来了。第二国际中的书呆子和老懦夫，看到俄国社会主义运动内部"派别"繁多，斗争剧烈，都高傲地嗤之以鼻，可是战争把**一切**先进国家中夸耀一时的"合法性"夺去以后，他们甚至连近似俄国革命家在瑞士和其他一些国家里组织自由（秘密）交换意见和自由（秘密）探索正确观点这样的事情，都没有做到。正因为如此，各国公开的社会爱国主义者也好，"考茨基主义者"也好，都成了最恶劣的无产阶级叛徒。布尔什维主义所以能在1917—1920年间获得胜利，其基本原因之一，就是它从1914年底就开始无情地揭露社会沙文主义和"考茨基主义"（法国的龙格主义[6]以及英国的独立工党[7]首领、费边派[8]和意大利的屠拉梯之流的见解，也同"考茨基主义"一样）的卑鄙龌龊和下流无耻，而群众后来根据自身的经验，也日益相信布尔什维克的观点是正确的。

俄国第二次革命（1917年2月至10月）。沙皇制度的极端腐朽和衰败（加上极其痛苦的战争的打击和负担）造成了一种摧毁这个制度的极大力量。在几天之内,俄国就变成了比世界上任何国家都自由(在战争环境里)的资产阶级民主共和国。反对党和革命党的领袖,也同在最"严格的议会制"共和国内一样,出来组织政府;而且议会(尽管是反动透顶的议会)反对党领袖的身份,**使**这种领袖在革命中**容易**继续发挥作用。

孟什维克和"社会革命党人"[9]在几个星期内就对第二国际的欧洲英雄们、内阁派[10]以及其他机会主义渣滓的那套方法和手腕、那套论据和诡辩十分精通了。我们现在读到有关谢德曼和诺斯克之流、考茨基和希法亭、伦纳和奥斯特尔利茨、奥托·鲍威尔和弗里茨·阿德勒、屠拉梯和龙格、英国费边派及独立工党领袖等人的一切评述,总觉得是(事实上也是)旧调重弹,索然无味。所有这些我们已经在孟什维克那里见过了。历史真是开了个玩笑,竟使一个落后国家的机会主义者抢到许多先进国家机会主义者的前面去了。

如果说第二国际的一切英雄都破了产,他们在苏维埃和苏维埃政权的意义和作用这个问题上丢了脸,如果说现在脱离了第二国际的三个非常重要的政党(即德国独立社会民主党[11]、法国龙格派的党和英国独立工党)的领袖们,在这个问题上也特别"光彩地"丢了脸而且变得糊涂透顶,如果说所有这些人都成了小资产阶级民主派偏见的奴隶(同1848年自命为"社会民主派"的小资产者一模一样),那么**这一切**我们**已经**在孟什维克身上看到了。历史开了这样的玩笑:1905年俄国产生了苏维埃;在1917年2月到10月间,孟什维克篡改了苏维埃,他们由于无法理解苏维埃的作用和意义而破产了;现在,苏维埃政权的思想已经**在全世界**诞生,并且正以空前未有的速度在各国无产阶级中间传播开来,而第二国际的

1920 年列宁《共产主义运动中的"左派"幼稚病》一书封面
（按原版缩小）

1927—1949 年我国出版的
列宁《共产主义运动中的"左派"幼稚病》一书的部分版本

老英雄们也像我国孟什维克一样，由于无法理解苏维埃的作用和意义而**到处**遭到破产。经验证明，在无产阶级革命某些非常重要的问题上，**一切**国家都必然要做俄国已经做过的事情。

布尔什维克发动反对议会制（实际上是）资产阶级共和国、反对孟什维克的胜利斗争，是极其审慎的，所作的准备也绝不像现在欧美各国所常常认为的那样简单。在这一时期的初期，我们**没有**号召去推翻政府，而是说明，**不**预先改变苏维埃的成分并且扭转苏维埃的情绪，是不能推翻政府的。我们没有宣布抵制资产阶级的议会，即立宪会议，而是说，并且从我们党的四月（1917 年）代表会议[12]起就用党的名义正式说，有立宪会议的资产阶级共和国要比没有立宪会议的好，而"工农"共和国即苏维埃共和国，则要比任何资产阶级民主共和国即议会制共和国好。没有这种谨慎的、周到的、细致的和长期的准备，我们就既不能取得 1917 年 10 月的胜利，也不能巩固住这个胜利。

四

布尔什维主义是在反对
工人运动内部哪些敌人的斗争中
成长、壮大和得到锻炼的？

首先是而且主要是在反对机会主义的斗争中。机会主义在 1914 年彻底变成社会沙文主义，彻底倒向资产阶级方面反对无产阶级。这自然是布尔什维主义在工人运动内部的主要敌人。现在这个敌人在国际范围内仍然是主要敌人。对于这个敌人，布尔什维主义过去和现在都给予极大的注意。布尔什维克在这方面的活动，现在就是国外也知道得很清楚。

关于布尔什维主义在工人运动内部的另一个敌人，就不能这样说了。国外还极少知道布尔什维主义是在同**小资产阶级革命性**作长期斗争中成长、成熟和得到锻炼的。这种革命性有些像无政府主义，或者说，有些地方照搬无政府主义；它在任何重大问题上，都背离无产阶级进行坚韧的阶级斗争的条件和要求。马克思主义者在理论上完全认定，并且欧洲历次革命和革命运动的经验也充分证实：小私有者，即小业主（这一社会类型的人在欧洲许多国家中都十分普遍地大量存在着），在资本主义制度下一直受到压迫，生活往往异常急剧地恶化，以至遭到破产，所以容易转向极端的革命性，却不能表现出坚韧性、组织性、纪律性和坚定性。被资本主义摧残得"发狂"的小资产者，和无政府主义一样，是一切资本主义国家所固有的一种社会现象。这种革命性动摇不定，华而不实，而且很容易转为俯首听命、消沉颓丧、耽于幻想，甚至转为"疯狂地"醉心于这种或那种资产阶级的"时髦"思潮——这一切都是人所共知的。可是革命政党光在理论上抽象地承认这些真理，还丝毫不能避免重犯旧错误，这种错误总是会由于意想不到的原因，以稍微不同一点的形式，以前所未见的打扮或装饰，在独特的（多少独特一点的）环境里重新表现出来。

无政府主义往往是对工人运动中机会主义罪过的一种惩罚。这两种畸形东西是互相补充的。如果说俄国的无政府主义在两次革命（1905年与1917年）及其准备时期的影响都比较小（尽管俄国居民中的小资产阶级成分大于西欧各国），那么毫无疑义，这不能不部分地归功于布尔什维主义一贯对机会主义进行了最无情最不调和的斗争。我所以说"部分地"，是因为削弱俄国无政府主义势力的，还有另一个更重要的因素，这就是无政府主义在过去（19世纪70年代）曾盛极一时，从而彻底暴露了它是不正确的，不适合作革命阶级的指导理论。

布尔什维主义在1903年诞生时，便继承了同小资产阶级的、半无政府主义的（或者是迎合无政府主义的）革命性作无情斗争的传统；革命的社会民主党向来就有这种传统，而在1900—1903年俄国革命无产阶级的群众性的政党奠基期间，这种传统在我们这里已特别巩固。布尔什维主义继承并继续了同表现小资产阶级革命性倾向最厉害的政党即"社会革命"党的斗争，这一斗争表现在下列三个主要之点上。第一，这个党否认马克思主义，顽固地不愿（说它不能，也许更确切一些）了解在采取任何政治行动之前必须对各种阶级力量及其相互关系作出极客观的估计。第二，这个党认为自己特别"革命"特别"左"，因为它肯定个人恐怖、暗杀手段，而我们马克思主义者却坚决摒弃这种做法。我们摒弃个人恐怖，自然只是出于对这种手段是否适当的考虑，如果有人竟在"原则上"谴责法国大革命的恐怖行为，或者谴责已经获得胜利的革命政党在全世界资产阶级的包围下所采取的任何恐怖手段，那么这类人早在1900—1903年间，就已经受到当时还是马克思主义者和革命家的普列汉诺夫的嘲笑和唾弃了。第三，在"社会革命党人"看来，"左"就是嘲笑德国社会民主党内比较轻微的机会主义罪过，而在某些问题上，例如在土地问题或无产阶级专政问题上，却又效法这个党的极端机会主义者。

附带说明一点，历史现在已经在广大的、世界历史的范围内证实了我们始终坚持的那个意见：**革命的**德国社会民主党（请注意，普列汉诺夫早在1900—1903年间就要求把伯恩施坦开除出党[13]，后来布尔什维克始终继承这种传统，在1913年揭穿了列金的全部卑鄙、下流和叛卖行为[14]）同革命无产阶级取得胜利所必需的那种政党**最相近**。现在1920年，在战争期间和战后最初几年中发生的一切可耻的破产和危机之后，可以清楚地看到，西欧各党中正是革命的德国社会民主党才产生了最优秀的领袖，并且比别的党更早地恢复了元气和健康，重新巩固了起来。无论在斯巴达克派[15]那里，或在"德国独立社会民主党"左翼，即无产阶级一翼那里，都可以看到这种情形。这一翼正在对考茨基、希法亭、累德堡、克里斯平之流的机会主义和毫无气节进行坚定不移的斗争。如果我们现在大致回顾一下从巴黎公社到第一个社会主义苏维埃共和国这一十分完整的历史时期，那么，关于马克思主义对无政府主义的态度，便可以得到一个十分明确的毫不含糊的轮廓。归根到底马克思主义是正确的，虽然无政府主义者曾经正确地指出在多数社会党内所盛行的国家观是机会主义的，但是，第一，这种机会主义是同曲解甚至公然隐匿马克思的国家观（我在《国家与革命》一书中已经指出，恩格斯给倍倍尔的一封信，曾经异常鲜明、尖锐、直接、明确地揭穿了社会民主党内所流行的国家观是机会主义的，可是这封信竟被倍倍尔从1875年到1911年搁置了36年①）分不开的；第二，正是欧美社会党中最忠实于马克思主义的派别才最迅速最广泛地纠正了这种机会主义观点，承认了苏维埃政权及其对资产阶级议会制民主所具有的优越性。

布尔什维主义同自己党内"左"倾的斗争，有两次规模特别大：

---

① 见本版全集第31卷第61—63页。——编者注

一次是 1908 年关于是否参加最反动的"议会"和是否参加受最反动法律限制的合法工人组织的问题；另一次是 1918 年（缔结布列斯特和约[16]时）关于可否容许某种"妥协"的问题。

1908 年，"左派"布尔什维克由于顽固地不愿意了解参加最反动的"议会"的必要性而被开除出党[17]。那时"左派"——其中许多人是优秀的革命者，后来还光荣地成了（而且现在仍然是）共产党员——特别援引 1905 年抵制议会成功的经验作为论据。当 1905 年 8 月沙皇宣布召集咨议性的"议会"[18]时，布尔什维克同一切反对党和孟什维克相反，曾经宣布抵制，而 1905 年的十月革命[19]果然扫除了这个议会。那次抵制所以正确，并不是因为根本不参加反动议会是正确的，而是因为正确地估计到，当时的客观形势正在由群众罢工迅速转为政治罢工，进而转为革命罢工，再进而转为起义。而且当时的斗争内容是：让沙皇去召集第一个代表机构呢，还是设法把这个召集权从旧政权手中夺过来？后来情况不同，既然没有把握并且也不可能有把握断定是否存在着同样的客观形势，以及这种形势是否按照同样的方向和同样的速度向前发展，那么抵制便不再是正确的了。

1905 年布尔什维克对"议会"的抵制，使革命无产阶级增加了非常宝贵的政治经验，表明在把合法的同不合法的斗争形式、议会的同议会外的斗争形式互相配合的时候，善于放弃议会的斗争形式，有时是有益的，甚至是必要的。但是，如果在**不同的**条件下和**不同的**环境里盲目地、机械地、不加批判地搬用这种经验，那就大错特错了。1906 年布尔什维克抵制"杜马"，虽然是一个不算大的、易于补救的错误①，

---

① 关于个人所说的话，作适当的修改，也适用于政治和政党。聪明人并不是不犯错误的人。不犯错误的人是没有而且也不可能有的。聪明人是犯的错误不太大同时又能容易而迅速地加以纠正的人。

但毕竟已经是一个错误。至于1907年、1908年以及以后几年中的抵制,就是极其严重而难于补救的错误了,因为当时一方面不能期望革命浪潮会非常迅速地高涨并转为起义,另一方面,资产阶级君主制度正在维新的整个历史环境,使我们必须把合法的工作同不合法的工作配合起来。现在如果回顾一下这个十分完整的历史时期(它同以后各时期的联系也已经完全显示出来了),就会特别清楚地看出:假使布尔什维克当时没有在最严酷的斗争中坚持**一定要**把合法的斗争形式同不合法的斗争形式结合起来,坚持**一定要**参加最反动的议会以及其他一些受反动法律限制的机构(如保险基金会等),那么他们就**决不可能**在1908—1914年间保住(更不用说巩固、发展和加强)无产阶级革命政党的坚强核心。

1918年事情没有弄到分裂的地步。那时"左派"共产主义者只是在我们党内形成了一个特殊集团,或者说"派别",而且为时不久。"左派共产主义者"最有名的代表,如拉狄克同志、布哈林同志,在1918年这一年就已公开承认了自己的错误。他们原来认为,布列斯特和约是同帝国主义者的妥协,对于革命无产阶级政党说来,在原则上是不能容许的而且是有害的。这的确是同帝国主义者的妥协,但这种妥协在当时那种情况下恰恰是**必要的**。

现在当我听到人们,例如"社会革命党人",攻击我们签订布列斯特和约的策略的时候,或者当兰斯伯里同志和我谈话,讲到"我们英国工联的领袖们说,既然布尔什维克可以妥协,那他们也可以妥协"的时候,我通常是先用一个简单的"通俗的"比喻来回答:

假定您坐的汽车被武装强盗拦住了。您把钱、身份证、手枪、汽车都给了他们，于是您摆脱了这次幸遇。这显然是一种妥协。"Do ut des"①("我给"你钱、武器、汽车，"是为了你给"我机会安全脱险)。但是很难找到一个没有发疯的人会说这种妥协"在原则上是不能容许的"，或者说实行这种妥协的人是强盗的同谋者(虽然强盗坐上汽车又可以利用它和武器再去打劫)。我们同德帝国主义强盗的妥协正是这样一种妥协。

而俄国的孟什维克和社会革命党人，德国的谢德曼派(考茨基派在很大程度上也是这样)，奥地利的奥托·鲍威尔和弗里德里希·阿德勒(更不用说伦纳之流的先生们了)，法国的列诺得尔和龙格之流，英国的费边派、"独立党人"、"工党分子"("拉布分子"20)等，在1914—1918年间以及1918—1920年间，同他们本国的资产阶级强盗，有时甚至同"盟国的"资产阶级强盗实行**妥协**，**反对**本国的革命无产阶级，所有这班先生才真是**强盗的同谋者**。

结论很清楚："原则上"反对妥协，不论什么妥协都一概加以反对，这简直是难于当真对待的孩子气。一个政治家要想有益于革命无产阶级，正是应当善于辨别出那种不能容许的、蕴涵着机会主义和**叛卖行为**的**具体**的妥协，并善于对**这种具体**的妥协全力展开批判，猛烈地进行无情的揭露和不调和的斗争，决不容许那班老于世故的"专讲实利的"社会党人和老奸巨猾的议员用泛谈"一般的妥协"来推卸和逃避责任。英国工联以及费边社和"独立"工党的"领袖"先生们，正是这样来推卸**他们实行叛卖所应负的**责任，推卸他们实行**那种**确实意味着最恶劣的机会主义、变节和叛卖的妥协所应负的责任。

① 拉丁文，意为："我给(你)是为了你给(我)。"——编者注

有各种各样的妥协。应当善于分析每一个妥协或每一种妥协的环境和具体条件。应当学习区分这样的两种人：一种人把钱和武器交给强盗，为的是要减少强盗所能加于的祸害和便于后来捕获、枪毙强盗；另一种人把钱和武器交给强盗，为的是要入伙分赃。这在政治上决不总是像这个极其简单的例子那样容易分辨。但如果有人异想天开，要替工人们打一张包票，能包治百病，或者能保证在革命无产阶级的政治活动中不会遇到任何困难和任何错综复杂的情况，那他简直就是一个江湖骗子。

为了不给人留下曲解的余地，我想把一些基本情况提出来（即使是十分简要地），以便对具体的妥协进行分析。

通过签订布列斯特和约而同德帝国主义者实行妥协的党，从1914年底起就以行动履行自己的国际主义。它敢于提出使沙皇君主政府失败的主张，敢于痛斥在两伙帝国主义强盗的战争中"保卫祖国"。这个党的议会代表，宁愿流放到西伯利亚，也不愿走可以登上资产阶级政府大臣宝座的道路。革命在推翻了沙皇政府和建立了民主共和国以后，又使这个党受到了新的、极大的考验：它不同"本国的"帝国主义者实行任何妥协，而是作了推翻他们的准备，并且果真把他们推翻了。这个党取得政权以后，便彻底摧毁了地主和资本家的所有制。这个党一面公布和废除了帝国主义者缔结的秘密条约，一面向**各国**人民建议媾和，只是在英、法帝国主义者破坏了媾和而布尔什维克为加快德国和其他国家的革命已经做了力所能及的一切以后，它才屈服于布列斯特强盗的暴力。大家都愈来愈清楚地看到，这样的党在这样的情况下实行这样的妥协是完完全全正确的。

俄国孟什维克和社会革命党人（同1914—1920年间世界上

第二国际的一切领袖一样),一开始就实行叛卖,直接间接地为"保卫祖国"即保卫**本国**的资产阶级强盗辩护。后来他们又进一步实行叛卖,同**本国**的资产阶级联合,同**本国**的资产阶级一起来反对本国的革命无产阶级。他们在俄国起初同克伦斯基和立宪民主党人[21]结成同盟,后来又同高尔察克和邓尼金结成同盟,正如他们国外的同道者同**各自**国家的资产阶级结成同盟一样,都是倒向资产阶级一边反对无产阶级。**他们**同帝国主义强盗的妥协,自始至终都表明他们已沦为帝国主义强盗的**同谋者**。

五

德国"左派"共产党人。
领袖、政党、阶级、群众间的相互关系

　　我们现在所要讲的那些德国共产党人,他们不是把自己叫做"左派",而是叫做——如果我没有记错的话——"原则上的反对派"[22]。但是他们却完全具有"左派幼稚病"的症候,这从下面的阐述中可以清楚地看出。

　　有一本持这个反对派观点的小册子,叫做《德国共产党(斯巴达克联盟)的分裂》,是由"美因河畔法兰克福地方组织"出版的;这本小册子把这一反对派的观点的实质,叙述得极其鲜明、确切、清楚、扼要。我们只要从中引证几段,就足以使读者了解这一实质了。

　　"共产党是进行最坚决的阶级斗争的政党……"

　　"……从政治方面来看,这个过渡时期〈在资本主义和社会主义之间〉就

是无产阶级专政时期……"

"……现在发生这样一个问题：谁应当是专政的执行者，**是共产党，还是无产阶级**？…… **原则上**应该力求实现的是共产党的专政，还是无产阶级的专政？……"

（引文内的着重标记全录自原文。）

往下小册子的作者责难德国共产党"中央"，说这个"中央"在寻求和**德国独立社会民主党结成联盟**的途径，说这个"中央"提出**"原则上承认"**斗争的**"一切政治手段"**（包括参加议会活动）**"的问题"**，只是为了掩饰它想同独立党人结成联盟这一真正的和主要的意图。小册子接着说道：

"反对派选择了另一条道路。它认为共产党的统治和党的专政问题只是一个策略问题。不管怎样，共产党的统治是一切政治统治的最后形式。**原则上应该力求实现无产阶级的专政**。党的一切措施、党的组织、党的斗争形式、党的战略和策略，都应该适应这一目的。因此，凡是同其他政党妥协，凡是回头再去采用在历史上和政治上已经过时的议会制斗争形式，凡是实行机动和通融的政策，都应当十分坚决地拒绝。""无产阶级所特有的革命斗争方法应该大力加以强调。为了把那些应当参加共产党领导的革命斗争的无产阶级各行业各阶层的最广大群众吸收进来，就必须在最广泛的基础上和最广大的范围内建立新的组织形式。这种汇集一切革命分子的场所，便是以工厂组织为基础而建立起来的**工人联合会**。凡是响应'退出工会！'这一口号的工人，都应当联合在这里。在这里，正在斗争的无产阶级组成最广大的战斗队伍。凡承认阶级斗争、苏维埃制度和专政的人，都可以加入。至于进一步对正在斗争的群众进行政治教育和在斗争中进行政治指导，则是站在工人联合会之外的共产党的任务……"

"……于是，现在有两个共产党彼此对立着：

一个是领袖的党，它力图从上面来组织和指挥革命斗争，不惜实行妥协和参加议会活动，以便造成一种形势，使他们可以参加掌握专政大权的联合政府。

另一个是群众的党，它等待革命斗争从下面高涨起来，为了进行这一斗争，它只知道并且只采用一个明确地引向目的的方法，而排斥任何议会方法和机会主义方法；这个唯一的方法就是无条件地**推翻资产阶级**，以便随后建立无产阶级的阶级专政来实现社会主义……"

"……那里是领袖专政，这里是群众专政！这便是我们的口号。"

这就是表明德国共产党内反对派观点的最重要的论点。

凡是自觉参加过或仔细观察过1903年以来布尔什维主义发展过程的布尔什维克，读了这些议论，一定会立刻说："这是多么熟悉的陈词滥调！这是多么'左的'孩子气！"

不过，我们还是来进一步考察一下这些议论吧。

"是党专政**还是**阶级专政？是领袖专政（领袖的党）**还是**群众专政（群众的党）？"——单是问题的这种提法就已经证明思想混乱到了不可思议的无可救药的地步。这些人竭力要**标新立异**，结果却弄巧成拙。谁都知道，群众是划分为阶级的；只有把不按照生产的社会结构中的地位区分的大多数同在生产的社会结构中占有特殊地位的集团对立时，才可以把群众和阶级对立起来；在通常情况下，在多数场合，至少在现代的文明国家内，阶级是由政党来领导的；政党通常是由最有威信、最有影响、最有经验、被选出担任最重要职务而称为领袖的人们所组成的比较稳定的集团来主持的。这都是起码的常识。这都是简单明了的道理。何必再另来一套胡说八道，另造一套新奇的沃拉皮尤克[23]呢？一方面，大概是由于党的合法状态和不合法状态的迅速更替破坏了领袖、政党和阶级之间那种通常的、正常的和简单的关系，人们面对这种难于理解的情况，思想便发生了混乱。在德国，也像在欧洲其他国家那样，人们过分习惯于合法状态，习惯于由政党定期举行的代表大会自由地正常地选举"领袖"，习惯于通过议会选举、群众大会、报章杂志，通过工会和其他团体的情绪变化等方便办法来检验各政党的阶级成分。但是,由于革命的急剧发展和内战的展开,不得不放弃这种通常的办法,而迅速转为交替使用合法的和不合法的方式,结合使用这两种方式,采用"不方便的"和"非民主的"方法来推选或组成或保留"领导集团",在这个时候,人们不知所措,开始臆想出一些荒谬绝伦的东西。大概荷兰共产党某些党员由于不幸生在一个具有特别优越和特别稳定的合法状态的传统和条件的小国,根本没有见过合法状态和不合法状态的相互更替,因此思想上发生了混乱而不知所措,助长了这种荒谬的臆想。

另一方面,很明显,这不过是未经很好考虑就胡乱使用"群众"和"领袖"这类当今"时髦"的字眼而已。这些人时常听到并切实学会了怎样攻击"领袖",怎样把"领袖"同"群众"对立起来;但是他们却不能想一想究竟是怎么回事,不能把事情弄清楚。

在帝国主义战争末期和战后时期,在一切国家里,"领袖"和"群众"的分离表现得特别明显而突出。产生这种现象的基本原因,马克思和恩格斯在1852—1892年间曾以英国为例作过多次说明。① 英国的垄断地位使"群众"分化出一部分半市侩的机会主义的"工人贵族"。这种工人贵族的领袖们总是投靠资产阶级,直接间接地受资产阶级豢养。马克思所以光荣地被这班坏蛋痛恨,就是因为他公开地斥责他们是叛徒。现代(20世纪的)帝国主义造成了某些先进国家的垄断特权地位,正是在这个基础上,第二国际中纷纷出现了叛徒领袖、机会主义者、社会沙文主义者这样一种

---

①　参看《马克思恩格斯全集》第1版第18卷第724页,第22卷第320—325页,第28卷第146页,第33卷第521、526、637页,第35卷第18页;《马克思恩格斯文集》第1卷第374—381页,第10卷第164—165、480—481、575—577页。——编者注

人,他们只顾自己这个行会的利益,只顾自己这个工人贵族阶层的利益。于是机会主义的政党就脱离了"群众",即脱离了最广大的劳动阶层,脱离了大多数劳动者,脱离了工资最低的工人。不同这种祸害作斗争,不揭露这些机会主义的、背叛社会主义的领袖,使他们大丢其丑,并且把他们驱逐出去,革命无产阶级就不可能取得胜利;第三国际所实行的正是这样的政策。

为此竟把群众专政和领袖专政**根本**对立起来,实在是荒唐和愚蠢得可笑。尤其可笑的是,人们在"打倒领袖"这一口号掩饰下,实际上竟把一些胡说八道、满口谬论的**新领袖**拉出来代替那些对普通事物还能持常人见解的老领袖。德国的劳芬贝格、沃尔弗海姆、霍纳、卡尔·施勒德尔、弗里德里希·文德尔、卡尔·埃勒,就是这样的新领袖。[1] 埃勒企图使问题"深入一步",他宣称政党是根本不需要的,是"资产阶级性"的,这真是荒谬绝顶,简直使人啼笑皆非。如果坚持错误,深入一步地来为错误辩护,把错误"坚持到底",那就往往真要把小错铸成骇人听闻的大错了。

否定政党和党的纪律,——这就是反对派**得到的结果**。而这就等于完全解除无产阶级的武装而**有利于资产阶级**。这也恰恰就

---

① 《共产主义工人报》[24](1920年2月7日汉堡出版的该报第32号所载**卡尔·埃勒**《论解散政党》一文)上说:"工人阶级不消灭资产阶级民主,就不能摧毁资产阶级国家,而不摧毁政党,它就不能消灭资产阶级民主。"

　　罗曼语国家的工团主义者和无政府主义者中间头脑最糊涂的人物可以"心满意足"了,因为那些显然以马克思主义者自居的庄重的德国人(卡·埃勒和克·霍纳通过在上述报纸上发表的文章特别庄重地证明,他们认为自己是庄重的马克思主义者,可是同时他们又极其可笑地说出一些荒谬绝伦的话,暴露出他们连马克思主义的起码知识都没有),竟也发表出这种极不恰当的议论。只承认马克思主义还不能保证不犯错误。这一点俄国人特别清楚,因为马克思主义在我国曾特别经常地成为"时髦的东西"。

是小资产阶级的散漫、动摇、不能坚持、不能团结、不能步调一致，而这些一旦得到纵容，就必然断送无产阶级的任何革命运动。从共产主义的观点看来，否定政党就意味着从资本主义崩溃的前夜（在德国）跳到共产主义的最高阶段而不是进到它的低级阶段和中级阶段。我们在俄国（推翻资产阶级后的第三年）还刚处在从资本主义向社会主义即向共产主义低级阶段过渡的最初阶段。阶级还存在，而且在任何地方，**在无产阶级夺取政权之后都还要存在好多年**。也许，在没有农民（但仍然有小业主！）的英国，这个时期可能会短一些。消灭阶级不仅意味着要驱逐地主和资本家，——这个我们已经比较容易地做到了——而且意味着要**消灭小商品生产者**，可是这种人**不能驱逐**，不能镇压，**必须同他们和睦相处**；可以（而且必须）改造他们，重新教育他们，这只有通过很长期、很缓慢、很谨慎的组织工作才能做到。他们用小资产阶级的自发势力从各方面来包围无产阶级，浸染无产阶级，腐蚀无产阶级，经常使小资产阶级的懦弱性、涣散性、个人主义以及由狂热转为灰心等旧病在无产阶级内部复发起来。要抵制这一切，要使无产阶级能够正确地、有效地、胜利地发挥自己的**组织**作用（而这正是它的**主要**作用），无产阶级政党的内部就必须实行极严格的集中和极严格的纪律。无产阶级专政是对旧社会的势力和传统进行的顽强斗争，流血的和不流血的，暴力的和和平的，军事的和经济的，教育的和行政的斗争。千百万人的习惯势力是最可怕的势力。没有铁一般的在斗争中锻炼出来的党，没有为本阶级一切正直的人们所信赖的党，没有善于考察群众情绪和影响群众情绪的党，要顺利地进行这种斗争是不可能的。战胜集中的大资产阶级，要比"战胜"千百万小业主容易千百倍；而这些小业主用他们日常的、琐碎的、看不见摸不着的腐蚀活动制造着资产阶级所需要的,使资产阶级得以**复辟**的**那种**恶果。谁哪怕是把无产阶级政党的铁的纪律稍微削弱一点(特别是在无产阶级专政时期),那他事实上就是在帮助资产阶级来反对无产阶级。

除了领袖、政党、阶级、群众间的相互关系问题外,还必须提出"反动"工会的问题。但是先让我根据我们党的经验讲几句话来结束前一问题。在我们党内,对于"领袖专政"的攻击**是一直都有的**。我记得这样的攻击最早是在 1895 年,那时党还没有正式成立,但是彼得堡的中心小组[25]已经开始形成,并且就要负起领导该城各区小组的责任。在我们党的第九次代表大会[26](1920 年 4 月)上,有一个小小的反对派,也声言反对"领袖专政",反对"寡头政治"等等。所以德国"左派共产党人"的"幼稚病"是毫不足怪的,既没有什么新东西,也没有什么可怕的地方。这种病没有什么危险,一经治愈,机体甚至会更加强壮。另一方面,合法工作和不合法工作的迅速更替,正是要求我们特别要把总指挥部,把领袖们"藏起来",隐蔽起来,这有时就使我们党内产生十分危险的现象。最糟糕的就是 1912 年奸细马林诺夫斯基混进了布尔什维克中央委员会。他断送了几十个上百个极优秀极忠实的同志,使他们去服苦役,并使其中许多人过早去世。他所以没有能够造成更大的祸害,是因为我们的合法工作和不合法工作配合得正确。为了取得我们的信任,马林诺夫斯基作为党中央委员和杜马代表,曾不得不帮助我们创办合法的日报,这些日报即使在沙皇制度下也能进行反对孟什维克机会主义的斗争,并且能采用适当的隐蔽方式宣传布尔什维主义的原理。马林诺夫斯基一只手把几十个上百个极优秀的布尔什维克活动家送去服苦役,使他们丧生,另一只手又不得不通过合法报刊来帮助培养成千上万个新的布尔什维克。对于这个事实，那些必须学会在反动工会里进行革命工作的德国同志(以及英国、美国、法国、意大利的同志)，不妨好好地考虑一下。①

在许多国家里，包括最先进的国家在内，资产阶级无疑正在派遣而且今后还会派遣奸细到共产党里来。对付这种危险，办法之一就是把不合法的工作同合法的工作巧妙地结合起来。

六

革命家应当不应当
在反动工会里做工作？

德国"左派"认为对这个问题无疑应当作绝对否定的回答。他们以为只要对"反动的"和"反革命的"工会慷慨陈词，怒气冲冲地叫嚷一番(克·霍纳在这方面干得特别"庄重"，也特别笨拙)，就足以"证明"，革命家、共产党人不需要甚至不容许在黄色的、社会沙文主义的、妥协主义的、列金派的、反革命的工会里做工作。

不管德国"左派"怎样确信这种策略是革命的，但实际上这种策略是根本错误的，它只是几句空话，毫无内容。

---

① 马林诺夫斯基后来在德国被俘。他在布尔什维克掌握政权时回到俄国，立即被送交法庭审判，由我们的工人枪决了。孟什维克特别恶毒地攻击我们竟让一个奸细混进了我们党中央的这个错误。可是当我们在克伦斯基执政时期要求逮捕杜马主席罗将柯并且将他提交法庭审判(因为他在战前就知道马林诺夫斯基的奸细活动，却**没有**把这事**告知**杜马中的劳动派27和工人)时，同克伦斯基一起执政的孟什维克和社会革命党人都没有支持我们的要求，因此罗将柯得以逍遥法外，自由自在地投奔邓尼金去了。

为了说明这一点，我根据本文总的意图，先从我国的经验说起，因为本文的目的就是要把布尔什维主义历史上和当今策略上普遍适用的、具有普遍意义和必须普遍遵循的原则应用到西欧去。

领袖、政党、阶级、群众间的相互关系，以及无产阶级专政和无产阶级政党同工会的关系，现时在我国具体表现如下。专政是由组织在苏维埃中的无产阶级实现的，而无产阶级是由布尔什维克共产党领导的。根据最近一次党的代表大会（1920 年 4 月）的统计，我们党有党员 611 000 人。无论十月革命前还是十月革命后，党员人数的起伏都很大；以前，甚至在 1918 年和 1919 年，党员人数比现在少得多。**28**我们担心党过分扩大，因为那些只配枪毙的野心家、骗子手一定会想方设法钻进执政党里来。最近一次我们敞开党的大门（仅仅是对工农），是在 1919 年冬尤登尼奇离彼得格勒只有几俄里、而邓尼金攻占了奥廖尔（距莫斯科约 350 俄里）的时候，也就是苏维埃共和国危在旦夕的时候，这时候冒险家、野心家和骗子手以及一切不坚定的人，决不可能指望靠加入共产党飞黄腾达（倒可能预料到会因此上绞架或受拷打）。**29**我们党每年召开一次代表大会（最近一次代表大会，每 1 000 个党员选代表 1 人参加），由大会选出 19 人组成中央委员会领导全党，而且在莫斯科主持日常工作的则是更小的集体，即由中央全会选出的所谓"组织局"和"政治局"，各由 5 名中央委员组成。这样一来，就成为最地道的"寡头政治"了。我们共和国的任何一个国家机关没有党中央的指示，都不得决定任何一个重大的政治问题或组织问题。

党直接依靠**工会**来进行自己的工作。根据最近一次工会代表大会（1920 年 4 月召开）的统计，现有会员已经超过 400 万。工会形式上是一种**非党的**组织，而实际上大多数工会的领导机构，首先当然是全俄总工会的中央机构或常务机构（全俄工会中央理事会），都由共产党员组成，执行党的一切指示。总之，这是一个形式上非共产党的、灵活而较为广泛的、极为强大的无产阶级机构。党就是通过这个机构同**本阶级**和**群众**保持密切联系的；**阶级专政**就是通过这个机构在党的领导下实现的。如果没有同工会的极密切的联系，没有工会的热烈支持，没有工会不仅在经济建设方面，**而且在军事**建设方面奋不顾身的工作，那么别说我们能管理国家和实行专政两年半，就是两个半月也不成。自然，要建立这种极密切的联系，实际上就要进行很复杂的各种各样的工作：进行宣传和鼓动，及时地和经常地与工会领导者以至一切有影响的工会工作者举行会议，还要跟孟什维克作坚决的斗争，因为孟什维克直到现在还有一些信徒（虽然人数不多），直到现在还在教唆他们进行各种反革命勾当，从在思想上维护（**资产阶级**）民主，鼓吹工会"独立"（不受无产阶级国家政权约束而独立！），直到暗中破坏无产阶级纪律，如此等等。

我们认为通过工会来联系"群众"还是不够的。在我们的革命进程中，实践创造了一种机构，这就是**非党工农代表会议**[30]，我们正在全力支持、发展和推广这种机构，以便考察群众的情绪，接近群众，答复群众的要求，从群众当中提拔优秀的人才来担任公职等等。最近颁布的关于把国家监察人民委员部改组为"工农检查院"的法令中，有一项法令就授权这种非党的代表会议选出国家监察委员来担任各种检查工作等等。

其次，党的全部工作当然都是通过不分职业而把劳动群众团结在一起的苏维埃来进行的。县苏维埃代表大会这种**民主**机构，就是在资产阶级世界最好的民主共和国里也是前所未见的；通过这种代表大会（党对这种代表大会极为关注），以及通过经常把觉悟工人派往乡村担任各项职务的办法，来实现无产阶级对农民的领导作用，实现城市无产阶级的专政，即对富有的、资产阶级的、进行剥削和投机的农民展开经常的斗争等等。

"从上面"来看，从实现专政的实践来看，无产阶级国家政权总的结构就是这样。相信读者一定会明白，为什么在俄国布尔什维克看来，在熟悉这种结构、观察过它是怎样在25年内从一些不合法的地下小组发展起来的布尔什维克看来，什么"从上面**还是**"从下面"，什么领袖专政**还是**群众专政等等议论不能不是一派幼稚可笑的胡说，犹如争辩究竟是左脚还是右手对人更有用处一样。

至于德国左派谈论什么共产党人不能而且不应该在反动工会里工作，说什么可以放弃这种工作，说什么应该退出工会，必须另外创立一种崭新的、极纯的、由极其可爱的（也许大部分是极其年轻的）共产党人臆想出来的"工人联合会"等等，这种煞有介事的、非常深奥的和极端革命的论调，在我们看来也不能不是一派同样幼稚可笑的胡说。

资本主义必然遗留给社会主义的，一方面是工人中间旧有的、长期形成的工种和行当的差异；另一方面是各工种的工会，它们只有十分缓慢地、经过许多年才能发展成为而且一定会发展成为规模较广而行会气味较少的产业工会（包括整个生产部门，而不仅是包括同行、同工种、同行当），然后经过这种产业工会，进而消灭人与人之间的分工，教育、训练和培养出**全面发展的**和受到**全面训练**的人，即**会做一切工作的人**。共产主义正在向这个目标前进，必须向这个目标前进，并且**一定能达到**这个目标，不过需要经过许多岁月。如果目前就企图提前实现将来共产主义充分发展、完全巩固和形成、完全展开和成熟的时候才能实现的东西，这无异于叫四岁的小孩去学高等数学。

我们可以（而且必须）利用资本主义遗留下来的人才，而不是利用虚构的和我们特别造就的人才来着手建设社会主义。这当然是很"困难的"，不过，想用其他任何办法来完成这项任务都是异想天开，简直不值一提。

在资本主义发展初期，建立工会是工人阶级的一大进步，使工人由散漫无助的状态过渡到了**初步**的阶级联合。当无产者的阶级联合的**最高形式**，即**无产阶级的革命政党**（要是这个党不学会把领袖和阶级、领袖和群众结成一个整体，结成一个不可分离的整体，它便不配拥有这种称号）开始成长的时候，工会就不可避免地暴露出**某些**反动色彩，如某种行会的狭隘性，某种不问政治的倾向以及某些因循守旧的积习等等。但是除了通过工会，通过工会同工人阶级政党的协同动作，无产阶级在世界上任何地方从来没有而且也不能有别的发展道路。无产阶级夺取政权是无产阶级这个阶级向前迈出的一大步，这时候党更需要用新的方法而不单纯靠旧有的方法去对工会进行教育和领导，同时不应当忘记，工会现在仍然是、将来在一个长时期内也还会是一所必要的"共产主义学校"和无产者实现其专政的预备学校，是促使国家整个经济的管理职能逐渐转到工人**阶级**（而不是某个行业的工人）手中，进而转到全体劳动者手中所必要的工人联合组织。

上面所说的工会的**某种**"反动性"，在无产阶级专政时期是**难免的**。不懂得这一点，就是完全不懂得从资本主义向社会主义**过渡**的基本条件。害怕**这种**"反动性"，企图**避开**它，跳过它，是最愚蠢不过的了，因为这无异是害怕发挥无产阶级先锋队的作用，即训练、启发、教育工人阶级和农民中最落后的阶层和群众并吸引他们来参加新生活。另一方面,如果把无产阶级专政推迟到没有一个工人抱狭隘的行业观念、没有一个工人抱行会偏见和工联主义偏见的那一天才去实现,那错误就更加严重了。政治家的艺术(以及共产党人对自己任务的正确理解)就在于正确判断在什么条件下、在什么时机无产阶级先锋队可以成功地取得政权,可以在取得政权过程中和取得政权以后得到工人阶级和非无产阶级劳动群众十分广大阶层的充分支持,以及在取得政权以后,能够通过教育、训练和争取愈来愈多的劳动群众来支持、巩固和扩大自己的统治。

其次,在那些比俄国先进的国家里,毫无疑义,工会的某种反动性显得比俄国严重得多,这也是必然的。在我国,孟什维克过去在工会中所以得到支持(今天在很少数的工会中,也还得到部分支持),正是由于存在着行会的狭隘性、职业上的利己主义和机会主义。西欧的孟什维克在工会里的"地盘"巩固得多,那里形成的"**工人贵族**"阶层比我国的强大得多,他们**抱有行业的、狭隘的观念,只顾自己,冷酷无情,贪图私利,形同市侩,倾向于帝国主义,被帝国主义收买,被帝国主义腐蚀**。这是无可争辩的。同龚帕斯之流,同西欧的茹奥、韩德逊、梅尔黑姆、列金之流的先生们作斗争,要比同我国的孟什维克作斗争困难得多。他们**完全**是**同一个**社会类型和政治类型的人。但是必须无情地进行这种斗争,必须像我们过去所做的那样把斗争进行到底,直到一切不可救药的机会主义和社会沙文主义领袖丢尽了丑,从工会中被驱逐出去为止。这种斗争没有进行到**一定的**程度,就不能夺取政权(而且也不应该去作夺取政权的尝试)。不过在不同的国家和不同的情况下,这个"一定的程度"**是不一样的**;只有每个国家的深谋远虑、经验丰富、熟悉情况的无产阶级政治领导者才能正确地估计这种程度。（顺便提一下，在1917年《10月25日无产阶级革命后几天，即1917年11月间所举行的立宪会议选举，就是衡量我国进行这种斗争胜负的尺度。在这次选举中，孟什维克一败涂地，只获得70万票，加上外高加索的票数，一共只有140万票，而布尔什维克却获得了900万票。见《共产国际》杂志³¹第7—8期合刊上我写的《立宪会议选举和无产阶级专政》①一文。）

　　但是，我们同"工人贵族"作斗争，是代表工人群众进行的，是为了把工人群众争取过来；我们同机会主义和社会沙文主义的领袖们作斗争，是为了把工人阶级争取过来。如果忘记这个最浅显最明白的道理，那是愚蠢的。而德国"左派"共产党人做的正是这种蠢事，他们**由于工会上层分子**反动反革命，竟得出结论要……退出工会!! 拒绝在工会中工作!! 建立新的**臆想出来的**工人组织形式!! 这真是不可宽恕的愚蠢行为，这无异是共产党人给资产阶级帮大忙，因为我们的孟什维克正像一切机会主义的、社会沙文主义的、考茨基主义的工会领袖那样，无非都是"资产阶级在工人运动中的代理人"（我们一向都是这样称呼孟什维克的），或者，按美国丹尼尔·德莱昂派使用的一个绝妙的极其中肯的说法，是"资本家阶级的工人帮办"（labor lieutenants of the capitalist class）。不在反动工会里工作，就等于抛开那些还不够十分成熟的或落后的工人群众，听凭他们接受反动领袖、资产阶级的代理人、工人贵族或"资产阶级化了的工人"（参看恩格斯1858年写给马克思的论英国工人的信②）的影响。

---

　　①　见本版全集第38卷第1—25页。——编者注
　　②　参看《马克思恩格斯文集》第10卷第164—165页。——编者注

正是这种主张共产党人不参加反动工会的荒谬"理论"最清楚不过地说明,这些"左派"共产党人在对待影响"群众"的问题上所采取的态度是多么轻率,说明他们在高喊"群众"时是如何滥用这个字眼的。要想善于帮助"群众",赢得"群众"的同情、爱戴和支持,就必须不怕困难,不怕那些"领袖"对我们进行挑剔、捣乱、侮辱和迫害(这些机会主义者和社会沙文主义者多半都直接或间接地同资产阶级和警察有勾结),**哪里有群众**,就一定**到哪里去工作**。应该善于作出一切牺牲,克服极大的障碍,在一切有无产阶级群众或半无产阶级群众的机关、社团和协会(哪怕这些组织是最反动不过的)里有步骤地、顽强地、坚定地、耐心地进行宣传和鼓动。而工会和工人合作社,恰恰就是(后者至少有时是)这种有群众的组织。据瑞典《人民政治日报》[32] 1920 年 3 月 10 日所刊登的材料,英国工联会员,从 1917 年底到 1918 年底,已经由 550 万人增加到 660 万人,即增加了 19%。1919 年底,已达 750 万人。我手头没有法、德两国的有关材料,但是证明这两国工会会员也有大量增加的事实,是丝毫不容置疑的,是人所共知的。

这些事实同其他千百件事实一样,也最清楚不过地证明,正好是无产阶级群众、"下层"群众、落后群众的觉悟程度正在提高,要求组织起来的愿望日益迫切。当英、法、德各国的几百万工人**第一次**摆脱完全无组织的状态,进入初步的、低级的、最简单的、最容易接受的(对那些满脑子资产阶级民主偏见的人说来)组织形式即工会的时候,那班虽然革命但不明智的左派共产党人却站在一旁,空喊"群众","群众"!并且**拒绝在工会内部进行工作!!**借口工会的"反动性"而拒绝去工作!!臆想出一种崭新的、纯洁的以及没有沾染资产阶级民主偏见、没有行会习气和狭隘行业观念的"工人联合会",一种将会(将会!)具有广泛性而只要(只要!)"承认苏维埃制度和专政"(见前面引文)就可以加入的"工人联合会"!!

　　很难想象谁还会比"左派"革命家更不明智,给革命带来更大的危害!即使现时在俄国,在我们对本国和协约国的资产阶级取得空前胜利的两年半之后的今天,如果我们提出"承认专政"作为加入工会的条件,那我们也是在做蠢事,破坏自己对群众的影响,帮助孟什维克。这是因为共产党人的全部任务,就是要善于**说服**落后分子,善于**在**他们**中间**进行工作,而不是臆想出一些幼稚的"左的"口号,**把自己同他们隔离开来**。

　　毫无疑义,龚帕斯、韩德逊、茹奥、列金之流的先生们是非常感谢这样一些"左派"革命家的,因为后者像德国的"原则上的"反对派(上帝保佑我们摆脱这种"原则性"吧!)或美国的"世界产业工人联合会"[33]的某些革命者一样,鼓吹退出反动工会,拒绝在那里进行工作。毫无疑义,机会主义的"领袖"先生们一定会使用各种资产阶级的外交手腕,借助资产阶级政府、神父、警察和法庭的力量,来阻止共产党人进入工会,千方百计地把他们从工会中排挤出去,尽量使他们在工会中工作不顺心,并且对他们进行侮辱、攻击和迫害。我们应当善于对付这一切,不怕任何牺牲,必要时甚至可以采用各种巧妙的计谋和不合法的手段,可以保持缄默,掩饰真情,只求打入工会,留在工会里,想尽方法在那里进行共产主义工作。在沙皇制度下,1905年以前,我们不曾有过任何"合法机会",但是当暗探祖巴托夫为了追捕革命者、同革命者进行斗争而召开黑帮工人会议、组织黑帮工人团体时,我们就派遣我们的党员到这种会议上和团体中去(我个人还记得其中有彼得堡的优秀工人巴布什金同志,他在1906年被沙皇的将军们枪杀了),同群众建立联系,巧妙地进行鼓动,使工人不致受祖巴托夫分子①的影响。当然,在西欧,由于合法偏见、立宪偏见和资产阶级民主偏见根深蒂固,进行这种工作要更为困难。但是这种工作能够进行而且必须进行,并且要经常不断地去进行。

我个人认为,第三国际执行委员会应当公开谴责并建议共产国际下次代表大会也来谴责不参加反动工会的政策(详细说明这种不参加反动工会的政策是不明智的,是对无产阶级革命事业有极大害处的),还要谴责荷兰共产党的某些党员支持(不管是直接或间接地、公开或隐蔽地、完全或部分地支持,都是一样)这种错误政策的行动路线。第三国际应当同第二国际的策略决裂,对于难以解决的迫切问题不应回避、掩盖,而要直截了当地提出来。我们已经把全部真理公开地告诉了"独立党人"(德国独立社会民主党)②,我们也应当把全部真理公开地告诉"左派"共产党人。

七

参加不参加资产阶级议会？

德国"左派"共产党人以极端鄙视又极端轻率的态度对这个问题作了否定的回答。他们的论据是什么呢？我们在前面的引文中已经看到:

---

① 龚帕斯、韩德逊、茹奥、列金之流,也就是祖巴托夫式的人物,他们和我国的祖巴托夫所不同的只是穿着欧洲的服装,具有欧洲的风度,在推行自己的无耻政策时采用一些文明、精巧和民主的粉饰手段。

② 见本版全集第38卷第68—75页。——编者注

"……凡是回头再去采用在历史上和政治上已经过时的议会制斗争形式……都应当十分坚决地拒绝。"

这话说得狂妄到了可笑的地步，而且显然是错误的。"回头再去采用"议会制！莫非在德国已经建立了苏维埃共和国？恐怕还没有吧！那么，怎么说得上"回头再去采用"呢？难道这不是一句空话吗？

议会制"在历史上已经过时了"。就宣传意义上来说，这是对的。但是谁都知道，从宣传到**实际**战胜议会制，还相距很远。早在几十年前，就可以而且完全有理由宣布资本主义"在历史上已经过时了"，但是决不能因此就说不必要**在资本主义基地上**进行很长期很顽强的斗争。就**世界历史**来说，议会制"在历史上已经过时了"，这就是说，资产阶级议会制**时代**已经告终，无产阶级专政**时代**已经**开始**。这是毫无疑义的。但是世界历史的尺度是以数十年为单位来衡量的。早10—20年或迟10—20年，这用世界历史的尺度来衡量，是算不得什么的，这从世界历史的角度来看，是微不足道的，甚至是无法大致估计在内的。正因为如此，拿世界历史的尺度来衡量实际政策问题，便是绝对不能容忍的理论错误。

议会制"在政治上已经过时了"吗？这是另外一回事。如果真是如此，那么"左派"的立场就是稳固的了。不过，这需要十分严肃认真的分析来加以证明，而"左派"连这样做的门径都还摸不着。在《共产国际驻阿姆斯特丹临时办事处公报》第1期（«Bulletin of the Provisional Bureau in Amsterdam of the Communist International»，1920年2月）上登载了一篇《关于议会活动的提纲》，这篇提纲显然是反映了荷兰左派或左派荷兰人的意向，其中的分析也是十分拙劣的，这一点，我们在下面就可以看到。

第一,大家知道,同罗莎·卢森堡和卡尔·李卜克内西这样一些卓越的政治领导者的见解相反,德国"左派"早在1919年1月就认为议会制"在政治上已经过时了"。大家知道,"左派"是错了。单单这一点就立刻从根本上推翻了议会制"在政治上已经过时了"的论断。"左派"应该证明,为什么他们那时的不容争辩的错误,现在却不成其为错误了。他们没有拿出也不可能拿出丝毫的证据来。一个政党对自己的错误所抱的态度,是衡量这个党是否郑重,是否**真正**履行它对本**阶级**和劳动**群众**所负义务的一个最重要最可靠的尺度。公开承认错误,揭露犯错误的原因,分析产生错误的环境,仔细讨论改正错误的方法——这才是一个郑重的党的标志,这才是党履行自己的义务,这才是教育和训练**阶级**,进而又教育和训练**群众**。德国的(以及荷兰的)"左派"没有履行自己的这一义务,没有极仔细地认真地严肃地研究自己明显的错误,这恰恰证明他们不是**阶级的党**,而是一个小组,不是**群众的党**,而是知识分子和沾染了知识分子恶习的少数工人的一个小团体。

第二,在"左派"的法兰克福组织出版的同一本小册子里,除了上面详细摘引的言论之外,我们还可以读到:

"……数百万的仍旧跟着中央党**34**〈天主教"中央"党〉政策走的工人是反革命的。农村无产者正在提供众多的反革命军队。"(上述小册子第3页)

这些话显然说得太随便、太夸大了。但是这里所叙述的基本事实却是不容争辩的;"左派"既然承认这个事实,便特别明显地证实了他们的错误。既然"数百万的"和"众多的"**无产者**,不仅仍旧赞成议会制,而且简直是"反革命的",那怎么能说"议会制在政治上已经过时了"呢!? 显然在德国,议会制在政治上**还没有**过时。

显然是德国"左派"把**自己的愿望**，把自己思想上政治上的态度，当做了客观现实。这对革命家是最危险的错误。在俄国，沙皇制度的压迫异常野蛮、异常残暴，从而在一个特别长的时期里，通过多种多样的形式造就了各种派别的革命家，造就了无限忠诚、热情、英勇和坚强的革命家；在俄国，我们曾经对革命家所犯的这种错误，作过特别真切的观察、特别仔细的研究，我们对这种错误特别熟悉，所以对别人身上的这种错误也看得特别清楚。对于德国共产党人来说，议会制当然"在政治上已经过时了"，可是问题恰恰在于**不能认为对于我们**已经过时的东西，**对于阶级**、**对于群众**也已经过时。正是在这一点上我们又一次看到，"左派"不善于作为**阶级**的党、作为**群众**的党来判断事理，处理事情。你们决不应该把自己降低到群众的水平，降低到本阶级中落后阶层的水平。这是毫无疑义的。你们应该对他们说不中听的真话。你们应该把他们的资产阶级民主偏见和议会制偏见叫做偏见。但是同时你们也应该**清醒地**注意到正是整个阶级的（而不仅是它的共产主义先锋队的）、正是全体劳动**群众**的（而不仅是他们的先进分子的）觉悟和准备的**实际状况**。

即使不是"数百万的"和"众多的"，而是只有相当数量的**少数**产业工人跟着天主教神父走，只有相当数量的**少数**农业工人跟着地主和富农（Großbauern）走，那么根据这一点也可以**毫无疑义地**得出结论说，在德国，议会制在政治上**还没有**过时，革命无产阶级的政党**必须**参加议会选举，参加议会讲坛上的斗争，其目的**正是**在于教育**本阶级**的落后阶层，正是在于唤醒和启发水平不高的、备受压抑和愚昧无知的农村**群众**。当你们还无力解散资产阶级议会以及其他类型的任何反动机构的时候，你们就应该在这些机构内部工作，**正是**因为在那里还有受神父愚弄的、因身处穷乡僻壤而闭塞无知的工人；不然，你们就真有成为空谈家的危险。

第三，"左派"共产党人说了许许多多称赞我们布尔什维克的好话。有时我不禁要说：你们还是少称赞我们几句，多研究研究布尔什维克的策略，多熟悉熟悉这些策略吧！1917 年 9—11 月间，我们参加了俄国资产阶级议会即立宪会议的选举。我们当时的策略是否正确呢？如果是不正确的，那就应该明确地说出来，并且加以证明，因为这样做是国际共产主义运动制定正确策略所必需的。如果是正确的，那就应该由此作出一定的结论。当然，不能把俄国的条件和西欧的条件等量齐观。但是在专门谈"议会制在政治上已经过时了"这个概念究竟是什么意思的时候，就必须准确地估计到我国的经验，因为不估计到具体经验，这类概念就很容易流为空谈。我们俄国布尔什维克在 1917 年 9—11 月间，岂不是比西方任何一国的共产党人都**更**有理由认为议会制在俄国在政治上已经过时了吗？当然是这样，因为问题不在于资产阶级议会存在时间长短，而在于广大劳动群众对于采用苏维埃制度、解散（或容许解散）资产阶级民主议会的**准备**（思想上、政治上、实践上），达到了什么程度。至于 1917 年 9—11 月间，由于种种特殊条件，俄国的城市工人阶级、士兵和农民对于采用苏维埃制度和解散当时最民主的资产阶级议会已经有了非常充分的准备，这是丝毫不容争辩的、明明白白的历史事实。虽然如此，布尔什维克还是**没有**抵制立宪会议，而是在无产阶级夺取政权以前**和以后**都参加了立宪会议的选举。这次选举收到了非常可贵的（对于无产阶级极为有益的）政治效果，我想，这一点我在前面提到的那篇详尽分析俄国立宪会议选举材料的文章①中已经证明了。

由此可以得出一个丝毫不容争辩的结论：经验证明，甚至在苏维埃共和国胜利以前的几个星期里，甚至**在胜利以后**，参加资产阶级民主议会，不仅对革命无产阶级没有害处，反而会使它易于向落后群众**证明**为什么这种议会应该解散，**易于把这种议会解散**，**易于**促使资产阶级议会制"在政治上过时"。不重视这种经验，同时却希望留在必须**以国际的观点**来制定策略（不是狭隘的或片面的一国的策略，而正是国际的策略）的共产**国际**，那就是犯极大的错误，那就恰恰是口头上承认国际主义，行动上背弃国际主义。

我们现在来看看"荷兰左派"主张不参加议会的论据。下面就是刚才提到的"荷兰人的"提纲中最重要的一条即第4条的译文（译自英文）：

"在资本主义的生产体系已经崩溃而社会已处于革命状态的时候，议会活动同群众本身的行动比较起来，便逐渐失去意义。在这种条件下，议会正在变成反革命的中心和反革命的机构，而另一方面，工人阶级正在建立自己的政权工具即苏维埃；这时候，拒绝以任何方式参加议会活动，甚至可能是必要的。"

头一句话显然就错了，因为群众的行动，例如大罢工，**任何时候**都比议会活动重要，决不是仅仅在革命时期或在革命形势下才如此。这种显然站不住脚的、从历史上和政治上来看都是错误的论据，只是特别清楚地表明，提纲作者们既绝对没有考虑到全欧洲的经验（法国1848年、1870年革命前的经验，德国1878—1890年的经验等等），也绝对没有考虑到俄国的经验（见上面），没有考虑到把合法斗争和不合法斗争**配合起来**的重要性。这个问题，一般

---

① 见本版全集第38卷第1—25页。——编者注

说来,或是就特定的情况说来,都具有极其重大的意义,因为在**一切**文明的先进的国家内,由于无产阶级和资产阶级之间的国内战争日益成熟和逼近,由于百般侵犯合法性的共和制政府以及所有资产阶级政府疯狂迫害共产党人(只要看看美国的例子就够了),等等,革命无产阶级的政党愈来愈有必要(有些地方早已有必要)把合法斗争和不合法斗争配合起来的时刻正在迅速到来。荷兰人以至一切左派对这个极为重要的问题却根本不懂。

第二句话,首先从历史上来看就是错误的。我们布尔什维克参加过极端反革命的议会,而且经验表明:正是在俄国第一次资产阶级革命(1905 年)之后,这样做对于革命无产阶级的政党准备第二次资产阶级革命(1917 年 2 月),以及后来准备社会主义革命(1917 年 10 月),不但是有益的,而且是必要的。其次,这句话说得极其不合逻辑。既然议会正在变成反革命的机构和反革命的"中心"(附带说一句,实际上议会从来没有成为而且也不可能成为"中心"),而工人正在创立自己的政权工具即苏维埃,那么由此得出的结论自然是:工人必须作好准备(在思想上、政治上、技术上作好准备),去开展苏维埃反对议会的斗争,用苏维埃去解散议会。然而决不能由此得出结论说,**在**反革命的议会**内部**有拥护苏维埃的反对派,会使解散议会变得困难或者变得不那么方便。当我们胜利地进行反对邓尼金和高尔察克的斗争时,我们从来没有认为,他们那里有拥护苏维埃的反对派即无产阶级反对派这一点,对我们获得胜利是无关紧要的。我们十分清楚,反革命立宪会议内部有布尔什维克这样彻底的拥护苏维埃的反对派和左派社会革命党人这样不彻底的拥护苏维埃的反对派,这对于我们在 1918 年 1 月 5 日解散立宪会议,不是造成了困难,而是提供了方便。提纲的作者们陷入了混乱,他们忘记了多次革命甚至是所有革命的一条经验,而这条经验证明,在革命时期,把反动议会外的群众行动和议会内部同情革命的(如果是直接支持革命的,那就更好)反对派的活动**配合起来**,是特别有益的。荷兰人以至一切"左派"在这方面的言论活像空谈革命的学理主义者,他们从来没有参加过真正的革命,或者从来没有深入探讨过革命史,或者天真地以为主观上"否定"某种反动机构,便算是实际上用许多客观因素合成的力量把这种机构破坏了。使一种新的政治思想(不仅是政治思想)声誉扫地,受到损害,最有效的方法就是以维护为名,把它弄到荒谬绝伦的地步。这是因为任何真理,如果把它说得"过火"(如老狄慈根所说的那样),加以夸大,把它运用到实际适用的范围之外,便可以弄到荒谬绝伦的地步,而且在这种情形下,甚至必然会变成荒谬绝伦的东西。荷兰和德国的左派给予苏维埃政权比资产阶级民主议会优越这一新的真理的,正是这种熊的帮忙[35]。自然,谁要是按照老套套笼统地说,在任何条件下都不可以拒绝参加资产阶级议会,那也是不对的。我不想在这里来说明在哪些条件下抵制议会才是有利的,因为本文的任务要小得多,只是结合国际共产主义策略中的几个迫切问题来考察俄国的经验。俄国的经验告诉我们,布尔什维克的抵制一次是成功的、正确的(1905年),另一次则是错误的(1906年)。我们分析一下第一次抵制的情形,便可以看到,那一次所以能够**使**反动政权**召开不了**反动议会,是因为当时群众的议会外的(尤其是罢工的)革命行动正在异常迅速地发展,无产阶级和农民中任何一个阶层都不会给反动政府以任何支持,而革命无产阶级通过罢工斗争和土地运动保证了自己对广大落后群众的影响。十分明显,在欧洲目前的条件下**这个**经验是不适用的。根据上述理由,同样十分明显,荷兰人和"左派"为拒绝参加议会的主张辩护(哪怕是有条件的辩护),是根本错误的,对于革命无产阶级的事业是有害的。

在西欧和美国,议会已经成为工人阶级中先进革命分子深恶痛绝的东西。这是不容争辩的。这是完全可以理解的,因为很难想象还有什么比大多数社会党议员和社会民主党议员战时和战后在议会中的所作所为更卑鄙无耻、更具有叛卖性了。但是,如果在解决应当**怎样**去同这一公认的祸害作斗争的问题时,竟任凭这种情绪来支配,那就不仅不明智,而且简直是犯罪了。在西欧许多国家里出现革命情绪,目前可以说是件"新鲜事",或者说是"稀罕事",人们盼望这种情绪太久、太失望、太焦急了,或许正因为这个缘故,人们才这样容易为情绪所支配。当然,没有群众的革命情绪,没有促使这种情绪高涨的条件,革命的策略是不能变为行动的,但是,俄国过于长久的惨痛的血的经验,使我们确信这样一个真理:决不能只根据革命情绪来制定革命策略。制定策略,必须清醒而极为客观地估计到本国的(和邻国的以及一切国家的,即世界范围内的)**一切**阶级力量,并且要估计到历次革命运动的经验。仅仅靠咒骂议会机会主义,仅仅靠否认参加议会的必要,来显示自己的"革命性",这是非常容易的,但是正因为太容易了,所以不是完成困难的、极其困难的任务的办法。在欧洲各国议会里,建立真正革命的议会党团,要比在俄国困难得多。这是不言而喻的。然而这只是说出了全部真理的一部分,而全部真理是:俄国在1917年那种历史上非常独特的具体形势下,**开始**社会主义革命是容易的,而要把革命**继续下去**,把革命进行到底,却要比欧洲各国困难。我还在1918年年初就指出了这个情况,此后两年来的经验也完全证实了这种看法是正确的。俄国当时的特殊条件是:(1)有可能把苏维埃革命同结束(通过苏维埃革命)给工农带来重重灾难的帝国主义战争联结起来;(2)有可能在一定时期内利用称霸世界的两个帝国主义强盗集团之间的殊死斗争,当时这两个集团不能联合起来反对苏维埃这个敌人;(3)有可能坚持比较长期的国内战争,其部分原因是俄国幅员广大和交通不便;(4)当时农民中掀起了非常深刻的资产阶级民主革命运动,无产阶级政党就接过了农民政党(即社会革命党,他们多数党员是激烈反对布尔什维主义的)的革命要求,并且由于无产阶级夺取了政权而立即实现了这些要求。这些特殊条件,目前在西欧是没有的,而且重新出现这样的或类似的条件也不是很容易的。除其他一些原因外,这也是西欧**开始**社会主义革命比我国困难的一个原因。要想"避开"这种困难,"跳过"利用反动议会来达到革命目的这个难关,那是十足的孩子气。你们要建立新社会吗?可是你们又害怕困难,不去在反动议会内建立一个由坚定、忠诚、英勇的共产党人组成的优秀的议会党团!难道这不是孩子气吗?德国的卡尔·李卜克内西和瑞典的塞·霍格伦甚至在得不到来自下面的群众支持的情况下,尚且能够树立以真正的革命精神利用反动议会的榜样,难道一个迅速发展着的群众性的革命政党,处在战后群众大失所望、愤怒异常的环境中,反而不能在那些最可恶的议会里**锻造出**一个共产党党团来吗?!正因为西欧工人中的落后群众,尤其是小农中的落后群众,受资产阶级民主偏见和议会制偏见的熏染比俄国的要厉害得多,所以共产党人**只有**从资产阶级议会这种机构内部,才能(并且应该)进行长期的、顽强的、百折不挠的斗争,来揭露、消除和克服这些偏见。

德国"左派"抱怨他们党的那些"领袖"不好,因此悲观失望,以至于采取"否定""领袖"的可笑态度。然而处在常常必须把"领袖"秘密隐藏起来的条件下,要**造就**可以信赖的、久经考验的和享有威望的好"领袖"是特别困难的事情;要顺利地克服这些困难,就**非把合法工作和不合法工作配合起来,使"领袖"受到考验不可,其中包括议会斗争的考验**。批评,而且是最尖锐、最无情和最不调和的批评,不应该是针对议会斗争或议会活动,而应该是针对那些不善于尤其是**不愿意**以革命精神、以共产主义精神来利用议会选举和议会讲坛的领袖。只有这种批评(当然同时也要驱逐不称职的领袖,而代之以称职的领袖)才是既有益处又有实效的革命工作,才能一方面教育"领袖",使他们无愧于工人阶级和劳动群众,另一方面又教育群众,使他们学会正确地分析政治形势,了解在这种政治形势下产生出来的往往是非常错综复杂的任务。①

---

① 我很少有机会了解意大利"左派"共产主义者。博尔迪加同志及其"共产主义者抵制派"(Comunista astensionista)**36**维护不参加议会的主张无疑是不对的。可是,根据两号他主编的《苏维埃报》**37**(1920 年 1 月 18 日和 2 月 1 日《苏维埃报》第 3 号和第 4 号)、四期塞拉蒂同志主编的出色的《共产主义》杂志**38**(1919 年 10 月 1 日—11 月 30 日《共产主义》杂志第 1—4 期)以及我所能读到的几份零散的意大利资产阶级报纸看来,我以为他有一点是对的。那就是说,博尔迪加同志和他那一派人对屠拉梯及其同伙的抨击是正确的,因为后者依然留在一个承认苏维埃政权和无产阶级专政的政党里,依然当议员,并继续奉行危害极大的机会主义的老政策。塞拉蒂同志和整个意大利社会党**39**容忍这种现象,当然是一个错误,这种错误也会像在匈牙利那样带来很大的害处和危险,匈牙利的屠拉梯之流的先生们就是从内部暗中破坏党和苏维埃政权的**40**。对机会主义的议员采取这种错误的、不彻底的或软弱的态度,一方面促成"左派"共产主义者的出现,另一方面又**在一定程度上证明**"左派"共产主义者的存在是对的。塞拉蒂同志指责议员屠拉梯"不彻底"(《共产主义》杂志第 3 期)显然是不对的,其实不彻底的正是意大利社会党,它容忍了屠拉梯之流这样的机会主义的议员。

八

不作任何妥协吗？

我们从上面引自法兰克福出版的小册子的那段话里，已经看到"左派"何等坚决地提出"不作任何妥协"的口号。这些无疑是以马克思主义者自居并且愿意做马克思主义者的人，竟忘记了马克思主义的基本真理，这实在使人感到可悲。请看看1874年恩格斯反驳33个布朗基派公社战士的宣言时说的话吧（恩格斯同马克思一样，都属于那种少见的和极少见的著作家，能做到每一巨著中的每一句话含义都极为深刻）：

"'……〈布朗基派公社战士的宣言中说〉我们所以是共产主义者，是因为我们要达到自己的目的，不在中间站停留，不作妥协，因为妥协只会推迟胜利到来的日子，延长奴隶制的寿命。'

德国共产主义者所以是共产主义者，是因为他们通过一切不是由他们而是由历史发展进程造成的中间站和妥协，始终清楚地瞄准和追求最后目的：消灭阶级和建立不再有土地私有制和生产资料私有制的社会。33个布朗基主义者所以是共产主义者，是因为他们以为，只要**他们**想跳过各个中间站和各种妥协，那就万事大吉了，只要——他们确信如此——日内'干起来'，政权落到他们手中，那么后天'就会实行共产主义'。因此，如果这不能立刻办到，那他们也就不是共产主义者了。

把自己的急躁当做理论上的论据，这是何等天真幼稚！"（弗·

恩格斯《公社的布朗基派流亡者的纲领》^①，载于德国社会民主党的报纸《人民国家报》**⁴¹**1874年第73号，引自《1871—1875年论文集》俄译本1919年彼得格勒版第52—53页）

　　恩格斯在这篇论文中对瓦扬深表敬意，说瓦扬有"不容争辩的功绩"（瓦扬和盖得一样，在1914年8月背叛社会主义以前是国际社会主义运动影响极大的领袖）。但是，恩格斯对他的明显的错误却没有放过，而作了详尽的剖析。当然，在年纪很轻、没有经验的革命者看来，以及在甚至岁数很大、经验很多的小资产阶级革命者看来，好像"容许妥协"是异常"危险的"，是不可理解和不正确的。而许多诡辩家（那班十二分"有经验的"政客）也正像兰斯伯里同志所提到的那些英国机会主义领袖那样，议论什么"既然布尔什维克可以作某种妥协，为什么我们不可以作任何妥协呢?"但是，在多次罢工（我们只拿阶级斗争的这一种表现来说）中受到教育的无产者，对恩格斯所阐明的这一极深刻的（哲学上的、历史上的、政治上的、心理学上的）真理通常都能很好地领会。每个无产者都经历过罢工，都同可恨的压迫者和剥削者作过"妥协"，那就是，在自己的要求完全没有达到，或者只得到部分的满足时，也不得不去上工。每个无产者由于处在群众斗争和阶级对立急剧尖锐化的环境里，都看到了下列两种妥协之间的差别：一种是为客观条件所迫（罢工者的基金告竭，没有外界援助，陷于极端饥饿和苦难的境地）而作的妥协，这种妥协丝毫不会削弱实行这种妥协的工人对革命的忠诚和继续斗争的决心；另一种是叛徒的妥协，他们贪图私利（工贼也实行"妥协"!），怯懦畏缩，甘愿向资本家讨好，屈从于资本家的

---

　　① 参看《马克思恩格斯文集》第3卷第362—364页。——编者注

威胁、利诱、劝说、捧场(这种叛徒的妥协,在英国工人运动史上,英国工联领袖作得特别多,然而所有国家的几乎所有的工人都见到过这种或那种形式的类似现象),却把原因推给客观。

当然,有时也可以遇到异常困难复杂的个别情况,要花极大的气力,才能正确断定某一"妥协"的真实性质,——正像有些杀人案件,很难断定这些杀人行为是完全正当的,甚至是必要的(例如正当防卫),或者是不可原谅的疏忽,或者甚至是经过精心策划的谋害。当然,在政治上有时由于各阶级和各政党之间的(国内的和国际的)相互关系异常错综复杂,有许多情况判断起来,要远比判断什么是罢工中的合理"妥协",什么是工贼、叛徒领袖等等的叛卖性"妥协",更为困难。如果要开一张包治百病的丹方,或者拟定一个适用于一切情况的一般准则("不作任何妥协"!),那是很荒谬的。为了能够弄清各个不同的情况,应该有自己的头脑。党组织的作用和名副其实的党的领袖的作用,也正在于通过本阶级一切肯动脑筋的分子①所进行的长期的、顽强的、各种各样的、多方面的工作,获得必要的知识、必要的经验、必要的(除了知识和经验之外)政治嗅觉,来迅速而正确地解决各种复杂的政治问题。

幼稚而毫无经验的人们以为,只要一承认容许**妥协**,就会抹杀机会主义(我们正同它并且必须同它进行不调和的斗争)和革命马克思主义或共产主义之间的任何界限。假使这些人还不懂得,无论自然界还是社会中,**一切**界限都是变动的,而且在一定程度上都

---

① 每个阶级,即使是在最文明的国家里,即使它是最先进的阶级,并且由于当前的形势,它的一切精神力量得到最高度发挥,其中也总会有一些分子**不动脑筋**和不会动脑筋,而且只要阶级还存在,只要无阶级的社会还没有在自己的基础上完全加强、巩固和发展起来,就必然**还会有**这样一些分子。否则,资本主义便不成其为压迫群众的资本主义了。

是有条件的，那么除了通过长期的训练、培养和教育，让他们取得政治经验和生活经验以外，就没有别的办法可以帮助他们。重要的是在每个个别的或特殊的历史关头，要善于从实际政治问题中识别哪些问题上表现出某种最主要的而且是不能容许的、叛卖性的、危害革命阶级的机会主义的妥协，并且要竭尽全力揭露这种妥协，同它进行斗争。在两个同样进行抢劫、进行掠夺的国家集团间进行帝国主义战争（1914—1918年）时，这样的最主要的、基本的一种机会主义，就是社会沙文主义，也就是主张"保卫祖国"，在**这样一场**战争中"保卫祖国"，实际上就等于保卫"本国"资产阶级的强盗利益。在大战以后，保卫掠夺性的"国际联盟"**42**；保卫同本国资产阶级订立的直接或间接的联盟而反对革命无产阶级和"苏维埃"运动；保卫资产阶级民主制和资产阶级议会制而反对"苏维埃政权"——这些就是不能容许的叛卖性妥协的最主要表现，这些妥协合在一起就是危害革命无产阶级及其事业的机会主义。

德国左派在法兰克福出版的小册子里写道：

"……凡是同其他政党妥协……凡是实行机动和通融的政策，都应当十分坚决地拒绝。"

也真奇怪，这些左派既抱着这种见解，却没有坚决地斥责布尔什维主义！德国左派不会不知道在布尔什维主义全部历史中，无论在十月革命前或十月革命后，都**充满着**对其他政党包括对资产阶级政党实行机动、通融、妥协的事实！

为了推翻国际资产阶级而进行的战争，比国家之间通常进行的最顽强的战争还要困难百倍，费时百倍，复杂百倍；进行这样的战争而事先拒绝采用机动办法，拒绝利用敌人之间利益上的矛盾

（哪怕是暂时的矛盾），拒绝同各种可能的同盟者（哪怕是暂时的、不稳定的、动摇的、有条件的同盟者）通融和妥协，这岂不是可笑到了极点吗？这岂不是正像我们千辛万苦攀登一座未经勘察、人迹未到的高山，却预先拒绝有时要迂回前进，有时要向后折转，放弃已经选定的方向而试探着从不同的方向走吗？而那些如此缺乏觉悟、如此没有经验的人（如果这真是因为他们年轻，那还算好：上帝本来就让青年在一定的时间内说这类蠢话的），居然能得到荷兰共产党内某些党员的支持（不管是直接或间接的、公开或隐蔽的、完全或部分的支持，都是一样）！！

　　在无产阶级进行了第一次社会主义革命之后，在一国内推翻了资产阶级之后，这个国家的无产阶级**在很长时期内**，依然要比资产阶级**弱**，这只是因为资产阶级有很广泛的国际联系，还因为在这个推翻了资产阶级的国家里，小商品生产者自发地、经常地使资本主义和资产阶级复活和再生。要战胜更强大的敌人，就必须尽最大的努力，同时**必须**极仔细、极留心、极谨慎、极巧妙地一方面利用敌人之间的一切"裂痕"，哪怕是最小的"裂痕"，利用各国资产阶级之间以及各个国家内资产阶级各个集团或各种类别之间利益上的一切对立，另一方面要利用一切机会，哪怕是极小的机会，来获得大量的同盟者，尽管这些同盟者可能是暂时的、动摇的、不稳定的、不可靠的、有条件的。谁不懂得这一点，谁就是**丝毫不懂得马克思主义，丝毫不懂得现代的科学社会主义**。谁要是没有在相当长的时期内和在各种相当复杂的政治形势下，**在实践上证明他确实会运用这个真理**，谁就还没有学会帮助革命阶级去进行斗争，使全体劳动人类从剥削者的压榨下解放出来。以上所说的一切，对于无产阶级夺取政权**以前**和**以后**的时期，都是同样适用的。

马克思和恩格斯说过，我们的理论不是教条，而是**行动的指南**①；卡尔·考茨基、奥托·鲍威尔这类"正宗的"马克思主义者的最大错误和最大罪恶，就是他们不懂得这一点，不善于在无产阶级革命最紧要的关头按此行事。马克思以前时期的俄国伟大的社会主义者尼·加·车尔尼雪夫斯基常说："政治活动并不是涅瓦大街的人行道。"**43**（涅瓦大街是彼得堡一条笔直的主要街道，它的人行道清洁、宽阔而平坦。）从车尔尼雪夫斯基那时以来，俄国革命家由于忽视或忘记了这个真理，遭受过无数的牺牲。我们无论如何要使西欧和美国的左派共产党人和忠于工人阶级的革命家，**不至于像落后的俄国人那样**，为领会这个真理付出**如此昂贵的代价**。

在沙皇制度被推翻以前，革命的俄国社会民主党人曾经多次利用资产阶级自由派的帮助，那就是说，同他们作过多次实际的妥协；在 1901—1902 年间，在布尔什维主义产生之前，旧《火星报》编辑部（当时参加这个编辑部的有普列汉诺夫、阿克雪里罗得、查苏利奇、马尔托夫、波特列索夫和我）就曾同资产阶级自由派政治领袖司徒卢威结成正式的政治联盟**44**（时间固然不长），同时却善于不间断地在思想上和政治上同资产阶级自由主义及其在工人运动内部反映出来的任何最微小的影响作最无情的斗争。布尔什维克一直奉行这个政策。从 1905 年起，他们一贯坚持工农联盟，反对自由派资产阶级和沙皇制度，同时从来也不拒绝支持资产阶级去反对沙皇制度（例如在第二级选举或在复选时），从来也没有在思想上和政治上停止对农民的资产阶级革命党，即对"社会革命党人"作最不调和的斗争，而是揭露他们的面目，揭露他们是冒充社

---

① 参看《马克思恩格斯文集》第 10 卷第 557 页。——编者注

会主义者的小资产阶级民主派。1907年,在杜马选举中,布尔什维克曾同"社会革命党人"结成短期的正式政治联盟。1903—1912年期间,我们不止一次地和孟什维克形式上同处在一个统一的社会民主党内,每次都有好几年,但是**从来没有**在思想上和政治上停止跟他们这些对无产阶级散布资产阶级影响的人和机会主义者作斗争。在大战期间,我们同"考茨基派"即左派孟什维克(马尔托夫)以及一部分"社会革命党人"(切尔诺夫、纳坦松)作过某些妥协,同他们在齐美尔瓦尔德和昆塔尔一起开过会[45],发表过共同宣言,但是我们从来没有在思想上和政治上停止和削弱对"考茨基派"、对马尔托夫和切尔诺夫的斗争(纳坦松死于1919年,他当时已是一个非常靠拢我们、跟我们意见几乎完全一致的民粹派"革命共产党人"[46])。正当十月革命的时候,我们同小资产阶级的农民结成了一个非正式的、但又非常重要的(而且是非常成功的)政治联盟,我们未作任何修改就**全盘**接受了**社会革命党的**土地纲领,也就是说,我们作了一次明显的妥协来向农民证明,我们并不想用多数票压他们,而是愿意同他们妥协。同时,我们曾经向"左派社会革命党人"[47]建议结成(而且不久就实现了)正式的政治联盟,请他们参加政府;但是在缔结布列斯特和约以后,他们破坏了这个联盟,到1918年7月甚至举行了武装暴动,继而又进行武装斗争来反对我们。

　　因此,很明显,德国左派因为德国共产党中央想跟"独立党人"("德国独立社会民主党",即考茨基派)结成联盟,便加以攻击,在我们看来是极不严肃的,而且这种攻击明显地证明"左派"是**错误的**。我们俄国也有过同德国谢德曼之流类似的右派孟什维克(他们参加过克伦斯基政府)和反对右派孟什维克而同德国考茨基派类似的左派孟什维克(马尔托夫)。1917年,我们明显地看到工人群众逐渐离开孟什维克而转向布尔什维克:在1917年6月举行的全俄苏维埃第一次代表大会上,我们只占代表总数的13%,社会革命党人和孟什维克占大多数;在苏维埃第二次代表大会(俄历1917年10月25日)上,我们已占代表总数的51%。为什么德国工人有**同样的**、完全相同的从右向左的转变趋势,却没有立即增强共产党人的力量,而首先增强了中间政党——"独立"党(虽然这个党从来没有过任何独立的政见和任何独立的政策,而只是摇摆于谢德曼之流和共产党人之间)的力量呢?

很明显,原因之一就是德国共产党人采取了**错误的**策略,德国共产党人必须大胆地老老实实地承认这个错误,并且学会纠正这个错误。这个错误就是否认有必要参加反动的资产阶级议会和反动的工会,这个错误就是以多种形式表现出来的"左派"幼稚病,这种病症现在已经暴露出来,这就可以更好更快地把它治好,对于机体会更有益处。

德国"独立社会民主党"内部,显然是不一致的:其中除那些已经证明不能理解苏维埃政权和无产阶级专政的意义,不能领导无产阶级革命斗争的机会主义老领袖(如考茨基、希法亭,看来克里斯平、累德堡等在很大程度上也是如此)以外,还有一个左翼,即无产阶级一翼已经形成,并且正在非常迅速地发展着。该党数十万无产者党员(党员总数似为75万)正在离开谢德曼而迅速靠拢共产党人。这个无产阶级一翼已经在"独立党人"莱比锡代表大会(1919年)上提议无条件地立即加入第三国际。如果害怕同该党的这一翼"妥协",那简直是可笑的。恰恰相反,共产党人**必须寻找而且必须找到**一种同他们妥协的适当形式,这种妥协一方面可以促进和加速共产党人同这一翼实现必要的完全融合，另一方面**丝毫**不妨碍共产党人对"独立党人"机会主义右翼进行思想上和政治上的斗争。要找到这样一种适当的形式，大概是不容易的，然而只有骗子才会向德国工人和德国共产党人许诺一条"容易"制胜的道路。

如果"纯粹的"无产阶级没有被介于无产者和半无产者（一半依靠出卖劳动力来获得生活资料的人）之间、半无产者和小农（以及小手艺人、小手工业者和所有的小业主）之间、小农和中农之间等等为数众多的形形色色的中间类型所包围，如果无产阶级本身没有分成比较成熟的和比较不成熟的阶层，没有乡土、职业、有时甚至宗教等等的区分，那么资本主义便不成其为资本主义了。由于这一切原因，无产阶级的先锋队，无产阶级的觉悟部分，即共产党，就必须而且绝对必须对无产者的各种集团，对工人和小业主的各种政党采取机动、通融、妥协的办法。全部问题在于要**善于**运用这个策略，来**提高**无产阶级的觉悟性、革命性、斗争能力和制胜能力的**总的**水平，而不是降低这种水平。顺便应当指出：布尔什维克为了战胜孟什维克，不仅在1917年十月革命以前，**就是在此以后也**需要采取机动、通融、妥协的策略，自然，我们所采取的这种策略是靠削弱孟什维克来促进、增进、巩固和加强布尔什维克的。小资产阶级民主派（包括孟什维克在内）必然要动摇于资产阶级和无产阶级之间，动摇于资产阶级民主制度和苏维埃制度之间，动摇于改良和革命之间，动摇于喜爱工人和畏惧无产阶级专政之间等等。共产党人的正确策略，应该是**利用**这种动摇，决不是忽视这种动摇；既然要利用这种动摇，那就得对那些转向无产阶级的分子，在他们转向无产阶级的时候，实行让步，看他们转的程度，来决定让步的程度；同时要同那些转向资产阶级的分子作斗争。由于我们运用了正确的策略，我国孟什维主义已经而且还在日益瓦解，顽固的机会主义领袖陷于孤立，优秀的工人和小资产阶级民主派中的优秀分子，都转入我们的阵营。这是一个长期的过程，所以"不作任何妥协，不实行任何机动"这种操之过急的"决定"，只会有害于加强革命无产阶级影响和扩大革命无产阶级力量的事业。

最后，德国"左派"十分固执地坚持不承认凡尔赛和约[48]，这也是他们的一个明显的错误。这种观点表述得愈"庄重"、愈"神气"、愈"坚决"、愈武断（像克·霍纳所表达的那样），结果就显得愈不明智。在现时国际无产阶级革命的条件下，仅仅唾弃"民族布尔什维主义"（劳芬贝格等人的）那种竟然主张同德国资产阶级结盟对协约国作战的荒谬立场，是不够的。应当认识到，苏维埃德国（如果苏维埃德意志共和国不久就可以成立的话）在一定的时期内必须承认和服从凡尔赛和约，不容许这样做的策略是根本错误的。当然不能由此得出结论说，当谢德曼之流还待在政府里、匈牙利苏维埃政权还没有被推翻、维也纳的苏维埃革命尚有可能去援助苏维埃匈牙利的时候，**在当时这样的条件之下**，"独立党人"提出签订凡尔赛和约的要求是正确的。"独立党人"当时实行的机动和灵活是很不好的，因为他们多少替叛徒谢德曼之流分担了责任，多少离开了同谢德曼之流进行无情的（和十分冷静的）阶级战争的观点，而滑到了"非阶级的"或"超阶级的"观点上去。

然而，现在的局势却显然是这样的：德国共产党人不应当束缚自己的手脚，不应当许诺，共产党人一旦取得胜利，就一定废除凡尔赛和约。这是愚蠢的。应该说：谢德曼之流和考茨基之流干了一系列的叛卖勾当,阻碍了(就某种程度上说简直是断送了)同苏维埃俄国和苏维埃匈牙利结成联盟的事业。我们共产党人则要采取一切办法**去促成**和**准备**实现这个联盟,至于凡尔赛和约,我们完全没有必要一定而且立刻加以废除。能不能顺利地废除这个和约,不仅取决于苏维埃运动在德国的胜利,而且取决于苏维埃运动在国际上的胜利。谢德曼之流和考茨基之流阻碍了这个运动,而我们却要帮助这个运动。这就是问题的本质所在,这就是根本的差别所在。既然我们的阶级敌人、剥削者、他们的走狗谢德曼之流和考茨基之流,放过了加强德国及国际苏维埃运动、加强德国及国际苏维埃革命的许多机会,那么,这种罪责就应该由他们来承担。德国的苏维埃革命会加强国际苏维埃运动,而国际苏维埃运动则是反对凡尔赛和约、反对整个国际帝国主义的最强大的堡垒(而且是唯一可靠的、不可战胜的、威震全球的堡垒)。硬要迫不及待地把摆脱凡尔赛和约一事放在第一位,放在使**其他**被帝国主义压迫的国家摆脱帝国主义压迫的**问题之上**,这就是市侩的民族主义(很合乎考茨基、希法亭、奥托·鲍威尔之流的身份),而不是革命的国际主义。在欧洲任何一个大国,其中包括德国,推翻资产阶级将是国际革命的一大胜利,为了这种胜利,如果有必要,可以而且应当容忍**凡尔赛和约存在一个较长的时期**。既然俄国一国为了革命的利益能够忍受几个月布列斯特和约,那么苏维埃德国在同苏维埃俄国结成联盟的情况下,为了革命的利益在更长一段时间里忍受凡尔赛和约决不是不可能的。

　　法、英等国帝国主义者挑动德国共产党人,给他们设下圈套:"你们说你们不在凡尔赛和约上签字吧。"而左派共产党人不善于随机应变,同诡计多端而且**目前**比他们强大的敌人周旋,不会回答敌人说："现在我们要在凡尔赛和约上签字了",却像小孩子一样上了这个圈套。事先就束缚住自己的手脚,公开告诉那个目前武装得比我们好的敌人,我们是否要同他作战、什么时候同他作战——这是愚蠢行为,而不是革命行为。当应战显然对敌人有利而对自己不利的时候,却去应战,那就是犯罪;革命阶级的政治家如果不善于实行"机动、通融、妥协",以避免显然不利的战斗,这样的政治家是毫无用处的。

九
英国"左派"共产主义者

英国现在还没有共产党,但是工人中间出现了一种崭新的、广泛的、强大的、迅速增长的、令人感到极有希望的共产主义运动;有几个政党和政治组织("英国社会党"[49]、"社会主义工人党"、"南威尔士社会主义协会"、"工人社会主义联盟"[50])希望成立共产党,并且正在就这个问题进行谈判。在"工人社会主义联盟"的机关报《工人无畏舰》周刊[51](1920年2月21日第6卷第48期)上刊载了该刊主编西尔维娅·潘克赫斯特同志的一篇文章:《向建立共产党的目标前进》。这篇文章叙述了上述四个组织谈判的经过,谈判的内容是:在加入第三国际、承认苏维埃制度(而不是议会制)和无产阶级专政的基础上建立统一的共产党。原来,不能立刻成立统一的共产党的主要障碍之一,是它们之间发生了意见分歧,分歧在于要不要参加议会以及新成立的共产党要不要加入旧的、行业性的(大半由工联组成的)、机会主义和社会沙文主义的"工党"。"工人社会主义联盟"以及"社会主义工人党"①都反对参加议会选举，反对参加议会，反对加入"工党"，在这方面它们和英国社会党全体党员或多数党员意见不一致，在它们看来英国社会党是英国"各共产主义政党中的右翼"（西尔维娅·潘克赫斯特的上述文章，第5页）。

这样看来，基本的分野同德国是一样的，虽然分歧的表现形式（同英国比较起来，德国的表现形式更接近"俄国的"表现形式）以及其他许多情况有很大差别。现在让我们来看一下"左派"的论据。

关于参加议会问题，西尔维娅·潘克赫斯特同志引证了同一期周刊上威·加拉赫（W.Gallacher）同志的一篇文章，加拉赫同志以格拉斯哥"苏格兰工人委员会"的名义写道：

> "本委员会明确反对议会制度，而且得到了各种政治组织的左翼的支持。我们是苏格兰革命运动的代表，这个运动力求在全国产业部门〈在各个生产部门内〉建立革命组织，并且以各社会委员会为基础建立共产党。长期以来我们同官方的议员们进行争论。我们过去认为没有必要向他们公开宣战，而他们也**害怕**向我们展开进攻。
>
> 然而这种状况不会长久继续下去。我们正在全线节节胜利。
>
> 苏格兰独立工党的广大党员对议会愈来愈反感，几乎所有地方组织都赞成 Soviets〈俄语"苏维埃"一词的英语音译〉或工人苏维埃。当然，这对于那些把政治视为谋生手段〈视为职业〉的先生来说，是极其严重的事情，因此他们用尽一切办法来说服他们的党员重新投入议会制度的怀抱。革命的同志们**不应当**〈所有黑体都是原作者用的〉支持这伙匪帮。我们在这方面的斗争将是很艰巨的。在这场斗争中，最糟糕的就是那些关心个人利益胜过关心革命的人将会叛变。对于议会制度的任何支持，都只会有助于使政权落到我们不列颠的谢德曼和诺斯克之流的手里。韩德逊和克林兹（Clynes）之流已经反动透顶。正式的独立工党愈来愈处于资产阶级自由党人的支配之下，资产

---

① 看来，"社会主义工人党"反对加入"工党"，但不是全体党员都反对参加议会。

阶级自由党人在麦克唐纳和斯诺登之流的先生们的阵营中找到了精神上的安乐窝。正式的独立工党极端仇视第三国际,而群众则支持第三国际。无论用什么方法来支持机会主义的议员,都不过是为上述这些先生效劳。英国社会党在这方面不起任何作用…… 这里需要一个健全的革命的产业〈工业〉组织和根据清楚的、明确的、科学的原则去行动的共产党。如果我们的同志能够帮助我们建立这两种组织,我们会欣然接受他们的帮助;如果不能帮助,而又不愿意靠着支持反动派来出卖革命,那么,看在上帝的分上,就请千万不要干预此事;这些反动分子正热心猎取'光荣的'(?)〈问号是原作者加的〉议员称号,正渴望证明他们**能够像**'主子'那个阶级的政治家一样有成效地**实行统治**。"

据我看,这封给编辑部的信出色地表达了年轻的共产主义者或刚刚开始接受共产主义的做群众工作的工人的情绪和观点。这种情绪是极其可喜、极其可贵的;应当善于珍视和支持这种情绪,因为没有这种情绪,英国以及任何其他国家的无产阶级革命的胜利是没有希望的。对于善于表达群众的这种情绪、善于激发群众的这种(往往是朦胧的、不自觉的、下意识的)情绪的人,应该爱护,应该关切地给以种种帮助。但同时应该直言不讳地告诉他们:在伟大的革命斗争中,**单凭**情绪来领导群众是不够的;即使是对革命事业无限忠诚的人所要犯的或正在犯的这样那样的错误,也会给革命事业带来危害。从加拉赫同志给编辑部的这封信中,无疑可以看到德国"左派"共产党人目前所犯的和俄国"左派"布尔什维克在1908年和1918年犯过的那**种种**错误的苗头。

写信人对资产阶级的"阶级的政治家"满怀着最崇高的无产阶级的憎恨(这不仅是无产者,而且是一切劳动者,即德国人所说的一切"小人物"都能理解和有同感的一种憎恨)。被压迫被剥削群众的代表所表达的这种憎恨,实在是"一切智慧之本",是一切社会主义运动和共产主义运动及其成功的基础。可是,写信人看来没有考虑到:政治是一门科学,是一种艺术,它不是从天上掉下来的,不费力是掌握不了的;无产阶级要想战胜资产阶级,就必须造就出**自己的**、无产阶级的"**阶级的政治家**",而这些政治家同资产阶级的政治家比起来应该毫不逊色。

写信人透彻地了解到,达到无产阶级目的的工具不是议会,而只能是工人苏维埃,凡是至今还不了解这点的人,哪怕他是最有学问的人、最有经验的政治家、最真诚的社会主义者、最渊博的马克思主义者、最诚实的公民和家庭成员,他也必定是一个最恶毒的反动派。然而写信人甚至没有提出,更没有想到有必要提出这样一个问题:如果不让"苏维埃的"政治家**进入议会**,**不从内部**去瓦解议会制度,不从议会内部去准备条件,使苏维埃能够顺利完成它所面临的解散议会的任务,那么,要使苏维埃战胜议会是否可能呢?而同时写信人却提出了一种完全正确的意见,他说英国共产党必须**根据科学**原则来行动。而科学首先要求估计到其他国家的经验,特别是其他同样是资本主义的国家正在经历或不久前曾经经历过的那种非常类似的经验;其次,它要求估计到在本国内部现有的**一切**力量、集团、政党、阶级和群众,要求决不能仅仅根据一个集团或一个政党的愿望和见解、觉悟程度和斗争决心来确定政策。

说韩德逊、克林兹、麦克唐纳、斯诺登之流已经反动透顶了,这是对的。说他们想把政权抓到自己手里(其实,他们宁愿同资产阶级联合执政),说他们想按照资产阶级的那一套老规矩来"实行统治",说他们一旦当权,就一定会跟谢德曼之流和诺斯克之流一样行事,这也是对的。所有这些全都不错。但由此得出的结论,决不是说支持他们就是背叛革命,而是说工人阶级的革命家为了革命利益,应该在议会方面给这些先生以一定的支持。我现在拿英国目前的两个政治文件来说明这个意思：(1)劳合-乔治首相1920年3月18日的演说(根据1920年3月19日《曼彻斯特卫报》[52]的报道)；(2)"左派"共产主义者西尔维娅·潘克赫斯特同志在她的上述文章中所发表的议论。

劳合-乔治在他的演说中同阿斯奎斯(此人曾接到出席会议的特别邀请，但他拒绝了)，同那些不愿意跟保守党人联合而想接近工党的自由党人进行了论战。(在加拉赫同志给编辑部的信中，我们也看到他指出了自由党人转入独立工党的事实。)劳合-乔治证明自由党人必须同保守党人联合起来，而且要**紧密地**联合起来，否则，工党——劳合-乔治"喜欢称之为"社会党——就会取得胜利，而这个党是力求实现生产资料"集体所有制"的。这位英国资产阶级的领袖向他的听众，向那些至今大概还不了解这点的自由党议员通俗地解释道："这在法国叫做共产主义，在德国叫做社会主义，在俄国叫做布尔什维主义。"劳合-乔治说，这是自由党人所根本不能接受的，因为自由党人从根本上说是拥护私有制的。这位演讲人声称："文明正处在危险之中"，因此自由党人同保守党人必须携起手来……

劳合-乔治说："……如果你们到农业地区去，我相信你们一定会看到，那里党派的划分仍然保持着原样。那里离危险还远。那里还没有什么危险。可是，事态一旦发展到了农业地区，那里的危险也会同今天的某些工业地区一样大。我国居民五分之四从事工商业，而从事农业的几乎不到五分之一。这是我每想到将来我们会遇到的危险时始终不忘的一种情况。法国的居民大都从事农业，在那里，确定的观念有着牢固的基础，这种基础不会变动得很快，也不太容易受到革命运动的激荡。我国的情况则不然。我国比世界上其他任何一个国家都容易颠覆；如果它一开始动摇，那么，由于上述原因，它将比其他国家崩溃得更厉害。"

　　读者从这里可以看出，劳合-乔治先生不仅是一个很聪明的人，而且他还从马克思主义者那里学到了不少东西。我们不妨也向劳合-乔治学习学习吧。

　　我们还想指出劳合-乔治演讲之后在讨论过程中发生的如下一个插曲：

　　"**华莱士(Wallace)先生问：**现在产业工人中间有很多是自由党人，我们从他们那里得到了很多支持，请问首相，您认为您在工业地区对这些产业工人所采取的政策会得到什么结果？可能的结果会不会使目前真心帮助我们的工人转过去大大加强工党的势力？

　　首相答：我的看法完全相反。自由党人互相倾轧这一事实，无疑使很多自由党人感到绝望而倒向工党方面，现在已经有为数不少的很能干的自由党人参加了工党，他们在破坏政府的威信。结果无疑是社会上同情工党的情绪大大增强。现时社会舆论不是支持工党外的自由党人，而是支持工党，这是最近几次部分改选所表明了的。"

　　附带说说，这段议论特别表明，连资产阶级中最聪明的人物也弄糊涂了，不能不干出无法补救的蠢事来。就凭这一点也会把资产阶级断送的。尽管我们的人也会做蠢事（自然，条件是这些蠢事不很大，而且能及时得到改正），但是他们终究会成为胜利者。

　　另外一个政治文件是"左派"共产主义者西尔维娅·潘克赫斯特同志的下述一段议论：

　　"……英克平同志〈英国社会党书记〉把工党叫做'工人阶级运动的主要组织'。英国社会党的另一个同志在第三国际代表会议上把该党的观点表述得更加明确，他说：'我们把工党看做组织起来的工人阶级。'

　　我们不赞同对工党的这种看法。工党党员虽然非常多，但很大一部分是无所作为和不关心政治的。这就是那些加入工联的男女工人，他们之所以加入工联，是因为他们厂里的工友都是工联会员，是因为他们想领取补助金。

　　但是我们认为工党所以拥有这样多的党员也是由这样一个事实造成的：工党是英国工人阶级的多数还没有摆脱的一种思潮的产物，虽然在人民的头脑里正酝酿着巨大的变化,人民很快就要改变这种情况……"

"……英国工党同其他国家的社会爱国主义组织一样,在社会的自然发展过程中,必然要上台执政。共产主义者的任务就是要聚集力量,以便推翻这些社会爱国主义者,我们在英国既不应当拖延这种活动,也不应当犹豫不决。

我们不应当分散自己的精力去增加工党的力量;工党上台执政是不可避免的。我们必须集中力量创立一个共产主义运动来战胜工党。工党很快就要组成政府;拥护革命的反对派必须准备好冲击这个政府……"

总之,自由派资产阶级正在放弃那种历史上被数百年来的经验奉若神明的、对剥削者异常有利的"两党"制(剥削者的"两党"制),而认为必须联合两党的力量同工党作斗争。一部分自由党人好像覆舟时的老鼠,纷纷跑到工党方面去。左派共产主义者认为政权转到工党手中是不可避免的,并且承认现在多数工人都拥护工党。他们由此得出一个奇怪的结论,这个结论由西尔维娅·潘克赫斯特同志表述如下:

"共产党不应当实行妥协……　它必须保持自己学说的纯洁,保持自己的独立性,不为改良主义所玷污;共产党的使命是勇往直前,中途不停顿,不转弯,径直走向共产主义革命。"

恰恰相反,既然英国多数工人现在还跟着英国的克伦斯基之流或谢德曼之流走,既然他们还没有取得跟这批人组成的政府打交道的经验,而俄国和德国的工人所以大批转向共产主义,正是因为取得了这种经验,那么毫无疑义,由此应该得出结论说,英国共产主义者**必须**参加议会活动,必须从议会**内部**帮助工人群众在事实上认清韩德逊和斯诺登政府所造成的结果,必须帮助韩德逊和斯诺登之流去战胜联合起来的劳合-乔治和丘吉尔。不这样做,就会增加革命事业的困难,因为工人阶级多数人的观点如果不转变,进行革命是不可能的,而要实现这种转变,必须由群众取得政治经验,单靠宣传是永远不能奏效的。既然现在显然无力的少数工人知道(或者至少应当知道),要是韩德逊和斯诺登战胜了劳合-乔治和丘吉尔,多数工人经过一个很短的时间,就会对自己的领袖感到失望,转而拥护共产主义(或者至少会对共产主义者保持中立,而且多半是善意的中立),那么这少数工人提出"不妥协,不转弯地前进"这样的口号,就显然是错误的。这很像1万名兵士跟5万名敌兵交战,在应当"停顿"、"转弯",甚至实行"妥协"以等待不能立即出动的10万援兵的情况下,却要去同敌人硬拼。这是知识分子的孩子气,而不是革命阶级的郑重的策略。

一切革命,尤其是20世纪俄国三次革命所证实了的一条革命基本规律就是:要举行革命,单是被剥削被压迫群众认识到不能照旧生活下去而要求变革,还是不够的;要举行革命,还必须要剥削者也不能照旧生活和统治下去。只有**"下层"**不愿照旧生活而**"上层"**也**不能照旧维持下去**的时候,革命才能获得胜利。这个真理的另一个说法是:没有全国性的(既触动被剥削者又触动剥削者的)危机,进行革命是不可能的。这就是说,要举行革命,第一,必须要多数工人(或至少是多数有觉悟、能思考、政治上积极的工人)充分认识到革命的必要性,并有为革命而牺牲的决心;第二,必须要统治阶级遭到政府危机,这种危机甚至把最落后的群众都卷入政治活动(一切真正的革命的标志,就是在以前不关心政治的被压迫劳动群众中,能够进行政治斗争的人成十倍以至成百倍地迅速增加),削弱政府的力量,使革命者有可能很快地推翻它。

顺便提一下,正是从劳合-乔治的演说中可以看到,在英国,这两个可以使无产阶级革命成功的条件显然正在成熟。左派共产主义者的错误目前之所以特别危险,正是因为有些革命者对这两个条件都抱着一种不够认真、不够重视、不够自觉、不够慎重的态度。既然我们不是一个革命的小团体,而是一个革命**阶级**的政党,既然我们要把**群众**争取过来(不这样,我们就有成为不折不扣的空谈家的危险),那么,第一,我们就必须帮助韩德逊或斯诺登去打倒劳合-乔治和丘吉尔(更确切点甚至可以这样说,必须迫使前者去打倒后者,因为前者**不敢去争取胜利!**);第二,我们就必须帮助工人阶级的多数根据切身经验确信我们是正确的,也就是确信韩德逊和斯诺登之流是毫不中用的,确信他们具有小资产阶级的和叛卖的本性,确信他们必然要遭到破产;第三,我们就必须促使这样一种时机迅速到来,即**由于多数工人对韩德逊之流感到失望,可以有很大的成功把握一举推翻韩德逊之流政府**,因为那个极其精明老练的、不是小资产阶级而是大资产阶级的劳合-乔治尚且表现得十分惊慌,并且由于他昨天同丘吉尔"摩擦",今天又同阿斯奎斯"摩擦"而不断削弱自己(以及整个资产阶级)的力量,那么韩德逊之流的政府就一定会更加惊慌失措了。

现在我来更具体地谈一谈。在我看来,英国共产主义者应当根据第三国际的原则,在**必须**参加议会的条件下,把自己的四个党派(四个党派都很弱,其中有的非常非常弱)合并成一个共产党。由共产党向韩德逊和斯诺登之流提议达成"妥协",达成竞选协议:共同反对劳合-乔治和保守党人的联盟,按照工人投给工党和共产党的票数(不是选票,而是另行投票)来分配议席,并保留各自进行鼓动、宣传和政治活动的**最充分的自由**。没有最后这个条件,当然就不能同他们结成同盟,否则就是背叛;英国共产主义者绝对必须保持和坚持揭露韩德逊和斯诺登之流的最充分的自由,如同俄国布尔什维克曾经保持（1903—1917年的**15年内**）和坚持了揭露俄国的韩德逊和斯诺登之流，即揭露孟什维克的最充分的自由一样。

如果韩德逊和斯诺登之流同意根据这些条件跟我们结成同盟，那我们就得到好处了，因为议席的多少，对我们完全无关紧要，我们并不追求这个，在这一点上我们尽可以让步（而韩德逊之流，尤其是他们的新朋友们，也可以说是他们的新主子们，即那些转入独立工党的自由党人，对于猎取议席却最起劲）。我们所以得到好处，是因为正当劳合-乔治**自己**把群众"挑动起来"的时候，我们能够在**群众**中展开**我们的**鼓动工作，并且我们不仅能够帮助工党更快地组织起他们的政府，而且还能够帮助群众更快地了解我们的全部共产主义宣传，我们将毫无保留、毫不隐讳地去进行这种宣传来反对韩德逊之流。

如果韩德逊和斯诺登之流拒绝根据这些条件跟我们结成同盟，我们就会得到更大的好处，因为我们可以立即向**群众**指明（请注意，甚至在纯粹孟什维主义的和十足机会主义的独立工党内部，**群众**也是赞成苏维埃的）：韩德逊之流宁愿**自己**靠近资本家，而不愿使一切工人联合起来。那时我们就可以立即得到**群众**的支持，因为这些群众特别在听了劳合-乔治的一番精彩的、高度正确的、高度有益的（对于共产主义者来说）说明之后，都会支持全体工人联合起来去反对劳合-乔治和保守党人的联盟。我们所以能够立即得到好处，还因为我们可以向群众表明，韩德逊和斯诺登之流害怕战胜劳合-乔治，害怕单独取得政权，力求**暗中**得到劳合-乔治的支持，而劳合-乔治却**公开**伸出手去帮助保守党人反对工党。应当指出，布尔什维克在我们俄国1917年2月27日（俄历）革命之后所进行的反对孟什维克和社会革命党人（即俄国的韩德逊和斯诺登之流)的宣传,也正是由于同样的情况而得到好处的。那时我们对孟什维克和社会革命党人说:请你们撇开资产阶级而掌握全部政权吧,因为你们在苏维埃中占多数(在 1917 年 6 月召开的全俄苏维埃第一次代表大会上,布尔什维克总共只占代表总数的 13%)。但是俄国的韩德逊和斯诺登之流却害怕撇开资产阶级而单独掌握政权;资产阶级很清楚,立宪会议一定会使社会革命党人和孟什维克(这两个政党结成了紧密的政治联盟,实际上它们**只代表小资产阶级民主派**)获得多数①,因而一再拖延立宪会议选举,这时,社会革命党人和孟什维克却不能毅然决然地同这种拖延行为斗争到底。

要是韩德逊和斯诺登之流拒绝同共产主义者结成同盟,那么共产主义者就可以立刻博得群众的同情,并使韩德逊和斯诺登之流威信扫地,即使我们因此而失去几个议席,那也完全无关紧要。我们只在极少数绝对有把握的选区内,即在我们提出候选人时不至于使自由党人战胜"拉布分子"(工党党员)的选区内,才提出我们的候选人。我们将进行竞选鼓动,散发宣传共产主义的传单,并且在没有我们的候选人的**一切**选区内,吁请选民**投票选举"拉布分子",不选资产者**。如果西尔维娅·潘克赫斯特同志和加拉赫同志认为这样便是背叛共产主义,或者是放弃对社会主义叛徒的斗争,那他们就错了。恰恰相反,共产主义革命事业无疑会因此得到好处。

现在英国共产主义者甚至要接近群众,要群众听他们讲话,往

---

① 俄国 1917 年 11 月立宪会议的选举,据悉有 3 600 多万选民投票,结果布尔什维克得票占 25%,地主和资产阶级的各个政党得票占 13%,小资产阶级民主派即社会革命党和孟什维克以及同类的各小团体得票共占 62%。

往都是很困难的。如果我以共产主义者的身份出来讲话,请他们投票选举韩德逊而不选劳合-乔治,那他们一定会听我讲的。那时我不仅可以向他们通俗地说明,为什么苏维埃比议会好,无产阶级专政比用资产阶级"民主"作招牌的丘吉尔专政好,而且还可以说明:我要投票支持韩德逊,这就像用绳索吊住被吊者一样;只要韩德逊之流很快地组织起他们的政府,那就会证实我是正确的,就会使群众转到我这方面来,就会加速韩德逊和斯诺登之流在政治上的死亡,这正像他们的俄国和德国的同伙所遭遇的一样。

如果有人反驳我,说这种策略太"难以捉摸",太复杂,不能为群众所了解,它会分散和分裂我们的力量,妨碍我们集中力量去进行苏维埃革命等等,那我便要回答这些"左派"反驳者说:请不要把自己的学理主义强加给群众吧!俄国群众的文化程度大概不比英国群众高,而是比英国群众低。可是他们却理解了布尔什维克;布尔什维克在苏维埃革命的**前夜**,即在 1917 年 9 月,曾提出参加资产阶级议会(立宪会议)的候选人名单,而**在苏维埃革命后的第二天**,即在 1917 年 11 月,又参加了立宪会议的选举,这种情况不但没有妨碍布尔什维克,反而帮助了他们,1918 年 1 月 5 日他们就把这个立宪会议解散了。

关于英国共产主义者之间的第二种意见分歧,即是否要加入工党的问题,我在这里不能多谈。关于这个问题,我手头的材料太少,而这个问题又特别复杂,因为英国"工党"的情况异常独特,它本身的结构和欧洲大陆上通常的政党大不相同。不过,第一,毫无疑义,即使在这个问题上,要是有人认为"共产党必须保持自己学说的纯洁,保持自己的独立性,不为改良主义所玷污;共产党的使命是勇往直前,中途不停顿,不转弯,径直走向共产主义革命",并且根据这一类原则来制定革命无产阶级的策略,那么他必然要犯错误,因为提出这一类原则无非是重犯法国布朗基派公社战士在1874年宣布"否定"任何妥协和任何中间站的错误。第二,毫无疑义,即使在这个问题上,共产主义者的任务,像在任何时候一样,也是要善于针对各阶级和各政党相互关系的**特点**,针对共产主义客观发展的**特点**来运用共产主义普遍的和基本的原则;要看到这种特点每个国家各不相同,应该善于弄清、找到和揣摩出这种特点。

但是讲到这一点就不能仅仅联系到英国一国的共产主义运动,还必须联系到同一切资本主义国家的共产主义运动发展有关的共同结论。现在我们就来讲这个问题。

十

几 点 结 论

1905年的俄国资产阶级革命显示了世界历史上的一个异常独特的转变:在一个最落后的资本主义国家里,罢工运动范围之广和力量之大在世界上第一次达到了空前未有的程度。**单单** 1905 **年头一个月**的罢工人数就等于以往十年(1895—1904年)平均**每年**罢工人数的十倍,而且从1905年1月到10月,罢工还在不断和急剧地发展。由于许多完全特殊的历史条件,落后的俄国第一个向世界不仅表明了被压迫群众在革命时的主动精神的飞跃增长(在一切大革命中都是如此),而且表明无产阶级的作用大大超过了它在人口中所占的比例,表明经济罢工怎样和政治罢工结合,而政治罢工又怎样变成武装起义,表明受资本主义压迫的各阶级怎样创造出了苏维埃这种群众斗争和群众组织的新形式。

1917年的二月革命和十月革命使苏维埃在全国范围内得到了全面的发展，后来又使它在无产阶级社会主义革命中获得了胜利。不到两年工夫就显示出：苏维埃具有国际性质，这种斗争形式和组织形式已经扩展到全世界的工人运动，苏维埃的历史使命是充当资产阶级议会制以及整个资产阶级民主制的掘墓人、后继人和接替人。

不仅如此，工人运动的历史现在表明：在一切国家中，工人运动都必然（而且已经开始）经历一种斗争，即正在成长、壮大和走向胜利的共产主义运动首先而且主要是同**各自的**（对每个国家来说）"孟什维主义"，也就是同机会主义和社会沙文主义的斗争；其次是同"左倾"共产主义的斗争（这可以说是一种补充的斗争）。第一种斗争看来已经毫无例外地在一切国家内展开了，这就是第二国际（目前事实上它已被击溃）和第三国际之间的斗争。第二种斗争则存在于德国、英国、意大利、美国（至少"世界产业工人联合会"和无政府工团主义各派还有相当**一部分人**在坚持左倾共产主义的错误，虽然他们几乎普遍地、几乎绝对地承认苏维埃制度）和法国（如一部分过去的工团主义者对于政党及议会活动采取不正确态度，虽然他们也承认苏维埃制度），也就是说，毫无疑义，这种斗争不仅在国际这个组织范围内存在，而且在全世界范围内都存在。

然而，每个国家的工人运动在取得对资产阶级的胜利之前虽然都要预先经过本质上相同的锻炼，但这一发展过程又是**按各自的方式**来完成的。在这条道路上，先进的资本主义大国走得比布尔什维主义**快得多**；布尔什维主义在历史上用了15年时间才使它这个有组织的政治派别作好夺取胜利的准备。第三国际在短短一年的时间里就取得了决定性的胜利,击溃了黄色的社会沙文主义的第二国际;而第二国际仅仅在几个月以前,还远比第三国际强大,还显得坚强有力,还得到全世界资产阶级各方面的,即直接和间接的、物质上(部长的肥缺、护照、报刊)和思想上的帮助。

现在全部问题就是要使每个国家的共产党人十分自觉地既考虑到同机会主义以及"左倾"学理主义进行斗争这个主要的基本任务,又考虑到这种斗争由于各国经济、政治、文化、民族构成情况(例如爱尔兰等)、所属殖民地以及不同宗教信仰等方面的特征而具有的并且必然具有的**具体特点**。现在到处都可以感到对第二国际的不满,这种不满正在蔓延和增长,这既是由于它推行机会主义,又是由于它不善于或没有能力建立一个真正集中的、真正能进行指导的中心,一个能在革命无产阶级为建立世界苏维埃共和国而进行的斗争中指导无产阶级的国际策略的中心。必须清楚地认识到,这样的领导中心无论如何不能建立在斗争策略准则的千篇一律、死板划一、彼此雷同之上。只要各个民族之间、各个国家之间的民族差别和国家差别还存在(这些差别就是无产阶级专政在全世界范围内实现以后,也还要保持很久很久),各国共产主义工人运动国际策略的统一,就不是要求消除多样性,消灭民族差别(这在目前是荒唐的幻想),而是要求运用共产党人的**基本**原则(苏维埃政权和无产阶级专政)时,把这些原则**在某些细节上正确地加以改变**,使之正确地适应于民族的和民族国家的差别,针对这些差别正确地加以运用。在每个国家通过**具体的**途径来完成**统一的**国际任务,战胜工人运动内部的机会主义和左倾学理主义,推翻资产阶级,建立苏维埃共和国和无产阶级专政的时候,都必须查明、弄清、找到、揣摩出和把握住民族的特点和特征,这就是一切先进国家(而且不仅是先进国家)在目前历史时期的主要任务。争取工人阶级的先锋队,使它转向苏维埃政权而反对议会制度,转向无产阶级专政而反对资产阶级民主,在这方面主要的(当然这还远远不是一切,然而是主要的)事情已经做到了。现在要把一切力量、一切注意力都集中在**下一个步骤**上,也就是说,要找到**转向**或**走向**无产阶级革命的形式;这个步骤看来似乎比较次要,并且从某种观点上说,也的确比较次要,但是在实践上却更接近于实际完成任务。

无产阶级的先锋队在思想上已经被争取过来了。这是主要的。没有这一点,那就连走向胜利的第一步都迈不出去。可是,这离胜利还相当远。单靠先锋队是不能胜利的。当整个阶级,当广大群众还没有采取直接支持先锋队的立场,或者还没有对先锋队采取至少是善意的中立并且完全不会去支持先锋队的敌人时,叫先锋队独自去进行决战,那就不仅是愚蠢,而且是犯罪。要真正使整个阶级,真正使受资本压迫的广大劳动群众都站到这种立场上来,单靠宣传和鼓动是不够的。要做到这一点,还需要这些群众自身的政治经验。这是一切大革命的一条基本规律,现在这条规律不仅在俄国,而且在德国都得到了十分有力而鲜明的证实。不仅没有文化、大都不识字的俄国群众,而且文化程度高、个个识字的德国群众,都必须亲身体验到第二国际骑士们的政府怎样懦弱无能、毫无气节、一筹莫展、对资产阶级奴颜婢膝、卑鄙无耻,亲身体验到,不是无产阶级专政,就必然是极端反动分子(俄国的科尔尼洛夫[53]、德国的卡普[54]之流)的专政,然后才能坚决转到共产主义运动方面来。

国际工人运动中觉悟的先锋队,即各个共产主义政党、小组和派别的当前任务就是要善于**引导**广大的(现在大半还是沉睡、消沉、因循守旧、尚未觉醒的)群众采取这种新的立场,确切一点说,就是**不仅**要善于领导自己的党,而且要善于在这些群众走向和转向新立场的过程中领导他们。如果说从前不在思想上和政治上彻底战胜机会主义和社会沙文主义,就不能完成第一个历史任务(把觉悟的无产阶级先锋队争取到苏维埃政权和工人阶级专政方面来),那么,现在不肃清左倾学理主义,不彻底克服和摆脱左倾学理主义的错误,也就不能完成已经提到日程上来的第二个任务,即善于引导**群众**采取能够保证先锋队取得革命胜利的新立场。

以前的问题是(而现在在很大程度上也还是)把无产阶级先锋队争取到共产主义运动方面来,因而宣传工作就提到了第一位;这时候甚至那些带有小组习气种种弱点的小组,也是有益的,也能做出成绩来。但是现在是群众实际行动的时候了,是部署(假使可以这样说的话)百万大军,配置当今社会的**一切**阶级力量,进行**最后的斗争**的时候了,这时候单凭宣传的本领,单靠重复"纯粹"共产主义的真理,是无济于事的。这时候已不能像还没有领导过群众的小组的宣传员实际上所做的那样,以千来计算群众;这时候要以百万、千万来计算了。这时候我们不仅要问自己,我们是不是已经把革命阶级的先锋队说服了,而且要问,当今社会**一切**阶级(必须是一切阶级,一无例外)的起历史作用的力量是不是已经部署就绪,以至决战时机已经完全成熟,也就是说:(1)一切与我们敌对的阶级力量已经陷入困境,它们彼此进行混战,而力不胜任的斗争已经使它们疲惫不堪;(2)一切犹豫动摇、不坚定的中间分子,即和资产阶级不同的小资产阶级、小资产阶级民主派,已经在人民面前充分暴露了自己,由于在实践中遭到破产而丑态毕露;(3)在无产阶级中,群众支持采取最坚决、最奋勇的革命行动来反对资产阶级,这种情绪已经开始产生并且大大高涨起来。那时候,革命就成熟了;那时候,如果我们正确地估计到上面所指出的、所粗略勾画的一切条件,并且正确地选定了时机,我们的胜利就有保证了。

丘吉尔之流和劳合-乔治之流(这种政治类型的人**各国**都有,只是依国家不同而稍有差别)的分歧以及韩德逊之流和劳合-乔治之流的另一种分歧,从纯粹共产主义,即抽象共产主义,也就是从还没有成熟到采取实际的、群众性的政治行动的共产主义的观点来看,完全是无关紧要、无足轻重的。但是从群众这种实际行动的观点来看,这些分歧却是极其极其重要的。一个共产党人如果不仅想做一个觉悟的、信仰坚定的、思想先进的宣传家,而且想在革命中做一个**群众**的实际领导者,那他的全部工作、全部任务就是要估计到这些分歧,确定这些"朋友"之间不可避免的、使**所有这些**"朋友"一齐削弱的冲突完全成熟的时机。应当把对共产主义思想的无限忠诚同善于进行一切必要的实际的妥协、机动、通融、迂回、退却等等的才干结合起来,以加速韩德逊之流(如果不指名道姓的话,那就是第二国际的英雄们,即自称为社会党人的小资产阶级民主派的代表们)的政权的建立和倒台;加速他们在实践中的不可避免的破产,从而启发群众接受我们的观点,转到共产主义运动方面来;加速韩德逊之流、劳合-乔治之流、丘吉尔之流相互之间(即孟什维克和社会革命党人、立宪民主党人、君主派之间,谢德曼之流、资产阶级、卡普派之间,等等)不可避免的摩擦、争吵、冲突和彻底分裂;并且正确地选择这些"神圣私有制的支柱"分崩离析的时机,来发起无产阶级坚决的进攻,把它们全部打垮,把政权夺过来。

全部历史,特别是历次革命的历史,总是比最优秀的政党、最先进阶级的最觉悟的先锋队所想象的更富有内容,更形式多样,更范围广阔,更生动活泼,"更难以捉摸"。这是不言而喻的,因为最优秀的先锋队也只能体现几万人的意识、意志、热情和想象;而革命却是在人的一切才能高度和集中地调动起来的时刻,由千百万被最尖锐的阶级斗争所激发的人们的意识、意志、热情和想象来实现的。由此可以得出两个很重要的实际结论:第一,革命阶级为了实现自己的任务,必须善于毫无例外地掌握社会活动的**一切**形式或方面(在夺取政权以后,有时还要冒着巨大的风险和危险去做它在夺取政权以前没有做完的工作);第二,革命阶级必须准备最迅速最突然地用一种形式来代替另一种形式。

一支军队不准备掌握敌人已经拥有或可能拥有的一切斗争武器、一切斗争手段和方法,谁都会认为这是愚蠢的甚至是犯罪的。但是,这一点对于政治比对于军事更为重要。在政治上更难预先知道,将来在这种或那种条件下,究竟哪一种斗争手段对于我们是适用的和有利的。倘若我们不掌握一切斗争手段,当其他阶级的状况发生了不以我们的意志为转移的变化,从而把我们特别没有把握的一种活动形式提到日程上来的时候,我们就会遭到巨大的有时甚至是决定性的失败。如果我们掌握了一切斗争手段,哪怕当时情况不容许我们使用对敌人威胁最大、能最迅速地给予致命打击的武器,我们也一定能够胜利,因为我们代表着真正先进、真正革命的阶级的利益。由于资产阶级经常(尤其是在"平静"时期,非革命时期)用合法斗争手段欺骗和愚弄工人,没有经验的革命者往往就以为合法斗争手段是机会主义的,而不合法斗争手段才是革命的。然而,这是不对的。至于1914—1918年那样的帝国主义战争时期,当时最自由民主的国家的资产阶级采取闻所未闻的蛮横无耻的手段欺骗工人、禁止人们说这场战争具有掠夺性这一真理,有些政党和领袖却不善于或不愿意(不要说"我不能",还是说"我不想"吧)采用不合法斗争手段,在这种情况下说他们是机会主义者,是工人阶级的叛徒,那是对的。但是那些不善于把不合法斗争形式和**一切**合法斗争形式结合起来的革命家,是极糟糕的革命家。在革命已经爆发、已经热火朝天的时候,什么人都来参加革命,有的是由于单纯的狂热,有的是为了赶时髦,有的甚至是为了个人飞黄腾达,在这种时候做一个革命家是不难的。而在这以后,在胜利以后,无产阶级要"摆脱"这种糟透了的革命家却要费极大气力,可以说要历尽千辛万苦。要在**还没有**条件进行直接的、公开的、真正群众性的、真正革命的斗争的时候,善于做一个革命家,要在非革命的、有时简直是反动的机构中,在非革命的环境里,在不能立刻了解必须采取革命的行动方法的群众中,善于捍卫革命的利益(通过宣传、鼓动和组织),那就困难得多,因而也可贵得多。善于找到、善于探索到和正确判定能够**引导**群众去作真正的、决定性的、最后的伟大革命斗争的具体道路或事变的特殊转变关头——这就是西欧和美国目前共产主义运动的主要任务。

　　拿英国来说吧。我们无法知道,而且任何人也无法预先断定,什么时候那里将要爆发真正的无产阶级革命,**什么缘由**最能唤醒、激起和推动目前还在沉睡的非常广大的群众去进行斗争。所以我们必须做好我们的全部准备工作,把四只脚都钉上马掌(正如已故的普列汉诺夫在他还是马克思主义者和革命家的时候所爱说的那样)。能"冲开缺口"、"打破坚冰"的也许是议会危机,也许是由极端错综复杂、日益恶化和日益尖锐的殖民地的矛盾和帝国主义的矛盾所引起的危机,也许是什么别的,等等。我们谈的不是哪一种**斗争将决定**英国无产阶级革命命运的问题(这个问题,任何一个共产主义者都不会发生疑问,这个问题对于我们大家来说,已经解决了,并且彻底解决了),我们谈的是什么**缘由**将唤起目前还在沉睡的无产阶级群众行动起来,并且把他们一直引向革命的问题。我们不要忘记,譬如资产阶级的法兰西共和国,当时无论从国际或国内环境来说,革命形势都不及现在的百分之一,但是,只要有反动军阀千万次无耻行径中的一次(德雷福斯案件[55]),只要有这样一个"意外的"、"小小的"缘由,就足以把人民径直引向国内战争!

在英国,共产主义者必须坚持不断、始终不渝地利用议会选举,利用不列颠政府的爱尔兰政策、殖民地政策和全球性的帝国主义政策所遇到的波折,利用社会生活中其他一切领域、一切部门和一切方面,并且要在所有这些方面,用新的方式,用共产主义的方式,照第三国际那样而不是照第二国际那样来进行工作。在这里,我没有时间也没有篇幅来叙述"俄国式的"、"布尔什维克式的"参加议会选举和议会斗争的方法,但是我可以肯定地告诉外国的共产党人说,这和通常的西欧议会活动是完全不同的。人们往往由此得出结论说:"是啊,那是在你们俄国,我们这里,议会活动却是另一个样子。"这个结论是不正确的。世界上所以要有共产党人,第三国际在各国的拥护者,正是要在各个系统,在生活的各个领域里,把旧的、社会党的、工联主义的、工团主义的议会工作,**改造成新的**、共产主义的议会工作。过去在我国的选举中,机会主义的和纯粹资产阶级的、专讲实利的、资本主义招摇撞骗的情况也是屡见不鲜的。西欧和美国的共产主义者必须学会创造一种新的、不寻常的、非机会主义的、不贪图禄位的议会活动,使共产党能够提出自己的口号,使真正的无产者能在没有组织的、备受压抑的贫民的帮助下传送和散发传单,走访工人住所,走访农村无产者和穷乡僻壤(好在欧洲大陆的穷乡僻壤比俄国要少得多,英国就更少)农民的茅舍,走进最下层的平民酒馆,进入真正的平民会社、团体,参加他们的临时集会,不用学者口吻(也不要太带议会腔)跟人民说话,丝毫也不追求议会的"肥缺",而是到处启发思想,发动群众,抓住资产阶级说过的话,利用资产阶级设立的机构,利用它规定的选举以及它向全体人民发出的号召,并使人民了解布尔什维主义,而在资产阶级统治下,除了选举期间,是从来没有这种机会的(大罢工当然例外,因为在大罢工时期,**这样的**全民鼓动机构在我国曾经更紧张地工作过)。在西欧和美国,要做这些事情是很困难的,是万分困难的,但这是可以做到而且应该做到的,因为共产主义运动的一切任务不花气力都是无法完成的,而气力必须花在完成日益多样化的、日益涉及社会生活各部门的、**从资产阶级手中**逐一**夺取**各个部门、各个领域的**实际任务上**。

在英国,还应当在军队中,在"**本**"国被压迫的、没有平等权利的民族(如爱尔兰和各殖民地)中,按新的方式(不是按社会党的方式,而是按共产主义的方式,不是用改良办法,而是用革命办法)来进行宣传、鼓动和组织工作。要知道,在整个帝国主义时代,尤其是在战后的今天,当各国人民受尽战争的煎熬而迅速地擦亮眼睛,认清了真相(真相就是:几千万人死亡和残废只是为了解决应由英国强盗还是德国强盗掠夺更多的国家这样一个问题)的时候,社会生活的所有这些领域都布满了易燃物,可以触发冲突和危机、激化阶级斗争的机会也特别多。目前在世界性经济危机和政治危机的影响下,在一切国家中都有无数火星从各方面迸发出来,我们不知道而且也无法知道,哪点星星之火能燃起熊熊之焰,就是说,能够彻底唤醒群众,因此我们必须本着我们新的、共产主义的原则,去

"耕耘"一切园地,甚至包括最陈腐的、臭气熏人的、看来毫无指望的园地,不然我们就将肩负不起自己的任务,不能照顾到各个方面,不能掌握一切种类的武器,既不能准备好去战胜资产阶级(资产阶级过去按自己的方式安排了各方面的社会生活,现在又按它自己的方式把它们破坏了),也不能准备好在战胜资产阶级之后按共产主义的方式去改造全部生活。

俄国无产阶级革命之后,这个革命在国际范围内取得了出乎资产阶级和庸人们意料的若干胜利之后,全世界现在已经变了样,各处的资产阶级也都变了样。资产阶级被"布尔什维主义"吓坏了,对它恨得咬牙切齿,正因为如此,资产阶级一方面在加速事态的发展,另一方面把注意力集中在用暴力镇压布尔什维主义上,因而削弱了自己在其他许多方面的阵地。一切先进国家的共产党人在自己的策略中应当估计到这两种情况。

俄国立宪民主党人和克伦斯基在对布尔什维克发动疯狂攻击(特别是从1917年4月起,而到6月和7月就更加猖狂)的时候,做得"太过火了"。发行数百万份的资产阶级报纸用各种腔调痛骂布尔什维克,这就帮助了群众来认识布尔什维主义;正是由于资产阶级的"热心",不但是报纸,而且整个社会生活都充满了就布尔什维主义进行的争论。现在各国百万富豪在国际范围内的所作所为,使我们不能不对他们衷心感谢。他们正同过去克伦斯基之流一样,全力恶毒攻击布尔什维主义;他们同克伦斯基一样,在这方面也做得"太过火了",同样也**帮助**了我们。法国资产阶级把布尔什维主义当做竞选鼓动的中心问题,责骂比较温和的或动摇不定的社会党人,说他们倾向布尔什维主义;美国资产阶级则完全丧失了理智,以涉嫌布尔什维主义为理由把成千成万的人抓起来,并到处散布关于布尔什维克阴谋的消息，造成人心惶惶的气氛；世界上"最老练的"英国资产阶级，尽管它很有头脑，很有经验，却也干着难以置信的蠢事，建立各种经费充足的"反布尔什维主义协会"，出版专门抨击布尔什维主义的书报，增雇很多学者、鼓动家、神父来同布尔什维主义作斗争，——为此我们应该对这些资本家先生鞠躬致谢。他们在为我们效劳。他们在帮助我们使群众对布尔什维主义的实质和意义问题发生兴趣。他们现在也不可能有别的做法，因为要用"缄默"来扼杀布尔什维主义他们**已经**办不到了。

但是同时，资产阶级看到的几乎只是布尔什维主义的一个方面：起义、暴力、恐怖；因此资产阶级特别在**这一**方面极力准备进行反击和抵抗。在个别场合，在个别国家，在某些短时期内，资产阶级也许能够得逞，我们必须估计到这种可能性；然而，即使它能得逞，对我们来说也决没有什么可怕的。共产主义确实正在从社会生活的各个方面"生长出来"，它的幼芽确实到处可见，"传染病"（这是资产阶级及其警察很喜欢用的最"得意的"比喻）已经深深侵入机体并且感染了整个机体。即使煞费苦心，"堵住"一处，"传染病"也会从另一处，有时甚至是最意外的一处冒出来。生活总是会给自己开辟出道路的。就让资产阶级疯狂挣扎，暴跳如雷，肆意横行，干出许多蠢事来吧！让它对布尔什维克杀一儆百，错杀（在印度、匈牙利、德国等国）几百、几千以至几十万个明天的或昨天的布尔什维克吧！资产阶级这样做，正和历史上一切注定要灭亡的阶级所做的一样。共产党人应当知道，未来终究是属于他们的，因此我们可以（而且应当）把进行伟大革命斗争的最大的热情同对资产阶级的疯狂挣扎的最冷静最清醒的估计结合起来。1905 年，俄国革命被残酷地镇压下去了；1917 年 7 月，俄国布尔什维克也遭到过镇压[56]；谢德曼和诺斯克伙同资产阶级和君主派将军们用巧妙的挑拨手段和狡诈的阴谋诡计杀害了15 000多个德国共产党人[57]；芬兰和匈牙利的白色恐怖十分猖獗。然而无论在什么情况下，在所有的国家里，共产主义运动都在经受锻炼和日益发展；它已经如此根深蒂固，种种迫害削弱不了它，损害不了它，反而加强了它。我们要更有信心、更坚定地向胜利前进，现在只缺一点，这就是一切国家的一切共产党人要普遍而彻底地认识到必须使自己的策略具有最大的**灵活性**。特别是先进国家中蓬勃发展着的共产主义运动，目前缺少的就是这种认识，就是在实践中运用这种认识的本领。

考茨基、奥托·鲍威尔等等这样通晓马克思主义和曾经忠于社会主义的第二国际领袖们的经历可以（而且应当）作为有益的教训。他们完全认识到必须采取灵活的策略，他们自己学习过并向别人传授过马克思的辩证法（他们在这方面的著作，有许多东西永远是社会主义文献中有价值的成果），但是他们在**运用**这种辩证法的时候，竟犯了这样的错误，或者说，他们在实践中竟成为这样的**非辩证论者**，竟成为这样不会估计形式的迅速变化和旧形式迅速注入了新内容的人，以致他们的下场比海德门、盖得和普列汉诺夫好不了多少。他们破产的根本原因就在于他们只是"死盯着"工人运动和社会主义运动发展的某一形式，而忘记了这个形式的片面性，他们不敢正视由于客观条件的改变而必然发生的急剧变化，而继续重复那种简单的、背熟了的、初看起来是不容争辩的真理：三大于二。然而政治与其说像算术，不如说像代数，与其说像初等数学，不如说更像高等数学。实际上，社会主义运动的一切旧形式中都已注入了新内容，因此在数字前面出现了一个新符号即"负号"，可是我们那些圣哲仍然(现在还在)固执地要自己和别人相信:"负三"大于"负二"。

应该设法使共产党人不再犯"左派"共产党人所犯的同样的、不过是从另一方面犯的错误,确切一点说,要较早地纠正,较快地、使机体较少受损害地消除这一**同样的**、不过是从另一方面犯的**错误**。不仅右倾学理主义是一种错误,左倾学理主义也是一种错误。当然,目前共产主义运动中左倾学理主义错误同右倾学理主义(即社会沙文主义和考茨基主义)错误比较起来,其危害性和严重性不及后者的千分之一,然而这只不过是由于左倾共产主义是一种刚刚产生的还很年轻的思潮。只是因为这个缘故,这种病症在一定条件下容易治好,但是必须用最大的努力去医治。

旧形式破裂了,因为旧形式里面的新内容,即反无产阶级的反动的内容有了过度的发展。现在我们工作的内容(争取苏维埃政权、争取无产阶级专政),从国际共产主义运动的发展看来,是这样扎实,这样有力,这样宏大,它能够**而且应该**在任何形式中,不论新的或旧的形式中表现出来,能够而且应该改造、战胜和驾驭一切形式,不仅是新的,而且是旧的形式,——这并不是为了同旧形式调和,而是为了能够把一切新旧形式都变成使共产主义运动取得完全的、最终的、确定无疑和不可逆转的胜利的手段。

共产党人要竭尽全力来指导工人运动以及整个社会发展沿着最直最快的道路走向苏维埃政权在全世界的胜利,走向无产阶级专政。这是无可争辩的真理。然而,只要再多走一小步,看来像是朝同一方向多走了一小步,真理就会变成错误。只要像德国和英国的左派共产主义者那样,说我们只承认一条道路,一条笔直的道路,说我们不容许机动、通融和妥协,这就犯了错误,这种错误会使共产主义运动受到最严重的危害,而且共产主义运动部分地已经受到或正在受到这种危害。右倾学理主义固执地只承认旧形式,而不顾新内容,结果彻底破产了。左倾学理主义则固执地绝对否定某些旧形式,看不见新内容正在通过各种各样的形式为自己开辟道路,不知道我们共产党人的责任,就是要掌握一切形式,学会以最快的速度用一种形式去补充另一种形式,用一种形式去代替另一种形式,使我们的策略适应并非由我们的阶级或我们的努力所引起的任何一种形式的更替。

惨绝人寰、卑鄙龌龊的帝国主义世界战争和它所造成的绝境,极其有力地推动和加速了世界革命,这场革命向广度和深度的发展如此迅猛,更替的形式如此丰富,在实践上对一切学理主义的驳斥如此富有教益,使人有充分的理由指望能够迅速而彻底地把国际共产主义运动中的"左派"共产主义者的幼稚病医治好。

1920 年 4 月 27 日

增　补

全世界帝国主义者为了对无产阶级革命进行报复,把我国劫掠一空,并且不顾对本国工人许下了怎样的诺言,继续实行掠夺和封锁,因此直到我国出版机构已经把这本小册子的出版任务安排停当时,我才从国外得到了一些补充材料。我绝不奢望把这本小册子看做能超过匆匆草就的政论家札记的著作,因此只摘要地再谈几点。

一

德国共产党人的分裂

德国共产党人的分裂已成事实。"左派"或"原则上的反对派"另行组织了"共产主义工人党",以别于"共产党"。在意大利,事情想必也会弄到分裂的地步——我说"想必",是因为我仅有新到的两号(第7号和第8号)左派的《苏维埃报》(《Il Soviet》),报上在公开讨论分裂的可能性和必要性,同时还谈到了"弃权派"(或抵制派,即反对参加议会的派别)的代表大会,这一派目前还留在意大利社会党内。

同"左派"即反议会派(其中也有一部分人反对政治,即反对政党和反对在工会内工作)的分裂,像过去同"中派"(即考茨基派、龙格派、"独立党人"等等)的分裂一样,恐怕会成为一种国际现象。就让它这样吧! 分裂总比混乱好,因为混乱既妨碍党在思想上、理论上、革命精神上的发展和成熟,也妨碍党和衷共济地开展真正有组织的、真正为无产阶级专政准备条件的实际工作。

让"左派"在国内和国际范围内把自己实际检验一番吧,让他们不要严格集中的具有铁的纪律的政党,不要掌握各个方面、各个门类、各种形式的政治工作和文化工作的本领,而去试一试为实现无产阶级专政进行准备(并进而实现这一专政)吧。实际经验很快就会开导他们的。

不过,必须竭尽全力使同"左派"的分裂不致妨碍或尽量少妨碍工人运动中一切真心诚意拥护苏维埃政权和无产阶级专政的人在不久的将来必然要面临的、不可避免的合并成一个统一政党的事业。俄国布尔什维克特别幸运的是,他们在直接争取无产阶级专政的群众斗争爆发以前很久,已经对孟什维克(即机会主义者和"中派")和"左派"进行了15年的一贯的和彻底的斗争。而欧美,现在不得不以"强行军"的方式来完成这项工作。个别的人,特别是那些觊觎领袖职位而未能如愿的人,会长期坚持错误(如果他们缺乏无产阶级的纪律性和"光明正大的态度"的话),但是一旦时机成熟,工人群众便会迅速而容易地自己联合起来,并且把一切真诚的共产主义者联合起来,组成一个统一的党,组成一个能够实行苏维埃制度和无产阶级专政的党。①

---

① 关于"左派"共产党人,即反议会派,将来同一般共产党人合并的问题,我还要指出如下一点。根据我对德国"左派"共产党人以及德国一般共产党人的报纸的了解,前者的长处是他们比后者更善于在群众中进行鼓动工作。某种类似的现象我在布尔什维克党的历史上也看到过不止一次,不过是在较小的规模上,在个别的地方组织里,而不是在全国范围内。例如在1907—1908年间,"左派"布尔什维克有的时候在有些地方鼓动群众,比我们更有成效。这在某种程度上是由于在革命的时刻或在人们对革命记忆犹新的时候,采取"简单"否定的策略比较容易接近群众。然而这并不能证明这种策略就是正确的。有一点是绝对不容有丝毫怀疑的:一个共产**党**要想在事实上成为革命**阶级**的即无产阶级的先锋队或先进部队,并且还要想学会领导广大**群众**,不仅是无产阶级的**群众**,而且包括非无产阶级的**群众**,被剥削的劳动群众,那么它就必须善于用城市工厂区"市井小民"和乡村居民最容易接受、最容易了解、最明白而生动的方式去进行宣传、组织和鼓动。

二

德国的共产党人和独立党人

我在这本小册子里说过,共产党人和左翼独立党人之间的妥协对于共产主义运动是必要的和有益的,但是要实现这种妥协并不容易。此后我收到的几份报纸也证实了这两点。1920年3月26日出版的德国共产党中央机关报《红旗报》(«Die Rote Fahne»**58**, Zentralorgan der Kommunistischen Partei Deutschlands,Spartakusbund①)第32号上,载有德共中央就卡普、吕特维茨军事"叛乱"(阴谋,冒险)和"社会主义政府"问题发表的"声明"。这篇声明,无论从基本前提或实际结论来看,都是完全正确的。它的基本前提是:目前还没有实现无产阶级专政的"客观基础",因为"多数城市工人"拥护独立党人。它的结论是:答应"在排除各资产阶级资本主义政党的条件下,对社会主义"政府采取"守法的反对派"的态度(即不进行用"暴力推翻"政府的准备工作)。

无疑,这个策略基本上是正确的。我们固然不应当在措辞上吹毛求疵,但是对有些地方则不能默不作声,例如不该把社会主义叛徒的政府(在共产党的正式声明中)称为"社会主义"政府;又如谢德曼之流的党和考茨基—克里斯平之流先生们的党既然是小资产阶级民主派的政党,那就不该说排除"各资产阶级资本主义政

---

① 斯巴达克联盟。——编者注

党"这类话；也不该写出像声明第4条里这样的语句：

"……不受限制地享用政治自由和资产阶级民主可以不再成为资本专政的情况，对于向无产阶级专政发展，对于进一步把无产阶级群众争取到共产主义方面来，是极为重要的……"

这种情况是不会有的。小资产阶级的领袖，如德国的韩德逊之流（谢德曼之流）、斯诺登之流（克里斯平之流），没有跳出也不可能跳出资产阶级民主的圈子，而资产阶级民主又不能不是资本的专政。要达到德国共产党中央所完全正确地力求获得的实际效果，根本不需要写出这些原则上错误的、政治上有害的东西。要达到这一点，只要这样说就够了（如果要讲讲议会式的客套话）：当多数城市工人还跟着独立党人走的时候，我们共产党人不能妨碍这些工人通过对"他们的"政府的体验去消除自己最后的小市民民主派的（也就是"资产阶级资本主义的"）幻想。这就足以证明必须实行一种真正必要的妥协，即在一定时期内不试图用暴力推翻为多数城市工人所信赖的政府。然而在进行日常的群众鼓动，不受官场、议会的客套拘束的时候，当然还可以补充说一下：让谢德曼之流这批恶棍，让考茨基—克里斯平之流这班庸人在实际中揭穿他们自己如何受骗而又如何骗了工人吧；他们那个"干净的"政府会"最干净地"做一番"清扫"工作，把社会主义、社会民主主义以及其他种种背叛社会主义的行为的这些奥吉亚斯的牛圈[59]打扫干净。

"德国独立社会民主党"目前的领袖们（有人说这些领袖已经丧失任何影响，那是不对的，实际上他们对于无产阶级，要比那些自称为共产党人并答应"拥护"无产阶级专政的匈牙利社会民主党人更加危险）的真面目，在德国的科尔尼洛夫叛乱，即卡普和吕特维茨先生们的政变中,再一次暴露无遗。①《自由报》(«Freiheit»⁶⁰,独立党人机关报)1920 年 3 月 30 日和 4 月 14 日发表的两篇短文,即卡尔·考茨基写的《决定关头》(«Entscheidende Stunden»)和阿尔图尔·克里斯平写的《论政局》,就是一个小而鲜明的例证。这两位先生绝对不善于像革命家那样思考和推理。这是一些只会嘤嘤啜泣的小市民民主派,既然他们自称是苏维埃政权和无产阶级专政的拥护者,他们对无产阶级就要更加危险一千倍,因为事实上每当困难和危急时刻,他们必然会干叛卖的勾当……同时却"极其真诚地"自信他们是在帮助无产阶级!要知道,改称共产党人的匈牙利社会民主党人,由于胆小怕事和毫无气节,曾认为匈牙利苏维埃政权的处境已毫无希望,并开始在协约国资本家和协约国刽子手的走狗面前啜泣,当时他们也是想要"帮助"无产阶级!

三

意大利的屠拉梯之流

我在这本小册子里说过,意大利社会党容忍这样一些党员,甚至这样一批议员留在党内是错误的。前面提到的那两号意大利《苏维埃报》完全证实了我的话。英国资产阶级自由派报纸《曼彻斯特卫报》驻罗马记者这样一位旁观者,更进一步证实了这一点。

---

① 关于这一点,1920 年 3 月 28 日和 30 日奥地利共产党杰出的机关报《红旗报》⁶¹(1920 年维也纳出版的《红旗报》第 266 号和第 267 号所载的 L.L.《德国革命的新阶段》一文)用马克思主义的观点说得非常简明而中肯。

1920年3月12日该报登载了这位记者对屠拉梯的一篇访问记。他写道：

"……屠拉梯先生认为革命的危险还没有达到在意大利引起过分忧虑的程度。最高纲领派把苏维埃理论当火来玩，只是为了使群众经常处于兴奋紧张的状态。然而这种理论纯属海外奇谈，是尚未成熟的纲领，毫无实际用处。它只能使各劳动者阶级处于期待的状态。那些把这种理论当做诱饵去迷惑无产者的人，发现自己不得不进行日常的斗争，以获得某些往往是微小的经济改善，好来迁延时日，使各劳动者阶级不致立即失去幻想，失去对心爱的神话的信心。因此，发生了一连串大大小小的、各种原因的罢工，一直到最近的邮政和铁路部门的罢工，——这些罢工使得本来就很严重的国内形势越发严重了。亚得里亚海问题所造成的困难，使全国愤愤不满，积欠外债和滥发纸币，使得全国消沉颓丧，但是我们的国家还远未意识到有推行劳动纪律的必要，而只有这种纪律，才能恢复国内秩序和繁荣……"

非常清楚，屠拉梯自己以及庇护他、帮助他、教唆他的意大利资产阶级显然要加以隐瞒、粉饰的真情，却被这位英国记者泄漏出来了。这种真情就是：屠拉梯、特雷维斯、莫迪利扬尼、杜果尼之流先生们的思想和政治工作，确实是而且恰恰就是这位英国记者所描写的那样。这是彻头彻尾背叛社会主义的行为。单拿他们主张处于雇佣奴隶制度下、为资本家发财致富而劳动的工人必须遵守秩序和纪律这一点来说就足够了！所有这些孟什维克式的言论，我们俄国人是多么熟悉啊！他们承认群众**赞成**苏维埃政权，这该是多么宝贵啊！他们看不出自发开展的罢工运动的革命作用，这又是多么愚蠢，多么像资产阶级那样庸俗啊！是的，英国资产阶级自由派报纸的记者像熊那样给屠拉梯之流的先生们帮了忙，而且出色地证实了博尔迪加同志及其《苏维埃报》中的友人们所提出的要求是正确的，他们要求，如果意大利社会党想真正**拥护**第三国际，那就该把屠拉梯之流先生们搞臭，赶出党的队伍，使自己成为名副其实的共产党。

四

由正确的前提作出的错误结论

但是博尔迪加同志和他的"左派"友人们,却从对屠拉梯之流先生们所作的正确批评中得出了错误的结论,认为凡是参加议会都是有害的。意大利"左派"拿不出丝毫郑重的论据来为这种观点辩护。他们简直不知道(或尽量想忘掉)国际上有过以真正革命的和共产主义的方式、以确实有益于为无产阶级革命作准备的方式来利用资产阶级议会的范例。他们简直想象不出有"新"方式,而对利用议会的"旧"方式、非布尔什维克的方式叫喊不休。

他们的根本错误也就在这里。共产主义运动不仅在议会这一活动场所,而且在**一切**活动场所**都应该提供**(如果不进行长期的、顽强的、坚持不懈的工作,它就**无法**提供)在原则上是新的、同第二国际传统彻底决裂的东西(同时要保持并发扬第二国际所贡献的好东西)。

就拿报刊工作来说吧。报纸、小册子、传单等都是用来进行必要的宣传、鼓动和组织工作的。在一个多少文明一点的国家里,任何群众运动都非有报刊机构的帮助不可。无论你怎样大叫大嚷反对"领袖",无论你怎样赌咒发誓要保持群众的纯洁,使他们不受领袖的影响,终究还不能不利用资产阶级知识分子出身的人来做这项工作,还不能摆脱在资本主义制度下进行这项工作所不可避免的资产阶级民主的、"私有制的"气氛和环境。甚至在推翻资产阶级、无产阶级取得政权已经两年半的今天,我们在自己的周围还能看到资产阶级民主的、私有制的关系大量存在(在农民和手工业者当中)的这种气氛和环境。

议会活动是一种工作形式,报刊工作是另一种工作形式。如果做这两种工作的人是真正的共产主义者,是真正的无产阶级的群众性政党的党员,那这两种工作的内容都可以是共产主义的,而且也应当是共产主义的。但是,无论在前一种或后一种工作中(而且在资本主义制度下,以及在从资本主义向社会主义过渡的时期里,**无论在哪一种工作中**),无产阶级要利用资产阶级出身的人来为自己的目的服务,要战胜资产阶级知识分子的偏见和影响,要削弱小资产阶级环境的阻力(进而彻底改造这个环境),都不可避免地会遇到种种必须克服的困难,种种必须完成的独特的任务。

在1914—1918年大战以前,各国非常"左的"无政府主义者、工团主义者以及其他人物都痛骂议会制度,嘲笑像资产阶级那样平庸的社会党议员,抨击他们的钻营勾当,如此等等,可是他们自己却**通过报刊工作**,**通过工团(工会)工作**,去干**同样**的资产阶级式的钻营勾当。当时我们看到的这样的例子难道不是非常之多吗?只就法国来说,难道茹奥和梅尔黑姆这些先生的例子还不典型吗?

"拒绝"参加议会活动之所以幼稚,就是因为人们想用这种"简单的"、"容易的"、似乎是革命的方法,来**"完成"在**工人运动**内部**对资产阶级民主影响作斗争这一困难任务,其实他们只是妄想逃开自己的影子,只是闭眼不看困难,只是用空话来回避困难罢了。无耻透顶的钻营勾当,按照资产阶级方式享用议会肥缺,对议会工作的惊人的改良主义曲解,庸俗的市侩式的因循守旧,——凡此种种,毫无疑义都是资本主义到处产生着的,不仅在工人运动之外,而且在工人运动之内产生着的通常的和重要的特征。然而资本主义及其所造成的资产阶级环境（这种环境，就是在推翻了资产阶级以后，也消逝得很慢，因为农民经常在复活资产阶级），毫无例外地在工作和生活的一切领域，都产生着形式上稍有差别而本质上完全相同的资产阶级钻营勾当、民族沙文主义和市侩庸俗习气等等。

可爱的抵制派和反议会派，你们觉得自己"极端革命"，但事实上**你们**却在跟工人运动内部的资产阶级影响作斗争时**被**一些并不很大的困难**吓倒了**，而你们一旦胜利，就是说无产阶级一旦推翻资产阶级而夺得政权，就会遇到**同样的**困难，而且是大得多、大得无可比拟的困难。你们像小孩一样，被今天摆在你们面前的小困难吓倒了，却不懂得在明天和后天你们仍然必须学会，必须补上一课来学会克服同样的然而大得无可比拟的困难。

在苏维埃政权下，会有更多的资产阶级知识分子出身的人钻到你们的和我们的无产阶级政党里来。他们将钻进苏维埃，钻进法院，钻进行政机关，因为我们不用资本主义所造就的人才，就不能建设也没有别的人才可用来建设共产主义，因为我们不能赶走和消灭资产阶级知识分子，而应当战胜他们，改造他们，重新陶冶和重新教育他们，——正像应当在长期斗争中，在无产阶级专政的基础上也重新教育无产者自己一样，因为无产者不能用神术，不能遵照什么圣母的意旨，不能遵照口号、决议、法令的意旨，一下子就摆脱自己的小资产阶级偏见，而只有对广泛的小资产阶级影响，展开长期的艰苦的广泛的斗争，才能摆脱这种偏见。反议会派现在这样趾高气扬地、这样目空一切地、这样轻率地、这样幼稚地想一挥手就抛开**那些**任务，在苏维埃政权下，**在苏维埃内部**，在苏维埃的行政机关内部，在苏维埃的"法律辩护员"**62**当中会重新遇到

（我们在俄国废除了资产阶级的律师制，这是做得很对的，可是它在"苏维埃的""法律辩护员"的名义下，又在我国复活起来）。在苏维埃的工程师当中，在苏维埃的教员当中，在苏维埃工厂内享受特权的，即技术最熟练、待遇最好的**工人**当中，我们可以看到，资产阶级议会制度所固有的**一切**弊端都在不断地复活着，我们只有用无产阶级的组织性和纪律性，作再接再厉的、坚持不懈的、长期的、顽强的斗争，才能逐渐地战胜这种祸害。

当然，在资产阶级统治下，要克服我们自己党内，即工人党内的资产阶级习惯，是很"困难的"：要把那些为人们熟悉的、被资产阶级偏见完全腐蚀了的议员领袖驱逐出党，是"困难的"；要使我们绝对必需的（相当数量的，即使是很有限的）资产阶级出身的人服从无产阶级的纪律，是"困难的"；要在资产阶级的议会里建立真正无愧于工人阶级的共产党党团，是"困难的"；要做到共产党议员不玩弄无谓的资产阶级议会游戏，而能在群众中从事最迫切需要的宣传、鼓动、组织工作，是"困难的"。用不着说，这一切都是"困难的"，从前在俄国是困难的，现时在西欧和美国更是困难无比，因为在西欧和美国，资产阶级要强大得多，资产阶级民主传统等等要强大得多。

然而所有这些"困难"，如果同无产阶级为了争取胜利，在无产阶级革命时期以及在无产阶级取得政权以后，终归必须完成的完全**同样的**任务比较起来，简直就是儿戏了。在无产阶级专政下，必须重新教育千百万农民和小业主，数十万职员、官吏和资产阶级知识分子，使他们都服从无产阶级的国家和无产阶级的领导，战胜他们中间的资产阶级的习惯和传统，——如果同**这些**真正巨大的任务比较起来，那么，在资产阶级统治下，在资产阶级议会里，建立真正无产阶级政党的真正共产党党团，就是易如儿戏的事情了。

　　如果"左派"和反议会派的同志们，现在连克服这种小困难都学不会，那么，可以肯定地说，他们将来或者是没有能力实现无产阶级专政，不能大规模地管理和改造资产阶级知识分子和资产阶级机构，或者是不得不**仓促补课**，而由于如此仓促，就会给无产阶级的事业带来巨大的危害，会比正常情况下犯更多的错误和表现得更软弱更无能，如此等等。

　　只要资产阶级没有被推翻，不仅如此，只要小经济和小商品生产没有完全消失，那么资产阶级环境、私有者的习惯、小市民的传统，就会从工人运动的外部和内部来损害无产阶级的工作，这不仅在议会这一活动领域内是如此，而且在社会活动的各个领域里，在一切文化场所和政治场所也必然一无例外。在某个工作领域中，遇到**一个**"令人不愉快的"任务或困难，就打算退避、躲开，是极其错误的，将来一定要因此付出代价。应当学习并且学会毫无例外地掌握一切工作领域和一切活动领域，在一切场合，在每个地方，战胜所有的困难和所有的资产阶级风气、传统和习惯。除此以外，问题的其他提法都是很不严肃、很幼稚的。

1920 年 5 月 12 日

五

　　在本书俄文版中，关于整个荷兰共产党在国际性的革命政策方面的行为，我说得有点不正确。因此，我乘这个机会把我们荷兰同志关于这个问题的一封来信发表在下面，并且把我在俄文版中所用的"荷兰论坛派"一词,改为"荷兰共产党的某些党员"[63]。

尼·列宁

怀恩科普的来信

亲爱的列宁同志:

　　承蒙您的好意,我们这些出席共产国际第二次代表大会的荷兰代表团的团员们,在您的《共产主义运动中的"左派"幼稚病》一书译成西欧各种文字出版以前,就有机会读到它。您在您的这本书中,对荷兰共产党的某些党员在国际性的政策上所起的作用,再三表示不能同意。

　　但是,您把这些人的行为的责任放到共产党身上,我们不能不提出抗议。这是极不正确的。而且,这是不公正的,因为荷兰共产党的这些党员很少参加或者完全不参加我们党目前的工作;他们还企图直接或间接地在共产党内推行反对派的口号,而对这些口号,荷共及其一切组织不仅过去,而且直到今天还在进行最坚决的斗争。

　　谨以荷兰代表团的名义,致兄弟般的敬礼!

戴·怀恩科普

1920 年 6 月 30 日于莫斯科

1920 年 6 月在彼得格勒由国家
出版社印成单行本

译自《列宁全集》俄文第 5 版
第 41 卷第 1—104 页

在卡·马克思纪念碑
奠基典礼上的讲话

（1920 年 5 月 1 日）

报　道

弗·伊·列宁就卡尔·马克思作为社会主义领袖的作用向到会者发表了简短而有力的讲话。

——尽管有种种政治自由，劳动者过去却处于受奴役的地位。现在，他们正走向工人革命，这一革命将建立一个没有地主和资本家的社会主义社会。帮助创建社会主义社会和世界苏维埃共和国这一莫大的光荣和幸福落到了俄国的身上。在国际劳动节，正当我们要向所有的人证明我们能够完成组织劳动者的社会主义社会这一任务的时候，我们来此立碑纪念卡尔·马克思。我深信，我们今天奠基的伟大导师的纪念碑将号召大家全神贯注地作出长期努力，以便建成一个没有剥削的社会。

载于 1920 年 5 月 4 日《全俄中央执行委员会消息报》第 94 号

译自《列宁全集》俄文第 5 版第 41 卷第 105 页

在劳动解放纪念碑奠基典礼
群众大会上的讲话

（1920年5月1日）

报　　道

（列宁同志走上讲台时，全体到会者一齐鼓掌）同志们！这个地方以前是沙皇的纪念碑，但是现在我们在这个地方给劳动解放纪念碑奠基了。资本家把劳动叫做自由劳动，然而农民和工人却不得不把自己的劳动出卖给资本家，结果是他们只有饿死的自由。我们把这种劳动叫做雇佣奴隶制。我们知道，在目前艰难时期的条件下要很好地组织自由劳动和进行工作是不容易的。今天的星期六义务劳动是在这条道路上迈出的第一步，我们只要这样继续走下去，就能建立真正自由的劳动。（长时间一齐鼓掌。乐队奏《国际歌》）

载于1920年5月4日《真理报》第94号和《全俄中央执行委员会消息报》第94号

译自《列宁全集》俄文第5版第41卷第106页

在扎戈尔斯基工人宫
开幕式上的讲话

（1920年5月1日）

报　道

列宁同志在简短的讲话中回忆了扎戈尔斯基同志，回忆了1907年侨居国外时同这位已故的同志的接触，当时，列宁同志经常到外国同志的工人小组以及俄国侨民小组去作讲演和报告。那时，扎戈尔斯基同志作为日内瓦布尔什维克小组的书记，给人的印象就是一位精力充沛、才智横溢的人，一位全心全意忠于党的事业的优秀组织家。1918年扎戈尔斯基同志回到莫斯科以后，致力于党的工作，不久当选为莫斯科组织的书记，在列昂季耶夫斯基巷爆炸事件[64]中他牺牲在这个光荣的岗位上。

载于1920年5月4日《全俄中央执行委员会消息报》第94号和1920年5月5日《真理报》第95号

译自《列宁全集》俄文第5版第54卷第426页

从莫斯科—喀山铁路的 第一次星期六义务劳动到 五一节全俄星期六义务劳动[65]

(1920 年 5 月 2 日)

标题中提到的那段时间,相隔有一年。这段时间是很长的。尽管我们的星期六义务劳动运动还很弱小,尽管任何一次星期六义务劳动在安排、组织和纪律方面所暴露出来的缺点还非常多,但是主要的事情毕竟是做到了。一个极其沉重的庞然大物已经移动了,这就是问题的全部实质。

我们决不欺骗自己,我们做得还很少,需要做的还很多很多。只有劳动者穷凶极恶的敌人、资产阶级穷凶极恶的追随者才会轻视五一节星期六义务劳动,只有最卑鄙无耻的、死心塌地投靠资本家的人才会反对利用伟大的五一节来大规模地推行共产主义劳动。

只是推翻了沙皇、地主和资本家,才第一次清理出一块基地来进行真正的社会主义建设,来建立新的社会联系、新的共同劳动的纪律和具有世界历史意义的整个国民经济(进而是国际经济)的新制度。这是改变多少年来被败坏的风俗的事情,而败坏风俗的,正是万恶的生产资料私有制以及由小个体经济即私有者经济在"自由"交换条件下必然产生(并且经常重新复活)的那种勾心斗角、互不信任、互相敌视、各行其是、尔虞我诈等等恶劣风气。几百年来，贸易自由、交换自由被千百万人奉为经济学上的金科玉律，成了亿万人的根深蒂固的习惯。这种自由同资产阶级宣布并实行的其他"自由"，如"劳动自由"（应读做：饿死的自由）等等一样，都是十足的谎言，都是用来掩饰资本主义的欺骗、暴力和剥削的。

我们坚定不移地摒弃了这种使私有者成其为私有者的"自由"，这种资本可以剥削劳动的"自由"，并同这种"自由"进行坚决无情的斗争。

打倒旧的社会联系和旧的经济关系！打倒旧的劳动"自由"（劳动**屈从于资本**的自由）！打倒旧法律和旧习惯！

我们要建设一个新社会！

过去，在反对沙皇制度、反对资产阶级、反对全世界强大的帝国主义国家的伟大革命战争中，几度挫折并没有吓倒我们。

现在，我们也不会被巨大的困难和极艰巨的事业开始时难免会犯的错误所吓倒，因为改变一切劳动习惯和劳动风气是几十年的事情。我们要互相提出庄严而坚决的保证：我们准备作出任何牺牲，我们将在这场反对习惯势力的最艰难的斗争中昂首挺立，坚持到底，我们将为此坚持不懈地工作几年以至几十年。我们将努力消灭"人人为自己，上帝为大家"这个可诅咒的准则，克服那种认为劳动只是一种差事，凡是劳动都理应按一定标准付给报酬的习惯看法。我们要努力把"大家为一人，一人为大家"和"各尽所能，按需分配"的准则渗透到群众的意识中去，渗透到他们的习惯中去，渗透到他们的生活常规中去，要逐步地却又坚持不懈地推行共产主义纪律和共产主义劳动。

我们已经移动了一座其重无比的大山，这座大山就是因循守旧,愚昧无知,顽固坚持"自由贸易"、坚持把劳动力当做其他任何商品一样"自由"买卖的习惯。我们已经开始动摇并且打破那些最根深蒂固的偏见,那种一成不变、世代相传的落后习惯。一年来,我们的星期六义务劳动运动已经前进了一大步。不过这一运动还无比弱小。我们不会因此而气馁。我们亲眼看到,"无比弱小的"苏维埃政权由于我们的努力而壮大起来,并且正在成为无比强大的具有世界意义的力量。我们将在几年以至几十年内努力推行星期六义务劳动,发展它,推广它,改进它,使它成为一种风气。我们一定能取得共产主义劳动的胜利!

载于 1920 年 5 月 2 日《五一节　　　　　　译自《列宁全集》俄文第 5 版
星期六义务劳动特刊》　　　　　　　　　第 41 卷第 107—109 页

对开往波兰战线的
红军战士的讲话[66]

（1920 年 5 月 5 日）

报　道

同志们！你们知道,波兰的地主和资本家在协约国的唆使下,把一场新的战争强加给我们了。同志们要记住,我们同波兰的农民和工人并没有什么争执,我们过去承认现在还继续承认波兰的独立,承认波兰人民共和国。我们曾向波兰提议在保证它的边界不受侵犯的条件下缔结和约,尽管这条边界已经远远越出了纯粹是波兰人居住的地区。我们作了一切让步,你们每一个人在前线都要记住这一点。在前线,你们要用自己对待波兰人的行为证明:你们是工农共和国的士兵,你们不是作为压迫者而是作为解放者到他们那里去的。现在波兰的地主违反我们的愿望同佩特留拉结成了联盟,他们已经转入进攻,正逼近基辅(外国报纸散布谣言,说他们已经拿下基辅,这完全是撒谎,因为昨天我还同在基辅的费·柯恩用直达电报联系过),在这样的时候,我们要说:同志们！我们既然抗击过更厉害的敌人,战胜了本国的地主和资本家,也一定能够战胜波兰的地主和资本家！我们大家今天都应当在这里宣誓,提出庄严的保证:我们大家要团结得像一个人,决不让波兰地主和资本家得逞。自由独立的波兰共和国的农民和工人万岁！打倒波

兰的地主和资本家！我们的工农红军万岁！（列宁同志讲话的结
尾淹没在雄壮的《国际歌》歌声和"乌拉"的欢呼声中）

载于 1920 年 5 月 6 日《真理报》
第 96 号和《全俄中央执行委员会
消息报》第 96 号

译自《列宁全集》俄文第 5 版
第 41 卷第 110—111 页

在全俄中央执行委员会、莫斯科苏维埃、工会和工厂委员会联席会议上的讲话[67]

(1920 年 5 月 5 日)

（鼓掌）同志们，有一点我想提请大家注意，就是从国际的角度来看，或者更正确地说，从俄国所处的国际形势来看，当前这场战争跟过去的一些战争是不同的。当然，你们谁都不会怀疑，而且也不该怀疑，这场战争是一连串事件中的一个环节，这些事件表明国际资产阶级正对获得胜利的无产阶级进行疯狂的反抗，丧心病狂地试图扼杀苏维埃俄国，推翻第一个苏维埃政权，为此他们不惜采用一切手段。当然，毫无疑问，在这些现象之间，即在国际资产阶级过去的尝试和现在的这场战争之间，肯定是有联系的。但是同时我们也知道，现在这场战争从我国所处的国际形势来看和过去那些战争有多么大的区别，我们的斗争给了国际工人运动多么大的推动，世界无产阶级怎样看待苏维埃俄国的胜利，世界无产阶级的斗争怎样在发展壮大，以及苏维埃共和国成立两年多来完成了多么巨大的工作。

你们记得，最强大的、举世无敌的资本主义列强的最显要最有权势的部长们不久以前宣布说，他们组织了一个反对俄国的 14 国联盟；你们知道，这个联盟在法国和英国那些势力极大的资本家的压力下纠合了尤登尼奇、高尔察克和邓尼金，制定了一个从军事上说确实是庞大而无所不包的计划。这个计划被我们粉碎了，因为帝国主义者的团结只是表面现象，一旦真的要牺牲自己，国际资产阶级的力量就经不起一点考验了。事实表明，经过四年的帝国主义大厮杀，劳动群众不认为对我们的战争是正义的了，于是他们就成了我们的伟大的同盟者。协约国的计划确实是一个毁灭性的计划，但是这个计划却自行毁灭了，因为资本主义列强虽然组织了最强大的联盟，却未能实现这个计划，他们实际上没有力量实现这个计划。任何一个强国的力量同我们相比都可能占优势，但是任何一个强国都不能团结一致，因为有组织的无产阶级不支持他们的团结；任何一国的军队——无论是法国的或英国的——都无法使它的士兵能够坚持在俄国土地上与苏维埃共和国作战。

我们只要用心回想一下，当我们共和国确实在抗击全世界、抗击那些比我们强大得多的国家时，情况是多么危急，我们只要回忆一下，我们是怎样经受了所有这些严重的考验而取得完全胜利的，那么我们就会明确地认识到我们现在面临的是什么情况。现在我们看到的并不是什么新计划，但是它同半年前的那个真正包罗一切的统一计划却没有任何相似之处。我们现在看到的是旧计划的残片，因而从国际力量的对比来看，我们更有把握断定他们的这次尝试是不会成功的。旧计划是，所有帝国主义强国试图勾结从前遭受大俄罗斯沙皇和资本家政府残酷无耻地压迫的前俄罗斯帝国边境上的所有小国来扼杀工农共和国；而现在则是某些强国勾结一个与我们接壤的国家，企图做到过去所有帝国主义强国勾结所有接壤国家，在一年前和半年前还勾结了高尔察克、邓尼金等都不曾做到的事情。我们现在看到的是帝国主义那次计划的残片。帝国主义两次计划的特点是资产阶级的顽固性表现得特别明显。资产阶级知道,它是在为维护本国的政权而斗争,这里要解决的不是俄国或波兰的问题,而是它本身存亡的问题。因此应该预料到,它将竭力利用计划的任何一片残片来复活已经破产了的旧计划。

我们大家都很清楚,帝国主义国家的利益是不一致的。尽管它们的部长们一再发表声明,要和平解决争端,但是事实上帝国主义列强在政治问题上采取任何一个重大措施都不可能不发生分歧。法国人需要一个强大的波兰和一个强大的沙皇制类型的俄国,他们为了这个目的甘愿作出一切牺牲。而英国考虑到自己的地理位置则追求另一个目的:分裂俄国,削弱波兰,使法国和德国之间形成一种均势,这样就可以保证那些战胜国的帝国主义者能够控制他们在世界大战后从德国手中夺来的殖民地。这方面的利害冲突是极为惊人的,所以不管帝国主义列强的代表们在圣雷莫⁶⁸怎样要我们相信协约国之间思想完全一致,但我们知道它们之间根本没有一致可言。

我们知道,波兰的进攻就是当年要把整个国际资产阶级联合起来的那个旧计划的残片,既然那个从纯军事角度来看是有把握获得绝对胜利的庞大计划在那时都没有成功,那么,现在的这个计划就从同样的角度来看也是不会成功的。此外我们知道,同波兰资产阶级结成联盟的帝国主义列强和波兰政府现在都陷入了空前的混乱。波兰资产阶级在最近几个月、几个星期、几天里为推行自己的政策而采取的每一个步骤,都在本国劳动群众面前暴露出它自己的真面目,都同它的盟国发生争吵,而不能把任何一个步骤贯彻到底。帝国主义者忽而声称他们跟苏维埃俄国势不两立,不可能同它进行任何谈判,忽而解除对它的封锁,并且以所谓的联盟、所谓的国际联盟的名义郑重声明这一点，忽而又开始采取摇摆不定的政策，——他们的这种做法一直在给我们提供机会，使我们能够证明我们的政策是和平政策，证明我们的国际政策既跟沙皇的政策毫无共同之处，也跟俄国资本家的或俄国资产阶级（即使是民主派资产阶级）的政策毫无共同之处。我们已经向全世界证明，我们的对外政策跟一切资产阶级报纸经常硬加在我们身上的那种政策毫无共同之处。这样，波兰政策中的每个骗局都被他们自己揭穿了。我们从俄国的三次革命经验中知道，这几次革命是怎样准备的，国内外政策又是怎样在每次革命的基础上有所发展的。这些经验表明，统治阶级是我们在革命准备工作中最忠实的助手，因为它们妄图建立各种各样的联合政府和立宪会议等等，妄图代表所谓的民意，而实际上它们每到民族存亡的严重的、困难的和紧要的关头，总是通过自己的政策暴露出相互厮杀的资产阶级集团、彼此竞争而无法和解的资本家集团自私自利的本性。这些集团比共产党的宣传更百倍有力地揭露了他们自己。在任何一个国家中，任何宣传鼓动如果没有被本国统治阶级的实际行动所证实，就永远不能使该国的工人阶级革命化，即使这个国家的工人阶级是最革命的。

如果说我们已经在一场无疑是更为艰苦的战争中取得了胜利，如果说我们曾正确地估计到了资产阶级各集团各政党在它们特别需要联合起来的时候总要发生争执并且无法和解，那么我们现在所处的国际形势就好得多了；现在所有资本主义国家特别是像波兰这样的国家中所发生的一切（这一切会愈演愈烈），使我们坚信这一点。不仅从国内力量对比的角度来说，而且从国际的角度来说，都使我们坚信这一点。如果我们分析一下现代各帝国主义国家的整个体系，分析一下这些国家的全部意图——而我们知道，它们死抱住不放的意图就是利用每一个机会来进攻俄国——并且从近几年来特别是近半年来确凿的历史事实出发，完全客观地加以估价，那就可以看到，我们的国际敌人日趋衰弱，各帝国主义者联合起来的种种尝试愈来愈不会成功，从这方面来看，我们的胜利是确有把握的。

但是，同志们，正当我们集中精力从事和平经济建设，忙于完成经济任务，而又面临一场即将到来的新战争的时候，我们非常需要迅速地整编自己的队伍。我们的全部军队，近来已经变成劳动军[69]，现在应该把自己的注意力转移到另一方面去；我们应该放下自己的一切工作，集中精力来对付这场新的战争。我们十分清楚，现在我们面前的这个敌人，对于我们这些经受过考验的人来说并不可怕，但是他可能给工人和农民再次带来沉重的牺牲，可能给我们的经济建设增加好多倍的困难，使成十、成百、成千个农户遭到破产和破坏，也可能以他一时的胜利使那些败在我们手下的帝国主义者破灭了的希望死灰复燃，而这些帝国主义者当然会不失时机地向他靠拢。因此我们必须宣布，现在必须坚决地重新实行我们在过去历次战争中所遵循的那条准则。既然我们表示了最真诚的和解意愿，作出了巨大的让步，放弃了一切民族要求，而波兰的地主和资产阶级还是把战争强加给我们；既然我们相信，而且也应该相信，各国资产阶级，甚至现在还没有帮助波兰人的资产阶级，在战争激烈起来的时候都会出来帮助他们（因为这里要解决的不仅是俄国的或波兰的问题，而是整个资产阶级存亡的问题），既然如此，那么我们就必须想起过去在我们的政策中所遵循的、一向保证我们获得胜利的那条准则，并且要坚决实行，贯彻到底。这条准则就是:既然是战争,那么一切都应该服从于战争的利益,整个国内生活都应该服从于战争(鼓掌),在这一点上不容许有丝毫的动摇。大多数同志的工作不久前才转上对和平建设任务更有益和更必要的轨道,不管他们要离开自己的工作心里多么难受,但是必须记住,稍有一点疏忽大意都往往会使我们多少万优秀的同志、年青一代的工人和农民、永远站在斗争前列的共产党员遭到无谓的牺牲。因此我们再强调一下,一切为了战争。任何一次集会,任何一个会议,在讨论任何问题时都必须首先考虑到这样一个问题:我们是否已经尽了一切努力来支援战争,是否已经鼓足了干劲,是否为前线提供了充分的援助? 必须做到这里只留下那些在前线起不了作用的人。要毫不犹豫地为前线作出一切牺牲,为前线提供一切帮助。只要我们集中了一切力量并且作出了一切牺牲,毫无疑问,这一次我们也一定会取得胜利。(鼓掌)

载于 1920 年 5 月 6 日《真理报》第 96 号和《全俄中央执行委员会消息报》第 96 号

译自《列宁全集》俄文第 5 版第 41 卷第 112—118 页

给阿塞拜疆苏维埃
社会主义政府的电报

（1920 年 5 月 5 日）

巴　库

　　人民委员会祝贺独立的阿塞拜疆共和国劳动群众获得解放，坚信独立的阿塞拜疆共和国在它的苏维埃政府的领导下，一定能同俄罗斯联邦一道，抗击东方被压迫民族的死敌帝国主义，保卫住自由和独立。

　　独立的阿塞拜疆苏维埃共和国万岁！

　　阿塞拜疆工农万岁！

　　阿塞拜疆和俄罗斯的工农联盟万岁！

　　人民委员会主席　**弗·乌里扬诺夫（列宁）**

载于 1920 年 5 月 9 日《共产党人报》第 7 号（巴库）

译自《列宁全集》俄文第 5 版第 41 卷第 119 页

致印度革命协会[70]

（1920 年 5 月 10 日）

我高兴地获悉，工农共和国宣布的自决原则以及被压迫民族摆脱外国和本国资本家剥削而取得解放的原则，在为争取自由而英勇斗争的觉悟的印度人中得到了如此热烈的反应。俄国劳动群众始终如一地关注着印度工农的觉醒。劳动者的组织性、纪律性、坚毅精神以及同全世界劳动者的团结一致，是取得最后胜利的保证。我们欢迎穆斯林和非穆斯林结成紧密的联盟。我们衷心希望这一联盟能包括东方的一切劳动者。只有在印度、中国、朝鲜、日本、波斯、土耳其的工人和农民携起手来一起进行共同的解放事业的时候，彻底战胜剥削者才有了保证。自由的亚洲万岁！

载于 1920 年 5 月 20 日《真理报》第 108 号和《全俄中央执行委员会消息报》第 108 号

译自《列宁全集》俄文第 5 版第 41 卷第 122 页

在莫斯科第一机枪训练班红色指挥员
第十一届毕业典礼上的讲话

(1920 年 5 月 12 日)

采 访 记 录

列宁向刚提升为红色指挥员的毕业生发表讲话,指出一个红色指挥员应该抱着什么目的奔赴西方战线。红色指挥员应该记住,我们不是同波兰的工人和农民作战,而是同波兰资产阶级和地主以及站在他们背后并指挥波兰老爷们的协约国资本家作战。列宁同志说,你们知道,这场战争是违背我们的意愿强加给我们的,但是我们决不让他们扼杀我们:宁死也不能失败。

载于 1920 年 6 月 1 日《新军》杂志第 6 期　　　　译自《列宁全集》俄文第 5 版第 54 卷第 426—427 页

在罗戈日-西蒙诺沃区工人、红军战士扩大代表会议上的讲话

（1920 年 5 月 13 日）

报　　道

现在苏维埃共和国又处在艰难的时刻了。俄国无产阶级在打败高尔察克和邓尼金之后，就全身心地来重整国家的经济生活。我们原以为波兰资产阶级政府不敢再采取新的冒险行动了。不错，波兰共产党人说过，波兰政府正因为再没有什么可以损失的了，所以不怕把本国的工人和农民投入随便什么样的冒险行动中去。但是我们认为波兰无产阶级总会同立陶宛和白俄罗斯的无产阶级一起赶走波兰的资产阶级和地主的。俄国工农政府曾对波兰作了巨大的让步，希望以此向波兰人民表明，它完全放弃了沙皇政府对待小国的政策。

在波兰资产阶级背后操纵的是法国资本家，他们希望把他们的军用物资高价推销给波兰，借以补偿他们在高尔察克和邓尼金身上所受的损失。

值得注意的是，现在没有一个协约国国家敢公开出面反对苏维埃俄国，他们都怕在工人面前暴露自己的真面目。目前对我们来说最重要的就是让那些政治上无知的落后公民知道：我们为避免新的流血已经尽了一切努力；波兰的工人和农民不是我们的敌

人;但是,既然同佩特留拉勾结起来的波兰资产阶级要打,我们就将毫不留情地打到底。在任何战争中,胜利归根到底是由在战场上流血牺牲的群众的士气决定的。士兵们确信战争的正义性并且意识到必须为了自己弟兄们的幸福而牺牲自己的生命,这就会使他们斗志昂扬并且能忍受空前的艰难困苦。沙皇的将军们说,我们的红军战士所忍受的艰难困苦是沙皇军队根本无法忍受的。这是因为每一个手握武器的工人和农民都知道他们为什么而战,并且自觉地为正义和社会主义的胜利而流血。

群众认识到战争的目的和原因,这有巨大的意义,这是胜利的保证。

战争把我们的国家弄得疲惫不堪,我们宁愿作出巨大让步来停止流血并着手和平劳动。因此,当布利特来到俄国,提出苛刻的和约的时候,苏维埃政府为了使苏维埃政权得以巩固,就签署了这个条约[71]。

目前我们不得不再次发出"一切为了战争"的号召。一切组织,无论是工会组织或党的组织,现在都必须拿出全部力量来支援英勇的红军。

不久我们就会使全世界相信,正义是在我们这一边的。

昨天英国工联代表团[72]来到了彼得格勒,这个代表团中同情我们的人不多,但我们相信,他们回国后会成为替我们宣传的最好的鼓动家。现在连从前的一些沙皇将军也认为波兰的要求不合理而来帮助我们了。我们,俄国的工人和农民们现在都说:"一切为了战争,一切为了胜利。"让我们鼓足干劲来保证胜利吧。(热烈鼓掌)

载于1920年5月14日《共产主义劳动报》第44号

译自《列宁全集》俄文第5版第41卷第120—121页

人民委员会关于
收购原料的决定草案[73]

(1920 年 5 月 25 日)

建立一个委员会在两周内完成下列任务：

(1)制定措施由一个部门统管粮食和原料的收购工作，或者以相当固定的和适当的形式把有关部门联合起来进行这项工作。必须利用合作机构。

(2)委员会特别应该研究动用征粮军和国内警卫部队参加各种原料收购工作的问题，以及实行奖励和进行商品交换（一般是指集体的商品交换）的条件和具体范围，尤其是用农民所交的部分原料加工为成品返销给他们的条件和具体范围的问题。

(3)收购原料必须采用普遍摊派的办法，并且以固定价格收购。

载于 1945 年《列宁文集》俄文版
第 35 卷

译自《列宁全集》俄文第 5 版
第 41 卷第 123 页

对合理分配劳动居民住房的 办法的法令草案的意见[74]

（1920 年 5 月 25 日）

我认为，第 9 条不合适。人民法庭太弱了。

应当责成各地方卫生局（＋劳动人民委员部）

（a）颁布强制性的规章制度

（b）对不讲卫生等行为可以不经法庭审判，**处以**一个月 以内的拘留或两个月以内的**强制劳动**

（c）组织**群众**监督住房的卫生（通过苏维埃下设的专门的 **小分队**）。

列　宁

载于 1945 年《列宁文集》俄文版 第 35 卷

译自《列宁全集》俄文第 5 版 第 41 卷第 431 页

给英国工人的信⁷⁵

（1920 年 5 月 30 日）

同志们！首先请允许我对你们派代表团来访问苏维埃俄国表示感谢。你们的代表团向我建议，通过它带信给英国工人，也可以通过它向英国政府提出建议。我答复说，我衷心地接受前一个建议，但是同政府打交道，我不应当通过工人代表团，而应当通过契切林同志直接以我国政府的名义来进行。我们已经多次而且是很多次用这种方式向英国政府提出关于进行和平谈判的最正式最郑重的建议。我国的代表李维诺夫同志、克拉辛同志，还有其他同志，都在继续不断地提出这种建议。可是英国政府却固执地不接受我们的建议。因此，我只是以一个共产党员的身份而不是以苏维埃俄国政府代表的身份来接见作为工人使者的英国工人代表团，这就不足为奇了。

你们代表团的若干团员不是站在工人阶级的立场上，而是站在资产阶级、剥削阶级的立场上，这并不使我惊奇，因为在所有资本主义国家中，帝国主义战争完全暴露了一个经久未愈的脓疮：议会和工联中的工人领袖多数转到资产阶级方面去了。他们打着"保卫祖国"的骗人的幌子，实际上保卫世界两大强盗集团，即英美法集团或德国集团的掠夺利益；他们同资产阶级勾结在一起，反对无产阶级的革命斗争；他们用和平演进、宪政方法和民主等等市侩感伤主义的、改良主义的、和平主义的词句来掩盖这种叛卖行为。各国都是如此,所以你们代表团的成分也反映了英国这种同样的现象,是并不奇怪的。

我谈到,英国不顾我们的多次和平建议,不顾自己政府的屡次声明,继续进行干涉,同我们作战,援助克里木的弗兰格尔和波兰的白卫分子。我说的这些大概使你们代表团的团员肖和格斯特感到惊奇和委屈,他们问我,这样说有没有证据,能不能指出英国给波兰送去了多少列车的军火等等。我回答说,要获得英国政府订立的秘密条约,就得用革命手段推翻这个政府,把它对外政策的一切文件拿过来,就像我们在1917年所做的那样。每个有学识的人,每个真正关心政治的人,在我国革命以前就已经知道,沙皇同英、法、美、意、日等国强盗政府缔结过关于分赃,关于君士坦丁堡、加利西亚、亚美尼亚、叙利亚、美索不达米亚等等的秘密条约。只有撒谎者和伪君子(当然,除开那些极其愚昧无知的文盲)才能否认这一点,或者佯装一无所知。但是不革命,我们就永远得不到资本家阶级强盗政府的秘密文件。英国无产阶级的那些领袖或代表人物——无论是议会的、工联的、新闻界的还是其他方面的领袖或代表人物都一样——装出一副样子,好像他们不知道英、法、美、意、日、波有掠夺其他国家,进行分赃的秘密条约,并且他们也不进行革命斗争来揭露这些条约,这不过再一次表明他们是资本家的忠实奴仆而已。我们早就知道这一点;我们正在本国和世界各国揭露这一点。英国工人代表团访问俄国也会加速对英国这类领袖的揭露。

5月26日,星期三,我同你们的代表团谈了话。第二天,电讯报道说,博纳·罗在英国议会里承认在10月间"为了防御俄国进攻",曾经给波兰军事援助(当然,只是为了防御,只是在10月间!英国竟还有这种"有影响的工人领袖"在帮助资本家愚弄工人!),而一家温和之至的市侩报纸或杂志《新政治家》[76]谈到,向波兰提供的坦克比战时用来对付德国人的坦克威力还大。有些英国工人"领袖"装出无故受辱的样子问别人有什么"证据"可以说明英国在同俄国作战,在帮助波兰和克里木的白卫分子,可是有了这些材料以后,他们又怎能不被人耻笑呢?

代表团团员问我:哪件事更重要,是建立彻底革命的英国共产党,还是立即发动英国工人群众促进对俄媾和? 我总是回答说,这是一个信念问题。凡是真心赞成工人摆脱资本桎梏的人决不会反对建立共产党,而只有共产党才能不按资产阶级的方式、不按市侩的方式教育工人群众,只有共产党才能真正揭露、嘲笑和羞辱那些对英国是不是帮助了波兰这类事实都发生怀疑的"领袖"。用不着担心英国的共产党员会太多,因为英国现在连一个很小的共产党也没有。但是,如果谁仍然充当资产阶级思想上的奴才,仍然抱着"民主"(**资产阶级**民主)、和平主义之类的市侩偏见不放,而这种人忽然要自称为共产党人,要参加第三国际,那么他们当然只会给无产阶级带来更大的害处。这种人除了用市侩的花言巧语写一些动听的"决议"来反对干涉之外,是什么都做不成的。在某种意义上说,这种决议也还是有益处的,就是说,这些老"领袖"(醉心资产阶级民主、和平方式等等的人)会使自己在群众心目中成为可笑人物,他们愈玩弄空洞的、毫无约束力的、不见诸任何革命行动的决议,就会愈快地暴露自己。还是各走各的路吧:让共产党员直接通过自己的政党来致力于提高工人的革命意识吧;让那些在瓜分世界的帝国主义战争中赞成"保卫祖国"的人,让那些赞成"保卫"英国资本家和沙皇签订的共同掠夺土耳其的秘密条约的人，让那些"没有看见"英国帮助波兰和俄国白卫分子的人，让他们更快地使自己的"和平决议"达到荒唐可笑的数字吧；这会使他们更快地重蹈俄国克伦斯基、孟什维克和社会革命党人的覆辙。

你们代表团的某些团员惊奇地向我提出关于红色恐怖、关于俄国没有出版自由和集会自由以及我们迫害孟什维克和孟什维克工人等等问题。我总是回答说，制造恐怖的真正祸首是英帝国主义者及其"盟友"，他们过去和现在都一直在芬兰和匈牙利，在印度和爱尔兰实行白色恐怖，过去和现在一直都支持尤登尼奇、高尔察克、邓尼金、皮尔苏茨基和弗兰格尔。我国的红色恐怖则是保卫工人阶级免受剥削者的侵害，是镇压为社会革命党人、孟什维克和一小撮孟什维克工人所支持的剥削者的反抗。资产阶级民主的出版自由和集会自由是富人坑害劳动者的自由，是资本家贿赂和收买报纸的自由。这一点我已经在报刊上解释过很多次，再来重复我已经感到很乏味了。

在我同你们的代表团谈话两天之后，报上的消息说，继法国逮捕莫纳特和洛里欧之后，英国又逮捕了西尔维娅·潘克赫斯特。瞧，英国政府绝妙地回答了那些囿于资产阶级偏见的非共产主义的英国工人"领袖"连提都不敢提出的问题：恐怖究竟是针对哪一个阶级的？是针对被压迫者、被剥削者呢，还是针对压迫者和剥削者？问题是资本家掠夺、欺骗和愚弄劳动者的"自由"呢，还是劳动者摆脱资本家、投机商、私有者桎梏的"自由"？西尔维娅·潘克赫斯特同志代表千百万受英国以及其他国家资本家压迫的人的利益，因此她受到白色恐怖的迫害，被剥夺了自由，如此等等。而那些奉行非共产主义政策的工人"领袖"，却百分之九十九地代表资产阶级，替它制造骗局，散布偏见。

同志们！最后我再一次感谢你们派代表团访问我国。尽管代表团里有许多人敌视苏维埃制度和无产阶级专政，尽管他们在很大程度上囿于资产阶级偏见，但是代表团对苏维埃俄国的了解，必然会加速全世界资本主义的崩溃。

尼·列宁

1920 年 5 月 30 日

载于 1920 年 6 月 17 日《真理报》
第 130 号和《全俄中央执行委员会
消息报》第 130 号

译自《列宁全集》俄文第 5 版
第 41 卷第 124—128 页

同日本记者、《大阪朝日新闻》代表中平良的谈话[77]

(1920 年 6 月 3 日)

列宁没有等我们提问就先说了起来。列宁在谈到日俄关系时,对日本不愿响应俄国工农政府所采取的爱好和平的步骤的立场深表遗憾。他指出:"工农政府正因为遵循爱好和平的原则,所以才承认在远东建立的缓冲国[78]。"

列宁在转到其他话题时,接二连三地提出了一系列问题:"1.地主在日本是不是统治阶级? 2.日本的农民能不能自由拥有土地? 3.日本人民主要依靠国内的资源生活,还是日本从国外进口大量商品?"

这样,我们清楚地了解到,列宁对日本人民的生活是很关心的。

接着,列宁提出了这样一个有趣的问题:"我在一本书中读到,说在日本父母是不打孩子的。是这样吗?"我们回答说:"例外情况当然有,但在我们那儿通常是不打孩子的。"他十分满意地指出,工农政府的一个原则,也是废除对儿童的体罚。

我们提了一些有关俄国革命及其发展前景的问题。

列宁简要地叙述了俄国革命运动的历史,接着说:"革命前,俄国工人阶级和农民遭受的是历史上空前的压迫。由于这种压迫,人民群众的反抗精神日益增长，导致了革命的爆发。正因为如此，尽管俄国下层居民的组织程度比较差，尽管他们的文化程度比其他国家低，但是，革命运动毕竟没有被镇压下去。现在，俄国工人阶级和农民已有两年多的革命经验，并且在政治和社会方面受到了极好的锻炼。在这两年半时间内所积累起来的经验，足以比得上好几个世纪的发展。"

随后，我们问："工农共和国原则上拒绝偿付沙皇政府的债务，但是它却答应在同爱沙尼亚缔结和约后偿付给它大量黄金。这应该怎样解释呢？"

列宁爽朗地笑了笑，回答说："爱沙尼亚对工农国家的态度是友好的，所以工农政府答应以黄金偿还，作为对这种友好态度的回答。"然后他说："同有产阶级打交道是非常困难的。有产阶级那些人出自其本性，考虑的只是如何满足自己对金钱的贪欲。以美国为例。美国曾向我们工农国家建议缔结和约。但如果仔细研究一下这个建议，原来它具有彻头彻尾的掠夺性质。这是我们不能接受的。因此，我们根本拒绝签订这种和约。当然，我们不愿让外国人看成一个弱国。有理由认为，协约国各国愈是拖着不承认工农国家，愈是企图对俄国进行武装干涉，到头来对我们就愈有利。

俄国工业前景广阔。就拿动力技术来说吧，一旦它得到高度发展，我们就可以使各个经济部门电气化。共产主义蕴藏的创造的潜力，在解决所有这些问题时，必将迅速地产生巨大的效果；将会出现一个极大的发展，足以同数十年才能实现的进步相媲美。"

载于 1920 年 6 月 13 日《大阪朝日新闻》第 13814 号

译自《列宁全集》俄文第 5 版第 41 卷第 129—131 页

同日本记者、《大阪每日新闻》
和《东京日日新闻》代表
布施胜治的谈话⁷⁹

（1920 年 6 月 3 日或 4 日）

列宁同志会见布施时说，见到他很高兴，尽管近几年俄国和日本之间发生了一些事情，尽管日本的某些集团至今还同苏维埃俄国势不两立，但是，列宁对两国未来的关系仍然是乐观的。列宁说：苏维埃政府承认了缓冲国的独立，我希望这将有助于在最近期间恢复远东的和平。

布施开始了采访，他向列宁提问："去年秋天您说困难已经过去，难道您没有预见到以后还有困难吗？"

我说这话的意思是，我们经受住了最大的困难，但是，在我们面前当然还有许多困难！

布施问："您说过，从封建主义过渡到资本主义曾用了很多年，因而从资本主义过渡到社会主义也要用很多年。请问，这大约需要多长时间？"

确定期限是困难的；推翻旧制度要不了多少时间，但是，建立新制度，短时间内是不可能的。我们已着手实施工业和农业的电气化计划，没有电气化，共产主义制度是不可能实现的；而我们的电气化计划预定 10 年完成,如果情况非常顺利的话。这就是我们建立新制度的最短期限。

接着,列宁就日本的土地关系和阶级关系向布施提了一些问题。

日本的地主都是些什么人?日本无地农民的处境怎样?有农民组织吗?等等。然后,列宁问起日本的电气化和国民教育的情况,以及日本怎样对待孩子。当布施说到日本比西方更爱护孩子时,列宁说:这非常重要,要知道,在所谓最文明的欧洲各国中,甚至在瑞士也还没有完全消除譬如在学校打孩子的习俗。

然后,布施向列宁同志又提出了一系列政治问题。

布施:"您对社会主义国家与资本主义国家之间的睦邻关系持什么看法?"

关于我们同资本主义国家共居的条件,不久前美国代表布利特在华盛顿公布的条约草案中已作了详细的叙述。这些条件对我们来说是很不利的,协约国列强因此以为我们是由于软弱才同意让步的,于是就开始了武装干涉,其结果是他们都遭到了完全的失败。我们彻底粉碎了高尔察克、尤登尼奇和邓尼金。

布施:"共产主义在哪里成功的可能性大些,在西方还是在东方?"

真正的共产主义目前只可能在西方获得成功,然而,西方是依靠东方生存的;欧洲的帝国主义列强主要靠东方殖民地发财,但同时他们却武装了自己的殖民地并教会了他们如何打仗,这样,西方也就在东方为自己掘好了墓穴。

布施:"苏维埃政府当前的任务是什么?"

第一,打败波兰地主;第二,争取持久和平;还有第三,发展我们的经济生活。

载于 1920 年 6 月 10 日《东京
日日新闻》第 15686 号

译自《列宁全集》俄文第 5 版
第 41 卷第 132—134 页

《共产主义》

为东南欧国家办的共产国际杂志（德文版）。
维也纳，自1920年2月1日第1—2期合刊至
1920年5月8日第18期

（1920年6月12日）

　　维也纳出版的《共产主义》杂志**80**是一份出色的杂志，它提供了很多有关奥地利、波兰和其他国家共产主义运动发展情况的令人极感兴趣的材料，同时也登载了国际运动的新闻、关于匈牙利和德国的文章、关于总任务和策略等等的文章。但是只要把杂志翻一下就立刻可以发现，它有一个不容忽视的缺点。这就是"共产主义运动中的'左派'幼稚病"的明显症候，这个杂志正害着这种幼稚病，我的那本在彼得格勒刚刚出版的小册子①分析了这种病症。

　　我想现在就扼要地指出《共产主义》这份出色的杂志的幼稚病的三个症候。在第6期（1920年3月1日）上登载了卢·乔·同志的一篇文章：《论议会活动问题》，编辑部称它为供讨论的文章，而库·贝·同志，即《论抵制议会的问题》一文（1920年5月8日第18期）的作者（幸而）干脆否定了这篇文章，也就是声明他不同意这篇文章。

　　卢·乔·的文章左得很，糟得很。文章中的马克思主义纯粹

---

　　① 见本卷第1—95页。——编者注

是口头上的;"防御"策略和"进攻"策略的区分是臆想出来的;对十分明确的历史情况缺乏具体分析;没有注意到最本质的东西(即必须夺取和学会夺取资产阶级借以影响群众的一切工作部门和机关等等)。

库·贝·同志在第 14 期(1920 年 4 月 17 日)《德国发生的事件》一文中批评了德国共产党中央委员会 1920 年 3 月 21 日的声明,我在上面提到的那本小册子中也批评过这个声明。但是我们两人的批评性质根本不同。库·贝·同志是援引马克思的话来进行批评的,但是这些话所指的情况跟目前的情况不同,他全盘否定了德国共产党中央委员会的策略,完全忽略了最主要的东西。他忽略了马克思主义的精髓,马克思主义的活的灵魂:对具体情况作具体分析。既然多数城市工人离开谢德曼派靠拢考茨基派,而在考茨基那个("独立"于正确的革命策略的)党内他们又继续离开右翼靠拢左翼,即实际上靠拢共产主义运动,既然事情是这样,那么是否可以一点不考虑**对这样的工人**采取一些过渡的、妥协的办法呢? 布尔什维克在 1917 年 4—5 月间实行的实质上正是妥协的政策,那时他们声明,不能简单地把临时政府(李沃夫、米留可夫、克伦斯基等)推翻,因为苏维埃中还有工人支持它,必须首先使这些工人中的多数或者相当一部分人**改变观点**。对于布尔什维克的这一经验,是否可以不加考虑,只字不提呢?

我认为是不可以的。

最后,上面提到的《共产主义》杂志第 18 期上的库·贝·同志的那篇文章,特别明显、清楚、有效地揭示了他的错误在于赞同目前欧洲那种抵制议会的策略。作者在摒弃"工团主义的抵制"、摒弃"消极的"抵制的同时,臆想出一种特殊的"积极的"(哦,多么

"左"呀！……)抵制，这就异常清楚地表明他的论断的错误极其严重。

作者写道："所谓积极的抵制，就是共产党不要满足于传布反对参加选举的口号，为了有利于抵制，就要像党参加了选举那样，像党的鼓动和行动（工作、活动、行为、斗争）指望获得尽可能更多的无产阶级的选票那样，展开广泛的革命的鼓动工作。"（第552页）

这真是精彩的妙论。这比任何批评都更能置反议会派于死地。臆想出"积极的"抵制，"就像"我们参加了选举那样！！大批愚昧无知的和半愚昧无知的工人和农民是认真地参加选举的，因为他们还相信资产阶级民主偏见，还是这些偏见的俘虏。而我们不去帮助这些愚昧无知的（虽然有时也还有"文化水平很高的"）小市民通过自身的经验抛掉他们的偏见，反而要回避参加议会，并以**臆想出**一种没有日常的资产阶级恶习的策略来作消遣！！

好极了，好极了，库·贝·同志！您为反对议会活动进行的辩护，比我的批评能更快地杜绝这种愚蠢行为。

1920年6月12日

载于1920年6月14日《共产国际》
杂志第11期

译自《列宁全集》俄文第5版
第41卷第135—137页

在全俄农村工作干部
第二次会议上的讲话[81]

(1920 年 6 月 12 日)

同志们,我能够欢迎你们参加这次农村工作会议,感到很高兴。请允许我首先简略地谈一下苏维埃共和国所处的国际形势和由此产生的我们的任务,然后谈一下目前在农村中依我看摆在党的工作人员面前的有哪些头等重要的任务。

在我们共和国所处的国际形势方面,有关波兰进攻的一些主要事实,当然你们是很清楚的。对这个问题,国外散布的谣言非常多。这是由于那里存在着所谓的出版自由,而所谓出版自由,就是所有主要的出版机构都被资本家收买了,报刊上百分之九十九的篇幅都充斥着卖身投靠的文人的文章。这就是他们所谓的出版自由,因此不论什么谎言都可以得到传播。例如,他们把波兰进攻的问题,说成是布尔什维克向波兰提出了无法满足的要求,并且发动了进攻。可是,你们都很清楚,我们甚至完全承认波兰人在进攻前就占领了大片边境地区的既成事实。我们宁愿保全我们红军战士的生命,而不愿为了争夺被波兰侵占的白俄罗斯和立陶宛去进行战争。我们除了向波兰的工人和农民呼吁外,还极其郑重地不仅以人民委员会的名义发表了声明,而且以我们苏维埃共和国的最高机关全俄中央执行委员会的名义发表了专门的宣言[82],向波兰政府,即波兰的地主和资产阶级政府宣布,我们建议以当时的战线(也就是让波兰人占领立陶宛和白俄罗斯这些非波兰的领土)为基础进行和平谈判。我们过去相信,现在也仍然相信:波兰的地主和资本家是保不住别国的领土的;即使是缔结对我们最不利的和约,只要能保全红军战士的生命,我们也会获得较多的好处,因为有了和平,我们会一个月比一个月强大几十倍,而包括波兰资产阶级政府在内的其他各国政府会一个月比一个月更加分崩离析。尽管我们在媾和建议中作了极大的让步,尽管某些很急躁的、口头上比谁都革命的革命家甚至把我们的建议称做托尔斯泰主义[83]的建议(虽然事实上,布尔什维克已经以自己的行动充分证明,在我们身上找不出一丝一毫的托尔斯泰主义),但是,我们仍然认为,遇到战争这样的事情,我们有责任证明,我们准备在可能的范围内作出最大的让步,特别要证明,我们决不会为边界而战,为了边界已经流了那么多的鲜血,边界对我们来说是极其次要的事情。

我们作了任何一国政府都不可能作的让步。我们答应给波兰大片领土;好像就在昨天,英法和其他帝国主义协约国的最高当局公布了一个文件,其中标出了波兰的东部边界线[84]——把这两者比较一下是有好处的。

这些英国和法国的资本家先生以为是他们在决定边界线,但是谢天谢地,除了他们之外,还有别人在决定边界线,那就是工人和农民已经学会自己确定边界线了。

这些先生确定了波兰的边界线。他们划的边界线比我们提出的要偏西得多。协约国在巴黎发表的这一文件清楚地表明了它们和弗兰格尔的勾结。它们要人相信它们将同苏维埃俄国媾和,它们既不支持波兰,也不支持弗兰格尔。但是我们说,这是它们用来掩饰自己的无耻谎言，它们说现在不再供应武器了，可是实际上还是像几个月以前一样在供应武器。今天有消息说，我们发了一笔大财：缴获了一车皮崭新的英国机枪；托洛茨基同志报告说，前几天缴获了一批全新的法国弹药。我们还需要什么证据来证明，波兰是靠英、法的装备，靠英、法的弹药，靠英、法的金钱来作战的呢？现在它们宣布，波兰将自行决定其东部边界线。任何人都懂得，这是同弗兰格尔的直接勾结。任何人从整个局势中都可以清楚地看出，波兰的地主和资产阶级完全是在英、法的援助下作战的，但是他们却无耻地进行抵赖，正像布利特没有回到美国发表演说和公布他在我国收集到的文件以前，他们一直在撒谎，硬说什么根本没有派布利特来过一样。

但是，这些先生，这些资本家商人先生是本性难改的。这也是不难理解的。他们只会用商人的眼光看问题，所以，当我们的外交不用商人的方式进行，当我们说我们红军战士的生命比边界线的重大变动更宝贵的时候，他们由于用纯商人的眼光看问题，当然对此无法理解。一年前，我们向布利特建议签订一个对他们十分有利、对我们则十分不利的条约，按照这个条约很大一片土地将为邓尼金和高尔察克所占有。我们在提出这样的建议时，深信一旦签订和约，白卫政府是无法维持下去的。

他们用的是商人的眼光，不能不把这理解为我们软弱的表现。"既然布尔什维克同意签订这样的和约，那就是说他们已经奄奄一息了"，于是资产阶级报刊全都欣喜若狂，外交家们也都得意扬扬，于是几百万英镑贷给了高尔察克和邓尼金。诚然，他们给的不是金币，而是按重利盘剥的价格卖的武器，他们深信布尔什维克是绝对支持不住的。但结果是，高尔察克和邓尼金被彻底粉碎，他们的几亿英镑也都付诸东流。现在一列车一列车的优良的英国装备运到我们这里来了,常常有整师整师的俄国红军穿着阔气的英国军装。前几天一位从高加索来的同志对我说,有整整一个红军师全都穿上了意大利狙击兵的军服。很遗憾,我不能给你们看看这些穿着意大利狙击兵军装的俄国红军战士的照片。不过我还是应该说,英国装备还是能派上用场的,俄国的红军战士感谢那些给他们衣服穿并且用商人眼光看事物的英国商人,布尔什维克过去揍这些英国商人,现在也正在揍他们,今后还要接二连三地揍他们。(鼓掌)

波兰进攻的情况也是这样。真是上帝要惩罚谁(当然,如果真有上帝的话),就使谁丧失理智。毫无疑问,领导协约国的是一些聪明绝顶的人,是一些卓越的政治家。可是这些人干的蠢事却层出不穷。他们把一些国家一个接着一个地发动起来,使我们有可能把它们各个击破。如果他们能够联合起来(他们有国际联盟,他们的军事势力已经扩展到地球上的每个角落),看来,他们好像比谁都容易联合起一切敌视我们的力量来反对苏维埃政权。然而,他们并不能把这些力量联合起来。他们还是分兵作战。他们只会威胁、吹嘘和欺骗。半年前他们宣称,已发动14个国家来反对苏维埃政权,几个月以后就要占领莫斯科和彼得格勒。今天我收到从芬兰寄来的一本小册子,这是一个白卫军官关于进攻彼得格勒的回忆录,早些时候我还收到一份西北政府的几个类似俄国立宪民主党人的官员的抗议书,其中讲到,英国将军们曾请他们去开会,通过翻译,有时干脆用流利的俄语向他们建议当场组成一个政府,当然是一个俄国的、绝对民主的、符合立宪会议精神的政府,并且要他们在向他们提出的一切建议上签字。这些英国军官对他们指手划脚,用巡官的腔调对他们发号施令(而专会发号施令的应该是俄国人),要他们坐下来在提交他们的一切建议上签字。英国军官的这种闻所未闻的蛮横行径,使这些本来是布尔什维克的死敌的俄国军官,使这些立宪民主党人非常恼怒。接下来他们又谈到这一切都落了空。我很遗憾,我们没有能够把这些材料,把这些进犯彼得格勒的白卫军官的招供尽量广泛地加以传播。

事情为什么会是这样的呢? 这是因为他们的国际联盟只是纸上的联盟,而事实上他们是一群只会互相厮杀、谈不上互相信任的野兽。

其实他们现在还在吹嘘,说拉脱维亚、罗马尼亚和芬兰将同波兰一起进攻。我们从外交谈判中十分清楚地看出,当波兰发动进攻的时候,那些同我们进行和平谈判的国家就改变了腔调,发表声明,这些声明有时竟达到蛮横无理的程度。他们是用商人的眼光看问题的,而对商人本来也不能指望什么别的。他们觉得现在是向苏维埃俄国算账的机会了,于是就翘起尾巴来了。让他们翘去吧。我们看到别的更有分量的一些国家也有这种情况,我们根本不予理会,因为我们确信,芬兰、罗马尼亚、拉脱维亚以及其他一切完全依附于协约国的资产阶级国家对我们的种种威胁必将被粉碎。波兰只是同佩特留拉这个光杆司令签订了条约,这个条约使得乌克兰居民更加愤怒,使得许多半资产阶级分子更加倾向苏维埃俄国,所以,结果他们又没有能联合进攻,而只由波兰孤军作战。现在我们已经看到,由于我们的部队比波兰的部队离边境线远,当然就要花费相当多的时间来调动,所以,我们需要更多的时间才能把部队运到前线,尽管如此,我们的部队已经开始进攻了,前几天我们的骑兵已经攻占了日托米尔;贯通基辅和波兰战线的最后一条道路已经被我们的部队从南北两路拦腰切断了，这对波兰来说，就意味着基辅已经丢定了。同时我们得悉，斯库尔斯基已经辞职，波兰政府已经动摇不定，辗转不安，并且已经发表声明说，他们将向我们提出新的媾和条件。请吧，地主和资本家先生们，我们决不会拒绝考虑波兰方面提出的媾和条件。但是我们看到：他们的政府进行战争是违反本国资产阶级意愿的；相当于我国的立宪民主党人和十月党人[85]的波兰民族民主党人[86]（最凶恶的反革命的地主和资产阶级）是反对战争的，因为他们知道：这样的战争是不能取得胜利的；而进行战争的是波兰的冒险家们，是波兰的社会革命党人，即波兰社会党[87]，在这些人身上我们最明显地看到我国社会革命党人身上的那些东西，那就是革命空谈、吹嘘夸大、爱国主义、沙文主义、滑稽可笑和空虚浅薄。我们很了解这些先生。他们不自量力地发动了战争，现在又重新分配了内阁里的职位，表示愿意同我们进行和平谈判，我们说，好啊，先生们，请试试看吧！但是，我们只把希望寄托在波兰工人和波兰农民身上；我们也要讲和平，但是，不是同你们这些波兰的地主和资产者讲和平，而是同波兰的工人和农民讲和平，我们会看到这种谈判将有什么结果。

　　同志们，尽管我们在波兰战线节节胜利，但是目前的情况仍然需要我们全力以赴。在战争中，在像现在我们同波兰作战的条件下进行的战争中，最危险的是对敌人估计不足和满足于我们比对手强大。这是最危险的，它会导致战争的失败。这也是俄国人性格中最坏的一点，它的表现就是脆弱和松垮。重要的不只是开始，而是需要坚持和顶住，而我们俄罗斯人恰好做不到这一点。只有通过长期的教育，只有通过无产阶级对各种动摇和犹豫进行有组织的斗争,只有经过这种坚持不懈的努力,才能引导俄国的劳动群众摆脱这种恶习。

我们揍了高尔察克、邓尼金和尤登尼奇,我们狠狠地揍了他们,但是没有能够揍到底,结果还是让弗兰格尔盘踞在克里木。当时我们说:"看,现在是我们的力量大!"——因此就不断地表现出麻痹松懈,漫不经心;而这时弗兰格尔却得到了英国人的援助。这是由商人经手的,所以无法证实。最近弗兰格尔派兵登陆,攻占了梅利托波尔。诚然,根据最近的消息,我们收复了这个地方,但是正因为我们自恃强大,又极其可耻地失掉了这个地方。由于尤登尼奇、高尔察克和邓尼金被击溃了,俄罗斯人就显露出自己的本性,他要休息了,工作便松懈了下来;他们会由于这种漫不经心而断送掉成千上万个同志的生命。俄国人性格的特点是:一件事都还没有做成,如果没有受到大力督促,立刻就会松劲。应该同这种特点进行最无情的斗争,因为它会使成千上万个优秀的红军战士和农民丧失生命,使大家继续受饥饿的折磨。因此,在这场强加于我们的战争中,尽管我们比波兰强大,但我们的口号仍然应该是:克服一切松劲情绪。既然战争已经不可避免,那就应该一切为了战争,稍有松懈和劲头不足,就应该按照战时法令惩办。战争就是战争,凡是在后方,或者在任何非军事岗位上的人都不准逃避这一战时义务。

应该有这样一个口号:一切为了战争!否则我们就不能战胜波兰的贵族和资产阶级;为了结束战争,必须给那个竟还敢于玩弄战火的最后一个邻国永远不能忘记的教训。我们应该好好教训他们一顿,让他们告诫自己的子孙后代永远不再玩火。(鼓掌)同志们,因此,农村工作者、宣传员、鼓动员以及目前在非军事部门担任各种工作的同志的首要义务，就是在每次会议上，在群众大会和业务会议上，在党的任何机关的任何小组里，在苏维埃的任何委员会里，首先要记住"一切为了战争"这个口号，并且要全力以赴地贯彻这个口号。

在战争没有全胜以前，我们必须保证避免几年来我们所犯的错误和所做的蠢事。我真不知道，俄国人要干多少蠢事才会接受教训。我们已经有过一次这样的情况：敌人还没有彻底歼灭，弗兰格尔还盘踞在克里木，就以为战争结束了。我再说一遍："一切为了战争"这个口号应该成为每次会议、每个委员会的第一项主要的议程。

为了结束战争，我们是否做到了一切，我们是否作出了一切牺牲？这是一个关系到拯救在前线奋勇当先流血牺牲的成千上万个优秀同志的生命的问题。这是一个关系到把人们从饥饿中拯救出来的问题。我们所以面临饥饿，完全是因为我们没有把战争进行到底，而我们是能够并且应该早日结束战争的。为此，必须极其严格地遵守纪律，服从指挥。在我们后方，在任何非军事工作岗位上，稍一放任和松垮，都会造成成千上万人的死亡，都会造成后方的饥饿。

这就是我们必须极其严格地对待疏忽大意现象的原因。这是从苏维埃俄国的整个国内战争中得出的第一个基本教训。这是每一个党的工作者，特别是担任宣传鼓动工作的党的工作者都应该牢记的第一个基本教训。他们应该懂得，如果一个党的工作者不能坚持不懈和坚定不移地贯彻上述口号来反对任何细小的疏忽大意现象，那他就是一个毫无用处的共产党员，就是苏维埃政权的一个叛徒。

只有这样，我们才能保证很快取得胜利并完全摆脱饥饿。我们从来自远方的同志那里了解到边疆的一些情况。我见到了一些从西伯利亚来的同志，以及从乌克兰和北高加索来的卢那察尔斯基同志和李可夫同志。他们以十分惊讶的口吻谈起这些地方物产丰富的情况。在乌克兰人们用小麦喂猪，在北高加索卖牛奶的农妇就用牛奶涮碗盏。从西伯利亚经常开出满载皮毛和其他物资的列车。在西伯利亚堆着成千上万普特的食盐，可是我们这里的农民生活却很苦，他们不肯拿粮食去换纸币，因为他们认为靠纸币恢复不了经济，而在这里，在莫斯科你们可以看到工人饿倒在机床旁边。我们所以不能让工人吃得饱些，使他们恢复损坏了的健康，主要原因就是还在打仗。由于我们在克里木出了差错，几万人将要多挨半年饿。问题就在于我们缺乏组织和纪律。这里在死人，可是在乌克兰、北高加索和西伯利亚，我们的物产却异常丰富，足以使饥饿的工人吃饱，使工业得到恢复。

要恢复经济，就必须有纪律。无产阶级专政主要应该是：让在最近两年里承受了巨大牺牲、挨饿最多的城市工人和产业工人中先进的即最有觉悟、最守纪律的那一部分工人，去教育和训练无产阶级中其余的那一部分往往是没有觉悟的人以及全体劳动群众和农民，培养他们的纪律性。在这方面必须抛弃一切温情主义和各种各样的关于民主的空谈。让社会革命党人和孟什维克先生们去空谈吧。他们同高尔察克、邓尼金和尤登尼奇谈民主已经谈得够多了，现在让他们滚到弗兰格尔那里去吧，弗兰格尔会给他们补课的。既然需要补课，就应该让他们补上这一课。

我们认为，那些挑起了重担、作出了空前巨大的牺牲而使苏维埃政权得到安定和巩固的工人，应该把自己看做是先进部队，他们通过启发和纪律教育一定能唤起其余的劳动群众,因为我们知道,资本主义遗留给我们的是备受压制和愚昧无知的劳动者,他们不懂得除了在资本家的棍棒下工作,还可以在组织起来的工人领导下工作。只要我们能用实践来表明这一点,他们是会相信的。劳动者从书本上是学不到这一点的。当我们用实践来表明这一点时,他们是能学会的。他们或者是在觉悟工人的领导下工作,或者是去受高尔察克和弗兰格尔等等的宰割。因此,无论如何必须最严格地遵守纪律,自觉地执行无产阶级先锋队根据自己痛苦的经验所规定的任务。为了达到我们的目的而采取的这一切措施实现以后,我们就完全有了保证,可以摆脱帝国主义战争所造成的经济破坏和混乱。从1917年8月1日起,一年里收购了3 000万普特粮食,从1918年8月起,一年收购的粮食达11 000万普特。这说明我们已经开始摆脱困境。从1919年8月1日到今天,收购的粮食已经超过了15 000万普特。这说明我们正在摆脱困境。但是现在我们还没有真正收复乌克兰、北高加索和西伯利亚,如果做到这一点,我们就可以真正切实地保证每个工人每天得到两俄磅面包。

同志们,我通过党的文件对你们农村工作者多少有些了解,今天我还想谈一个对你们很有意义的问题。我想对你们说,你们的主要工作将是指导员的工作、党的工作、鼓动工作、宣传工作。这项工作中的一个主要缺点是,我们不善于处理国家事务,在我们一些同志身上,甚至在这里一些负责领导工作的同志身上,旧时地下工作的习惯影响极深,当时我们在国内或国外都局限于小组的范围,甚至不会思考,不会想到怎样从国家的角度处理事务。现在你们必须懂得这一点,并且记住,我们要管理的是千百万人。每一个作为政权代表、作为中央委员会代表去农村的人都必须记住,我们拥有庞大的国家机构,但这个机构工作得还不好,因为我们没有本事,不能很好地掌握它。我们农村有几十万教师,他们或者受富农的压制和恐吓,或者被旧时的沙皇官吏折磨得半死不活,因此他们弄不清楚苏维埃政权的一些原则。我们拥有庞大的军事机构。没有政治委员,我们就没有红军。

我们还有一个普遍军训[88]机构,这个机构在进行军事工作的同时,还应该进行文化工作,应该提高农民的觉悟。

这个国家机构很糟糕,那里没有真正忠实可靠的人,没有真正的共产党员,所以你们这些即将到农村去的共产党员,进行工作时不应该脱离这个机构,相反,应该同这个机构一道进行工作。任何一个到农村工作的党的鼓动员,同时还应该是一个国民学校的视导员,但不是旧日的督学,他不应该去干涉教务(这是不容许的),但他应该把自己的工作同教育人民委员部的工作、同普遍军训的工作和政治委员的工作配合起来,他应该把自己看做国家政权的代表,看做俄国执政党的代表。他在农村不只是宣传员和教育者,同时还应该督促那些不闻世事的教师和几十个几百个政治委员都来参与党的鼓动员工作。每个教师都应当备有鼓动手册,不只是备有这种手册,还要读给农民听。他们必须知道,谁不这样做,谁就要被撤职。政治委员们也同样应该备有这种手册,也应该读给农民听。

我们的苏维埃政权有几十万苏维埃职员,他们有的是资产者,有的是半资产者,有的由于备受压制而根本不相信我们的苏维埃政权,有的觉得这个政权离得太远,远在莫斯科,而在他们身旁的则是有粮食的富农,富农把粮食放在身边不卖给他们,让他们挨饿。

这就使党的工作人员负有双重任务了。他应该记住,他不仅是口头上的宣传者,他不仅应该帮助居民中最受压制的阶层——这是他的基本任务,不这样他就不是党的工作人员,不配称为共产党员了。但是除此以外,他还应该是苏维埃政权的代表,应该同教师们建立联系,应该把他的工作同教育人民委员部的工作配合起来。他不应该是监督和检查意义上的视导员,而应该是通过一部分无产阶级来管理整个俄国的执政党的代表。他既然具有这样的身份,就应该记住,他的工作是指导性的工作;他应该吸收所有教师和政治委员参与这项工作,教他们做这项工作,使他们同他自己一样从事这一工作。他们不熟悉这一工作,你们应当教会他们。面对吃得饱饱的农民,他们毫无办法,你们应该帮助他们摆脱这种依赖地位。你们应该牢牢记住,你们不只是宣传鼓动员,你们还是国家政权的代表,你们不应该去破坏现有的机构,不应该去干涉它,不应该去搅乱它的组织。你们的工作应该做得像一个能干的宣传指导员、鼓动员那样,即使在农村工作了不长的一段时间,也不要在你们教育过的农村共产党员那里只留下一些文件,而且还要对你们检查和指导过的,并且向他们提出过任务的工作人员的思想产生一定的影响。你们应该使每个教师和政治委员一定按照苏维埃精神进行工作,使他们知道这是他们的义务,使他们记住,他们不这样做,就不能留在现在的岗位上,使他们知道并感到每个鼓动员都是苏维埃政权的全权代表。

如果能够这样,如果能够正确地使用力量,那你们就能使力量增加十倍,就能使每一百个鼓动员在他们离开后都能留下一个组织机构,这种机构现在虽然已经存在,但是它的工作还不完善、还不能令人满意。

祝你们在这方面以及在其他方面取得成就。（长时间鼓掌）

载于 1920 年 6 月 13 日和 15 日　　　译自《列宁全集》俄文第 5 版

《真理报》第 127 号和第 128 号　　　第 41 卷第 138—150 页

关于俄共(布)在土耳其斯坦的任务

（1920 年 6 月）

1

对中央委员会关于俄共(布)在土耳其斯坦的任务的决定草案的意见[89]

（6 月 13 日）

1. 俄共中央认为俄共在土耳其斯坦的主要任务是：消除由于 50 多年来俄国专制政府的帝国主义政策所造成的外来的欧洲移民和本地各民族之间的关系。在深受殖民主义心理影响的俄罗斯工人中的一个人数很少的阶层掌握苏维埃政权的两年半时间里，这种关系不但没有改善，反而由于一些独出心裁的"共产主义"行为而更加紧张了，受奴役的本地居民把这种行为看成是旧日沙皇政权代理人行为的继续，实际上也确实如此。

而移民中的富农呢？

？

是抢劫吗？

2. 为了消除上述这种关系，必须立即采取下列措施：(a)收回吉尔吉斯地区移民的全部土地，无论是移民管理署划分给他们的，还是他们擅自从吉尔吉斯人手里抢得的，只留给他们劳动份地数额以内的地块。

没收的土地作为备分土地，分给吉尔吉斯村团、劳动组合和个人，并安置 1916 年动乱之后的吉尔吉斯人和东干难民。

是否使他们的土地均等？

占1/10的
富农呢？

(b)把从政治上考虑不宜在土耳其斯坦留用的沙皇官吏即警察局、宪兵局、保安处的一切旧官吏，投机商，过去俄国大庄园的管事和一切混进党里、苏维埃机构里、红军里以及诸如此类的人，都驱逐出土耳其斯坦，关进俄国集中营。

(c)为了重新部署党的力量，把现在土耳其斯坦的所有受到殖民主义和大俄罗斯民族主义影响的共产党员调归中央委员会分配使用，同时，在中央动员几百名共产党员去土耳其斯坦工作。

(d)建议交通人民委员部调动和更换中亚铁路、塔什干修配厂和塔什干铁路的几百名工人。

(e)坚定不移地执行这项决议，凡对执行这项决议的机构进行反抗的，均要镇压；对于从任何方面阻碍执行本决议的个人，一律采取驱逐办法。

中央和土耳其斯坦共和国组织上的相互关系

土耳其斯坦委员会

(1)在土耳其斯坦必须建立一个常设机构——全俄中央执行委员会、人民委员会和俄共中央委员会的代表机关，其职责如下：

(a)直接管理完全属于联邦政权职权范围的各个部门。

(b)监督中央政权的指示和法令的执行，以及根据当地的经济和生活条件，中止或修改这些指示和法令。

(1)

(2)

(c)协调和划分土耳其斯坦各民族集团的利益。

(2)完全属于共和国政权职权范围的有：

(a)外交事务

(b)对外贸易

(c)军事。

(3)交通委员和邮电委员由土耳其斯坦中央执行委员会与有关上级人民委员协商任命。

与上述委员有关的一切中央法令，对于正在建立的土耳其斯坦交通区和邮电区自然有效。

(4)财政委员由土耳其斯坦中央执行委员会选举并由财政人民委员部批准。在预算权方面,土耳其斯坦共和国制定的并经俄罗斯联邦全俄中央执行委员会的代表机关批准的预算,直接纳入全国预算。

　　　附注:土耳其斯坦委员会在批准预算之前要征得俄罗斯联邦财政人民委员部的同意。

　　(5)在经济方面,土耳其斯坦国民经济委员会和粮食机构按照俄罗斯联邦最高国民经济委员会和粮食人民委员部制定的计划进行工作。

(3)　　(6)其他一切问题,土耳其斯坦中央执行委员会和人民委员会有全权处理。

土耳其斯坦的内部组织

　　鉴于必须允许土耳其斯坦各民族集团建立自治共和国,各少数民族成立公社,责成土耳其斯坦中央执行委员会召开乌兹别克、吉尔吉斯和土库曼劳动者苏维埃代表大会,以彻底解决他们的组织形式问题。

　　在召开这些代表大会之前,根据土耳其斯坦的民族分布情况确定区划。

====================

(1)根据同土耳其斯坦中央执行委员会和土耳其斯坦人民委员会

（α）

　　的协商——**最高机关是全俄中央执行委员会**

(2)同(α)

(3)同(α)。

　　须补充:一系列具体的、切实的措施以过渡到

　　(β)(1)**土耳其斯坦**共产党更多地参加管理　(β)——

　　(β)(2)土耳其斯坦**劳动**农民——也如此　　须经过严格

　　(β)(3)土耳其斯坦人民委员会和土耳其斯坦　考验和实际

　　　　中央执行委员会——也如此。　　检查

　　我认为,必须否决雷斯库洛夫同志的草案[90],通过委员会的草案,并作如下修改:

　　(α)责成土耳其斯坦委员会[91]经常同土耳其斯坦人民委员会、

土耳其斯坦中央执行委员会**保持工作上的协调一致**：

（1）征询他们的结论；

（2）使他们逐步参与土耳其斯坦委员会的事务；

（3）参加土耳其斯坦人民委员会和土耳其斯坦中央执行委员会；

（4）同他们"**协商一致**"，同时将一切（或主要的）有争议的问题提交中央委员会和全俄中央执行委员会。

（β）提出一系列保证**逐步**扩大**土耳其斯坦**共产党权利（参加各项事务及其他）的**实际措施**（条件——监督其成员；监督和检查的方法）

特别
正确 ‖ **同样**——扩大土耳其斯坦**劳动**农民群众的权利（参加的办法；专门**制定**同僧侣、泛伊斯兰主义以及**资产阶级**民族主义运动作斗争的**方法**）

同样——扩大土耳其斯坦人民委员会和土耳其斯坦中央执行委员会的权利。

列　宁

1920 年 6 月 13 日

+

（1）指派人员绘制划分为乌兹别克、吉尔吉斯和土库曼的土耳其斯坦地图（民族志图及**其他**图）。

（2）更详尽地阐明上述三部分合并或分立的条件。

2

俄共(布)中央政治局关于俄共(布)在土耳其斯坦的任务问题的决定草案

(6月22日)

基本上批准提纲和草案,并按照以下精神加以修改:

(1)使俄罗斯人、外来人和当地人所占有的土地均等;

(2)最坚决地打垮俄罗斯富农,迁走他们,强制他们服从;

(3)不经请示土耳其斯坦中央执行委员会和土耳其斯坦人民委员会,不经请示中央,土耳其斯坦委员会无权更改法令;

(4)周密考虑,作好准备,在可靠的共产党员的监督之下把政权(逐步地,但坚定不移地)移交给当地的**劳动者苏维埃**;

(5)不要预先规定把共和国划分为三部分;

(6)总的任务是推翻封建主义,而不是实行共产主义。

载于1959年《列宁文集》俄文版
第36卷

译自《列宁全集》俄文第5版
第41卷第153页

关于处分哥尔克疗养院院长
厄·雅·韦威尔的决定

（1920 年 6 月 14 日）

别连基、伊万内切夫和加巴林等同志的调查报告证实，1920
年 6 月 14 日，疗养院院长韦威尔同志下令砍掉了疗养院大花园内
的一棵十分茁壮的云杉。

韦威尔同志身为哥尔克苏维埃田庄的疗养院院长，竟然这样
破坏苏维埃财产，为此决定给予

拘禁一个月的处分。

此决定交由波多利斯克县执委会执行，此外：

（1）如果查明韦威尔同志过去未受过处分，则拘禁一周后可予
释放，但必须提出警告，如再犯乱砍园林树木、道旁树木或其他破
坏苏维埃财产的错误，除应受新的处分外，还要再拘禁三周，并撤
销其现任职务。

（2）执行本决定的日期由县执委会同县土地局或国营农场管
理委员会商定，以保障农业生产和经营不受丝毫损失为原则。

派别连基同志向韦威尔同志及其助手宣布这项决定，要他们
签字，说明这项决定已向他们宣布并已知照他们，如再发生此类破
坏事件，则不仅是院长，全体职工都要受到处分。

责成县执委会将他们所确定的执行拘禁的日期及执行情况向

我作出报告。

劳动国防委员会主席

弗·乌里扬诺夫（列宁）

1920 年 6 月 14 日

载于 1945 年《列宁文集》俄文版
第 35 卷

译自《列宁全集》俄文第 5 版
第 41 卷第 151 页

在共产国际
执行委员会会议上的讲话⁹²

（1920 年 6 月 19 日）

报　道

列宁同志这样提出问题：实际上承认无产阶级专政是什么意思？这就是说，每天通过宣传、鼓动、演说，使无产阶级为夺取政权、为镇压剥削者、为镇压无产阶级形形色色的敌人作好准备。列宁同志根据一系列文件和报刊材料，指出在第三国际与法国党⁹³的全部政策之间，存在着极大的**分歧**。列宁还彻底揭露了意大利党内屠拉梯派的腐朽性，该派妨碍全党贯彻完全正确的路线。

载于 1920 年 6 月 20 日《真理报》第 133 号和 1920 年 6 月 22 日《全俄中央执行委员会消息报》第 134 号

译自《列宁全集》俄文第 5 版第 41 卷第 152 页

致全俄粮食工作会议主席团[94]

（1920 年 7 月 1 日）

同志们，我很想出席你们的代表大会，并且就列入你们会议日程的粮食方面的几个最主要的问题发表自己的意见。但是，可惜我不能实现我的愿望，只好通过电话跟你们简短地谈几句话。同志们，我认为有必要向你们指出，你们在极其艰巨而重要的工作中成绩卓著，因此，不久以前人民委员会通过了一项决定，对粮食机关在征购工作中所取得的成就表示满意。毫无疑问，在过去两年多时期内，粮食机关在组织上是巩固了，壮大了。这一点，我们应当特别感谢你们的努力。

但是很明显，决不能故步自封。与饥饿作斗争的战线的重要性仅次于军事战线，它向你们提出一系列新的任务，不完成这些任务，就不能进一步巩固工农政权，也不能完成当前迫切的经济建设任务。

我也希望你们在经济建设方面，能够根据党代表大会的决议[95]帮助人们正确对待合作社，以便顺利地完成这个困难的但能收到成效的任务，即把小资产阶级合作社改造成社会主义合作社的任务。

你们在粮食工作中已经取得的成就，使你们有责任全力以赴地完成比以前更多的新任务，以便进而切实解决粮食问题，这是因为多得者应当多予,你们已经用自己的工作表明,你们得到的已经不少。请允许我预祝你们圆满解决你们会议日程上的各项问题,预祝你们今后在日常工作中取得成就。我相信会议结束以后,你们一定会在各地以十倍的干劲来进行你们的工作。

载于 1920 年 7 月 2 日《真理报》第 143 号

译自《列宁全集》俄文第 5 版第 41 卷第 154—155 页

援助红军伤员!

(1920 年 7 月 2 日)

由于工人和全体劳动者的英勇精神,我们虽然步履维艰,进展极慢,但毕竟还是恢复和振兴了被沙皇和资本家破坏了的经济。不管怎样,经济毕竟有所好转。但是,我们所遇到的一切艰难困苦,同红军伤员所遭受的艰难困苦比起来,还是微不足道的,为了保卫工农政权,抗击英、法、美资本家唆使的波兰地主和资本家的侵犯,他们正在浴血奋战。

让后方每一个人都牢记自己的义务——尽一切可能援助红军伤员。

尼·列宁

1920 年 7 月 2 日

载于 1920 年 7 月 5 日《红军伤员》
杂志创刊号

译自《列宁全集》俄文第 5 版
第 41 卷第 156 页

给英国共产党
临时联合筹备委员会的回信[96]

（1920 年 7 月 8 日）

"英国共产党临时联合筹备委员会"（Joint Provisional Committee for the Communist Party of Britain）6 月 20 日来信收到，我现在根据他们的请求立即作复，我完全支持他们已在推行的立即建立统一的英国共产党的计划。我认为，西尔维娅·潘克赫斯特（Pankhurst）同志和工人社会主义联盟（W.S.F.）不愿同英国社会党、社会主义工人党等组织联合组成统一的共产党的策略是错误的。我个人更是主张在保证共产党人可以充分自由和独立地开展工作的条件下，参加议会并加入"工党"（Labour Party），我将在 1920 年 7 月 15 日在莫斯科召开的第三国际第二次代表大会上为这一策略进行辩护。依我看，最好是根据第三国际的各项决议，迅速地把统一的共产党建立起来，并使它同"世界产业工人联合会"（I.W.W.）和"车间代表委员会"（Shop Stewards Committees）[97]建立最密切的联系，以便在不久的将来同它们完全合并。

尼·列宁

1920 年 7 月 8 日

载于 1920 年 7 月 22 日《号召报》
第 224 号（伦敦）

译自《列宁全集》俄文第 5 版
第 41 卷第 157 页

俄共(布)中央全会关于
彼得格勒公社和彼得格勒苏维埃
冲突问题的决定草案[98]

(1920年7月16日)

(1)巴达耶夫调往莫斯科消费合作社。

(2)**恢复巴达耶夫的名誉(由组织局办)**。

(3)彼得格勒粮食部门的一些工作人员调往莫斯科。

(4)把彼得格勒置于特别严格的监督之下。[①]

(5)彼得格勒和莫斯科以及所有其他供粮点在分配粮食和配给标准方面应实际均等。

译自《列宁全集》俄文第5版
第54卷第428页

---

① 手稿中第2条和第4条已被勾掉。第4条没有写入通过的决定。——俄文版编者注

为俄共（布）中央全会准备的
关于波兰问题的提纲草案[99]

(1920 年 7 月 16 日)

1. 帮助波兰和立陶宛的无产阶级和劳动群众摆脱他们各自国家资产阶级和地主的压迫。

2. 为此——要进一步调动一切力量，加强和加快进攻。

3. 为此——要动员所有波兰共产党员全部奔赴西方面军。

注：1. 只有在特殊情况下经政治局批准方可破例。

注：2. 中央委员会建议帮助在波兰建立苏维埃政权并为其提供援助[①]。

4. 向波兰人民郑重地、正式地声明，我们**绝对**保证他们得到的独立的波兰共和国的边界线比寇松和协约国所划定的边界线**偏东一些**。

5. 和约的其他条件将取决于[②]波兰人民对我们作出的保证，即他们不会成为法国、英国和其他国家的资本家蓄意颠覆苏维埃

---

① 列宁将提纲前三条的两个注写在纸的右上角，并标上一个插入符号。注 2 的结尾作了修改，原为：“帮助波兰等国的地方苏维埃革命……政权”。——俄文版编者注

② 此条开头作了修改，原为：“偏东多少取决于”。——俄文版编者注

俄国的工具。①

6.在同波兰和其他国家的谈判中不接受任何调停,无论是国际联盟的还是英国的②,并详细说明理由。

$$\left\{\begin{array}{l}帝国主义者直接和间接的压力,\\协约国直接和间接的参与\\等等。\end{array}\right.$$

7.我们公开声明,如果波兰提出愿望③,**我们将接受**媾和谈判,同时也不拒绝停战谈判。

8.英国提出的同弗兰格尔停战的建议是一项单独建议④。要说明⑤协约国进攻计划中波兰与弗兰格尔的**联系**⑥。

注意‖　　　　9.因为英国已明显表现出要兼并克里木的愿望(阐明,证实,揭穿),所以我们声明,对此我们是不会同意的,并且提出抗议。

10.因为英国公然**豢养**弗兰格尔,并且是他的雇主(召他去伦敦)⑦,(英国甚至不希望弗兰格尔本人成为和平会议的成员)

---

① 此条被列宁全部划掉。在此条旁边的页边上有列·波·加米涅夫的标注:"替换"。——俄文版编者注

② 第6条作了修改,原为:"在同波兰和其他国家的谈判中,无论国际联盟还是英国进行的任何调停都不接受,**并详细**说明理由"。——俄文版编者注

③ 下面划掉了"(直接提出或通过另一个**未参战**国提出)"。——俄文版编者注

④ 下面划掉了"在目前情况下,我们同意把它看做**单独**建议,尽管"。列宁在划掉的这句话旁的页边上标有:"(为了发照会)"。——俄文版编者注

⑤ 此处作了修改,原为:"我们说明"。——俄文版编者注

⑥ 下面划掉了"(阐明、证实这种联系)"。——俄文版编者注

⑦ 下面划掉了"所以,同弗兰格尔停战的建议就是秘而不宣的同英国停战的建议,而我们已经表示同意与弗兰格尔实际上在经济、军事等方面完全依赖的英国进行停战谈判"。——俄文版编者注

所以①

译自 1999 年《不为人知的列宁
文献(1891—1922)》俄文版
第 354—356 页

---

① 下面列宁划掉了"不接受"并标上一个脚注符号,在标有这个符号的手稿正文
下面写道:"根据记录添加"。列宁可能指的是下面这段话:"所以,同意英国
原先提出的建议即弗兰格尔在已提出的条件(保留性命)下投降"。

下面列宁划掉了第 10 条的两段异文:"10. 根据英国向我们提出的条
件——(a)弗兰格尔立即撤到克里木和(b)立即明确'他的军队的命运'(寇松
的说法)——同英国和弗兰格尔停战,我们可以**接受**,并接受谈判**地点**——伦
敦。10. 拒绝(并适当修改第 9 条),也就是说,如果英国立即撤出克里木,我们
就会接受"。——俄文版编者注

在彼得格勒卡·李卜克内西和罗·卢森堡纪念碑奠基典礼群众大会上的讲话[100]

(1920年7月19日)

报　道

同志们,各国的共产主义带路人遭到了空前的牺牲,在芬兰、匈牙利以及其他国家里,遭到杀害的数以千计。但是,任何迫害也阻挡不住共产主义的发展,而且像卡尔·李卜克内西和罗莎·卢森堡这样一些战士的英雄气概使我们精神奋发,对共产主义的彻底胜利充满了信心。(列宁同志的讲话被雷鸣般的"乌拉"声所淹没。奏《国际歌》)

载于1920年7月21日《彼得格勒真理报》第159号

译自《列宁全集》俄文第5版第41卷第158页

为共产国际第二次代表大会
准备的文件

(1920 年 6—7 月)

1

民族和殖民地问题提纲初稿[101]

（为共产国际第二次代表大会草拟）

（6 月 5 日）

我为共产国际第二次代表大会准备了一个关于殖民地和民族问题的提纲草案，请同志们讨论，并请全体同志，特别是具体了解这些极为复杂的问题中的这个或那个问题的同志，**以最简短（至多两三页）的方式**提出自己的意见、修正、补充或具体说明，尤其是关于以下各点：

奥地利经验。

波兰犹太人的经验和乌克兰的经验。

阿尔萨斯—洛林和比利时。

爱尔兰。

丹麦和德国的关系。意大利和法国的关系以及意大利和斯拉夫的关系。

1924 年 12 月 20 日《新青年》季刊第 4 期所载
列宁《民族和殖民地问题提纲初稿》和
《民族和殖民地问题委员会的报告》的中译文

巴尔干的经验。

东方各民族。

同泛伊斯兰主义的斗争。

高加索的关系。

巴什基尔共和国和鞑靼共和国。

吉尔吉斯斯坦。

土耳其斯坦及其经验。

美国的黑人。

各殖民地。

中国——朝鲜——日本。

尼·列宁

1920 年 6 月 5 日

1. 资产阶级民主由它的本性所决定的一个特点就是抽象地或从形式上提出平等问题,包括民族平等问题。资产阶级民主在个人平等的名义下,宣布有产者和无产者、剥削者和被剥削者的形式上或法律上的平等,用这种弥天大谎来欺骗被压迫阶级。平等思想本身就是商品生产关系的反映,资产阶级借口个人绝对平等,把这种思想变为反对消灭阶级的斗争工具。要求平等的实际含义只能是要求消灭阶级。

2. 共产党是无产阶级争取推翻资产阶级压迫的斗争的自觉代表,它的基本任务是反对资产阶级民主,揭露资产阶级民主的欺骗和虚伪,因而在民族问题上也不应当把提出抽象的和形式上的原则当做主要之点,主要之点应当是:第一,准确地估计具体的历史情况,首先是经济情况;第二,把被压迫阶级、被剥削劳动者的利益,同笼统说的民族利益这样一种意味着统治阶级利益的一般概念,明确地区分开来;第三,把被压迫的、附属的、没有平等权利的民族,同压迫的、剥削的、享有充分权利的民族也明确地加以区分。这同资产阶级民主的谎言是截然相反的,这种谎言掩盖金融资本和帝国主义的时代所特有的现象,即为数无几的最富裕的先进资本主义国家对世界大多数人实行殖民奴役和金融奴役。

3.1914—1918 年的帝国主义战争,在一切民族和全世界被压迫阶级面前,特别清楚地揭示了资产阶级民主词句的欺骗性,用事实表明,所谓"西方民主国家"的凡尔赛条约是比德国容克和德皇的布列斯特-里托夫斯克条约更加野蛮、更加卑劣地强加于弱国的暴力。国际联盟和战后协约国的全部政策更清楚更突出地揭示了这一真相,它们到处加剧了先进国家的无产阶级和殖民地、附属国的一切劳动群众的革命斗争,使所谓在资本主义制度下各民族能够和平共居和一律平等的市侩的民族主义幻想更快地破灭。

4.从上述的基本原理中就得出以下的结论:共产国际在民族和殖民地问题上的全部政策,主要应该是使各民族和各国的无产者和劳动群众为共同进行革命斗争、打倒地主和资产阶级而彼此接近起来。这是因为只有这种接近,才能保证战胜资本主义,如果没有这一胜利,便不能消灭民族压迫和不平等的现象。

5.目前的世界政治形势把无产阶级专政提上了日程,世界政治中的一切事变都必然围绕着一个中心点,就是围绕世界资产阶级反对俄罗斯苏维埃共和国的斗争。而俄罗斯苏维埃共和国必然是一方面团结各国先进工人的苏维埃运动,另一方面团结殖民地和被压迫民族的一切民族解放运动。这些民族根据自己的痛苦经验深信,只有苏维埃政权战胜世界帝国主义,他们才能得救。

6.因此,目前不能局限于空口承认或空口提倡各民族劳动者互相接近,必须实行使一切民族解放运动和一切殖民地解放运动同苏维埃俄国结成最密切的联盟的政策,并且根据各国无产阶级中共产主义运动发展的程度,或根据落后国家或落后民族中工人和农民的资产阶级民主解放运动发展的程度,来确定这个联盟的形式。

7.联邦制是各民族劳动者走向完全统一的过渡形式。无论在俄罗斯联邦同其他苏维埃共和国(过去的匈牙利苏维埃共和国、芬兰苏维埃共和国[102]、拉脱维亚苏维埃共和国[103],现在的阿塞拜疆苏维埃共和国、乌克兰苏维埃共和国)的关系中,或在俄罗斯联邦内部同从前既没有成立国家又没有实行自治的各民族(例如,在俄罗斯联邦内,1919年建立的巴什基尔自治共和国、1920年建立的鞑靼自治共和国)的关系中,联邦制已经在实践上显示出它是适当的。

8.共产国际在这方面的任务,是进一步地发展、研究以及通过实际来检验在苏维埃制度和苏维埃运动基础上所产生的这些新的联邦国家。既然承认联邦制是走向完全统一的过渡形式,那就必须力求建立愈来愈密切的联邦制联盟,第一,因为没有各苏维埃共和国最密切的联盟,便不能捍卫被军事方面无比强大的世界帝国主义列强所包围的各苏维埃共和国的生存;第二,因为各苏维埃共和国之间必须有一个密切的经济联盟,否则便不能恢复被帝国主义所破坏了的生产力,便不能保证劳动者的福利;第三,因为估计到建立统一的、由各国无产阶级按总计划调整的完整的世界经济的趋势,这种趋势在资本主义制度下已经十分明显地表现出来,在社会主义制度下必然会继续发展而臻于完善。

9.在国家内部关系方面,共产国际的民族政策决不能只限于空洞地、形式地、纯粹宣言式地、实际上却不负任何责任地承认民族平等,就像资产阶级民主派所做的那样。这些人不管是坦率地承认自己是资产阶级民主派,或者是像第二国际的社会党人那样,借社会党人的称号来掩饰自己,都是一样的。

不仅在各国共产党的全部宣传鼓动工作(议会讲坛上和议会讲坛外的宣传鼓动)中,应当不断地揭露各资本主义国家违背本国的"民主"宪法,经常破坏民族平等,破坏保障少数民族权利的种种事实,而且还必须做到:第一,经常解释,只有在反资产阶级的斗争中首先把无产者、然后把全体劳动者联合起来的苏维埃制度,才能实际上给各民族以平等;第二,各国共产党必须直接帮助附属的或没有平等权利的民族(例如爱尔兰,美国的黑人等)和殖民地的革命运动。

没有后面这个特别重要的条件,反对压迫附属民族和殖民地的斗争以及承认他们有国家分离权就仍然是一块假招牌,正像我们在第二国际各党那里看到的一样。

10.口头上承认国际主义,而事实上在全部宣传、鼓动和实际工作中却用市侩民族主义与和平主义偷换国际主义,这不仅在第二国际各党中是最常见的现象,而且在那些已经退出这个国际的政党中,甚至在目前往往自称为共产党的政党中也是最常见的现象。把无产阶级专政由一国的(即存在于一个国家的,不能决定全世界政治的)专政转变为国际的专政(即至少是几个先进国家的,对全世界政治能够起决定影响的无产阶级专政)的任务愈迫切,同最顽固的小资产阶级民族主义偏见这种祸害的斗争就愈会提到首要地位。小资产阶级民族主义宣称,只要承认民族平等就是国际主义,同时却把民族利己主义当做不可侵犯的东西保留下来(更不用说这种承认纯粹是口头上的),而无产阶级的国际主义,第一,要求一个国家的无产阶级斗争的利益服从全世界范围的无产阶级斗争的利益;第二,要求正在战胜资产阶级的民族,有能力有决心为推翻国际资本而承担最大的民族牺牲。

因此,在已经完全是资本主义的、拥有真正是无产阶级先锋队的工人政党的国家中,首要的任务就是同歪曲国际主义的概念和政策的机会主义和市侩和平主义作斗争。

11.对于封建关系或宗法关系、宗法农民关系占优势的比较落后的国家和民族,要特别注意以下各点:

第一,各国共产党必须帮助这些国家的资产阶级民主解放运动;把落后国家沦为殖民地或在财政上加以控制的那个国家的工人,首先有义务给予最积极的帮助;

第二,必须同落后国家内具有影响的僧侣及其他反动分子和中世纪制度的代表者作斗争;

第三,必须同那些企图利用反欧美帝国主义的解放运动来巩固可汗、地主、毛拉等地位的泛伊斯兰主义和其他类似的思潮作斗争;①

第四,必须特别援助落后国家中反对地主、反对大土地占有制、反对各种封建主义现象或封建主义残余的农民运动,竭力使农民运动具有最大的革命性,使西欧共产主义无产阶级与东方各殖民地以至一切落后国家的农民革命运动结成尽可能密切的联盟;尤其必须尽一切努力,用建立"劳动者苏维埃"等方法把苏维埃制

---

① 列宁在校样上用大括号将第二点和第三点括在一起并写道:"第二点和第三点合并"。——俄文版编者注

度的基本原则应用到资本主义前的关系占统治地位的国家中去；

第五，必须坚决反对把落后国家内的资产阶级民主解放思潮涂上共产主义的色彩；共产国际援助殖民地和落后国家的资产阶级民主民族运动，只能是有条件的，这个条件是各落后国家未来的无产阶级政党（不仅名义上是共产党）的分子已在集结起来，并且通过教育认识到同本国资产阶级民主运动作斗争是自己的特殊任务；共产国际应当同殖民地和落后国家的资产阶级民主派结成临时联盟，但是不要同他们融合，要绝对保持无产阶级运动的独立性，即使这一运动还处在最初的萌芽状态也应如此；

第六，必须向一切国家，特别是落后国家的最广大的劳动群众不断地说明和揭露帝国主义列强一贯进行的欺骗，即打着建立政治上独立的国家的幌子，来建立在经济、财政和军事方面都完全依赖于它们的国家；在目前国际形势下，除了建立苏维埃共和国联盟，附属民族和弱小民族别无生路。

12. 帝国主义列强历来对殖民地和弱小民族的压迫，在被压迫国家劳动群众的心中不仅播下了仇恨，而且播下了对整个压迫民族包括对这些民族的无产阶级的不信任。这些民族的无产阶级的多数正式领袖，在1914—1919年曾经站在社会沙文主义的立场上，借口"保卫祖国"来保卫"本国"资产阶级压榨殖民地和掠夺财政上不独立的国家的"权利"，他们这种背叛社会主义的卑鄙行径不能不加深这种完全合乎情理的不信任心理。另一方面，一个国家愈是落后，这个国家的小农业生产、宗法性和闭塞性就愈加厉害，也就必然使最深的小资产阶级偏见，即民族利己主义和民族狭隘性的偏见表现得特别厉害和顽固。既然这些偏见只有在各先进国家内的帝国主义和资本主义消灭以后，只有在落后国家的经济生活全部基础急剧改变以后才能消逝，那么这些偏见的消逝，就不能不是极其缓慢的。因此，各国有觉悟的共产主义无产阶级对于受压迫最久的国家和民族的民族感情残余必须持特别小心谨慎的态度，同样，为了更快地消除以上所说的不信任心理和各种偏见，必须作出一定的让步。没有世界各国和各民族的无产阶级以至全体劳动群众自愿要求结盟和统一的愿望，战胜资本主义这一事业是不能顺利完成的。

载于 1920 年 7 月 14 日《共产国际》
杂志第 11 期

译自《列宁全集》俄文第 5 版
第 41 卷第 161—168 页

2

土地问题提纲初稿

（为共产国际第二次代表大会草拟）

（6月初）

现在已经成为黄色国际的第二国际为什么不仅不能确定革命无产阶级在土地问题上的策略，甚至不能恰当地提出这个问题，对于这一点的原因马尔赫列夫斯基同志在他的论文[104]中作了很好的分析。接着马尔赫列夫斯基同志提出了第三国际的共产主义土地纲领的理论原理。

根据这些原理，能够（而且我觉得应当）拟出即将在1920年7月15日召开的共产国际代表大会关于土地问题的一个总的决议。

这个决议的初稿如下：

1. 只有共产党所领导的城市工业无产阶级，才能使农村劳动群众摆脱资本和大地主土地占有制的压迫，摆脱破产，摆脱在资本主义制度存在时必然会一再发生的帝国主义战争。农村劳动群众只有同共产主义无产阶级结成联盟，奋勇地援助无产阶级为推翻地主（大土地占有者）和资产阶级的压迫而进行的革命斗争，此外别无出路。

另一方面，如果产业工人局限于狭隘的行会利益和狭隘的职业利益，只满足于为改善自己有时还过得去的小市民的生活状况而奔走，那他们就不能完成使人类摆脱资本压迫和战争这一具有全世界历史意义的使命。许多先进国家中的"工人贵族"的情况正是如此，这些人是第二国际中那些所谓的社会党的基础，实际上他们是社会主义的死敌，是社会主义的叛徒，是市侩沙文主义者，是工人运动内部的资产阶级代理人。无产阶级要成为真正革命的阶级，成为真正按社会主义精神行动的阶级，就只有作为全体被剥削劳动者的先锋队，作为他们在推翻剥削者的斗争中的领袖来发表意见和采取行动；但是如果不在农村中开展阶级斗争，不把农村劳动群众团结在城市无产阶级的共产党周围，不由城市无产阶级来教育农村劳动群众，这个任务是完成不了的。

2.城市无产阶级应当引导农村被剥削劳动群众参加斗争，至少也要把他们争取过来。在一切资本主义国家内，农村被剥削劳动群众有以下几个阶级：

第一，农业无产阶级即雇佣工人（年工、季节工、日工），他们靠受雇于资本主义农业企业来获得生活资料。把这个阶级和其他各类农村居民分开来单独进行组织（政治、军事、工会、合作社、文化教育等方面），加紧在他们中间进行宣传鼓动工作，把他们争取到苏维埃政权和无产阶级专政方面来，这是各国共产党的**基本**任务。

第二，半无产者或小块土地农民，他们一方面依靠在资本主义农业企业或工业企业中出卖劳动力，另一方面依靠在仅能给他们家庭生产一部分食物的小块私有的或租来的土地上耕作，来获得生活资料。在一切资本主义国家中，这类农村劳动居民的人数是非常多的，但是资产阶级代表人物和第二国际的黄色"社会党人"掩盖这类农民的存在及其特殊地位，他们这样做，一方面是有意识地欺骗工人，另一方面是由于盲目接受了陈腐的世俗观念，竟把这类农民同一般"农民"群众混为一谈。资产阶级愚弄工人的这种手法，在德国和法国表现得最明显，其次是在美国和其他国家。如果共产党的工作得当，这类农民就会成为共产党的可靠的拥护者，因为这些半无产者的境遇非常艰难，他们从苏维埃政权和无产阶级专政方面能够立刻得到很大的好处。

第三，小农，他们拥有自己的或租来的一块不大的土地，可以应付他们全家以及经营上的需要，并不另外雇用劳动力。这一阶层从无产阶级的胜利中肯定会得到好处，因为无产阶级的胜利能立刻而充分地给他们以下几种利益：(a)免除向大土地占有者交纳地租或一半收成(例如法国的 métayers，即分成制农民，意大利和其他国家也是如此)；(b)免除抵押债务；(c)免除大土地占有者的多种形式的压迫以及对大土地占有者的依附(林地及其使用等等)；(d)无产阶级国家政权立刻帮助他们经营农务(允许他们使用无产阶级剥夺来的大资本主义农户的农具和部分建筑物；无产阶级国家政权立刻把资本主义制度下主要替富裕农民和中农服务的组织，如农业合作社和农业协作社，变成首先帮助贫苦农民即无产者、半无产者和小农等的组织)。还能给他们其他许多利益。

同时共产党应当清楚地认识到，在从资本主义到共产主义的过渡时期，即在无产阶级专政时期，这个阶层中至少有一部分人必然会动摇而去追求无限制的贸易自由和无限制的使用私有权的自由，因为这一阶层是出卖消费品的(虽然数量不大)，所以受到投机倒把和私有者习惯的侵蚀。但是只要实行坚定的无产阶级政策，只要胜利了的无产阶级十分坚决地镇压大土地占有者和大农，这一阶层的动摇不会很大，并且也不会改变这个阶层整个说来将站在无产阶级革命方面这一事实。

3.上述三类农村居民的总和,构成一切资本主义国家农村人口的多数。因此无产阶级革命的胜利不仅在城市,而且在农村都是有充分保障的。有一种相反的意见还颇为流行,但是,第一,这是因为资产阶级的科学和统计不断进行欺骗,极力掩盖农村上述各阶级同剥削者即地主、资本家之间,以及半无产者和小农同大农之间的巨大区别;第二,是因为黄色国际即第二国际的英雄们和各个先进国家中被帝国主义特权腐化了的"工人贵族",不善于而且也不愿意在贫苦农民中进行真正无产阶级的革命宣传工作、鼓动工作和组织工作;机会主义者无论过去和现在都只关心怎样去同资产阶级,包括大农和中农(关于他们的情形见下文)作理论上和实践上的妥协,而不关心无产阶级实行革命来推翻资产阶级政府和资产阶级;第三,是因为有根深蒂固的偏见(这种偏见是同一切资产阶级民主偏见和议会制偏见有关的),是因为不了解已经被马克思主义理论充分证明而且又被俄国无产阶级革命经验完全证实了的真理:上述三类空前愚昧、十分分散、备受压抑、在一切最先进的国家中必然过着半野蛮生活的农村居民,虽然在经济上、社会上和文化上会从社会主义的胜利中得到好处,但是只有**在**革命的无产阶级夺得政权**以后**,只有**在**革命的无产阶级坚决镇压大土地占有者和资本家**以后**,只有**在**这些备受压迫的人**在实践中**看到他们有了这种组织起来的十分强大坚定的领导力量和保护力量来帮助和领导他们,给他们指出正确道路**以后**,才能坚决地支持革命的无产阶级。

4."中农"从经济上来说是小农,他们也拥有一小块自己的或租来的土地,但是第一,在资本主义制度下,这块土地上的收入通常不仅够维持一家的俭朴生活和经营的费用,并且可能有某些剩余,这些剩余至少在好年头可能变为资本;第二,往往(例如两三家农户中就有一家)另外雇用劳动力。拥有5至10公顷土地的德国农户,可以作为先进资本主义国家的中农的具体例子,据1907年的普查,这类农户中约有三分之一是雇有农业工人的。[①]在法国,特种农作物比较发达,像葡萄种植业就需要在土地上花费大量的劳动,大概这类农户使用雇佣劳动力的范围要更广泛些。

革命的无产阶级,至少在最近的将来和在无产阶级专政的初期,不能给自己提出把这个阶层争取过来的任务,而应当只限于中立中农,即在无产阶级同资产阶级的斗争中使他们保持中立。这个阶层必不可免地要动摇于这两种势力之间,而且在新时代的初期,在发达的资本主义国家内,这个阶层的主要趋向将是拥护资产阶级的。这是因为在这个阶层中,私有者的世界观和情绪是占优势的;投机倒把活动、贸易"自由"和私有制对他们眼前有好处;他们与雇佣工人是直接对抗的。胜利了的无产阶级废除地租和抵押债务,会直接改善这个阶层的生活状况。在多数资本主义国家里,无产阶级政权决不应该立即完全废除私有制,并且无论如何都要保证小农和中农不仅保留他们原有的土地,而且使他们的土地扩大到他们平素租种的全部面积(废除地租)。

把这些办法和反对资产阶级的无情斗争结合起来,就可以充分保证中立政策获得成功。无产阶级国家政权只能十分谨慎地逐步前进,运用榜样的力量,而不能对中农施用任何暴力,才能实现

---

① 确切数字如下:拥有5至10公顷土地的农户有652 798户(农户总数为5 736 082户);他们所雇用的各种雇佣工人为487 704人,本户工人(Familienangehörige)为2 003 633人。在奥地利,据1902年的统计,这类农户有383 331户,其中有126 136户是使用雇佣劳动的;雇佣工人146 044人,本户工人为1 265 969人。奥地利的农户总数为2 856 349户。

向集体农业的过渡。

5. 大农("Großbauern")是农业中的资本主义企业主,他们通常都雇有几个雇佣工人,他们之所以能归入"农民"之类,只是由于文化水平不高,生活习惯相同,亲自参加自己农场中的体力劳动。这是直接而坚决地反对革命无产阶级的那些资产阶级阶层中人数最多的一个阶层。在全部农村工作中,共产党应该集中主要注意力去同这个阶层进行斗争,把多数农村居民即被剥削劳动者从这些剥削者的思想和政治影响下解放出来,等等。

无产阶级在城市中获得胜利以后,这个阶层必然会进行各种反抗,或暗中破坏,或公开采取反革命性质的武装行动。所以革命的无产阶级应当立刻开始从思想上和组织上准备必要的力量,以便彻底解除这个阶层的武装,在推翻工业资本家的同时,只要这个阶层的反抗一露头,就给予最坚决最无情的歼灭性的打击,为此需要武装农村无产阶级,组织农村苏维埃,在苏维埃里,决不能让剥削者有立足之地,而应当保证无产者和半无产者占据优势。

即使是对待大农,获得胜利的无产阶级也决不能把剥夺列为直接的任务,因为还没有具备物质条件,特别是没有具备技术条件,更没有具备社会条件来实现这类农场的社会化。在个别的、显然是例外的情况下,将没收他们土地中零散出租的部分或附近小农特别需要的部分;同时还要保证小农根据一定的条件可以无偿地使用大农的一部分农业机器;等等。一般说来,无产阶级国家政权应当保留大农的土地,只在他们反抗被剥削劳动者的政权时才加以没收。在俄国无产阶级革命中,反对大农的斗争由于若干特殊情况而复杂起来,并且持续的时间很长,但是这个革命的经验终究表明,这个阶层稍一试图反抗就得到很好的教训之后,能够规规矩矩地执行无产阶级国家交给的任务，甚至开始（尽管非常缓慢）对捍卫一切劳动者而无情对待富人寄生虫的政权表示尊重。

在俄国，使战胜了资产阶级的无产阶级对大农的斗争变得复杂而持久的特殊情况，主要是在1917年10月25日（11月7日）的革命以后，俄国革命经历了全体农民反对地主的"一般民主的"即基本上是资产阶级民主的斗争阶段；其次是城市无产阶级的文化低，数量少；再次是幅员辽阔，交通极不方便。各先进国家既然没有这些造成阻碍的情况，欧美的革命无产阶级就应当更积极地准备并且更迅速、更坚决、更有成效地取得镇压大农反抗的完全胜利，彻底消除他们进行反抗的一切可能性。这是迫切需要的，因为在取得这种完全的最彻底的胜利以前，农村中无产者、半无产者和小农群众不会相信无产阶级国家政权是十分稳固的。

6. 革命无产阶级应当立刻无条件地没收地主即大土地占有者的全部土地，这些人在资本主义国家里直接地或通过租地农场主不断地剥削雇佣劳动力和附近小农（也时常剥削一部分中农），他们不参加任何体力劳动，他们大半是封建主（如俄国、德国和匈牙利的贵族，法国复辟了的领主，英国的勋爵，美国的前奴隶主）的后裔，或者是特别富有的金融巨头，或者是这两类剥削者和寄生虫的混血儿。

在各国共产党队伍中，决不容许宣传剥夺大土地占有者的土地要给予补偿，也决不容许给他们补偿，因为在现代欧美各国的条件下，这样做就是背叛社会主义，就是向遭受战争苦难最深重的被剥削劳动群众征收新贡赋，而这场战争产生了更多的百万富翁，使他们大发横财。

至于胜利了的无产阶级怎样经营从大土地占有者那里没收来

的土地的问题,由于俄国的经济落后,主要是把这些土地分给农民使用,只有在少数情况下土地留做办所谓"国营农场",由无产阶级国家自己经营,并把以前的雇佣工人变成执行国家委托的工作人员和管理国家的苏维埃成员。对先进资本主义国家说来,共产国际认为**在大多数情况下**保留大农业企业,并且按照俄国"国营农场"的方式经营这种企业,是正确的。

但是如果夸大或死板地执行这一条,绝对不容许把从剥夺者那里剥夺来的**一部分**土地无代价地分给附近的小农,有时也分给中农,那就大错特错了。

第一,通常用来反对这一点的理由是说大农业具有技术上的优越性,这种说法往往是以最恶毒的机会主义和背叛革命的行为来偷换无可争辩的理论真理。无产阶级为了这个革命的胜利,决不能因为生产暂时下降而裹足不前,就像奴隶占有制的敌人——北美资产阶级没有因为1863—1865年内战所引起的棉花生产的暂时下降而裹足不前一样。对资产者说来,重要的是为生产而生产,对被剥削劳动群众说来,最重要的是推翻剥削者,保证劳动者有条件为自己而不是为资本家工作。无产阶级的首要的基本的任务,就是保证无产阶级取得胜利和巩固这一胜利。如果不中立中农,如果没有全体小农、至少极大部分小农的支持,无产阶级政权是不能巩固的。

第二,不仅提高农业大生产,就是维持农业大生产,也先要有眼界开阔、富有革命觉悟、在职业上政治上组织上受过很好锻炼的农村无产者。凡是还不具备这个条件或者还没有可能把这一事业适当地交给有觉悟而又内行的产业工人来做的地方,如果企图把大农场急忙转交国家经营,那么只能破坏无产阶级政权的威信,在那些地方建立"国营农场"必须特别谨慎,必须极其认真地做好准备工作。

第三,在一切资本主义国家里,甚至在最先进的资本主义国家里,还保留着大土地占有者对附近小农所施行的中世纪的、半徭役式的剥削制残余,例如德国的租房农民,法国的分成制农民,美国的分成制佃农(在美国南部,不仅黑人多半受这样的剥削,而且白人有时也受这种剥削)。在这种情况下,无产阶级国家必须把小农所承租的土地,无偿地交给原租地者使用,因为没有别的经济的和技术的基础,并且也不能立刻建立起这种基础。

大农场的农具必须加以没收并转归国家所有,这些农具,**在保**证大国营农场的使用需要**以后**,应当让附近的小农在遵守无产阶级国家所规定的条件下无偿地使用。

如果说在无产阶级革命后的最初一个时期,不仅绝对必须立即没收大土地占有者的田庄,而且绝对必须把他们这些反革命头子和残酷压迫全体农村居民的人一律驱逐出去或加以关押,那么随着无产阶级政权在城市和乡村的巩固,必须不断努力使这个阶级中具有宝贵经验、知识和组织能力的人,都能被用来(在最可靠的工人共产党员的特别监督下)建立社会主义的大农业。

7.只有在无产阶级的国家政权最终平定剥削者的一切反抗,保证自己完全巩固,完全能够实施领导,根据大规模集体生产和最新技术基础(全部经济电气化)的原则改组全部工业的时候,社会主义对资本主义的胜利以及社会主义的巩固才算有了保证。只有这样,城市才有可能给落后而分散的农村以技术的和社会的根本的帮助,并且在这种帮助下为大大提高耕作和一般农业劳动的生产率打下物质基础,从而用榜样的力量促使小农为了自身的利益过渡到集体的、机械化的大农业上去。这个为全体社会党人口头上一致公认的无可争辩的理论真理,实际上却被在黄色国际即第二国际中以及在德国和英国"独立党人"、法国龙格派等等领袖中占统治地位的机会主义所曲解。这种曲解就在于他们把注意力移向比较遥远的美好的未来,而忽视了过渡到和达到这一美好未来的困难而具体的当前任务。这在实践中就是鼓吹同资产阶级妥协,鼓吹"社会和平",即完全背叛无产阶级,而无产阶级现时正在战争到处造成的空前破产和贫困的条件下,正在战争使一小撮百万富翁大发横财并变得肆无忌惮的条件下进行着斗争。

要使农村中争取社会主义的斗争真正获得成功,就要求:第一,各国共产党教育工业无产阶级,使他们认识到,为了推翻资产阶级和巩固无产阶级政权必须忍受牺牲和具有承担牺牲的决心,因为无产阶级专政就意味着无产阶级善于组织和引导全体被剥削劳动群众,意味着这个先锋队也善于为达到这一目的而承担最大的牺牲和表现出英勇精神;第二,要取得成功,还要使农村中受剥削最重的劳动群众能从工人的胜利中靠剥夺剥削者来立刻大大改善自己的境况,否则就不能保证工业无产阶级取得农村的支持,特别是工业无产阶级也就无法保证城市的粮食供应。

8.因为资本主义使农业劳动群众异常闭塞而分散、往往处于半中世纪式的依附状态,所以组织和教育他们参加革命斗争,是非常困难的,这就要求各国共产党特别注意农村中的罢工斗争,加紧援助和全面开展农业无产者和半无产者的群众性罢工。为德国和其他先进国家现时的经验所证实所丰富了的俄国 1905 年和 1917 年革命的经验表明,只有日益开展的群众性罢工斗争(在一定条件下,能够而且应当争取农村中的小农参加罢工斗争)才能打破农村的沉睡状态，唤醒农村被剥削群众的阶级觉悟，使他们认识到成立阶级组织的必要性，才能使他们明显而实际地看出他们同城市工人结成联盟的意义。

共产国际代表大会痛斥那些背叛和变节的社会党人，遗憾的是这种社会党人不仅在黄色国际即第二国际里存在，而且在退出了这个国际的欧洲极其重要的三个大党里也存在，他们不仅对农村罢工斗争采取冷淡的态度，而且借口有降低消费品生产的危险来反对这种罢工斗争（例如卡·考茨基）。假如不是在实践中用行动证明共产党人和工人领袖能够把开展无产阶级革命及夺取这一革命的胜利看得高于世上的一切，能够为这一革命作出最大的牺牲（因为要免除饥饿、破产和新的帝国主义战争，是没有别的出路的），那么任何纲领和最庄严的声明都是一钱不值的。

特别需要指出，旧社会主义的领袖和"工人贵族"的代表为了在迅速革命化的工人群众中保持自己的声誉，现在常常在口头上向共产主义让步，甚至在名义上转到共产主义方面来。这些人必须在工作中，在革命意识和革命斗争的发展进行得最猛烈、土地占有者和资产阶级（大农，富农）反抗得最激烈、社会党人妥协分子和共产党人革命家之间的区别表现得最明显的地方受到考验，以便证明他们是不是忠于无产阶级事业和能不能担任领导职务。

9.各国共产党应当竭力尽快地在农村中建立代表苏维埃，首先建立雇佣工人和半无产者的代表苏维埃。苏维埃只有同群众性罢工斗争和最受压迫的阶级联系在一起，才能执行自己的使命，才能大大巩固起来，使小农接受它的影响（然后把他们吸收到它的组织里）。但是，如果因为土地占有者和大农的沉重压迫，以及没有产业工人及其工会的援助，罢工斗争还没有展开，农业无产阶级的组织能力还很薄弱,那么建立农村的苏维埃就需要进行长期的准备工作,其方法就是建立共产党支部(即使是比较小的也好),加紧进行鼓动工作,用最通俗的方式说明共产主义的要求,用突出的剥削和压迫的实例来阐明这些要求,经常派产业工人去农村工作等等。

载于1920年7月20日《共产国际》
杂志第12期

译自《列宁全集》俄文第5版
第41卷第169—182页

3

关于共产国际第二次
代表大会的基本任务的提纲

（7月4日）

　　1. 目前国际共产主义运动发展的特点，是在一切资本主义国家里，革命无产阶级的优秀代表充分懂得了共产国际的基本原则，即无产阶级专政和苏维埃政权，并且满腔热情地站到共产国际方面来了。一个更重大的进步，就是在各地，不仅城市无产阶级的最广大群众，而且先进的农业工人，都十分明确地表示他们无条件地赞同这些基本原则。

　　另一方面，发展得异常迅速的国际共产主义运动出现了两种错误或弱点。一种是很严重的并且对无产阶级解放事业的胜利有着极大的直接危险的错误，那就是第二国际的一部分老领袖和旧政党，一方面有意无意地对群众的愿望和压力让步，另一方面为了继续在工人运动内部充当资产阶级的代理人和帮手而有意欺骗群众，声称他们愿意有条件地甚至无条件地加入第三国际，但是实际上他们在党的工作和政治工作的全部实践中，依旧停留在第二国际的水平上。这种情形是完全不能容许的，因为这样会直接腐蚀群众，破坏第三国际的威信，像匆忙改名为共产党人的匈牙利社会民主党人那样的叛变，有再度重演的危险。另一种小得多的错误，更正确地说是运动发展过程中的病症,就是"左"的倾向,就是不能正确地估计党在对待阶级和群众方面的作用和任务,不能正确地估计革命的共产党人在资产阶级议会和反动工会中进行工作的必要性。

共产党人的责任不是隐讳自己运动中的弱点,而是公开地批评这些弱点,以便迅速而彻底地克服它们。为此必须做到:第一,更具体地,特别是根据已有的实际经验来确定"无产阶级专政"和"苏维埃政权"这两个概念的内容;第二,指出在一切国家内为了实现这两个口号,可以而且应该立即有步骤地进行哪些准备工作;第三,指出纠正我们运动中的缺点的途径和方法。

一

无产阶级专政和苏维埃政权的实质

2.要使社会主义(共产主义的第一阶段)战胜资本主义,必须由无产阶级这一唯一真正革命的阶级完成下面三个任务。第一个任务是:推翻剥削者,首先是推翻他们在经济上和政治上的主要代表——资产阶级;彻底粉碎他们;镇压他们的反抗;使他们恢复资本压迫和雇佣奴隶制的任何尝试都不能得逞。第二个任务是:不仅要争取和引导整个无产阶级或无产阶级的绝大多数,而且要争取和引导全体受资本剥削的劳动者跟着无产阶级的革命先锋队共产党走;要在反对剥削者的英勇忘我、坚决无情的斗争的进程中,启发他们,组织他们,教育他们,培养他们的纪律性;要使一切资本主义国家的这绝大多数人摆脱对资产阶级的依赖,使他们根据实际经验相信无产阶级和它的革命先锋队的领导作用。第三个任务是:使几乎在一切先进国家里人数还相当多的(虽然只占人口的少数)必然动摇于资产阶级和无产阶级之间、资产阶级民主和苏维埃政权之间的农业、工业和商业中的小业主阶级以及和这个阶级地位相当的知识分子、职员等阶层保持中立,或者使他们不起有害的作用。

第一个和第二个任务都是独立的任务,它们要求对待剥削者和对待被剥削者采取不同的行动方法。第三个任务则是由前两个任务产生的,它要求根据每一次表现动摇的具体情况,把前两种方法都能巧妙地、及时地、灵活地结合起来。

3. 在全世界首先是在最先进、最强大、最文明、最自由的资本主义国家目前这种由军国主义、帝国主义、对殖民地和弱小国家的压迫、全世界的帝国主义大厮杀、凡尔赛"和约"所造成的具体形势下,凡是认为可以用和平方式使资本家服从被剥削的大多数人的意志,可以通过和平的、改良主义的道路过渡到社会主义,都不仅是市侩的极端愚蠢的想法,而且是对工人的公然的欺骗,对资本主义雇佣奴隶制的粉饰,对真实情况的隐瞒。现在的真实情况是:最文明最民主的资产阶级,也已经不惜采取任何欺骗和犯罪的手段,不惜屠杀千百万工人和农民来挽救生产资料私有制。只有用暴力推翻资产阶级,没收他们的财产,彻底破坏全部资产阶级国家机构即议会、司法、军事、官僚、行政、地方自治等等机构,一直到驱逐和关押全部最危险最顽固的剥削者,严格地监视他们,以便同他们必然进行反抗和恢复资本主义奴隶制的尝试作斗争,只有这种措施才能使整个剥削阶级真正服从我们。

另一方面,第二国际的旧政党和老领袖总是认为,在资本主义奴隶制下,在资产阶级压迫下(这种压迫具有层出不穷多种多样的形式,某个资本主义国家愈文明,这些压迫形式就愈巧妙,同时也就愈残酷,愈厉害),多数被剥削劳动者自己能够培养出十分明确的社会主义意识、坚定的社会主义信念和品格,这种看法同样是对资本主义和资产阶级民主的粉饰,同样是对工人的欺骗。事实上,只有无产阶级的先锋队,在无产阶级这个唯一革命阶级的全体或多数人的支持下,推翻剥削者,镇压剥削者,使被剥削者摆脱奴隶地位,立刻靠剥夺资本家来改善他们的生活条件,只有在这以后,只有在尖锐的阶级斗争的进程中,才能启发和教育最广大的被剥削劳动群众,把他们组织在无产阶级周围,受无产阶级的影响和领导,使他们克服私有制所造成的自私、分散、劣根性和软弱性,使他们结成自由工作者的自由联盟。

4. 为了战胜资本主义,在起领导作用的政党共产党、革命的阶级无产阶级和群众即全体被剥削劳动者之间,必须建立正确的相互关系。只有共产党真正成为革命阶级的先锋队,吸收了这个阶级的一切优秀代表,集中了经过顽强的革命斗争的教育和锻炼的、完全觉悟的和忠诚的共产主义者,把自己跟本阶级的全部生活密切联系起来,再通过本阶级跟全体被剥削群众密切联系起来,取得这个阶级和这些群众的充分信任——只有这样的党才能在反对资本主义一切势力的最无情最坚决的最后斗争中领导无产阶级。另一方面,只有在这样的党的领导下,无产阶级才能发挥自己进行革命冲击的全部威力,才能使为数不多的被资本主义腐蚀的工人贵族、老工联领袖和合作社领袖等等必然采取的冷淡态度和有时的反抗不起一点作用,才能发挥自己的全部力量。由于资本主义社会的经济结构,这种力量要比无产阶级在人口中所占的比重大得多。最后,只有真正摆脱了资产阶级和资产阶级国家机构的压迫,只有取得了真正自由地(不受剥削者的束缚)组成自己的苏维埃的可能性,群众即全体被剥削劳动者,才能在历史上第一次发挥受资本主义压制的千百万人的全部主动性和活力。只有在苏维埃成为唯一的国家机构时,全体被剥削者才能真正参加国家管理,而在最文明最自由的资产阶级民主制度下,他们事实上在百分之九十九的情况下仍然一直被排斥在国家管理工作之外。只有在苏维埃里,广大被剥削者才开始不是从书本上,而是从自己的实际经验中真正地学习建设社会主义,学习建立新的社会纪律,建立自由工作者的自由联盟。

二

应该如何立刻在各处
为建立无产阶级专政作准备?

5.当前国际共产主义运动发展的特点是:在大多数资本主义国家内,无产阶级还没有为建立本阶级的专政作好准备,甚至往往还没有有步骤地着手这种工作。由此不应得出结论说,在最近的将来,无产阶级革命是不可能发生的;这种革命是完全可能发生的,因为整个经济政治情况包含着非常多的可能突然起火的易燃物和导火线;除了无产阶级的准备程度以外,革命的另一条件就是一切占统治地位的和一切资产阶级的政党都处于普遍危机状态,现在这个条件也已经具备了。但是从上面所说的情况中应当得出这样的结论:各国共产党的当前任务并不在于加速革命的到来,而在于加强无产阶级的准备。另一方面,上面已经指出的许多社会党历史上发生的事件,使我们不得不注意到,"承认"无产阶级专政不能仅仅停留在口头上。

因此,从国际无产阶级运动来看,目前各国共产党的主要任务,是团结分散的共产主义力量,在每一个国家中成立统一的共产党(或加强和革新已有的党),以便百倍地加强工作,为无产阶级赢得国家政权,并且是赢得无产阶级专政这种形式的政权作好准备。承认无产阶级专政的集团和政党通常进行的社会主义工作,还远没有充分地经过根本的改造和革新,要使这种工作成为共产主义的工作并且能与无产阶级专政前夕的各项任务相适应,那就必须经过根本的改造和革新。

6.无产阶级取得了政权,并没有结束无产阶级同资产阶级的阶级斗争,相反会使这种斗争变得特别广泛、尖锐和残酷。凡是完全或部分持有改良主义、"中派"等等观点的集团、政党和工人运动活动家,由于斗争极端尖锐化,都不可避免地或者站到资产阶级一边,或者置身动摇者之列,或者成为胜利的无产阶级的不可靠的朋友(这是最危险的)。因此,要为建立无产阶级专政作准备,就不仅要加强反对改良主义和"中派"倾向的斗争,而且要改变这种斗争的性质。这种斗争不能只限于弄清这种倾向的错误,而且应当不断地和无情地揭露在工人运动内部表现出这种倾向的一切活动家,否则无产阶级就无从知道,它将要同谁一道去对资产阶级进行最坚决的斗争。这种斗争随时都可能(而且经验已经表明确实是在)用武器的批判代替批判的武器①。在揭发那些改良主义者或"中派分子"时,任何不彻底或软弱的表现都会直接增加资产阶级推翻无产阶级政权的危险,因为有些分歧今天在近视的人看来只

---

① 参看《马克思恩格斯文集》第1卷第11页。——编者注

是"理论上的分歧",明天就会被资产阶级用来达到他们反革命的目的。

7. 特别是不能只限于像通常那样从原则上否认无产阶级和资产阶级的任何合作,否认任何"同敌人合作"。在无产阶级专政的条件下,当还保存生产资料私有制(无产阶级永远不能一下子完全消灭私有制)的时候,单纯地维护"自由"和"平等",就会变成同资产阶级的"合作",直接破坏工人阶级的政权。要知道,无产阶级专政就是国家通过整个政权机构来巩固和维护剥削者的"不自由",使他们不能继续干压迫和剥削的勾当,就是巩固和维护私有者(即把社会劳动所创造的一定的生产资料据为己有的人)同无产者的"不平等"。在无产阶级胜利以前,在"民主"问题上存在的看来似乎是理论上的分歧,在明天,在胜利后,必然会成为要用武力解决的问题。因此,不根本改变对"中派分子"和"民主制的维护者"的斗争的全部性质,甚至使群众为建立无产阶级专政作好初步的准备都是不可能的。

8. 无产阶级专政是无产阶级同资产阶级进行阶级斗争的最坚决最革命的形式。只有在无产阶级的最革命的先锋队带领本阶级的绝大多数前进时,这种斗争才能取得胜利。因此,要为建立无产阶级专政作准备,就不仅要说明在保存生产资料私有制的情况下,任何改良主义、任何维护民主制的行为都是资产阶级性质的,不仅要揭露实际上等于在工人运动内部维护资产阶级的那些倾向的各种表现,而且要在所有的无产阶级组织中(不仅在政治组织中,而且在工会、合作社、教育等等组织中)用共产党人去代替老领袖。在一个国家内,资产阶级民主的统治愈长久、愈彻底、愈巩固,资产阶级就愈能把他们培养的、满脑子都是他们的观点和偏见的、往往是他们直接或间接收买的人物安置在这种领袖的地位上。必须比过去大胆百倍地把这些工人贵族或资产阶级化了的工人的代表人物从他们所占据的一切岗位上赶走，宁愿用最没有经验的工人去代替他们，只要这些工人同被剥削群众息息相关，在反对剥削者的斗争中得到这些群众的信任就行。无产阶级专政要求任命这些没有经验的工人去担任国家最重要的一些职务，不然工人政府这种政权就会没有力量，而这个政府就会得不到群众的支持。

9.无产阶级专政就是由资本主义的全部历史准备好的去担负领导作用的唯一阶级，对一切被资本家阶级压迫、折磨、压制、恐吓、分裂和欺骗的被剥削劳动者实行最充分的领导。因此应该立即在各处用下列办法开始为建立无产阶级专政作准备。

在首先是无产阶级的、其次是非无产阶级被剥削劳动群众的一切组织、协会、团体(政治的、工会的、军事的、合作社的、教育的、体育的等等)中，无一例外都应该成立共产党的小组或支部，这些小组或支部大多数是公开的，但是也有秘密的(在凡是考虑到资产阶级可能取缔这些小组或支部、逮捕或驱逐它们的成员的情况下，都必须成立秘密的小组或支部)。这些彼此之间有密切联系、并同党中央也有密切联系的支部，应该互相交流经验，针对社会生活各个方面的情况，针对各类劳动群众的情况，进行鼓动、宣传和组织工作，通过这种多方面的工作不断地教育自己，教育党，教育阶级，教育群众。

同时，在实践中创造出必要的各种不同的工作方法是非常重要的。一方面，对于那些受小资产阶级的和帝国主义的偏见毒害很深以致往往不可救药的"领袖"或"负责人"必须进行无情的揭露，把他们从工人运动中赶出去；另一方面，对于特别是在帝国主义大厮杀以后多半愿意倾听和接受关于必须由无产阶级来领导才能摆脱资本主义奴隶制的学说的群众，则必须学会采取特别耐心和谨慎的态度，以便能够了解每个阶层、每个行业等等的群众的心理特点和特性。

10.作为共产党员的小组或支部之一的议会党团，也就是在资产阶级代表机构（首先是全国的，其次是地方的、地方自治的等等代表机构）中当议员的党员的小组，是特别值得党加以注意和关心的。一方面，在最广大的落后的或满脑子都是小资产阶级偏见的劳动群众的心目中，议会讲坛具有特别重要的意义，因此，共产党员正应该从这个讲坛上进行宣传、鼓动和组织工作，向群众说明为什么在俄国由全国苏维埃代表大会解散资产阶级议会是合理的（任何国家在适当的时候这样做也都是合理的）。另一方面，资产阶级民主的全部历史已经把议会讲坛，特别是先进国家的议会讲坛变成进行闻所未闻的营私舞弊、在财政上和政治上欺骗人民、升官发财、弄虚作假、压迫劳动者的主要场所或主要的场所之一。因此，革命无产阶级的优秀代表对议会深恶痛绝是完全正当的。因此，各国共产党和一切加入第三国际的政党，特别是那些不是通过与旧党分裂，不是通过与旧党进行长期顽强斗争，而是通过由旧党采取（往往只是在名义上采取）新的立场而成立的政党，就尤其需要严格对待自己的议会党团：使议会党团完全服从党中央委员会的监督和指示；议会党团的成员必须主要是革命工人；在党的报刊和党的会议上，极其认真地分析这些议员的发言是否坚持共产主义的原则；把这些议员派到群众中去进行鼓动工作，把那些表现出第二国际倾向的人从议会党团中开除出去；等等。

11. 在发达的资本主义国家中，革命工人运动受到阻碍的一个主要原因就是：资本家拥有殖民地，获得金融资本的超额利润等等，因此能够在国内培植一个比较广泛、比较稳定而人数不多的工人贵族阶层。工人贵族享有优厚的工资待遇，具有最浓厚的行会狭隘性以及市侩的和帝国主义的偏见。他们是第二国际、改良主义者和"中派分子"的真正的社会"支柱"，而在目前他们几乎是资产阶级的主要的社会支柱。如果不立即有步骤地、广泛地、公开地同这个阶层作斗争，那就谈不上无产阶级为推翻资产阶级做任何初步准备工作，如经验已经充分证明的，在无产阶级胜利之后，这个阶层无疑还会给资产阶级的白卫军提供不少的人力。一切加入第三国际的政党必须竭力实现"更深入群众"和"更密切地联系群众"的口号，这里讲的群众，是指全体受资本剥削的劳动者，特别是那些最无组织、最少受教育、最受压迫、最难组织的劳动者。

无产阶级只有不局限在狭隘的行会范围内，只有在社会生活的各个方面和各个领域都表现出是全体被剥削劳动群众的领袖，只有这样才能成为革命阶级。假如无产阶级没有决心，又不能够为战胜资产阶级作出极其巨大的牺牲，那它就不能实现无产阶级专政。俄国的经验在这方面既有原则意义又有实际意义。在世界资产阶级举行进攻、发动战争、实行封锁的最艰苦的时期，如果俄国无产阶级没有作出最大的牺牲，不是比其他各阶层的劳动群众挨饿得更厉害，那么，它就不能实现无产阶级专政，就不能赢得全体劳动群众一致的尊敬和信任。

具体地说，共产党和整个先进的无产阶级尤其必须从各方面全力支持广泛的和自发的群众罢工运动，因为在资本的压迫下，只有这种运动才能真正唤醒、推动、启发和组织群众，才能教育群众充分信任革命无产阶级的领导作用。没有这样的准备，无产阶级专政根本不可能实现。在加入第三国际的政党的队伍里,绝对不能容许有像德国的考茨基、意大利的屠拉梯这类公开反对罢工的人。当然对于那些经常出卖工人的工联领袖和议会领袖更是如此,因为他们利用罢工的经验教工人实行改良主义,而不是教他们进行革命(例如,近几年在英国和法国就是这样)。

12. 目前在一切国家里,甚至在最自由、最"合法"、最"和平"即阶级斗争最不尖锐的国家里,共产党绝对必须经常把合法工作和不合法工作、合法组织和不合法组织结合起来的时期已经完全到来了。这是因为在最文明、最自由、资产阶级民主制最"稳固"的国家里,政府都已经不顾它们种种骗人的虚伪声明,经常开列共产党人的黑名单,不断违反它们自己的宪法,半秘密地和秘密地支持白卫分子,杀害各国共产党人,暗中准备逮捕共产党员,派遣奸细打入共产党内部,如此等等。只有最反动的市侩(不管他们用什么"民主主义的"与和平主义的花言巧语来掩饰自己),才会否认这一事实,或者否定由此必然得出的结论:一切合法的共产党必须立即建立不合法组织,以便经常进行不合法工作,作好充分准备,来应付资产阶级的一切迫害。特别需要在陆军、海军和警察中进行不合法工作,因为在这次帝国主义大厮杀以后,世界各国政府都对工农可以参加的全民军队不放心了,开始秘密地采取各种办法,专门从资产阶级中挑选人员,来建立专门用特别精良的技术装备起来的军队。

另一方面,在任何场合都不应该只是从事不合法工作,而应该同时也从事合法工作,为此就应当克服各种困难,建立具有各种名称(必要时名称可以经常改变)的合法刊物和合法组织。芬兰、匈牙利的不合法的共产党正在这样做,德国、波兰、拉脱维亚等国的共产党也部分地在这样做。美国的"世界产业工人联合会"(I.W. W.)也应当这样做,只要检察官想以共产国际代表大会的决议为借口提出起诉,现在一切合法的共产党就都应当这样做。

在原则上绝对必须把不合法工作和合法工作结合起来,这不仅是因为当前这个时期即无产阶级专政前夕有着种种特点,也是因为必须向资产阶级证明,没有也不可能有共产党人不能夺取的工作部门和场所,尤其是因为到处都有广大的无产阶级阶层和更广大的非无产阶级的被剥削劳动群众,他们还相信资产阶级民主下的合法性,而说服他们放弃这种信念对我们来说是一件最重要的事情。

13.尤其是在最先进的资本主义国家中,工人报刊的状况特别明显地说明资产阶级民主下的自由和平等完全是假的,说明必须经常把合法工作和不合法工作结合起来。无论在战败国德国或在战胜国美国,为了取缔工人报刊,资产阶级国家机构都使尽了全部力量,金融大王施展了一切伎俩:司法追究,逮捕编辑(或雇用凶手来杀害他们),禁止邮寄,没收纸张,如此等等。此外,日报所需要的新闻资料都掌握在资产阶级通讯社手里,广告又由资本家"自由"支配,而大型报纸没有广告是弥补不了亏空的。总之,资产阶级正在用欺骗,用资本和资产阶级国家的压力,来取缔革命无产阶级的报刊。

针对这种情况,各国共产党应当创办一种在工人中间大量发行的新型的定期刊物:第一,发行合法的出版物,不要把它称为共产主义的,不要说它是属于党的,要学会像1905年以后布尔什维克在沙皇统治下那样来利用甚至最小的合法机会;第二,散发不合法的小报,虽然这种小报篇幅极小,出版不定期,但它可以由工人在许多印刷所翻印（秘密地翻印或在运动壮大时用革命手段夺取印刷所来翻印），可以自由地向无产阶级报道革命的消息和提出革命的口号。

不进行有群众参加的争取共产主义报刊出版自由的革命斗争，就不可能为建立无产阶级专政作好准备。

三
纠正加入或愿意加入共产国际的
各政党的路线以及部分地改变其成分

14.第二国际最有影响的政党，如法国社会党、德国独立社会民主党、英国独立工党、美国社会党[105]，都已经退出这个黄色国际，决定（前三个党是有条件的，后一个党甚至是无条件的）加入第三国际，这个事实极其客观地确切地说明了，在那些从世界经济和世界政治来看都是最重要的国家中，无产阶级对于实现本阶级专政的准备程度如何。这一事实证明，不仅革命无产阶级的先锋队，而且革命无产阶级的多数在整个事态发展的启迪下，都开始转到我们这方面来了。现在主要的事情是完成这种转变，切实地从组织上巩固既有的成就，以便毫不动摇地全线前进。

15.上面提到的这些政党（如瑞士社会党[106]决定加入第三国际的消息属实，还应加上瑞士社会党）的全部活动证明，并且它们的每一种定期出版物也明显地证实，它们的活动还不是共产主义的，而且往往直接违背第三国际的基本原则：承认无产阶级专政和苏维埃政权，否认资产阶级民主。

因此，共产国际第二次代表大会应当作出决议：大会认为还不能立即吸收这些政党;批准第三国际执行委员会给德国"独立"党人的回信;重申准备和任何一个退出第二国际并愿意靠拢第三国际的政党进行谈判;允许这些政党派代表列席共产国际的一切代表大会和代表会议;为这些政党(以及类似的政党)正式加入共产国际规定如下条件:

(1)在党的一切定期出版物上公布共产国际各次代表大会及共产国际执行委员会的一切决议;

(2)党的各个支部或地方组织必须召开特别会议讨论这些决议;

(3)讨论以后,必须召开党的特别代表大会,以便作出结论并

(4)清除党内仍然按照第二国际的精神从事活动的分子。

(5)把党的一切定期机关刊物移交给完全由共产主义者组成的编辑部。

第三国际第二次代表大会应该委托自己的执行委员会先行审查上述及其他类似的政党,如查明它们确实已执行上述条件,确实已从事共产主义性质的活动,那就可以正式接收它们加入第三国际。

16.关于在上述和其他类似的政党的负责岗位上至今仍居少数的共产主义者应该采取何种行动的问题,共产国际第二次代表大会应当作出决定,说明鉴于这些政党中的工人愈来愈衷心拥护共产主义,共产主义者退出这些政党是不适当的,因为在这些政党内部目前还能够本着承认无产阶级专政和苏维埃政权的精神进行工作,还能够对留在党内的机会主义者和中派分子进行批评。

同时,第三国际第二次代表大会应当赞成英国共产主义的或者同情共产主义的小组和组织加入"工党"(Labour Party),尽管

"工党"是参加第二国际的。这是因为这个政党还能让加入进去的组织像现在这样自由地进行批评，为无产阶级专政和苏维埃政权自由地进行宣传、鼓动和组织工作，这个政党还具有工人阶级一切工会组织的联合会的性质。只要这样，共产主义者就必须采取一切步骤，作出一定的妥协，以便能够影响最广大的工人群众，从群众容易看到的更高的讲坛上揭露他们的机会主义的领袖，使政权更快地从资产阶级的直接代表的手里转到"资本家阶级的工人帮办"的手里，以使群众尽快地抛弃这方面的最后的幻想。

17. 至于意大利社会党，第三国际第二次代表大会认为该党都灵支部对该党提出的批评和实际建议[107]，即刊载在 1920 年 5 月 8 日《新秩序》杂志（«L'Ordine Nuovo»）[108]上的向意大利社会党全国委员会提出的建议，基本上是正确的，是完全符合第三国际的一切基本原则的。

因此，第三国际第二次代表大会要求意大利社会党召集一次紧急代表大会，来讨论这些建议和共产国际两次代表大会的一切决议，以纠正党的路线，清除党内特别是议会党团内的非共产主义分子。

18. 第三国际第二次代表大会认为，在这次代表大会的专门决议中遭到详尽驳斥的关于党和阶级、群众的关系的观点，关于共产党不必参加资产阶级议会和极反动的工会的观点是错误的；竭力维护这些观点的有"德国共产主义工人党"[109]，多少持有这些观点的有"瑞士共产党"[110]、共产国际东欧书记处在维也纳出版的机关刊物《共产主义》杂志（«Kommunismus»）、现在已经被解散的阿姆斯特丹书记处和某些荷兰同志，以及英国的某些共产主义组织，如"工人社会主义联盟"等等，此外还有美国的"世界产业工人联合会"和英国的"车间代表委员会"(Shop Stewards Committee)等。

但是，第三国际第二次代表大会认为，这些组织中还没有正式加入共产国际的组织可以而且最好立即加入共产国际，因为在这方面，特别是拿美国和澳大利亚的"世界产业工人联合会"以及英国的"车间代表委员会"来说，涉及一个深刻的无产阶级和群众的运动，而这个运动事实上主要是以共产国际的基本原则为基础的。这些组织对于参加资产阶级议会之所以采取错误的观点，主要不是因为那些资产阶级出身的人带来了自己的、实质上往往是无政府主义者所持的小资产阶级的观点，而是因为完全革命的、同群众保持联系的无产者在政治上缺乏经验。

因此，第三国际第二次代表大会要求盎格鲁撒克逊国家的一切共产主义组织和小组，即使在"世界产业工人联合会"和"车间代表委员会"没有立即加入第三国际的情况下，也要对这些组织采取如下的政策：极其友好地对待它们，接近它们，接近同情它们的群众，根据历次革命的经验，特别是根据20世纪俄国三次革命的经验，善意地向它们说明它们的上述观点的错误；不要放弃反复争取同这些组织合并为一个统一的共产党的尝试。

19.因此，代表大会提请全体同志，特别是罗曼语国家和盎格鲁撒克逊国家的同志们注意：战后在全世界，无政府主义者在对待无产阶级专政和苏维埃政权的态度方面已经发生了深刻的思想分化。对第二国际各党的机会主义和改良主义的义愤，过去往往使无产阶级分子转向无政府主义，现在很明显，他们对这些原则已经有了正确的认识，而且他们愈熟悉俄国、芬兰、匈牙利、拉脱维亚、波兰、德国的经验，这种认识就传播得愈广泛。

因此，代表大会认为全体同志都有责任全力支持一切广大的无产阶级分子从无政府主义转到第三国际方面来。代表大会指出,衡量各个真正的共产主义政党的工作成就的标志之一应该是:它在多大程度上把广大的无产阶级分子而不是知识分子、小资产阶级分子从无政府主义方面争取了过来。

1920 年 7 月 4 日

载于 1920 年 7 月 20 日《共产国际》杂志第 12 期

译自《列宁全集》俄文第 5 版第 41 卷第 183—201 页

4

致共产国际执行委员会[111]

（不晚于 7 月 10 日）

为第三国际第二次代表大会还需要拟定一份关于国际经济和政治形势的提纲。

可否委托拉狄克或工作较少的**拉品斯基**，或者由他们指定的**其他人拟出一个提纲初稿，这一提纲的要点大致**如下：

1. 瓜分全世界（无论就银行资本和金融资本的势力范围，或是就国际性的辛迪加和卡特尔，以及就夺取殖民地和半殖民地来说），是帝国主义的基本事实，20 世纪经济的基本事实。

2. 因此，帝国主义战争，尤其是 1914—1918 年的第一次帝国主义大战是不可避免的。

3. 这场战争造成了以下结果：

（a）称霸世界的强国**减少了**，弱小的、被掠夺和被瓜分的附属国**增多了**；

（b）在一切资本主义国家内部和各国之间，**一切**资本主义矛盾都极大地尖锐化了；

（c）特别是资本主义的两极分化在全世界范围内突出起来：

极少数的资本巨头更加穷奢极欲；

穷困、赤贫、破产、饥饿、失业、生活毫无保障的现象更加严重；

(d)军国主义得到强化，新的帝国主义战争(从经济上看是不可避免的)在加紧和加速准备；世界上的战争特别是革命战争增多；

(e)国际联盟完全破产，其骗局已被揭穿；"威尔逊主义"[112]遭到破产。资产阶级**民主**遭到破产。

4.对下列国家作一最简要的评述(参看保·莱维1920年4月14日的报告)[113]：

英国与美国

法国

日本

其他欧美的中立国家

战败国(俄国和主要是德国)

殖民地

半殖民地(波斯、土耳其、中国)。

5.原料——原料消耗殆尽

工业——工业衰退(燃料等)

通货——通货崩溃。债务。货币贬值。

整个世界经济体系"失调"、**瓦解**。

6.结论=世界革命危机。共产主义运动和苏维埃政权。

载于1942年《列宁文集》俄文版　　　译自《列宁全集》俄文第5版
第34卷　　　　　　　　　　　　第41卷第202—203页

5

加入共产国际的条件

（不晚于 7 月 18 日）

　　共产国际第一次代表大会（成立大会）**114** 没有制定各个党加入第三国际的确切条件。召开第一次代表大会时，多数国家只有一些共产主义的**派别**和**小组**。

　　共产国际第二次世界代表大会召开时的情况就不同了。现在多数国家不仅已经有了共产主义的流派和派别，而且有了共产主义的**政党**和**组织**。

　　现在申请加入共产国际的政党和小组愈来愈多，它们不久以前还属于第二国际，现在都希望加入第三国际了，不过它们还没有真正成为共产主义的政党和小组。第二国际已被彻底粉碎。中间政党和"中派"集团看到第二国际已经毫无希望，就想倒向日益壮大的共产国际，但是，它们还希望保留一种"自主权"，以便推行它们原来的机会主义的或"中派主义的"政策。共产国际在某种程度上已经成了时髦的东西。

　　现在"中派"的某些领导集团希望加入第三国际，这就间接证明，共产国际得到了全世界大多数觉悟工人的拥护，并且成为一天比一天强大的力量。

　　在一定的情况下，共产国际有被那些还没有摆脱第二国际意识形态的、不坚定和不彻底的集团溶蚀的危险。

此外，在多数人抱有共产主义观点的某些大党（意大利、瑞典）里，至今还存在势力相当大的改良主义的和社会和平主义的派别，它们一直在等待时机，以便东山再起，积极展开暗中破坏无产阶级革命的活动，来帮助资产阶级和第二国际。

任何一个共产主义者都不应该忘记匈牙利苏维埃共和国的教训。匈牙利共产党人同改良主义者的联合，使匈牙利无产阶级付出了昂贵的代价。

因此，第二次世界代表大会认为，必须制定十分确切的接纳新党的条件，并向那些已经加入共产国际的政党指出它们应当承担的义务。

共产国际第二次代表大会决定，加入共产国际的条件如下：

　　　　　＊　　　　　＊　　　　　＊

1. 日常的宣传和鼓动必须具有真正的共产主义性质。党掌握的各种机关报刊，都必须由已经证明是忠于无产阶级革命事业的可靠的共产党人来主持编辑工作。无产阶级专政不应该只当做背得烂熟的流行公式来谈论，而应该很好地进行宣传，使每一个普通的工人、士兵、农民都能通过我们报刊上每天不断报道的活生生的事实，认识到无产阶级专政的必要性。在报纸上，在群众集会上，在工会、合作社中，总之，在第三国际拥护者所能利用的一切场合，不仅要不断地、无情地斥责资产阶级，而且还要斥责资产阶级的帮手即各式各样的改良主义者。

2. 凡是愿意加入共产国际的组织，都必须有计划有步骤地**撤销**改良主义者和"中派"分子在工人运动中（在党组织、编辑部、工会、议会党团、合作社、地方自治机关等等中）所担负的比较重要的职务,用可靠的共产党人来代替他们,不必顾虑最初有时不得不用普通工人来接替"有经验的"活动家。

3. 在所有由于实行戒严或者非常法而使共产党人不能合法地进行工作的国家里,绝对必须把合法工作和不合法工作结合起来。几乎在欧美所有的国家里,阶级斗争都正在进入国内战争阶段。在这种情况下,共产党人不能信赖资产阶级法制。他们必须**在各个地方**建立平行的不合法机构,以便在决定关头能够帮助党执行自己的革命职责。

4. 必须坚持不懈地有步骤地在军队中进行宣传鼓动工作,并在每个部队中成立共产党支部。共产党人多半要不合法地进行这项工作,如果放弃这项工作,就等于背叛革命职责,这同第三国际成员的称号是不相称的。

5. 必须有步骤有计划地在农村中进行鼓动工作。如果工人阶级不能得到哪怕是一部分雇农和贫苦农民的拥护,不能用自己的政策使一部分其他农村居民保持中立,那就不能巩固自己的胜利。在目前这个时期,共产党在农村中的工作具有头等重要的意义。这项工作主要应当通过同农村有联系的革命的**工人共产党员**去进行。放弃这项工作,或者把它交给不可靠的半改良主义者,就等于放弃无产阶级革命。

6. 凡是愿意加入第三国际的党,不仅要揭露赤裸裸的社会爱国主义,而且要揭露社会和平主义的虚伪实质,要不断地向工人证明,除用革命推翻资本主义之外,任何国际仲裁法庭、任何关于裁减军备的议论、任何对国际联盟的"民主"改组,都不能使人类摆脱新的帝国主义战争。

7. 凡是愿意加入共产国际的党,都要承认必须同改良主义和

"中派"政策完全彻底地决裂,并在最广大的党员群众中宣传这一点。否则,就不可能执行彻底的共产主义政策。

共产国际无条件地、断然地要求在最短期间内实行这种决裂。共产国际决不能容许像屠拉梯、莫迪利扬尼之流的著名改良主义者有权成为第三国际的成员。这样会使第三国际在很大程度上和已经死亡的第二国际相类似了。

8. 在资产阶级占有殖民地并压迫其他民族的国家里,党在殖民地和被压迫民族的问题上必须采取特别明确的路线。凡是愿意加入第三国际的党,都必须无情地揭露"本国的"帝国主义者在殖民地所干的勾当,不是在口头上而是在行动上支持殖民地的一切解放运动,要求把本国的帝国主义者赶出这些殖民地,教育本国工人真心实意地以兄弟般的态度来对待殖民地和被压迫民族的劳动人民,不断地鼓动本国军队反对对殖民地人民的任何压迫。

9. 凡是愿意加入共产国际的党,都必须在工会、合作社以及其他群众性的工人组织中不断地坚持不懈地进行共产主义的工作。必须在这些组织内部建立共产党支部,这些支部应该通过长期的顽强的工作,争取工会为共产主义事业服务。这些支部必须在日常工作中时时刻刻揭露社会爱国主义者的背叛行为和"中派"的动摇表现。这些共产党支部应该完全服从整个党的领导。

10. 加入共产国际的党,必须同阿姆斯特丹黄色工会"国际"[115]进行坚决斗争。它应当在参加工会组织的工人中间坚持不懈地宣传同阿姆斯特丹黄色国际决裂的必要性。它应该竭力支持正在形成的属于共产国际的红色工会国际联合组织[116]。

11. 愿意加入第三国际的党,必须重新审查其议会党团的成员,清除不可靠的分子,使议会党团不是在口头上而是在行动上服从党中央委员会,并要求每个共产党员议员都使自己的全部工作服从于真正革命的宣传鼓动工作的利益。

12. 同样,不管整个党目前是合法的或是不合法的,一切定期和不定期的报刊、一切出版机构都应该完全服从党中央委员会;出版机构不得滥用自主权,实行不完全符合党的要求的政策。

13. 加入共产国际的党,应该是按照民主**集中制**的原则建立起来的。在目前激烈的国内战争时代,共产党只有按照高度集中的方式组织起来,在党内实行近似军事纪律那样的铁的纪律,党的中央机关成为拥有广泛的权力、得到党员普遍信任的权威性机构,只有这样,党才能履行自己的职责。

14. 在共产党员可以合法进行工作的国家里,共产党应该定期清洗(重新登记)党组织的成员,以便不断清除那些难免混入党内的小资产阶级分子。

15. 凡是愿意加入共产国际的党,都必须全力支持每一个苏维埃共和国同反革命势力进行的斗争。各国共产党应该坚持不懈地进行宣传,使工人拒绝把军事装备运送给苏维埃共和国的敌人;应该在派去扼杀工人共和国的军队中进行合法的或者不合法的宣传工作;等等。

16. 凡是到目前为止还保留着旧的社会民主主义纲领的党,必须在最短期间内重新审查这些纲领,并根据本国的特殊情况制定出新的合乎共产国际决定精神的共产主义纲领。按照规定,每个加入共产国际的党的纲领,都应该由例行的共产国际代表大会或共产国际执行委员会批准。如果某党的纲领没有得到共产国际执行委员会的批准,该党有权向共产国际代表大会提出申诉。

17. 共产国际代表大会及其执行委员会的一切决定,所有加入共产国际的党都必须执行。共产国际是在非常激烈的国内战争的情况下进行活动的,它应当比第二国际组织得更加集中。同时共产国际及其执行委员会在一切工作中,当然必须考虑各党斗争和活动的种种不同的条件,因此,作出全体必须执行的决定的仅限于此类决定可行的问题。

18. 鉴于上述种种,一切愿意加入共产国际的党,都应当更改自己的名称。凡是愿意加入共产国际的党都应该称为:某国**共产党**(第三国际即共产国际支部)。名称问题不只是一个形式问题,而且是具有重大意义的政治问题。共产国际已经宣布要同整个资产阶级世界和一切黄色社会民主党进行坚决斗争。必须使每一个普通的劳动者都十分清楚共产党同那些背叛了工人阶级旗帜的旧的正式的"社会民主"党或"社会"党之间的区别。

19. 共产国际第二次世界代表大会闭幕后,凡是想加入共产国际的党,都应该在最短期间内召集一次党的紧急代表大会,以便以全党的名义正式确认上述各项义务。

载于1920年7月20日《共产国际》杂志第12期

译自《列宁全集》俄文第5版第41卷第204—211页

6

加入共产国际的条件的第二十条[117]

（7月25日）

　　凡是现在愿意加入第三国际但至今还没有根本改变自己以往策略的党，在没有加入以前必须设法做到，在党的中央委员会和其他一切最重要的中央机关内，至少有三分之二的同志在共产国际第二次代表大会召开以前就公开而明确地主张加入第三国际。只有经第三国际执行委员会批准，才允许有例外。共产国际执行委员会有权对第7条中提到的"中派"代表人物采取例外的办法。

载于1920年9月28日《共产国际》
杂志第13期

译自《列宁全集》俄文第5版
第41卷第212页

共产国际第二次代表大会文献[118]

（1920 年 7—8 月）

1

关于国际形势和
共产国际基本任务的报告

（7 月 19 日）

（热烈欢呼。全场起立，鼓掌。报告人准备讲话了，听众仍继续鼓掌，用各种语言欢呼。长时间欢呼。）同志们，关于共产国际基本任务问题的提纲①已经用各种文字发表了，这个提纲并没有提出什么重大的新东西（特别是对俄国同志来说），因为这个提纲主要是要把我国革命经验的某些基本点和我国革命运动的教训推广运用于西方国家，运用于西欧。因此，对我报告中的第一部分，即国际形势部分，我要稍许多谈一点，当然也只能是简要地谈一谈。

目前整个国际形势的基础就是帝国主义的经济关系。资本主义的这个新的、最高的和最后的阶段到 20 世纪已经完全形成了。大家当然都知道，帝国主义最突出最本质的特征就是资本达到了巨大的规模。大规模的垄断代替了自由竞争。极少数资本家有时

---

① 见本卷第 182—198 页。——编者注

能把一些工业部门整个集中在自己手里；这些工业部门转到了往往是国际性的卡特尔、辛迪加、托拉斯等联合组织的手里。因此，垄断资本家不仅在个别国家内，而且在世界范围内，在金融方面、产权方面、部分地也在生产方面，控制了整个整个的工业部门。在这个基础上就形成了极少数大银行、金融大王、金融巨头的空前未有的统治，他们实际上甚至把最自由的共和国都变成了金融君主国。这一点，像法国的利西斯这样一些决非革命的著作家，在战前就已经公开承认了。

一小撮资本家的这种统治达到全盛时期是在世界已经瓜分完毕的时候，不仅各种原料产地和生产资料已被最大的资本家夺走，就是殖民地也已经初步瓜分完毕。大约 40 年前，6 个资本主义强国所属殖民地的人口不过稍稍超出 25 000 万。1914 年大战爆发前夕，殖民地人口已近 6 亿，如果再加上波斯、土耳其、中国这类当时已处于半殖民地地位的国家，匡算一下，约有 10 亿人口被最富有、最文明和最自由的国家置于殖民地附属地位，受它们的压迫。大家知道，殖民地附属地位，除了在政治上法律上直接处于附属地位之外，还必须有一系列财政和经济上的附属关系，还要进行一系列不能算做战争的战争，因为这些战争常常不过是用最精良的杀人武器装备起来的欧美帝国主义军队残害手无寸铁的殖民地国家居民的大屠杀而已。

由于世界已经瓜分完毕，由于资本主义垄断的这种统治，由于极少数大银行（每个国家最多只有两三家、四五家）的无限权力，就不可避免地爆发了 1914—1918 年第一次帝国主义大战。这场战争是为了重新瓜分世界。这场战争是为了决定：极少数大国集团（英国集团或德国集团），谁可以、谁有权来掠夺、扼杀和剥削全世界。大家知道,战争对这个问题的解决是有利于英国集团的。这场战争的结果使资本主义的一切矛盾空前尖锐化了。战争一下子就把世界上近 25 000 万的人口置于同殖民地毫无差别的境地,把俄国约 13 000 万的人口,奥匈帝国、德国、保加利亚不下 12 000 万的人口置于这样的境地。这是包括像德国那样最先进、最文明、最有文化、具有现代技术水平的国家在内的 25 000 万人口! 战争的结果签订了凡尔赛条约,迫使先进的民族屈居殖民地附属地位,陷于贫困、饥饿、破产、无权的境地,今后世世代代都要受条约的束缚,这种遭遇是任何文明的民族所未曾有过的。现在你们可以看到这样一幅世界的图景:战后马上使不下 **125 000 万**人遭受殖民压迫,遭受野蛮的资本主义的剥削。资本主义自夸爱好和平,50来年前,它还可以勉强这样吹嘘,因为那时候,世界还没有瓜分完毕,垄断还不占统治地位,资本主义还可以比较和平地发展,而没有引起大规模的军事冲突。

如今这个"和平"时期已经过去,压迫更加骇人听闻了,殖民压迫和军事压迫又重新抬头,而且变本加厉了。凡尔赛条约使德国以及其他许多战败国经济崩溃,无法生存,丧尽权利,备受屈辱。

有多少国家从中得到好处呢? 要回答这个问题,我们一定会想到美国。只有美国一国在战争中完全是获利的,它从负债累累一跃而为各国的债主,它的人口不超过 1 亿。日本的人口是 5 000万,它没有卷入欧美冲突,而攫取了亚洲大陆的许多地方,因此也获得了很大利益。获利仅次于上述两国的是英国,它的人口有 5 000 万。如果加上战时发了财的中立国的极少数人口,总计约 25 000 万人。

这就是帝国主义战争后世界状况的轮廓。被压迫的殖民地人

口 125 000 万,其中包括波斯、土耳其、中国这类正在被人活活瓜
分的国家,以及那些因战败而沦于殖民地地位的国家。保持原来
地位的国家的人口,不超过 25 000 万,但是这些国家在经济上都
已仰赖美国,战时在军事上也处于依赖地位,因为战争席卷了整个
世界,使任何一个国家都不能保持真正的中立。最后,是居民不到
25 000 万的几个国家,在这些国家中自然只有上层分子,只有资
本家才能从瓜分世界中得到好处。这些数字加在一起是 175 000
万,构成世界人口的总数。我想提醒大家注意世界的这样的一幅
图景,是因为所有导致革命的资本主义基本矛盾、帝国主义基本矛
盾,所有引起了对第二国际作极其激烈斗争的工人运动中的基本
矛盾(主席同志讲到了这一点),都是同世界人口的这种划分联系
着的。

当然,这些数目字只是粗略地勾画出一幅世界经济的图景。
同志们,在世界人口这样划分的基础上,金融资本的剥削,资本主
义垄断组织的剥削,加重了许多倍,是很自然的。

不但殖民地、战败国陷于附属地位,就是在每个战胜国里,矛
盾也尖锐化了,一切资本主义矛盾都尖锐化了。我现在举几个例
子来简单说明一下。

就拿国家债务来说吧。我们知道,从 1914 年到 1920 年,欧洲
最大的几个国家的债务至少增加了六倍。下面我再引证一个特别
有价值的经济材料,即凯恩斯《和约的经济后果》一书。凯恩斯是
英国外交家,他奉本国政府之命参加凡尔赛和谈,从纯粹资产阶级
的观点直接作了观察,一步步地作了详尽的研究,并且以经济学家
的身份参加过各种会议。他作出的结论,比任何一个共产党人革
命家的结论更有说服力,更引人注目,更发人深思,因为作出这个

结论的人是一个人所共知的资产者，布尔什维主义的死敌，在这个英国市侩的想象中，布尔什维主义的样子是畸形的狰狞可怕的。凯恩斯得出结论说，欧洲和整个世界正随着凡尔赛和约的签订而走向破产。凯恩斯后来辞职了，写了一本书，指责政府说，你们在干蠢事。我现在把他的数字综合摘引一下。

列强之间的债务关系怎样呢？我按 1 英镑等于 10 个金卢布的比价来折算。那么，美国借出是 190 亿，贷入是零。战前它是英国的债务国。莱维同志 1920 年 4 月 14 日在最近一次德国共产党代表大会上作报告时说得很对，现在世界上只剩下英美两个独立自主的国家了。只是美国在财政上是绝对独立的。美国战前是债务国，现在却完全是债权国了。世界上其他强国都负了债。英国的状况是：借出 170 亿，贷入 80 亿，已经陷于半负债地位。而且在它借出的款项中，有近 60 亿是俄国欠的，其中包括俄国战时赊购军火的欠款。不久前，俄罗斯苏维埃政府代表克拉辛在同劳合-乔治谈到贷款条约问题时，曾经明确地告诉过英国政府的领袖们、学者和政治家们，要是他们还指望收回债款，那就大错特错了。英国外交家凯恩斯也早已指出了这种错误。

问题当然不仅仅在于，甚至根本不在于俄国革命政府不愿还债。任何一个政府都不会还这种债，因为这些债款是已经还本 20 次的高利贷的利息。连那位丝毫不同情俄国革命运动的资产者凯恩斯都说："显然这些债务是不能算数了。"

至于说到法国，凯恩斯引用了这样的数字：借出 35 亿，贷入却是 105 亿！要知道，法国人曾自称是全世界的高利贷者，因为它有大量的"积蓄"，它对殖民地的掠夺以及在金融上的掠夺积累了巨额的资本，使它能够几十亿几十亿地贷给别国，特别是贷给俄国。

这些贷款提供了巨额收入。尽管如此，尽管法国是战胜国，它还是陷于负债地位。

共产党员布劳恩同志在《谁应该偿还战时债务？》(1920年莱比锡版)一书中，引用了美国资产阶级的一个材料。材料得出了各国债务对国民财产的比例：英、法这两个战胜国的债务相当于全部国民财产的50％以上；意大利相当于60％—70％；俄国相当于90％。但是，大家知道这些债务并没有使我们担心，因为在凯恩斯的著作出版前不久，我们就已经听从了他的绝妙忠告——废除了一切债务。(热烈鼓掌)

然而凯恩斯在这里不过是大发其庸人常有的怪癖罢了，他提出废除一切债务的忠告时说，法国当然只会占到便宜，英国损失当然不会太大，因为反正从俄国是捞不回什么了；只有美国要受很大的损失，但是凯恩斯指望美国能够"大发慈悲"！在这一点上，我们的看法同凯恩斯以及其他市侩和平主义者是不一致的。我们认为，他们既然要废除债务，就应该把希望寄托在别的方面，朝另外的方向努力，而不应该指望资本家老爷们"大发慈悲"。

从这些最简单的数字可以看出，帝国主义战争同样给战胜国也造成了莫大的困难。工资远远跟不上物价的上涨，也说明了这一点。今年3月8日，最高经济委员会这个维护世界资产阶级秩序、防止革命日益高涨的机关，通过一项决议，决议最后号召人们遵守秩序，克勤克俭，当然，工人仍旧是做资本的奴隶。最高经济委员会这个协约国的机构，全世界资本家的机构提供了以下的数字：

美国物价平均上涨120％，工资却只增加100％；英国物价上涨170％，工资只增加130％；法国物价上涨300％，工资只增加

200％；日本物价上涨 130％，工资只增加 60％（这是我参照布劳恩同志在上述小册子里引用的数字和 1920 年 3 月 10 日《泰晤士报》[119]所载最高经济委员会公布的数字得出的）。

很明显，在这种情况下工人的愤怒必然日益强烈，革命思想和革命情绪必然日益加强，自发的大规模罢工浪潮必然日益高涨，因为工人的处境已经不堪忍受了。工人根据经验确信，资本家靠战争大发横财，而把一切军费和债务转嫁给工人负担。不久前我们得到的一则电讯说，美国为了肃清"有害的鼓动分子"，想再驱逐 500 个共产党员到我们俄国来。

不要说美国驱逐 500 个，就是把整整 50 万个俄国的、美国的、日本的、法国的"鼓动分子"驱逐到我们这里来，也无济于事，因为使他们束手无策的物价失调问题仍然存在。他们之所以对此束手无策，是因为他们牢牢地保持着私有制，他们那里的私有制是"神圣的"。这一点决不应当忘记，因为现在只有俄国摧毁了剥削者的私有制。资本家对物价失调束手无策，而工人靠原来的工资已生活不下去了。任何老办法都解脱不了这种灾难，任何局部的罢工、任何议会斗争、任何投票表决都无济于事，因为"私有制是神圣的"，资本家已经放了这么多的债，以致全世界都在受一小撮人的盘剥，而工人的生活条件却变得愈来愈不堪忍受了。只有消灭剥削者的"私有制"，别的出路是没有的。

拉品斯基同志在《英国与世界革命》这本小册子（我国《外交人民委员部通报》[120]于 1920 年 2 月摘录了其中很有价值的部分）中指出，英国煤的出口价格比工业当局预计的高出一倍。

兰开夏郡的股票甚至增值 400％。银行赢利至少是 40％——50％，还应该指出，所有的银行家在计算银行赢利时，都会巧妙地把大部分的赢利用奖金、酬金等名目隐藏起来，也就不算做赢利了。这些无可争辩的经济事实又一次证明：一小撮人大发其财，穷奢极欲，而与此同时工人阶级则日益贫困。还有一种情况应该着重指出，那就是莱维同志在上面提到的他的报告中所特别明确强调的币值变动。由于负债、发行纸币等原因，各国的货币都贬值了。根据上面我提到的那个资产阶级的材料，即1920年3月8日最高经济委员会的声明所作的计算，可以看出：同美元比较，英国货币贬值约$\frac{1}{3}$，法国、意大利货币贬值$\frac{2}{3}$，德国货币贬值竟高达96％。

这个事实说明，世界资本主义经济的"结构"正在全面瓦解。在资本主义制度下借以取得原料和销售产品的贸易关系，已经无法维持了；正因为许多国家从属于一个国家，币值一变动，这种关系就无法维持了。现在，任何一个最富有的国家也不能生存，不能进行贸易了，因为它无法出售自己的产品，也无法买进原料。

结果，连最富有的、控制所有国家的美国也无法做买卖了。这一点连凯恩斯那样一个在凡尔赛谈判中历尽千辛万苦的人也不得不承认，尽管他有捍卫资本主义的坚强决心，尽管他对布尔什维主义深恶痛绝。顺便说一下，我认为没有一篇共产主义的或任何革命的宣言就其效果来说能比得上凯恩斯书中描写威尔逊和实践中的"威尔逊主义"的那几页。像凯恩斯和第二国际的许多英雄（甚至包括"第二半"国际[121]的许多英雄）这类市侩及和平主义者，曾经把威尔逊当做偶像，对他的"14点"顶礼膜拜，甚至撰写"学术"著作论述他的政策的"基础"，指望他能拯救"社会和平"，使剥削者同被剥削者和解，实行社会改良。后来凯恩斯却清楚地揭露了威尔逊原来是个愚人，这一切幻想一碰到以克列孟梭和劳合-乔治两位先生为代表的资本所采取的注重实际、专讲实利的商人政策，就烟消云散了。现在工人群众根据自己的生活经验愈来愈清楚地看到，学究们甚至从凯恩斯的书中也可以看到，威尔逊政策的"基础"，归结起来不过是神父的蠢见，小资产阶级的空谈和对阶级斗争的极端无知。

由于上述种种事实，完全不可避免地、自然而然地产生了两个条件，产生了两种基本情况。一方面是群众的贫困、破产空前加重，这首先是指包括 125 000 万人口，即占全世界人口 70％的地区。这是一些居民在法律上毫无权利的殖民地附属国，是被"委任"给金融强盗们统治的国家。此外，凡尔赛条约把战败国受奴役的地位固定下来了，有关俄国的秘密条约也起了这种作用，不过，这种秘密条约的实际效力，有时和那些写着我们负债几十亿几十亿的废纸不相上下。把 125 000 万人遭受掠夺、奴役、贫困、饥饿和屈居附属地位的事实，用法律形式固定下来了，这在世界历史上是第一次。

另一方面，在每一个债权国里，工人的处境也到了不堪忍受的地步。战争使一切资本主义矛盾空前尖锐化了，这就是产生强烈的革命风潮的根源。这种风潮正在增长，因为战时人们受着军事纪律的约束，不是被拉去送死，就是随时都有受到军法制裁的危险。战争环境使人们不能去考察实际的经济情况。作家、诗人、神父和所有的报刊都一味地歌颂战争。现在，战争结束了，揭露也就开始了：德帝国主义及其布列斯特-里托夫斯克和约被揭穿了；凡尔赛和约被揭穿了，它本来应当是帝国主义的胜利，现在却变成了它的失败。凯恩斯这个例子还表明，欧美千千万万小资产阶级分子、知识分子、多少受过教育有点文化的人不得不走上凯恩斯所走的道路。凯恩斯辞去了职务，写了一本书，揭露本国政府。他的行为说明，一旦千百万人懂得了所谓"为自由而战"等花言巧语不过是十足骗人的鬼话，其结果不过是极少数人发财而其余的人破产、受奴役，那么他们的思想会发生什么样的变化。资产者凯恩斯说，英国人要想救自己的命，挽救英国的经济，就应当设法恢复德俄两国之间的自由贸易关系！用什么方法才能达到这个目的呢？用凯恩斯所提出的方法，就是废除一切债务！这不光是凯恩斯这位博学的经济学家一个人的主张，现在已经有、将来还会有千百万人提出这样的主张。千百万人听到了资产阶级经济学家们的呼声：只有废除债务，别的出路是没有的，因此他们说："布尔什维克〈他们已经把债务废除了〉真该死"，让我们去乞求美国"大发慈悲"吧！！我认为，应该以共产国际代表大会的名义向这些为布尔什维主义进行鼓动的经济学家致谢。

如果一方面，群众的经济状况已经到了不可忍受的地步，另一方面，像凯恩斯所证实的那样，在极少数势力极大的战胜国中间，瓦解已经开始而且正在加深，那么，十分明显，世界革命的两个条件都正在成熟。

现在，我们看到了一幅比较完整的全世界的图景。我们懂得，125 000万人依附于一小撮富翁，处于无法生存的境地，这意味着什么。另一方面，人们向各国人民端出了一项国际联盟盟约，宣称国际联盟结束了战争，今后不允许任何人再破坏和平。全世界劳动群众寄予最后希望的这个盟约生效，对我们来说倒是一个重大胜利。在盟约还没有生效的时候，有人说：对德国这样的国家不能不用特殊条件加以控制；你们瞧吧，有了盟约就好了。但是，盟约一正式公布，布尔什维主义的死敌就不得不背弃了它！盟约一开始生效，极少数最富有的国家，克列孟梭、劳合-乔治、奥兰多、威尔逊这"四巨头"，又坐下来磋商建立新关系了！盟约这部机器刚一开动，就完全垮了！

我们从侵犯俄国的战争中就看到了这一点。俄国这个又穷又弱、备受压抑的国家，这样一个最落后的国家，却抗击了所有的国家，抗击了统治全世界的富强国家的联盟，并且取得了胜利。双方力量悬殊，可是我们打赢了。为什么呢？因为它们之间毫不团结，因为大国之间互相作对。法国希望俄国还它的债，并成为威慑德国的力量；英国则希望瓜分俄国，企图夺取巴库的石油，并同俄国边境上的几个国家缔结条约。英国官方的一个文件，非常诚实地列举了大约半年前（1919 年 12 月）答应要攻占莫斯科和彼得格勒的国家（一共 14 个国家）。英国曾经打算利用这些国家来实行它的政策，给了它们几百万几百万的贷款。现在这一切指望都已落空，全部贷款也付诸东流了。

这就是国际联盟所造成的局势。这个盟约存在一天，就替布尔什维主义很好地作一天宣传，因为资本主义"秩序"的最强有力的维护者表明，在每个问题上他们都是互相拆台的。日本、英国、美国和法国为瓜分土耳其、波斯、美索不达米亚和中国在进行激烈的争夺。这些国家的资产阶级报刊都在猛烈地抨击和恶毒地咒骂自己的"伙伴"，斥责对方不该把自己快到口的肥肉抢走。我们看到，就上层来说，极少数最富裕的国家之间已经四分五裂。125 000 万人决不会让"先进的"、文明的资本主义任意奴役下去，要知道，他们占世界人口的 70%！英、美、日（日本过去虽然能够掠夺东方各国，亚洲各国，但是，现在没有别国的帮助，它无论在财政上或军事上都没有独立行动的能力）这极少数最富有的国家，这两三个国家已经无法调整好它们的经济关系，它们把破坏国际联盟成员国和伙伴的政策作为自己政策的目标。这就产生了世界危机。这个危机的经济根源就是共产国际之所以取得辉煌成就的主要原因。

同志们！现在我们该谈谈作为我们革命行动的基础的革命危机问题。这里首先必须指出两种常见的错误。一种是资产阶级经济学家用英国人文雅的口吻，把这种危机描绘成单纯的"人心惶惶"；另一种是革命者有时力图证明危机是绝对没有出路的。

这是错误的。绝对没有出路的情况是没有的。现在资产阶级活像一个既不讲廉耻又丧失了理智的强盗，接连不断地干着蠢事，使局势尖锐化，加速着自己的灭亡。这都是事实。但是决不能由此"证明"，资产阶级绝对不可能用微小的让步来麻醉一小部分被剥削者，绝对不可能把某一部分被压迫被剥削群众的某种运动或起义镇压下去。企图预先"证明""绝对"没有出路，就是无用的学究气，或者是玩弄概念和字眼。在这个问题和类似问题上，只有实践才是真正的"证明"。全世界的资产阶级制度正在经历巨大的革命危机。现在各国的革命政党都应该用实践来"证明"，他们有足够的觉悟和组织性，他们与被剥削群众有密切的联系，有足够的决心和本领利用这个危机来进行成功的、胜利的革命。

我们召开这次共产国际代表大会的主要目的，就是为这种"证明"做准备工作。

我现在拿英国"独立工党"的领袖拉姆赛·麦克唐纳作例子，来说明机会主义在愿意加入第三国际的党内还有多么大的势力，有些党的工作离训练好革命阶级去利用革命危机这一要求还多么远。麦克唐纳的《议会与革命》一书中谈到的问题，正是我们现在研究的那些根本问题。他在这本书里对形势的描述和资产阶级和平主义者大致相同。他承认现在有革命危机，革命情绪正在增长，也承认工人群众是同情苏维埃政权和无产阶级专政的（请注意：这里讲的是英国），无产阶级专政比目前的英国资产阶级专政好。

但是，麦克唐纳仍旧是十足的资产阶级和平主义者和妥协主义者，是幻想建立超阶级政府的小资产者。麦克唐纳同一切资产阶级的骗子、诡辩家、学究一样，只认为阶级斗争是一种"记叙的事实"。麦克唐纳绝口不谈俄国克伦斯基、孟什维克和社会革命党人建立似乎是超阶级的"民主"政府的尝试，以及匈牙利、德国等国家的类似的尝试。他却麻醉他的党，麻醉那些不幸把他这个资产者当做社会主义者，把他这个庸人当做领袖的工人，说什么："我们知道，这〈革命危机，革命风潮〉会过去，会平息的。"他说，战争必然引起危机，危机在战后虽然不会立即平息，但"总归会平息下去的"!

一个愿意参加第三国际的党的领袖竟然能说出这样的话！这样赤裸裸的暴露是罕见的，因而更有价值，它暴露了法国社会党和德国独立社会民主党上层分子中间同样常见的情况，不仅不善于而且不愿意在革命意义上利用革命危机，换句话说，就是既不善于又不愿意使党和阶级为建立无产阶级专政作好真正的革命准备。

这就是许许多多目前退出第二国际的党的主要弊病。正因为如此，所以在我向这次代表大会提出的提纲中，谈得最多的是尽量具体而明确地规定为建立无产阶级专政**作准备**的任务。

再举一个例子。不久以前，出版了一本反布尔什维主义的新书。现在，这种书在欧洲和美洲出版得特别多，可是，反布尔什维主义的书出得愈多，群众对布尔什维主义的同情就愈强烈、愈迅速地增长起来。我指的是奥托·鲍威尔的《布尔什维主义还是社会民主主义?》一书。德国人可以从这本书里清楚地看到,究竟什么是孟什维主义(它在俄国革命中所起的可耻作用,各国工人都已有足够的了解)。尽管奥托·鲍威尔把他对孟什维主义的同情掩盖起来,可是他写的却是一部道道地地的孟什维克式的诽谤作品。在欧洲和美洲,现在倒必须使更多的人更确切地了解什么是孟什维主义,因为这是一个概括所有敌视布尔什维主义的所谓社会主义、社会民主主义等派别的类概念。我们俄国人可能没有兴趣为欧洲写一本书来说明什么是孟什维主义。而奥托·鲍威尔写的书实际上做到了这一点。我们预先感谢那些要把这本书译成各种文字出版的资产阶级出版家和机会主义出版家。鲍威尔的书是共产主义教科书有益而独特的补充读物。如果要"测验"是否领会了共产主义,出下面这样的试题是最好不过的:试分析奥托·鲍威尔书中的任何一节或任何一个论点,指出其中的孟什维主义,指出他背叛社会主义以及与克伦斯基、谢德曼等等同流合污的思想根源。要是你解答不了这个问题,那你还不是一个共产主义者,你最好不要加入共产党。(鼓掌)

奥托·鲍威尔用一句话绝妙地表达了世界机会主义观点的全部实质——为此我们应当在他生前就给他建立纪念碑,如果我们能够在维也纳随意作主的话。他煞有介事地说,在现代民主国家的阶级斗争中使用暴力,无异是"对各种社会力量因素横施暴力"。

这句话也许你们听起来很古怪、很费解吧?然而,这是一个典型的例子,它表明人们把马克思主义糟蹋成了什么样子,人们**可以**把最革命的理论弄得何等庸俗,甚至用它来为剥削者辩护。只有德国那种市侩才能炮制出这样一种"理论",说什么"各种社会力量因素"就是人数、组织能力、在生产和分配过程中所占的地位、积极性和教育程度。如果农村里的雇农和城市里的工人对地主和资本家使用了革命暴力，这决不是无产阶级专政，决不是对剥削和压迫人民的人使用暴力，绝对不是。这是"对各种社会力量因素横施暴力"。

我举的这个例子也许听来有点可笑。但是，现代机会主义的本性本来就是这样，它反对布尔什维主义的斗争总是会闹出笑话来。现在，引导工人阶级、引导工人阶级中一切肯动脑子的人参加国际孟什维主义（麦克唐纳之流、奥·鲍威尔之流）与布尔什维主义之间的斗争，对于欧洲和美洲来说，都是一件最有益、最迫切的事情。

这里我们要提一个问题，为什么这些派别在欧洲那样根深蒂固呢？为什么这种机会主义在西欧比在我国强大呢？这是因为先进的国家过去和现在创造自己的文化都是靠了能剥削10亿被压迫的人民这样的条件。这是因为这些国家的资本家掠夺来的东西，大大超过了他们能够从本国工人身上榨取的利润。

战前有人计算过，英、法、德三个最富有的国家，其他收入不算，仅资本输出一项，每年就可获利80亿—100亿法郎。

很明显，从这么一大笔钱里，完全可以拿出哪怕是5亿法郎来施舍给工人领袖、工人贵族，来进行各种形式的收买。收买就是整个问题的症结所在。这可以采取千百种不同的方式：提高大中心城市的文化水平，设立教育机关，为合作社领袖、工联领袖、议会领袖提供千百个肥缺。哪里有现代的文明的资本主义关系，哪里就是如此。这几十亿超额利润，就是工人运动中机会主义赖以生存的经济基础。美国、英国和法国的机会主义领袖、工人阶级的上层分子、工人贵族最顽固，他们对共产主义运动的抵抗最顽强。因此，我们应该认识到，欧美工人政党要治好这种病症比我们要困难。我们都知道，自从第三国际成立以来，医治这种病症已经获得了极其巨大的成效，但是我们还没有彻底治愈，因为全世界工人政党，无产阶级革命政党还远没有肃清自己队伍中的资产阶级影响，还远没有肃清自己队伍中的机会主义分子。

我不打算再谈我们应该如何具体地进行这个工作。这一点在我发表的提纲中已经讲过了。我在这里只想指出这种现象的深刻的经济根源。这病拖的时间很久了，要治好它，比乐观主义者所想象的时间要长得多。机会主义是我们的主要敌人。工人运动中上层分子的机会主义，不是无产阶级的社会主义，而是资产阶级的社会主义。实际证明：由工人运动内部机会主义派别的活动家来维护资产阶级，比资产者亲自出马还好。工人要不是由他们来领导，资产阶级就无法支持下去。不但俄国克伦斯基统治的历史证明了这一点，就是社会民主党政府领导的德国民主共和国，以及阿尔伯·托马对本国资产阶级政府的态度，也证明了这一点。英国和美国的类似的经验也证明了这一点。这是我们的主要敌人，我们必须战胜这个敌人。经过这次代表大会，我们应该下定决心，把各国党内的这一斗争进行到底。这是主要的任务。

同这一任务比起来，纠正共产主义运动中"左"派的错误，将是一项容易的任务。我们在许多国家里看到反对议会活动的倾向，这种倾向与其说是由小资产阶级出身的人带来的，还不如说是受无产阶级的某些先进部队支持的，因为这些先进部队痛恨过去的议会活动，痛恨英、法、意等一切国家中议会活动家的所作所为，这种痛恨无疑是合理的、正当的和必要的。共产国际应当指导同志们更深入细致地了解俄国的经验，了解真正无产阶级政党的作用。

我们的工作正是要解决这个问题。同无产阶级运动中的这些错误缺点作斗争比较容易，而同那些以改良主义者的姿态加入第二国际旧党、并按资产阶级精神而不是按无产阶级精神来指导党的全部工作的资产阶级作斗争要困难一千倍。

同志们，最后，我还要讲一个问题。主席同志曾在会上说，这次代表大会可以称为一次世界性代表大会。我认为，他说得很对，特别是因为有不少殖民地、落后国家革命运动的代表参加了这次大会。这不过是一个小小的开端，但重要的是已经开始了。这次代表大会，已经把资本主义国家、先进国家的革命无产者，同那些没有或者几乎没有无产阶级的国家的革命群众，同东方殖民地国家的被压迫群众团结起来了。而巩固这种团结，则要靠我们的努力，我相信，我们一定会做到这一点。一旦各国被剥削被压迫工人的革命进攻击败了市侩分子的抵抗，肃清了一小撮工人贵族上层分子的影响，同迄今还站在历史之外、只被看做历史客体的亿万人民的革命进攻联合起来，世界帝国主义就一定会灭亡。

帝国主义战争帮助了革命。资产阶级从殖民地、落后国家以及那些最偏僻的地方征兵来参加这场帝国主义战争。英国资产阶级要印度士兵相信，抗击德国、保卫大不列颠是印度农民的义务；法国资产阶级要法属殖民地的黑人士兵相信，保卫法国是他们的义务。英法资产阶级教给了他们使用武器的本领。这是一种非常有用的本领，为此我们要向资产阶级深深致谢，我们要以全体俄国工人和农民的名义，特别要以全体俄国红军的名义向他们致谢。帝国主义战争把附属国的人民卷进了世界历史。所以我们现在最重要的任务之一，就是要考虑如何在各个非资本主义国家内为组织苏维埃运动奠定头一块基石。在这些国家里组织苏维埃是可能的,但这种苏维埃将不是工人苏维埃,而是农民苏维埃,或劳动者苏维埃。

我们还需要做许多工作,还难免会犯错误,而且在这条道路上会碰到许多困难。第二次代表大会的基本任务就是制定或者指出一些实际工作的原则,使得到目前为止在亿万人当中无组织地进行的工作能够有组织地、协调地、有步骤地去做。

现在离共产国际第一次代表大会不过一年多一点,我们就战胜了第二国际。现在苏维埃思想不仅在各文明国家的工人当中已经传播开来,他们不仅已经知道、已经懂得了这种思想。一切国家的工人都在嘲笑那些自作聪明的人,这些人当中有不少人自命为社会党人,以学者或准学者的态度,像好讲体系的德国人那样谈论什么苏维埃"体系",或者像英国"基尔特"社会主义者[122]那样谈论什么苏维埃"思想"。这种关于苏维埃"体系"和"思想"的议论,在工人当中往往会混淆视听,引起思想上的混乱。但是,工人现在正在抛弃这种学究式的无稽之谈,拿起苏维埃给他们的武器。苏维埃的作用和意义在东方各国也普遍地为人们所了解了。

在整个东方,在整个亚洲,在一切殖民地人民当中,苏维埃运动都已经打下了基础。

被剥削者必须奋起推翻剥削者,建立自己的苏维埃,这并不是十分复杂的道理。在有了我国的经验之后,在俄国建立苏维埃共和国两年半之后,在第三国际第一次代表大会召开之后,全世界亿万被剥削被压迫的群众都懂得了这个道理。现在我们俄国由于比国际帝国主义弱,常常不得不实行妥协,等待时机,可是我们知道,我们是在维护125 000万人的利益。暂时我们的前进道路上还有绊脚石,还有偏见和无知这样的障碍,但是这些正在迅速地被克服，愈往后，我们愈能真正代表和维护占世界人口 70％的被剥削劳动者的利益了。我们可以自豪地说：在第一次代表大会上，我们实际上只是在进行宣传，只是向全世界无产阶级提出基本的思想，只是在发出斗争的号召，我们还只是在了解什么地方有人能走这条路；而现在，我们到处都有了先进的无产阶级，到处都有了无产阶级大军，虽然有时组织得不好，还需要改组。既然各国的同志们现在都在帮助我们组织一支统一的大军，那么任何缺点都阻碍不了我们去完成我们的事业。这个事业就是世界无产阶级革命的事业，就是建立世界苏维埃共和国的事业。（长时间鼓掌）

载于 1920 年 7 月 24 日《真理报》第 162 号

译自《列宁全集》俄文第 5 版第 41 卷第 215—235 页

2

关于共产党的作用的发言

（7 月 23 日）

同志们，我想对坦纳和麦克莱恩两位同志的发言提出几点意见。坦纳说他赞成无产阶级专政，但是，他说的无产阶级专政和我们所说的不完全一样。他说我们所理解的无产阶级专政，实质上是无产阶级中有组织和有觉悟的少数人的专政。

的确，在资本主义时代，在工人群众不断遭受剥削而不能发展人的各种才能的时代，工人政党最大的特点就在于它只能包括本阶级的少数。政党所能吸收的只是本阶级的少数，正如在任何资本主义社会里，真正觉悟的工人也只占全体工人的少数一样。所以我们必须承认，只有这觉悟的少数才能领导广大工人群众，引导他们前进。如果坦纳同志说他反对政党，但同时又主张由少数最有组织最革命的工人给整个无产阶级指点道路，那我以为，我们之间实际上并没有分歧。有组织的少数是什么呢？如果这个少数是真正觉悟的，如果它能引导群众前进，如果它有能力解决提到日程上来的每个问题，那么，它实质上就是政党。如果像坦纳这样的同志（我们对他们是特别看重的，把他们当做群众运动的代表，但是对英国社会党的代表可就很难这么说了）认为，应该有少数人为无产阶级专政坚决奋斗，并且以这种精神教育工人群众，那么这样的少数实质上就是政党。坦纳同志说，这个少数应该组织和引导全体工人群众。如果坦纳同志、车间代表委员会和世界产业工人联合会（I.W.W.）的同志们承认这一点（我们从日常同他们的交谈中可以看出，他们的确是承认这一点的），如果他们承认无产阶级应该由工人阶级中有觉悟的共产主义的少数来领导，那他们也就应该承认我们所有决议的精神正是这样的。那么我们之间唯一不同之处就是，他们避免用"政党"这个词，因为英国同志对政党有某种成见。他们认为政党不外乎是像龚帕斯和韩德逊的那种党[123]，像议会投机家、工人阶级的叛徒的那种党。如果他们所指的议会活动是像现在英国和美国的那种议会活动，那么我们也是反对这种议会活动和这种政党的。我们需要的是新型的党，另一种性质的党。我们需要的是能够经常同群众保持真正的联系的党，善于领导这些群众的党。

现在我来谈第三个问题，我想就麦克莱恩同志的发言来谈这个问题。麦克莱恩同志赞成英国共产党加入工党。我在关于加入第三国际问题的提纲中已经谈过我对这个问题的意见了。[①]我在那本小册子[②]里没有去解决这个问题。但是，我同许多同志谈了以后，确信决定加入工党是唯一正确的策略。而坦纳同志却说：你们别太武断了。这种说法在这里很不恰当。拉姆赛同志说：让我们英国共产党人自己来决定这个问题吧。如果国际的每一个小的组织都说：我们中间有些人同意，有些人反对，让我们自己来决定吧，那么，这还成什么国际了？那么，还要国际、

---

　　① 见本卷第195—196页。——编者注
　　② 同上书，第1—95页。——编者注

代表大会以及这一切讨论做什么呢？麦克莱恩同志谈的只是政党的作用，但是这对工会和议会活动的问题是同样适用的。的确，大部分优秀的革命者反对加入工党，因为他们反对利用议会活动作为斗争手段。因此，也许最好把这个问题提交委员会。委员会应当进行讨论研究。这个问题一定要由这次共产国际代表大会加以解决。我们不能同意说这个问题只同英国共产党人有关系。我们应该表示一个原则的意见，指出哪一种策略是正确的。

现在我来谈谈麦克莱恩同志在英国工党问题上的某些论点。应该公开地说，共产党是可以加入工党的，不过有一个条件，就是共产党要保持充分的批评自由，要能够实行自己的政策。这是最重要的一点。塞拉蒂同志说这是阶级合作，我说这不是阶级合作。而意大利的同志们还容许屠拉梯之流的机会主义者即资产阶级分子留在他们党内，这才真正是阶级合作。但是，同英国工党的关系这件事不过是英国工人中的少数先进分子同绝大多数工人合作的问题。工党的党员全都是工会会员。这是一种很独特的组织结构，我们在任何其他国家里都没有看到过。工会会员共有 600 万—700 万人，这个组织却拥有其中的 400 万工人。至于这些人的政治信仰如何，这是无人过问的。请塞拉蒂同志证明一下，究竟有谁阻止我们在工党内运用批评的权利。你只有证明了这一点，才能证明麦克莱恩同志的意见是错误的。英国社会党可以毫无顾忌地说韩德逊是叛徒，但是照样留在工党内部。这就是工人阶级先锋队同落后工人、同后卫队的合作。这种合作对整个运动有着如此重大的意义，因此，我们最坚决地要求英国共产党人成为政党即工人阶级中的少数联系其他工人群众的桥梁。如果这个少数不会领导群众,不会紧密地联系群众,那么他们即使把自己叫做政党或者车间代表委员会全国委员会,它也不是党,也没有任何价值。据我所知,英国的车间代表委员会有一个中央领导机关——全国委员会,这已经是成立党的一个步骤了。因此,如果不能否认英国工党是由无产者组成的,那么加入工党就是工人阶级的先锋队和落后工人的合作。如果不是有系统地进行这种合作,那么共产党就毫无价值,也就谈不上无产阶级专政。如果意大利的同志们提不出比较有说服力的论据,那我们以后就要根据我们所知道的情况对这个问题作出最后的决定,并且还要作一个结论,说明加入工党是正确的策略。

坦纳和拉姆赛两位同志对我们说,大多数英国共产党员是不会同意加入工党的。可是我们是不是一定要同意大多数的意见呢?完全不必。要是大多数人还不懂哪一种策略是正确的,我们可以等待。即使让两个党同时并存一个时期,也比不回答哪个策略是正确的好。你们当然不会根据到会全体代表的经验和会上提出的论据,要我们在这里通过一个决定,让各国立即成立统一的共产党。这是不可能的事。但是,我们可以公开地说出我们的意见,可以发出指示。我们应该把英国代表团提出的问题交专门委员会去研究,研究之后再说:正确的策略是加入工党。如果大多数反对这样做,我们就应该把少数单独组织起来。这样做是会有教育意义的。如果英国工人群众还是相信以前的策略,那我们就在下次代表大会上审查我们的结论。但是我们不能说这个问题只同英国有关系,这样说就是承袭了第二国际那些最坏的习惯做法。我们应该公开说出我们的意见。如果英国共产党人的意见不能取得一致，如果不能建立群众性的党，那么分裂无论如何是不可避免的。①

载于 1920 年 8 月 5 日《共产国际
第二次代表大会通报》第 5 号

译自《列宁全集》俄文第 5 版
第 41 卷第 236—240 页

---

① 在《共产国际第二次代表大会通报》第 5 号中刊载的这一发言的结语是这样的：“我们应该公开地说出我们的意见，不管这是什么样的意见。如果英国共产党人不能就组织群众运动的问题取得一致意见，如果因此发生分裂，那么宁可发生分裂，也要比放弃组织群众运动来得好。获得明确的和足够鲜明的策略和思想，要比继续保持过去的思想混乱好。”——俄文版编者注

3

民族和殖民地问题委员会的报告[124]

（7 月 26 日）

　　同志们，我只简短地讲几句开场白，然后，由我们委员会过去的秘书马林同志向你们详细地报告我们对提纲所作的修改。在他之后，补充提纲的起草人罗易同志也要发言。我们委员会一致通过了修改后的提纲初稿①和补充提纲。这样，我们在一切最重要问题上完全取得了一致的意见。现在，我就来作几点简短的说明。

　　第一，我们提纲中最重要最基本的思想是什么？就是被压迫民族和压迫民族之间的区别。同第二国际和资产阶级民主派相反，我们强调这种区别。在帝国主义时代，对于无产阶级和共产国际来说，特别重要的是：弄清具体的经济事实；在解决一切殖民地和民族问题时，不从抽象的原理出发，而从具体的现实生活中的各种现象出发。

　　帝国主义的特点，正如我们所看到的那样，就是现在全世界已经划分为两部分，一部分是为数众多的被压迫民族，另一部分是少数几个拥有巨量财富和强大军事实力的压迫民族。世界人口的大多数属于被压迫民族，他们的总数在 10 亿人以上，大概是 125 000 万

──────────

　　① 见本卷第 160—169 页。——编者注

人。我们把世界总人口按 175 000 万计算,他们就占世界人口的70%左右,他们有些处于直接的殖民地附属地位,有些是像波斯、土耳其、中国这一类的半殖民地国家,还有一些则是被帝国主义大国的军队打败,由于签订了和约而深深地陷入依附于该国的地位。把各民族区别、划分为压迫民族和被压迫民族的这个思想贯穿着整个提纲,不仅由我署名的、以前发表过的第一个提纲是这样,罗易同志的提纲也是这样的。后一个提纲主要是根据印度和亚洲其他受英国压迫的大民族的情况写成的,因此,对我们有十分重大的意义。

我们提纲的第二个指导思想就是:在目前的世界形势下,在帝国主义战争以后,各民族的相互关系、全世界国家体系,将取决于少数帝国主义国家反对苏维埃运动和以苏维埃俄国为首的各个苏维埃国家的斗争。如果忽略了这一点,我们就不能正确地提出任何民族和殖民地问题,哪怕它涉及的是世界上一个最遥远的角落。无论是文明国家的共产党,还是落后国家的共产党,都只有从这种观点出发,才能正确地提出和解决各种政治问题。

第三,我想特别强调一下落后国家的资产阶级民主运动问题。正是这个问题引起了某些意见分歧。我们争论的问题是:共产国际和各国共产党应该支持落后国家的资产阶级民主运动,这样说在原则上和理论上是否正确。讨论结果我们一致决定:不提"资产阶级民主"运动,而改提民族革命运动。毫无疑问,任何民族运动都只能是资产阶级民主性质的,因为落后国家的主要居民群众是农民,而农民是资产阶级资本主义关系的体现者。认为无产阶级政党(如果它一般地说能够在这类国家里产生的话)不同农民运动发生一定的关系,不在实际上支持农民运动,就能在这些落后国家里实行共产主义的策略和共产主义的政策，那就是空想。但是当时有人反对说，要是我们提资产阶级民主运动，那就抹杀了改良主义运动和革命运动之间的一切区别。实际上，在落后国家和殖民地国家里，这种区别最近已经表现得十分明显，因为帝国主义资产阶级也极力在被压迫民族中培植改良主义运动。剥削国家和殖民地国家的资产阶级已经有相当密切的关系，所以被压迫国家的资产阶级往往是，甚至可以说在多数场合下都是一方面支持民族运动，另一方面又按照帝国主义资产阶级的意志行事，也就是同他们一起来反对一切革命运动和革命阶级。在委员会里已经无可辩驳地证明了这一点，所以我们认为，唯有注意这种区别，把"资产阶级民主"这样的提法一般都改为"民族革命"才是正确的。我们这样修改，意思是说，只有在殖民地国家的资产阶级解放运动真正具有革命性质的时候，在这种运动的代表人物不阻碍我们用革命精神去教育、组织农民和广大被剥削群众的时候，我们共产党人才应当支持并且一定支持这种运动。如果没有这些条件，共产党人在这些国家里就应该反对第二国际的英雄们这样的改良派资产阶级。殖民地国家已经有了改良主义的政党，这些党的代表人物有时也自命为社会民主党人和社会党人。上面指出的那种区别现在已经贯穿在整个提纲里面了，我认为，这就更确切地表达了我们的观点。

此外，我还想对农民苏维埃问题发表一点意见。俄国共产党人在以前属于沙皇政府的殖民地里，在像土耳其斯坦这类落后国家里进行的实际工作，向我们提出过在资本主义前的条件下如何运用共产主义的策略和政策的问题，因为这些国家最重要的特点就是资本主义前的关系还占统治地位，因此，还谈不到纯粹的无产阶级运动。在这些国家里几乎没有工业无产阶级。尽管如此，我们在那里还是担负起了领导者的作用，并且也应该担负起领导者的作用。我们的工作表明，在这些国家里一定要克服巨大的困难，而我们工作的实际结果也表明，在这些几乎没有无产阶级的地方，尽管有这些困难，仍旧可以在群众中激发起独立思考政治问题、独立进行政治活动的愿望。这个工作对我们比对西欧国家的同志们更困难些，因为俄国无产阶级正忙于国家事务。显然，处于半封建依附状态的农民能够出色地领会建立苏维埃组织这一思想，并把它付诸实现。同样明显的是，那些不仅受商业资本剥削而且也受封建主和封建国家剥削的被压迫群众，在本国的条件下也能够运用这种武器，这种组织形式。建立苏维埃组织这一思想很简单，不仅可以应用于无产阶级的关系，而且可以应用于农民的封建和半封建的关系。我们在这方面的经验暂时还不很丰富，但是委员会里有几个殖民地国家的代表参加的讨论，无可辩驳地证明了在共产国际的提纲中必须指出：农民苏维埃、被剥削者苏维埃这种手段不仅适用于资本主义国家，也适用于还保留资本主义前的关系的国家；无论在落后国家或者在殖民地，普遍宣传建立农民苏维埃、劳动者苏维埃这一思想是各国共产党和准备建立共产党的人责无旁贷的义务；只要是条件允许的地方，都应该立即进行建立劳动人民苏维埃的尝试。

这样，我们的实际工作中就出现了一个非常有意思而又十分重要的领域。在这方面我们的共同经验暂时还不很丰富，但是我们会逐步地积累起更多的材料。毫无疑问，先进国家的无产阶级能够也应该帮助落后国家的劳动群众，只要各苏维埃共和国胜利了的无产阶级向这些群众伸出手来，并且能够支持他们，落后国家的发展就能够突破它们目前所处的阶段。

关于这个问题，委员会不但对我署名的提纲，而且更多地对罗易同志起草的提纲进行了相当热烈的讨论（罗易同志还要在这里对他那个提纲作些说明），并且一致通过了对后一个提纲的一些修正。

问题是这样提出的：目前正在争取解放、而战后已经有了进步运动的落后民族的国民经济必然要经过资本主义发展阶段这种说法究竟对不对。我们对这个问题的回答是否定的。如果胜利了的革命无产阶级对落后民族进行系统的宣传，而各苏维埃政府以其所拥有的一切手段去帮助它们，那么，说落后民族无法避免资本主义发展阶段就不对了。在一切殖民地和落后国家，我们不仅应该组成能够独立进行斗争的基干队伍，即党的组织，不仅应该立即宣传组织农民苏维埃并使这种苏维埃适应资本主义前的条件，而且共产国际还应该指出，还应该从理论上说明，在先进国家无产阶级的帮助下，落后国家可以不经过资本主义发展阶段而过渡到苏维埃制度，然后经过一定的发展阶段过渡到共产主义。

必须采取什么手段才能达到这个目的——这不可能预先指出。实际经验将会给我们启示。但是可以肯定地说：建立苏维埃这一思想对于最遥远的民族中的全体劳动群众是很亲切的，苏维埃这种组织一定能够适应资本主义前的社会制度的条件，共产党应该立刻在全世界开展这方面的工作。

我还想指出，共产党不仅在本国，而且在殖民地国家，特别是在剥削民族用来控制殖民地各民族的军队中进行革命工作具有很大的意义。

英国社会党的奎尔奇同志在我们委员会里谈到了这个问题。

他说，一个普通英国工人会认为，援助被奴役的民族举行起义反对英国的统治是背叛行为。的确，有琼果主义[125]和沙文主义情绪的英、美工人贵族是社会主义最危险的敌人，是第二国际最有力的支柱。的确，属于这个资产阶级国际的那些领袖和工人实行过最大的背叛。第二国际也讨论过殖民地问题。在巴塞尔宣言[126]中关于这个问题也说得十分清楚。第二国际各党也曾表示要本着革命精神进行工作，但是，我们没有看到第二国际各党做了什么真正的革命工作，也没有看到它们援助过被剥削附属民族所举行的反对压迫民族的起义，我认为，多数已经退出第二国际而希望加入第三国际的党也是如此。我们应当公开地说出这一点，这是无法驳倒的。我们要看看，有没有人想来反驳。

我们草拟决议时就是把这些看法作为基础的。这些决议无疑是太长了些，但是我相信它们毕竟是有用处的，它们将有助于在民族和殖民地问题上开展和组织真正的革命工作，而这正是我们的主要任务。

载于1920年8月7日《共产国际第二次代表大会通报》第6号

译自《列宁全集》俄文第5版第41卷第241—247页

4

关于加入共产国际的条件的发言[127]

（7 月 30 日）

　　同志们！塞拉蒂说，我们还没有发明"sincéromètre"。这是法文的一个新词，意思是诚实测量器。这种器具还没有发明，我们也不需要这种器具，我们已经有了测定方向的工具。塞拉蒂同志的错误就在于他不去使用这种早已为人所知的工具。关于他的错误，我以后再谈。

　　关于克里斯平同志，我只想说几句话。很遗憾，他今天没有到会。（迪特曼："他病了！"）真可惜。他的发言是一个极为重要的文件，它确切地反映了独立社会民主党右翼的政治路线。我要说的不是个人的和个别的情况，而是克里斯平的发言中明确表述出来的思想。我想，我能够证明这个发言是彻头彻尾的考茨基式的发言，克里斯平同志对无产阶级专政的看法完全和考茨基相同。克里斯平在答复一句插话时说："专政不是什么新东西，爱尔福特纲领[128]中就提到过。"爱尔福特纲领根本没有谈到无产阶级专政，而且历史证明这并不是偶然的。当我们在 1902—1903 年制定我们党的第一个纲领时，我们一直在借鉴爱尔福特纲领，而且普列汉诺夫，正是普列汉诺夫当时说得很对："不是伯恩施坦埋葬社会民主党，就是社会民主党埋葬他。"[①]说这句话的普列汉诺夫特别强调

---

　　①　见《普列汉诺夫哲学著作选集》1961 年三联书店版第 2 卷第 418 页。——编者注

的正是这样一点：爱尔福特纲领没有谈到无产阶级专政，这在理论上是不正确的，在实践上是胆怯地向机会主义者让步。所以从1903年起，我们就把无产阶级专政写进了我们的纲领。①

克里斯平同志现在说，无产阶级专政不是什么新东西，又说，"我们一直主张夺取政权"，这就是回避问题的实质。承认夺取政权，但是不承认专政。所有的社会党文献，不管是德国的还是法国和英国的都证明，各机会主义政党的领袖，如英国的麦克唐纳，都是赞成夺取政权的。他们可真不简单，都是真诚的社会党人，但是都反对无产阶级专政！既然我们有一个很好的、不愧称为共产党的革命政党，那就应该与第二国际的旧观点有所区别，就应该宣传无产阶级专政。克里斯平同志却抹杀了这一点，掩盖了这一点，这就是考茨基的所有信徒所犯的基本错误。

克里斯平同志又说："我们是群众选出来的领袖。"这是形式主义的不正确的看法，因为在德国"独立党人"的最近一次代表大会上，我们很清楚地看到了派别的斗争。不需要像塞拉蒂同志那样去寻找诚实测量器，去开这个玩笑，就能确定一个简单的事实，即派别的斗争必然存在，而且确实存在。一派是刚转到我们这边来的革命工人，他们反对工人贵族；另一派是工人贵族，即在各文明国家里以老领袖为首的工人贵族。克里斯平究竟属于老领袖和工人贵族一派呢，还是属于反对工人贵族的新的革命工人群众一派呢？正是对这个问题克里斯平同志没有交代清楚。

克里斯平同志在谈到分裂问题时用的是什么腔调呢？他说分裂是一种痛苦的必然，并且为此伤心了好久。这同考茨基的表现

---

① 见本版全集第7卷第424—430页。——编者注

完全吻合。究竟是同谁分裂了呢？同谢德曼吗？是的！克里斯平说，"我们分裂了"。第一，你们分裂得太迟了！既然谈到这个问题，就只能这么说。第二，独立党人不应该为这种事情伤心，而应该说：国际工人阶级还在受工人贵族和机会主义分子的压制。法国和英国的情形都是这样。克里斯平同志对分裂问题的想法不是共产党人的想法，而同似乎不再有影响的考茨基的想法完全一致。接着克里斯平谈到高工资问题。他说，同俄国工人以至东欧工人比较起来，德国工人的生活相当好。照他的说法，革命只有在它"不过分"使工人生活状况恶化的情况下才能进行。试问，在共产党内能容许用这种腔调说话吗？这是反革命的腔调。我们俄国的生活水平无疑比德国低，在我们建立了专政以后，工人反而更挨饿了，生活水平更低了。没有牺牲，没有工人生活状况的暂时恶化，工人的胜利是不可能的。我们应当向工人说的，正好同克里斯平说的相反。如果想使工人为建立专政作好准备，又同他们谈什么生活状况"不过分"恶化，那就是忘记了一个主要的情况：帮助"本国的"资产阶级用帝国主义方法争夺和压迫整个世界，以便得到优厚的工资，工人贵族正是这样产生的。如果德国工人现在想开创革命事业，就应该忍受牺牲，不怕牺牲。

在落后的国家里，一个中国式的苦力不能进行无产阶级革命，这种说法从一般的世界历史的观点来看，是正确的；但是，在少数比较富有的国家里，由于帝国主义掠夺而生活比较好，如果对工人说他们应当提防"过分"变穷，那就是反革命。应当反过来说。工人贵族害怕牺牲，担心在革命斗争中会"过分"变穷，他们是不能加入党的。否则，专政就不可能建立，尤其是在西欧各国。

克里斯平关于恐怖手段和暴力说了些什么呢？他说，这是两种不同的东西。在社会学教科书里，也许可以把二者区分开来，可是，在政治实践中，尤其是在德国的情况下，却不能这样做。对杀害李卜克内西和罗莎·卢森堡的德国军官，对施汀尼斯和克虏伯这样收买报刊的人，我们就不得不使用暴力和恐怖手段。当然，没有必要预先宣布我们一定要采取恐怖手段；但是，如果德国军官和卡普分子还是和今天一样，如果克虏伯和施汀尼斯还是和今天一样，那么使用恐怖手段就是不可避免的。不管是考茨基，还是累德堡或克里斯平，都完全以反革命的观点来谈暴力和恐怖手段。抱有这种思想的党不能参加专政，那是很明显的。

还有一个土地问题。在这个问题上，克里斯平特别激动，他想斥责我们是小资产阶级。他的意思是从大土地占有者那里搞点东西来给小农，便是小资产阶级味道。应该剥夺大土地占有者，而把土地交给协作社。这种看法太学究气了。就是在高度发达的国家里，包括德国在内，也有相当数量的大地产，这种地产不是用大资本主义方式而是用半封建方式耕种的，可以在不破坏农场的情况下把这种土地分一部分给小农。可以在保存大生产的同时把对小农来说是极为重要的东西分给他们一些。很遗憾，他们没有想到这一点，可是实际上又不得不这样做，否则就要犯错误。例如，瓦尔加（匈牙利苏维埃共和国前国民经济人民委员）的书就证明了这一点，他写道，无产阶级专政建立以后，匈牙利农村几乎没有起什么变化，日工没有感到什么好处，小农也没有得到什么东西。匈牙利有很多大地产，匈牙利的一些大块土地是用半封建方式经营的。在这些大地产中，总是能找出而且应该找出一部分土地来分给小农（可以不归小农私有，而是租给他们），使拥有小块土地的小农可以得到一份没收来的土地。否则，小农就看不出苏维埃专政同实行专政前有什么区别。如果无产阶级的国家政权不实行这种政策,那它就维持不下去。

虽然克里斯平说,"你们不能否认我们有革命信念",但是我要回答说:我就坚决否认你们有革命信念。我的意思不是说你们不愿意按革命方式行动,而是说你们不善于用革命观点考虑问题。假如选出一些有学识的人组成一个委员会,给他们考茨基的 10 本书和克里斯平的这篇讲话,那么我敢担保,这个委员会一定会说:这篇讲话完全是考茨基主义的,从头到尾贯穿着考茨基的思想。克里斯平的一切论证方法彻头彻尾是考茨基式的,可是克里斯平却出来说:"考茨基在我们党内再也没有什么影响了。"也许,对后来入党的革命工人没有什么影响。但是应该承认一个确凿的事实:考茨基直到现在,对克里斯平同志,对他的整个思路、对他的一切观念,都还有很大的影响。克里斯平的讲话就证明了这一点。因此,不必发明什么诚实测量器,就可以说:克里斯平的方向是不符合共产国际的方向的。我们说明这一点,也就规定了整个共产国际的方向。

怀恩科普和明岑贝格同志因为我们邀请了独立社会民主党并且同它的代表谈话而表示不满,我认为这是不对的。当考茨基反对我们而且还写书攻击我们的时候,我们就把他当做阶级敌人同他论战。可是独立社会民主党(该党现在已经由于大批革命工人的加入而壮大起来)到这里来谈判,我们就应该同他们的代表谈,因为他们代表着一部分革命工人。关于共产国际问题,我们同德国"独立党人"、法国人、英国人是不能一下子讲通的。怀恩科普同志的每一次发言都证明,他几乎完全同意潘涅库克同志的一切错误意见。怀恩科普说,他不赞成潘涅库克的观点,但是他的发言却证明完全不是这样。这就是这个"左派"集团的基本错误，不过，这是无产阶级运动发展过程中的错误。克里斯平和迪特曼同志的发言全部贯穿了资产阶级观点，抱着这种观点是无法为建立无产阶级专政作好准备的。如果怀恩科普和明岑贝格同志在独立社会民主党的问题上走得还要远的话，那我们就不能同意了。

当然，我们没有像塞拉蒂所说的那种诚实测量器来测验一个人是否诚实。我们完全同意，问题不在于对人的判断，而在于对形势的估计。很可惜，塞拉蒂虽然说了话，可是没有说出什么新东西来。他的发言同我们在第二国际那里听到的一样。

塞拉蒂说，"法国的形势不是革命的形势，德国的形势是革命的，意大利的也是革命的"，他说得不对。

即使是反革命的形势，第二国际不愿意组织革命的宣传和鼓动，那也是犯了错误，有很大的过错，因为，即使没有革命的形势，也可以而且应该进行革命宣传。布尔什维克党的全部历史已经证明了这一点。社会党人不愿意像我们那样在任何形势下都进行工作，就是说不愿意进行革命工作，社会党人和共产党人的差别就在这里。

塞拉蒂只是重复了克里斯平的话。我们不想说，哪天哪天一定要开除屠拉梯。这个问题执行委员会已经谈过了，可是塞拉蒂对我们说："清党可以，但是不要驱逐任何人出党。"我们应当直率地告诉意大利的同志们，同共产国际的方向符合的，是"新秩序"派，而不是社会党和它的议会党团现在的领导者多数。后者硬说，他们想保卫无产阶级不受反动势力的摧残。俄国的切尔诺夫、孟什维克和其他很多人，也在"保卫"无产阶级不受反动势力的摧残，然而这还不能作为让他们加入我们队伍的根据。

　　因此，我们应当告诉意大利的同志们和一切有右翼的党：这种改良主义倾向与共产主义毫无共同之处。

　　我们请你们意大利的同志们召集一次代表大会，在会上提出我们的提纲和决议。我相信，意大利的工人是愿意留在共产国际里的。

载于1921年彼得格勒出版的
《共产国际第二次代表大会。
速记记录》一书

译自《列宁全集》俄文第5版
第41卷第248—254页

5

关于议会活动问题的发言

（8月2日）

　　博尔迪加同志显然想在这里替意大利马克思主义者的观点辩护，可是，对另一些马克思主义者在会上提出的主张进行议会活动的种种论据，他却一个也没有答复。

　　博尔迪加同志承认，历史经验不是人工制造出来的。他刚才对我们说，应该把斗争转移到别的方面去。难道他不知道每一次革命危机都伴随着议会危机吗？不错，他说应该把斗争转移到别的方面去，转移到苏维埃去。可是博尔迪加同志自己也承认，苏维埃用人工是制造不出来的。俄国的例子证明，苏维埃只能在革命时期或在革命前夕组织起来。在克伦斯基时期，苏维埃（即孟什维克的苏维埃）是组织起来了，但是它怎样也没能变成无产阶级的政权。议会是历史发展的产物，在我们还没有力量解散资产阶级议会的时候，我们就不能把它一笔抹杀。只有去当资产阶级议会的议员，才能从现实的历史条件出发，进行反对资产阶级社会和议会制的斗争。资产阶级在斗争中使用的工具，无产阶级也应该加以利用，当然，利用的目的完全不同。您也不能说不是这样的，如果您想否认这一点，那您就是要把世界上一切革命事件的经验一笔抹杀。

　　您说,工会也是机会主义的,也是危险的;可是另一方面,您又说,工会应该例外,因为它们是工人的组织。这样说只在一定程度上是正确的。工会里也有很落后的分子。一部分降为无产者的小资产阶级分子,落后工人和小农,都真以为议会是代表他们的利益的。要同这种偏见作斗争,就得在议会中进行工作,用事实向群众说明真相。靠理论说服不了落后群众,他们需要的是亲身体验。

　　俄国也有过这种情况。我们为了向落后的工人证明,通过立宪会议他们什么也得不到,不得不在无产阶级胜利以后还召集立宪会议。为了把两种经验加以对比,我们就具体地拿苏维埃同立宪会议来比较,让落后的工人看到,苏维埃是唯一的出路。

　　苏希同志是一位革命的工团主义者,他也为这种理论辩护,可是,他没有逻辑。他说他不是马克思主义者,因此这是可以理解的。但是,博尔迪加同志,您说您是马克思主义者,那就可以要求您逻辑多一些。必须知道用什么方法能够打垮议会。如果各国都能够通过武装起义做到这一点,那当然非常好。您知道,我们在俄国不仅在理论上,而且在实践上都已经证明了我们摧毁资产阶级议会的意志。但是您却忽视了一个事实:没有相当长期的准备,这是办不到的;在多数国家里还不可能一下子就把议会摧毁掉。我们必须通过议会斗争来摧毁议会。您是用自己的革命意志代替了决定现代社会各阶级政治路线的条件,因此您忘记了:我们俄国甚至在胜利以后,为了摧毁资产阶级的议会,也还必须首先召集一次立宪会议。您说:"确实,俄国革命的例子不适合西欧的条件。"但是,您没有任何有力的论据来向我们证明这一点。我们经历了资产阶级民主时期。我们当时不得不宣传选举立宪会议,这个时期很快就过去了。后来,在工人阶级已经能够夺取政权的时候,农民还认为必须要有资产阶级议会。

我们考虑到这些落后分子，就不得不宣布举行选举，用实例、用事实向群众说明：在全国处境十分艰难的时期选举出来的这种立宪会议，并不能反映被剥削阶级的希望和要求。这样，不仅我们工人阶级的先锋队，而且大多数农民、小职员、小资产阶级等等，都清楚地看到了苏维埃政权和资产阶级政权之间的冲突。各个资本主义国家的工人阶级中都有落后分子，他们确信议会是人民的真正代表，没有看到议会里使用的是卑鄙龌龊的手段。有人说，议会是资产阶级用来欺骗群众的工具。但是，这个论据应当用来批驳你们，而且恰好在批驳你们的提纲。怎样才能对那些确实受资产阶级欺骗的落后群众揭露议会的真正性质呢？如果你们不参加议会，如果你们站在议会外面，你们怎么能揭露议会的手法和各个政党的立场呢？如果你们是马克思主义者，你们就应当承认，在资本主义社会里的各阶级之间的相互关系同各政党之间的相互关系，是紧密地联系着的。我再重复一遍，如果你们不当议员，如果你们拒绝参加议会活动，那你们怎样去证明这一切呢？俄国革命的历史清楚地表明，广大的工人阶级、农民、小职员，如果不是经过亲身的体验，那么任何论据也是说服不了他们的。

这里有人说，我们参加议会斗争要浪费许多时间。请想一想，除议会以外，还有没有那样一个各阶级都能参加的机关呢？这是不能用人工制造出来的。如果说所有阶级都卷入了议会斗争，那是因为各阶级的利益和阶级冲突都在议会中得到了反映。假定到处都能够一下子组织起决定性的总罢工，一举推翻资本主义，那么革命早就在许多国家发生了。但是必须考虑实际的情况，而议会正是阶级斗争的舞台。博尔迪加同志和拥护他的观点的人应当向群众说实话。德国是一个很好的例子，说明共产党党团可以在议会中进行工作。所以你们本来应当公开向群众说："我们太弱，还建立不起一个有坚强组织的党。"这才是本来应该说的实话。可是，你们如果向群众承认了你们的这个弱点，他们就不会拥护你们而要反对你们了，他们就会拥护议会活动了。

　　如果你们说："工人同志们，我们很弱，我们不能建立一个有严格纪律的党，不能使议员们都服从党"，那么工人就会抛弃你们，他们就会说："靠这种软弱的人我们怎么能建立无产阶级专政呢？"

　　要是你们认为，无产阶级一旦胜利，知识分子、中产阶级、小资产阶级马上都会变成共产主义者，那就太天真了。

　　如果你们没有这种幻想，那你们现在就应该使无产阶级为贯彻自己的路线作好准备。无论哪一方面的国家事务都不能例外。在革命胜利的第二天，你们到处都可以看到自称是共产主义者的机会主义辩护士，不承认共产党的纪律、不承认无产阶级国家纪律的小资产者。如果你们没有使工人为建立真正有纪律的、能够强制全体党员服从它的纪律的党作好准备，那你们永远也不能为建立无产阶级专政作好准备。我想，你们是因此才不想承认：正是很多新的共产党的软弱性，才使他们否定议会工作的必要性。我坚信，大多数真正革命的工人是一定会跟我们走的，一定会反对你们的反议会活动的提纲的。

载于 1921 年彼得格勒出版的《共产国际第二次代表大会。速记记录》一书

译自《列宁全集》俄文第 5 版第 41 卷第 255—259 页

6

关于加入英国工党问题的发言[129]

（8月6日）

　　同志们，加拉赫同志的发言一开始就表示遗憾，说我们在这里听到的是麦克莱恩同志和其他英国同志在演说中，在报纸和杂志上已经重复过千百次的东西。我认为，不必为这一点而遗憾。旧国际的做法是把这类问题交给各有关国家的党去解决。这样做是根本错误的。很可能我们对某个党的情况了解得不完全确切，但是这里我们说的是在原则上确定共产党的策略。这非常重要，我们应当代表第三国际在这里清楚地说明共产党人的观点。

　　首先，我想指出麦克莱恩同志有一个说法不大确切，对此我们不能同意。他把工党叫做工会运动的政治组织。后来，他又一次说：工党"是工会运动的政治体现"。我在英国社会党的报纸上好几次看到过这种见解。这是不对的，多少引起了英国革命工人在某种程度上说是完全公正的反对。事实上，"工会运动的政治组织"或这一运动的"政治体现"这两个概念都是错误的。当然，工党大部分是由工人组成的。但是，确定一个党是不是真正工人的政党，不仅要看它是不是由工人组成的，而且要看它是由什么人领导以及它的行动和政治策略的内容如何。只有根据后者，才能确定这个党是不是真正无产阶级的政党。从这个唯一正确的观点来看，工党完全是一个资产阶级的政党。虽然它是由工人组成的，但是领导它的是反动分子，是完全按照资产阶级的意图行事的最糟糕的反动分子。这是一个资产阶级的组织，它成立起来就是为了靠英国的诺斯克和谢德曼之流来有系统地对工人进行欺骗。

但是，西尔维娅·潘克赫斯特同志和加拉赫同志向我们提出了他们对这个问题所持的另一种观点。加拉赫和他的许多朋友发言的内容是什么呢？他们告诉我们说，他们联系群众不够，但是，看看英国社会党，它迄今为止同群众的联系更差，很软弱。于是加拉赫同志告诉我们，他和他的同志们真正成功地在格拉斯哥，在苏格兰组织了革命运动，以及他们在战争时期采用了非常灵活的策略，在小资产阶级和平主义者拉姆赛·麦克唐纳和斯诺登到达格拉斯哥的时候巧妙地支持他俩，通过这件事情组织起大规模的群众性反战运动。

我们的目的是要引导加拉赫同志和他的朋友们所代表的出色的新的革命运动加入运用真正的共产主义策略即马克思主义策略的共产党。这就是我们现在的任务。一方面，英国社会党太弱，不善于很好地在群众中进行鼓动工作；另一方面，现在有以加拉赫同志为优秀代表的青年革命分子，他们虽然同群众保持着联系，但还不是一个政党，在这种意义上说，他们比英国社会党还要弱，还完全不会组织自己的政治工作。在这种情形下，我们应该非常坦率地说出我们关于正确的策略的意见。加拉赫同志谈到英国社会党的时候说，它是"不可救药的改良主义的"（hopelessly reformist）党，当然说得过分了。但是，我们在这里通过的全部决议的总的精神和内容，都十分明确地说明，我们要求英国社会党本着决议的精神改变它的策略；而加拉赫的朋友们应当采取的唯一正确的策略，

就是立刻加入共产党,本着这里通过的决议的精神改变共产党的
策略。既然你们有这样多的拥护者,可以在格拉斯哥召集群众大
会,那么你们就不难带动上万的人加入党。三四天以前,在伦敦举
行的英国社会党代表大会决定把社会党改名为共产党,并且把参
加议会选举和加入工党这一条列入了党纲。代表大会代表着 1 万
个有组织的党员。因此,苏格兰的同志本来完全可以带动不止 1
万个出色掌握群众工作艺术的革命工人加入这个"英国共产党",
从而改变英国社会党的旧策略,更好地进行鼓动工作,更积极地进
行革命活动。西尔维娅·潘克赫斯特同志几次在委员会上指出,
英国需要"左派"。当然,我回答说这是完全对的,但是不要过
"左"。其次,她又说,"我们是优秀的先锋队员,但是目前还是喊叫
(noisy)得多。"我理解这句话完全不是坏的意思,而是好的意思,
是说他们很会做革命鼓动工作。我们重视这一点,而且应该重视
这一点。我们在所有的决议中都谈到了这一点,因为我们一直强
调,一个党只有真正联系群众,反对腐朽透顶的老领袖,既反对站
在右翼立场上的沙文主义者,也反对像德国右翼独立党人那样站
在中间立场上的人,那我们才能承认它是工人的党。这一点在我
们所有的决议中已经说过、重复过十次以上了,意思就是说,我们
要求改造旧的党,使它们能够更紧密地联系群众。

　　西尔维娅·潘克赫斯特还问道:"共产党可不可以加入参加了
第二国际的其他政党?"她回答说,不可以。必须指出,英国工党的
情况非常特殊,它是一个非常独特的党,确切一点说,完全不是通
常所说的那种党。它是由所有工会组织的会员组成的,现在将近
有 400 万党员,所有加入它的政党都享有相当的自由。这样,处在
坏透了的资产阶级分子、一些比谢德曼、诺斯克之流先生们还坏的

社会主义叛徒支配下的广大英国工人,都加入了这个党。同时,工党允许英国社会党加入它的队伍,允许社会党有自己的机关报,而工党的党员还可以在这些报纸上自由地公开地指责工党领袖是社会主义叛徒。麦克莱恩同志确切地引证过英国社会党的这种指责。我也能够证明,英国社会党的《号召报》[130]上就说过工党的领袖是社会爱国主义者和社会主义叛徒。这就是说,加入工党的党不仅可以提出尖锐的批评,而且可以公开地指名道姓地骂这些老领袖是社会主义叛徒。这是非常独特的情况:一个党吸收了广大的工人群众,很像一个政党的样子了,可是又不得不给它的党员以充分的自由。麦克莱恩同志在这里指出,在工党的代表大会上,英国的谢德曼之流不得不公开提出加入第三国际的问题,这个党的所有地方组织和支部也不得不讨论这个问题。在这种情况下,不加入这个党就是错误的了。

潘克赫斯特同志在个别谈话的时候对我说:"如果我们是真正的革命者,那我们加入工党后,这些先生一定会把我们开除的。"要知道,这并没有什么坏处。我们的决议说,我们主张加入是因为工党允许有充分的批评自由。在这一点上,我们始终如一。麦克莱恩同志还着重指出,现在英国的情形非常独特:一个政党,虽然处在一个拥有400万成员的独特的工人组织中,这个组织一半是行业性质的,一半又是政治性质的,并且受资产阶级领袖的领导,尽管这样,只要这个党愿意,它还可以是革命的工人政党。在这种情况下,优秀的革命分子如果不尽可能地留在这个党里,就是犯极大的错误。让托马斯之流的先生们和你们称之为社会主义叛徒的人把你们开除吧。这样倒会在英国工人群众中产生极好的影响。

同志们强调说,英国的工人贵族比其他国家的工人贵族势力大。这是事实。要知道,英国工人贵族不是只有几十年的历史,而是有几百年的历史了。英国的资产阶级有丰富得多的经验,有实行民主制的经验,他们善于收买工人,使这些人在工人中形成一个很大的阶层。在英国,这个阶层比其他国家要大,但是比起广大的工人群众来毕竟还是不大的。这一阶层的人满脑子都是资产阶级偏见,实行着明确的资产阶级改良主义政策。例如,在爱尔兰,20万英国兵正在用骇人听闻的恐怖手段镇压爱尔兰人。英国社会党人没有在这些士兵中进行革命宣传。我们在决议中明确地指出,只有在英国工人和士兵中进行真正的革命宣传的党,我们才能承认它是共产国际的成员。我要特别指出,无论在这里,或者在各委员会里,都没有人反对这一点。

加拉赫同志和西尔维娅·潘克赫斯特同志不能否认这一点。他们不能否认,英国社会党在工党的队伍里有充分的自由,可以写文章说工党的某某领袖是叛徒,说这些老领袖代表资产阶级利益,是工人运动中的资产阶级代理人。这一切都完全正确。既然共产党员有这种自由,那么只要他们重视各国革命者的经验,而不仅是俄国革命的经验(因为我们开的不是俄国的代表大会,而是国际的代表大会),就应该加入工党。加拉赫同志嘲笑我们在这个问题上受了英国社会党的影响。不,我们是根据各国历次革命的经验来确认这一点的。我们认为,应该向群众说明这一点。英国共产党应该保留必要的自由,以便揭露和批评比其他国家势力大得多的英国工人叛徒。这是不难理解的。加拉赫同志断言,如果主张加入工党,就会使英国工人中的优秀分子离开我们。这是不对的。我们应该在实践中检验一下。我们相信,我们这次代表大会通过的全部决议和决定,将在英国所有革命的社会主义的报纸上发表,所有地方组织和支部都将对此进行讨论。我们决议的全部内容十分清楚地说明,我们代表的是各国工人阶级的革命策略,我们的目的是同旧的改良主义和机会主义作斗争。事实表明,我们的策略确实在战胜旧的改良主义。这样,所有对英国缓慢的发展不满的工人阶级的优秀革命分子,一定会向我们靠拢。英国的发展可能比其他国家慢些,因为英国资产阶级有可能给工人贵族创造优越的条件,从而阻挠英国的革命运动。所以英国的同志不仅应该努力使群众革命化(加拉赫同志证明他们在这方面做得很好),而且还要努力建立起一个真正的工人阶级政党。在这里发了言的加拉赫同志或西尔维娅·潘克赫斯特同志,两个人都还没有加入革命的共产党。像车间代表委员会这样出色的无产阶级组织,直到现在也还没有参加政党。如果你们能在政治上组织起来,你们就会看到,我们的策略是以正确地理解近数十年来的政治发展为基础的;你们就会看到,只有把革命阶级的一切优秀分子吸收进来,并利用每一个机会同反动领袖的一切反动行径进行斗争,才能建立起一个真正革命的党。

如果英国共产党一开始就能在工党内部进行革命活动,如果韩德逊之流的先生们不得不开除这个党,那么,这将是英国共产主义运动和革命工人运动的巨大胜利。

载于1921年彼得格勒出版的《共产国际第二次代表大会。速记记录》一书

译自《列宁全集》俄文第5版第41卷第260—267页

同一位外国记者的谈话

(1920 年 7 月 20 日)

列宁对一位外国记者说:

"英国的建议[131]也许不过是一纸空文。但是它或许能够在东欧导致真正的和平。要是英国的外交家们认为,他们能够骗过我们,那么他们就大错而特错了,因为对每一项纸上的建议我们也以纸上的建议作答复,只有对实际行动我们才报以实际行动。英国的政策是不稳定的,经常左右摇摆。一方是劳合-乔治,另一方是丘吉尔,在他们之间则是那位希望看到俄国是一个弱国的寇松爵士。但是除他们以外,还有他们必须重视的广大的英国人民群众,而我们主要是依靠这些群众。英国和俄国之间的和平直接取决于我们红军是否有力量以及英国无产阶级是否坚定。"

当问到列宁是怎样考虑协约国各国之间的关系时,列宁回答说:

"要么英国的建议是一种手法,要么有名的协约国今后不能再继续存在。英国接受'红色的'钞票这一事实本身势必使协约国各国都这样做。英国至今还自行其是,应该认为它的政策是直接针对法国的。没有经过国际联盟的调停就同波斯签订了条约。英国的土耳其政策是同法国和意大利的利益相矛盾的。最后一点,英国向苏维埃俄国提出的建议是违背法国的意志的。要是法国继续支持波兰,就会同英国产生不可避免的争执。但是,如果法国对波兰撒手不管的话,那么法国就会失掉反对德国的最后一个真正的盟友。"

　　记者还问列宁:"一旦俄国同英国达成相互谅解,共产国际是否将停止国外宣传?"列宁回答说:

　　"苏维埃俄国存在的事实本身就是共产主义向全世界所作的最好宣传。"

载于 1920 年 7 月 20 日《伯尔尼哨兵报》

译自《列宁文集》俄文版第 37 卷第 228—229 页

俄共(布)中央政治局
关于《共产国际》杂志登载的
阿·马·高尔基的文章的决定草案[132]

（1920年7月31日）

我在**征集签名**以后，向政治局提出如下议案：

中央政治局认为《共产国际》杂志第12期刊登高尔基的**两篇文章**，尤其那篇社论，是极不妥当的，因为这两篇文章不但没有**任何共产主义的东西**，相反有许多**反**共产主义的东西。今后，**此类文章绝对不得**在《共产国际》杂志上刊登。

列　宁①

译自《列宁全集》俄文第5版
第54卷第429页

---

① 草案上签名的还有列·达·托洛茨基、尼·尼·克列斯廷斯基和米·伊·加里宁。——俄文版编者注

同霍华德·朗格塞特的谈话

（1920 年 8 月 14 日）

会 见 列 宁

（短暂的告别访问）

星期六，8 月 14 日，离开莫斯科前两天，我同列宁就苏维埃俄国利用西欧劳动力的问题进行了一次简短谈话。人民委员会把这个问题交给一个由有关人民委员部的代表组成的专门的国家委员会去研究。我作为在俄国处理这一问题的斯堪的纳维亚代表团团长，自然很想知道俄国政府首脑——人民委员会主席(俄国人这样称呼他)对这个问题的想法。

列宁的秘书来电话说，傍晚 6 时约见我。我沿着晒得发烫的街道前往克里姆林宫。大家知道，列宁和其他许多领导人就在那里居住和工作。我是第三国际代表大会的代表，凭证件我进了克里姆林宫。我找到卫队长。他们把列宁工作的地方告诉了我。原来那里已经有人在等我了。值班员一看我证件上的姓名，就立即指点我：上楼，到接待大厅去。我发现，这里的一切都井井有条、精确无误。这种作风从这里，从苏维埃政权的中心，传向全国。

我比约定的时间早到几分钟。挂钟刚打过 6 点，列宁就走了进来，请我到他的办公室去。

首先我代表这次代表大会的参加者向他递交了几个文件。他把女秘书叫来，交给她加以整理。

我提出的第一个问题是：人民委员会是否已对利用外国劳动力问题作出了最后决定？

——没有，虽然我们认为，我们十分需要技术干部和管理干部，并且更需要熟练工人。正如您所知道的，为研究这个问题，我们设立了国家委员会。

　　我解释说，我们同国家委员会的谈判暂时还没有取得最后结果，并且问他，为了得到真正的熟练劳动力是否应该把物质利益原则作为基础而不再考虑崇高的动机。

　　——谈到利用熟练劳动力问题，我也认为，纯粹的物质动机应该起决定性作用。我们并不怀疑，西欧的工人共产党员会纯粹出于崇高的动机而成千上万地到我们这里来。但是我们没有必要依靠外国共产党人来巩固我们国内的共产主义运动，这样做会使西欧的运动失去优秀的骨干，会削弱兄弟党。我们需要的首先不是共产党人，而是同情我们的熟练工人。

　　——您是否认为，为了使外国熟练工人充分保持他们的工作能力，需要向他们提供比俄国工人优越的待遇？

　　——当然，如果把物质原则作为基础，这是不言而喻的。不过外国移民应该准备克服许多困难和不便，因为起码在开始时我们不能向他们提供他们在本国所习惯了的东西，虽然我们将在衣、食、住等方面尽我们所能来使他们保持工作能力。

　　——外国报刊上发表的您的和米柳亭同志的3月16日和5月6日的电文[133]都提到，外国工人不应期望他们的生活待遇和工资会与俄国工人有所不同。这只是指大批等待中的移民说的，还是也包括熟练工人？

　　——这首先是指移民说的。但是，正如我们已经说过的那样，在惨遭6年战争破坏的交通运输还不能保证正常运来食品之前，其他人在开始时也应准备克服一些生活困难。

　　——是否可以在红军军需部的基础上为受聘的外国熟练工人设立一个专门的军需机构，提供同军队一样的口粮？

　　——好吧，我想可以。但只能提供给少数工人。

——关于工资以及给留在本国的眷属可能提供的生活津贴问题,您有什么看法?

——除了在俄国(给专家本人)提供衣食外,在他们留在本国的眷属未迁来以前,必须给这些眷属足够的生活费用。但是这只能限于有特殊地位的熟练专家。对于大多数移民我们不能提供比俄国工人更好的待遇。

——您是否认为,俄国工人和外国工人之间会发生矛盾?

——不会的。俄国工人清楚地看到,外国工人的帮助会给他们带来什么好处。至于管理人员和技术专家中没有共产主义觉悟的个别人,就另当别论了。可以设想,他们对待外国人是不会那么友好的,但是在俄国的工业部门里,一向都有大批外国劳动力,因此,未必会产生什么难题。

——您是否认为,迁居俄国的时机已经成熟?

——不,在国家委员会完成任务和结束同各国代表团的谈判之前,时机还不成熟。首先还需要对那些渴望到这里来的人做好解释工作,让他们知道,他们在这里会有什么待遇,生活上会面临什么困难。在这之前我们不希望任何人迁入,也不认为这种迁入在道义上是正确的。西欧工人很难经受得了俄国工人不仅在战争期间、而且在从前资产阶级剥削下已习以为常的那些生活困难。

——我们听说,要向西欧资本家和美国资本家提供租让。这使我们的心情很沉重。真的要向他们提供这样的租让吗?

——我们更乐于得到外国工人的帮助。

随后,我们简单地谈了一下挪威和俄国之间的贸易关系。按他的意见,这种贸易关系现在就应该通过阿尔汉格尔斯克和摩尔曼斯克两地来实现了。他当场记下我列举的某些材料并说他将把这些材料交给对外贸易人民委员①列扎瓦。

他非常了解挪威的情况并且认为，一旦同俄国建立了贸易关系，我国将在很大程度上摆脱对英国和美国的依赖。

——今年4月您同雅科布·弗里斯谈话时说，俄国将动用红军来对付农民②，这在挪威，在党员同志中间引起了强烈反响。应怎样理解这个说法？

——只要提一下代表大会通过的土地问题提纲就清楚了。一般说来农民看清了苏维埃制度，并且是拥护这一制度的。我们正通过鼓动工作使小农和部分中农站到我们一边来。他们中的多数是我们的朋友或者是保持中立的。换句话说，他们从中看到了好处。但是，如果一部分农民，比如说，富农和被富农引入歧途的人反对新的国家政权，那么这个政权就当然只好动用包括军队在内的一切力量来进行自卫。但是我们自然希望不会出现这种情况。在"劳动农民"占绝大多数的挪威进行有力的、目标明确的宣传工作无疑是一个决定因素，使农民懂得自己的利益和工人阶级的利益是一致的。

最后，列宁要我向挪威的同志们转达他的问候。"请转告他们，我们为挪威党感到自豪，可惜挪威太小了，不然的话，我们满可以同高度文明和组织良好的挪威工人阶级一道为共产主义赢得整个世界。"

我与列宁交换了一些个人方面的意见之后离开了他的办公室。我确信，我见到的是一位领袖人物——大家有充分理由认为，他不仅在俄国是工人阶级的领袖，而且在反对资本主义桎梏的国际斗争中也是工人阶级的领袖……

载于1920年9月10日《社会民主党人报》第210号（克里斯蒂安尼亚）　　　　译自《列宁文集》俄文版第38卷第322—325页

---

① 应为：对外贸易副人民委员。——编者注
② 参看本版全集第38卷第372页。——编者注

给奥地利共产党人的信¹³⁴

(1920 年 8 月 15 日)

奥地利共产党决定抵制资产阶级民主议会的选举。不久前闭幕的共产国际第二次代表大会认为,共产党人**参加**资产阶级议会选举和**参加**议会活动的策略是正确的。

根据奥地利共产党代表的报告来看,我相信奥地利共产党是会把共产国际的决议看得高于一个党的决议的。同样也可以相信,奥地利社会民主党人这些投靠资产阶级的社会主义叛徒,看到共产国际的决议同奥地利共产党抵制议会的决定有分歧,会采取幸灾乐祸的态度。当然,对于这些奥地利社会民主党人先生,谢德曼和诺斯克之流、阿尔伯·托马和龚帕斯之流的这些同伙采取的幸灾乐祸态度,觉悟工人是会置之不理的。伦纳先生之流向资产阶级献媚讨好,弄得原形毕露。目前在所有国家里,工人反对第二国际即黄色国际英雄们的怒潮日益高涨。

奥地利社会民主党人先生们在资产阶级议会中,在他们"工作"的一切场所,包括在他们自己的报刊上,都表现出他们实际上是完全受资本家阶级摆布、毫无气节、只会倒来倒去的小资产阶级民主派。我们共产党人参加资产阶级议会,是为了利用这个欺骗工人和劳动者的腐朽透顶的资本主义机关的讲坛来揭穿这种骗局。

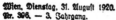

1920 年 8 月 31 日载有列宁《给奥地利共产党人的信》的
《红旗报》第 396 号第 1 版
（按原版缩小）

　　奥地利共产党人反对参加资产阶级议会的一个论据，是值得较为仔细地加以分析的。这个论据就是：

　　"对共产党人来说，议会的意义只在于它可以作为鼓动的讲坛。我们奥地利有工人代表苏维埃可以作鼓动的讲坛，因此我们拒绝参加资产阶级议会的选举。德国没有真正像样的工人代表苏维埃，因此德国共产党人采取的策略不同。"

　　我认为这个论据是不正确的。只要我们还没有力量驱散资产阶级议会，我们就应当对议会实行内外夹攻。只要还有相当一部分劳动者（不仅是无产者，而且也有半无产者和小农）相信资产阶级用来欺骗工人的资产阶级民主工具，我们就**正**应当利用**这个讲坛**来揭穿这种骗局，因为这个讲坛是工人中的落后阶层、特别是非无产阶级劳动群众中的落后阶层最重视和最信赖的。

　　只要我们共产党人还没有力量来夺取国家政权，还不能做到完全由劳动者来选举**自己的**同资产阶级对立的苏维埃，只要资产阶级还掌握国家政权，还号召各阶级参加选举，我们就必须参加选举，以便不仅在无产者中间，而且在全体劳动者中间进行鼓动。只要资产阶级议会还在欺骗工人，用"民主"的词句掩盖种种贪污舞弊和收买行为（资产阶级在资产阶级议会中比任何地方更广泛地使用特别"巧妙"的方式来收买作家、议员和律师等等），我们共产党人就应当正是在这个似乎**代表人民意志**而实际上是掩盖**富人对人民的欺骗**的机关中不断地揭穿这种骗局，揭穿伦纳之流投靠资本家来反对工人的每一件事实。资产阶级各党各派之间的关系正是在议会中最经常地显示出来，而这些关系正是资产阶级社会各阶级之间的关系的反映。因此我们共产党人恰恰应当在资产阶级议会里，从它的内部向人民说明各阶级同各政党、地主同雇农、富裕农民同贫苦农民、大资本家同职员和小业主等等之间的关系的**真相**。

无产阶级**必须**知道这一切，这样才能学会如何识破资本家的一切卑鄙而又巧妙的伎俩，学会如何去影响小资产阶级群众，影响非无产阶级的劳动群众。无产阶级不懂得这门"学问"，就无法顺利地完成**无产阶级专政**的任务，因为那时，处于新的地位（被推翻的阶级的地位）的资产阶级仍然会在别的阵地上用别的方式来奉行以前的政策，继续愚弄农民，收买和恫吓职员，用"民主"的词句来掩盖其自私自利和卑鄙龌龊的目的。

不，奥地利共产党人决不会被伦纳之流以及诸如此类的资产阶级走狗采取幸灾乐祸的态度所吓倒。奥地利共产党人决不会害怕公开承认国际无产阶级的纪律。我们感到自豪的是，我们在解决工人争取自身解放的重大问题时，遵守革命无产阶级的国际纪律，考虑到各国工人的经验，估计到他们的认识和意愿，从而在行动上（不像伦纳之流、弗里茨·阿德勒之流和奥托·鲍威尔之流只是在口头上）实现工人为在全世界建立共产主义而进行的阶级斗争的统一。

尼·列宁

1920 年 8 月 15 日

载于 1920 年 8 月 31 日《红旗报》第 396 号（维也纳）　　　　　译自《列宁全集》俄文第 5 版第 41 卷第 268—273 页

关于军事问题的几条建议[135]

（不早于1920年8月20日）

鉴于证实了（布琼尼手下）还剩下不足10 000人，我赞成

（1）从布琼尼那里调骑兵第6师去弗兰格尔前线；

（2）以总司令答应增援南方战线的3 000—4 000骑兵加强布琼尼的骑兵集团军（**急**）；

＋（4）加紧在白俄罗斯征调农民的马匹补充布琼尼的骑兵；

（5）**立即**由伏龙芝同志接替吉季斯（见总司令和图哈切夫斯基的意见）。

列　宁

载于1959年《列宁文集》俄文版第36卷

译自《列宁全集》俄文第5版第54卷第430页

俄共(布)中央政治局
关于西方面军革命军事委员会
发布的命令的决定[136]

（1920 年 8 月 20 日和 24 日之间）

政治局决定：最严厉谴责图哈切夫斯基同志和斯米尔加同志的行为，因为他们擅自发布了一项极不妥当的命令，破坏了党和政府的政策。[①]

政治局责成共和国革命军事委员会立即撤销西方面军革命军事委员会的命令，并就其错误举动对该西方面军革命军事委员会提出警告。[②]

译自《列宁全集》俄文第 5 版
第 54 卷第 431 页

---

① 列宁委托秘书用电报把政治局的这项决定发给西方面军革命军事委员会，并在文件上方批示："交布里奇金娜发出此电"，在正文下方加批："抄送契切林同志和达尼舍夫斯基同志"。——俄文版编者注
② 列宁用铅笔标出这段文字并批注："已告知斯克良斯基"。——俄文版编者注

共产国际第二次代表大会

（1920年8—9月）

共产国际第二次代表大会已经在8月7日闭幕了。共产国际成立以来只有一年多的时间，在这短短的时期内，取得了具有决定意义的巨大成就。

一年以前在第一次代表大会上，只是竖起了共产主义的旗帜，号召革命无产阶级的力量必须团结在这面旗帜的周围，并且向纠集了社会主义叛徒的第二国际即黄色国际宣了战，因为这些叛徒已经投靠资产阶级来反对无产阶级，已经同资本家结成联盟来反对工人革命。

工人群众愈来愈倾向共产主义，迫使第二国际内最主要的欧美政党——法国社会党、德国和英国的"独立"党、美国社会党退出了第二国际，从这一事实就可以看出，一年来我们取得了多么大的成就。

世界各国革命工人的优秀代表已经站到共产主义这一边，拥护苏维埃政权，拥护无产阶级专政。在欧美各先进国家内已经建立了共产党和很大一批共产主义小组。在8月7日闭幕的代表大会上团结起来的不仅有无产阶级革命的倡导者，还有同无产者群众保持联系的各个强大的组织的代表。这支革命无产阶级的国际大军现在拥护共产主义，在这次刚闭幕的代表大会上形成了自己的组织，获得了明确而详尽的行动纲领。

代表大会拒绝把那些还保留着"孟什维主义"、机会主义的权威人物和有影响的社会主义叛徒的党，如上述那些已经退出第二国际即黄色国际的党，立刻吸收到共产国际的队伍里来。

代表大会的一系列完全明确的决议没有给机会主义以任何可乘之机，要求无条件地同机会主义决裂。代表大会上公布的各种确凿的材料也表明：工人群众是拥护我们的，机会主义者一定会彻底失败。

代表大会纠正了某些国家中有些执意要"左倾"的共产党人的错误，他们否认必须在资产阶级议会和反动工会内进行工作，否认必须在一切有着千百万工人的地方进行工作，而这些工人正受着资本家的愚弄，受着工人中的资本家奴仆——黄色国际即第二国际成员的愚弄。

代表大会促成了全世界共产党的空前团结和纪律。有了这样的团结和纪律，工人革命的先锋队就能够朝着摆脱资本的桎梏这一伟大目标阔步前进。

由于同时举行了国际女工代表会议，代表大会一定会加强同共产主义妇女运动的联系。

受各强盗民族的"文明"联盟残酷地掠夺、压迫和奴役的东方各殖民地和落后国家的共产主义小组和共产党，也同样派代表出席了大会。如果反对资本的欧美工人不和受资本压迫的千百万"殖民地"奴隶在斗争中充分地最紧密地团结起来，那么，先进国家的革命运动实际上不过是一种幻影。

工农苏维埃共和国战胜了地主和资本家，战胜了尤登尼奇之流、高尔察克之流、邓尼金之流，战胜了波兰白卫分子以及他们的帮凶——法、英、美、日等国，取得了军事上的伟大胜利。

可是，更加伟大的胜利，是我们赢得了工人、劳动者和受资本压迫的群众的心，是共产主义思想和各共产主义组织在全世界取得的胜利。

无产阶级革命，摆脱资本主义桎梏的事业，正在世界各国进行，而且必将取得胜利。

载于1920年8—9月《女共产党员》
杂志第3—4期合刊

译自《列宁全集》俄文第5版
第41卷第274—276页

在全俄教育和社会主义文化工作者第二次代表大会上作的关于时局的报告的片断[137]

（1920年9月1日）

我想稍微详细地谈谈目前的国际形势，谈谈在这种国际形势下苏维埃共和国的一些迫切任务。世界政治的主要动因大概从来也没有在事态的发展中暴露得像现在这样明显和这样鲜明，从这个观点来看，我认为，目前对波战争的局势是具有特殊意义的。波兰对俄国宣战时，我们大家都清楚，在背后操纵波兰的主要力量仍然还是协约国的帝国主义，正如你们都知道的那样，尽管比如说英国近来竭力地一再声明，说它没有参与波兰的进攻，但是在座各位无疑都清楚，这些声明是……①

译自《列宁全集》俄文第5版
第54卷第431—432页

---

① 以下讲话当时没有作速记。——俄文版编者注

答《每日新闻报》记者塞格鲁先生[138]

(1920 年 9 月 8 日)

对您 1920 年 9 月 3 日来电提出的问题,答复如下:我对布尔什维主义受到迪特曼那样的德国"独立"党右翼分子的攻击,并不觉得奇怪。我在共产国际莫斯科代表大会上的发言①中,论证了克里斯平的思想完全是考茨基的思想。像克里斯平和迪特曼这类考茨基分子当然是不满意布尔什维主义的。如果我们让这帮人满意,那就可悲了。同我国孟什维克完全是一路货色的迪特曼那样的小资产阶级民主派,在无产阶级和资产阶级的决战中当然往往会投到资产阶级那边去。迪特曼对我们处决了一些人表示愤懑。革命工人处决的是孟什维克,迪特曼对此当然不会特别满意。假如第三国际即共产国际竟让德国式的、法国式的或其他随便什么式样的迪特曼之流钻进自己的队伍,那就糟糕了。

既然您认为法国、德国和英国工人代表团的报告比一切反布尔什维主义的宣传给布尔什维主义带来了更大的危害,那我倒乐于采取由此想到的一个办法。

让我们缔结一项协定吧:您代表各国反布尔什维主义的资产阶级,我代表俄罗斯苏维埃共和国。让各国根据这一协定派遣工人和小农(即那些用自己的劳动替资本创造利润的劳动者)的代表

---

① 见本卷第 238—244 页。——编者注

团到我们俄国来。让他们在俄国住上两个来月。既然这些代表团的报告是有利于反布尔什维主义的宣传事业的，国际资产阶级就应当负担这些代表团的全部出国费用。但是，鉴于世界各国资产阶级都极其孱弱和拮据，而我们俄国则既富足又强大，我同意向苏维埃政府请求给予优惠，要它负担四分之三的费用，而各国的百万富翁只负担四分之一的费用。

希望您这位在来电中自称是正直的记者，不会拒绝随时随地宣传苏维埃共和国准备同国际资产阶级缔结这种协定，当然是为了促进反布尔什维主义的宣传。

列　宁

1920 年 9 月 8 日

载于 1920 年 9 月 12 日《真理报》第 202 号和《全俄中央执行委员会消息报》第 202 号

译自《列宁全集》俄文第 5 版第 41 卷第 277—278 页

对《全俄中央执行委员会关于向波兰提出媾和建议问题的声明草案初稿》的修改和补充[139]

(不晚于 1920 年 9 月 22 日)

全俄中央执行委员会声明

俄国和波兰正面临一场新的冬季战局,俄国、乌克兰和波兰的千百万劳动者将遭受新的牺牲和困苦。

由于进犯俄国和乌克兰而引起的并[由维护其自身利益的协约国所支持的][①]**由维护其帝国主义利益的协约国所支持的**波兰对俄国的战争,仍在继续进行。全俄中央执行委员会殷切希望拯救这些国家的千百万劳动者,使他们不再遭受战争苦难,因此认为有责任采取最坚决的措施,尽快制止军事行动和签订媾和的初步协议。

全俄中央执行委员会认为,战争期间领土边界发生争议的所有地区一律实行自决原则,有了这个基础就**有**可能在最短期间内达成一项双方满意的协议。

俄罗斯联邦从充分承认自决原则的立场出发,早在 1917 年就

---

① 列宁所作的修改和补充用黑体字排印,他所删去的文字加方括号用小号字排印,下同。——编者注

承认了并且一直无条件地、不加任何限制地承认波兰共和国的独立和主权,早在1918年就承认了并且一直无条件地、不加任何限制地承认乌克兰和白俄罗斯的独立和主权,而在1920年则与独立的和享有主权的立陶宛共和国签订了和约。

全俄中央执行委员会继续奉行这一政策,认为应该把以下两点作为媾和的基础:**第一**,波兰和俄国双方**立即**庄严确认乌克兰、立陶宛和白俄罗斯的独立,承认加利西亚东部的独立;[同时]**第二**,波兰和俄国双方应当**立即正式**承认,**这些国家**[每一国]中现存的国家**代表**机关(国会、议会或苏维埃代表大会)是表达各有关民族意志的形式。鉴于加利西亚东部尚未建立苏维埃制度,俄罗斯联邦方面准备同意在该地区不按苏维埃原则,即劳动者投票表决的原则,而按通常的资产阶级民主原则实行全民投票。

然而,全俄中央执行委员会不能**不**注意到,在这些问题上波兰代表团的观点与俄罗斯联邦的观点是有根本分歧的。例如,在明斯克的波兰代表团首席代表,不顾有目共睹的事实以及乌克兰和白俄罗斯农民的明确意愿,竟然拒不承认早在1918年就已实现了的乌克兰和白俄罗斯的自决。[因此,全俄中央执行委员会表示担心,由于俄国和乌克兰一方同波兰一方,在民族自决原则的运用乃至在该原则本身的内容方面存在着深刻的分歧,和平谈判可能因双方对这一原则的不同理解而无限期地拖延下去,这样东欧战争状态就会长期不能结束。冬季战局也就非打不可了。因此,如果波兰方面认为不能接受上述自决条件,那么全俄中央执行委员会就建议波兰共和国政府立即达成协议]

不言而喻,如果持这样的观点,那么关于自决的任何议论都是徒劳的。不言而喻,如果我们不能就上述两项实际承认自决的最基本和最可行的条件立即达成协议,那么关于自决的任何议论都将是徒劳的,而且甚至是有害的,都不过是替并非认真希望媾和的

政策打掩护而已。

全俄中央执行委员会在对劳动群众极其重要和生死攸关的问题,即关于冬季战局的问题上,决不采取模棱两可、久拖不决的态度,因此建议波兰政府:如果不能立即达成关于自决的协议,就立即签订以下关于媾和基本原则的协议,至于在解释一般原则方面所产生的那些争执和分歧则可以搁置起来,因为有争执和分歧就不可能迅速实现和平。

为此,全俄中央执行委员会声明:

1. 俄罗斯联邦考虑到,波兰代表团声明不能接受俄罗斯—乌克兰代表团提出的初步条件:裁减波兰军队的人数,恢复波兰军事工业的平时状态,交出武器,将沃尔科维斯克—格赖沃铁路完全归俄罗斯联邦所有。俄罗斯联邦政府方面现在放弃这些条件,并愿意建议盟邦乌克兰共和国作出同样的决定。

2. 俄罗斯联邦承认比协约国最高会议1919年12月3日确定的边界线还要偏东得多的那条线(加利西亚东部被划在这条边界线西侧)作为波俄边界线,准备以这条线为基础立即签订休战协定和媾和的初步协议。

俄罗斯联邦认为,它通过提出这一建议,为尽快实现和平以及使俄国、波兰、白俄罗斯和乌克兰的劳动群众不再遭受新的冬季战局的深重灾难做了可能做和必须做的一切。波兰如果拒绝这项建议,〔那就表明,波兰不顾一切,决心打冬季战局,从而使俄罗斯联邦有权改变这一建议。本建议的有效期为10天。在此期限内波兰代表团和波兰政府完全有足够时间来考虑:接受这项建议,从而清楚地表明自己希望结束俄国、乌克兰和波兰之间的战争状态;或者拒绝这项建议,从而继续进行战争,打冬季战局。〕**我们就会认为,那表明波兰大概是屈服于法国和协约国其他国家的帝国主义分子的压力,决计要打冬季战局。因此,全俄中**

央执行委员会不得不声明：我方此项建议有效期为 10 天，超过这一期限，我方在里加的代表团就有权改变提出的条件。全俄中央执行委员会认为，错过这个期限，打冬季战局的问题事实上就已成定局。

译自《列宁文集》俄文版第 36 卷
第 123—126 页

俄共(布)第九次全国代表会议文献[140]

(1920 年 9 月)

1

俄共(布)中央委员会政治报告

(9 月 22 日)

同志们,在目前时刻作报告,重点自然应当是对波兰的战争[141]和我们在此期间所经历的波折。让我先谈几点[意见]①,先讲讲这场对波战争尚未成为事实的那个时期开头的情况。

大家知道,在对波战争爆发之前我们处理问题极其谨慎,甚至特地以中央执行委员会的名义发布声明,非常郑重地向波兰人、波兰资产阶级提议根据对我们、对许多民族、[对]从前处于波兰地主和资产阶级压迫之下的工农极为[不]利的条件媾和。[142]我们提议根据皮尔苏茨基线即波兰人在今年 4 月 26 日发动进攻之前占据的边界线媾和,按照这条边界线波兰人得到了整个白俄罗斯和很大一片乌克兰领土,因为当时他们控制着沃伦省以及现在他们夺了过去的罗夫诺的许多延伸地区。我们同意以这条边界线为基础签订和约,是因为我们认为和平的经济工作,这项我们已把军队生

---

① 本节及下一节中方括号内的文字都是俄文版编者补上的。——编者注

活和数十万工农生活纳入其中的工作,比起有可能通过军事上的胜利来解放白俄罗斯和部分乌克兰或加利西亚东部要重要得多。

在这方面,在国际政治和经济关系方面已经多次证实并将继续证实,我国的新外交完全不同寻常,在君主国家和资产阶级国家的历史上前所未有,其他国家还决不可能实行。当布尔什维克公开发表声明时,没有一个国家的哪一个人能够明白,我们确实是在公开声明和特别外交手段的基础上开展外交活动的。换言之,如果布尔什维克说:"我们愿意承认皮尔苏茨基线",——[这是国际资产阶级的见解]——就是说布尔什维克非常软弱,作了非常大的让步。我们[以自己的建议]助长了波兰资产阶级和地主最狂热的沙文主义,助长了法国和其他帝国主义国家最狂热的沙文主义,[因为在这些国家里]大家都认为在通常的外交中不会有这样的做法——"难道有这么干的吗? 这是软弱的表现。"可见,决定发动进攻的不只是波兰人,而且还有法国,因为我们极不寻常地公开声明:为了避免战争,我们愿意退却。而先前在马尔赫列夫斯基作为波兰红十字会①的正式代表进行的谈判[143]中,这样的边界线作为和平的先决条件是基本线。因此我们根据过去的谈判作了很大的让步。这一让步被当做我们软弱的表现,并最终导致了战争。

大家还记得战争的初期,战争使波兰人获胜,直至占领基辅。据初步统计,他们当时控制了拥有将近 400 万人口的地区。大家记得,在[波兰人]此次获胜之后,军队的[重新]部署获得了成功,我军转入进攻并迅速推进至波兰的最主要边界线。

这时,对波战争史上的重大转折开始了,这一转折实际上是从

---

① 原文如此。似应为"俄国红十字会"。——俄文版编者注

和平[到]战争的转折。应当由此开始谈起,以弄清后来的发展过程,并进而探讨目前牵动着每个党内同志的最主要的、大家最关心的问题——这就是由于战役的整个发展我们所遭到的严重失败,灾难性失败。

7月12日,当时我军在连续进攻中已穿越广大地区,正直逼波兰族聚居区的边界线,[以]寇松为代表的英国政府向我们发出照会,要求我军在离波兰族聚居区边界线50公里一线停止前进,条件是按照这条线签订和约。这条线的走向是比亚韦斯托克—布列斯特-里托夫斯克,将加利西亚东部划归我们。所以说这条线对我们非常有利。这条线就叫做寇松线。

当时我们就面临一个主要的问题。中央委员会必须作出极为重要的决定。这项[决定]是一个出发点,我在报告中还要提到它,以便对最重要的和主要的问题作出评价。

当时我们面临一个问题:是接受这个可给予我们有利的边界线的建议并从而采取一般说来单纯的守势呢,还是利用我军的高昂士气和当时的优势来帮助波兰建立苏维埃政权。这是一个打防御战还是打进攻战的根本问题,我们在中央委员会里都知道,这是一个新的原则问题,我们正处于苏维埃政权整个政策的转折点。

迄今为止,我们一直在与协约国作战,因为我们非常清楚,高尔察克、尤登尼奇的每一次局部进攻都有协约国在撑腰,我们意识到我们打的是防御战,而且在不断地打败协约国,但彻底打败协约国我们做不到,协约国比我们强大许多倍。我们只是尽量广泛地利用协约国各国之间出现的缝隙,为的是及时进行自卫。同尤登尼奇和邓尼金的作战经过展示了某种前所未有的、从兵力计算的角度看来是不可思议的东西。我们对他们是各个击破。全世界最聪明的政治家,不仅是诸如英国、念念不忘前沙皇王朝留下的亿万财富的不自量力的法国(那里还有一些怪人指望收回这笔财富)的在殖民主义问题上不自量力的政治家,不仅是想要从俄国捞一把的不自量力的政治家,不仅是同俄国利害攸关的大政治家,而且还有并无直接利害关系的大政治家,他们全都处于分崩离析的状态。他们比我们强大百倍,却并未使这种可能性变成现实,因为其内部四分五裂,因为他们一步也迈不出来,解决不了把三四个成分合为一体、把三四个强国联合并协调起来这样一个简单的问题,尽管他们同我们相比不仅在财政方面,而且在海军和其他方面都占有绝对的优势。当时我们什么也没有,他们却连在财政方面也无法联合起来,这就使我们得到了好处。而且那正是整个资产阶级都对布尔什维主义怒气冲天、恨之入骨的时候。结果是我们比他们强大。他们把敌人一个接一个地投入进攻,他们尽管叫喊什么不想让沙皇复辟,却无法阻止尤登尼奇和邓尼金彻头彻尾的君主派政策,从而使本该跟他们走的那一部分人即农夫和富农也同他们疏远了。

这就是说,最终出现的局面是,我们终于确信,协约国对我们的军事进攻已经结束,防御帝国主义的战争也告完结,我们赢得了这场战争。波兰是一个赌注。波兰认为它作为一个具有帝国主义传统的强国有能力改变战争的性质。就是说,当时的估计是防御战时期已告结束。(我请大家少作笔记,这些话是不该见报的。)另一方面,进攻向我们表明,协约国在无力通过战争扼杀我们的情况下,在无力靠其士兵施加影响的情况下,只能怂恿个别小国向我们进攻,这些小国并无军事价值,只是以协约国提供的暴力和恐怖手段为代价才得以维持其地主资产阶级制度。孟什维克民主资本主义至今仍在所有与俄国接壤的、由前俄罗斯帝国旧版图构成的诸如爱沙尼亚、格鲁吉亚等国中苟延残喘,无疑靠的是协约国提供的援助。协约国提供大炮、士兵、制服、金钱,以便控制工人。

新的任务摆在我们面前。反对全世界帝国主义战争的防御阶段已经结束,我们可以而且应当利用军事形势来开始进攻战。当他们进攻我们时,我们打击了他们。现在我们要尝试进攻他们,以帮助波兰建立苏维埃政权。我们还将帮助立陶宛和波兰建立苏维埃政权,——这是我们决议的说法。

当中央委员会酝酿这一决议时,我们充分认识到这一决议多少有些笨拙即好像不能投票反对它。怎么能够投票反对帮助建立苏维埃政权呢?

如果把我们对波兰的态度同我们对格鲁吉亚和拉脱维亚的态度比较一下,差别就显而易见了。当初我们并未通过以军事方式帮助格鲁吉亚或爱沙尼亚建立苏维埃政权的决议。我们通过的是意思相反的即不提供这种帮助的决议。

由于这个原因而同这些国家的革命者和共产党人产生了一连串的冲突。他们发表充满痛苦的针对我们的讲话,他们说:你们怎么可以同那些绞杀和拷打曾为苏维埃俄国抛洒热血的拉脱维亚优秀同志的拉脱维亚白卫军刽子手签订和约呢?格鲁吉亚人也发表过这样的讲话,但我们没有帮助格鲁吉亚和拉脱维亚建立苏维埃政权。即使现在我们也不能这样做,我们无暇顾及。拯救和巩固共和国是压倒一切的任务。

在波兰问题上我们改变了这一政策。我们决定利用我们的军事力量来帮助波兰建立苏维埃政权。由此而产生了以后的总政策。

我们对这一点的表述并未放在中央委员会记录的正式决议中，而正式决议在下一次代表大会召开之前对党来说就是法律。但我们彼此之间说过我们应当用刺刀试探一下波兰无产阶级的社会革命是否已经成熟。这里我们实际上是提出了一个问题，现在看来，这个问题对国际联合体即共产国际的优秀共产党人说来理论上还不十分清楚。

共产国际代表大会7月在莫斯科举行的时候，我们正好也在中央委员会里解决这个问题。当时我们还不能在共产国际代表大会上提出这个问题，因为这次代表大会要公开举行。这正是代表大会巨大的、革命的、一般政治的世界意义之所在，日后会显出这种世界意义比迄今为止的要大许多倍。参加这次代表大会的有诸如德国独立党人[144]之类的代表，德国独立党人现在奉行的是最卑劣的反对苏维埃政权的政策。当时不能把他们赶走。当时要向全世界共产党表明，我们不愿意让他们加入我们的队伍。因此，在共产国际代表大会上我们必须开诚布公。所以在代表大会上对这个问题有意不去涉及。会上不能提出转而向协约国各国发动进攻的问题，因为当时还没有到讨论这个问题所需要的发展阶段。我们必须耐心等待[他们]。

《红旗报》和其他许多人根本想不到我们会亲手帮助波兰建立苏维埃政权。这些人自认为是共产党人，但他们中的一些人依然是民族主义者和和平主义者。当然，诸如芬兰同志之类承受苦难较多的共产党人丝毫没有这种偏见。我说丝毫没有，因为他们经历了较长的战争时期。我接见过英国工人代表团[145]，我对他们说，任何一个正派的英国工人都应当盼望英国政府失败，当时他们对我的话根本不理解。他们的那副表情我看连最好的照片也拍不出来。他们根本就没想过这样一个道理，即为了国际革命的利益英国工人应当盼望本国政府失败。

波兰的无产阶级居民非常成熟，农村无产阶级受过良好的教育，这些事实告诉我们，应当帮助他们建立苏维埃政权。

这就是事件发生时我们、我们党所处的那个阶段。这不仅是苏维埃俄国政治生活中，而且是全世界政治中一个极其重要的转折。迄今为止，我们一直是单枪匹马地面对全世界，唯一的梦想就是抓住他们之间的些许缝隙，这样敌人就不会把我们压倒了。现在我们说：我们现在成长壮大了，你们只要胆敢进攻，我们就会以反进攻来回敬，好让你们明白，你们所冒的风险不仅是输掉几百万，你们已经在尤登尼奇、高尔察克和邓尼金身上输掉一大笔，你们还要冒这样的风险：你们每出动一次，苏维埃共和国的领土就扩大一次。迄今为止，俄国不过是受人嘲弄和议论的对象，议论的是如何更好地由尤登尼奇、高尔察克和邓尼金来瓜分它。可现在俄国说：我们走着瞧吧，看看谁在战争中更厉害。这就是现在提出的问题。这就是整个政治、全世界政治的变化。日后历史学家将不得不指出，这是一个新时期的开端。

这一政策产生了哪些结果呢？当然，主要的结果就是我们现在遭到了巨大的失败。为了说明这一点，我应当把在此之前发生的事情介绍一下。

我们用刺刀对波兰在社会革命方面的准备程度试探得如何呢？我们应当说，这种准备还不够。用刺刀进行试探，就是说可以直接接触波兰雇农和波兰工业无产阶级，因为后者还留在波兰。工业无产阶级仍留在华沙、罗兹、栋布罗维察等离边境很远的城市里。另一方面，为了真正试探出波兰无产阶级的，首先是工业无产阶级的，其次是立足于强横势力基础上①的雇农无产阶级的准备程度，我们当时必须肃清波兰资产阶级军队，而且不仅占领华沙地区，还要占领有工业无产阶级的那些地区。这些地区比我们未能占领的华沙离得还要早②。因此对波兰在社会主义革命方面准备程度的试探做得非常不够。

我们遇到的是小资产阶级分子民族情绪空前高涨，随着我军向华沙推进，这些人为自己民族的生存而惶惶不可终日。我们未能试探到波兰雇农和工业无产阶级队伍中无产阶级群众的真正情绪。

然而国际政治中却出现了一幅极有教益而且成为事件中心的图景。加米涅夫同志可对这一图景的一个侧面作较为详细的、纤悉无遗的介绍，他在伦敦看到了［事件］的某些波折。**146**

我们未能试探到华沙无产阶级对社会主义革命的成熟程度和准备程度。我们的推进证明，波兰无法战胜我们，而胜利离我们却近在眼前了。

原来，所有这一切都在改变着国际政治。我们在向华沙步步推进时，已经离全世界帝国主义政治的中心近在咫尺，我们都已开始干起政治来了。这听起来有些费解，但英国"行动委员会"**147**的经历证明，绝对准确地证明，位于华沙一带的不是波兰资产阶级政府和资本家共和国的中心，而是国际帝国主义的整个现行体系的中心，我们现在所处的条件是，我们不是在波兰，而是在德国和英国开始动摇这个体系和干政治的。因此，我们就在德国和英国创建了反对世界帝国主义的无产阶级革命的崭新地带，因为波兰作为俄国和

---

① 原文如此。——俄文版编者注
② 原文如此。看来照意思应为"远"。——俄文版编者注

德国之间的缓冲国,波兰作为最后一个国家,仍然完全掌握在反对俄国的国际帝国主义的手中。波兰是整个凡尔赛和约的支柱。

当代帝国主义世界是靠凡尔赛和约来维系的。帝国主义者战胜了德国,解决了近几年内由两个全球强大集团中的哪一方、由英国集团还是由德国集团来主宰世界命运这一问题,他们以凡尔赛和约结束了[战争]。除了凡尔赛和约之外,他们再无其他巩固全球政治关系和经济关系的手段。波兰是这个凡尔赛和约中强有力的一环,我们突破了这一环,也就打破了整个凡尔赛和约。我们当初提出了占领华沙的任务。任务发生了变化。原来,所决定的不是华沙的命运,而是凡尔赛和约的命运。整个德国资产阶级黑帮报刊和法国报刊都是这样提出问题的。

我军向东普鲁士(以延伸到但泽的波兰走廊为界)边界的推进表明,整个德国都沸腾起来了。关于数万、数十万德国共产党人正在越过我国边界的消息不胫而走。[关于建立]德国共产党员团的电报纷纷飞来。只得作出决定帮助不发表[这些消息]并继续声称我们正在[同波兰]作战。

现在收到一些不同意布尔什维克观点的报纸,这些报纸都在描述东普鲁士的局势,这时便呈现出一幅十分耐人寻味的图景,它使我想起1905年俄国革命的某些时期,当时德国出现了中间类型的黑帮革命者。那时候俄国1905年革命迈出了最初的几大步,以发掘、唤起农民中最有影响同时也最落后的分子,帮助我们开展这项工作的是黑帮分子,他们通过反对我们的宣传竭力唤起农民。当时进行这种宣传的是黑帮神父和军官,结果却是这一重新崛起的黑帮政治组织第一次把农民联合了起来,吸引他们组织起来。这些被唤起的农民今天提出黑帮的要求,明天就要求没收地主的全部土地。

如今德国的情况也是这样。德国一家反布尔什维克刊物的通讯我没有带来（当然，由于时间关系我也不可能全文宣读），文章谈到整个德国东部都沸腾起来了，所有卡普分子（即拥护卡普——相当于我国的科尔尼洛夫的人），所有这些卡普分子都拥护布尔什维克。其结果是，当同一个不成熟的、对政治一无所知的德国青年谈话时，他表现得犹豫不决，说应当把威廉请回来，因为现在天下大乱，没过一会儿说的话又截然相反，说应当跟着布尔什维克走。

我们看到，整个德国东部都沸腾起来了。正在策划成立一个以科尔尼洛夫式的将军们为首的反常的联盟，这些将军都是具有军事常识的人，他们的口号只有一个："不惜一切代价向法国开战，同谁联手和在何种条件下开战都一样。"这些德国军官在政治上一窍不通，他们不知道战争总会带来一定的后果（他们哪里会懂得这个道理呢！这样的德国军官应当在各种各样的革命中学习上 10 年，才会学到一些东西），他们居然想不惜一切代价向法国开战。

可见，当时我们就有力量而且有相当大的力量来对付协约国。当时我们答复寇松说："你们提到了'国际联盟'。可是'国际联盟'算什么东西？简直不值一提。还有一个问题，波兰的命运谁说了算。问题的解决不是看'国际联盟'说什么，而是看红军战士说什么。"如果把我们的照会译成大白话，那么这就是我们对寇松的答复。当时在德国，人们就是这样理解的，因此出现了反常的有代表性的联盟，一个不是根据协议组成的、未在任何地方经过登记和表决的联盟，联盟内卡普分子和科尔尼洛夫分子，怀有爱国主义情绪的群众都同布尔什维克站在一起。

这就是当时面临的问题，这个问题当时德国共产党人解决不了,解决不了是因为他们当时都在这里,都在莫斯科解决一个最简单的问题,就是如何在德国造就真正的共产党的成员,解决一个基本的问题,就是如何对待右派独立党人,该党的领袖类似我国的马尔托夫,而工人们则怀有布尔什维主义情绪。他们正忙于解决这个各国都面临的世界性问题。这时德国的事态发展超过了这些问题的一切解决办法,便出现了一个由彻底的和极端的爱国者和认为应当自觉地[同]苏维埃俄国结盟的共产党人组成的联盟。出现了这样一个联盟,即在世界政治中只有两种力量,一种力量是带来凡尔赛和约的"国际联盟",另一种力量是破坏了这个凡尔赛和约的苏维埃共和国。德国的这个反常的联盟是拥护我们的。

这就是国际政治中的一个重大事实,我曾不止一次地仔细研究过国际政治,我在对反击尤登尼奇、高尔察克、邓尼金的战局进行总结和谈到与爱沙尼亚、格鲁吉亚和拉脱维亚签订和约的条件时也曾谈到过国际政治。具有国际意义的不仅是我们击溃了高尔察克、邓尼金并争取到了俄国的富裕农民即反共产主义的农民,顺便说一句,是他们决定了高尔察克和邓尼金的命运,而且我们还争取到了一些小国的小资产阶级和大资产阶级,这些小国表面上独立,却受到协约国的压制。这就决定了爱沙尼亚同我们签订和约148,它是第一个同我们签订和约的国家。爱沙尼亚是个彻头彻尾的资产阶级国家,它完全处于英美亿万富翁的控制之下,它本来是根本反对同我们签订和约的,它同我们签订了和约,因为它觉得国际帝国主义简直是它们的冤家对头。

在德国,共产党人只剩下自己的口号了。当初德国左派谬论百出,居然说不必进行国内战争,相反,需要进行反对法国的全民战争,那简直是愚蠢之至。这样提出问题就与背叛相差无几了。

不进行国内战争，就不可能在德国建立苏维埃政权。你要是同德国科尔尼洛夫分子签订盟约，他们就会欺骗你。德国有一个又弱又小的共产党和一个强大的谢德曼分子、右派孟什维克的党[149]，这是个庞大的无产阶级政党，为首的是我国的马尔托夫之流，政策是脚踏两只船。

第一个结果是，有许多小国尽管极其仇视布尔什维克，却都同我们联合起来，这些小国在镇压本国布尔什维克（爱沙尼亚的、芬兰的、拉脱维亚的布尔什维克）的同时，却不得不同我们签订和约。他们说，在国际关系中我们这些小国更接近布尔什维克的苏维埃俄国。我们在行动上证明，对于德国来说（该国的群众，也就是最不成熟的黑帮群众的情绪，这些人会说："还是威廉好"），在国际关系中除了苏维埃俄国，再没有其他的力量。

德国的民族愿望由两个因素组成，不从政治上分清这两个因素就要犯大错误。一个因素是推翻压制他们的凡尔赛条约。另一方面，拥护这样做的德国帝国主义分子说：我们岂止是想推翻凡尔赛条约，实际上他们是想恢复帝国主义的德国①。

不仅对几个小国，而且对德国，我们都在国际局势方面进行了试探。

我在彼得格勒共产国际代表大会开幕式上的讲话中曾谈及国际局势。[150]我说，地球上现在大约有人口 30 亿，其中即 30 亿中的¾在殖民地，而 10 亿中的¾在战败国，就是说，殖民地的人口占了70%。我说，即使这样粗略地划分，如果我们谈起世界政治，那么只要政策对头，有十分之七的人口会站在苏维埃俄国一边。这里可能

---

① 原文如此。——俄文版编者注

有人会问:他们又不是共产党人,怎么会拥护苏维埃俄国呢?爱沙尼亚和格鲁吉亚怎么会同我们保持一致呢?他们不是在国内枪杀共产党人吗?如今我们以我们的国际政策证明,我们同所有生活在凡尔赛条约之下的国家结成了联盟。这可是全球人口的70%啊!

如果说在德国人们只是担心和等待,那么英国的情况就大不一样了。英国的寇松向我们提出了最后通牒:要么你们后退,要么我们开战。他们习惯认为,他们签订了凡尔赛条约,就可以支配整个世界。我们对此的回答是:我们不承认"国际联盟",于是法国报纸便说这是"放肆的答复",这是课堂用语的一种说法,老师在教室里对学生说,我们举止放肆。但在世界政治中这样的术语不能使用。事实是"国际联盟"就其本身而言并无上佳表现。

原来,要想同我们开战,首先须得问一问英国工人。我们发表声明的结果是,英国无产阶级上升到了一个崭新的革命阶段。我们兵临华沙城下却未能拿下华沙,也未能试探出波兰工人对革命行动的准备程度,但我们试探了英国工人并使他们上升到了革命行动的新阶段。向我们提出最后通牒时,英国工人(其中十分之九是最奸诈的孟什维克)对此的回答是成立"行动委员会"。英国报界惶恐万状,惊呼这是两个政权。他们说对了,目前英国在政治关系上所处的阶段,同1917年2月以后的俄国完全一样:与政府并行的是苏维埃,苏维埃拥有协商委员会并实际上对政府的每项措施进行审查,于是全世界资产阶级都说这样下去不行。现在英国也出现了"行动委员会",这个"行动委员会"不许英国向我们开战。寇松勋爵向我们提出的三条威胁性要求无一兑现,而英国工人运动却上升到了一个极高的阶段。

"行动委员会"建立了整个工人群众的机关,一个与资产阶级政治中心平起平坐却并不与之步调一致的政治中心。这个"行动委员会"的领导人是货真价实的孟什维克和货真价实的右派社会革命党人,就是当初我们赶走的那些人。

[为了同机会主义者分道扬镳],我们需要在莫斯科召开共产国际第二次代表大会,各国代表汇集到一起。大会决议直到今天才全文发表,决议中这一政策在国际范围内得到了通过。产生了什么样的对比关系呢? 有人说我们提出了闻所未闻的条件[151]。如今那里出现了分裂,至少是无一例外地在世界各国的布尔什维克和孟什维克之间出现了分裂。

我们在共产国际的帮助下做到了几十年来即使在同国际帝国主义彻底决裂的情况下都做不到的事情,就在这时英国的孟什维克和布尔什维克却联合成立了"行动委员会"。[在共产国际代表大会上]我们曾伤透脑筋去解决那些极其困难的课题。[但]工人运动的进步需要付出的代价是既要在思想上与孟什维克决裂,又要与孟什维克在"行动委员会"内共同行动。

初看起来这似乎是个矛盾,是机会主义,但是我们说:你们要进行的还是一场基本特点为俄国式的革命。

英国的"行动委员会"完全不同于曾由郭茨、唐恩等人主持的我国全俄中央执行委员会。这是全体工人不分党派的、不去区分孟什维克和布尔什维克的联合组织,这是同资产阶级政府进行竞争的联合组织,孟什维克在其中被迫扮演布尔什维克的角色。

我们知道,孟什维克和第一批社会革命党人炮制的 1914 年内阁①曾说,战争是帝国主义的战争,我们来保护少数吧。他们迷失

---

① 原文如此。——俄文版编者注

了方向，而把群众推到了我们一边，所以说普列汉诺夫做得对。他们说，我们主张立宪民主，而你们主张部分的民主。

还有一个"行动委员会"。但这是个极端的例子。这是一种我们不得不读①的东西，因为这涉及［具有］非常牢固的孟什维主义传统的帝国主义国家本身。如果说我国的孟什维主义已有15—20年的历史的话，那么英国所有的工会组织都具有以孟什维克为首的民主制度。这一制度被英国孟什维克破坏殆尽，于是他们只得向无产阶级专政的方法进攻。①

我们曾有机会向英国、法国的工人们说，你们应当教会他们做共产党人。共产国际教会了这一点。英国的政治开始教训法国的政治。同时你们应当学会在群众团体的基础上同被迫在宪法范围内活动的英国布尔什维克结盟，以便使英国群众学会实际这样做②。

我们自己在俄国也曾伤透脑筋，俄国工人要让孟什维克和社会革命党人欺骗多少次才会不再相信他们呢？他们在二月革命前欺骗俄国工人，从5月起欺骗到7月进攻，又欺骗了一次，到了10月俄国工人终于完全成熟，不再受人欺骗了。

英国工人需要让英国孟什维克欺骗多少次呢？这个哪本书上都没有讲，而且也不会讲。这个以后就清楚了。但英国布尔什维克应当善于随时同群众站在一起，开导他们，指点他们，对他们说：你们又在受骗了，你们又受了一次骗。在英国目前事态的发展过程中我们看到，加米涅夫同志在归纳他的印象时也将谈到[152]，英国孟什维克已经觉得自己是政府了，他们知道，英国的资产阶级政

---

① 原文如此。——俄文版编者注
② 原文如此。此处速记记录中有遗漏。——俄文版编者注

府坐不稳，这届政府迟早要倒台。他们简直觉得政府的职位眼看就要到手了。[英国布尔什维克应当讲清]："请吧，不过你们也会像你们的资产阶级政府一样倒台的，而且会一跌到底，永无上台之日。"

这就是对我国所处的国际政治和西欧正在形成的关系的总结。

现在，我该谈一谈如今从这个总结中得出的主要而又可悲的[结论]。我们在前线被击退，我们撤得远远的，战斗现已在格罗德诺附近展开，波兰人正在逼近这一带，原先皮尔苏茨基就在这里吹嘘说他要向莫斯科挺进，而当时只是吹吹而已。应当指出，尽管我们被击退了，我军仍然创造了奇迹。敌人把我军向东和向西击退了几百[俄里]，但我们尚未退到我们当初向皮尔苏茨基提议作为媾和边界的地方。现在皮尔苏茨基同意媾和，但与我们第一次提议媾和时相比，媾和的条件对他说来不利，而对我们说来却很有利。但我们还是遭到了惨败，一支多达10万人的大军或是被俘，或是还留在德国。一言以蔽之，这是一次前所未有的大败。

这是什么意思呢？这就是说肯定犯了错误。我们本来已经稳操胜券，却把它丢掉了。就是说犯了错误。这个问题摆在每一个人的面前，我们在中央委员会里找过答案：错在什么地方？错在哪里，应不应当把错误找出来？

显然，错误不是出在政治上，就是出在作战的战略上。但是大家知道，战略和政治二者密不可分。我们在国内战争时期曾经[在]政治局[内]解决过纯战略的问题，完完全全的纯战略问题，我们都禁不住相视而笑：我们怎么会个个都成了战略家呢？我们中间甚至有些人连从远处都从来没有见过打仗。但尽管如此，还是得研究战略问题，因为战略从属于政治，二者密不可分。如今同尤登尼奇、邓尼金发动进攻的时期一样，我们不止一次地解决过纯战略的问题。这对我们说来不足为奇了。但现在应当记住，任何战略都无非是政治而已。

现在到哪里去找错误呢？可能是政治上的错误，也可能是战略上的错误。我丝毫没有自认为懂得军事科学，我事先恳请那些在理论上和实践上通晓这门科学的同志多加谅解。我将从找出可能犯的政治错误或战略错误的角度进行分析。

我现在要说，中央委员会分析过这个问题，但没有解决。为了将这个问题提出来进行研究，为了以适当的方式解决它，我们该为此投入很大力量，但我们没有这个力量，因为我们全神贯注于未来。于是我们决定：过去的[谜]让历史学家去解吧，让他们日后来弄清这个问题吧。我们得出了这样的结论。

错误不是出在政治上，就是出在战略上，要么两方面都有问题。可能错误出在对寇松 7 月 12 日照会的答复上，当时我们说得很干脆：不理睬"国际联盟"，我们继续前进。

不消说，我们根据错误的判断作出了决定。革命者过去在群众的英雄主义和热情无比高涨时习惯于趾高气扬地解决问题，现在处于困难的政治条件下，对他们的要求是要作出正确的决定。我们在解决这个问题时，预先确定了总的进攻方针。这一方针基本上是正确的，我们对此深信不疑。这一方针基本上是完善的，并且确实适合世界历史的新时期，俄国迄今为止一直充当解决问题的客体(问题是让尤登尼奇还是让高尔察克来吃掉它。再配点什么菜)，在新时期俄国决定着英国的内政。

也许,当时应当换一种方式答复。我们当时说,我们基本上接受寇松的建议,但是要讨价还价。在加米涅夫由于他无法左右的原因讨价还价到了被逐出英国之前,我们根据我们的决定一直在讨价还价。我们得到了"行动委员会"的帮助,所以最终获胜的是加米涅夫,而不是劳合-乔治。

也许,我们当时应当这样答复:我们基本上同意在50俄里处或你们划定的边界停止前进。这是由各军事战线的情况决定的。我们如得到加利西亚东部,就有了一个针对所有现代国家的基地。在这样的情况下我们就与喀尔巴阡罗斯为邻,喀尔巴阡罗斯比德国还要沸腾,又是通往匈牙利的直接走廊,在匈牙利只要稍加推动,革命就会爆发。我们就会在国际范围内保持不可战胜的强大国家的荣耀。这是极大的嘉许。

但这是另外一种政策。那样的话就不会有那种沸腾局面。大概也不会有"行动委员会"。英国的整个政治,无产阶级政治和资产阶级政治,就不会进入一个新的阶段了。但我们会赢得一个牢固的、安定的、强大的基地,以便通过划定的边界对中欧发动战役。

我再说一遍,也许这是个政治错误,整个中央委员会对此负责,我们每个人也对此负责。这是主要的错误,因为战略是从属于政治的。

可能作另外的解释,那就是因为中央确定了政治方针,因为中央确定了所有苏维埃机关的地位,因为中央确定了我国指挥人员不能逾越的范围:"你们下达了帮助建立苏维埃政权、越过民族聚居区边界线并在我们占据的地方和比亚韦斯托克与德国划界的任务,[虽然]有可能实行能改变自己的战略条件和任务的战略。"可以这样认为,战略家[不]应当精确地把问题的解决付之执行。但议论、动机、情绪是一回事，而决定是另一回事，可以议论，可你这个正派的人民委员要是不执行决定，就得下台或者蹲监狱。要是没有这样的认识，我们早就垮掉了。

这里，战略也许会暗示说：要进攻吧，我们的兵力不足，我们要是推进50或100俄里以后停下来，我们就进入波兰族聚居区，我们就稳操胜券。如果当时我们停下来，我们现在肯定已经赢得了和平，绝对胜利的和平，而且仍然可以保留荣耀，保留对国际政治的影响。可能是战略上犯了错误。

所有那些错误大体上就在这个范围里，中央委员会的思路自然一直也没有超出这个范围。

大家可以看到，为什么当时在中央委员会内占上风的是下面这种意见：不，我们不打算成立研究进攻和后退条件的委员会。我们没有力量来研究这个问题。我们现在有许多其他问题亟待解决。我们抽不出一点儿力量，甚至抽不出次要的力量来干这个。我们必须去解决其他问题，极其复杂的政治问题和战略问题，因为我们记得，我们曾经打击过邓尼金，把他赶到了顿涅茨区，但未能将其彻底击溃，结果我们又退回到奥廖尔。我们曾经看到我们同高尔察克作战的经过。我们把他赶到了乌法，在他把我们赶回萨马拉的时候，所有的欧洲报刊都定出了莫斯科和彼得格勒陷落的新期限。

有意思的是，我昨天看到了一本美国书[153]，有几个人在这本篇幅不大的书中收集了优秀的美国报纸有关俄罗斯的全部资料。这简直是为布尔什维克作的最好的宣传。他们研究了曾有几次定出莫斯科和彼得格勒陷落的时间。这本小册子收入了美国报纸从1917年10月到1920年的有关报道和由此得出的简要结论。再没有比这本进攻简史更好和更有成效的东西了。我们要设法出版

[小册子的]俄文本。

大家还记得我们的红军在击溃高尔察克后败退150俄里时的情景。红军中的一位同志对我讲过,红军在距车里雅宾斯克50俄里之遥的地方停下以前做了无法做到的事情,当时红军已陷入无力作战的境地。斯米尔诺夫同志说:"请看看俄国士兵吧,如果我们不前进,我们就[不去]动员新兵了。在鞋破底穿这种十分艰难的情况下行军根本不行,但生来就能创造奇迹的英雄们却做到了。"

红军战士开始创造奇迹了。他们走了800俄里。他们是再走上100[俄里]呢,还是在100俄里开外的地方停下来,因为再也走不动了。这是新战略空前困难的战略任务。

大家知道我们为打高尔察克所经历的千辛万苦。大家知道任务的这些因素,中央委员会从中得出了自己的结论。中央委员会本身因我们犯错误和打败仗而深感不安,没有着手纠正这个错误[和]任命委员会。

我们必须解决日常的政治问题,如里加谈判[154]。我们面临着向格罗德诺的进攻,而弗兰格尔占领了亚历山德罗夫斯克并且正向叶卡捷琳诺斯拉夫进逼。必须集中全部兵力,解决这个问题。把每一支兵力都扩大一倍岂不更好。这个问题我们已着手研究了,我请大家都来关心它。

显然,波兰人的进攻和弗兰格尔的进攻都是协约国的进攻。协约国打算孤注一掷。

今天收到一位在英国工作的同志的来信。他在信中说:那里的情绪在发生变化,昨天德国的科尔尼洛夫分子支持布尔什维克,今天却支持协约国。不过我们还见识过比这更大的转折。

我们应当考虑到目前的条件。看来,冬季战局注定要进行。

许多迹象都说明了波兰和协约国帝国主义者打的是什么算盘。法国人把宝押在了弗兰格尔身上。他们对波兰人说：请你们相信，只要你们接受布尔什维克提出的不把华沙一带划过去的边界，你们的事情就完了，弗兰格尔是支持我们的，我们是你们唯一的朋友。政治并不太重要。法国人、波兰人、弗兰格尔[是三个独立的因素]。让这三个因素步调一致地行动并非易事。三国政府甚至几乎无法把力量联合起来对付布尔什维克。

这件事似乎极易做到，毫不费力，因为大家都恨布尔什维克。可以想象到，皮尔苏茨基、弗兰格尔和法帝国主义者都愿意全力以赴去镇压布尔什维克。三方都宣称反对布尔什维克，尽管他们聪明过人，还网罗了绝顶聪明的谋士，却什么事也做不成。另一方面，现在法国人竭尽全力支持弗兰格尔，弗兰格尔也不断取得胜利。不断给他派来援兵。另一方面，法国人必须保住波兰战线，他们必须说：再等一等，别签订和约。波兰的小资产阶级，波兰的小资产者、爱国主义者和沙文主义者，波兰社会党的代表，地主的党和农民的[党]155（富裕农民、富农的党），他们[全都]说：我们更喜欢和平，因为战争带来的是破坏。

早在战前波兰的局势就危机四伏，他们的代表说过，战争过后他们的财政会完全破产。这话不错，因为他们非常清楚，打这场战争是要花钱的，而法国却承认"神圣的私有制"。

又有消息说，60艘轮船再次驶向波兰。我认为，他们靠这60艘轮船也加强不了自己的地位。

这里有一位同志156给我们作过报告，据他说，波兰军队的社会成分发生了变化。他这句话是一带而过的，我却注意到了，因为这才是全部的实质所在。如果说我们战胜了高尔察克、邓尼金，那仅仅是因为他们军队的社会成分发生了变化。弗兰格尔现在自以为很稳固，也仅仅因为他的军队清一色由军官组成。他自己知道，他只要一依靠群众，也会像当年的高尔察克之流和邓尼金之流一样迅速垮台。

波兰人向我们发动进攻时，起先用的是清一色由青年［组成的］军队，而青年是完全可以"感化"的。现在他们征召的已经是那些经历过更为残酷战争的年龄段的人，现在他们的军队已经是由成年人组成了，他们的军队不是由小孩子组成了，成年人是不会任人摆布的。波兰人现在进入了高尔察克和邓尼金在新时期所进入的阶段，从节节胜利的阶段进入了一败涂地的阶段。这就是波兰现在的情况。

即使在这种情况下我们仍然说，我们应当避免进行冬季战局，因为［在］我们看来数万名俄国工人、农民的生命比其余的一切都要宝贵得多。我们非常清楚，下了很大的赌注，我们是强大的，我们一旦拿下苏维埃制度有保障的加利西亚，一旦拿下同捷克斯洛伐克和已经沸腾起来的匈牙利有联系的加利西亚，我们就能铺平笔直的革命大道。为此值得一战，不能无视这样的事实。但同时我们意识到，冬季战局需要付出许多人的生命，于是我们说：我们应当避免进行冬季战局。

这方面成功的机会并不大，因为弗兰格尔和波兰不管怎样争吵，他们毕竟是同一条国际战线。不过这里我们会一如既往地同过去的一切国际惯例背道而驰。我们非常清楚，国际强盗是不会相信我们的，但是总有人始终相信[1]我们。

---

[1]　原文如此。——俄文版编者注

　　于是我们就要直言不讳了。于是我们建议以全俄中央执行委员会会议的名义表明我们不想进行冬季战局。但愿能在 10 天之内签订和约，那样的话我们就放弃加利西亚并且建议在比寇松线偏东得多的地方划界。无论这些让步对于我们来说有多么沉重，但对于我们来说更重要的是避免进行冬季战局，[因为]我们可以在和平建设领域内站稳脚根。但是我们建议在 10 天之内完成此事。但是我们说，为了完成此事，你们的具有爱国主义情绪的小资产阶级[和]工人应当战胜你们本国的资产阶级和地主。而这[未必]能够做到，因为他们很强大，因为农民一向都是爱国主义的仆从，由于经济的原因，由于不可避免的私有制，这是必然的，从政治方面来看这也是必然的。但至少机会是有的，至少在这些党的个别会议上已经与我们[意见一致]。这些党派的代表说过：我们知道，挽救华沙和波兰的不是协约国，协约国不能挽救我们，挽救波兰的是爱国主义热潮。这些教训人们是不会忘记的。我们想利用这个机会。

　　我们确定在短期内作出巨大的让步，为的是解决冬季战局的问题。我们想要避免冬季战局。因此我们建议波兰人立即签订和约。我们提出的边界线在布列斯特-里托夫斯克的东边。我们在军事方面得到的好处是有把握迅速战胜弗兰格尔。这样的好处足够了。

　　对于西欧的政治，我们应当从第一次积极政策的尝试回到后果上来。后果并不那么可怕。军事上的后果[对于]共产国际来说算不上后果。共产国际在战火纷飞中锻造了武器并且将武器磨得很快，帝国主义老爷们对它也无可奈何。目前所有的党都在按我们的设想发展，因为共产国际下了指示。可以毫不夸张地说，在这一点上我们可以放心。问题在于发展的速度，在于发展的条件。我们当时没有能力取得一举粉碎凡尔赛和约的决定性军事胜利。全世界扬扬得意的帝国主义的凡尔赛条约本该被打得粉碎，但我们没有能力做到这一点。我们的基本政策依旧未变。我们正利用一切机会转守为攻。我们已经将凡尔赛条约撕开了一个口子，一有适当机会我们就会把它撕个粉碎。眼下为了避免冬季战局应当作出让步。

我现在手头没有提交党代表会议批准并呈送［全俄中央执行委员会］全体会议的声明全文。我已经讲了声明的政治内容。为了避免冬季战局，我们给波兰人定了个短短的10天期限。我们成功的机会并不大，但在两种情况下我们都会获胜。我们已向我军表明，为了避免冬季战局的困难我们已竭尽全力。在我们看来，同尽快结束战争的问题相比，疆界问题是个无关紧要的问题。我们提出了条件，无论有人不顾我们的和平建议强加给我们的冬季战局怎样艰苦，我们还是会胜利地结束冬季战局的。

我的时间已经超了，现在我就国内局势简单讲几句。尽管我们已经筋疲力尽，我们一定能够胜利地结束冬季战局。我们取得了很大的成就，我们有了一定的基础，从经济的角度来看很清楚，只要搞到粮食，我们就有了基础，有了根基。1917—1918年度征集到3 000万［普特］。第二年为11 000万。我们现在有了保障，［因为］我们有3亿多普特粮食，也许可到36 000万普特。就是说，平均每月有2 500万到3 000万普特。这些数字超过我们在挨饿的年代为之大伤脑筋的数字了。有了这个基础我们就不必胆战心惊地望着那些花花绿绿的票子了，不必胆战心惊地望着那些我们每天都要签发的数百万、数亿、数十亿的纸币了。这些纸币表明这个基础只是玩具,[它]已受到破坏,这不过是资产阶级破旧外衣上的碎布条。只要国家按照余粮收集制并作为工业需求的一定条件从农民手中一年征集到 25 000 万普特①粮食,我们就有了建设的基础,那样的话我们就可以完全放开手脚去解决妥善分配的问题。

我们的经济状况大为好转。我们知道,我们有 1 亿多普特石油。我们也知道,我们的顿涅茨煤田有 2 000 万到 3 000 万普特煤。我们还知道,我们的木柴供应有了好转,去年我们没有煤也没有石油,只有靠木柴来对付。这说明,我们有了经济基础,尽管损失惨重,尽管疲惫不堪,尽管有神经衰弱、官僚化的毛病,尽管党的整个机构不如从前,尽管有以上情况,尽管即将到来的冬季战局困难重重,我们正在继续为自己提供并保证可以提供基本的经济基础。人的口粮和工业的粮食即燃料我们都有,而且比去年多得多。所以,想到我们曾经历过怎样的艰难困苦,我们要说,只要我们再次团结和集中所有的力量进行冬季战局,我们就有把握夺取胜利。

现在我要谈一谈租让问题。租让问题我们已经说得很多了。我们曾经争论过租让在原则上是否允许。我们达成了共识:只要处理得当,就允许租让。当然,我们只会把自己加工不了的资源租让给帝国主义者。我们的同志在英国签订了 1 万俄亩森林的租让合同。我们亲自在阿尔汉格尔斯克北部地区筹划此事,这对我们是绝对合算的。15 年之后我们就可收回了。这个期限完全可以接受。不必害怕租让,这是一个巨大的有利条件。

---

　　①　原文如此。——俄文版编者注

前不久我看到美国社会沙文主义者斯皮尔德写的一本书，此人简直就是我国的阿列克辛斯基。[157]他说，只要我们同资产阶级签订租让合同，将必败无疑。美国的阿列克辛斯基的这一类攻击毫不重要，我们对这些攻击应当泰然处之，因为任何一个有理智的工人都会认识到我们做得对。

我们现在正竭力帮助俄国实行共产主义制度，但往往光靠俄国的力量还不行。我们说，革命只有靠先进国家先进工人的努力才能完成。任何一个有觉悟的共产党人都不曾对此有过丝毫怀疑。

这是一个弱方要对付所有其他各方的过渡时期，这个时期将是各种关系错综复杂的时期。我们可以放心，我们不会迷失方向，别人才会迷失方向，因为我们已经证明了我们对小国的国际政策。当然，那样一来我们就会作为一个因帝国主义战争而元气大伤的社会主义共和国存在下去，我国拥有自己在10—15年内都开采不完的、极其丰富的资源。吸引外资进行开采，用我国的资源去抵偿的只是我们［靠自己的力量］还无法生产出来的东西，就是说现在即可保证提供和睦关系的基础。

英国攥走了我们的工会组织，同加米涅夫吵了一通，把他驱逐出境。这并不怎么可怕。共产党人当初就不怕让别人攥走。同时也签订了要我们供应100万根枕木的合同。在这样的条件下我们是不能斗争的。我们有自己生产不出来的枕木，有我们无法利用的森林，而你们却能利用。你们把我国边疆地区我们无法利用的森林拿去，同我们签订租让合同，这样你们就创造了和睦的基础，创造了政治和睦和经济和睦的基础。你们不能进攻，因为一旦试图进攻，"行动委员会"就会出现在任何一个国家里。共产国际在

每个国家里都有数以十计的关系和代理人。各个国家的代表常常到莫斯科来。我们不以其他的发展条件为转移……①

这件武器原则上是可用的,尽管它是一把双刃剑。我们不仅已经确信这件武器原则上可用,而且实际上我们已经学会使用它了。美国的政治家发出一篇篇冗长的照会指责我们,说我们是蹩脚的民主主义者。一位有名的美国亿万富翁跑来说:让我们一言为定……①　我们大概可以从中得到好处。

在目前的国际局势下,我们只能对协约国采取守势,但是,尽管第一次完全失利了,遭到了第一次失败,我们仍然会一次再次地从防御政策转向进攻政策,直至把他们统统击溃。

译自 1992 年俄罗斯《历史档案》
杂志第 1 期

---

①　此处速记记录似有遗漏。——俄文版编者注

2

关于俄共（布）中央委员会
政治报告的总结发言

（9月22日）

同志们！我还要讲几点意见。托洛茨基同志在他最后一次讲话中试图把他说的"半梦行症患者"解释得较易让人接受。在讨论中有人向托洛茨基同志指出，如果说军队处于半梦行症状态或者如他后来形容的那样处于半疲劳状态的话，那么，中央战略指挥人员可没有或者至少是不该处于半疲劳状态。错误无疑还是有的。我说过，这就是我们的军事战役的整个发展进程已经证实了的那个错误。由此得出结论：如果我们在战胜邓尼金和高尔察克之后还没有学会把内心的疲劳控制在一定范围内，如果具有三分之一梦行症患者的心态，那么，我们不得不向每一个政治领导人说：请重申我们的指示并加以变通。尽管我们已经同邓尼金、高尔察克以及波兰有过两次较量，但我们还没有学会[这样做]。

至于布哈林的[讲话]我要说，他在第二个原则问题上说得过了头，就像斯大林同志说过了头一样。当时西欧处于极度兴奋的状态。现在要是说我们受骗了，红军理所当然就会出来辩解。我在报告的开头讲过，研究退却条件的委员会做了工作，但中央委员会不同意退却。这里并没有去证明当时应该专门任命委员会。问题不在这里,而在于基本的政治蓝图。我们不会去研究这件事情,但我们会从中吸取教训。布哈林说:不能指靠革命,也不能指靠战争。革命的特点是,斗争的节奏和参加斗争的人数可以十倍百倍地增长,1905年俄国的几次罢工就是如此。我们继续保持人们的信任,西欧战线和中央指挥部无愧于这种信任,因为中央指挥部在一系列艰苦卓绝的征战中经受了考验,这些征战已足可抵偿所有的局部性错误。

那个说"你们没有对错误进行分析"的同志错了[1]。

我们就是从这里开的头。我的报告讲的就是这个问题。有错误,我们就来对它进行分析。就是说,所有党员都就此发表了意见,所有的评价都摆了出来。也许我们在邓尼金问题上会犯错误,但我们在这个问题上犯4次错误就绝非不可避免的了。

布哈林同志抨击捷尔任斯基[2],说[他]只会使人感到极度苦闷。我明白捷尔任斯基[2]所讲的实际情况。但怎么可以把对事实进行评价说成是使人感到极度苦闷呢? 怎么扯得上极度苦闷呢? 仅仅因为这是一些很可悲的事实,仅仅因为这些事实说明任务过于艰巨就骂波卢扬,说他使人感到极度苦闷……

布哈林(在座位上):我指的是柯恩讲的话。

列宁:柯恩和捷尔任斯基都举出事实并且指出波卢扬的策略估计是错误的。波卢扬说,形势很复杂,对一个在其国内开展活动十分艰难、而且居民又是清一色无产阶级的国家的局势无法作出判断。不过波卢扬的看法有误这一点已经得到证实了。说他使人感到极度苦闷就等于什么也没有说。这会给人以某种误导:别去

---

① 指第1骑兵集团军革命军事委员会委员谢·康·米宁(1882—1962)。——俄文版编者注

② 速记记录有误。这里指的是德·瓦·波卢扬。——俄文版编者注

搜集反面的事实,否则就会说你使人感到极度苦闷了。不对,我们恰恰就是要学习去搜集反面的事实。

现在我可以作几点与大会决议方针相符的总结。托洛茨基同志说得对,他把波兰发生的事情比做国际革命时代范围的1917年七月行动。这是对的。我们自己就曾经历过二月、三月、六月的游行示威和4月20日的示威,我们过去说这是半游行示威和半起义(我们说过:"比游行示威稍大,比起义稍小"),我们经历过这些"比起义稍大"的行动,经历过胜利的起义走向目标……①

我们在国际范围内确实正在从半革命、从不成功的出击走向不出现失误的目标,我们将在这一基础上学习进攻战。

我们在决议中不谈这个。我们要提出波兰共产党人向我们建议的决议,我们要说,这是能通过的唯一正确的决定。我们正在采取一系列步骤使被压迫的无产阶级群众成熟起来,使他们有可能成长、成熟和壮大并避免前进道路上必然会出现的错误。

这个结论决不是中央委员的结论,而是曾经到过前线的同志们和代表们的结论,因此这里根本没有谈到不信任。采取进攻行动即通过革命决定的原则合理性是受到承认的,清楚地计算力量、仔细核查正面和反面的事实都是必要的。

我收到一张字条,有人问为什么意大利的情况谈得很少?因为除了报上有关意大利的报道,我们没有任何材料。这也许是件好事,因为假如资产阶级得胜了,它可能就报道了。不过这也许是件坏事。总之可以认为,国际局势正在孕育着新的国际革命,而与我们在波兰的所作所为毫无关系,意大利革命达到了新的规模。

---

① 此处速记记录有遗漏。——俄文版编者注

若是再有一个苏维埃波兰或者苏维埃匈牙利,岂不更好。我们决不发誓明天我们[不]为匈牙利去冒险。我相信,代表会议在这方面会同意我们的观点。不过我们要说,再次冒险的话,我们每跨出一大步都会牢牢记住应该在哪里止步。我们要冒险,并打算帮助意大利,不过可惜眼下这实际上还无法做到。

但归根结底重要的是,刚才托洛茨基同志令人欣慰地强调指出,绝对必须击溃弗兰格尔,在入冬之前将其彻底击溃,因为在两条战线中我们对波兰作出了巨大的领土让步,可波兰又不会在国内战争战火蔓延及切断粮食和石油供应等方面对我们构成威胁。因此,弗兰格尔是我们的头等大事,对波兰作的领土让步并不十分重要。会上没有人反对我们关于波兰的原则声明,这也是我们能把所有力量团结起来的保证。

我们也许要再开一次专门讨论军事供应问题的会议,这样同志们可以交流心得,比方说,从哈尔科夫来的那位同志可以讲讲他谈到的关于军事供应主动性的意见,他们做了其他地方没有做的事情,那样一来,此类范例即可轻而易举地推广到其他地方去。

最后我宣读一下声明,这篇声明现已最终定稿并建议代表会议批准,这样明天共产党党团即可将声明提交全俄中央执行委员会全体会议批准,明天夜间这份声明即可送到我国代表团手中。……①

译自 1992 年俄罗斯《历史档案》
杂志第 1 期

---

①　列宁接下去宣读声明。声明见《俄共(布)第九次代表会议。记录》1972 年俄文版第 79—81 页。——俄文版编者注

3

俄共(布)中央委员会政治报告

（9 月 22 日）

报　　道

对波兰的战争，确切地说是 7—8 月的战局，使国际政治局势发生了根本变化。

波兰进犯我们以前，发生过一件足以说明当时国际关系的事情。1 月间我们向波兰建议缔结和约，这个和约对波兰极其有利而对我们非常不利，这时各国外交家都主观地认为："布尔什维克作了非常大的让步，可见他们非常软弱。"这再一次证实了下面这个真理：资产阶级的外交界无法理解我们开诚布公的新外交的做法。因此，我们的建议在波兰、法国和其他国家只引起了沙文主义的狂热，并且促使波兰发动了进攻。起初波兰攻占了基辅，后来我军展开反击，直逼华沙；以后形势逆转，我军后退了 100 多俄里。

但是，由此而形成的极其困难的局面，决不表明我们已经完全失败。我们使那些认为我们软弱无力的外交家的盘算完全落空，我们证明了波兰不能战胜我们，而我们无论过去或现在都不难战胜波兰。其次，就是现在我们也还占领着他们上百俄里的地区。最后，我军向华沙的挺进对西欧和整个世界形势都产生了极大的影响，从而完全打乱了互相斗争着的国内外政治力量原有的对比关系。

我军逼近华沙城下这件事无可争辩地证明,以凡尔赛条约为基础的世界帝国主义整个体系的中心就在华沙一带。波兰这个完全受协约国操纵的反布尔什维克的最后堡垒,是这个体系的非常有力的支柱,因此当红军威胁到这一堡垒时,整个体系都动摇了。苏维埃共和国成了国际政局中头等重要的因素。

在这种新形势下首先可以看到一个极其重要的事实,就是各个受协约国压迫的国家的资产阶级都宁愿倒向我们,这样的国家拥有全世界70%的人口。我们过去也看到过,在协约国保护下受煎熬、在国内绞杀布尔什维克的小国(爱沙尼亚、格鲁吉亚等等),怎样违反协约国的意愿而同我们缔结了和约。现在在全世界各地都非常强烈地表现出这种倾向。我军逼近华沙城下,整个德国都沸腾起来了。那里发生了1905年在我国出现的情景。当时,是黑帮分子把最落后的广大农民阶层发动了起来,促使他们投入了政治生活,这些农民昼夜之间就一反常态,不再反对布尔什维克,而要求得到地主的全部土地。在德国我们也看到了黑帮分子和布尔什维克的这种反常的联盟。现在出现了一种奇特的黑帮革命者,他们的想法正同前两天我在一份德国的非布尔什维克报纸上看到的那个东普鲁士的无知的农村青年一样,这个青年说天下太乱了,应当把威廉请回来,但是又必须跟着布尔什维克走。

我们兵临华沙城下的另一个后果,就是对欧洲的特别是英国的革命运动产生了极大的影响。如果说我们没有能争取到维斯瓦河西岸和华沙的波兰工业无产阶级(这也是我们失败的一个主要原因)的话,那么我们却争取到了英国无产阶级,使英国无产阶级运动空前高涨起来,进入了一个崭新的革命阶段。英国政府向我们提出最后通牒之前，本来应该先问一问英国工人。虽然英国工人的领袖中十分之九是奸诈的孟什维克，工人们还是用成立"行动委员会"回答了这一举动。

英国报界惶恐万状，惊呼这是"两个政权"。他们说对了。目前英国在政治关系上所处的阶段，同1917年2月以后的俄国完全一样，那时的苏维埃曾不得不对资产阶级政府的一举一动加以监督。同我国被郭茨和唐恩等等把持时期的全俄中央执行委员会一样，"行动委员会"也是不分党派的全体工人的联合组织。这个联合组织同政府分庭抗礼，而其中的孟什维克也不得不采取半布尔什维克的立场。正像我国孟什维克终于慌了手脚，帮着把群众带到我们方面来一样，"行动委员会"中的孟什维克为不可遏止的事态发展所迫，也替英国工人群众扫清了通向布尔什维主义革命的道路。权威人士说，英国的孟什维克已经感到他们就是政府了，并且准备在不久的将来取代资产阶级政府。这将是英国无产阶级革命总进程的下一个阶段。

英国工人运动的这一巨大进展对世界工人运动，首先是对法国工人运动产生了极大的影响。

我们最近这次对波战局在国际政治和西欧正在形成的关系中的影响就是如此。

目前摆在我们面前的是同波兰战还是和的问题。我们希望避免艰苦的冬季战局，于是重新向波兰提出对它有利而对我们不利的和约。但是很可能资产阶级的外交家们又会用老眼光把我们的坦率声明看成软弱的表现。看来他们已经决定要打冬季战局了。因此在这里应该研究一下，我们将在怎样的条件下进入可能到来的战争的新时期。

　　我们的失败在西欧引起了某种变化,使得各种同我们敌对的分子都勾结起来反对我们了。不过我们也不止一次地看到过比这还要厉害的反对我们的组织和敌视我们的情绪,然而它们都无济于事。

　　反对我们的有波兰、法国和弗兰格尔(法国是把赌注押在他身上的)结成的联盟。但是这个联盟有一个老毛病:它的成员彼此有不可调和的矛盾,波兰的小资产阶级对黑帮俄国及其典型代表弗兰格尔怀着恐惧心理。波兰的小资产阶级、爱国分子、波兰社会党以及波兰农民(即富裕农民)政党都是希望和平的。这些党派的代表在明斯克说过:"我们知道,挽救华沙和波兰的不是协约国而是爱国主义热潮,协约国不能挽救我们。"这些教训人们是不会忘记的。波兰人清楚地看到,一场战争下来只会弄得他们财政上完全破产。战争就是要花钱的,而法国却承认"神圣的私有制"。各小资产阶级党派的代表都知道,还在战前波兰就已经处于危机的前夜了,战争又带来进一步的破坏,因此他们愿意和平。我们向波兰提出和约,也正是想利用这个机会。

　　另外还出现了一个极其重要的新因素,就是波兰军队的社会成分改变了。我们打败了高尔察克和邓尼金,正是在他们军队的社会成分发生变化以后,当时他们动员了大批农民来参军,军队的基本骨干都消散在这些农民中间了。现在波兰军队中也发生了这种情况,波兰政府已经不得不征集经历过更为残酷的帝国主义战争的年岁大的农民和工人入伍了。现在组成波兰军队的已经不是一些容易"感化"的小孩子,而是一些不会任人摆布的成年人了。波兰已经从节节胜利的阶段进入了一败涂地的阶段。

　　如果我们注定要打这场冬季战局,那么,尽管我们已经十分疲愈，但是我们无疑是一定会胜利的。我们的经济状况也会保证我们取得胜利，因为它已经大大地好转了。我们有了比过去更坚实的经济基础。1917—1918 年度我们征集的粮食是 3 000 万普特，1918—1919 年度是 11 000 万普特，1919—1920 年度是 26 000 万普特，而下一年度我们预计会达到 40 000 万普特。这已经不是我们在挨饿的年代为之大伤脑筋的数字了。我们已经不必胆战心惊地望着泛滥成灾的花花绿绿的亿万票子了，现在已经十分清楚，它们不过是资产阶级破旧外衣上的碎布条而已。

我们有 1 亿多普特的石油。顿涅茨煤田已经能每月供给我们 2 000万—3 000 万普特的煤。木柴的供应也大大好转。而去年我们没有石油又没有煤，只能靠烧木柴。

根据这一切，我们可以说，只要我们团结起来加紧努力，胜利一定是我们的。

载于 1920 年 9 月 29 日《真理报》第 216 号和《全俄中央执行委员会消息报》第 216 号

译自《列宁全集》俄文第 5 版第 41 卷第 279—285 页

4

关于乌兰诺夫斯基报告的决议草案[158]

（9 月 22 日）

俄共全国代表会议在听取了直接从华沙来的波兰共产党员代表乌兰诺夫斯基同志的报告后,高兴地注意到波兰的先进工人完全赞同俄罗斯社会主义联邦苏维埃共和国的做法,他们对近几个月来发生的事件的评价与俄国共产党员的评价是一致的。波兰的工人共产党员完全承认,俄罗斯社会主义联邦苏维埃共和国进行革命战争是为了帮助波兰建立苏维埃政权①,他们对民族主义和和平主义没有作丝毫的让步。

代表会议满意地指出,一些波兰共产党员在柏林发表的个别的"批评"意见(《红旗报》上的文章)并不代表波兰共产党的意见。

代表会议认为,只要波兰共产党员和俄国共产党员的观点完全一致,最后的胜利就一定属于我们,尽管未来的斗争中还会有重重困难。

代表会议向波兰的工人共产党员致以兄弟般的问候。

译自 1999 年《不为人知的列宁文献
(1891—1922)》俄文版第 369—370 页

---

① "战争是为了帮助波兰建立苏维埃政权"这句话是列宁加进格·叶·季诺维也夫的草案中的,划掉了"苏维埃政权进行进攻性的革命战争"。——俄文版编者注

5

关于党的建设的当前任务的讲话

(9 月 24 日)

同志们,我认为需要提一下讨论中的某些声明,甚至某些发言,唯一的原因是,这些声明和发言所明显表现出来的已经不仅仅是疲劳过度,而是达到了歇斯底里程度的疲劳过度,以致说了一些完全多余的东西。我倒不是说,这是在蛊惑人心。这是肉体上的疲劳过度使人达到了歇斯底里的程度。卢托维诺夫和布勃诺夫的发言在很大程度上就是这样。他们的发言中,更多的倒不是蛊惑人心,而是疲劳过度。我认为,这种疲劳过度多多少少也反映在梅德维捷夫的声明中。他说:"现在,你们都开始说确实存在病态现象,而过去你们却否认这一点,你们说了谎话。"我认为,这种说法不完全正确,甚至是完全不正确的。的确,我们现在说到的那些不健康现象是存在的,这在过去也未必是秘密。同样,毋庸置疑的是,总的情况是如此困难,以致党要找个时间,找个机会专门提出这个问题,这在过去是不可能的。就是现在,我们提出这个问题也很勉强,因为我们在这里的政治讨论中所谈到的那种机会,即可以避免冬季战局的机会是非常微小的。正如我说过的,共和国总的情况已经好转到使我们有可能十分冷静地讨论问题了:现在,我们不会提出提前结束代表会议的问题,而这样的问题在高尔察克和邓尼金进攻时期却提出过好几次。过去的党代表大会，往往是许多负责工作人员等不到会议结束就直接到前线去了。似乎是我们很少召集代表大会，难得有机会在代表大会上议论一下各种极其重要的问题——而在过去，我们就连开完这种难得召集一次的代表大会也办不到。现在，无论如何，我们已经能够而且应当不受限制地把当前的讨论进行到底。我还想讲几句，加里宁发表意见时有几处试图用马克思主义来说明问题，但我觉得恰恰相反，他的议论远远背离了马克思主义；我觉得，莫斯科委员会的决议和中央委员会的信才提出了正确的马克思主义的提法（莫斯科委员会的决议当然你们都已读过，它已印成小册子，也在《真理报》上刊载了）。

我想读几行我准备建议委员会（如果决定选举这个委员会的话）采纳的一份材料，它不是用来代替莫斯科决议和中央委员会的信的，而是作为补充意见。① 我觉得莫斯科委员会的决议对问题作了正确的阐述——这一点几乎大家都同意。这几句我来读一下，并就此讲一点意见。补充意见是："苏维埃共和国在成立之初的几年里处境极为困难，破坏极其严重，军事方面存在着极大的危险，所以必然要确定若干'重点的'（因而实际上是拥有特权的）部门和工作人员。这是必然的，因为不把人力和物力集中于这些部门和工作人员，就不能拯救遭到破坏的国家；不加强这些部门和工作人员，全世界的帝国主义者无疑就会扼杀我们，根本不让我们苏维埃共和国着手进行经济建设……"

关于专家问题，我们在这里听到了十分激烈的攻击。库图佐夫同志的发言千真万确，他说苏维埃俄国没有使无产阶级看到处

---

① 见本卷第322—323页。——编者注

境在好转，相反，倒是常常看到处境在恶化。这话说得合乎事实。但是，应当弄清楚，例如在没有苏维埃政府的维也纳，无产阶级的处境同样也在恶化，而且精神上的屈辱要严重百倍。但是，这一点群众是弄不清楚的。所以，人们问我们：这两年中，我们得到了什么？所以，对专家的不满如此普遍。所以，在是否需要专家的问题上的斗争曾列为首要的问题。但是不要忘记，假如没有他们，我们就不会有我们的军队。而没有这一切，我们就会陷入同匈牙利以及芬兰工人一样的境地。问题就是这样摆着的。没有这些专家，我们就连那些能使我们提高到一定水平的起码步骤也实行不了——关于这一点我在政治报告中已经讲过。如果我们不能搞好专家的工作，就没有这一切，也不可能转入下一步的工作。可是现在，当我们已经把他们掌握在自己手中，使他们从事繁重的工作的时候，当我们知道他们不会逃离我们，恰恰相反，而是靠拢我们的时候，我们就可以去提高我们党和军队的民主化程度了。我继续读下去（读决议）……

第1条（读）。[①] 这里需要补充一下。托姆斯基同志引用我们也不止一次讲过的话，说需要提拔中等水平的人了，上等水平的人疲倦了，让中等水平的人来干吧。这一点未能立即做到，但是经过再一次，也许是第20次的尝试之后是会做到的。做不到这一点，苏维埃俄国的事业就没有希望。但是我们知道，它不会没有希望，因为我们有新的正在成长的人。既然头几次尝试没有成功，我们还将继续尝试。

第2条（读）。[①]这里曾提出一个不无恶意的问题，就是批评的

---

① 见本卷第323页。——编者注

自由能同吃桃子的自由相当吗?[159]根据委员会提出的建议,对可能作出的保证,我有一个尺度。当国家处在危急中,当高尔察克打到伏尔加河,邓尼金打到奥廖尔,在这样的时刻,是不可能有任何自由的。在这种情况下,不必为此而惋惜。就是现在,军事形势也并不好,我们都看到,战争的局势是多么变幻莫测。我们必须把这个问题提到日程上来。但是,不能保证我们在战争危急的时刻,不采用另外的做法。那时,二话没有,需要的仍然是高度紧张。必须坚持下去,全力以赴。我们决不会保证不这样做,而且只要我们还没有取得意大利那样的胜利,我们就不应该作这样的保证。这就是我对桃子问题的答复。

第3条(读)。① 这里普列奥布拉任斯基同志提出了一个季诺维也夫也提出过的问题:制定规章是否恰当? 制定规章应当怎样理解? 这个问题我暂不解答,因为委员会将要详细说明这个问题。那时就会清楚:是规定细则,还是建立特别的机构。

第4条(读)。① 作报告的同志在这里指出,这个问题是委员会提出的,但是,多数人把它否决了。我觉得——我仅仅是以个人的名义提出这个问题的——我觉得,不应该否决,即使不立即通过,起码也应该先好好考虑考虑。这里指出过,现在中央组织局里放着500份申诉。组织局要分配几万人的工作。此外,组织局的成员个个都兼任苏维埃的几个职务而忙得不可开交。在这种条件下,工作起来心中无数;在这种条件下,解决问题只能凭直觉,而凭直觉能正确解决问题的只有经验丰富的人,而且这种人也常常要犯错误。考虑到这样的工作条件,我们想找一些工作经历不少于

_____

① 见本卷第323页。——编者注

15年、为党所信任并以大公无私著称的、能有助于这项工作的人，同时，他们是代表大会选出来的，所以，在独立性方面应该高于组织局。我觉得这一步是可行的。阻挠中央委员会的工作，阻止决定的执行是不行的。对此，没有也提不出特别的保障。德国的工人政党过去就有过监察委员会。在我们的战争环境中，设立监察委员会有多少可能性——不能担保。但是无论如何这一步我们是能办到的，而且中央委员会已经这样做了。

中央委员会的信说："……各省委下面应当设立由最大公无私并受到党组织普遍信任的同志组成的党的专门委员会，受理有关申诉。"这里提的是大公无私的同志。战斗的活动，无论是军事活动、经济活动，还是组织活动，常常绝对需要热情奔放的人，因为没有巨大的热情，他们就拿不出巨大的干劲，完成不了这个苦难深重的国家所面临的紧急任务。相反，这里需要的人，可能并不具有高度的行政管理才能，却具有丰富的生活经验。是否全俄国各省都能找到这样的人，对此我表示怀疑；而如果省委下设专门委员会(这些委员会现在正准备建立，你们也一定会建立起来的)这样的经验是不成功的，你们也不要由此断定，我们的整个措施都失败了。在各省我们可能找不到足够数量的、能够从一次代表大会一直干到另一次代表大会的同志。但是，即使我们在省里找不到这样的同志，那么在中央我们是能够找到具有生活经验的、久经考验的同志的。所以我想，我们不应当拒绝建立这个机关。

可能有人说：这个机关能够存在下去的保障是什么呢？我们处在殊死的内战环境中，一般来讲，不可能有什么广泛的批评自由之类的东西。我们顾不到这些，而应当竭尽全力结束战争。假如军事情况是另一个样子,那又是另外一回事了。在现有的条件下,我们不能作出很多保证;而且我们坦率地说,指望中央委员会来实际上解决这个问题是不行的,因为它担负的工作过多,忙得不可开交。我不知道——我可以根据自己的情况判断——能否找到哪怕一个中央委员不为许多事还没有办或者办得仓促而感到负债累累。我不能想象还有比建立这个委员会能更为切实地保证完成这项工作;选出的这批同志将集中全部精力专搞这项工作,他们确信自己能完全独立自主地进行工作,无论哪一个中央委员,无论组织局,还是政治局,都没有力量参与进去。可能我们实际上还是在参与,因为我们在前进,我们收购的粮食已由6 000万普特增加到26 000万普特;但是,要使红军不疲劳过度,要使工人们不再说"我们从红军那里得到了什么,我们在挨饿",要使没有中等水平的人帮助的上等水平的人不再精疲力竭,这个数字还是不够的。但是,我们毕竟前进了一步——这就是说,甚至在这种规模的极度疲劳中,普遍疲劳的程度开始减轻了,并且我们能从讨论一口粮食的问题转到摆在我们面前的更崇高的任务的时期开始了;这些任务我们大家无疑即将着手来完成。

译自《列宁全集》俄文第5版
第41卷第286—291页

6

关于党的建设的
当前任务的决议草案

（9月24日）

本材料不是用来代替中央委员会的信和莫斯科委员会的决议的，而是作为补充意见：

苏维埃共和国在成立之初的几年里处境极为困难，破坏极其严重，军事方面存在着极大的危险，所以必然要确定若干"重点的"（因而实际上是拥有特权的）部门和工作人员。这是必然的，因为不把人力和物力集中于这些部门和工作人员，就不能拯救遭到破坏的国家；不加强这些部门和工作人员，全世界的帝国主义者无疑就会扼杀我们，根本不让我们苏维埃共和国着手进行经济建设。

但是，由于过去遗留下来的难以克服的资本主义的和私有制的习惯和情绪，上述情况就使我们必须一再提醒全党注意争取实现……①

……必须作出切实认真的保证，使党在上述原则问题上一致通过的决定不致变成一纸空文。因此，代表会议提请中央委员会对下列措施立即作出决定，付诸实施，并建议即将召开的党的代表

---

① 此处有一页手稿没有保存下来。——俄文版编者注

大会予以确认：

（1）为发挥党员的主动精神，除其他措施外，还绝对必须更经常、更广泛地召开党员大会；

（2）创办报刊（争论专页[160]等）来更经常、更广泛地批评党的错误和开展党内各种批评；

（3）制定完全切实有效的规章制度，以消除"专家"、负责工作人员同群众之间（在生活条件、工资数额等方面）的不平等现象；这种不平等是违反民主制的，并且是瓦解党和降低党员威信的根源；

（4）认为有必要成立一个同中央委员会平行的监察委员会，由受党的培养最多、最有经验、最大公无私并最能严格执行党的监督的同志组成。党的代表大会选出的监察委员会应有权接受一切申诉和审理（经与中央委员会协商）一切申诉，必要时可以同中央委员会举行联席会议或把问题提交党代表大会。

列　宁

1920 年 9 月 24 日

载于 1942 年《列宁文集》俄文版
第 34 卷

译自《列宁全集》俄文第 5 版
第 41 卷第 292—293 页

7

对关于党的建设的
当前任务决议的建议[161]

（9 月 29 日）

关于监察委员会的组成。

通过中央委员会的如下决议：

我们认为，派出中央委员参加监察委员会，一般说来是不正确的，**只有根据党代表会议的愿望才能这样做**，这些中央委员在其监察委员会的工作中，**不受**中央委员会决定的**约束**；

参加监察委员会的中央委员，在监察委员会专门讨论同**他们的**主管部门或工作范围有关的问题时，不参加表决。

关于**人员调动**作如下补充：

不得影响那些调动工作的人员熟悉工作，并不得使工作受到损失，即务必保证使管理工作**始终**掌握在十分内行的和能保证工作取得胜利的工作人员手中。

列　宁

载于 1959 年《列宁文集》俄文版
第 36 卷

译自《列宁全集》俄文第 5 版
第 41 卷第 294 页

给德国和法国工人的信

关于共产国际第二次代表大会的讨论

(1920 年 9 月 24 日)

同志们！德法两国的资产阶级报刊很注意德国独立社会民主党和法国社会党内部在参加共产国际问题上的讨论。资产阶级报刊非常卖力地支持两党的右翼即机会主义派别的观点。

这是完全可以理解的,因为这些右翼分子实质上是小资产阶级民主派,他们同迪特曼和克里斯平一样,不会用革命的观点思考问题,不会帮助工人阶级准备革命和实现革命。必须同这些右翼分子即机会主义分子决裂,这是团结一切真正革命的、真正无产阶级的群众的唯一办法。

关于莫斯科"独裁统治"之类的叫嚣,纯粹是为了转移人们的视线。其实,在共产国际执行委员会的 20 个委员中,只有 5 个委员是俄国共产党党员。一切关于"独裁统治"之类的论调,都是欺骗自己或者欺骗工人。这些论调是用来掩盖某些机会主义领袖的破产的,正像德国共产主义**工人党**(K.A.P.D.)中有人曾用类似的论调掩盖该党某些领袖由于脱离无产阶级革命道路而遭到的破产一样。叫嚷"莫斯科的独裁者"在加入共产国际的条件上刁难某些人,这也同样是自欺欺人。在这些条件的第 20 条①中,白纸黑字

————————

① 见本卷第 207 页。——编者注

写得清清楚楚：如果**取得第三国际执行委员会的同意**，在执行对右翼领袖和中央机关成员的**严格规定**时，**允许有"例外"**（Ausnahmen）。

既然公开宣布允许有例外，就谈不上绝对不能容纳某些个人。这就是说，已经充分肯定，不能只看过去，而必须看到现在，必须看到个别人、个别领袖的观点和行为的转变。既然宣布允许有例外须经第三国际执行委员会同意，而这个执行委员会里俄国人只占¼，可见关于"独裁统治"之类的叫嚣纯属无稽之谈。

所有这些叫嚣，都只是为了转移视线。实际上，革命的**无产阶级分子**和机会主义的**小资产阶级分子**之间正在进行斗争。一向属于后者的，有希法亭之流、迪特曼之流、克里斯平之流以及德法等国议会党团中的许多人。全世界所有的国家都一无例外地进行着这两种**政治派别**之间的斗争，这一斗争有着悠久的历史，这一斗争在帝国主义战争时期和战后在各国一直都很尖锐。代表机会主义的是"工人贵族"分子，工会、合作社和其他组织中的旧官僚分子，小市民知识分子阶层等等。这一**派别**其实是以自己的动摇，以自己的"孟什维主义"（迪特曼之流和克里斯平之流同我国的孟什维克非常相像），**从工人运动内部、从各社会党内部**对无产阶级施加资产阶级影响，因此，不肃清这一派别，不同它决裂，不把它的一切著名代表人物开除出去，就**不能团结革命的无产阶级**。

迪特曼和克里斯平等等之流总是摇摇摆摆地倒向改良主义和孟什维主义，他们不会革命地思考和革命地行动，其实是不自觉地从无产阶级政党内部对无产阶级施加资产阶级影响，**使无产阶级屈服于资产阶级改良主义**。只有同这种人决裂，才能实现革命无产阶级的**国际统一**来**对抗资产阶级**，推翻资产阶级。

　　意大利的事态应该会使那些看不到同克里斯平之流和迪特曼之流保持"统一"和"和平"有多大危害的最顽固的人也清醒起来。意大利的克里斯平之流和迪特曼之流（屠拉梯、普拉姆波利尼、达拉贡纳）在意大利**面临真正的革命**的时候，就立刻来**阻挠**革命了。现在，全欧洲、全世界在不同的程度上迅速而又痛苦地向着真正的革命前进。

　　幻想同迪特曼之流和克里斯平之流，同德国"独立社会民主党"、英国"独立工党"和法国社会党等等的右翼保持"统一"或"和平"是极其有害的，现在是彻底抛弃这一切幻想的时候了。现在是一切革命的工人把这些分子清洗出党，建立起无产阶级的真正统一的共产党的时候了。

尼·列宁

1920 年 9 月 24 日

载于 1920 年 9 月 25 日《真理报》
第 213 号和《全俄中央执行委员会
消息报》第 213 号

译自《列宁全集》俄文第 5 版
第 41 卷第 295—297 页

青年团的任务

（在俄国共产主义青年团第三次代表大会上的讲话）[162]

（1920年10月2日）

（大会向列宁热烈欢呼）同志们！今天我想讲的题目是：共产主义青年团的基本任务是什么，以及社会主义共和国内青年组织应当是怎样的组织。

这个问题应当讲一讲，尤其是因为从某种意义上可以说，真正建立共产主义社会的任务正是要由青年来担负。很明显，从资本主义社会培养出来的一代工作者所能完成的任务，至多是消灭建筑在剥削上面的资本主义旧生活方式的基础。他们至多也只能建立这样一种社会制度，这种社会制度帮助无产阶级和劳动阶级保持自己的政权，奠定巩固的基础，至于在这个基础上进行建设，那就只有靠在新条件下，在人与人之间的剥削关系已不存在的情况下参加工作的一代人去担负。

如果根据这一点来看青年的任务，就应当说，全体青年的任务，尤其是共产主义青年团及其他一切组织的任务，可以用一句话来表达：就是要学习。

当然，这仅仅是"一句话"，还没有答复主要的和最本质的问题——学习什么和怎样学习。而这里的全部关键就在于：在改造资本主义旧社会的同时，将来要建设共产主义社会的新一代人的训练、培养和教育，就不能再像从前那样了。青年的训练、培养和教育应当以旧社会遗留给我们的材料为出发点。我们只能利用旧社会遗留给我们的全部知识、组织和机关，在旧社会遗留下来的人力和物力的条件下建设共产主义。只有把青年的训练、组织和培养这一事业加以根本改造，我们才能做到：青年一代努力的结果将建立一个与旧社会完全不同的社会，即共产主义社会。因此，我们需要详细论述的问题，就是我们应当教给青年什么；真正想无愧于共产主义青年称号的青年应当怎样学习；以及应当如何培养青年，使他们能够彻底完成我们已经开始的事业。

我应当指出，看来首先的和理所当然的回答是：青年团和所有想走向共产主义的青年都应该学习共产主义。

但是"学习共产主义"这个回答未免太笼统了。为了学会共产主义，我们应该怎样呢？为了学到共产主义知识，我们应该从一般知识的总和中吸取哪些东西呢？这里我们可能遇到许多危险，如果把学习共产主义的任务提得不正确，或者对这一任务理解得太片面，往往就会出现危险。

初看起来，总以为学习共产主义就是领会共产主义教科书、小册子和著作里所讲的一切知识。但是，给学习共产主义下这样的定义，就未免太草率、太不全面了。如果说，学习共产主义只限于领会共产主义著作、书本和小册子里的东西，那我们就很容易造就出一些共产主义的书呆子或吹牛家，而这往往会使我们受到损害，因为这种人虽然把共产主义书本和小册子上的东西读得烂熟，却不善于把所有这些知识融会贯通，也不会按共产主义的真正要求去行动。

资本主义旧社会留给我们的最大祸害之一，就是书本与生活实践完全脱节，因为那些书本把什么都描写得好得了不得，其实大半都是最令人厌恶的谎言，虚伪地向我们描绘了资本主义社会的情景。

因此，单从书本上来领会关于共产主义的论述，是极不正确的。现在我们的讲话和文章，已经不是简单地重复以前对共产主义所作的那些论述，因为我们的讲话和文章都是同日常各方面的工作联系着的。离开工作，离开斗争，那么从共产主义小册子和著作中得来的关于共产主义的书本知识，可以说是一文不值，因为这样的书本知识仍然会保持旧时的理论与实践的脱节，而这正是资产阶级旧社会的一个最令人厌恶的特征。

如果我们只求领会共产主义的口号，那就更危险了。我们若不及时认清这种危险，不用全力来消除这种危险，那么50万至100万男女青年这样学了共产主义之后，将自称为共产主义者，这就只会使共产主义事业遭到莫大的损害。

这样就向我们提出一个问题：为了学习共产主义，我们应该怎样把这一切结合起来？从旧学校和旧的科学中，我们应当吸取一些什么？旧学校总是说，它要造就知识全面的人，它教的是一般科学。我们知道，这完全是撒谎，因为过去整个社会赖以生存和维持的基础，就是把人分成阶级，分成剥削者和被压迫者。自然，贯穿着阶级精神的旧学校，也就只能向资产阶级的子女传授知识。这种学校里的每一句话，都是根据资产阶级的利益捏造出来的。在这样的学校里，与其说是教育工农的年青一代，倒不如说是对他们进行符合资产阶级的利益的训练。教育这些青年的目的，就是训练对资产阶级有用的奴仆，使之既能替资产阶级创造利润，又不会惊扰资产阶级的安宁和悠闲。因此在否定旧学校的时候，我们给

Российская Социалистическая Федеративная Советская Республика

Пролетарии всех стран, соединяйтесь!

№ 1   Библиотека Главполитпросвета   № 1

Н. ЛЕНИН (В. И. Ульянов)

ЗАДАЧИ СОЮЗОВ МОЛОДЕЖИ

**(Речь на 3-м Всероссийском Съезде
Российского Коммунистического Союза
Молодежи)**

ГОСУДАРСТВЕННОЕ ИЗДАТЕЛЬСТВО
1920

1920 年列宁《青年团的任务》小册子封面

（按原版缩小）

1933—1949 年我国出版的
列宁《青年团的任务》一书的部分版本

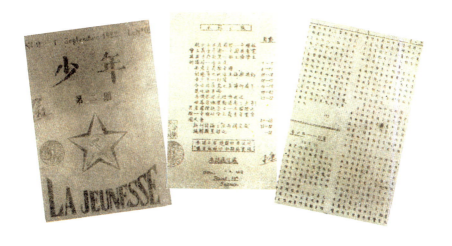

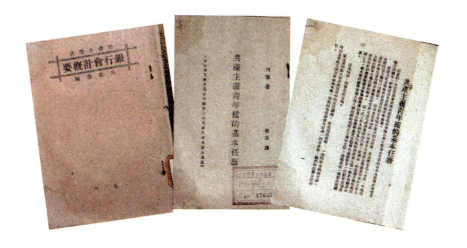

1922 年中国共产主义青年团旅欧支部在巴黎出版的《少年》杂志
第 2 期所载列宁《青年团的任务》的中译文（当时译《告少年》）。
1933 年在白区出版的以《银行会计概要》封面伪装的
列宁《青年团的任务》一书

自己提出的任务是：从这种学校中只吸取我们实行真正共产主义教育所必需的东西。

这里我要谈谈经常听到的人们对旧学校的斥责与非难，从这些话中，往往会得出完全不正确的结论。有人说，旧学校是死读书的学校，实行强迫纪律的学校，死记硬背的学校。这说得对，但是，要善于把旧学校中的坏东西同对我们有益的东西区别开来，要善于从旧学校中挑选出共产主义所必需的东西。

旧学校是死读书的学校，它迫使人们学一大堆无用的、累赘的、死的知识，这种知识塞满了青年一代的头脑，把他们变成一个模子倒出来的官吏。但是，如果你们试图从这里得出结论说，不掌握人类积累起来的知识就能成为共产主义者，那你们就犯了极大的错误。如果以为不必领会共产主义本身借以产生的全部知识，只要领会共产主义的口号，领会共产主义科学的结论就足够了，那是错误的。共产主义是从人类知识的总和中产生出来的，马克思主义就是这方面的典范。

你们读过和听说过：主要由马克思创立的共产主义理论，共产主义科学，即马克思主义学说，已经不仅仅是19世纪一位社会主义者——虽说是天才的社会主义者——的个人著述，而成为全世界千百万无产者的学说；他们已经运用这个学说在同资本主义作斗争。如果你们要问，为什么马克思的学说能够掌握最革命阶级的千百万人的心灵，那你们只能得到一个回答：这是因为马克思依靠了人类在资本主义制度下所获得的全部知识的坚固基础；马克思研究了人类社会发展的规律，认识到资本主义的发展必然导致共产主义，而主要的是他完全依据对资本主义社会所作的最确切、最缜密和最深刻的研究，借助于充分掌握以往的科学所提供的全部知识而证实了这个结论。凡是人类社会所创造的一切,他都有批判地重新加以探讨,任何一点也没有忽略过去。凡是人类思想所建树的一切,他都放在工人运动中检验过,重新加以探讨,加以批判,从而得出了那些被资产阶级狭隘性所限制或被资产阶级偏见束缚住的人所不能得出的结论。

例如,当我们谈到无产阶级文化的时候,就必须注意这一点。应当明确地认识到,只有确切地了解人类全部发展过程所创造的文化,只有对这种文化加以改造,才能建设无产阶级的文化,没有这样的认识,我们就不能完成这项任务。无产阶级文化并不是从天上掉下来的,也不是那些自命为无产阶级文化专家的人[163]杜撰出来的。如果硬说是这样,那完全是一派胡言。无产阶级文化应当是人类在资本主义社会、地主社会和官僚社会压迫下创造出来的全部知识合乎规律的发展。条条大道小路一向通往,而且还会通往无产阶级文化,正如马克思改造过的政治经济学向我们指明人类社会必然走到哪一步,指明必然过渡到阶级斗争,过渡到开始无产阶级革命。

当我们听到有些青年以及某些维护新教育制度的人常常非难旧学校,说它是死记硬背的学校时,我们就告诉他们,我们应当吸取旧学校中的好东西。我们不应当吸取旧学校的这样一种做法,即用无边无际的、九分无用一分歪曲了的知识来充塞青年的头脑,但是这并不等于说,我们可以只学共产主义的结论,只背共产主义的口号。这样是建立不了共产主义的。只有了解人类创造的一切财富以丰富自己的头脑,才能成为共产主义者。

我们不需要死记硬背,但是我们需要用对基本事实的了解来发展和增进每个学习者的思考力,因为不把学到的全部知识融会贯通，共产主义就会变成空中楼阁，就会成为一块空招牌，共产主义者也只会是一些吹牛家。你们不仅应该掌握知识，而且应该用批判的态度来掌握这些知识，不是用一堆无用的垃圾来充塞自己的头脑，而是用对一切事实的了解来丰富自己的头脑，没有这种了解就不可能成为一个现代有学识的人。如果一个共产主义者不下一番极认真、极艰苦而巨大的功夫，不弄清他必须用批判的态度来对待的事实，便想根据自己学到的共产主义的现成结论来炫耀一番，这样的共产主义者是很可悲的。这种不求甚解的态度是极端有害的。要是知道自己懂得太少，那就要设法使自己懂得多一些，但是如果有人说自己是共产主义者，同时又认为自己根本不需要任何扎实的知识，那他就根本不能成为共产主义者。

旧学校培养资本家所需要的奴仆，把科学人才训练成迎合资本家口味来写作和说话的人。因此我们必须废除这样的学校。我们应当废除这样的学校，摧毁这样的学校，但这是不是说，我们就不应当从这种学校里吸取人类所积累起来而为人们所必需的一切呢？这是不是说，我们就不应当去区别哪些是资本主义所需要的东西，哪些是共产主义所需要的东西呢？

我们废除资产阶级社会内违反大多数人的意志而实行的强迫纪律，代之以工农的自觉纪律，工人和农民不但仇恨旧社会，而且有毅力、有本领、有决心团结和组织力量去进行这一斗争，以便把散居在辽阔国土上的分散而互不联系的千百万人的意志统一为一个意志，因为没有这样的统一意志，我们就必然会遭到失败。没有这样的团结，没有这样的工农的自觉纪律，我们的事业就毫无希望。不具备这些条件，我们就不能战胜全世界的资本家和地主。我们就会连基础也不能巩固，更谈不到在这个基础上建成共产主义新社会了。同样,我们否定旧学校,对旧学校怀着完全正当和必要的仇恨心理,珍视那种要摧毁旧学校的决心,但是我们应当了解,废除以前的死读书、死记硬背和强迫纪律时,必须善于吸取人类的全部知识,并要使你们学到的共产主义不是生吞活剥的东西,而是经过你们深思熟虑的东西,是从现代教育观点上看来必然的结论。

我们在谈论学好共产主义这一任务时就应该这样来提出基本任务。

为了向你们说明这一点,同时也谈谈怎样学习的问题,让我举一个实际例子。你们都知道,紧接着军事任务即保卫共和国的任务之后,我们即将面临经济任务。我们知道,如果不恢复工业和农业(而且必须不按旧方式来恢复),那么共产主义社会是建设不成的。必须在现代最新科学成就的基础上恢复工业和农业。你们知道,这样的基础就是电;只有全国电气化,一切工业和农业部门都电气化的时候,只有当你真正担负起这个任务的时候,你们才能替自己建成老一代人所不能建成的共产主义社会。你们面临的任务是振兴全国的经济,要在立足于现代科学技术、立足于电力的现代技术基础上使农业和工业都得到改造和恢复。你们完全了解,不识字的人实现不了电气化,而且仅仅识字还不够。只懂得什么是电还不够,还应该懂得怎样在技术上把电应用到工农业上去,应用到工农业的各个部门中去。你们自己必须学会这一点,而且还要教会全体劳动青年。这就是一切有觉悟的共产主义者的任务,也就是每一个认为自己是共产主义者的青年,每一个明确地认识到加入共产主义青年团之后就负起了帮助党建设共产主义、帮助整个青年一代建立共产主义社会的责任的青年的任务。每个青年必须懂得，只有受了现代教育，他才能建立共产主义社会，如果不受这种教育，共产主义仍然不过是一种愿望而已。

老一代人的任务是推翻资产阶级。那时的主要任务是批判资产阶级，激发起群众对资产阶级的仇恨，提高阶级觉悟，提高团结自己力量的本领。新一代人面临的任务就比较复杂了。你们不只是应当团结自己的一切力量来支持工农政权抗击资本家的侵犯。这一点你们应当做到。这一点你们完全了解，每个共产主义者都非常清楚。但是这还不够。你们应当建成共产主义社会。前一半工作在许多方面已经完成了。旧东西应该摧毁，而且已经摧毁了，它应该变成废墟，而且已经变成了废墟。地基已经清理好，年青一代的共产主义者应当在这块地基上建设共产主义社会。你们当前的任务是建设，你们只有掌握了一切现代知识，善于把共产主义由背得烂熟的现成公式、意见、方案、指示和纲领变成能把你们的直接工作统一起来的活生生的东西，把共产主义变成你们实际工作的指针，那时才能完成这个任务。

这就是你们在教育、培养和发动整个青年一代的事业中应当执行的任务。你们应该是千百万共产主义社会建设者的带头人，一切男女青年都应该成为这样的建设者。不吸收全体工农青年参加共产主义建设，你们就不能建成共产主义社会。

这里我自然要讲到这样的问题：我们应当怎样教授共产主义，我们的方法应该有什么特点。

我在这里首先要谈谈共产主义道德问题。

你们应当把自己培养成共产主义者。青年团的任务就是要这样来安排自己的实际活动：使团员青年在学习、组织、团结和斗争的过程中把他们自己和那些以他们为带头人的人都培养成共产主义者。应该使培养、教育和训练现代青年的全部事业，成为培养青年的共产主义道德的事业。

但是，究竟有没有共产主义道德呢？有没有共产主义品德呢？当然是有的。人们往往硬说我们没有自己的道德；资产阶级常常给我们加上一个罪名，说我们共产主义者否定任何道德。这是一种偷换概念、蒙骗工农的手段。

究竟在什么意义上我们否定道德，否定品德呢？

是在资产阶级所宣传的道德的意义上，这种道德是他们从上帝的意旨中引申出来的。关于这一点，我们当然说，我们不信上帝，并且我们十分清楚，僧侣、地主和资产阶级都假借上帝的名义说话，为的是谋求他们这些剥削者自身的利益。或者他们不是从道德的要求，不是从上帝的意旨，而是从往往同上帝意旨很相似的唯心主义或半唯心主义论调中引申出这种道德来的。

我们否定从超人类和超阶级的概念中引出的这一切道德。我们说这是欺骗，这是为了地主和资本家的利益来愚弄工农，禁锢工农的头脑。

我们说，我们的道德完全服从无产阶级阶级斗争的利益。我们的道德是从无产阶级阶级斗争的利益中引申出来的。

旧社会建筑在地主和资本家压迫全体工农的基础上。我们应当摧毁这个社会，应该打倒这些压迫者，为了这个目的就必须团结起来。而上帝是不会创造这种团结的。

只有工厂，只有受过训练的、从过去的沉睡中觉醒过来的无产阶级，才能创造这种团结。只有当这个阶级已经形成的时候，群众运动才开展起来，才造成了现在我们看到的情形，即无产阶级革命在一个极弱的国家中获得了胜利，这个国家三年来抗击了全世界资产阶级对它的进攻。同时我们还看到,无产阶级革命在全世界日益发展。现在我们可以根据实际经验来说,只有无产阶级才能创造一种团结一致的力量,这种力量在引导分散的农民,并且经受住了剥削者的一切进攻。只有这个阶级才能帮助劳动群众联合起来、团结起来,彻底捍卫和巩固共产主义社会,最终建成共产主义社会。

因此,我们说:在我们看来,超人类社会的道德是没有的;那是一种欺骗。在我们看来,道德是服从于无产阶级阶级斗争的利益的。

这种阶级斗争究竟是什么呢?这就是推翻沙皇,打倒资本家,消灭资本家阶级。

阶级究竟是怎么回事呢?这就是允许社会上一部分人占有别人的劳动。如果社会上一部分人占有全部土地,那就有了地主阶级和农民阶级;如果社会上一部分人拥有工厂,拥有股票和资本,而另一部分人却在这些工厂里做工,那就有了资本家阶级和无产者阶级。

赶走沙皇并不困难,这总共用了几天的工夫。赶走地主也不很困难,这在几个月内就做到了;赶走资本家同样也不是很困难的事情。但是,要消灭阶级就无比困难了;工人和农民的区分仍然存在。如果一个农民单独占用一块土地,拥有余粮,即他本人及其家畜都不需要的粮食,而别人却没有粮食吃,那么这个农民也就变成剥削者了。他剩余的粮食愈多,获利就愈大,至于别人,就让他们挨饿去吧,"他们愈饿,我的粮食就卖得愈贵"。应该使所有的人都按照一个共同的计划和共同的规章,在公共的土地上和公共的工厂中工作。这容易做到吗?你们知道,要做到这一点,决不像赶走沙皇、地主和资本家那样容易。这里需要无产阶级去重新教育和改造一部分农民，把劳动农民争取过来，以便消灭那些富裕的和专靠别人贫困来发财致富的农民的反抗。可见，无产阶级斗争的任务，并没有因为推翻了沙皇、赶走了地主和资本家而宣告结束，我们称之为无产阶级专政的制度，正是要来完成这项任务。

　　阶级斗争还在继续，只是改变了形式。这是无产阶级为了使旧的剥削者不能卷土重来，使分散的愚昧的农民群众联合起来而进行的阶级斗争。阶级斗争在继续，我们的任务就是要使一切利益都服从这个斗争。我们也要使我们的共产主义道德服从这个任务。我们说：道德是为摧毁剥削者的旧社会、把全体劳动者团结到创立共产主义者新社会的无产阶级周围服务的。

　　共产主义道德是为这个斗争服务的道德，它把劳动者团结起来反对一切剥削，反对一切小私有制，因为小私有制把全社会的劳动所创造的成果交给了个人。而在我国，土地已经是公共财产了。

　　如果我从这个公共财产中拿一块土地来，种出超过我的需要一倍的粮食，然后用余粮来投机倒把，那又怎样呢？如果我这样盘算：饿肚子的人愈多，我出卖粮食的价钱就愈高，那又怎样呢？难道我这是共产主义者的行为吗？绝对不是，这是剥削者的行为，私有者的行为。应该同这种行为作斗争。如果听之任之，那一切都会开倒车，回复到资本家的政权，资产阶级的政权，就像过去一些革命中常有的情形那样。因此，为了不让资本家和资产阶级的政权恢复，就要禁止投机买卖，就要使某些人不能用损人利己的手段来发财致富，就要使劳动者同无产阶级团结起来建设共产主义社会。这也就是共产主义青年团和共产主义青年组织基本任务的主要特征。

旧社会依据的原则是：不是你掠夺别人，就是别人掠夺你；不是你给别人做工，就是别人给你做工；你不是奴隶主，就是奴隶。可见，凡是在这个社会里教养出来的人，可以说从吃母亲奶的时候起就接受了这种心理、习惯和观点——不是奴隶主，就是奴隶，或者是小私有者、小职员、小官吏、知识分子，总之，是一个只关心自己而不顾别人的人。

既然我种我的地，别人的事就与我无关；别人要是挨饿，那更好，我可以抬高价格出卖我的粮食。如果我有了一个医生、工程师、教员或职员的小职位，那么别人的事也与我无关。也许，只要我讨好、巴结有权势的人，就不仅能保住我的小职位，还可以爬到资产者的地位上去。共产主义者就不能有这种心理和情绪。当工人和农民已经证明我们能用本身的力量捍卫自己并且创造新社会的时候，也就开始了新的共产主义的教育，反对剥削者的教育，同无产阶级联合起来反对利己主义者和小私有者，反对"我赚我的钱，其他一切都与我无关"的心理和习惯的教育。

这就是对青年一代应该怎样学习共产主义的回答。

青年们只有把自己的训练、培养和教育中的每一步骤同无产者和劳动者不断进行的反对剥削者的旧社会的斗争联系起来，才能学习共产主义。当人们向我们讲到道德的时候，我们回答说：在共产主义者看来，全部道德就在于这种团结一致的纪律和反对剥削者的自觉的群众斗争。我们不相信有永恒的道德，并且要揭穿一切关于道德的骗人的鬼话。道德是为人类社会上升到更高的水平，为人类社会摆脱对劳动的剥削服务的。

要实现这一点，必须有这样的青年一代，他们在有纪律地同资产阶级作殊死斗争中已开始成为自觉的人。在这个斗争中，他们中间一定会培养出真正的共产主义者，他们应当使自己的训练、教育和培养中的每一步骤都服从这个斗争，都同这个斗争联系起来。培养共产主义青年，决不是向他们灌输关于道德的各种美丽动听的言词和准则。我们要培养的并不是这些。当人们看到他们的父母在地主和资本家的压迫下怎样生活的时候，当他们自己分担那些开始同剥削者作斗争的人们所受的痛苦的时候，当他们看到为了继续这一斗争以保卫已经取得的成果，付出了多大的牺牲，看到地主和资本家是多么疯狂的敌人的时候，他们就在这种环境中培养成为共产主义者。为巩固和完成共产主义事业而斗争，这就是共产主义道德的基础。这也就是共产主义培养、教育和训练的基础。这也就是对应该怎样学习共产主义的回答。

训练、培养和教育要是只限于学校以内，而与沸腾的实际生活脱离，那我们是不会信赖的。只要工农还受地主和资本家的压迫，只要学校还操纵在地主和资本家手里，青年一代就仍然是愚昧无知的。可是我们的学校应当使青年获得基本知识，使他们自己能够培养共产主义的观点，应该把他们培养成有学识的人。我们的学校应当使人们在学习期间就成为铲除剥削者这一斗争的参加者。共产主义青年团只有把自己的训练、培养和教育中的每一步骤同参加全体劳动者反对剥削者的总斗争联系起来，才符合共产主义青年团这一称号。你们很清楚：目前俄国还是唯一的工人共和国，世界其他各地还存在着资产阶级旧制度，我们还比它们弱；我们随时都有遭到新的进攻的危险；只有学会团结一致，我们才能在今后的斗争中获得胜利，而我们得到巩固之后，就会成为真正不可战胜的力量。因此，做一个共产主义者，就要把全体青年都组织和团结起来，要在这个斗争中作出有教养和守纪律的榜样。那时你们才能着手建设并彻底建成共产主义社会的大厦。

为了把这一点说得更清楚，我来给你们举个例子。我们把自己叫做共产主义者。什么是共产主义者呢？共产主义者是个拉丁词，communis 一词是"公共"的意思。共产主义社会就意味着土地、工厂都是公共的，实行共同劳动——这就是共产主义。

如果每个人都单独经营一块土地，那劳动能是共同的吗？共同劳动不是一下子就能实行的。这是不可能的事。共同劳动不是从天上掉下来的。它需要经过艰苦努力和创造，要在斗争进程中才能实行。这里不能靠旧的书本，书本是谁也不会相信的。这里要靠自己的生活经验。当高尔察克从西伯利亚，邓尼金从南方进攻时，农民是站在他们那边的。当时农民不欢迎布尔什维主义，因为布尔什维克按固定价格收购粮食。但是农民在西伯利亚和乌克兰尝到了高尔察克和邓尼金的政权的滋味之后，就认清了农民没有别的选择余地：或者投奔资本家，那么资本家就要你去给地主当奴隶；或者跟着工人走，虽然工人没有许愿让你过天堂般的生活，而且还要你在艰苦的斗争中遵守铁的纪律并具有坚强的意志，可是他们却能使你摆脱资本家和地主的奴役。甚至是那些愚昧无知的农民，只要根据亲身的经验懂得和认识了这一点，也就成了自觉的、经过艰苦磨炼的共产主义拥护者。共产主义青年团也应当把这种经验作为自己全部活动的基础。

我已经回答了我们应当学什么，应该从旧学校和旧科学中吸取什么的问题。现在我还想来回答一下应当怎样学习这些东西的问题。我的回答是：只有把学校活动的每一步骤，把培养、教育和训练的每一步骤，同全体劳动者反对剥削者的斗争密切联系起来。

我要从某些青年组织的工作经验中举出几个例子，向你们具体说明应该怎样进行这种共产主义教育。大家都在谈论扫除文盲。你们知道，在一个文盲的国家里是不能建成共产主义社会的。单靠苏维埃政权颁布一道命令，或者靠党提出一定的口号，或者派一部分优秀的工作人员去进行这项工作，那是不够的。还需要青年一代自己把这个工作担负起来。共产主义精神体现在参加青年团的男女青年自己站出来说：这是我们的事情，我们要联合起来到农村去扫除文盲，使我们这代青年中不再有文盲。我们要努力使青年们能主动积极地从事这个工作。你们知道，要把俄国从一个愚昧的文盲国家很快变成人人识字的国家是不可能的；但是，如果青年团能担负起这个工作，如果全体青年都能为大家的利益而工作，那么这个团结着40万青年男女的组织，就有权称为共产主义青年团了。青年团的任务还在于：除了掌握各种知识，还要帮助那些靠自己的力量摆脱不了文盲愚昧状况的青年。做一个青年团员，就要把自己的工作和精力全部贡献给公共事业。这就是共产主义教育。只有在这样的工作中，青年男女才能培养成真正的共产主义者。只有当他们在这种工作中取得实际的成绩时，他们才会成为共产主义者。

就拿城郊菜园工作来作例子吧。难道这不是该做的事吗？这也是共产主义青年团的任务之一。人民在挨饿，工人在挨饿。为了不再挨饿，应该发展菜园，但是耕作还在按旧的方式进行。因此必须让觉悟较高的人来担任这个工作，这样你们就会看到，菜园数目会增加，面积会扩大，效果会更好。共产主义青年团应当积极参加这个工作。每个青年团组织，每个青年团支部，都必须把这件事看成是自己的事情。

共产主义青年团应当是一支能够支援各种工作、处处都表现出主动性和首创精神的突击队。青年团应当成为这样的一个团体，使每个工人都感觉到，这个团体中人们所讲的学说也许是他不了解的，也许是他还不能一下子就相信的，但是从这些人的实际工作和活动可以看出，他们真正是能给他指明正确道路的人。

如果共产主义青年团不能在各方面这样来安排自己的工作，那就说明它走上了资产阶级的老路。我们的教育应当同劳动者反对剥削者的斗争结合起来，以便帮助劳动者完成共产主义学说提出的任务。

青年团员应当利用自己的每一刻空闲时间去改善菜园工作，或在某个工厂里组织青年学习等等。我们要把俄国这个贫穷落后的国家变成一个富裕的国家。因此共产主义青年团必须把自己的教育、训练和培养同工农的劳动结合起来，不要关在自己的学校里，不要只限于阅读共产主义书籍和小册子。只有在与工农的共同劳动中，才能成为真正的共产主义者。必须使大家都看到，入团的青年个个都是有文化的，同时又都善于劳动。当大家看到，我们已经废除了旧学校里的旧的强迫纪律，代之以自觉的纪律，看到每个青年都去参加星期六义务劳动，看到他们利用每个近郊菜园来帮助居民，那时人民就不会用从前的眼光来看待劳动了。

共产主义青年团的任务，是要在农村或自己的街道上帮助做些事情，我举一个小例子，像卫生工作或分配食物的工作。在资本主义旧社会里，这些事情是怎样进行的呢？那时每个人只为自己工作，谁也不注意这里有没有老人或病人；或者全部家务都压在妇女肩上，因而妇女处在受压迫受奴役的地位。谁应当来反对这种现象呢？青年团。青年团应当出来说：我们要改变这种状况，我们组织青年队经常到各家各户去，协助搞卫生工作或分配食物，正确地调配力量，有组织地为全社会的利益工作，让大家看到，劳动应该是有组织的劳动。

现在50岁左右的这一代人，是不能指望看到共产主义社会了，那时候他们都死了。至于现在15岁的这一代人，就能够看到共产主义社会，也要亲手建设这个社会。因而他们就应当知道，他们终身的全部任务就是建设这个社会。在旧社会中，是各家各户单独劳动，除了压迫老百姓的地主和资本家外，谁也没有组织过劳动。任何一种劳动，不管它怎样脏，怎样吃力，我们都应当把它组织起来，使每个工人和农民对自己都有这样的认识：我是自由劳动大军的一分子，不需要地主和资本家，我自己就会建设自己的生活，建立共产主义的秩序。共产主义青年团要使大家从小①就在自觉的有纪律的劳动中受教育。这样我们才有希望完成现在所提出的任务。我们应该估计到，要全国实现电气化，使我国贫瘠化了的土地能采用最新的技术来经营，至少要花10年工夫。因此，现在是15岁、再过10—20年就会生活在共产主义社会里的这一代人，应当这样安排自己的全部学习任务：在每个乡村和城市里，青年每天都能实际完成共同劳动中的某种任务，哪怕是最微小、最平常的任务。能否保证共产主义建设成功，就要看这个工作在每个乡村里进行得怎样，就要看共产主义竞赛开展得怎样，就要看青年组织自己的劳动本领怎样。只有根据共产主义建设的成绩来检查自己的每一步骤，只有经常问问自己：为了成为团结一致的自觉的劳动者，我们是否做到了所要做的一切——只有这样，共产主义青

---

① 1920年10月7日的《真理报》第223号上刊印的不是"从小"，而是"从12岁起"。——编者注

年团才能把自己的 50 万团员联合成一支劳动大军并且赢得普遍的尊敬。(掌声如雷)

载于 1920 年 10 月 5、6、7 日
《真理报》第 221、222、223 号

译自《列宁全集》俄文第 5 版
第 41 卷第 298—318 页

答俄国共产主义青年团第三次代表大会代表问[164]

（1920 年 10 月 2 日）

同志们，大家提出了许许多多问题。对这些问题我将逐一回答。

第一个问题是："请谈谈共和国所处的军事形势和国际形势。依你看，在这种形势下青年团的任务是什么？"

当然，我现在不会再给你们作一个关于共和国所处的军事形势和国际形势的报告，何况我的嗓子已经哑了。这个问题只好先放一下，或者另外请一个人来谈谈这个问题。[165]简单地说，现在的问题就在于军事任务，要集中一切力量同弗兰格尔作斗争。你们从报上了解到，与平时一样，彼得格勒的工人在这方面走在前面，莫斯科和伊万诺沃-沃兹涅先斯克的工人也不甘落后。共产主义青年团在这次代表大会上也要切实讨论一下，青年团应采取什么样的紧急措施，才能在这方面有所作为。[166]

下面是几个有关与农民的关系的问题。

"为了使农民不把余粮和其他农产品隐藏起来，需要为他们做些什么呢？他们常常是由于需要才不得不把这些东西藏起来，以便去换城市工人领到的并拿到农村去交换的大镰刀、器皿，等等。"

我想，大部分农具和农业机器都应分配给农民。只有当农民具备了从事农业最必需的东西,这些现象才会消失。

还有两三张字条说,不仅拿走了农民的余粮,而且还拿走了他们必需的粮食,还列举了说明这种情况的几笔账。

"不仅拿走了农民的余粮,而且拿走了他们仅剩的最后一点粮食。例如,一个有 7 口之家的农民,有 1 匹马、1 头奶牛,他有 50 普特粮食,拿走了其中的$\frac{1}{3}$,50-17,还剩 33 普特……① 按 9 个月算,每人每月 1 普特,$7\times9$②=63 普特。那么牲畜的饲料怎么解决呢? 这些情况使农民异常激烈地反对苏维埃政权,但是农民还在忍耐,拿走了农民的粮食,可是却什么也不向他们提供,甚至连焦油都不提供,而没有焦油就不能生产出粮食。应当特别重视劳动农民的供给问题,否则农民对任何友好的言词都不会相信。"署名是:"一个农民"。

这是真情实话,苏维埃政权往往不能向农民提供必需品,这往往是由于工作组织得不好,因为俄国森林很多,生产焦油总是可以办到的。在某种程度上这是由于工人吃不饱,收购不到足够数量的燃料和原料,遭到破坏的工业就恢复不了。例如,大家知道,我们没有纺织品,可是大家知道,人民非常缺乏衣服。农民交来粮食,应该奖励他衣服。农民提出需要衣服是完全对的。为了得到衣服,就要恢复纺织厂的生产,要从土耳其斯坦调运来棉花,而那里的棉花还不够,因为在好的年景我们从土耳其斯坦调来一半棉花,而另一半要靠进口,而现在国外一普特也不给我们。需要运来足够的燃料,所以我们对农民说,为了恢复工业,各地的农民都应

---

① 速记记录中是:"50-33 剩 17。农民剩 37 普特,拿走 13 普特"——显然字条上写错了。——俄文版编者注

② 速记记录中是"2"。——俄文版编者注

把自己的余粮交给工人国家。据说,有时不仅拿走了余粮,而且连必需的粮食也拿走了。大家知道,如果估算一下,俄国的粮食够所有的人吃,不仅够吃,甚至在歉收时,甚至现在也够,就是在1918年和1919年也够。可是,要合理分配粮食,就要使每个农民家庭连一普特余粮都不剩。我们现在能够做到这一点吗?如果把正在成长的一代组织起来,我们现在就能做到这一点。可是大家知道,这种情况还没有出现。大家知道,组织起来的工人和劳动农民正在继续斗争,正在为把余粮全部交给工人国家而斗争。只有做到了这一点,国家才会恢复工业,也才会向农民提供工业品。另一方面,以投机倒把为生计的富裕农民没有停止活动。

这里有张字条,询问有关同孩子的投机倒把行为作斗争的措施。

除了把合理分配组织好,没有什么同投机倒把行为和孩子的投机倒把行为作斗争的特殊措施。苏维埃政权第一年,我们国家,我们国家手中才获得3 700万普特[粮食]①,那时我们是束手无策的。第二年我们获得11 000万普特的粮食,我们已经开始巩固起来。在到1920年8月1日为止的这一年里,我们国家采取措施通过粮食组织已收购了26 000万普特。我们寄希望于下一年的余粮收集,任务是45 000万普特粮食。如果我们能收购到30 000万—36 000万普特,我们就能使工业开工。那么在这之前怎么对付投机倒把行为呢?要把我们正在进行的斗争,也就是组织的斗争,团结的斗争继续进行下去。

工人国家手中掌握的粮食越多,投机倒把行为就越受到打击,

---

① 本篇中方括号内的文字都是俄文版编者补上的。——编者注

而国家就能越多关心工业的恢复。例如,在至今一个工厂也没开工的伊万诺沃-沃兹涅先斯克,现在有16个工厂准备在今年冬天开工,来自伊万诺沃-沃兹涅先斯克的一个工人同志[167]对我说,预计半年内就能为我们提供[12 000万][168]俄尺棉布,因为他们有从土耳其斯坦运来的足够的棉花,也因为今年我们获得了1亿多普特石油,这样工厂的燃料就有了保证。我们就是要这样开始摆脱缺衣少食、束手无策的困境,开始反对投机倒把,进入一种正常的共产主义状态。在这种情况下,工人国家自己手中有足够的粮食,能使工厂开工,而为此就应该有足够数量的原料和燃料。工厂要用其生产出的产品奖励交来粮食的农民,要使农民看到,他交售粮食获得的不是一文不值、光证明他尽了交售粮食的义务的纸币,而是获得他们经营所必需的产品。

这就是共产主义建设的工作。这项工作我们已经做了3年,正如你们现在看到的,取得了很大的成绩,尽管战争使我们丧失了,而且正在失去优秀的人才。但是大家知道,战胜弗兰格尔和结束对波战争会使我们赢得更长的时间致力于和平的经济建设。这个问题就是这样。

这里还有几个与名称有关的问题。这些问题并不十分重要。[169]

主席[170]:这是具有原则性意见分歧的问题。

列宁:把这个组织叫做共产主义青年联盟还是共产主义青年团? 我看不出两者之间的差别。

这里还有一张字条提出有关知识分子的问题。

"您怎样看青年团同俄国共产党的相互关系? 或者说,您怎样看青年团的独立性,在多大的范围内?"

我想，青年团如果真正想成为共产主义青年团的话，就应当遵循共产党的全部指示。而另一方面，它的任务主要就是，使所有正在成长的青年工人和青年农民的活动能成为共产主义青年的楷模和榜样。这是主要的方面。共产主义青年团在自己的工作中应该成为所有青年工人和青年农民实际的榜样，要使青年工人和青年农民能够看到，共产主义青年团组织所做的，也就是他们希望每一个工人和农民所做的。这方面的工作怎样从组织上落实，应该怎样在实际中贯彻，我说不上来，要想做到这一点，就需要了解你们的章程，自始至终待在这里，出席你们的代表大会。这方面的情况我不了解，关于这一点，最好由比较了解你们章程的你们的同志来谈。我只能说，一方面要遵循共产党的[全部指示]，另一方面希望青年团在实际上做到不与世隔绝，要使40万团员成为所有青年工人和青年农民的实际领导者和实际榜样，要使在建立青年团支部的每一个农村、在建立青年团小组的每一个城市居民区的工农青少年都看到，这个小组或支部在帮助他们，在为他们而工作，给他们带来好处，领导他们清除垃圾、反对不卫生的习惯、反对投机倒把行为。就应该是这样的关系，而在实际中该怎样做到这一点，做青年团实际工作的人更清楚。

"在进行自我教育时，怎样利用知识分子的力量？我指的是当代保守的知识分子。"

"国内战争快结束了吗？"

如果我本人知道这一点，我会十分高兴地给你们一个满意的答复。但我只能说，我们把弗兰格尔消灭得越快越彻底，这场战争就结束得越快。

现在我接着谈关于知识分子问题的字条。第二个问题是："是否有知识分子阶级?"第三个问题是:"共产主义青年团团员毫无疑问应该是工人,应该是青年贫苦农民和雇农的[代表]。青年团应该如何对待小资产阶级和小资产阶级阶层的小市民、学生和职员?"

至于知识分子,就其地位来看更接近于小资产阶级、小市民和小私有者①,因为在资本主义旧社会中,在大多数情况下,只有富裕家庭的孩子才能受到充分的教育。因此,他们受到的是小私有者和小业主的教育。而从其工资水平来看,在所有的资本主义国家中他们都高出工人和农民,其中一些人,尽管是极少数,还常常达到了真正的资本主义资产阶级的生活水平。因此,资产阶级社会中的知识分子,像所有小业主和小私有者一样,常常在资产阶级和无产阶级之间动摇。这一点我们在俄国农民的行为中可以看到。

我已经顺便提到了俄国东部、西伯利亚、南方、高加索的手中粮食最多的俄国农民长时期里吃尽了邓尼金和高尔察克统治的苦头,当时他们是拥护邓尼金和高尔察克的。当工人帮助他们推翻了地主,农民就支持工人,可是当工人说,我们不允许自由买卖粮食,因为我们认为按投机价格出卖余粮是犯罪行为,并要求把余粮按固定价格卖给工人国家,后者将恢复工厂生产并以工厂产品偿还交售粮食的农民时,农民开始动摇,于是他们认为,还是跟着高尔察克和邓尼金走来得好。他们认为,向他们许诺召开立宪会议和建立"民权制度"的高尔察克和邓尼金比起工人来,更能使他们的生活有保障。而只有当经验向他们表明,高尔察克和邓尼金给

① 在速记记录中是"小私有制"。——俄文版编者注

他们带来了什么，也就是说使那些原来的地主卷土重来，以致投机倒把到处盛行，其结果是极少数的富人因此得到了好处，于是农民从这一沉痛的教训中得出了结论：同工人联盟比同地主、资本家联盟可靠，"民主制"、立宪会议就意味着同地主、资本家联盟，在这种制度下，农民像在欧洲过去所有革命中一样，是受压抑的；而同工人的联盟更靠得住，虽然工人对农民直言不讳地说，我们不赞成自由买卖粮食，因为这对富人是发财的自由，而对穷人来说则是破产的自由，但我们将为建立共产主义社会而战斗。工人国家有了这些余粮就一定能恢复工业，并把工业产品分给农民。

一旦我们学会了通过组织起来的工人和农民进行这一分配，那么这个共产主义社会也就建立起来了，共产主义社会将在同所有剥削者和投机倒把者进行斗争中建立起来。这就是我们的回答。这个斗争是艰巨的。这是一个长期的任务，它要求组织，要求训练，要求教育。所以我才说，如果青年团能够懂得自己的任务——教育、改造、组织全体青年工人和青年农民，只有共产主义青年团才能看到共产主义社会的建立。

但我还要再说一遍，在过去 3 年中，我们忙于完成刻不容缓的军事任务，而俄国产粮区同工人政府的联系往往中断，我们仍旧取得了如下的成就：通过国家征购的途径把大量的非投机倒把的粮食都集中在工农政权的手中，而这些储备粮就是恢复工业的基础，就是在组织起来的工厂工人和农民之间恢复合理分配产品的基础。

我就谈到这里。（掌声）

译自 1988 年《苏共历史问题》
杂志第 10 期

在制革业职工代表大会上的讲话¹⁷¹

(1920 年 10 月 2 日)

同志们,按照你们代表大会筹备人员和组织人员的愿望,我的报告应该是谈我们共和国的政治形势。在这方面我要谈的主要内容,自然是我们对波兰的战争,与这场战争有关的主要的事态发展,以及由此而引起的我们共和国国内外形势的变化。

你们大家当然都知道,目前我们的军事形势是多么严重。因此,自然要研究一下,到底是哪些情况使军事形势变得这样紧张、这样不利。你们当然都记得,在今年4月波兰人还没有开始进攻的时候,战线比现在偏东,在许多地方要偏东很多。当时战线的情况是这样:明斯克在波兰人手里,整个白俄罗斯都在他们手里。不仅人民委员会,而且俄罗斯联邦的最高机关全俄中央执行委员会主席团,也曾专门发表宣言,郑重地向波兰人民建议缔结和约,宣布不用武力解决白俄罗斯的命运问题。白俄罗斯从来不属于波兰,当地长期受波兰地主压迫的农民也不认为自己是波兰人。可是,尽管如此,我们还是十分正式地、十分郑重地宣布,我们建议以当时的战线为界缔结和约,因为我们珍惜工人的生命,不愿意让他们在这场战争中牺牲,所以我们认为任何让步都是次要的。我们认为,白俄罗斯的问题不必用武力解决,完全可以通过波兰内部斗争的发展来解决。我们知道,我们援助波兰劳动者的解放事业,可以不那么依靠武力，甚至主要不依靠武力，而是依靠宣传的力量。

这是今年 4 月的事情，可是你们知道，起初波兰对我们郑重的和平建议耍花招，他们建议在他们掌握着的极其重要的战略据点博里索夫缔结和约，因为当时波兰人占领着博里索夫，在那里进行谈判，他们就有可能在西南方发动攻势，而我们却不可能在西北方发动攻势。我们回答说：除了博里索夫，在哪个城市谈判都行。波兰人拒绝了。我提醒你们这一点，是要你们在每次谈到这一问题时，更着重地指出，我们最初曾经建议以比今天更为偏东的战线为界缔结和约，就是说，我们曾经同意缔结对我们最为不利的和约。

波兰人把战争强加于我们，而我们知道，在这方面起主要作用的甚至不是波兰的地主和资本家，因为当时的波兰也跟今天一样，情况十分危急。由于危急，它就铤而走险。不过推动波兰人同我们作战的主要力量，当然是国际资本的力量，首先是法国资本的力量。从那时起我们就知道，波兰军队中一直有数百名法国军官在活动，波兰的全部武器、全部财政援助和军事援助，完全是法国提供的。

战争就是在这样的条件下开始的。这场战争是协约国企图摧毁苏维埃共和国的又一次尝试，是尤登尼奇计划破产后企图利用波兰再次提出扼杀苏维埃共和国问题的尝试。关于这场违反我们意愿而爆发的对波战争的主要的曲折过程，你们都是知道的。你们知道，最初是波兰人取得进展，他们在西南方占领了基辅，以后经过相当长的时间，红军才得以集中力量并开始进攻，波兰人马上就接连失去好多据点。他们丢掉了波洛茨克等城市。但是红军的决定性进攻直到 6 月底才开始，进攻极其顺利，我们完成了战争史上几乎未曾有过的大进军。红军一鼓作气挺进了 500 至 600 俄里，在许多地方甚至达到800俄里，几乎打到了华沙。波兰几乎守不住华沙了。至少各国的报刊都是这样评论的。后来发生了转折。当我们逼近华沙城下时，我军已经疲惫不堪，已经没有足够的力量乘胜前进了；可是，波兰军队在华沙城中爱国主义热潮的鼓舞下，感到自己是在本国作战而得到了支持，有了重新进攻的可能。结果是：战争虽然使我们几乎有可能把波兰彻底击溃，但是在决定性的关头我们的力量不够了。

我本来还可以把这个问题再讲下去，但是按照我的报告的主题，我应该来谈谈当时出现的政治形势。我们都看到，在4月进攻以前，我们向波兰共和国提出了以对波兰人非常有利而对我们不利的条件缔结和约的建议，当时全世界所有资产阶级的报刊都叫嚣起来，把我们坦率的声明看成软弱的表现。既然布尔什维克建议以当时波兰军队占据的战线为界缔结和约，既然布尔什维克甚至同意放弃明斯克，可见他们的力量太弱了。战争开始时，连英王都向波兰地主政府的首脑发了贺电。

你们大概还记得，7月12日我们突然接到国际联盟秘书的来电，声称波兰政府同意进行和谈，条件是按民族划分边界线并且把整个加利西亚划归波兰。各国报刊都发出了空前未有的叫嚣。这一回大家都赞成和平了。我们在今年4月或更早一些在今年春天建议媾和时，所有这些报刊都一言不发或者怂恿波兰发动战争。但是，后来我们战胜了波兰，波兰就建议媾和，而我们就这个建议直截了当地说出了我们的观点，认为国际联盟并不代表任何力量，我们不能相信国际联盟的话，这时它们就都大喊大叫起来，要我们停止前进。现在战争局势起了变化，昨天我们声明，我们向波兰建议以比国际联盟提出的对它更有利的条件缔结和约，并且希望在

10月5日以前签字，这时所有资产阶级的报刊又一言不发了。在波兰人进攻布尔什维克的时候，它们闭口不谈和平，而在布尔什维克转入进攻的时候，它们却喊着要和平。它们这样做竟还要想让人们相信资产阶级报刊是希望和平的。在前几天结束的我们党的代表会议上，我们有机会听取了一个波兰工人的报告[172]，他是波兰一个很大的工会组织的代表，从华沙偷偷跑出来的，他讲到波兰工人怎样受到迫害，华沙工人怎样把红军看成救星，怎样盼望俄国红军到来，他们没有把红军当做敌人，相反把红军当做同波兰地主和资产阶级压迫者作斗争的朋友。这里问题很清楚，协约国把波兰当做工具，利用它来进行摧毁苏维埃共和国的又一次尝试，当这一尝试大有走向反面的趋势而我们眼看就要帮助波兰工人推翻他们的政府的时候，欧洲的资产阶级报刊就都起来反对我们了。去过伦敦的加米涅夫同志在这个大剧院里讲过，那时他每天都要听英国政府的最后通牒和恐吓，说英国政府将要把全部舰队集中在喀琅施塔得准备进攻彼得格勒，并说这是为了保卫波兰不受我们的攻击。现在战争局势起了变化，我们撤销了我们条件中波兰认为不能接受的全部条款，这时资产阶级报刊又一言不发了。十分明显，你们所看到的不是别的，正是法、英帝国主义在挑拨波兰去作推翻苏维埃政权的又一次尝试。

我认为这一次（这无疑很重要）已经是进攻苏维埃俄国的最后一次尝试了。这里可以看到，波兰同整个国际帝国主义体系有着过于密切的联系。你们知道，法、英、美、日协约国帝国主义者在击溃德国以后，缔结了凡尔赛和约，无论如何，这个条约要比引起了那么多叫嚣的臭名昭著的布列斯特和约残酷得多。尽管法国人、美国人、英国人向全世界大喊大叫，说那场战争是解放战争，说它的目的是要把欧洲和全世界从他们称为生番的德国人的野蛮势力下解救出来，把全世界从德国军国主义和德皇的压迫下解救出来，但事实表明，凡尔赛和约在各方面都比德皇战胜时所干出来的还要残酷。英法军官对经济生活的干预向所有战败国，向德国和奥匈帝国的所有成员国证明，在这种情况下是活不下去的。这个骇人听闻的和约赖以维持的原因之一，是波兰领土一直延伸到海边，把德国分割成两部分。德波两国的关系目前非常紧张。波兰人压迫德国居民，是得到协约国军队和军官的支持的。凡尔赛和约把波兰变成一个缓冲区，要它防止德国同苏维埃共产主义接触，要它成为协约国对付布尔什维克的武器。法国人想勾结波兰，在波兰的帮助下讨回借给沙皇政府的数百亿贷款。正因为如此，我们不惜以巨大让步作为代价力求摆脱的这场对波战争爆发时，它就成了一场比以往几场战争更直接的反对协约国的战争。以往的战争，即高尔察克、邓尼金和尤登尼奇进攻我们的战争，也是靠协约国提供军官和数亿贷款，提供大炮和坦克来进行的。以往的战争也是反对协约国的战争，但是那些战争是在俄国境内进行的，对手是俄国的白卫军官以及被他们征来的农民，因此不可能变成动摇凡尔赛和约的战争。那几场战争同对波战争的区别就在这里。反对尤登尼奇、高尔察克和邓尼金的战争，是俄国工人反对整个俄国资产阶级的战争，也是反对协约国的战争。可是当这场战争胜利结束时，当我们击溃了尤登尼奇、高尔察克和邓尼金时，这还没有直接冲击到凡尔赛和约。波兰的情形正好相反，对波战争的不同之点就在这里，波兰在国际上的作用也正在这里。

当我们节节胜利地进攻波兰时，整个欧洲都号叫起来，说他们希望和平，说整个世界都已经厌战，该是媾和的时候了。可是当波兰人进攻的时候，就没有人叫厌战了。这是什么原因呢？这是因为，我们战胜尤登尼奇、高尔察克和邓尼金，并没有能撕毁凡尔赛和约，我们只是猛烈地打击了尤登尼奇、高尔察克和邓尼金并把他们赶到了海边，但是我们进攻波兰，却是进攻了协约国本身，我们粉碎波兰军队，就是粉碎维系当前国际关系整个体系的凡尔赛和约。

如果波兰成为苏维埃国家，华沙工人得到了他们所盼望所欢迎的苏维埃俄国的帮助，那么凡尔赛和约就会被粉碎，由于战胜德国而建立起来的整个国际体系就会垮台。那时，法国就会失去把德国同苏维埃俄国隔开的缓冲地带，就会失去进攻苏维埃共和国的锐利武器，就会失去收回数百亿贷款的希望，就会比现在更快地走向崩溃。法国已经负债累累。从前它是最富有的高利贷者。现在它欠美国的债比别的国家要多两倍。它正濒于破产。它已经到了日暮途穷的境地。这就是为什么红军逼近华沙城下引起了国际危机，这就是为什么这一局势使所有资产阶级报刊都深感不安。问题就是这样摆着的：只要红军再胜利地向前推进几天，不仅华沙要被攻破（这倒并不重要），而且凡尔赛和约也要被粉碎。

这就是这场对波战争的国际意义。你们知道，我们并没有侵略的打算。我在讲话的一开头就向你们指出，1920年4月当我们还守在明斯克以东时就曾经建议在当时的条件下媾和，只求使俄国工人和农民摆脱新的战争。但是，既然战争已经强加到我们头上，我们就得把它进行到胜利为止。凡尔赛和约压迫着数亿人民。它抢走德国的煤和奶牛，把德国置于骇人听闻、前所未见的被奴役地位。德国农民中最落后的阶层也说他们赞成布尔什维克，说他们是布尔什维克的盟友。这是很自然的，因为正在为自己的生存而斗争的苏维埃共和国是世界上反对帝国主义的唯一力量,而现在,帝国主义就是法、英、美的联盟。我们正在逼近现代国际体系的中心。当红军逼近波兰边界时,红军的胜利进军引起了前所未有的政治危机。这一危机主要表现在英国政府拿战争威胁我们,对我们说:如果你们再前进,我们就对你们开战,派舰队进攻你们。可是这时英国工人却说,他们不许进行这场战争。应当指出,布尔什维主义正在英国工人中间得到发展。但是现在英国共产党人的力量还薄弱,就同我国共产党人在1917年3月、4月和5月的时候一样,当时我们在一些会议和代表大会上只得到十分之一的选票。在1917年6月全俄苏维埃第一次代表大会上,我们的票数也不超过13%。目前英国的情形也是这样,那里的布尔什维克只占微不足道的少数。但是问题在于:英国的孟什维克过去一向反对布尔什维主义,反对直接革命,赞成同资产阶级结成联盟,而今天,这些英国工人的老领袖却动摇起来了,采取了另外一种立场。从前他们反对工人阶级专政,今天则转向我们了。他们在英国建立了"行动委员会"。这是英国整个政局中的一个大转折。目前在英国除了依照几乎是普遍的选举权(从1918年才开始)选出的议会外,还出现了自行组织起来的"行动委员会"。"行动委员会"依靠的是各个工会组织,即拥有600多万会员的工联。政府要同苏维埃俄国开战,而工人的答复却是宣布他们决不容许进行这场战争,他们说:我们也不准法国人去打仗。法国人是靠英国的煤过活的,只要停止煤的生产,对法国就是一个沉重的打击。

我再说一遍,这是英国整个政局中的一个大转折。它对英国的意义就同1917年二月革命对我国的意义一样。1917年二月革命在俄国推翻了沙皇制度,建立了资产阶级共和国。英国不是共和制,但是那里的君主制度纯粹是资产阶级的,它已经存在了好几百年。英国工人可以参加议会的选举,可是整个国际政策即对外政策,议会却不能过问,而是由内阁执行的。人们早就知道,英国政府在进行反对俄国的隐蔽的战争,援助尤登尼奇、高尔察克和邓尼金。在英国报刊上可以不止一次地看到这样的声明,说英国没有权利派一兵一卒到俄国去。那么是谁投票赞成这种做法的呢?议会的哪些决定曾经批准用对俄国的这种战争来帮助尤登尼奇和高尔察克呢?这样的决定是没有的,英国的这种做法违反了自己的宪法。而"行动委员会"又是怎样的组织呢?这个"行动委员会"撇开议会,以工人的名义向政府提出最后通牒——这是向专政的过渡,别的摆脱现状的出路是没有的。而英国是一个奴役着4亿到5亿殖民地人民的帝国主义国家。这是一个最主要的国家,它统治着世界上的大部分人口。进攻波兰竟引起这么大的转折,使英国的孟什维克同俄国的布尔什维克结成了联盟。这就是这一次进攻造成的结果。

　　英国所有的资产阶级报刊都说,"行动委员会"就是苏维埃。它们说对了。它不叫苏维埃,但是实质上就是苏维埃。这就是俄国1917年3月起克伦斯基执政时期的那种两个政权并存的局面,那时临时政府算是唯一的政府,但是实际上,没有工农代表苏维埃,它任何重大的事情也办不成,那时我们对苏维埃提出:"把全部政权拿过来"。目前英国也形成了这种局面,孟什维克不得不在这个"行动委员会"里走上了违反宪法的道路。关于我国对波兰的战争,我要向你们简单说明的就是这些。尽管国际资产阶级目前还比我们强大得多,尽管英国政府把现有局面完全归咎于加米涅夫,把他撵出英国,不许他再回去,但这只是空洞而又可笑的威胁,因为美英资本家的忠实辩护士——温和的英国工人领袖即右派孟什维克和右派社会革命党人，也都加入了"行动委员会"，使英国面临着新的危机。现在英国正受到煤矿工人总罢工的威胁，工人们不仅要求增加工资，而且还要求降低煤价。英国的罢工接连不断。罢工者要求提高工资。但是，工人今天争取到工资提高 10％，明天物价就上涨 20％。物价不断上涨，工人们看到他们的斗争毫无所得，工资虽然提高了，吃亏的还是他们，因为物价跟着上涨。所以工人们说：我们不仅要求提高煤矿工人的工资，而且要求降低煤价。于是英国资产阶级的报刊比红军打进波兰的时候更加恐惧地号叫起来。

你们知道，欧洲危机在意大利有什么反应。意大利是战胜国，当红军的节节胜利引起德国的革命运动和英国政局的转折时，意大利国内的斗争也尖锐起来了，工人起来占领工厂，夺取厂主的住宅，发动农村居民参加斗争，因此意大利现在的局势决不能说是平静的。

这就是对波战争的发展进程。正因为如此，尽管我们知道对波战争同国际帝国主义的整个形势有密切联系，但为了能使工人和农民摆脱战争重担，我们还是作了最大的让步。后来我们同凡尔赛和约发生了冲突。我们看到资产阶级仍然像从前那样疯狂地反对我们，可是也看到工人在迅速地成长起来，工人革命正在日益迫近，虽然它的发展速度同俄国的比起来还嫌太慢。俄国革命所以能实现得这样快，是因为它是在战时进行的。战时有几千万俄国工人和农民武装起来了，资产阶级和军官们要对付这样一支力量是无能为力的。在十月革命的日子里，他们曾扬言要带领军队进攻彼得格勒。我们接到各条战线来的几万封电报，说要进攻我们,消灭我们。我们想:你们试试看吧。可是当各个集团军的代表来到后,只消半小时的谈话就可以发现,原来士兵们是拥护我们的,于是军官们只好默不作声。反抗的尝试,即尤登尼奇、高尔察克和邓尼金的阴谋活动,是后来军队复员以后才开始的。这就是俄国革命能够很快取得胜利的原因。当时人民有了武装,工人和农民全都拥护我们。但是欧洲不同,战争已经结束,军队已经复员,士兵已经遣散回家,工人和农民解除了武装。现在那里的革命发展得很慢,但总是在发展。只要国际资产阶级对我们动起手来,他们的手就会被本国工人抓住。这就是对波战争的国际意义。这就是国际危机的根源。这就是我们当前面临的新困难的根源。你们知道,我们就差这么一点力量没有能够打到华沙,把政权交给华沙工人,召集起华沙工农代表苏维埃,告诉工人"我们是来帮助你们的"。我们的军队经过史无前例的英勇奋战而耗尽了全部力量——就在这个时候,我们遭到了军事上的失败。

现在我们向东败退了很远。在北方我们甚至丢掉了利达城,在南方几乎退到1919年4月的防线即皮尔苏茨基线。在北方我们正急剧败退,而这时弗兰格尔又接二连三地发动进攻。不久前弗兰格尔竟威胁到叶卡捷琳诺斯拉夫,逼近锡涅利尼科沃并且占领了它。现在他又拿下了斯拉夫哥罗德。在东线他占领了马里乌波尔,逼近塔甘罗格,威胁到顿涅茨煤田。我们再一次面临困难的局面,国际帝国主义者企图利用波兰的进攻和弗兰格尔的进攻,借这两只手再一次来扼杀苏维埃共和国。波兰和弗兰格尔实际上正是法帝国主义者的两只手,无论波兰还是弗兰格尔的军队,都是由法帝国主义者提供武器和军需品的。但是这三支力量也不可能相处得那么和谐。法国对波兰人说:你们不应该掳掠过多的人和过多的土地，因为就是沙皇俄国也不会容许你们这样做的。法国又对弗兰格尔说：你们干是干，可不要恢复从前的地主政权，邓尼金、高尔察克和尤登尼奇的例子表明，每当从前的地主带领白卫军队或由他们的军官指挥这些军队时，他们占领的地区愈多，灭亡得就愈快，因为农民终究要起来反对他们的。

当弗兰格尔率领精锐的军官队伍进攻时，他是可以信赖这支队伍的，他的力量就在于他拥有头等的最新式的装备，拥有由军官组成的精锐部队。他的军队在库班登了陆，登陆的都是精心挑选的部队，每个连或团都可以扩充成一个整师，因为这些部队完全是由军官组成的。但是当他企图实现当初高尔察克、邓尼金和尤登尼奇作过的尝试，占领更广的地区，征召更多的农民，建立民众的军队时，他立刻就转胜为败，因为当初反对过高尔察克、邓尼金和尤登尼奇的农民的军队也决不会同弗兰格尔的军官部队并肩战斗的。那位在党代表会议上作过报告的华沙工人是这样叙述的，他说：以前由青年人（刚到服役年龄的小伙子）组成的那支波兰军队已经被打垮了，现在已经征召到35岁以下的人了，因此现在军队中都是些经历过帝国主义战争的成年人，这支军队对于波兰地主和资本家来说，远不如由青年人组成的军队那样可靠。

这就是国际方面的情况。由于我军在华沙城下受挫，由于在西方战线和弗兰格尔战线上不断遭到进攻，我们在反对协约国的战争中又陷入了极其困难的局面，因此我在结束我的简短报告时，应当向制革工人同志们指出，现在要再一次鼓足干劲，现在我们的首要任务是战胜弗兰格尔。这个任务正是要求工人、工会、无产阶级群众，首先是同国防有关的工业部门的工人们，发挥巨大的干劲和主动精神。我们在这场战争中的主要困难不是在人力方面，我们的人力是足够的,我们的主要困难是在补给方面。各个战场上的主要困难就是补给不足,缺乏御寒的衣服和鞋子。我们的战士最缺乏的是大衣和皮靴,正因为没有这些东西,很有把握的攻势往往也落空了。我们的困难正是在这一方面,它妨碍了我们迅速使用新的部队来发动攻势取得胜利,我们有足够数量的新部队,但是,由于补给不足,还不能把它们正式编成有一定战斗力的军队。

　　制革工会和代表全体制革工人无产者的大会应当对这一点给予最大的注意。同志们!我们正准备全力进攻弗兰格尔,这次进攻能不能更顺利、更迅速,这将取决于你们。这是因为仅仅靠苏维埃政权和共产党采取措施还是不够的。要真正支援红军战士,要促使具有决定意义的转变来临,要改善补给工作,单靠苏维埃机关的努力,单靠人民委员会和国防委员会[173]的法令以及党的决议是不够的,还必须靠工会的努力。必须使工会懂得,我们一再建议媾和都遭到拒绝,因此,目前问题仍然关系到工农政权的生死存亡。你们知道,苏维埃政权在打垮邓尼金、高尔察克和尤登尼奇之后已经巩固起来了。你们知道,由于收复了西伯利亚和库班,粮食收购量也增加了。你们知道,由于收复了巴库,现在已有可能得到1亿多普特的石油,而且我们的工业已经有了基础,在这一基础上就有可能建立粮食储备并且重新把工人吸引到工厂中来,就有可能收集原料和提供燃料,从而使工厂开工,最后,使经济生活得以恢复。但是,为了使这些可能性成为现实,务必要结束战争,加速对弗兰格尔的进攻。必须在今年冬季以前在南方收复克里木。这取决于工人的干劲和首创精神,也许首先取决于俄国每一个制革工人和制革工会的干劲和首创精神。

　　我号召你们学习我们彼得格勒工人的榜样,他们在不久前听了共产国际的代表关于前线情况的报告以后,一再发挥巨大的干劲,再一次向红军战士提供补给和其他保障,鼓舞我们红军的士气,来支援前线。你们知道,后方对红军的每一点支援,都会马上鼓舞红军的士气。你们知道,秋寒正在影响红军战士的情绪,使士气降低,带来新的困难,使疾病增多,造成深重的苦难。因此后方对红军战士的每一点支援,都会立即增强红军的实力,提高它的士气,减少各种疾病,加强它的进攻能力。现在每一个工人在每一次集会上,在每一个车间里,都必须把"一切为了支援红军"的口号当做自己发言、报告和讨论的主要内容。

我们要问问自己:为了支援红军,我们是否已经做了我们所能做的一切。因为这决定我们能不能较快地彻底解决弗兰格尔,赢得完全的和平和进行经济建设的可能。(鼓掌)

载于 1920 年 10 月 9 日和 10 日　　　　　译自《列宁全集》俄文第 5 版
《真理报》第 225 号和第 226 号　　　　　第 41 卷第 319—333 页

告乌克兰贫苦农民书

(1920 年 10 月 2 日)

同志们！沙皇将军弗兰格尔在加紧进攻乌克兰和俄罗斯。他在法国资本家的支持下向前推进，威胁着顿涅茨煤田和叶卡捷琳诺斯拉夫。情况十分危急。地主再次试图夺回政权，夺回土地，重新奴役农民！

同志们！地主的压迫曾经使乌克兰农村遭到闻所未闻的苦难。他们不止一次地推翻苏维埃工农政权，不止一次地得到富裕农民即富农的帮助——富农或者公开投靠他们，或者阻碍贫苦劳动农民在农村中建立新的制度、新的生活、新的组织。但是恢复地主政权的尝试每次都是以工农获得新的胜利而告终。现在乌克兰各地的贫苦农民都已着手建立自己的委员会，以便彻底战胜少数富人的反抗，最终保卫住劳动者的政权。地主将军弗兰格尔正在加紧进攻，想摧毁这些劳动者的组织。

同志们！让我们大家都奋起抗击弗兰格尔吧！所有的贫苦农民委员会都来全力支援红军彻底击溃弗兰格尔！每一个劳动农民都不要置身于工农事业之外，袖手旁观，无动于衷。同志们！要记住，你们是在保卫自己的家庭，捍卫农民的土地和政权。

一切为了支援红军！

消灭地主压迫者！

列　宁

1920 年 10 月 2 日

载于 1920 年 10 月 13 日《共产党人报》第 199 号（基辅）

译自《列宁全集》俄文第 5 版第 41 卷第 334—335 页

同威廉·波尔的谈话[174]

(1920 年 10 月 6 日)

列宁转而评述英国共产党的现状。他说,工党、韩德逊和托马斯等拒绝接受共产党申请加入的声明,就是承认共产主义以及苏维埃思想在英国的威力和影响。这些具有资产阶级思想的领袖害怕在他们的队伍中出现共产党人这一事实本身说明,英国的事态发展是何等迅速。工党对共产党的恐惧表明,英国共产主义者应该为联合成一个团结的有纪律的组织而奋斗。他感到非常高兴的是,共产国际已决定充分利用其权力,以保证英国共产主义运动实现统一。自然,共产党和旧英国社会党在加入工党的问题上的立场差别很大。英国社会党只限于提出形式上加入的建议,而共产党则正确地坚持在工党内要有实行自己政策的权利,要有行动的自由。尽管他们没有达成协议,工党拒绝了共产党的申请,但工党这样做也就说明共产党这个新组织吸收的是真正优秀的革命战士。

列宁说,英国共产党人应该讨论的另一个重要问题,是他们对即将举行的普选的态度问题。根据现有的各种消息判断,劳合-乔治可能迫使全国在 11 月进行大选,共产党员的一个极为重要的义务,就是利用即将举行的选举进行鼓动。共产党应尽可能多地提出一些候选人,以便向群众宣传资本主义是不可救药的,议会制度是不可靠的。但是,英国共产党由于没有可能提出大量的候选人,就应该制定这样一种策略方法,运用这种策略方法就可以拿对手作为例证,证明走苏维埃道路是唯一能够恰当地解决当代资本主义所产生的各种问题的政策。革命的政治活动在于利用敌人的政策,尤其是在敌人的这种政策正在为其自身的灭亡作准备的时候。议会活动不仅给共产党人提供进行广泛宣传的机会,而且还可以利用这种活动作为手段,迫使反对派暴露出他们是不可靠的。英国有很多人现在开始懂得,资本主义和议会制度已经破产。他们认识到这一点,不仅仅是靠马克思主义者和共产党人理论上的论证,而且也是停战以来联合政府给予他们的具体经验教训的结果。英国共产党人如何才能加速议会制度的破产和让群众看清议会制度的骗人主张呢?当然不能采用向工人劈头盖脑地灌输一大堆理论论证的办法。我们的理论观点是用来指导我们进行革命活动的。战斗活动的场所是检验我们理论观点的最好地方。对一个共产党人来说,真正的检验就是看他是否懂得应该怎样、在什么地方、在什么时候将他的马克思主义变成行动。既然共产党不可能在每一个选区都提出候选人去同资本主义及其选举社会代表这种毫无意义的议会制方法进行斗争,那么就产生这样一个问题:能否利用其他政党来完成这项工作。劳合-乔治、丘吉尔、博纳·罗及其一伙的联盟已经让人看清他们是不可靠的;他们已经有过这样的机会,他们在执政时期已引起了群众的不满。到目前为止只有工党这一政治组织还没有机会让人们从它身上看到议会制度这种治理方法的破产。阿瑟·韩德逊、托马斯及其追随者一方同劳合-乔治、博纳·罗一方之间的唯一区别,在于前者还没有机会操纵议会机器。英国共产党人在目前所处的条件下,应该帮助这些绅士获得控制议会的机会;帮助工党证明,它利用议会解决不了社会面临的各种迫切问题；帮助工党具体证明，苏维埃才是历史形成的、唯一能保证实现群众意愿的工具。总之，英国共产党应该帮助工党暴露出它本身是不可靠的。

我问列宁，他是否想到，如果共产党正式承担帮助工党获胜的责任，这会使英国工人感到迷惑不解。我论证说，人们会正式地把我们等同于那种加速这一危机并且终将被愤怒的群众所抛弃的组织。在这种危机的过程中，工人们会想起我们曾积极帮助过工党，因此会出现我们同样被愤怒的浪潮所抛弃的危险。列宁笑了笑说，尽管不列颠造就了优秀的共产党人，他们是卓越的战士，但是他对他见到过的所有英国同志有这样一种看法，即他们缺乏政治经验。他说我所讲的那些困难是容易克服的，如果共产党在每个有工党候选人的选区，发表一项正式声明，号召工人们投工党的票，目的是证明韩德逊们、托马斯们、麦克唐纳们和斯诺登们不可能借助议会机器来解决社会所面临的无数问题。这样的行动方式会使共产党避免我所担心的那些麻烦。我们花了一些时间讨论这个策略问题。我继续提出异议，直到列宁感到这可能是一场很有益的论战，因此提出在英国共产党刊物上就这一问题同我进行友好的讨论。我欣然同意这个意见，并问他的第一篇文章什么时候能写好。列宁遗憾地摇了摇头，并指了指他面前的一大堆重要材料。因此我建议由我来记述他对这个问题的观点（这就是我在本文中所做的），并把这篇文章推荐给《共产主义者》杂志的读者。列宁表示同意，说这样做符合他的意愿，而且可以节省他的时间。

载于 1920 年 12 月 2 日《共产　　　　译自《列宁文集》俄文版第 37 卷
主义者》杂志　　　　　　　　　　　第 248—251 页

关于无产阶级文化[175]

(1920 年 10 月)

1

决 议 草 案

(10 月 8 日)

从 10 月 8 日的《消息报》上可以看出,卢那察尔斯基同志在无产阶级文化协会代表大会上说的话,跟昨天我同他商定的**正相反**。[176]

必须立即给无产阶级文化协会代表大会起草一项决议草案,经中央通过后提交**这届**大会通过。今天就必须以中央名义把决议草案提交教育人民委员部部务委员会和无产阶级文化协会代表大会通过,因为代表大会今天就要闭幕了。

决 议 草 案

1.苏维埃工农共和国的整个教育事业,无论在一般的政治教育方面或者具体的艺术方面,都必须贯彻无产阶级阶级斗争的精神,这一斗争是为了顺利实现无产阶级专政的目的,即推翻资产阶级、消灭阶级、消灭一切人剥削人的现象。

2.因此,无产阶级,通过它的先锋队共产党和所有无产阶级组织,应当作为最积极最主要的力量参与整个国民教育事业。

3.现代历史的全部经验,特别是《共产党宣言》发表后半个多世纪以来世界各国无产阶级的革命斗争,都无可争辩地证明,只有马克思主义的世界观才正确地反映了革命无产阶级的利益、观点和文化。

4.马克思主义这一革命无产阶级的意识形态赢得了世界历史性的意义,是因为它并没有抛弃资产阶级时代最宝贵的成就,相反却吸收和改造了两千多年来人类思想和文化发展中一切有价值的东西。只有在这个基础上,按照这个方向,在无产阶级专政(这是无产阶级反对一切剥削的最后的斗争)的实际经验的鼓舞下继续进行工作,才能认为是发展真正的无产阶级文化。

5.全俄无产阶级文化协会代表大会坚持这一原则观点,最坚决地反对一切在理论上是错误的、在实践上是有害的做法,如臆造自己的特殊的文化,把自己关在与世隔绝的组织中,把教育人民委员部和无产阶级文化协会的工作范围截然分开,或者在教育人民委员部机构中实行无产阶级文化协会的"自治"等等。相反,代表大会认定,无产阶级文化协会的一切组织必须无条件地把自己完全看做教育人民委员部机关系统中的辅助机构,并且在苏维埃政权(特别是教育人民委员部)和俄国共产党的总的领导下,把自己的任务当做无产阶级专政任务的一部分来完成。

* * *

卢那察尔斯基同志说,别人把他的意思曲解了。因此这个决议就**更是**十分必要的了。

载于 1926 年《红色处女地》杂志
第 3 期

译自《列宁全集》俄文第 5 版
第 41 卷第 336—337 页

2

决议草稿要点[177]

（10 月 9 日）

1. 不是特殊的思想，而是马克思主义。

2. 不是**臆造**新的无产阶级文化，而是**根据**马克思主义世界观和无产阶级在其专政时代的生活与斗争的条件**的观点，发扬现有**文化的优秀的典范、传统和成果。

3. 不是离开教育人民委员部独树一帜，而是它的一部分，因为俄国共产党＋教育人民委员部＝无产阶级文化协会的总和

4. 无产阶级文化协会应同教育人民委员部有密切的联系，并从属于后者。

5. 决不能……①

载于 1945 年《列宁文集》俄文版第 35 卷

译自《列宁全集》俄文第 5 版第 41 卷第 462 页

---

① 手稿到此中断。——俄文版编者注

在俄共（布）莫斯科组织积极分子会议上关于共和国国内外形势的报告

（1920 年 10 月 9 日）

关于我们国内的形势在这次会议上就用不着谈了，因为所有的同志通过我们的报刊和地方工作都已经有了充分的了解。粮食收购量大大超过去年，燃料储备也是如此，而这是我们工作的基础。但是，供应方面的情况差一些。相当一部分大工厂已经可以开工，这些工厂的工人当然已经不可能有停产期间那种绝望情绪。考虑到我们的经济形势，可以预料，工人的情绪将会发生很大的变化。

必须谈谈我们所处的国际形势、对外政策的新情况。波兰国内出现极大的危机：波兰的经济破坏比我们严重得多；在政治上，情况已发展到连波兰社会党这个一贯恶毒攻击布尔什维克的机会主义政党也抗议政府对工人的迫害。我们根据和约将割让给波兰的那些地方，波兰只有靠暴力才能控制。波兰的工农群众强烈要求和平。我们向波兰建议媾和，并作出巨大让步，就能使各个政党了解我们的正义性，了解我们不愿意同波兰作战。波兰即使取得了我们的赔款，却并不能因此得到好处，因为这些钱波兰是拿不到的，会被法国拿走。在波兰，至今还隐瞒着这一情况，但是，现在这个情况逐渐暴露在工人面前了,我们应该努力使工人们清楚地看到这一点。因此,我们现在必须签订和约。此外,我们能赢得时间,并借此来加强我们的军队。

在弗兰格尔战线,我方处于优势,然而有一段时间顿涅茨煤田受到了严重的威胁。弗兰格尔在不同方向进行突击,打乱了我们的总攻计划。

有一个情况乍看起来无关紧要,但从政治上说很值得注意。德国准许季诺维也夫同志和布哈林同志入境,参加即将召开的德国独立党代表大会。也许,这是明目张胆的挑拨离间,但是,从另一方面看,毫无疑问,季诺维也夫同志参加会议,将加速和加深"独立党人"中间已出现的分裂。脱党的一部分"独立党人"和近百万的德国共产党党员将构成一支巨大的革命力量。此外,对整个欧洲,这将是一份极有分量的宣传材料。

最重要的一点是法国的帝国主义政策已经暴露无遗。法国过去一贯破坏我们的和平谈判,现在又在从中作梗。我们应该利用休战的每一时刻来巩固自己。加强补给工作,在弗兰格尔战线迅速取得进展,那时才有希望粉碎一系列反对我们的外交阴谋。

远东的形势是,日本不得不撤走,因为它不可能打冬季战局。这就会使我们得到加强。现时,有一个美国亿万富翁正在莫斯科进行关于租让堪察加的谈判。我们提供这一租让,就会使日本与美国之间的关系更加紧张。

土耳其斯坦和高加索的形势较为复杂。不久前,土耳其人开始向亚美尼亚进攻,其目的是侵占巴统,接着,或许还要侵占巴库。当然,我们在这个问题上应该极为谨慎。目前还没有材料预示战事会出现意外。

不管法国和英国之间的分歧有多么大，在目前我们并不是得胜而是失败的时候，我们是无法利用的。看来，分歧还是有的。英国想同我们做生意，我们正力求使之实现。

我们军队的装备怎样，我不可能详谈。前一个时期感到弹药缺乏，但是目前困难已减少了。现在工作已建立在坚实的基础上，只是还要进一步加强。党组织应该通过支部工作，通过工会来促进这一点。

胜利的把握有多大，现在我回答不了，因为判断情绪目前尚有困难。失望情绪还大得很；从我们开始撤退到现在已经6个星期了，至今还在退却。主要的是我们耽误了冬季补给；这又正是在打败仗的时候。毫无疑问，我们应该利用休战的每一时机来加强自己。

在我们对情况不明的时候，我们不能够对鼓动工作定调子。这次会议就是在给鼓动工作定调。

据托洛茨基同志说，在军队方面非常认真地讨论了马赫诺问题，并已弄清楚，这方面我们只会得到好处，不可能有其他前景。这是因为曾聚集在马赫诺周围的人已经切身尝到了弗兰格尔统治的味道，弗兰格尔所能提供的东西并没有能够满足他们。我们同马赫诺签订的条约，是有保证的，他不会再进攻我们了。这里就出现了邓尼金和高尔察克当时所遇到的同一情景：他们刚一触及富农和一般农民的利益，后者就转到我们一边来了。

毫无疑问，波兰人同样会利用休战时机加强自己，在这段时间里也许他们还会调运装备。但是这并不是说，我们就不应该照此办理。

只要还有战争,作为战争手段之一的秘密外交也就应该存在。我们不能拒绝它。对这种外交的评价取决于对战争的总评价。

载于 1959 年《列宁文集》俄文版
第 36 卷

译自《列宁全集》俄文第 5 版
第 41 卷第 338—341 页

就亚美尼亚形势问题
向俄共(布)中央政治局提出的建议[178]

(1920年10月12日或13日)

我提议政治局全部批准契切林的三条建议。

列 宁

译自《列宁全集》俄文第5版
第54卷第432页

同路易丝·布赖恩特的谈话[179]

(1920 年 10 月 13 日)

1918 年初,我曾对美国人包括罗宾斯上校讲过,对苏维埃俄国抱友好态度是符合合众国利益的。那时我就指出,无论从我们这方面考虑,还是从美国方面考虑,都应该建立贸易关系。我们曾提出对外国资本实行租让。前来莫斯科的美国实业家们同意我们的主张。尽管有各种政治问题,一个简单事实却仍然起作用,即美国需要我们的原料,而我们需要美国的商品。

美国资本家们非常清楚他们自己需要什么。他们熟悉当前同日本争夺太平洋统治权的斗争的情况,他们懂得,为争夺国际市场上的优势,美国不得不向英国挑战。不管他们喜欢不喜欢,苏维埃俄国是一个大国。经过三年的封锁、反革命颠覆、武装干涉和对波战争,苏维埃俄国比以往任何时候都强大。威尔逊因为我们的政府不合他们的心意而发誓拒绝同我们打交道,他的这种政策不会给美国带来什么好处。

看来,共和党领袖们明白,置身于欧洲事务之外的时期已经过去了。[①] 显然,任何一个国家要扮演这种角色,就必须利用苏维埃俄国可以提供的储量极大的未经开发的原料,再说,俄国又能大量

---

① 下面有列宁删掉的一句话:"毫无疑问,他们认为,美国不应作为英国的殖民地而应作为居于统治地位的大国进入国际政治舞台。"——俄文版编者注

购买制成品。世界大战以后①，苏维埃俄国是唯一有支付能力的欧洲大国。

科尔比先生对意大利政府[180]说，我们不遵守我们签署的协定②，但是我认为，科尔比先生应该更慎重地斟酌一下自己的话。他举不出任何一个例子、一件事实来证明我们曾违背自己承担的义务。可是布利特这个例子呢？难道他没有把美国政府所承担的义务带交我们吗？难道凯恩斯先生以及其他**非布尔什维克**人士没有对威尔逊所承担的义务给予评价吗？

载于1920年10月14日《华盛顿时报》

译自《列宁文集》俄文版第37卷第254—255页

---

① 下面有列宁删掉的这样的话："美国不可能向破产了的欧洲提出贸易建议。"——俄文版编者注

② 从此处到结尾是列宁用俄文亲笔写的，以代替他删掉的下面一段话："但科尔比先生从来也不想同我们签订协定，如果不把用美国的投机商和间谍来交换俄国的共产党员这一非正式建议计算在内的话。苏维埃俄国一贯恪守同各个国家和个人签订的每项协定和合同，不管这要付出多大代价。难怪精于盘算的美国实业家们被他们的政府激怒了，因为政府不让他们利用这些极好机会。明年3月美国将由另一个政党上台，这是否是一个原因呢？

　　此外，苏维埃俄国完全清楚，美国工人决不会自觉地参与以惨无人道的粮食封锁来使我国妇孺饿死的可耻行径。我们知道，他们只会对俄国工人、农民巩固自己政权的努力表示同情和良好祝愿。"——俄文版编者注

俄共（布）中央政治局关于
俄共（布）在东方各民族聚居地区的
任务问题的决定草案[181]

(1920 年 10 月 13 日或 14 日)

中央政治局讨论了在 1920 年 10 月 13 日中央政治局会议（该会议有东方各民族巴库代表大会[182]的 27 名代表参加）上所作的报告和汇报，决定如下：

1. 加强民族事务人民委员部所属的民族委员会[183]的工作，并在下一次人民委员会会议上提出关于这一工作的报告。

2. 极严肃地调查当地俄罗斯居民在对待东方各民族（特别是对卡尔梅克人、布里亚特–蒙古人等）方面的违法乱纪现象和暴力行为，并对犯罪者给以惩处。

3. 以最高苏维埃当局的名义发表宣言，确认俄罗斯联邦民族政策的原则，并对政策的完全贯彻执行规定更有效的监督措施。

4. 必须使尚未建立自治机关的东方各民族，首先是卡尔梅克人、布里亚特–蒙古人，结合具体情况，采取适当形式来实行自治；此事责成民族事务人民委员部办理。

5. 关于土地问题，必须偿还大俄罗斯人从北高加索山民手里夺去的土地，可把哥萨克富农的土地给这些山民作补偿；责成人民委员会立即起草相应的决定。

6. 为中央委员会和中央苏维埃政权从莫斯科派往东方各民族聚居地区的一切全权代表制定工作守则。这项守则的重点是,说明全权代表必须通过当地劳动居民代表组成的地方机构来开展工作,全权代表的主要任务是:除了支持真正的共产主义团体和个人,还要同当地居民中资产阶级的和假共产主义的集团作斗争。

载于 1958 年《苏共历史问题》
杂志第 2 期

译自《列宁全集》俄文第 5 版
第 41 卷第 342—343 页

在莫斯科省的县、乡、村执行委员会主席会议上的讲话[184]

(1920 年 10 月 15 日)

1

讲　　话

同志们！你们希望听一次关于共和国国内外形势问题的报告，自然我应当着重谈谈对波战争和它的起因。这场战争正是近半年来决定国内外形势的主要因素。现在刚刚同波兰签订了初步和约，正是现在我们可以而且应该总的来研究一下这场战争及其意义，可以而且应该好好考虑一下这场刚刚结束但是还不知道是否已经真正彻底结束的战争给我们大家的教训。因此，我首先要提醒你们一下，波兰人是今年 4 月 26 日开始进攻的。当时苏维埃共和国曾经郑重地正式向波兰人，即向波兰地主和波兰资产阶级建议缔结和约，当时的媾和条件对他们来说要比现在他们所接受的更有利，尽管我们的部队在华沙城下遭到了惨重的失败，而且从华沙后撤时又遭到更大的失败。今年 4 月底，波兰人还在他们现在所认定的初步和约分界线以东 50 至 150 俄里的战线上；虽然当时以这条线分界显然是不公平的，但是我们仍然以全俄中央执行委员会的名义郑重地向波兰人建议缔结和约，因为你们大家当然都知道，也都记得，苏维埃政权当时主要关心的是如何保证转到和平建设。我们没有任何理由希望用武力来解决我国和波兰之间的争端。我们十分清楚：波兰当时是现在也还是地主和资本家的国家，它完全依附于协约国的资本家，特别是法国的资本家。尽管波兰当时不仅控制了立陶宛全境，还控制了白俄罗斯，更不用说加利西亚东部了，但是我们认为，我们有责任尽一切努力避免战争，使俄国的工人阶级和农民在帝国主义战争和国内战争之后能稍微喘一口气，最终能够全力以赴地从事和平劳动。我们当时开诚布公地声明我们建议以波兰人当时占据的战线为界同他们缔结和约，但像过去一再有过的情形一样，这个声明竟被看做是软弱的表现。各国的资产阶级外交家不习惯于这种坦率的声明，因而把我们愿意根据对我们不利的分界线来缔结和约的打算，看做是、说成是我们极度软弱无力的证明。法国资本家终于唆使波兰资本家发动了战争。你们都记得，经过不长的一段时间，在波兰发动进攻后不久，我们就展开了反攻，直逼华沙，后来我们的部队遭到了惨重的失败，被迫后撤。

一个多月以来以至最近一段期间里，我们的部队受挫，一直在退却，因为他们进行了一次空前的远征，从波洛茨克打到华沙，弄得筋疲力尽。但是，我再说一遍，尽管情况这样严重，和约还是签订了，而条件并不像过去那样对波兰有利。那时边界线要偏东50俄里，现在则是偏西50俄里。可见，虽然我们的部队在退却而弗兰格尔又加紧了进攻，时机只对敌人有利，可是我们签订的和约，条件却比较有利。这又一次向大家证明，苏维埃政权建议缔结和约时所说的话和所作的声明，必须认真对待，否则就会出现这样的情况：我们提出了对我们比较不利的和约，而结果却签订了对我们比较有利的和约。波兰的地主和资本家当然是不会忘记这个教训的，他们明白自己太贪得无厌了，他们现在签订和约所得到的领土，比当初我们提议给他们的要小。然而这样的教训已经不是第一次了。你们大家也许还记得，1919年春天，美国政府派了一个代表到莫斯科来，建议我们同当时所有的白卫军总司令高尔察克、邓尼金等缔结初步和约，这个和约对我们是极其不利的。当这位代表回国说明这个和约的条件时，他们竟认为我们提出的条件对他们不利，于是战争就继续下去了。而这场战争的结局你们是知道的。这说明，苏维埃政权已经不是第一次证明：它比表面上看来要强大得多；我们的照会决不采用各国资产阶级政府所惯用的那种手法，虚张声势，吓唬别人；如果你不愿意同苏维埃俄国签订和约，过些时候你就不得不接受更不利的条件来同它签订和约。国际政治方面的这些事情是不会被人遗忘的，我们既然向波兰地主们证明，他们现在接受的和约不如我们以前向他们提出的和约，我们就能使波兰的人民群众，波兰的农民和工人学会权衡、比较他们政府的和我们政府的声明。

你们许多人大概在报上看到了美国政府的照会[185]，照会说："我们不想同苏维埃政权打交道，因为它不履行自己的义务。"我们对此毫不奇怪，因为这种滥调我们听了好多年了，结果它们进攻苏维埃俄国的一切尝试总是以失败告终。波兰的报纸（几乎全被地主和资本家所收买，这也就是他们的所谓出版自由）说，不能相信苏维埃政权，它是暴徒和骗子的政权。尽管一切波兰报纸都这样说，但波兰的工人和农民是要拿事实来检验这些言论的。而事实表明：当我们第一次建议缔结和约时，已经证明我们爱好和平，10月间我们缔结了和约后，又一次证明我们爱好和平。这种例证在任何一个资产阶级政府的历史中都是找不到的，这一事实不会不在波兰工人和农民的脑海里留下印象。苏维埃政权是在对它不利的时机签订和约的。只有这样，我们才能使那些为地主和资本家所控制的国家的政府不敢再说谎话，才能动摇这些国家的工人和农民对他们的政府的信任。这一点必须着重想一想。俄国的苏维埃政权尽管受到这样数不胜数的敌人的包围，可是这些敌人还是对我们无可奈何。请好好想一想对波战争的全部进程和结局吧！现在我们知道，法国资本家是波兰的后台，他们给波兰金钱、装备、军服、弹药，还派去法国军官。不久以前我们得到的情报说，波兰战线出现过一些黑人部队，即法国殖民地的部队。这就是说，这个仗是法国在打，英美在帮忙。同时，法国承认弗兰格尔是俄国的合法政府，这就是说，法国还支持弗兰格尔，出钱装备和供养他的军队。英国和美国也在资助弗兰格尔的军队。可见，同我们打仗的是三个结成联盟的伙伴，这就是全世界所有的富国所支持的法国以及波兰和弗兰格尔。可是我们经受住了这场战争，缔结了有利的和约。这就是说，胜利者是我们。只要看看地图谁都会发现，是我们打胜了，战后我们的领土比战前扩大了。难道敌人比我们弱，难道他们的军事力量比我们的弱，难道他们的人力、作战物资和弹药比我们少吗？这一切他们都比我们多。这个比我们强的敌人却终究被打败了。只有好好想一想这一点，才能了解苏维埃俄国在世界各国的力量对比中所占的地位。

布尔什维克在开始革命时说过：我们可以而且应当开始革命。可是我们同时并没有忘记：不能只限于在俄国一国革命，只有联合其他许多国家战胜国际资本,才能顺利地把革命进行到底,取得绝对的胜利。俄国资本同国际资本是有联系的。如果敌人对我们说,即使你们在俄国胜利了,你们的事业仍然要失败,因为其他的资本主义国家会扼杀你们,那么我们现在可以拿一个十分重要的经验——对波战争的经验作为答复,这个经验表明实际的结局是怎样的。法国、波兰和弗兰格尔的力量比我们大,他们对布尔什维主义恨之入骨,并决心推翻苏维埃政权,可是过了半年(如果从4月开始进攻时算起,连半年都不到)他们却败了,我们倒胜了。真的,怎么会发生这样的事情呢?被帝国主义战争和国内战争弄得疲惫不堪的苏维埃俄国,受到敌人包围并且断绝了军服、装备等各种物资的一切来源的苏维埃俄国,终于打胜了。这是怎么一回事呢?这一点必须想一想,因为细细琢磨一下这个问题,我们才会开始懂得俄国革命以至国际革命的奥秘。我们看到,事实证明了俄国革命只是国际革命链条中的一环;我们的事业是巩固的、不可战胜的,因为革命事业正在全世界发展,使敌人削弱、使我们日益强大的经济条件正在形成;这不是夸大,不是吹牛,也不是忘乎所以,这是对波战争现在又一次向你们证明了的。是三个结成联盟的伙伴跟我们打仗。看起来这三家是不难联合起来的,可是,他们尽管接受了尤登尼奇、高尔察克、邓尼金作战的重要经验教训,却还是不能联合起来对付我们,他们动不动就要争吵。这是刚刚结束的对波战争的历史中特别有教益的一点。我们红军这次向华沙进军,战士们推进了600多俄里,筋疲力尽,而且衣着很差,却使训练有素、拥有数百名头等法国教官的波兰军队接二连三地吃了败仗。这次进军使我们看清了我们所有的敌人之间的内部关系。当红军部队逼近波兰边界的时候,7月12日,我们接到英国外交大臣寇松以国际联盟的名义拍来的电报,这个声名狼藉的国际联盟是一个似乎联合着英、法、美、意、日等国的同盟,这些国家拥有强大的军事力量,拥有世界上的全部舰队,对这些国家实行军事抵抗似乎是完全办不到的、荒唐透顶的事情。寇松正是以这个国际联盟的名义建议我们停战并且同波兰人在伦敦举行谈判的。根据这封电报,边界线大约是格罗德诺、比亚韦斯托克、布列斯特-里托夫斯克和加利西亚东部的桑河一线。对于这个建议我们回答说,我们根本不把什么国际联盟放在眼里,因为我们看到这个国际联盟名不副实,甚至连它的成员国都不听它的。法国政府认为我们的答复傲慢无礼,看来这个国际联盟该一致反对我们了。可是结果怎样呢?结果我们发表这第一篇声明,国际联盟就分崩离析,英法就彼此冲突起来。

英国陆军大臣丘吉尔几年来用尽一切手段,包括合乎英国法律的手段以及更多的是违反英国法律的手段,来支持所有的白卫分子反对俄国,供给他们军事装备。这是一个极端仇视苏维埃俄国的家伙,但是我们一发表声明,英国马上和法国分道扬镳了,因为法国需要白卫俄国的力量来保卫它免受德国的侵犯,而英国则不需要任何保卫,英国是一个海洋国家,它不怕任何进攻,因为它拥有最强大的舰队。可见,国际联盟虽然对俄国发出了闻所未闻的威胁,但一到采取行动,就显得软弱无力。处处都可以发现,这个国际联盟的各成员国的利益是互相矛盾的。法国希望英国失败,反之,英国对法国也是如此。加米涅夫同志在伦敦同英国政府谈判时,曾问过英国首相:"就算你们确实会履行你们的诺言,可是法国呢?"当时英国首相不得不回答说,法国走法国的路,"我们不能同法国走一条路"。这样看来,国际联盟并不存在,资本主义列强的联盟只是一种假象,实际上是一伙你抢我夺的强盗。最近在里加缔结和约的时候,我们了解到是什么东西把波兰、英国、法国和弗兰格尔彼此拆散,为什么他们不能联合起来,我们了解到他们的利益各不相同,因为英国想把芬兰、爱斯兰、拉脱维亚和立陶宛这些新成立的小国置于自己的势力范围之内,是恢复沙皇的还是白卫分子的以至资产阶级的俄国,它都无所谓,对它来说是无利可图的。所以英国不顾法国而自行其是,也不能同波兰和弗兰格尔联合起来。法国所关心的则是要使波兰士兵为它的利益、为它的债款作战到最后一个人。法国希望我们把以前沙皇借的、克伦斯基政府确认的那笔 200 亿的债款还给它,可是现在任何一个头脑清醒的人都明白,法国资本家是见不到这笔钱的,正像他们看不到自己的耳朵一样。法国资本家懂得,要驱使法国的工人和农民去打仗是办不到的,而波兰的工人和农民却要多少有多少。就让波兰士兵为了替法国资本家讨还这几百亿债款去送死吧!可是波兰的工人也已经看出,法、英等国的军官在波兰就像在被征服的国家里一样耀武扬威。因此我们在里加谈判时看到,波兰工人和农民的党(毫无疑问这是一个奉行爱国主义的党,毫无疑问是一个敌视布尔什维主义的党,就跟我国右派孟什维克和右派社会革命党人的党一样)是主张和平,反对波兰地主和资本家的政府的。而波兰地主和资本家直到最近还在力图破坏和平,不但现在这样做,将来在很长一段时间里还会这样做。关于这一点,下面谈到我们刚刚缔结的这个初步和约是否牢靠的问题时,我还要加以说明。

第三个伙伴弗兰格尔竭力要为地主和资本家夺回整个俄国,他认为波兰也是俄国的一部分。要知道,俄国所有的沙皇,俄国的地主和资本家,都习惯于把波兰看做自己的战利品,他们念念不忘俄国农奴曾在沙皇的驱使和统率下蹂躏过波兰。因此,如果弗兰格尔打胜了,他就要使地主既在俄国又在波兰重新掌握全部政权。但结果却是三个伙伴刚刚纠合起来反对我们,他们内部就争得不可开交了。法国所希望的,正是波兰的农民和工人所反对的,而弗兰格尔所希望的,则是连任何一个波兰地主都要反对的。现在,当我们收到弗兰格尔发出的无线电讯或巴黎发出的报道法国官方消息的无线电讯时,我们可以听到弗兰格尔和法国咬牙切齿的声音,因为他们懂得我们同波兰现在签订的是一种什么样的和约,虽然他们要人相信这并不是和约,波兰是不会签订这个和约的。让我们走着瞧吧,现在反正和约已经签订了。同时,无论弗兰格尔也好,法国也好,都不明白这是怎么一回事。他们无法理解这个奇迹:遭到严重破坏的苏维埃俄国竟战胜了比它强大的文明国家。他们不懂得带来这些胜利的力量全在于共产党人的一个基本学说,它告诉人们:私有制使人分裂,而劳动使人团结。私有制就是掠夺,以私有制为基础的国家就是强盗的国家,而强盗为了分赃往往要互相厮杀。因此这场战争还没有结束,他们内部,他们彼此之间就开始争斗起来了。一年以前有 14 个国家威胁我们。可是这 14 个国家的联盟很快就瓦解了。为什么会瓦解呢?就因为这些国家之间的协定只是一纸空文,它们谁也没有去打仗。现在这场战争刚开始的时候,法国、波兰和弗兰格尔是联合起来了,可是这个联盟后来由于互相拆台也瓦解了。熊还没有打死,而且也打不死,他们就分起熊皮来了。为了这只熊他们已经在闹纠纷了。

世界政治的经验证明,反对苏维埃俄国的联盟是注定要失败的，因为这是帝国主义的联盟，是强盗的联盟，而强盗是无法团结起来的，他们没有一种持久的、使他们联合起来的真正共同关心的东西。他们没有那种使工人阶级联合起来的东西，没有那种真正共同关心的东西。这一点在对波战争期间又一次暴露出来了。当我们的红军粉碎了波军的抵抗，攻下比亚韦斯托克和布列斯特-里托夫斯克，逼近波兰边境的时候，已经确立了的整个国际政治体系就完蛋了，因为它是靠凡尔赛条约来维系的，而凡尔赛条约则是强盗和掠夺者的条约。当我们不得不接受布列斯特和约时（我们受了这个和约那么久的压迫），全世界都叫喊这是掠夺者的和约。当德国战败的时候，同它作战的国际联盟大肆叫嚷，说这曾是一场解放战争、民主战争。德国被迫接受了和约，然而这是一个高利贷者的和约，刽子手的和约，屠夫的和约，因为他们洗劫了和肢解了德、奥两国。他们夺走了这两个国家的全部生活资料，使儿童挨饿，甚至饿死。这样的和约是闻所未闻的、掠夺性的和约。那么，凡尔赛条约究竟是什么呢？它是一个闻所未闻的、掠夺性的和约，它把亿万人，其中包括最文明的一部分人，置于奴隶地位。这不是和约，而是手执钢刀的强盗逼迫无以自卫的受难者接受的条件。按照凡尔赛条约，德国的一切殖民地都被它的这些敌手夺去了。土耳其、波斯和中国都沦为奴隶。结果是世界十分之七的人口陷于被奴役的地位。这些奴隶遍及全世界，受英国、法国和日本等一小撮国家的宰割。正因为如此，靠凡尔赛和约来维系的整个国际体系、国际秩序是建立在火山上的，因为整个地球上受奴役的十分之七的人口已经忍无可忍，他们渴望有人发起斗争来撼动这些国家。法国希望讨还旧债，而它本身又欠了美国的债，它无力偿还美国的债款，因为它一无所有，而私有制在他们那里又是神圣不可侵犯的。

这种神圣不可侵犯的私有制的含义是什么呢？不外乎是皇帝和资本家借钱，工人和农民来还债。他们已经濒于破产，无法摆脱债务。正在这个时候，红军突破波兰的边界，逼近德国的边界。当时德国所有的人，甚至黑帮分子和君主派都说：布尔什维克将使我们得救。当时他们看到，凡尔赛和约已摇摇欲坠，有红军出来向一切资本家宣战了。这说明了什么呢？这说明凡尔赛和约原来是靠波兰来维持的。不错，我们没有足够的力量把对波战争进行到底。可是必须记住，我们的工人和农民尽管没有鞋穿，也没有衣穿，他们却勇往直前，克服了世界上任何军队都无法克服的困难，在任何军队都无法作战的条件下作战。我们的力量不足，我们没能攻下华沙，没能彻底打垮波兰的地主、白卫分子和资本家，但是我们的军队使全世界都看到：凡尔赛条约并不像人们所描绘的那样有力量；现在几亿人注定要还几十年的债，连他们的子孙都得还债，而法、英等国的帝国主义者却因此大发其财。红军使大家看到，这个凡尔赛条约并不牢靠。在这个条约签订之后，我们的红军又使大家看到，遭到严重破坏的苏维埃国家，在1920年夏天靠了这支军队几乎获得了全胜。全世界都已经看到：现在已经有了这样一种力量，对它来说，凡尔赛条约并不可怕；只要工人和农民能够制服地主和资本家，那么他们的力量是任何凡尔赛条约都摧毁不了的。

总之，反对凡尔赛和约的进军，反对全世界一切资本家和地主、反对他们残害所有其他的人的进军，并不是徒劳无功的。各国千百万的工人和农民都看到了这一点，都思考过这一点，他们现在已经把苏维埃共和国看做自己的救星。他们说：红军证明它有能力回击敌人的进攻，然而在和平建设的头一年，甚至可以说是在和平建设的头一个月，它还没有足够的力量取得胜利。但是，继头一个月的和平建设之后，还将有若干年的和平建设，而在这些建设年代中，红军每年都会强大十倍。以前人们认为凡尔赛和约是势力极大的帝国主义者的和约，可是1920年夏天以后，人们已经深信，这些帝国主义者甚至比一个弱国的工人和农民还势单力薄，只要这些工人和农民能够联合起自己的力量给资本家以反击。1920年夏天，苏维埃俄国不仅是作为一种能够抵御暴力、抵御波兰白卫分子进犯的力量，而且事实上是作为一种能够摧毁凡尔赛条约、解放地球上多数国家几亿人的世界力量而出现的。这就是红军今年夏天进军的意义。这就是英国在这场战争期间发生一些变化的原因所在，这些变化标志着整个英国政局的转折。当我们拒绝停止推进的时候，英国曾威胁说："我们要派舰队进攻彼得格勒"，并且下达了进攻彼得格勒的命令。英国首相就是这样通知加米涅夫同志并且知照了其他各国的。但是在发出这一内容的电报的第二天，英国全国各地纷纷举行大小集会，一下子涌现出了许多"行动委员会"。工人们团结起来了。英国的孟什维克要比俄国的孟什维克更加卑鄙无耻，对资本家更加卑躬屈膝，可是就连他们也不得不与大家团结一致，因为工人要求这样做。英国工人说："我们不准对俄国开战！"英国全国各地便都成立了"行动委员会"，英帝国主义者的战争被制止了，结果又一次表明，苏维埃俄国在对各国帝国主义者作战时，在所有这些国家中都能找到同盟者。布尔什维克曾经说过："我们起来反对俄国的地主和资本家，并不是孤军作战，因为我们在任何一个国家里都有同盟者，这个同盟者就是工人和劳动者，他们在大多数国家中都有。"当时有人用嘲笑的口吻反问说："这些劳动者在什么地方显过身手呢？"就在西欧，尽管那里的资本家要强大得多,他们靠掠夺殖民地的亿万人民为生,那里发动斗争要困难得多,那里工人革命的发展要慢得多。但是那里的工人革命毕竟在发展。当1920年7月英国用战争来威胁俄国的时候,英国工人就制止了这场战争。当时英国的孟什维克跟着英国的布尔什维克走了。他们不得不跟着英国的布尔什维克走,不得不违反宪法、违反法律说:"我们不准打仗。如果你们明天宣战,我们就宣布罢工,不仅不把煤供给你们,而且也不供给法国。"英国工人声明,他们要搞国际政治,并且要像俄国布尔什维克那样干,而不是像其他各国资本家那样干。

这就是对波战争所揭示的典型事例。这就是我们半年就取得胜利的原因。这就是遭到严重破坏、贫弱落后的苏维埃俄国竟能战胜比它强大得多的国家联盟的原因,因为这些国家缺乏内部的支持,因为工人和劳动者反对它们,在每一个紧要关头都是这样。出现这种情况是因为这些国家都是一些强盗,他们互相争夺,不能团结一致地来反对我们;总之,归根到底是因为私有制使人分裂,使人变成野兽,而劳动则使人团结。劳动不仅团结了俄国的工人和农民,而且使他们同各国的工人和农民团结起来,因此现在全世界都看到,苏维埃俄国是一种能够摧毁凡尔赛和约的力量。一旦苏维埃俄国壮大起来,凡尔赛条约就将被粉碎,像它在1920年7月刚一遭到红军的打击就险些被粉碎一样。正因为如此,对波战争的结局出乎任何一个帝国主义国家的意料之外。这对我们是极其重要的一课,它用实例,通过现在参与世界政治的一切国家的表现说明:我们的事业是牢固的;不管敌人怎样试图侵犯俄国,不管他们采取怎样的军事行动来进攻俄国(这样的尝试大概也不会是一两次),我们已经在这次经历中得到了锻炼,我们根据实际经验知道，所有这些尝试都将遭到失败。而在敌人的每次尝试之后，我们都会比以前更加强大。

上面我谈到同凡尔赛和约相抵触的国际政治证明了我们的力量，现在我再来谈谈更为迫切的实际任务以及缔结凡尔赛条约后所形成的局势。关于7月间在莫斯科举行的共产国际第二次代表大会（全世界共产党人的代表大会），以及后来在巴库召开的东方各民族代表大会具有什么意义，我就不谈了。这两次国际性的代表大会团结了共产党人并且表明了下述事实：在一切文明国家里，在一切落后的东方国家里，布尔什维主义的旗帜、布尔什维主义的纲领和布尔什维克的行动方式，已经成为一切文明国家的工人和一切落后的殖民地国家的农民谋求解放的旗帜，进行斗争的旗帜；苏维埃俄国在这三年之内确实不仅打退了向它扑来企图扼杀它的敌人，而且赢得了全世界劳动者的同情；我们不仅击溃了我们的敌人，而且无时无刻不在获得更多的同盟者。共产党人在莫斯科举行的代表大会以及东方各民族的共产主义者在巴库举行的代表大会所取得的成果，是不能立即加以估量的，是无法直接计算出来的，但是，这是一种比某些军事胜利意义更大的成就，因为它向我们表明：布尔什维克的经验、活动、纲领以及反对资本家和帝国主义者的革命斗争口号，已经为全世界所公认；7月在莫斯科，9月在巴库所取得的成果，将在今后的几个月里为全世界的工人和农民所逐步领会和接受。这就是在任何冲突中、在任何紧急关头，都会奋起支持苏维埃俄国的一种力量（我们已不止一次地看到过这种支持）。这就是从全世界力量对比的角度来看，从对波战争中所得出的基本总结。

谈到我们目前的情况，我必须指出，现在还同我们敌对的主要力量是弗兰格尔。法国、波兰和弗兰格尔曾联合向我们进攻。当我军集中全力在西方战线作战的时候,弗兰格尔在纠集力量,法、英两国的舰队对他提供了援助。当弗兰格尔向库班窜扰的时候,他曾把希望寄托在当地殷实的哥萨克富农身上。当时是谁援助了弗兰格尔,供给他燃料和军舰,企图使他盘踞在顿涅茨煤田呢? 是英、美的舰队。可是我们知道,那次登陆失败了,因为库班的哥萨克虽然手里有很多粮食,但是他们却看透了社会革命党人和孟什维克之流用来欺骗傻瓜的所谓立宪会议、民权制度之类动听的诺言究竟是什么回事。当他们说得天花乱坠的时候,库班的农民也许相信过他们,但是最后库班的农民相信的就不是言词而是行动了。他们看到,尽管布尔什维克是一些严厉的人,但是与他们相处究竟要好些。结果,弗兰格尔被撵出了库班,他的部队成百成千地被消灭掉了。尽管如此,弗兰格尔在克里木还是纠集了愈来愈多的力量。他的部队几乎全部由军官组成,他之所以这样做,是指望一旦出现有利时机,只要农民跟他走,就可以扩大队伍。

弗兰格尔的部队有大炮、坦克和飞机,装备比曾在俄国作战的其他军队都要好。当我们还在同波兰人作战的时候,弗兰格尔已经在纠集力量了,因此,我说,同波兰签订的和约是不牢靠的。按照12日签订的初步和约,18日起才开始休战,在近两天内波兰人还可以拒绝休战[186]。法国所有的报刊和资本家正在极力唆使波兰对苏维埃俄国重新开战;弗兰格尔正在抓紧调动他的各方面的关系,力图破坏这一和约,因为他看到对波战争一旦结束,布尔什维克就要转过来对付他了。因此我们现在能得出的唯一切合实际的结论是:全力对付弗兰格尔。今年4月,我们曾建议以对我们不利的条件缔结和约，只是为了使成千上万的工人和农民避免一场新的战争屠杀。边界问题对我们来说并不是那样重要的，我们可以在边界问题上吃点亏，少要一点领土，对我们来说，保住几万工人和农民的生命，保证能进行和平建设，要比保全一小块领土更重要。这就是为什么我们当时建议缔结这个和约，为什么我们目前再三指出，弗兰格尔是主要的威胁，他的部队在这一时期已经大大加强，正在疯狂地进行战斗，几次渡过第聂伯河，向我们发动攻势。弗兰格尔战线其实也就是波兰战线，对弗兰格尔作战问题也就是对波作战问题，要把对波的初步和约变为正式和约，我们必须在最短期间击溃弗兰格尔。做不到这一步，我们就不能有把握地说，波兰的地主和资本家不会在法国的地主和资本家的压力和援助之下再度把战争强加在我们头上。所以，我要通过这次人数众多的会议，引起你们对这一主要问题的注意，要求你们运用你们的地位和影响，动员广大工农群众，尽最大的努力全面地完成我们当前的任务，无论如何要在最短期间击溃弗兰格尔，因为我们能否着手和平建设，完全在此一举。

我们知道，在一个遭到严重破坏的国家里，农业凋敝，农民需要的是工业品，而不是落到他们手里的大量的纸币。但是要供给农民煤油、食盐、衣服等等工业品，就必须恢复工业。现在我们已经开始能够这样做了。我们知道，我们今年的粮食比去年多，我们有了工业燃料，我们从巴库运出的石油超过了1亿普特，我们的顿涅茨煤田已经恢复生产，正在提供大量的燃料，尽管在弗兰格尔逼近顿涅茨煤田南部的时候，某些企业曾疏散到外地，但是该区的工业生产现在可以说是全部恢复了。采购木柴的工作也进行得较好：去年我们运出来的木柴是700万立方米，今年就多得多。我们的工业已经开始复苏,在伊万诺沃-沃兹涅先斯克省,工厂停工有好几年了,因而工人们都垂头丧气,现在燃料供应上了,工厂就要开工了。由于在土耳其斯坦取得了一系列胜利,纺织工厂获得了那里的棉花后也要开工了。现在我们面前摆着大量的生产工作要做,我们必须把一切力量用在恢复工业上,以供应农民衣服、鞋子等等工业品,从而开始实现农村粮食与城市工业品的正常交换。我们必须开始支援农业。人民委员会昨天作出决定:哪一个工厂最先制造出最适合俄国条件的铁犁,从而能在目前耕畜短缺的情况下促进农业的发展,并把它提高到较高的水平,我们就给该厂工人增加一些口粮。

工人和农民在没有地主和资本家的情况下同心协力地劳动,并正在这方面取得成就。但是,为了切实抓好这一工作,我们必须牢牢记住下面这一点:在弗兰格尔战线上好几万工人和农民正在流血牺牲;敌人的装备比我们好;在弗兰格尔战线上正在展开最后的殊死战斗;那里正在决定这样一个问题,即苏维埃俄国能否得到巩固来进行和平劳动,做到不仅波兰白卫分子,而且全世界任何帝国主义者的联盟我们都不怕。同志们,这全要靠你们!你们必须尽最大的努力,并且记住,在苏维埃俄国,任何斗争任务的完成,不是靠中央发布命令,而是由于这些命令得到了各地工农群众最热烈的衷心的拥护。当工人和农民认识到,同高尔察克、邓尼金和弗兰格尔作斗争,是为了自己的土地和工厂,是为了自己的利益而反对地主和资本家,那他们每一个人就都尽心竭力地支援红军。红军战士看到后方在关心他们,就士气高涨,取得了胜利。全部问题就在于战胜弗兰格尔。我向大家发出号召,你们的组织,你们的工厂,你们的乡村,为了全俄工农的利益,要尽一切可能,自愿地支援

弗兰格尔战线，这样，我们就一定会在弗兰格尔战线上以及在国际战线上真正取得胜利。（热烈鼓掌）

载于 1920 年 10 月 17 日《真理报》
第 232 号

译自《列宁全集》俄文第 5 版
第 41 卷第 344—361 页

2

总 结 发 言

同志们！我只能作一个简短的小结，因为会议一开始就看出了有人想要，甚至强烈地想要把中央骂一顿。当然，这是有益的，我也有责任听取大家对政府及其政策提出的意见。而且我觉得本来是不应该结束讨论的。（喊声："对！"）但是我听了你们的意见之后，感到很惊讶，因为具体而明确的建议提得太少了。在我们共和国所处的国内形势和国外形势这两个问题上，看来你们更感兴趣的是国内形势。这也是对的。但是同志们，你们忘记了国内形势是决定于国外形势的，所以我才觉得应该向你们说明：对波战争怎样以及为什么使我们同国际帝国主义者相对峙，它又怎样把我们引向和平，而这个和平是怎样的不牢靠，又为什么不牢靠，怎样才能使它变得牢靠。在这个问题上，我希望你们在讨论所有其他问题之后，在冷静地说明一切问题之后，不会去学有一位发言人讲的故事里的那种角色[187]。猞猁希望山羊和绵羊打起来，好把它们都吃掉。我相信你们是不会让那猞猁高兴的。不管山羊和绵羊之间冲突多么厉害，我们是不会让猞猁高兴的。（鼓掌，喊声："好！""这说得对！"）同志们！会上不断有人表示很不满意和很不耐烦，可是我们大家都知道，会议的进行方式首先是自由发言。而你们在这次会上违反了这种方式，因为大多数农民深深感到地方上的情况极其严重。大多数农民深深感到饥寒交迫、捐税过重。（鼓掌，喊声："对！"）大多数发言人直接或间接责骂中央最多的就是这一点。

我感到，如果这个棘手的问题得不到回答，那么同志们连听都不想听完。有一位发言人，我忘记是谁了，他说他认为我"回避了"这个问题。我想这样说是没有根据的。

苏维埃共和国的情况非常严重，这就迫使我们急于在冬季战局之前求和。我们急于求和，是想避免冬季战局，是因为我们意识到，尽管会得到一条对我们不利的边界线，就是说只能得到白俄罗斯的小部分领土，只能把较少的白俄罗斯农民从资产阶级的压迫下拯救出来，这也总比让全俄国的农民再受一次苦难，再经历一次冬季战局要好些。这就是原因所在。你们知道，今年的歉收加重了农民的贫困。但是并不是所有的人都了解这对国内的政治形势很有影响。我想你们大家完全可以弄清楚捐税问题。你们还将听到粮食政策发言人的讲话，所以我只想指出并提请你们注意，国内形势同国外形势有着极其密切的联系。就拿我们国防委员会和人民委员会的会议来说吧。在这些会议上我们甚至要来解决每趟列车的问题，解决俄罗斯原来那些省的征粮问题——征粮往往过重。两三个星期以前，人民委员会开了一次会，研究中部地区征粮过重的问题，并且决定减少征粮数。但是靠什么来减少呢？对这个问题只能有一个答案，就是靠产粮比较多的边疆地区，即西伯利亚和库班，并且准备条件从乌克兰取得粮食。现在我们可以拿到西伯利亚的粮食，可以拿到库班的粮食，但是拿不到乌克兰的粮食，因为那里正在进行激战，红军正在同遍及乌克兰的匪徒作斗争。我们差不多要来解决每一趟列车的问题。我们看到了这次会上发生的情况。大家很不满，提出了严厉的指责；但是我们理解为什么会出现这种情况。我们知道每个在这里表现激动的人，心里都很痛苦，因为没有饲料，牲口大批死亡，捐税又过重。有个同志说这里的指责对我们说来是新鲜事,这是没有根据的。其实无论从地方上打来的电报,还是从地方上送来的报告,我们对于因饲料短缺而饿死牲口的情况是知道的,而且每个人也都了解局势的严重性。我们也知道怎样才能摆脱这种困境。现在没有别的出路,出路只有一条:靠西伯利亚、库班和乌克兰。

我们必须把西伯利亚的军队调到弗兰格尔战线,国防委员会为此召开了两三次艰苦的会议,有些同志到会提出取消运粮专车的要求。经过极其激烈的争论和讨价还价才解决了问题,略为减少了一些运粮列车。但是我们还想听听更重要的意见。我们知道,对于农户遭到破产这一点是有很多怨言和不满的。因此,尽管休战到18日才能开始,尽管波兰人有权在近48小时之内把它破坏,这次休战总能使我们喘一口气,轻松一点,而从西伯利亚和库班开来的运粮列车在最近几个星期总会有所增加。当然,困难是这么大,歉收是这么严重,我们也只能是稍微缓一口气。当然,决不能自己骗自己说,这样就能消除一切困难,就可以停止征粮了。

我不能也不会这样说。请把你们的确切意见谈一谈,把你们关于如何才能减轻过重的捐税的明确建议提出来,工农政府的代表是会非常认真地考虑的,因为必须找个出路来减轻这种前所未有的困难。乌克兰的粮食并不比库班少,可能还要多。但是,计划从乌克兰征收的6亿普特粮食,到现在几乎一粒也没有拿到手;这批粮食如果能拿到,就能保证并恢复整个工业生产。据我们的估计,不能把乌克兰计算在内,从那里恐怕一普特粮食也拿不到,因为那里有土匪,因为同弗兰格尔进行的战争使我们不得不说,我们不敢担保能从乌克兰拿到哪怕一普特粮食。情况就是这样,尽管你们的焦急是合理的,你们的愤慨是完全正当的,但是我们的全部注意力还是要集中在波兰战线和弗兰格尔战线上。所以当有同志说，"我们不反对支援，但是我们认为支援应该是自愿的"；我们回答说：一定要支援前线！

在结束我这简短的讲话时，我还要提一提我在报告的末尾向你们说的话：每当苏维埃政权遭到困难的时候，例如当邓尼金攻占奥廖尔的时候，当尤登尼奇离彼得格勒只有五俄里的时候，就是说当情况不仅很严重，而且很危急，比现在要严重百倍的时候，苏维埃政权并不掩饰这种情况，而是召集工人和农民来开今天这样的会，从而摆脱了困境。所以我说，能不能很快地消灭弗兰格尔，不取决于中央的决定，而取决于各地代表在倾诉了一切不满，完全结束了上面那个同志所说的山羊和绵羊的斗争（这是很必要的）以后，在把一切埋怨、责备和非难全部倾诉出来以后，如何解决是不是应该不顾中央的决定而自行其是的问题。在这个问题上我们不能下什么命令，这要靠你们在处理目前形势、征粮、捐税和弗兰格尔等问题时自己作出决定，完全要靠你们自己。应该让每一个人畅所欲言，你们可以把你们的一切非难都说出来，可以更厉害十倍地责骂我们，这是你们的权利，也是你们的义务。你们到这里来就是要坦率地、尖锐地提出你们的意见。但是在这样做了之后，就要冷静地想一想，为了尽快地消灭弗兰格尔，你们准备拿出些什么和做些什么。我想我们在这个问题上一定会很好地取得一致的意见，使得那只猞猁——我再重复一句并结束我的讲话——无论如何不能从我们的争论、吵嘴和责难当中得到任何的便宜。（鼓掌）

载于1920年《莫斯科工人和红军　　　　　译自《列宁全集》俄文第5版
代表苏维埃会议速记记录》公报　　　　　第41卷第362—366页
第13号

给乌克兰苏维埃政府和
南方面军司令部的电报

(1920 年 10 月 16 日)

你们关于贫苦农民问题的来电，**我**作复如下。如果他们真正是革命的，就应该把下列各点作为纲领：(1)实行集体耕种；(2)建立农具租赁站；(3)没收富农超出劳动土地份额的土地；(4)征集全部余粮，用粮食奖励贫苦农民；(5)富农的农具收归农具租赁站；(6)这一切措施只有在保证集体耕种取得成就并有实际监督的条件下才能实行。建立公社应当最后考虑，因为建立人为的假公社，使个别人脱离群众是最危险的事情。实行新办法要特别谨慎，要再三检查采取的措施是否切实可行。

人民委员会主席　**列宁**

载于 1942 年《列宁文集》俄文版
第 34 卷

译自《列宁全集》俄文第 5 版
第 41 卷第 367 页

关于党的当前任务的意见

（1920 年 10 月 19 日）

对弗兰格尔的战争结束后的主要问题（并提交 1921 年的党代表大会）：

（1）同苏维埃机关的官僚主义和拖拉作风作斗争；检查斗争的实际成效；

（2）加强社会主义基础：700 万工会会员。平均制代替重点制。

发挥 700 万工会会员的主动精神；

（3）工会（全俄工会中央理事会）与不剥削他人、不从事投机倒把的劳动农民的联系。形式与方法。

加强苏维埃政权与农民的联系。

拖拉机与集体农庄。

1920 年 10 月 19 日

载于 1942 年《列宁文集》俄文版第 34 卷

译自《列宁全集》俄文第 5 版第 41 卷第 368 页

关于专政问题的历史[188]

（评　　论）

（1920 年 10 月 20 日）

无产阶级专政问题，毫无例外是一切资本主义国家现代工人运动的根本问题。要透彻地说明这个问题，必须知道这个问题的历史。在国际范围内，革命专政学说的历史尤其是无产阶级专政学说的历史，同革命社会主义的历史特别是马克思主义的历史是吻合的。其次，——这一点自然是最重要的——被压迫被剥削阶级反对剥削者的一切革命的历史，是我们对专政问题的认识的最主要材料和来源。谁不懂得任何一个革命阶级为了取得胜利必须实行专政，谁就对革命史一无所知，或者说根本不想获得这方面的知识。

就俄国的范围来说，如果要谈理论的话，1902—1903 年由《曙光》杂志[189]和《火星报》的编辑部拟定的俄国社会民主工党纲领，或者确切些说是由格·瓦·普列汉诺夫拟定并经该编辑部加工、修改和定稿的纲领，具有特殊的意义。在这个纲领中，无产阶级专政问题提得很明确，而且是针对伯恩施坦、针对机会主义提出来的。然而具有最重大意义的当然是革命的经验，即俄国 1905 年的经验。

这一年的 10 月、11 月和 12 月这最后三个月，是非常强大的、广泛的、群众性的革命斗争时期,是革命斗争的两种最有力的方式——群众性政治罢工和武装起义——相结合的时期。(附带指出,早在 1905 年 **5 月**,布尔什维克的代表大会,即"俄国社会民主工党第三次代表大会",就已经认为"组织无产阶级举行武装起义来直接同专制制度斗争"是"党的最主要最迫切的任务之一",并且责成各级党组织"说明群众性政治罢工的作用,这种罢工在起义开始时和起义进程中都具有重要意义"。①)

革命斗争达到这样的发展水平,具有这样的力量,使武装起义同无产阶级特有的武器——群众性罢工结合起来,这在世界历史上还是第一次。很明显,这个经验对全世界**一切**无产阶级革命都是有意义的。因此布尔什维克曾十分仔细、十分认真地从政治和经济两方面研究这个经验。这里可以举出对 1905 年经济罢工和政治罢工、对当时这两种罢工结合的形式、对罢工斗争达到的空前的发展水平等逐月的情况所作的分析。我在 1910 年或 1911 年的《启蒙》杂志**190**上就作过这样的分析,在当时国外布尔什维克的书刊上又概括地重述了这个分析。②

群众性罢工和武装起义自然而然地把革命政权问题和专政问题提上了日程,因为采用这两种斗争方式必然导致(首先在地方范围内)驱逐旧政权、无产阶级和各革命阶级夺取政权、驱逐地主,有时还会夺取工厂,如此等等。这一时期的群众性革命斗争创造了世界历史上前所未见的组织——**工人代表苏维埃**,以及后来的士兵代表苏维埃、农民委员会等等。这一事实表明,现在全世界觉悟

---

① 参看《苏联共产党代表大会、代表会议和中央全会决议汇编》1964 年人民出版社版第 1 分册第 88 页。——编者注
② 见本版全集第 19 卷第 352—370、371—398 页。——编者注

工人所注意的一些基本问题(苏维埃政权和无产阶级专政),1905年末就已经在实践中提出来了。像罗莎·卢森堡那样的革命无产阶级的、真正马克思主义的杰出代表,马上就看出了这一实际经验的重要意义,在各种会议上和刊物上批判地分析了这个经验,可是各正式的社会民主党和社会党的大多数正式代表,包括改良主义者和后来的"考茨基分子"、"龙格分子"以及美国的希尔奎特的信徒之类的人,却完全不能了解这个经验的意义,完全不能尽到**革命家**的责任,即研究和宣传这个经验教训。

在俄国,1905年12月武装起义失败后,布尔什维克和孟什维克都马上着手总结这个经验。特别是1906年4月举行的斯德哥尔摩代表大会,即所谓"俄国社会民主工党统一代表大会",大大推进了这项工作。在这次大会上,布尔什维克和孟什维克都派了代表,两派在形式上统一起来了。两派都非常积极地为这次代表大会作了准备。在1906年初代表大会召开以前,两派都公布了他们就一切重大问题所拟的决议草案。这些草案曾经附在我那本题为《关于俄国社会民主工党统一代表大会的报告(给彼得堡工人的信)》①的小册子里(1906年莫斯科版,约110页,其中两个派别的决议草案和代表大会最后通过的决议几乎占了一半的篇幅),这是了解当时问题的提法的最主要材料。

当时关于苏维埃的意义的争论已经关系到专政问题了。早**在**1905年十月革命**以前**,布尔什维克就提出了专政问题(见我的小册子《社会民主党在民主革命中的两种策略》,1905年7月日内瓦版,曾转载于《十二年来》文集)。② 孟什维克对"专政"这个口号的

---

① 见本版全集第13卷第1—65页。——编者注
② 见本版全集第11卷第1—124页。——编者注

态度是否定的。布尔什维克当时着重指出,工人代表苏维埃**"事实上是新的革命政权的萌芽"**——布尔什维克的决议草案就是明确地这样说的(《报告》第92页)。孟什维克虽然承认苏维埃的意义,主张"协助建立"苏维埃等等,但是他们不承认苏维埃是革命政权的萌芽,根本不谈这种类型或相似类型的"新的革命政权",干脆否认专政的口号。不难看出,现在我们和孟什维克之间的**所有**分歧在当时对这个问题的提法上已经露出了苗头。也不难看出,孟什维克(不论俄国的或别国的,如考茨基分子、龙格分子等等)过去和现在都在这个问题的提法上表现出他们是口头上承认无产阶级革命,**实际上否认革命这个概念中最本质和最基本的东西**的改良主义者或机会主义者。

早在1905年革命以前,在前面提到的《两种策略》这本小册子中,我就已经分析过孟什维克对我的责难,即所谓我"悄悄地调换了革命和专政的概念"(《十二年来》第459页①)。我详细地论证了孟什维克的这一责难正好暴露出他们的机会主义,暴露出他们真正的政治面貌是自由派资产阶级的应声虫,是无产阶级内部自由派资产阶级影响的传播者。当时(1905年夏)我以主张君主立宪的俄国自由派为例说过,当革命成为一种公认的力量时,反对革命的人也会"承认革命"的。现在,到了1920年,还可以补充一句,不论德国或意大利的自由派资产者,或者说至少是他们中间最有学识和最圆滑的人,都准备"承认革命"了。但是,当年俄国的自由派和孟什维克,以及现在德国和意大利的自由派、屠拉梯分子、考茨基分子,都是"承认"革命而又不肯承认某一阶级(或某些阶级)

---

① 参看本版全集第11卷第106页。——编者注

的**专政**的。这恰恰就暴露了他们的**改良主义**，表明他们完全不配做革命家。

在革命已经成为一种公认的力量，自由派也"承认"革命，统治阶级不仅看到而且感觉到被压迫群众的不可战胜的强大力量的时候，无论对理论家或实际的政治领导者来说，**全部问题**就在于**给革命下一个确切的阶级定义**。而不用"专政"这个概念，就**不可能**下这个确切的阶级定义。不为实现专政作准备，就不可能**在实际上**成为革命家。不懂得这个真理的，在1905年有孟什维克，在1920年有意大利、德国、法国及其他国家那些害怕共产国际的严格"条件"的社会党人，他们害怕这个真理，他们**口头上**能够承认专政而**实际上**却不能为实现专政作准备。因此把我在1905年7月对马克思的观点所作的详细说明再重述一遍，是不无益处的；我作的这个说明当时是针对俄国孟什维克的，但是对1920年西欧的孟什维克也同样适用（我去掉了报纸等等的名称，干脆指明讲的是布尔什维克还是孟什维克）。

"梅林出版了1848年马克思在《新莱茵报》[191]上发表的论文集，他在论文集的说明中说，资产阶级书刊还对《新莱茵报》提出过如下指责，说它要求'立刻实行专政，以此作为实现民主的唯一手段'（《马克思遗著》第3卷第53页）。从庸俗的资产阶级观点看来，专政和民主这两个概念是相互排斥的。资产者不懂阶级斗争的理论，看惯了政治舞台上各个资产阶级小集团之间的无谓争吵，认为专政就是废除一切自由和一切民主保障，就是恣意横行，就是滥用权力以谋专政者个人的利益。实质上，我国的孟什维克正表现了这种庸俗的资产阶级观点，他们说，布尔什维克所以偏爱'专政'这个口号，是因为列宁'很想碰碰运气'（《火星报》第103号第

3版第2栏）。为了向孟什维克说清阶级专政的概念和个人专政的区别，以及民主专政的任务和社会主义专政的任务的区别，谈一谈《新莱茵报》的观点也许不是无益的。

1848年9月14日的《新莱茵报》写道：'在革命之后，任何临时性的政局下都需要专政，并且是强有力的专政。我们一开始就指责康普豪森〈1848年3月18日以后的内阁首脑〉没有实行专政，指责他没有马上粉碎和清除旧制度的残余。正当康普豪森先生陶醉于立宪的幻想时，被打垮的党派〈即反动的党派〉已在官僚机构和军队中巩固他们的阵地，甚至敢于在各处展开公开的斗争。'①

梅林说得很对：这段话把《新莱茵报》在几篇长篇论文中所作的关于康普豪森内阁的详细论述归纳成扼要的几点。马克思的这段话告诉了我们些什么呢？它告诉我们，临时革命政府**必须**实行专政（规避专政口号的孟什维克无论如何不能理解这一点）；它告诉我们，这个专政的任务就是消灭旧制度的残余（我们上面已经说过，这恰恰是俄国社会民主工党〈布尔什维克〉第三次代表大会关于同反革命斗争的决议中所清楚地指出的，而且是孟什维克的决议所忽略的）。最后，第三，从这段话中可以看出，马克思因为资产阶级民主派在革命和公开内战时期迷恋于'立宪的幻想'而痛斥了他们。从1848年6月6日《新莱茵报》的论文中可以特别明显地看出这段话的含义。

马克思写道：'制宪国民议会首先应该是具有革命积极性的积极的议会。而法兰克福议会**192**却像小学生做作业似的在议

---

① 见《马克思恩格斯文集》第2卷第69页。——编者注

会制度上兜圈子,对各邦政府的行动听之任之。就算这个学术会议在极其周密的酝酿之后挖空心思炮制出最好的议事日程和最好的宪法吧。但是,如果各邦政府在这个时候已经把刺刀提到议事日程上来,那么,最好的议事日程和最好的宪法又有什么用呢?'①

专政这个口号的含义就是如此……

各国人民生活中的重大问题,只有用强力才能解决。反动阶级通常都是自己首先使用暴力,发动内战,'把刺刀提到议事日程上来',俄国专制制度就这样做过,而且从1月9日[193]起在全国各地还继续不断地这样做。既然已经形成这样的局面,既然刺刀已经真正摆在政治日程上的首要地位,既然起义已经成了必要的和刻不容缓的事情,那么立宪幻想和像小学生做作业似的在议会制度上兜圈子,就只能起掩饰资产阶级出卖革命,掩饰资产阶级'退出'革命的作用。这时,真正革命的阶级所应当提出的正是专政的口号。"②

1905年十月革命以前,布尔什维克就是这样论述专政问题的。

有了这次革命的经验,我在《立宪民主党人的胜利和工人政党的任务》这本小册子(1906年彼得堡版,小册子上注明是1906年3月28日出版)中又详细地探讨了专政问题,现在我把这本小册子中的一切重要的论点摘引出来。不过我得声明一下,我去掉了一些人名,干脆指明这里讲的是立宪民主党人还是孟什维克。一般说来,这本小册子是针对立宪民主党人的,部分也是针对无党派的

---

① 参看《马克思恩格斯全集》第1版第5卷第45页。——编者注
② 见本版全集第11卷第114—116页。——编者注

自由派、半立宪民主党人和半孟什维克的。其实,这些关于专政的言论正是针对孟什维克的,他们在这个问题上常常滚到立宪民主党人的立场上去了。

"莫斯科的枪声停息了,军警专政正在纵饮欢庆,拷打和大屠杀遍及俄国各地,正在这个时候,立宪民主党人的报刊发出了反对左派使用暴力、反对各革命政党成立的罢工委员会的言论。靠杜巴索夫之流养活的、拿学术做交易的立宪民主党教授们,竟把'专政'译成'强化警卫'。'学术界人士'为了贬低革命斗争的意义,竟不惜歪曲自己在中学里学的拉丁文。专政就是(请立宪民主党先生们永远记住)不受限制的、依靠强力而不是依靠法律的政权。在国内战争时期,任何获得胜利的政权都只能是一种专政。但是问题在于,有少数人对多数人的专政,一小撮警察对人民的专政,也有绝大多数人民对一小撮暴徒、强盗和人民政权篡夺者的专政。立宪民主党人先生们在右派无法无天地横行肆虐、卑鄙无耻地使用暴力的时代,庸俗地歪曲'专政'这个科学概念,哭哭啼啼地反对左派使用暴力,这就非常明显地表明了'妥协主义者'在激烈的革命斗争中站的是什么立场。在斗争激烈的时候,'妥协主义者'都胆战心惊地躲了起来。在革命人民胜利的时候(10月17日),'妥协主义者'都从洞里钻出来,装模作样,大唱高调,狂叫:那真是'光荣的'政治罢工。当反革命占了上风,'妥协主义者'就对战败者假惺惺地大加劝导和教诲。胜利的罢工是'光荣的'。失败的罢工是罪恶的、野蛮的、无意义的、无政府主义的。失败的起义是丧失理智,是自发势力的胡闹,是野蛮行为,是荒唐举动。总而言之,'妥协主义者'的政治品德和政治才华就在于:曲意奉迎目前的强者,打乱斗争者的阵脚,忽而妨碍这一方,忽而妨碍那一方,磨掉斗争的锋芒,麻痹为自由而作殊死斗争的人民的革命意识。"①

其次,我把针对鲁·布兰克先生的关于专政问题的说明摘引出来,将是非常适时的。1906 年,这个鲁·布兰克在一家实质上是孟什维克的、但表面上是无党派的报纸**194**上,表达了孟什维克的观点,称赞他们,说他们"致力于把俄国的社会民主运动引上以伟大的德国社会民主党为首的国际社会民主党所走的道路"。

换句话说,鲁·布兰克同立宪民主党人一样,把孟什维克说成是"有理性的",与此相反,把布尔什维克说成是没有理性的、非马克思主义的、犯上作乱等等的革命家,并且硬把德国社会民主党也说成是孟什维主义的党。这是社会自由主义者、和平主义者等等国际流派的惯技,这班人称赞一切国家的改良主义者、机会主义者、考茨基分子、龙格分子是"有理性的"社会党人,而以此来反证布尔什维克"丧失理智"。

我在 1906 年写的那本小册子中,这样回答了鲁·布兰克先生:

"布兰克先生对比了俄国革命的两个时期,第一个时期大致是1905 年 10—12 月。这是革命旋风时期。第二个时期是现在这个时期,当然,这个时期我们可以把它叫做立宪民主党在杜马选举中得胜的时期,或者,如果不怕过早地下断语的话,可以把它叫做立宪民主党杜马的时期。

关于这个时期,布兰克先生说,思想和理性的时代又来临了,又可以恢复自觉的、有计划的、有系统的活动了。相反,布兰克先生说第一个时期是理论与实践脱节的时期。社会民主党的一切原

---

① 参看本版全集第 12 卷第 257—258 页。——编者注

则和思想都消失了，俄国社会民主党创立者一向鼓吹的策略被遗忘了，甚至社会民主党世界观的基石本身也整个被挖掉了。

布兰克先生的这个基本论断，完全是一个涉及到事实的论断。马克思主义的全部理论同革命旋风时期的‘实践’脱节了。

真是这样吗？马克思主义理论的第一块主要的‘基石’是什么呢？这就是：无产阶级是现代社会中唯一彻底革命的阶级，因此它在一切革命中都是先进的阶级。试问革命旋风把社会民主党世界观的这块‘基石’整个挖掉了吗？恰恰相反，这革命旋风十分出色地证实了它是正确的。无产阶级正是这个时期主要的、在开始时几乎是唯一的**战士**。纯属无产阶级斗争工具的群众性政治罢工，几乎是破天荒第一次在资产阶级革命中得到极为广泛的运用，这甚至在比较发达的资本主义国家也是空前未有的。当司徒卢威之流和布兰克之流的先生们号召参加布里根杜马的时候，当立宪民主党的教授们号召大学生埋头读书的时候，无产阶级起来进行了直接的革命斗争。无产阶级用自己无产阶级的斗争工具，为俄国争得了全部‘宪制’（如果可以叫做“宪制”的话），后来这个‘宪制’一直遭到破坏、弄得残缺不全和面目全非了。1905 年 10 月，无产阶级采用了**半年前俄国社会民主工党布尔什维克**第三次代表大会决议谈到的那种斗争策略手段，这个决议特别注意群众性政治罢工同起义相结合的重要性，而整个‘革命旋风’时期，即 1905 年最后三个月的特点，也就是实行了这种结合。可见，我们的这位小资产阶级思想家最无耻地、最可恶地歪曲了现实。他没有提出一个足以证明马克思主义理论同‘革命旋风’的实践经验脱节的事实；他企图抹杀这个旋风的基本特点，即出色地证实了‘社会民主党的一切原则和思想’、‘社会民主党世界观的全部基石’是正确的。

　　然而,布兰克先生所以产生这种错得离奇的见解,好像'旋风'时期一切马克思主义的原则和思想都已经消失,其真正原因是什么呢? 研究一下这个情况是很有意义的,这就会一次又一次地把小市民的真正政治本质向我们暴露出来。

　　从政治活动的各种方式来看,从人民创造历史的各种方法来看,'革命旋风'时期和现在'立宪民主党'时期的主要区别在什么地方呢? 区别首先而且主要在于,'旋风'时期采用了其他政治生活时期没有采用的某些创造历史的特殊方法。其中最根本的就是:(1)**人民'夺取'政治自由**——不要任何法律,也不受任何限制来实现这种自由(集会自由,至少是大学里的集会自由,出版自由,结社自由,开代表大会的自由等等);(2)建立新的**革命政权**机关——工人、士兵、铁路工人、农民代表苏维埃,新的城乡政权等等。这些机关纯粹是由居民中的**革命**阶层建立起来的,它们是不顾一切法律、准则,完全用革命方法建立起来的,它们是人民独有的创造力的产物,是已经摆脱或正在摆脱旧警察羁绊的人民的主动性的表现。最后,它们确实是**政权**机关,虽然它们还处于萌芽状态,还带有自发性,还没有定型,成分和职能还不明确。它们像政权一样行动,例如它们夺取了印刷所(在彼得堡),逮捕了阻碍革命人民行使自己的权利的警官(这样的例子同样可以在彼得堡找到,当时那里的新政权机关很弱而旧政权则很强)。它们像政权一样行动,号召全体人民不要交钱给旧政府。它们没收了旧政府的钱(如南方铁路罢工委员会),转给新的人民政府使用,当然,这无疑是新的人民政府的萌芽,或者也可以说是革命政府的萌芽。按这些组织的社会政治性质来说,这是萌芽状态的人民革命分子的专政。你们觉得奇怪吗,布兰克先生和基泽韦捷尔先生? 你们在这里没有看到资产者认为和专政同义的'强化警卫'吧？我们已经对你们说过，你们对专政这个科学概念一窍不通。我们马上就要向你们解释清楚这个概念，不过我们先要指出'革命旋风'时代的**第三种行动'方法'：人民用暴力对付压迫人民的暴力者**。

我们在上面描述的政权机关是萌芽状态的专政，因为这个政权不承认**任何**其他的政权，不承认任何人制定的**任何**法律和**任何**准则。不受限制、不顾法律、依靠强力（就这个词的最直接的意义讲）的政权，这就是专政。但是这个新政权所依靠的和力图依靠的强力，不是一小撮军人所掌握的刺刀的力量，不是'警察局'的力量，不是金钱的力量，不是任何以前建立起来的机构的力量。根本不是这些。新政权的新机关既没有武器，又没有金钱，也没有旧机构。布兰克先生和基泽韦捷尔先生，你们能想到吗？这些新机关的力量同旧的强力工具丝毫没有共同之点，如果指的不是保护人民的'强化警卫'，使他们不受旧政权的警察机关和其他机关的压迫，那么同'强化警卫'也没有丝毫共同之点。

这个力量依靠的是什么呢？依靠的是人民群众。这就是这个新政权同过去一切旧政权的旧机关的**基本**区别。后者是少数人压迫人民、压迫工农群众的政权机关。前者则是人民即工人和农民压迫少数人，压迫一小撮警察暴力者，压迫一小撮享有特权的贵族和官吏的政权机关。这就是**压迫**人民的专政同革命**人民**的专政的区别，布兰克先生和基泽韦捷尔先生，请好好记住这一点！旧政权是少数人的专政，它只有靠警察的手腕，只有靠排斥和排挤人民群众，不让他们参加政权，不让他们监督政权，才能维持下去。旧政权一贯不信任群众，害怕光明，靠欺骗来维持。新政权是大多数人的专政，它完全是靠广大群众的信任，完全是靠不加任何限制、最广泛、最有力地吸引全体群众参加政权来维持的。丝毫没有什么隐私和秘密，根本不拘什么条条和形式。你是工人吗？你愿意为俄国摆脱一小撮警察暴力者而奋斗吗？那你就是我们的同志。请你马上选出自己的代表；你认为怎样方便就怎样选举好了，我们会很乐意很高兴接受他做我们工人代表苏维埃、农民委员会、士兵代表苏维埃等等的享有充分权利的成员。这个政权对大家都是公开的，它办理一切事情都不回避群众，群众很容易接近它；它直接来自群众，是直接代表人民群众及其意志的机关。这就是新政权，或者确切些说，是新政权的萌芽，因为旧政权的胜利过早地摧折了这棵新生的幼苗。

布兰克先生或基泽韦捷尔先生，你们也许会问，这里为什么要'专政'，为什么要'暴力'？难道广大群众对付一小撮人还必须使用暴力吗？难道几千万、几万万人能够做压迫几千、几万人的专政者吗？

提出这样的问题的往往是那些第一次见到别人在他们感到新奇的意义上使用专政这个术语的人。他们看惯了的只有警察的政权，只有警察的专政。他们觉得很奇怪，居然可以有根本没有警察的政权，居然可以有非警察的专政。你们说千百万人不需要用暴力来对付几千人吗？你们错了，错就错在你们不从现象的发展中去观察现象。你们忘记了新政权不是从天上掉下来的，而是在同旧政权并存、同旧政权对立、同旧政权斗争的条件下产生出来、成长起来的。不用暴力来对付拥有政权工具和政权机关的暴力者，就不能使人民摆脱暴力者的蹂躏。

布兰克先生和基泽韦捷尔先生，现在给你们举一个最简单的小例子，以便你们能领悟这个立宪民主党人的智力所不能及的、使立宪民主党人‘头昏目眩的’奥妙道理。假设阿夫拉莫夫要毒刑拷打斯皮里多诺娃。假定站在斯皮里多诺娃一边的有几十、几百个手无寸铁的人，站在阿夫拉莫夫那一边的有几个哥萨克。如果拷打斯皮里多诺娃的地点不是在刑讯室里，众人会怎么办呢？他们一定会用暴力来对付阿夫拉莫夫和他的喽啰。他们也许会遭到阿夫拉莫夫枪杀而牺牲几个搏斗者，但是他们终究会用强力解除阿夫拉莫夫和哥萨克的武装，并且很可能当场杀死他们几个人（如果可以把他们叫做人的话），而把剩下的人关进监牢，使他们不能再猖狂，并受到人民法庭的审判。

布兰克先生和基泽韦捷尔先生，你们看，当阿夫拉莫夫率领哥萨克拷打斯皮里多诺娃的时候，这就是压迫人民的军警专政。当革命的人民（他们不是只会劝导、训诫、叹惜、责难、哭诉、埋怨，而是会同暴力者作斗争，他们没有小市民的狭隘性，而是有革命的精神）用暴力对付阿夫拉莫夫和阿夫拉莫夫之流的时候，这就是革命人民的专政。这就是**专政**，这是人民对阿夫拉莫夫实行压迫的政权，这是不受任何法律限制的政权（小市民也许会反对用强力把斯皮里多诺娃从阿夫拉莫夫手里夺过来，他们会说，这是不合"法"的！我们有一条允许打死阿夫拉莫夫的"法律"吗？小市民的某些思想家不是创造出了不用暴力抵抗邪恶的理论吗?）。专政的科学概念无非是不受任何限制的、绝对不受任何法律或规章约束而直接依靠暴力的政权。‘专政’这个概念**无非就是这个意思**，立宪民主党人先生们，好好地记住吧。其次，我们从上述例子看到的，正是**人民的**专政；因为人民即无组织的、‘偶然’聚集在该地的居民群众，亲自登上舞台，亲自执行审判和惩处，行使权力，创造新的革命的法律。最后，这就是**革命**人民的专政。为什么说它仅仅是革命人民的专政,而不是全体人民的专政呢? 因为全体人民经常由于阿夫拉莫夫之流的业绩而遭到极残酷的折磨,有的人肉体上受了摧残,饱受惊吓;有的人精神上受了毒害,例如受了不用暴力抵抗邪恶的理论的毒害,或者不是受理论毒害而只是受偏见、习俗、陈规的毒害;有的人对一切都漠不关心,那就是所谓庸人、小市民,他们最会逃避激烈的斗争,对它不闻不问,或者甚至躲藏起来(可别卷进这场搏斗挨了揍!)。这就是为什么说实现专政的不是全体人民,而只是革命的人民;可是革命的人民决不害怕全体人民,他们把自己行动的原因和行动的细节告诉全体人民,非常愿意吸收**全体**人民不仅来参加国家管理,而且来参加政权,吸收他们参加国家本身的建设。

可见,我们举出的这个简单的例子,包含着'革命人民专政'这个科学概念以及'军警专政'这个概念的**一切要素**。关于这个连博学的立宪民主党教授也能领会的简单例子就谈到这里,下面来谈谈社会生活中更复杂的现象。

就革命这个词的狭隘的原意说,革命正是人民生活中的这样一个时期,千百年来积累起来的对阿夫拉莫夫之流的业绩的仇恨,不是通过语言而是通过**行动**迸发出来了,而且不是通过个别人物的行动而是通过**千百万人民群众的**行动迸发出来了。人民正在觉醒,奋起挣脱阿夫拉莫夫之流的压迫。人民把俄国生活中无数的斯皮里多诺娃从阿夫拉莫夫之流的魔掌中拯救出来,使用暴力对付阿夫拉莫夫之流,夺取用来压迫阿夫拉莫夫之流的政权。这个过程自然不会像我们为基泽韦捷尔教授先生所举的简化了的例子那样简单,那样'迅速',人民同阿夫拉莫夫之流的斗争(就斗争这个词的狭隘的原意说),人民摆脱阿夫拉莫夫之流的过程,是一种长达若干月若干年的'革命旋风'。人民摆脱阿夫拉莫夫之流的过程，也正是所谓俄国大革命的实际内容。从创造历史的方法来看，这个过程是以我们刚才谈到革命旋风时所描述的那些形式进行的。这些形式就是：人民夺取政治自由，即夺取阿夫拉莫夫之流阻挠实现的那种自由；人民建立新的革命政权，压迫阿夫拉莫夫之流的政权，压迫旧警察系统的暴力者的政权；人民用暴力对付阿夫拉莫夫之流，以便消灭一切阿夫拉莫夫、杜尔诺沃、杜巴索夫、米恩等等之流这样的恶狗，解除他们的武装，使他们不能再为非作歹。

人民采用这些非法的、越轨的、没有计划和没有系统的斗争手段，如夺取自由，建立没有人正式承认的新的革命政权，使用暴力对付人民的压迫者——这样做好不好呢？好，非常好。这是人民为自由而斗争的最高表现。这是俄国历来最优秀的人物对自由的幻想正在变成**实践**，变成人民群众自己的而不是个别英雄人物的实践的伟大时代。这同我们例子中的群众把斯皮里多诺娃从阿夫拉莫夫手中拯救出来，用暴力解除阿夫拉莫夫的武装，使他不能再为非作歹是一样的好。

正是在这里，我们触到了立宪民主党人的隐情和焦虑的中心问题。立宪民主党人所以是小市民的思想家，就因为他们把庸人的观点用到政治上、用到全民解放的问题和革命的问题上来了。这种庸人要是遇上我们举例说到的阿夫拉莫夫拷打斯皮里多诺娃这种事，就会出来阻止群众，劝他们不要违犯法律，不要急于把受害者从代表合法政权行事的刽子手手中拯救出来。当然，从我们的例子来看，这样的庸人简直是道德上的畸形儿，但是就整个社会生活来说，小市民的道德上的畸形——我再说一遍——决不是个人的品性，而是一种社会的品性，它也许是由头脑中根深蒂固的资产阶级庸俗法学的偏见造成的。

　　为什么布兰克先生说在'旋风'时期马克思主义的一切原则都被遗忘了，甚至认为这用不着证明呢？因为他把马克思主义歪曲成了布伦坦诺主义[195]，认为人民夺取自由、建立革命政权、使用暴力这些'原则'都不算马克思主义。这样的见解在布兰克先生的文章中是贯彻始终的，而且具有这种见解的不止布兰克一个人，还有所有立宪民主党人，自由派和激进派营垒中所有那些现时因普列汉诺夫爱慕立宪民主党人而对他大加颂扬的作家，包括《无题》周刊[196]的伯恩施坦主义者普罗柯波维奇先生和库斯柯娃女士之流。

　　现在我们来看看，这种见解是怎样产生的，为什么一定会产生。

　　这种见解直接来自西欧社会民主党的伯恩施坦主义的观点，或者说得广一点，来自这些党的机会主义的观点。这些已被西欧'正统派'系统地全面地揭穿过的错误观点，现在又改头换面，另打旗号，'悄悄地'转运到俄国来了。伯恩施坦主义者过去和现在接受马克思主义都是把马克思主义直接革命的一面**除外**的。他们不是把议会斗争看做只适用于一定历史时期的一种斗争手段，而是看做主要的、几乎是唯一的斗争形式，因而也就不需要'暴力'、'夺取'、'专政'了。布兰克之流的先生们以及其他颂扬普列汉诺夫的自由派人士现在转运到俄国来的，正是这种对马克思主义的卑鄙的、小市民式的歪曲。他们对这种歪曲已经习以为常，所以说在革命旋风时期马克思主义的一切原则和思想都被遗忘了，甚至认为这已用不着证明了。

　　为什么必然产生这种见解呢？因为这种见解完全符合小资产阶级的阶级地位和阶级利益。'纯粹的'资产阶级社会的思想家，承认社会民主党的**一切**斗争方法时，是把**'旋风'时期革命人民所采用的**、革命的社会民主党所赞许并且帮助人民采用的**那些方法除外的**。资产阶级的利益要求无产阶级参加反对专制制度的斗争，参加倒是可以参加，但不能让无产阶级和农民变成领导者，不能把旧的专制农奴制的警察的政权机关完全撤销。资产阶级想保存这些机关，它只求把这些机关置于它的直接监督之下，资产阶级要用这些机关来**对付无产阶级**，而完全消灭这些机关只能对无产阶级进行斗争非常有利。因此资产阶级这个阶级的利益要求既有君主制，又有参议院，要求不允许革命人民实行专政。资产阶级对无产阶级说，去同专制制度斗争吧，但是不要触动旧的政权机关，因为我们需要这些机关。进行'议会'斗争吧，就是说，不要越出根据我们同君主政府取得的协议给你们划定的框框。通过组织进行斗争吧，不过不要通过罢工委员会、工兵代表苏维埃之类的组织，而要通过我们同君主政府商定颁布的法律所承认的、所限定的、不危及资本的组织。

这就不难了解，为什么资产阶级一谈起'旋风'时期，就轻蔑地嗤之以鼻，咬牙切齿，而一谈起杜巴索夫所保卫的立宪制度的时期，就眉飞色舞，兴高采烈，表现出小市民对……反动时期的无限迷恋。这就是立宪民主党人始终不变的品性：想依靠人民，又害怕人民的革命主动性。

同样也不难理解，为什么资产阶级怕'旋风'的再起比怕火还要厉害，为什么它要无视和抹杀新的革命危机的因素，为什么它要在人民中支持和散布立宪的幻想。

现在我们清楚地说明了，为什么布兰克先生和他那一流的人要说在'旋风'时期一切马克思主义的原则和思想都被遗忘了。布兰克先生同一切小市民一样,承认马克思主义而**撇开**它的革命的一面,承认社会民主党的斗争手段而**撇开**最革命的和直接革命的手段。

布兰克先生对'旋风'时期的态度最典型不过地表明,资产阶级不了解无产阶级运动,资产阶级害怕尖锐的决定性的斗争,资产阶级憎恶在解决社会历史问题时采用任何摧毁旧制度的、严厉的、革命的(按该词的原意说)方法。布兰克先生露出了马脚,一下子暴露了自己的全部资产阶级局限性。他听到和读到了社会民主党人在旋风时期犯了'错误',就急忙自负地、武断地、毫无根据地作出结论说,马克思主义的一切'原则'(他对这些原则本来就一窍不通!)都被遗忘了。谈到这些'错误',我们要指出:在工人运动的发展中,在社会民主党的发展中,难道有过不犯这样或那样的错误的时期吗?难道有过不发生这样或那样的或右或左的偏向的时期吗?难道德国社会民主党议会斗争时期(全世界一切带着局限性的资产者都认为这个时期是不可逾越的极限!)的历史不也充斥着这一类错误吗?如果布兰克先生对社会主义的一些问题不是一窍不通,他就会很容易地想起米尔柏格、杜林、航运补助金问题[197]、'青年派'[198]、伯恩施坦主义,以及其他许许多多的东西。但是对布兰克先生来说重要的不是研究社会民主党发展的实际进程,他需要的只是贬低无产阶级的斗争气魄,借此褒扬自己的立宪民主党所表现的资产阶级的浅薄。

事实上,如果我们从社会民主党偏离它的通常的、'正规的'道路这个角度来看问题,我们也会看到,就是在这方面,社会民主党内在'革命旋风'时期所表现的团结和思想上的一致,也比过去**加强**而不是削弱了。'旋风'时代的策略,没有使社会民主党的两翼疏远,而是使它们接近了。在武装起义问题上的意见一致代替了以往的分歧。两派社会民主党人都在革命政权的萌芽——工人代表苏维埃这种独特的机关中工作,都在吸引士兵、农民参加苏维埃,都同各小资产阶级革命政党一起印发了革命宣言。实际问题上的协调一致,代替了以往的革命前的争执。革命浪潮的高涨,使分歧退到一旁,战斗的策略得到承认,杜马问题消除了,起义问题提上了日程,社会民主党同革命的资产阶级民主派在当前紧迫的工作中接近了。在《北方呼声报》[199]上,孟什维克同布尔什维克一起号召举行罢工和起义,号召工人不争得政权就不停止斗争。革命形势本身提示了实际行动口号。引起争论的只是对事变估计的一些细节:例如,《开端报》[200]把工人代表苏维埃看做革命的自治机关,《新生活报》[201]则把工人代表苏维埃看做联合无产阶级和革命民主派的革命政权机关的萌芽。《开端报》倾向无产阶级专政。《新生活报》则主张无产阶级和农民的民主专政。然而社会民主党这样的或类似的分歧,在欧洲任何一个社会党发展中的任何一个时期不也都存在过吗?

不,布兰克先生所以颠倒是非,荒谬地歪曲昨天的历史,是因为而且仅仅因为他是自负的资产阶级庸人的典型;在他看来,革命旋风时期就是丧失理智("一切原则都被遗忘了"、"思想本身以及普通理性差不多完全消失了"),而镇压革命和小市民式'进步'(受杜巴索夫之流保护的"进步")的时期,则是有理性的、自觉的、有计划的活动时代。布兰克先生的全篇论文很明显地贯穿着这种对于两个时期("旋风"时期和立宪民主党时期)的对比评价。当人类历史以火车头的速度向前飞驰的时候,这就是'旋风','洪水',一切'原则和思想'的'消失'。当历史以牛车的速度前进的时候,这才是理性，才是计划性。当人民群众怀着十分纯朴的心情，略嫌鲁莽地下决心自己开始创造历史，毫不犹豫地去直接实现'原则和理论'的时候，资产者就感到恐怖，哀叹'理性退到后面去了'（小市民英雄们，事情不是正好相反吗？群众的理性而不是个别人物的理性不正是在这个时候出现在历史上吗？群众的理性不正是在这个时候变成了生动的、实在的、而不是空洞的力量吗?）。当群众的直接运动因遭到枪杀、拷打、鞭笞、失业、饥饿而被压制下去的时候，当杜巴索夫出钱养活的教育界的臭虫从壁缝中爬出来，开始**用群众的名义替**人民行事，也就是把群众的利益出卖给少数特权者的时候，——在小市民骑士们看来，是平安宁静的进步时代来到了，'思想和理性又复苏了'。资产者随时随地都忠于自己。无论拿《北极星》杂志[202]或《我们的生活报》来看，无论拿司徒卢威或布兰克的作品来读，到处都是一样，到处都可以遇到对革命的时期和改良主义的时期的这样一种带有局限性的、迂腐教授的、僵死官僚的评价：前者是丧失理智（tolle Jahre）的时期，思想和理性消失的时期，后者则是'自觉的、有系统的'活动的时期。

可别误解我的话，别以为我讲的是布兰克之流的先生们偏爱这个或那个时期。问题完全不在于偏爱，历史时期的更替是不以我们的主观偏爱为转移的。问题在于：布兰克之流先生们在**分析**两个时期的**特点**（它完全不以我们的偏爱或同情为转移）的时候，无耻地**歪曲了真相**。问题在于：正是革命的时期比小市民的、立宪民主党的、改良主义的进步的时期，规模更广，更丰富，更自觉，更有计划，更有系统，更勇敢和更鲜明地创造着历史。可是布兰克之流先生们正好颠倒了黑白！他们硬把贫乏说成是历史创造活动丰富。他们把被压迫被束缚的群众的无所作为看做官吏和资产者

'有系统的'活动的胜利。他们看到各种官场小吏和自由主义的卖文为生的下流作家(penny-a-liner)糟蹋法律草案的时代已经过去,而'平民'开始直接从事政治活动,开始不迟疑地、不留情地直接破坏压迫人民的机关,夺取政权,夺回过去被认为是属于各种人民掠夺者的东西的时候,一句话,他们看到千百万受压榨的人们的思想和理性开始觉醒的时候(他们觉醒起来不是去读死书,而是去行动,去从事人类的活的事业,从事历史的创造),就大嚷大叫,说什么思想和理性消失了。"①

1905—1906年俄国关于专政问题的争论就是这样。

德国的迪特曼、考茨基、克里斯平、希法亭之流先生们,法国的龙格先生及其党羽,意大利的屠拉梯及其同伙,英国的麦克唐纳和斯诺登之流以及诸如此类的先生们在专政问题上的论调,实质上同1905年俄国的鲁·布兰克先生以及立宪民主党人的论调一模一样。他们不懂专政,不会为实现专政作准备,不能了解和实现专政。

1920年10月20日

载于1920年11月9日《共产国际》　　　　　译自《列宁全集》俄文第5版
杂志第14期　　　　　　　　　　　　　　第41卷第369—391页

---

① 参看本版全集第12卷第283—297页。——编者注

劳动国防委员会关于
恢复波罗的海舰队问题的决定草案[203]

(1920 年 10 月 23 日)

责成彼得格勒工人、农民和红军代表苏维埃,并专门责成以季诺维也夫同志为主席的彼得格勒国防委员会特别注意:加速恢复波罗的海舰队的工作,协调能对此提供帮助的各机关,杜绝拖拉作风并对工作的进度和成效建立切实可行的监督。

责成拉斯科尔尼科夫及苏达科夫两同志于两周后提出报告,报告彼得格勒工人、农民和红军代表苏维埃主席团和拉斯科尔尼科夫同志所采取的措施及制定的工作方法(可用书面形式)。

译自《列宁全集》俄文第 5 版
第 41 卷第 392 页

人民委员会关于
苏维埃职员的劳动口粮和
粮食定量问题的决定草案[204]

(1920 年 10 月 23 日)

委托下列同志组成的委员会

阿瓦涅索夫	＋
诺根	哥尔茨曼
哈拉托夫	
金丁	
菲恩	

(a)搜集各部门苏维埃职员实际吃粮和供应情况并与工人的情况相比较(包括非法供应情况);

(b)讨论能使这方面的情况更为稳定更有秩序的措施;

(c)提出委员会的人员组成和工作条例草案,以确定各机关的编制并研究苏维埃职员的劳动定额、人数、劳动成效等等。

载于 1959 年《列宁文集》俄文版第 36 卷

译自《列宁全集》俄文第 5 版第 41 卷第 393 页

俄共(布)中央政治局关于
中央监察委员会工作的决定草案[205]

(1920 年 10 月 26 日)

1. 最迟不超过两天发表一个关于监察委员会的非常详尽而郑重的书面声明。[206]此事委托布哈林和捷尔任斯基办理。

2. 请捷尔任斯基和普列奥布拉任斯基每天在监察委员会工作不少于 3 小时,以使监察委员会确实成为真正体现党和无产阶级良知的机构。

3. 立即开始出版《争论专页》,并予以特别注意,此事责成布哈林和普列奥布拉任斯基办理。

4. 建议监察委员会承担一项特殊任务:对在苏维埃或党的工作中遭受挫折而产生心理上的危机的所谓反对派的人们分别加以关心,甚至往往要像医治病人那样对待他们。应尽力安慰他们,同志式地给他们讲明情况,给他们安排(不能用命令方式)适合他们心理特点的工作,就此向中央组织局提出建议和意见等等。

载于 1959 年《列宁文集》俄文版
第 36 卷

译自《列宁全集》俄文第 5 版
第 41 卷第 394 页

关于建立经济系统
各人民委员部之间的联系

（1920 年 10 月和 11 月）

1

人民委员会决定草案[207]

（10 月 26 日）

就经济系统各人民委员部之间的组织联系问题召开预备会议。

责成经济系统各人民委员部，特别是粮食人民委员部、最高国民经济委员会、交通人民委员部和农业人民委员部于星期一即 11 月 1 日以前，向预备会议提出关于现有一切跨部门的经济委员会的材料及有关其工作的简要总结材料。

2

建 议 草 稿[208]

（11月1日）

1.责成原三人小组(阿瓦涅索夫＋拉林＋波波夫)[209]对所有的委员会就人员组成、工作性质及其他问题进行更精确的研究,将各委员会加以分类,对必要的合并和精简提出结论性意见并在星期六,即11月6日,向我们提出报告。

2.责成:(1)中央生产委员会

　　　　(2)俄罗斯国家电气化委员会

　　　　(3)利用委员会[210]

　　　　(4)以及农业人民委员部

结合全俄罗斯联邦**总的经济计划**,准备一个向我们委员会提出的关于他们各自的工作**性质**和工作**总结**的报告,并在**下次会议**(11月6日)前汇报:

(a)什么时候可以准备好报告

(b)他们各自结合俄罗斯联邦总的经济计划准备的报告的主要题目(或者主要内容)是什么(尽可能提出报告的书面提纲)。

载于1945年《列宁文集》俄文版第35卷

译自《列宁全集》俄文第5版第41卷第395—396页

同阿古尔斯基的谈话[211]

(1920 年 10 月 28 日以前)

一　美国和苏维埃俄国

合众国同俄国很快将建立贸易关系，这种看法是没有事实根据的。

万德利普先生曾对我们说，他确信，新的共和党政府将同苏维埃俄国建立贸易关系。然而我认为他错了，因为他不了解国际政治局势。万德利普先生是一个务实的人，他是一个金融巨头。同我们恢复贸易关系，对他和他那个阶级的许多人确实有好处，他们希望跟我们打交道，是因为对他们个人有好处。然而他并不了解，美利坚合众国并不像他想象的那样可以在其国际政策中完全自行其是。大不列颠和法国可以对美国施加压力，以武装干涉、继续封锁等等方式重新对我们进行公开战争。这就是我们同合众国两国关系方面的真实情况。

但是，由于我们在弗兰格尔战线即将取得军事上的进展，我们可以期望国际关系方面不久将发生某些变化。我们的军事情况比几个月以前要好得多。弗兰格尔一定会垮台，他的失败无疑将会改变国际上同苏维埃俄国的关系。

二 关于工农党

美利坚合众国新出现的工农党[212]，对美国和欧洲的运动具有重大的意义，因为这个新的政党代表着美国占多数的两部分人——工人和贫苦农民。

诚然，这个新的政党不是社会主义政党，它目前也还没有承认社会主义原则，但正在不自觉地走向社会主义……

成立工农党的想法在美国历史上并不是新的想法。美国的工人运动一直倾向于成立这种政党。当年的人民党（Populist Party)[213]就与新的工农党具有同样的性质。在成立这类政党的过程中，美国工人会逐渐认清他们所犯的错误。他们自己会找到更加革命的策略和方法。他们在走向社会主义。他们在走向共产主义。

三 关于美国共产主义运动

我们的美国同志有忽视工农党这种群众运动的倾向，这是过去的社会主义运动所特有的宗派主义的残余。美国共产党应该是一个旗帜鲜明的共产主义政党。它应该贯彻共产国际的基本原则。在美国革命运动中，它很可能居于少数，但它应该支持任何的行动和革命运动，并参加革命活动，以求形成群众性的运动。美国的共产党人应该参加美国劳工联合会左翼的工作，应该参加世界产业工人联合会(I.W.W.)的工作,应该支持工农党这样的运动,尽管目前它还不是共产主义运动。

我们得到十分可靠的情报说,1923年美国的舰队将超过不列颠的舰队。船舰造出来当然不是用于和平目的的。毫无疑问,战争将会爆发。因此,如果美国掀起和平主义运动,那么,虽然我们并不相信狭隘的和平主义运动,但是共产党员还是应该支持这个运动的。只有这样,美国的共产主义运动才能成为社会生活中的重大因素。

译自《列宁文集》俄文版第39卷第247—249页

俄共(布)中央政治局关于
政治教育总委员会的决定草案[214]

(1920 年 10 月 28 日)

中央执行委员会的决定[215]明确提到俄罗斯联邦的"**全部政治教育工作的统一**"问题。

俄共中央政治局无条件地认为这样的统一是必要的,首先确认,这一统一只能理解为应保持、加强和扩大的不仅是教育人民委员部党组织的独立自主,而且是该党组织对该部一切部门工作的领导的、指导的和主导的地位。

中央执行委员会的决定应分为两部分贯彻执行:立即把中央执行委员会的决定中所明确列举的机关的合并问题向人民委员会提出。

在布哈林和普列奥布拉任斯基两位中央委员的参加下,于明日即 10 月 29 日拟定出有关草案。

第二部分任务是,进一步合并各人民委员部下属所有与教育有关的平行机关,并特别仔细地研究确定俄共各宣传鼓动机关与受其领导的教育人民委员部各教育机关之间在组织上的相互关系。

委托普列奥布拉任斯基和布哈林两同志向政治局提出关

于第二部分任务的报告并明确列出各人民委员部的所有平行机关。

载于 1959 年《列宁文集》俄文版
第 36 卷

译自《列宁全集》俄文第 5 版
第 41 卷第 397 页

在全俄省、县国民教育局政治教育委员会工作会议上的讲话[216]

（1920 年 11 月 3 日）

同志们，请允许我发表几点意见，这些意见中有一部分是在共产党中央委员会和人民委员会研究组建政治教育总委员会问题时谈过的，有一部分是我对提交人民委员会的草案的意见。昨天这个草案已经基本通过，细节以后还要讨论[217]。

说到我个人的意见，我只能说，起初我曾竭力反对你们这个机关改变名称。我认为，教育人民委员部的任务就是帮助人们学习和教学。我担任苏维埃工作以来，已经习惯于把各种名称看做儿戏，本来每个名称也就是一种游戏。现在新名称已经确定，叫做政治教育总委员会。

这个问题既然已经决定，你们就把我的意见当做个人意见看待好了。如果事情不只是改变叫法，那就只能表示欢迎了。

要是我们能吸收新的人员来参加文教工作，那就不只是换个名称的问题，那时这种给新事物、新机关加头衔的"苏维埃的"癖好也就可以原谅了。要是能做到这一点，我们取得的成绩会比现在大得多。

要使同志们和我们共同参加文教工作，关键在于教育同我们的政治的联系问题。如果有必要，名称是能够规定某种内容的，因为在各方面的教育工作中，我们都不能抱着教育不问政治的旧观点，不能让教育工作不联系政治。

在资产阶级社会里，这种思想一贯占着统治地位。所谓教育"不问政治"，教育"不讲政治"，都是资产阶级的伪善说法，无非是对99％受教会控制和私有制等等压迫的群众的欺骗。现在还在统治着一切资产阶级国家的资产阶级，正是这样欺骗群众的。

在那里，机构愈重要就愈不能摆脱资本和资本的政治。

一切资产阶级国家的教育同政治机构的联系都非常密切，虽然资产阶级社会不肯直率地承认这一点。同时，资产阶级社会通过教会和整个私有制来影响群众。

我们的基本任务之一就是用我们的真话来揭穿资产阶级的"真话"，并使人们承认我们讲的是真话。

从资产阶级社会转向无产阶级政治是一个很艰难的转变，何况资产阶级还开动了全套宣传鼓动机器不断地诬蔑我们。资产阶级竭力抹杀无产阶级专政的一个更为重要的作用，即教育任务，这个任务对于无产阶级在人口中占少数的俄国尤其重要。这个任务在俄国应当提到首位，因为我们要为社会主义建设训练群众。无产阶级如果没有培养出高度的觉悟、严格的纪律以及在对资产阶级作斗争时的无限忠诚，就是说，如果不能完成无产阶级为完全战胜其宿敌所必须提出的一切任务，那就谈不到实现无产阶级专政。

我们不赞成认为劳动群众已经有了建立社会主义社会的准备的空想观点。我们根据工人社会主义运动的全部历史的确切材料，了解到事实并不是这样，只有大工业、罢工斗争、政治组织才能使劳动群众作好实行社会主义的准备。无产阶级必须善于采取一致行动，推翻剥削者，才能取得胜利，才能完成社会主义革命。现在我们看到,无产阶级已经具备了这一切必要的能力,并且把这些能力转化为实际行动,夺得了政权。

教育工作者和共产党这个斗争的先锋队的基本任务,就是帮助培养和教育劳动群众,使他们克服旧制度遗留下来的旧习惯、旧风气,那些在群众中根深蒂固的私有者的习惯和风气。在考虑党中央和人民委员会十分注意的那些局部问题的时候,决不能忽视这个整个社会主义革命的主要任务。至于如何建立政治教育总委员会,使它如何同其他机关沟通,如何不仅同中央而且还要和地方机关联系等等问题,那就要由在这方面经验丰富、有专门研究的更在行的同志来回答了。我只想在原则方面强调指出几个要点。与过去那些谎言不同,我们不能不公开提出问题,公开承认教育不能不联系政治。

我们所处的历史时期是我们同比我们强大许多倍的世界资产阶级进行斗争的时期。我们应当在这个时期内坚持革命建设,用军事的方法,尤其是用思想的方法、教育的方法同资产阶级进行斗争,以便把工人阶级几十年来在争取政治自由的斗争中形成的习惯、风气和信念,用做教育全体劳动者的手段,至于究竟应如何教育的问题,这就要由无产阶级来解决了。必须使人们懂得,现在无产阶级的斗争已经愈来愈广泛地扩大到世界上所有的资本主义国家,因此不可能也不容许置身于这个斗争之外,置身于国际政治之外。目前国际政治的真正基础,就是全世界强大的资本主义国家联合起来反对苏维埃俄国。必须认识到,这关系到资本主义国家亿万劳动者的命运。要知道,目前世界上没有一个角落不是处在一小撮资本主义国家的控制之下。因此形势是这样摆着的:或者是置身于目前的斗争之外,或者是投身于维护无产阶级专政的斗争。置身于目前的斗争之外，就证明自己一点没有觉悟，像某些置身于革命和战争之外的愚人一样，看不见资产阶级对群众的全部欺骗，看不见资产阶级如何故意使群众愚昧无知。

我们完全公开地说无产阶级要进行这种斗争，任何人都必须决定是站在我们这边还是站在另一边。谁想既不站在这边又不站在那边，到头来总是身败名裂。

尤登尼奇、高尔察克、佩特留拉、马赫诺之流这些层出不穷的克伦斯基派、社会革命党、社会民主党余孽，使我们在俄国各地见识了形形色色的反革命，所以可以说，我们比任何人都受到过更多的锻炼。看一看西欧，就可以看到，我们这里发生过的事正在他们那里发生，那里正在重演我们的历史。几乎各国资产阶级身边都有克伦斯基派。他们在许多国家里，特别是在德国占着统治地位。到处都是一样，不可能有任何中间立场，只能有一个明确的认识，不是白色专政（西欧各国的资产阶级正在武装起来反对我们，为实行这种专政作准备），就是无产阶级专政。对于这一点我们都有十分深刻的体会，所以关于俄国共产党人我就不必多说了。由此只能得出一个结论，有关政治教育总委员会的一切议论和设想也应该以这个结论为基础。在这个机构的工作中首先应该公开承认共产党的政治领导。没有其他的形式，也没有一个国家创造了其他的形式。党在符合本阶级的利益方面可能做得好，也可能做得不够好，党可能有这样或那样的变化或改进，但是，我们还不知道有什么更好的形式。三年来，苏维埃俄国抗击世界帝国主义进攻的全部斗争，是与党认识到自己的任务是帮助无产阶级起到教育者、组织者和领导者的作用这一点分不开的，无产阶级起不到这种作用，就无法打垮资本主义。为了建设共产主义，工农劳动群众必须战胜知识分子的旧习气，必须改造自己，不这样就无法着手建设事业。我们的全部经验表明，这个事业十分重要，因此我们要重视承认党的领导作用问题，在讨论工作和组织建设的时候，决不能忽视这一点。至于如何实现，要谈的问题还很多，党中央和人民委员会都还要对此加以研究。昨天批准的法令对于政治教育总委员会来说是一个基础，不过人民委员会还没有做完制定这项法令的全部工作。过几天，这个法令就会公布，你们将会看到，在最后定稿中没有直接谈到与党的关系问题。

但是，我们必须知道并且记住，从法律上和事实上来说，苏维埃共和国宪法的基础都是：党在纠正缺点、制定措施和进行建设的时候，总是遵循这样一个原则，就是要使那些同无产阶级息息相关的共产主义分子能够引导无产阶级贯彻他们的精神，服从他们的领导，摆脱我们一直在努力铲除的资产阶级的欺骗。教师组织曾经长期抗拒社会主义革命，教育人民委员部进行了长期的斗争。教育界的资产阶级偏见特别顽固。这里进行了长期的斗争，其形式是公开怠工和顽固坚持资产阶级的偏见，我们只好慢慢地一步一步地夺取共产主义阵地。对于从事社会教育工作、解决社会教育和群众教育任务的政治教育总委员会，特别突出的任务是：配合党的领导，使这一大批工作人员——这支现在已经在为工人服务的50万教育大军——服从总委员会，贯彻它的精神，受到它的主动精神的激励。教育工作者和教员过去受的是资产阶级的偏见和习惯的教育，是敌视无产阶级的教育，他们同无产阶级没有任何联系。现在我们要培养出一支新的教育大军，它应该同党和党的思想保持紧密联系，贯彻党的精神，它应该把工人群众团结在自己的周围，以共产主义的精神教育他们，使他们关心共产党员所做的事情。

　　因为要同旧习惯、旧风气、旧思想决裂,在政治教育总委员会及其工作人员面前就提出了一个极其重要的任务,对这个任务应该特别重视。的确,这是摆在我们面前的一个难题:如何使大部分是旧人员的教师能同共产党员建立起联系? 这是一个极端困难的问题,必须多加思索。

　　现在我们就来看看,怎样才能把这些如此不相同的人从组织上联系起来。从原则上说,对于应该有共产党的领导这一点,我们不能有任何怀疑。因此政治文化、政治教育的目的是培养真正的共产主义者,使他们有本领战胜谎言和偏见,能够帮助劳动群众战胜旧秩序,建设一个没有资本家、没有剥削者、没有地主的国家。怎样才能做到这一点呢? 只有掌握教师从资产阶级那里继承来的一切知识,才能做到。否则,共产主义就不可能有任何技术成就,在这方面的一切理想就要落空。可是这些工作人员都不习惯于联系政治,特别是联系对我们有用的政治,即共产主义所必需的政治来进行工作,因此就出现一个问题,如何使他们从组织上联系起来。我已经说过,这是一个异常艰巨的任务。我们在中央委员会里也讨论过这个问题,在讨论的过程中,我们认真地考虑了经验所提供的启示,我们认为,像今天我出席讲话的这种会议,像你们的这种会议,在这方面有很大的意义。过去都认为宣传员是属于一定的小组或一定的组织的,现在各级党委对每一个宣传员都应该有新的看法了。每一个宣传员都属于管理和领导整个国家、领导苏维埃俄国同全世界资产阶级制度进行斗争的党。他们代表正在斗争的阶级,代表领导着并且应当领导巨大的国家机构的党。许许多多共产党员有丰富的地下工作经验,受过斗争的考验和锻炼,但是，当他们由宣传鼓动员变成鼓动员的领导人，变成庞大的政治组织的领导人的时候，却不愿意或不能了解这种转变和变化的全部意义。至于要不要有一个相应的头衔，即使是像国民学校总监这种令人容易误解的头衔，这并不重要，重要的是要善于领导教师群众。

必须指出，几十万教师——这是一批应该推动工作、启发人们思想、同目前群众中还存在的偏见作斗争的工作人员。教师群众接受了资本主义文化遗产，全身沾染了这种文化的缺点，在这种情况下他们不可能是共产主义教师，但是这并不影响我们吸收他们参加政治教育工作者的行列，因为他们有知识，而没有知识我们就达不到我们的目的。

我们应该吸收数十万有用的人才来为共产主义教育服务。这个问题在前线，在我们的红军里已经解决了，红军中吸收了上万的旧军人。经过长期改造，他们和红军融为一体了，最后还以自己的战功证明了这一点。在文化教育工作中我们也应该仿效这个榜样。的确，这件工作不那么轰轰烈烈，但是更为重要。每一个鼓动员和宣传员都是我们所需要的，他们在执行任务时，要严格地按照党的精神进行工作，但又不能只局限于党的范围内，应该记住他们的任务是领导几十万教师，激发他们的兴趣，战胜旧的资产阶级偏见，吸引他们来参加我们正在进行的事业，使他们意识到我们的工作十分重大，只有进行这项工作，我们才能把这些受资本主义压迫的、资本主义与我们争夺过的群众引上正路。

这就是每个在学校范围以外进行工作的鼓动员和宣传员应该努力完成的任务，这些任务是不容忽视的。在完成这些任务的时候会碰到许多实际困难，那你们就应当帮助共产主义事业，不仅应当成为党小组派出的代表和指导者，而且应当成为整个工人阶级国家政权派出的代表和指导者。

我们的任务是要战胜资本家的一切反抗，不仅是军事上和政治上的反抗，而且是最深刻、最强烈的思想上的反抗。我们教育工作者的任务就是要完成这一改造群众的工作。我们所看到的群众对共产主义教育和共产主义知识的兴趣和向往，是我们在这方面取得胜利的保证，胜利也许不会像前线上那么快，也许要碰到很大的困难，有时还会遭到挫折，但是最后我们总是会胜利的。

最后，我还想谈一个问题：对政治教育总委员会这个名称的理解可能不正确。既然这里提到了政治这个概念，政治在这里就是最主要的。

但是如何理解政治呢？要是用旧观点来理解政治，就要犯很大的严重的错误。政治就是各阶级之间的斗争，政治就是无产阶级为争取解放而与世界资产阶级进行斗争的关系。但是我们的斗争有两个方面，一方面要粉碎资产阶级制度遗留下来的东西，粉碎整个资产阶级一再想消灭苏维埃政权的尝试。到目前为止，这个任务吸引了我们最大的注意力，妨碍了我们转向另一方面的任务——建设任务。在资产阶级世界观的概念中，政治似乎是脱离经济的。资产阶级说：农民们，你们想活下去，就要工作；工人们，你们想在市场上得到一切必需品，生活下去，就要工作，而经济方面的政治有你们的主人来管。其实不然，政治应该是人民的事，应该是无产阶级的事。我们必须强调指出，现在我们工作中有十分之九的时间用在同资产阶级进行斗争。我们昨天看到了对弗兰格尔作战获胜的消息，这个消息你们今天或许明天就会看到，这些胜利表明，斗争的一个阶段将要结束，我们争得了同一系列西方国家的和平,而军事战线上的每一个胜利都能使我们腾出手来从事对内斗争,从事国家建设的政治。我们走向战胜白卫分子的每一步都会使斗争的重心逐渐转向经济方面的政治。老式的宣传方法是讲解或举例说明什么是共产主义。但这种老式的宣传已毫无用处,因为我们需要在实践中说明应该如何建设社会主义。整个宣传工作应该建立在经济建设的政治经验之上。这是我们最主要的任务,谁要是对宣传仍作旧的理解,那他就落后了,就不能担负起对工农群众的宣传工作。现在我们主要的政治应当是:从事国家的经济建设,收获更多的粮食,开采更多的煤炭,解决更恰当地利用这些粮食和煤炭的问题,消除饥荒,这就是我们的政治。正应当根据这些来安排整个鼓动工作和宣传工作。应当少说空话,因为空话满足不了劳动人民的需要。一旦战争使我们有可能不把重心放在同资产阶级、弗兰格尔、白卫分子的斗争上,我们就将转向经济方面的政治。那时,鼓动工作和宣传工作就将发挥更加重大的作用。

每一个鼓动员都应该是国家派出的指导者,应该在经济建设事业中指导全体农民和工人。他应该告诉人们,要成为一个共产主义者,应当知道、应当阅读哪本小册子,哪本书。我们就是要这样来改善经济,使它更加稳固,更带有社会性,增加生产,改善粮食问题,更合理地分配产品,增加煤产量,并且在没有资本主义和资本主义气味的条件下恢复工业。

什么是共产主义?整个共产主义宣传归根到底要落实到实际指导国家建设。应该使工人群众把共产主义理解为自己的事业。这一事业进行得还不好,错误百出。我们不掩饰这一点,但是,工农本身应该在我们的帮助下,在我们尽管不大的、小小的促进下建立和整顿我们的机构。共产主义现在已经不再只是我们的纲领、理论和课题了，它已经是我们今天的实际建设事业了。在战争中，敌人使我们遭到过最惨重的失败，然而我们在失败中吸取了教训，取得了全胜。现在，我们也应当在每次失败中吸取知识，我们应当记住，应该以过去的工作为例来教育工人和农民。指出我们什么地方还做得不好，以便将来避免再犯错误。

把建设工作中的事例翻来覆去地提出来，我们就能使不胜任的共产党员领导者变成名副其实的建设者，首先是经济事业的建设者。我们要取得必需的一切，克服旧制度遗留下来的、不可能一下子就排除的障碍，就应该重新教育群众，而要重新教育群众又只有靠鼓动和宣传，应该首先把群众同国家经济生活的建设联系起来。这应该是每一个宣传鼓动员工作中主要的和基本的内容，谁领悟了这一点，谁在工作中就一定能做出成绩来。（热烈鼓掌）

载于莫斯科出版的《全俄政治教育委员会工作会议公报(1920年11月1—8日)》

译自《列宁全集》俄文第5版第41卷第398—408页

论意大利社会党党内的斗争[218]

（1920 年 11 月 4 日和 12 月 11 日）

1

1920 年 9 月 25 日《真理报》第 213 号发表了我的一封短信：《给德国和法国工人的信（关于共产国际第二次代表大会的讨论）》[①]。意大利社会党中央机关报《前进报》（《Avanti!»)[219] 在 10 月 5 日转载了这封信，并附了评论，这篇评论值得一谈，因为它清楚地表明《前进报》编辑塞拉蒂同志的立场是不正确的。

他写道："列宁的解释在一定程度上缓和了一些同志强行提出的十分苛刻的条件，这些人从那么遥远、情况那么不同的地方很难对人和环境作出正确的估价……

……列宁只留下一个自己的战利品——莫迪利扬尼……

……现在列宁又说（不知道他是以自己的名义还是以共产国际执行委员会的名义说的），〈如果得到执行委员会的同意，在一般的规定之外〉允许有例外。"

把一个改良主义者莫迪利扬尼说成是"战利品"的讽刺性评论并未命中要害。与塞拉蒂的意见相反，我没有提到莫迪利扬尼（还有龙格）的名字决不是故意的。我提到一些人的名字作例子是为

---

① 见本卷第 325—327 页。——编者注

了说明**派别**，至于某某**个人**的问题我始终没有去管它，不想去解决这种问题，我认为这是次要的问题，只要指出允许有例外就行了。不管塞拉蒂怎样说，他完全知道（因为他准确地引用了我在《真理报》上发表的那篇文章）我说的话和我所能说的都**只是**代表我自己，决不代表执行委员会。

塞拉蒂的评论使《前进报》的读者不去注意主要的、基本的、本质的问题：现在是否能容许改良主义者留在意大利革命无产阶级政党内。塞拉蒂设法把大家的注意力从本质的问题引向次要的和不重要的问题，以掩饰他的不正确的立场。

必须反对这种做法，必须弄清本质的东西。

塞拉蒂在这篇评论和其他文章中都谈到，莫斯科代表大会（共产国际第二次代表大会）对意大利的情况不够了解。似乎问题的实质不是两个根本不同的派别的斗争，不是要解决是否容许同改良主义者"统一"这一根本问题，而是在"莫斯科"不甚了解的问题上有意见分歧！

这种看法（以及这种转移对主要问题的注意力的做法）的惊人的错误，在一份关于意大利社会党**中央内部**讨论的**正式报告**中已被充分揭露。这次讨论就是在上面提到的那期《前进报》出版的前几天，即9月28、29、30日和10月1日在米兰进行的。

这次讨论结束时提出对两个决议进行表决，其中一个可以称为共产主义的决议，而另一个则可以称为"中派主义"的或模棱两可的或暗中主张同改良主义者联盟（"统一"！）的决议。第一个决议通过了，共得7票（特拉奇尼，杰纳利，雷根特，通塔尔，卡祖奇，马尔齐亚利，贝洛内）；第二个决议被否决了（共得5票：巴拉托诺，扎纳里尼，巴契，贾科米尼，塞拉蒂）。

第一个决议的特点非常鲜明和确切。它首先指出,意大利革命斗争的"目前情况"要求党有"更大程度的统一意志"。其次指出:凡是符合服从纪律这一条件的人,都允许留在党内,但是这个条件没有执行;指望那些具有同第三国际的原则和策略对立的信念的人会服从纪律是错误的;因此,在接受莫斯科的21项条件以后,必须"彻底清洗"全党,把改良主义分子和机会主义分子从党内**驱逐出去**。

这里没指名道姓,没谈细节。这里有的是鲜明的政治路线,这里准确地说明了作出决定的理由:意大利党史上的具体事实,意大利革命形势的具体特点。

第二个决议是模棱两可、玩弄拙劣的外交辞令的典型:我们接受21条,但是我们认为,"这些条件可能会使人作模棱两可的解释","必须使第三国际即共产国际的每个支部的政治标准适合于该国的历史条件和具体的、实际的特点,并且使它们得到国际的赞同";决议强调"在21条的基础上保持意大利社会党的统一的必要性";个别违反纪律的情况应该受到党中央委员会的严厉制裁。

共产主义的决议指出:革命形势要求党有更大程度的统一意志。这是无可争辩的。主张同改良主义者"统一"的人的决议企图**回避**这一不可争辩的真理,不敢加以反驳。

共产主义的决议指出:意大利的特点在于改良主义者必须服从党的决议这一条件**没有执行**。问题的关键就在这里。既然是这样,那么**在整个革命形势日趋尖锐的时候**,甚至可能是在决定性的革命搏斗的前夕,把改良主义者留在党内就不仅是犯错误,**而且是犯罪**。

事实是否如此呢? 改良主义者是否执行了党的决议,真正服从党,贯彻了党的政策呢? 维护改良主义者的人的决议不能作出肯定的回答,也不能反驳共产主义者作出的否定的回答,而是避而不答,支吾搪塞,拐弯抹角,泛泛地谈论不同国家的不同的具体特点,目的正是**为了**回避和歪曲意大利的而且是它当前最重要的"具体特点"。其实意大利的这个具体特点正在于改良主义者事实上已经不能真正执行党的决议和贯彻党的政策了。主张同改良主义者统一的人的决议在这个根本问题上模棱两可,完全是自己打自己的嘴巴。

上面的事实**已经**十分清楚地、无可辩驳地证明塞拉蒂、巴拉托诺、扎纳里尼、巴契和贾科米尼是**根本**错误的,他们的政治路线是**根本不对**的。

意大利党中央委员会的讨论更进一步揭露出塞拉蒂路线是完全错误的。共产主义者正是不断指出,如果改良主义者依然如故,他们就不能不暗中破坏革命,正像不久以前他们在意大利工人夺取工厂的革命运动中暗中破坏革命一样。

问题的全部关键就在这里! 当党内还有暗中破坏革命的人的时候,怎么能够去进行革命准备,怎么能够去迎接决定性的搏斗呢? 这不仅是犯错误,这简直是犯罪。

如果塞拉蒂像他在10月14日的《人道报》[220]上发表的信中所公开声明的那样,只指望开除屠拉梯①一个人,那么**事实也已**揭露出塞拉蒂的错误。意大利的改良主义者不仅召集了自己派别的

---

① 信的要点如下:"我们都拥护莫斯科的条件。**问题在于如何掌握这些条件**。我坚决主张应当把有害分子**清除**出党,因而我曾提议开除屠拉梯,但是我们不应当丧失大批的工团〈按俄国的说法是工会〉和合作社。有人主张**彻底决裂**。分歧就在这里。"(10月14日《人道报》。黑体是塞拉蒂用的。)

特别代表大会(1920年10月11日在艾米利亚雷焦),不仅在代表大会上重申了他们所有重要的改良主义观点,不仅在会上对菲力浦·屠拉梯最热烈地欢呼,并且由特雷维斯出面声明说:"我们或者是留在党内,或者是都退出党。"我们顺便指出,资产阶级报刊和改良主义者自己还用各种方法大肆吹嘘这次派别代表大会的意义。但是我们在10月13日的《前进报》(米兰出版)上看到的却是改良主义者一共只召集了200个党支部的代表,而该党却有**几千个支部**!

让我们再就问题的实质更详细地谈一谈塞拉蒂的主要论据。塞拉蒂担心分裂,怕这样会削弱党,特别是会削弱工会、合作社和地方自治机关。他的主要思想就是不要破坏这些建设社会主义所必需的机构。他在1920年10月2日米兰出版的《前进报》上写道:"如果我们按照特拉奇尼的建议把重要工作岗位上的人都赶走,那么我们到什么地方去找这么多的'共产主义者',即便是昨天才成为最热情的共产主义者的人,来担负这些重要的工作呢?"这种思想也表现在塞拉蒂同志主编的《共产主义》杂志(第24期第1627页)所刊登的塞拉蒂论第三国际第二次代表大会的一篇文章中:"请设想一下那些昨天刚自称是热情的共产主义者的外行和生手所管理的米兰公社〈即米兰的市政府〉会成什么样子吧!"

塞拉蒂就怕工会、合作社、地方自治机关遭到破坏,怕生手们的无能和错误。

共产主义者则怕改良主义者暗中破坏革命。

这个对比说明了塞拉蒂的原则性的错误。他总是反复说必须有灵活的策略。这是无可争辩的。但是全部问题正在于塞拉蒂是**向右倾**,而在意大利目前的情况下应该**向左倾**。为了顺利完成革命和捍卫革命,意大利的党应该再**向左迈出一步**(但不要束缚住自己的手脚,不要忘记,以后的情况很可能又要求向右迈出几步)。

只要自己的队伍里还有改良主义者,孟什维克,就**不能**在无产阶级革命中取得胜利,就**不能**捍卫住无产阶级革命。这从原则上说是毫无疑问的。这是已经由俄国和匈牙利的经验明显证实了的。这是一个关键性的想法。把这个危险同"丧失"工会、合作社、地方自治机关等等的危险或这类机构搞糟、出错、垮台的危险相提并论,简直是可笑的,不仅可笑,而且是犯罪。从米兰的市政府会不会搞糟等等考虑出发,而拿整个革命的命运去冒险,这就意味着完全张皇失措,完全不懂得革命的根本任务,完全不善于为革命的胜利作准备。

由于合作社、公社、工会等等机构中的生手和外行的无能,我们在俄国犯过几千次错误,遭到几千次的垮台和损失等等。我们相信,其他比我们文明的国家,这样的错误会犯得**少一些**。但是,尽管我们犯了这些错误,我们却获得了主要的东西:无产阶级取得了政权,而且我们已经将这个政权保持了三年。

塞拉蒂同志所指出的错误是局部性的错误,这比容许孟什维克暗中危害革命和破坏革命的那种"错误"容易改正一百万倍。这是不言而喻的。匈牙利已经生动地证明了这一点。我们的经验也证实了这一点,因为俄国无产阶级政权在这三年中,曾经**多次**处于困难的境地,当时如果让孟什维克、改良主义者、小资产阶级民主派留在我们党内,或者哪怕让他们的人较多地留在中央执行委员会这样的苏维埃中央机关里,那么苏维埃制度就**一定**被推翻了。

大家都承认,意大利的形势正接近于无产阶级和资产阶级为了争夺国家政权而进行决定性搏斗的时刻,塞拉蒂没有认识到意大利目前的特点正是处于这一转折关头。在这样的关头，不仅把孟什维克、改良主义者、屠拉梯分子驱逐出党是绝对必要的，而且把那些会动摇的和正在倒向同改良主义者"统一"的优秀的共产党员从一切重要工作岗位上撤下来，甚至也可以说是有益的。

我举一个明显的例子。在俄国十月革命的前夕和革命以后不久，俄国的一些优秀的共产党员犯了一个错误，这个错误我们现在不愿意再提了。为什么不愿意再提了呢？因为没有特别的必要而去重提已经完全改正了的错误是不对的。对意大利工人来说，提一下这个错误是有益处的。像季诺维也夫、加米涅夫、李可夫、诺根、米柳亭这样一些极为著名的布尔什维克和共产主义者在我上面提到的时期内曾经表现过动摇，担心布尔什维克会使自己孤立，举行起义太冒险，对某些孟什维克和"社会革命党人"太不肯让步。冲突甚至发展到这样的地步：上面提到的那些同志离开了党和苏维埃的各个重要工作岗位以示抗议，这使苏维埃革命的敌人十分高兴。我们的党中央委员会就在报刊上同那些辞职而去的人展开了极其激烈的论战。过了几个星期，最多过了几个月，这些同志都认识了自己的错误又回到党和苏维埃的最重要的工作岗位上来了[221]。

发生这样的事情是不难理解的。在革命的前夜和为争取革命的胜利而进行最激烈的斗争的时刻，党内的最小的动摇都能**葬送一切**，都能破坏革命，都能使无产阶级丧失政权，因为这个政权还不巩固，因为对这个政权的压力还非常大。如果那些动摇的领袖**在这样的**时刻离去，那么无论是党、是工人运动、是革命都不会因此削弱，而只会加强。

意大利现在正是处在**这样的**时刻。革命危机在全国范围内已经成熟，这是大家都看见，都承认的。无产阶级用事实证明自己能够自发地行动起来，能够发动群众进行强大的革命运动。意大利的贫苦农民或半无产者（塞拉蒂同志莫名其妙地养成了一个坏习惯，在用这个字眼的时候，总要打上一个问号。其实这是一个正确的马克思主义的用词，它表达了已经为俄国和意大利的事实所证明的正确的思想，即贫苦农民一半是有产者，一半是无产者）已经用事实证明，他们能够跟着无产阶级起来进行革命斗争。现在意大利革命的胜利最需要和绝对需要有一个在紧要关头**不会**动摇、**不会**畏缩的真正的共产主义的政党，一个本身无比热情、忠于革命、朝气蓬勃、无私无畏和充满决心的政党，来担任意大利革命无产阶级真正的先锋队。必须在艰苦卓绝、牺牲惨重的斗争中取得胜利，必须在**全世界**资产阶级大力加紧使用陷害、阴谋、诽谤、诬蔑、挑唆和暴力等手段的时候，在各种小资产阶级民主派、屠拉梯分子、"中派分子"、社会民主党人、社会党人、无政府主义者发生最危险的动摇的情况下，捍卫住已经夺得的政权。在这样的关头和这样的情况下，党必须比平时或困难较少的时候更加百倍地坚定、果断、勇敢、忘我和无情。在这样的关头和这样的情况下，如果参加1920年10月11日艾米利亚雷焦会议的这类孟什维克完全离开了党，连现在的党中央委员巴拉托诺、扎纳里尼、巴契、贾科米尼、塞拉蒂这些可能是优秀的共产主义者也离开了党的领导岗位，党只会百倍地**加强起来**，而不是削弱下去。

毫无疑问，后一种人中的多数即使现在辞职了，在无产阶级取得胜利以后，在这一胜利巩固以后，他们会认识到自己的错误，很快就会回来的。其实，一部分意大利的孟什维克，即屠拉梯分子，在最困难的时期过去以后，可能也会回来并且被吸收入党的，正如一部分在 1917—1918 年站在街垒的另一边的孟什维克和社会革命党人现在(我们度过了革命后的三个艰苦的年头)又转到我们这边来了一样。

意大利的革命无产阶级现在面临的不仅是一个像我所说的非常困难的搏斗时期,而且是一个最困难的搏斗时期。最大的困难还在前面。我认为,回避这些困难是一种轻率行为和犯罪行为。我很惊奇,塞拉蒂同志怎么能够不加批驳地在他那本《共产主义》杂志上(1920 年 9 月 15—30 日第 24 期)登载了 G.C.的《我们会被封锁吗?》这样轻率的文章。同这位作者相反,我个人认为,如果意大利的无产阶级取得了胜利,英、法、美等国对意大利的封锁是可能的,势在必行的。我认为格拉齐亚德伊同志在意大利党中央委员会会议上的发言中关于封锁的问题的提法要正确得多(见 1920 年 10 月 1 日米兰出版的《前进报》)。他认为可能遭到封锁的问题是一个"非常重要的问题"("problema gravissimo")。他指出:俄国遭到了封锁,但是它支持下来了,这部分地是由于人口稀少,幅员辽阔;意大利的革命"如果不同另一个中欧国家的革命配合的话,是不能支持(resistere)很久的","这种配合是困难的,但不是不可能的",因为整个欧洲大陆都处在革命时期。

这一点他说得非常谨慎,但是说得很正确。我只想补充一点:意大利**肯定能得到某种程度的**配合(尽管这种配合还不充分,还不完全),必须为获得**完全的**配合而**斗争**。改良主义者指出封锁的可能性是为了暗中破坏革命,吓唬人们放弃革命,把**自己**惊慌、恐惧、踌躇、动摇、彷徨的心情传染给群众。革命者和共产党人不应当否认斗争的危险和困难,这样才能使群众**更加**坚定,这样才能把懦弱、动摇、彷徨的分子从党内**清洗出去**,这样才能使整个运动充满更大的热情和国际主义精神，充满为了一个伟大目的而牺牲的更大决心：**如果英、法、美等国决定封锁无产阶级的苏维埃意大利共和国，那么就加快这些国家的革命。**

用生手来代替有经验的改良主义或"中派主义"领袖的问题，不是只关系到在某种特殊场合下的某个国家的个别问题。这是任何无产阶级革命都会遇到的普遍问题，因此共产国际第二次代表大会在《关于共产国际的基本任务》的决议中把它作为普遍问题提出来并十分正确地加以解决了。我们在决议的第8节中看到："要为建立无产阶级专政作准备，就不仅要说明……任何改良主义……都是资产阶级性质的……而且要在所有的无产阶级组织中（不仅在政治组织中，而且在工会、合作社、教育等等组织中）用共产党人去代替老领袖……必须比过去大胆百倍地把这些工人贵族或资产阶级化了的工人的代表人物从他们所占据的一切岗位上赶走，宁愿用最没有经验的工人去代替他们，只要这些工人同被剥削群众息息相关，在反对剥削者的斗争中得到这些群众的信任就行。无产阶级专政要求任命这些没有经验的工人去担任国家最重要的一些职务，不然工人政府这种政权就会没有力量，而这个政府就会得不到群众的支持。"①

因此，塞拉蒂说意大利党内"大家"都同意接受共产国际代表大会的决议，是毫无根据的。事实上我们所看到的正好相反。

塞拉蒂在前面我所提到的《人道报》上的那封信中信笔写道：

"……关于最近的事件，应当知道，劳动总联合会（意大利的"全俄工会中央理事会"）的领导者曾经建议让那些要把运动扩大为革命的人来领导运动。我们在劳动总联合会中的同志声明说，如果过激分子领导起义，他们愿意充

---

① 见本卷第188—189页。——编者注

当一名遵守纪律的士兵。但是过激分子并没有去领导运动……"

如果塞拉蒂对劳动总联合会中的改良主义者的这种声明信以为真，那就太幼稚了。实际上，这是变相的暗中破坏革命：在紧要关头以辞职相威胁。在这里，问题决不在于表示忠诚，而在于：如果领导者在事态的每个困难的转变关头，都遇到"自己人"、上层分子、"领袖"的动摇、彷徨和辞职，革命就**决不能**取得胜利。也许，了解一下以下情况对塞拉蒂同志不会没有好处的：在1917年9月底，当俄国的孟什维克和社会革命党人同资产阶级的联合在政治上显然已经垮台的时候，正是我国的社会革命党即切尔诺夫的那个党，在他们的报纸上写道："将由布尔什维克负责组阁。……希望他们不要枉费心机用匆忙炮制的关于他们不能夺取政权的理论来掩饰自己。民主派不会接受这样的理论。同时，主张联合的人应当保证给他们以充分的支持。"（切尔诺夫的社会革命党的党报《人民事业报》[222]，1917年9月21日。我的小册子《布尔什维克能保持国家政权吗？》，1917年彼得格勒版第4页上曾引用过这一段话。）[①]

如果革命工人相信这种声明的坦诚，那就和相信匈牙利的屠拉梯分子一样，犯了致命的错误，后者答应过帮助库恩·贝拉，并且参加了共产党，但是他们毕竟还是暗中破坏革命的人，用自己的动摇葬送了匈牙利革命。

＊　　　　＊　　　　＊

现在我来总结一下。

（1）意大利革命无产阶级的政党必须表现出最大限度的坚韧

---

① 　见本版全集第32卷第285页。——编者注

不拔、小心谨慎、冷静沉着,以便在即将到来的意大利工人阶级同资产阶级争夺国家政权的决定性搏斗中,正确地估计总的情况,特别是估计适当的时机。

(2)同时,这个政党的整个宣传鼓动工作必须贯穿坚定的精神:团结一致、高度集中、无私无畏,竭尽一切努力把这个斗争进行到最后胜利,无情地消除充斥在屠拉梯分子中的那种动摇、踌躇和彷徨情绪。

(3)现在塞拉蒂主编的米兰出版的《前进报》(«Avanti!»)进行的这种宣传,不是教育无产阶级去进行斗争,而是瓦解无产阶级的队伍。在这种时刻,党中央委员会应当领导工人,教育他们去进行革命,驳斥不正确的观点。这一点是可以(而且应当)进行的,同时也让各种派别发表自己的意见。塞拉蒂是在领导,但是他领导的方向不对。

(4)开除所有参加1920年10月11日艾米利亚雷焦代表大会的人,不会削弱党而会加强党,因为这样的一些"领袖",**即使仍然是忠诚的**,也只能"按匈牙利方式"葬送革命。白卫分子和资产阶级很会利用甚至是完全"忠诚的"社会党人、社会民主党人之流的彷徨、动摇、怀疑和缺乏信心等等。

(5)如果巴拉托诺、扎纳里尼、巴契、贾科米尼、塞拉蒂这些人动摇和要求辞职,那就不要挽留他们,而是马上接受他们的辞职。决定性搏斗时期过后他们会回来的,那时他们对无产阶级将会有用些。

(6)意大利的工人同志们! 不要忘记历次革命的历史教训,不要忘记1917—1920年间俄国和匈牙利的教训。意大利的无产阶级面临着最大的搏斗,最大的困难,最大的牺牲。战胜资产阶级,使政权转到无产阶级手中,巩固意大利苏维埃共和国,这一切都取决于这些搏斗的胜负,取决于工人群众的团结性、纪律性和忘我精神。意大利和世界各国的资产阶级将倾尽全力,不惜干出各种罪恶勾当和野蛮行径,不让无产阶级得到政权或推翻无产阶级的政权。改良主义者和所有参加1920年10月11日艾米利亚雷焦代表大会的人是必然会动摇、彷徨、踌躇的,因为尽管这一类人中很多还是十分真诚的,但他们在各个时期,在各个国家都曾经因自己的动摇而葬送革命事业。这一类人已经葬送了匈牙利革命(指第一次革命,接着还将有第二次革命……);在俄国,如果不是把他们从一切重要工作岗位上撤下来,如果无产阶级不怀疑、不警惕、不监督他们,他们也会葬送掉革命的。

意大利的被剥削劳动群众一定会跟着革命无产阶级走的。胜利最后一定属于无产阶级,因为无产阶级的事业是全世界工人的事业,因为只有建立工人的苏维埃共和国才能防止还会不断发生的帝国主义战争,才能防止酝酿中的新的帝国主义战争,才能摆脱资本主义奴役和压榨的惨祸。

1920年11月4日

2

关于自由的假话

（代　后　记）

　　在苏黎世出版的瑞士左派社会党报纸《民权报》(《Volks-recht》)[223]的编辑诺布斯同志,不久以前在该报上刊登了季诺维也夫关于必须同机会主义者决裂的信,以及他自己对这封信的冗长的答复。概括起来说,诺布斯对于接受21项条件和加入共产国际的问题作了坚决的否定的回答——这是为了"自由",当然是为了批评的自由,为了摆脱过分严格的要求或者摆脱莫斯科独裁统治的自由(我没有保存诺布斯的文章,只能凭记忆引证,只能保证意思准确,不能保证措辞没有出入)。

　　同时,诺布斯同志拉塞拉蒂同志做盟友,大家知道,塞拉蒂同志也不满意"莫斯科",就是说,尤其不满意共产国际执行委员会的俄国委员,并且也抱怨莫斯科破坏了共产国际各个组成部分即各个党和各个成员的"自由"。因此稍微谈谈"自由"并不是多余的。

　　我们经历了三年的无产阶级专政,现在完全可以说,全世界最流行和最普遍的反对无产阶级专政的论调就是指责它破坏自由和平等。各国的一切资产阶级报刊,直到包括考茨基、希法亭、马尔托夫、切尔诺夫、龙格等等在内的小资产阶级民主派即社会民主党人和社会党人的报刊,也正是猛烈攻击布尔什维克破坏了自由和

平等。从理论上来看,这是完全可以理解的。希望读者回忆一下马克思在《资本论》中说的一段充满讽刺的名言:

"劳动力的买和卖是在流通领域或商品交换领域的界限以内进行的,这个领域确实是天赋人权的真正伊甸园。那里占统治地位的只是自由、平等、所有权和边沁。"(《资本论》1920年俄文版第1卷第152页,第2篇第4章末)①

这段充满讽刺的话包含了最深刻的历史内容和哲学内容。应该把这段话和恩格斯在他的《反杜林论》中对这一问题所作的通俗说明加以对照,特别是和他下面这句话加以对照:平等的观念如果不归结为消灭阶级,那就是偏见或胡说②。

消灭封建主义及其遗迹、实行资产阶级的(也可以说是资产阶级民主的)制度的原则,在世界历史上用了整整一个时代。而这一世界历史时代的口号必然是自由、平等、所有权和边沁。消灭资本主义及其遗迹、实行共产主义制度的原则,构成现在已经开始的世界历史的新时代的内容。我们这一时代的口号必然是而且应当是:消灭阶级,为了实现这一目的而实行无产阶级专政,无情地揭露小资产阶级民主派关于自由和平等的偏见,同这些偏见作无情的斗争。谁不懂得这一点,谁就丝毫不懂得无产阶级专政、苏维埃政权、共产国际的根本原则等等问题。

只要阶级还没有消灭,任何关于自由和平等的笼统议论都是欺骗自己,或者是欺骗工人,欺骗全体受资本剥削的劳动者,无论怎么说,都是在维护资产阶级的利益。只要阶级还没有消灭,对于自由和平等的任何议论都应当提出这样的问题:是哪一个阶级的

---

① 见《马克思恩格斯文集》第5卷第204页。——编者注
② 参看《马克思恩格斯文集》第9卷第112—113页。——编者注

自由？到底怎样使用这种自由？是哪个阶级同哪个阶级的平等？到底是哪一方面的平等？直接或间接、有意或无意地回避这些问题，必然是维护资产阶级的利益、资本的利益、剥削者的利益。只要闭口不谈这些问题，不谈生产资料的私有制，自由和平等的口号就是资产阶级社会的谎话和伪善，因为资产阶级社会用形式上承认自由和平等来掩盖工人、全体受资本剥削的劳动者，即所有资本主义国家中大多数居民在经济方面事实上的不自由和不平等。

现在在俄国，由于无产阶级专政在实践上提出了资本主义的根本的**最后的**问题，人们非常明显地看到，关于自由和平等的笼统议论究竟是**为谁服务**（cui prodest？"对谁有利？"）的。社会革命党人和孟什维克，切尔诺夫之流和马尔托夫之流向我们谈论的是**劳动民主派范围内**的自由和平等（瞧，他们决没有笼统议论自由和平等这种过错！他们绝对没有忘记马克思的教导！），我们就问他们：在无产阶级专政时期怎样处理雇佣工人阶级和小私有主阶级的区别呢？

劳动民主派范围内的自由和平等是农民小私有者（即使他是在国有化了的土地上进行经营）以投机价格出卖余粮的自由，**即剥削工人**的自由。在资本家已被推翻，而私有制和贸易自由仍然存在的情况下，任何提倡劳动民主派范围内的自由和平等的人都是剥削者的维护者。因此无产阶级在实现自己的专政的时候，应当像对待剥削者一样来对待这种维护者，尽管这种人也自命为社会民主党人、社会党人，甚至自以为已经意识到了第二国际的腐朽性等等。

只要还存在生产资料私有制（即使土地私有制已经废除，还存在农具和耕畜的私有制）和自由贸易，资本主义的经济基础也就存在。而无产阶级专政则是同这个基础进行胜利斗争的唯一手段，是消灭阶级的唯一途径。不消灭阶级，就谈不到个人的真正自由（**不是有产者的**自由），就谈不到人与人之间在社会政治关系上的真正平等（**不是有产者和无产者**、饱食者和挨饿者、剥削者和被剥削者之间的**虚伪的平等**）。无产阶级专政就是要消灭阶级，其途径，一方面是推翻剥削者，镇压他们的反抗；另一方面是中立小业主，使他们在资产阶级和无产阶级之间的动摇不定不至于造成危害。

诺布斯和塞拉蒂两位同志讲了假话，这当然并不是说这两位同志虚伪、不真诚。完全不是这样。他们是十分真诚的，在他们的言论中没有任何主观上的虚伪。但是在客观上，从内容来看，他们讲的是假话，因为这些言论是在维护小资产阶级民主派的偏见，是在维护资产阶级。

共产国际无论如何不能不管任何愿意签署一定声明的人的政治行为就承认他们的自由和平等。这对共产主义者来说，就同承认"劳动民主派范围内"的自由和平等这类东西一样，是理论上和政治实践上的自杀。每一个能够阅读并且**愿意**了解所读的东西的人都很清楚，共产国际的**一切**决策、纲领、决议、决定和条件都**不是无条件地**承认愿意参加共产国际的人的"自由和平等"的。

我们承认"自由和平等"的条件究竟是什么呢？共产国际成员的自由和平等的条件究竟是什么呢？

条件就是像瑞士和意大利的社会党右翼著名代表人物这样的机会主义者和"中派分子"不能成为共产国际的成员。这是因为不管这些机会主义分子和"中派分子"怎样签字画押，说他们承认无产阶级专政，实际上他们仍然是小资产阶级民主派的偏见、弱点和动摇的宣扬者和维护者。

首先是同这些偏见、弱点和动摇决裂，同宣扬、维护和体现这些观点和特性的人决裂。然后，只有在这个条件下，才有参加共产国际的"自由"，才有事实上的共产主义者（不是口头上的共产主义者）同共产国际的任何其他共产主义者成员的平等。

诺布斯同志，您要维护您所维护的观点，这是您的"自由"。但是，我们宣布这些观点是对无产阶级事业有害、对资本有利的小资产阶级偏见，我们拒绝同维护这些观点、维护与这些观点相适应的政策的人结盟或结社，这是我们的"自由"。我们**已经**以共产国际第二次代表大会的名义谴责了这种政策和这些观点。我们已经说过，我们要求必须无条件地先同机会主义者决裂。

诺布斯同志和塞拉蒂同志，不要笼统地谈论自由和平等吧！你们谈论的自由是**不执行**共产国际关于必须无条件地同机会主义分子和"中派分子"（机会主义分子和"中派分子"不能不危害无产阶级专政，不能不暗中破坏无产阶级专政）决裂的决定的自由。你们谈论的平等是机会主义分子和"中派分子"同共产主义者的平等。我们就是不能承认共产国际内有这样的自由和平等，其他任何的自由和平等都可以承认。

在无产阶级革命的前夕，取得成功的最主要和最基本的条件，就是革命无产阶级的政党要有摆脱机会主义分子和"中派分子"的自由，要有摆脱他们的影响，摆脱他们的偏见、弱点和动摇的自由。

　　　　　　　　　　　　　　　　　1920 年 12 月 11 日

载于 1920 年 12 月 20 日《共产国际》　　译自《列宁全集》俄文第 5 版
杂志第 15 期　　　　　　　　　　　第 41 卷第 409—428 页

附　　录

《共产主义运动中的"左派"幼稚病》
增补部分的要点

（不晚于 1920 年 5 月 12 日）

1. 德国的分裂

（和意大利的分裂?）。①

第三国际呢? 好些。

2. 德共妥协是不成功的。

3. 卡尔·考茨基和克里斯平

载于维也纳《自由报》(3—4 月)

4. 意大利屠拉梯之流{《曼彻斯特卫报》}②

5. 议会活动与

报刊工作

工团主义

宣传

鼓动

各个组织

---

① 前三点被勾掉了。——俄文版编者注

② 见本卷第88—90页。——编者注

　　　　小资产阶级阶层

　　　　农业无产阶级

　的关系？

　6. 英国的各个反动工会（**W. Dr.** 锅炉制造工人工会）。

译自《列宁文集》俄文版第 37 卷
第 230 页

共产国际第二次代表大会材料

（1920 年 6—7 月）

1

关于草拟民族和殖民地问题提纲

（不晚于 6 月 5 日）

民族问题委员会（1920 年 6 月 1 日）。

　　我们的党纲

　　关于民族问题

　　　　（党纲的分项）。

　　奥地利的经验。

　　乌克兰的经验。

　　比利时的经验。

　　阿尔萨斯—洛林。

　　巴尔干的经验。

　　丹麦和德国的关系。

　　东方各民族：

　　　　巴什基尔人

　　　　鞑靼人

> 德国的分离主义？

吉尔吉斯人

土耳其斯坦各民族

同泛伊斯兰主义的斗争

各殖民地……

美国与黑人。

务必征询斯大林的意见。

第1条——接近……接近的形式……

具体建议**如何**接近。

由讲几种语言的工人组成的一个共同组织（政党?)? 或者是若干民族分部?

财政? 公职人员的任命?

（2）废除特权。

（a）形式?

法律?

行政实践?

（b）宪法中的

"完全平等"?

参看俄罗斯联邦宪法

其他法律等等。

（c）"承认殖民地和没有平等权利的民族有分离权"

实际保障:不但在口头上,而且**在实际上**(制定细则和具体明确——在议会等处发表声明的**形式**)。即:在实际上**帮助**殖民地的革命斗争和起义。

（3）联邦制式的联合——作为走向完全统一的过渡形式。

俄罗斯联邦的经验：具体考虑联邦制所包含的**内容**(铁路、邮政、军事、**国民经济**及其他)。

载于1945年《列宁文集》俄文版
第35卷

译自《列宁全集》俄文第5版
第41卷第437—438页

2

关于共产国际基本任务的提纲[224]

（不晚于7月4日）

题目：
- 　实质（第1—5页）。
- 一　无产阶级专政和苏维埃政权的"实质"。胜利的条件。
- 二　夺取胜利的准备。
- 三　纠正路线。

一　无产阶级专政和苏维埃政权的实质

（第1—5页）（§§1—4）。

1.引言。

1. 　第三国际的主要概念和"实质"即灵魂是无产阶级专政和苏维埃政权。

"时髦"、盲动、欺骗。曲解。错误。

———

2.无产阶级专政的"实质"：

2.
独立的任务 ‖ (α)**粉碎**剥削者和**镇压**他们的反抗；
‖ (β)**引导**全体被剥削劳动者，**启发**，**组织**；

（γ）**中立**动摇者（部分半无产者、部分中小业主）

非独立的任务

　　（（使之不起有害的作用））。

　　3.苏维埃就是**为了这些,处在这场斗争之中**;离开这个斗争就是空的 ｛只有被压迫阶级 ＋少数中立者 等等｝

怎样取得胜利？

　　3.
　　　4.为了**粉碎,**必须夺取政权……
　　　　（上层）
　　　　　　（政治上的优势＋军事上的优势）破坏国家机构（工人、农民和红军代表苏维埃）
　　　　　　没收、不是赎买
　　　　　　驱逐和监视。
　　　5.为了**引导,**必须**剥夺**剥削者来改善生活状况
　　　　（下层）
　　　　　　——带领、组织、启发（党和苏维埃）。
　　6.为了**使之不起有害的作用,**应该把两种方法巧妙地、及时地、灵活地结合起来。
　　　（中层）

4. 　7.结果产生了党和苏维埃;先锋队和群众;组织及其基础。
　＋§3

　　二、口头上和实际上承认无产阶级专政。
　　二、应该如何立刻在各处为建立无产阶级专政作准备?
　　　　　（第5—14页）（§§5—13）
5. 　在大多数国家内,无产阶级还没有为建立自己的专政作

好准备(往往还未开始),更不用说为使上层垮台作好准备。

从另一个方面,像第二国际那样口头上的"承认"。

6. §8.＋因为无产阶级专政是一种不仅用论据而且用武器反
对改良主义的斗争(揭露)

(芬兰、俄国、匈牙利、波兰、德国)。

8. §9.代替

> 百倍大胆地
> 〔任命〕工人

9. §10.领导(共产党支部) ＋注意
对待领袖与对待群众的
方法不同

10. §11.在议会里,同上

11. 联系群众
12. §13.罢工,同上

7. §14.同敌人合作附加于§8

13. §15.不合法组织
{注意＋结合合法的＋不合法的工作

二

8. 　　　　如何现在就为建立无产阶级专政作准备?

划清同改良主义者的界限;不断揭露他们;向群众说
明他们的错误和弱点。否则,就不能作好建立无产阶级专
政的准备。

无情地揭露错误、弱点、背叛(1919 年 7 月 20 日的罢

如何现在就为建立无产阶级专政作准备?

工[225]和多次罢工)。

分析议员的演说及他们的策略。

9. 到处(议会、工会、合作社、俱乐部等等)都用新的、年轻的、没有经验的、无产阶级的革命分子取代老的机会主义者。(尽管没有经验,却是革命的并与群众**息息相关的**)。

10. 普遍建立**共产党支部**。既在工人运动中也在小农运动中(部分地)。进行鼓动和领导。

11. 对议会党团进行特殊的监视、监督和纠正。服从中央委员会。“共产党支部”(=**整个**党团及其先进部分)。

12. 巩固同群众的联系。

进一步深入下层——到未受训练的人、农业工人、士兵、仆人中去。

工人“贵族”中的工作的性质。

先锋队应有作出牺牲的决心。

13. 积极支持罢工和自发运动。党必须参与、帮助、发展等等。

罢工狂热、无政府主义的罢工

14. 宣传的性质:从无产阶级专政的观点来说必须更加具体化。

同敌人合作?

思想:同小业主一起?**反对他们!**

“自由和平等”:对哪个阶级?

谁和谁?

无产阶级专政下的不平等和不自由。

15. **不合法组织**。

芬兰和匈牙利

德国

美国、法国、英国、意大利

（白卫军；精锐部队；逮捕。）

16. 国际工人运动内部的主要敌人主要仍然是上层人物和领袖的**机会主义**，既存在于工联、合作社等组织里，也存在于**德国独立党、英国独立工党、法国社会党、瑞士社会党和美国社会党**之类的政党中。

它们承认了无产阶级专政，但这在实际上**并**没有改变它们的机会主义政策。

因此，它们**不能立刻**加入第三国际。首先应该：

(a)**由它们**宣传第三国际第一次和第二次代表大会的所有决议

(b)使它们**所有的**党支部和党组织讨论这些决议

(c)向第三国际执行委员会提供机会参加这一讨论2—3个月

(d)召集有关党的紧急代表大会

(e)"清除"它们的机会主义领袖，并**实际上**纠正其政策。

18. 对于意大利社会党的改良派，特别是议会（＋工会＋合作社）里的改良派，也必须**清除**。

19. 另一方面，**左派**的错误现在危险性仍较小，只要服从第三国际第一次和第二次代表大会并纠正策略，就**不会妨碍**其**立刻**加入。

这些错误(主要)是：

(a)党和

　　"群众"(笨蛋)

(b)议会活动

(c)工会。

　　　　　　　　　必须召开特别

　　　　　　　　　　　代表大会

　　　　　　　　　　　　和

　　　　　　　　　　　刊载

　　　　　　　共产国际的决议

政党和小组(一部分已加入，一部分还没有)：

共产主义工人党(德国)。**美国**部分地。

法国和**意大利**工团主义和无政府主义分子的一部分(＋抵制派)。

瑞士共产党

世界产业工人联合会(部分地)和工人社会主义联盟＋车间代表委员会

荷兰共产党

维也纳的《共产主义》杂志。

注意　**无政府主义**中较好的东西可以而且**应该**吸收。

总结

20.革命工人运动发展情况非常好。

　　必须根据第三国际的全部决议纠正策略和整顿组织——主要有如下各点：

　　　(a)各共产主义小组＋世界产业工人联合会＋独

立工党的左派＋英国和美国工联的左派。接
近和融为一体，

(b)同上，两个共产党＋"独立"党的左派(在德国
共产党的基础上)，

(c)用法国社会党共产主义派的精神和劳动总联
合会[226] 共产主义派的精神来改造法国社
会党，

(d)清洗意大利党，

(e)清洗，在小国内，

(g)同东方的和殖民地的革命运动接近和融为
一体。

＋补充

关于罢工：领袖们的背叛。

改良主义者＝工人运动中的资产阶级代理人。

同资产阶级的斗争＝同其代理人的斗争。

对第二部分的补充

§出版自由

有钱的报社

新闻报道由国家掌握

托拉斯

纸张

司法追究和逮捕。

小报(50行)

一周出版几次。

为此要夺取印刷所

代替＋补充。

二、B

左派的错误

(α)"群众"?（笨蛋）

(β)集中制的党的作用

(γ)议会活动

(δ)工会。

机关报刊目录

《工人无畏舰》周刊

共产主义工人党（德国）

《共产主义》杂志（维也纳）

瑞士共产党

世界产业工人联合会

荷兰党

（《论坛报》[227]）。

立刻加入。

不加入是可能的。

必须**在特别代表大会上**

纠正。　　　　　》》

一、A

(1)**右派**：

德国"独立"党

英国"独立"党

法国社会党

立刻加入**不可能**：

特别代表大会

↓肃清

等待经验

它们的机关刊物。

向共产国际提供机会

出版一系列**它自己的**

小册子

(2)肃清**意大利党内的改良**

主义。

三、纠正加入或愿意加入共产国际的各政党的路线（以及部分地改变其成分）。

13. 与第二国际不同,应更直接地提出问题和更加集中。

14. 三个重要的党（德国"独立"党＋英国的＋法国的）＋美国社会党＋瑞士社会党（如果属实）。

15. 不能立刻接受非共产主义政党的旧成分和工作性质

　(α)在**一切**定期的出版物上公布

　(β)由**各个**支部讨论

　(γ)在特别**代表大会**上讨论

　(δ)清除

　(ε)把党的**一切**机关刊物交给共产主义者

　(ζ)**用事实**证明。

16. 这些政党中的共产主义者? 部分应留下,部分参加共

｛＋工　产党。

党

17. 意大利党　　　　同上,瑞士党

《新秩序》　　（翼）　　　　　　＋挪威党　?

18. "左派"　名单

可以立刻吸收。

除清除外,还是那些条件。

---

18. 特别应当接近世界产业工人联合会和车间代表委员会。

那里有四种流派。

无产阶级专政

吸收**无政府主义**中好的东西。

译自《列宁全集》俄文第 5 版
第 41 卷第 439—447 页

3

关于"无产阶级专政"这个概念的
内容和反对对这个口号的
"时髦"曲解的决议提纲²²⁸

(7月4日)

1. 正是把无产阶级中革命的,而且仅仅是革命的那一部分人选拔到党内,并把**党**内同样的这一部分人选拔到党的各个中央**领导**机关。

2. 经常向群众揭露党内和工人运动中的改良主义和机会主义。

3. 在党支部、工会、合作社、俱乐部、文化教育组织中,总之,在无产阶级的**一切**组织中,用革命的领袖取代机会主义的领袖。

4. 在所有各种形式的工人组织和小农组织中建立共产党支部,以便由党对整个工人运动(和部分小农运动)实行经常的领导。

=3?　　5. 一定要任用那些真正革命的,完全摆脱了和平工作、议会活动和合法主义等传统、习惯及偏见的工人,哪怕他们十分缺乏经验,但他们(1)能够同改良主义和机会主义作斗争,(2)同无产阶级的最广大群众和无产阶级的最革命的那一部分有紧密联系,——

——要任命足够数量的这类人担任党的最重要的职务,特别是让他们进入党的中央委员会和**议会小组**以及所有最重要的机构(以争取由党来掌握它们)。

6.议会党团特别具体地服从党中央委员会的领导,党中央委员会对议会党团进行特别严格的监视。

7.同敌人合作的人,主张无产阶级同资产阶级和私有者结成同盟的人(和传播这种思想的人),应当不仅仅是指直接传播这种思想、赞成在政府中结成同盟之类的人,还包括**间接**传播这种思想的人,如主张工人阶级和小私有者阶级平等,主张他们的观点有平等权利等等。

8.改良主义者(或与改良主义搞调和)的机关刊物……①《人道报》,必须停刊。党应该只有一个**中央的**机关刊物,它应具有真正革命的方向,而**不能像《人民报》**[229]或《**自由报**》那样。党的一切刊物应有统一的思想,共同的方针,即为建立无产阶级专政**作准备**。

9.进一步深入群众。不是为工人贵族,而是为未受过训练的群众。不仅为城市,而且为农村。在群众中进行鼓动,不仅仅宣传(同英国社会党相反)。

小报免费散发给落后工人,费用从先进工人的捐款中开支。

无产者到群众中去,支援罢工者、雇农。

10.向群众公开分析机会主义领袖的错误和背叛行为(1919年7月20—21日的罢工**等等**)。

---

①　手稿上有一词无法辨认。——俄文版编者注

在报刊上分析议员演说中的**一切**机会主义错误和弱点等等。

11. 结合一切事由、在一切方面、在生活的各个领域经常进行；阐明无产阶级专政的**具体**任务，即：

(a)镇压剥削者(包括富农和怠工的知识分子)的反抗；

(b)没收，因为现在，1914—1918 年以后，赎买已不可能；

(c)对剥削者和资产阶级知识分子进行特别的监视；

(d)立即采取革命措施，以**剥夺**剥削者来改善

　　　　工人

　　　　一切被剥削群众

　　　　小农

的生活；

(e)中立小私有者

$$\left.\begin{array}{l}中农\\手工业者\\小企业主\\部分资产阶级知识分子\end{array}\right\}$$

　　　　即不让他们倒向白卫分子；

(f)镇压反抗，需要果断、才干、能力和专门机构。

　　1. 　　总结＝(α)粉碎

　　　　　　　　(β)引导

　　　　　　　　(γ)中立。

12. 清除……

13.“出版自由”? ——“集会自由”? ——“人身自由”?

党＝先锋队

(αα)(1)革命的部分

(ββ)(2)与**群众**联系的。

立刻准备 $\begin{cases} 2.3.4.5.6(+13).7. & αα \\ 8.9.10. & ββ \end{cases}$

主要危险：右派，即那些未撤换掉的领袖。

三个政党(＋美国社会党)(＋瑞士社会党?)。**不可以**立刻加入。

左派。他们的错误。**可以**立刻加入。

意大利党(或许＋英国社会党?)内的改良主义

注意

关于法国党和报刊的委员会：

$$\left.\begin{array}{ll} 洛佐夫斯基 & 塞拉蒂 \\ +布哈林 & 德利尼埃尔 \\ +吉尔波 & + \\ & 沙杜尔 \end{array}\right\}$$

载于1935年8月1日《共产国际》杂志第22期

译自《列宁全集》俄文第5版第41卷第448—451页

4

《关于国际形势和共产国际基本任务的 报告》的草稿和提纲初稿①

(7月10—19日)

我的关于共产国际基本任务的报告的草稿

国际形势和共产国际的基		单位百万	
本任务	总数＝1 657.0	(大约)美国＋	
(报告提纲)	总数＝1 600—	日本	150
	1 700	大不列颠	50

1. 1914 年和 1920 年瓜分世界 (帝国主义的本质)

《帝国主义》? 第 82 页：1876 年 六个主要大国的殖民地人口占 18％——27 380 万(25 000 万)

2. 资本主义一切矛盾在**世界** 范围内极大尖锐化。

1914 年殖民地人口为	52 340 万
(＞5 亿)	
其他殖民地人口为	4 530 万
半殖民地人口为	36 120 万
总数＝	92 990 万

---

① 见本卷第 208—226 页。——编者注

3. 破 产——崩 溃——经
济危机。战胜国间的
分崩离析。

世界状况　　单位十亿
殖民地和战败国人口为$1\frac{1}{4}$
人口总数为　　　　$1\frac{3}{4}$

4. 不是"绝对的"没有出
路,而是要利用危机进
行革命。

（1914 年）

$$\begin{array}{r} 136 \\ +\ \ 117 \\ \hline 总数=253 \end{array}$$

俄　国——136.2

德　国—— 64.9

奥地利—— 30.9

匈牙利—— 21.4

117.2

＋保加利亚——5

参看第二国际:斯图加
特和巴塞尔。

(a)债务

(b)工资和物价

(c)采煤量

(d)汇率

(e)赢利

凯恩斯《和约的经济后果》1919
年版

5. 革命情绪——思想——
运动的增长
（在全世界）。
（参看拉姆赛·麦克唐纳）

第 12 页:我们
知道,这一切
都会过去。

战争"创造了
革命的条件"

第 12—13 页：

"都会过去……"

6. 机会主义＝第二国际的本
　　质。工人运动中的资产阶级
　　代理人。
　　经济根源。

"对各种社会力量因素横施
　　暴力"。

奥托·鲍威尔《布尔什维主
义**还是社会民主主义?**》1920
年维也纳版第 111 页。1920
年 4 月 12 日《前进报》

帝国主义? 第 64 页：**英、
法、德**三个国家的资本输
出一年可获利(利率 5％)
80 亿—100 亿法郎。

1914 年 80 亿—
100 亿法郎
1920 年 100 亿—
200 亿—300 亿??

仅对三个大国的
债务(1920 年)
＝40 **亿英镑**
(凯恩斯:254)，
即＝1 000 亿法
郎,5％＝**50 亿
法郎**

7. "清洗"各革命政党中的这些代理人
　　在俄国 1903 年——1917 年——1920 年。
　　在欧洲和美国 1915 年——1920 年——
　　(我们不能吸收:首先你们要转变)。

8. 左的错误。
　　发展过程中的病症。
　　(准备立即吸收:你们要改正)。

×)"民主是这样一种国家形式,在这种形式中国家内部的力量分配**仅仅**〈黑体是奥·鲍·用的〉是由各种社会力量因素决定的",**而不是暴力**决定的。(第 109 页)

×)五种"社会力量因素"

(1)人数;(2)组织能力;(3)在生产和分配过程中所占的地位;(4)积极性;(5)教育程度。

9. **殖民地**国家的革命运动。

东方。共产国际**实际上**的全世界性。

10. 总结＝共产国际现在不是宣

传家的协会,而是工人阶级**大军**实践运动的**开始**。

不是革命是否很快到来的问题,而是要**加速**无产阶级的**准备**,这是问题的**实质**。

共产主义思想的增长。

(帝国主义战争的作用)。

运动的转折时刻。

工人阶级中被收买的上层分子的作用

(80 亿—100 亿法郎)。

机会主义＝资产阶级的社会主义。

"左派"＝无产阶级的社会主义,它的成长。

总结＝坚定地前进。

（1）1914年和1920年瓜分世界。

（2）各种矛盾（世界范围）极大尖锐化。

（3）破产——崩溃——经济危机。

（4）绝对没有出路？

　　　　　不。革命行动应该借此打击没落势力。

（5）（参看麦克唐纳）和全世界的革命情绪——思想——运动的
　　　增长。

（6）机会主义＝第二国际。

　　　经济根源　1914年‖80亿—100亿

　　　　　　　　1920年‖300亿—400亿？？

（7）"清洗"俄国和欧洲＋美国。

（8）左的错误。发展过程中的病症。

（9）**殖民地**国家中的革命运动:东方。

(10)总结,不是宣传家的协会,而是大军实践运动的**开始**。

1 250 / <u>175</u>	250① 约300	俄国	——130
<u>1 050</u>　71.4％	600 殖民地的	战败国	
2 000 ①	<u>400</u> 半殖民地的	德国＋奥	
<u>1 225</u>	1 000	匈帝国＋	
<u>250</u>		保加利亚	<u>120</u>
750			250

---

① 　数字被勾掉了。——俄文版编者注

俄国 $\dfrac{1}{130}$

德国一类 $\dfrac{120}{250}$ $1\frac{1}{4}$

250      $\frac{1}{4}$ 各种工厂

{100}

200{ 50} $\underline{250}$ $\frac{1}{4}$ 债权国 $\left(\begin{array}{c}100\\ \text{美国}\end{array}\right)$

{ 50}   1 750 $1\frac{3}{4}$ 单位十亿

凯恩斯,254   凯恩斯 254

单位十亿英镑

合众国——+19(单位十亿卢布)

($\frac{1}{2}$ 美元,$\frac{1}{10}$ 英镑)+1.9

英国   +17 $\frac{1}{2}$(+6 俄国)   +1.74(+0.57)

— 8 $\frac{1}{2}$ −0.84

法国   + 3 $\frac{1}{2}$(1 $\frac{1}{2}$ 俄国)   +0.35

$\underline{-10\frac{1}{2}}$ −1.06

$\underline{+40}$(单位十亿)   **债务**

卢布

−19

白痴凯恩斯建议废除债务:

"大发慈悲"(255)

布劳恩   用黄金

债务   单位百万马克

七个国家   −109.2(1914 年)

776(1920 年)

各国债务与国家财产的比例　　　　　　　现在＞50％

　　　　法国和英国是 52％—54％　　　（德国 49.7％）

　　　　意大利和奥地利是 65％—70％

布劳恩，　　俄国是 90％

第 8 页　　{ 合众国 13％ }

　　　　　{ 日本 11％ }

国际形势和共产国际的基本任务

　　　　（1876 年）　　　　　　　　　　　　　注意

1914 年瓜分世界　　　　　　　　　＋殖民地和附属国人民的革

　　——和现在相比较　　　　　　　　命运动

　　　　　　　　　　　　　　　　　　左的错误……

六个强国——德国

英国——美国

日本

千百亿　　　　　　　　　　　　　总结＝我们已经不是宣传家的协

破坏　　　　　　　　　　　　　　　会,而是在世界范围内**开始**

通货膨胀　　　　　　　　　　　　准备的**实际**作战大军的

原料　　　　　　　　　　　　　　　总和。

事实

"享有特权的

国家……"

战争的"精神"后果

巴塞尔宣言和 **1920 年**

革命情绪

（参看拉姆赛·**麦克唐纳**）……

1914 年

机会主义者：80 亿—100 亿

1920 年：

200 亿—300 亿??

工人贵族阶层特权阶层的

道德败坏

"清洗"各工人政党,驱逐出

工人运动。

工资　1914 年——1920 年——　　100％——150％——180％

布劳恩,第 61—62 页	（合众国）　　（130 英国）　　（意大利）

物价　　　　　　　100％——150％—200％　200％—240％

　　　　肉类　　140％——190％—200％　　——400％

　　　　牛奶　　170％——230％——　　　　300％

（意大利）　　　（英国）

布劳恩,《泰晤士报》

工资　　　　1920 年 3 月 10 日《**泰晤士报**》

（最高）

　　　　100％—120％　　合众国　　最高经济

　　　　130％—170％　　英　国　　委员会

　　　　200％——300％　　法国＋意大利　1920.3.8.

1913—1919 年

　60　　130％　　日本：布劳恩

采煤量	英　国——20％	布劳恩摘自
布劳恩，第 64 页	法　国——50％	1920.3.10.
	德　国——37％	《泰晤士报》
	合众国—— 4％	1913—1919 年

汇率（和美元比较）	英镑——30％	1920.3.10《泰晤士报》
	法郎——64％	（72％里拉）
	马克——96％	

赢利 50％—40％

　拉品斯基，第 14 页。

译自《列宁文集》俄文版第 37 卷
第 222—227 页

5

国际形势和共产国际的基本任务

（报 告 提 纲）

（7 月 10—19 日）

1. 帝国主义是现代经济的基本特征。

瓜分世界是帝国主义的基本特征：垄断、银行、金融寡头、国际辛迪加、资本输出、瓜分全世界。

1876 年殖民地人口超过 25 000 万

1914 年殖民地人口超过 5 亿

10 亿＋半殖民地

（波斯、中国、土耳其）。

$$
\begin{array}{l}
1920\ 年：125\ 000\ 万＝殖民地＋半殖民地\\
\qquad\qquad\quad ＋战败和经济破产\\
\qquad\qquad\quad 的国家
\end{array}
\left\{
\begin{array}{l}
俄国\ 13\ 000\ 万\\
德国＋奥\ 匈\ 帝\ 国\\
12\ 000\ 万
\end{array}
\right.
$$

$$25\ 000\ 万＝财政上附属的国家$$

$$
25\ 000\ 万＝独立国家？
\left\{
\begin{array}{l}
合众国\ 1\ 亿\\
英国\ 5\ 000\ 万\\
日本\ 5\ 000\ 万
\end{array}
\right\}\ 2\ 亿
$$

总数＝175 000 万

2. 资本主义的一切矛盾极大尖锐化

(a)债务

$\boxed{a\ 1}$ 　1914 年——5 500 万金卢布(布劳恩)

　　　　1920 年——38 800 万金卢布

$\boxed{a\ 2}$ 　合众国＋190 亿卢布

　　　　英　国＋175 亿(俄国 60 亿)

$\boxed{凯恩斯}$ 　　　 － 85 亿

　　　　法　国＋ 35 亿

　　　　　　　－105 亿　　总数＝400 亿金卢布。

$\boxed{a\ 3}$

　　　　债务占　　英国和法国 52％—54％

　　　　国民财　　意大利　　 65％—70％

　　　　产的百　　俄国　　　 90％

　　　　分比　　　**合众国** 　11％—13％

　　　　　　　　和日本。

(b)工资和物价

　　　　　　合众国物价＋120;工资＋100

　　　　英　　国　 ＋170　　＋130

　　　　法　　国　 ＋300　　＋200

　　　　日　　本　 ＋130　　＋ 60

(c)赢利:40％—50％赢利

　　(拉品斯基,第 14 页)

(d)采煤量(最高经济委员会,载于 1920 年 3 月 10 日《泰晤士报》):

　　英　国　——20％

法　国　——50％

德　国　——37％(1913—1919 年)

合众国　——4％

(e)汇率:同合众国比较(上述《泰晤士报》)

英　国　——30％

法国和

意大利　——60％—70％

德　国　——90％—96％

> **保·莱维**:1920 年 4 月 14 日在德国
> 共产党代表大会上的报告
> 注意

3. 总结＝破产、贫困、发财。

战争的目的和性质。

凯恩斯。他的观点。

4. 战胜国间的分崩离析:

国际联盟?

同俄国的战争。

瓜分土耳其、中国?

5. 总结＝革命危机,革命情绪,思想。

绝对没有出路?

不是。

参看拉姆赛·**麦克唐纳**:"我们知道,这一切

会过去,会平息的。"

6. 机会主义＝主要的敌人。

资产阶级民主和**社会民主主义**的破产。

参加克伦斯基政府＋芬兰＋匈牙利。

奥托·鲍威尔："对各种社会力量因素横施暴力"。

7. 机会主义的根源：收买工人中的上层分子

80 亿—100 亿法郎	1914 年内	(三国资本输出
??200 亿—300 亿法郎	1920 年内	获得的收益)

8. 各党和工人运动的"清洗"，"撤职"

　　在俄国　　1903 年—1917 年—1920 年

　　在欧洲和美洲　　　1915 年—1920 年—

9. "左倾病"。发展过程中的病症。

10. 殖民地和附属国的人民。

东方。运动的发展。　　　　　　　　实际上运动

战争训练了他们。　　　　　　　　具有**世界**性。

我们领导 125 000 万

苏维埃共和国领导 125 000 万

11. 总结＝不是加速革命，而是加速革命的准备。

　　　　详细的决议和提纲。

不是宣传家的协会，而是共产国际领导的千百万无产者大军实际斗争的开始。

载于 1959 年《列宁文集》俄文版
第 36 卷

译自《列宁全集》俄文第 5 版
第 41 卷第 452—455 页

6

关于杰·坦纳在共产国际
第二次代表大会上的发言的笔记[230]

（7 月 23 日）

坦纳（车间代表委员会）的发言清楚地证明，

（1）应当在第三国际内给同情者以地位

（2）对于英国和美国应当作出特别说明，尽管我们在议会活动问题上有分歧，但我们建议：

　　（a）世界产业工人联合会和车间代表委员会这样形式的群众运动继续同第三国际结合

　　（b）再一次用长时间讨论这个问题，并在实践中考验那些在群众中没有充分进行鼓动的、过去不善于联系群众的社会党是否有所改进。

列　宁

载于 1959 年《列宁文集》俄文版
第 36 卷

译自《列宁全集》俄文第 5 版
第 41 卷第 456 页

7

对阿·苏尔坦-扎德关于

东方社会革命前途的报告的意见[231]

（7 月 24 日和 29 日之间）

（1）有产剥削阶级的瓦解

（2）大部分居民是受**中世纪剥削**的**农民**

（3）**小手工业者**——在工业中

（4）结论：**使**苏维埃机构和共产党（党的成分、党的特殊任务）**都适合于**殖民地东方**农民**国家的水平。

实质就在这里。关于这一点应加以思考并**寻找具体**的答案。

译自《列宁全集》俄文第 5 版

第 41 卷第 457 页

8

对保·莱维关于民族和
殖民地问题提纲的建议的意见

（7月25日）

（1）阐述太一般化，它好像适用于**所有的**民族。而现代波斯怎样呢？

请原谅，由于**您**把德国看做世界上的**唯一的**民族，于是便陷入了"民族布尔什维主义"。

（2）而如果**资产阶级**（保加利亚的、德国的和另外一些国家的）对英国、法国或其他国家**发动**战争呢？

那时，工人应该怎么办？

抵制？这会是完全错误的。参加，但要保持自己的独立性，同时，**充分**利用**联合**斗争**去**打倒资产阶级。

总结＝要么**只**写反对**德国的**民族布尔什维主义，要么完全不写。

载于1942年《列宁文集》俄文版
第34卷

译自《列宁全集》俄文第5版
第41卷第458页

9

为民族和殖民地问题委员会写的意见

（不晚于 7 月 28 日）

利用**中世纪的分立主义**？这太危险；非马克思主义的观点。

应当区别**现代**民族运动和带有中世纪特点的"运动"（所谓的**运动**）。

手稿影印件载于 1923 年柏林出版的昂·吉尔波《弗拉基米尔·伊里奇·列宁。其本质的真实写照》一书（德文版）

译自《列宁全集》俄文第 5 版第 41 卷第 460 页

俄共(布)第九次全国代表会议
中央委员会政治报告的提纲

(不晚于 1920 年 9 月 20 日)

1. 寇松的建议:比亚韦斯托克—布列斯特-里托夫斯克边界线。

2. 是单纯防御(像从前一样)还是**一定程度的**进攻?

3. "帮助"波兰和立陶宛"建立苏维埃政权","用刺刀试探一下"。战争形势:挽救帝国主义者的波兰。

4. 中央的决定:**赞成**(局部的)"进攻"。

5. 充分的证明:

    (1)拉丰。

    (2)逼近华沙城下

    (3)波兰社会党(比亚韦斯托克和挪威的工人＝报纸①)

    ((4))雇农与先进分子＋铁路员工。

6. 特别重要的是:较为深入地试探德国和英国。

7. 德国:

    (1)工人越过边界。德国营。

    (2)Б.将军＋Т.公爵

    (3)鲁登道夫的反应

    (4)谢德曼＋共产党人(1917 年 3 月?)

---

① 《工人报》。——俄文版编者注

(5)阶级——解放者。

8.英国:

(1)工人反对战争。韩德逊的宣言＋左派。

(2)行动委员会。持续不断地

(3)劳合-乔治退让。停战条件。

(4)英国与法国。**承认弗兰格尔**。

(5)犹豫不决(韩德逊之流)((他们询问有关独立的问题))

8a.明斯克谈判(8月16日)。

9.弗兰格尔。新的陆战队。

10.ΣΣ:

(1)①**一定程度**的进攻是"积极的国际政策"。

(2)无产阶级革命的成熟程度**越来越高**

(3)危机加剧。

11.共产国际代表大会

ΣΣ:5个不同的……问题归并在一起:

12. (1)国际共产党人代表大会

(2)Б.将军＋T.公爵

(3)韩德逊和谢德曼

(4)英国和法国　　　　　　　(5)

(5)鲁登道夫　　　　　　　　(4)

译自1999年《不为人知的列宁文献(1891—1922)》俄文版第368—369页

---

① 列宁在看第二遍时编的分项号。——俄文版编者注

俄共(布)莫斯科组织
党员重新登记表

（1）姓、名字、父名:弗拉基米尔·伊里奇·乌里扬诺夫

（2）年龄:50 岁

（3）出生于何省、市、县、乡、村:辛比尔斯克市

（4）父母的职业和地址:已去世

（5）家庭成员(按年龄大小排列)和供养人口:

      妻　51

      弟　45

      妹　44

（6）有无不动产(份地,房屋)或生产资料,在何处:无

（7）民族:

      俄罗斯

（8）母语:

（9）除俄语外,还会说、读、写何种语言(作必要说明):

      法语,德语,英语;三种都掌握得不好

（10）主要职业:写作

（11）在何处、受过何种教育

(a)普通教育〔中学

(b)专门教育〔1891年(以校外生资格)通过大学法律系的考试

(12)是否到过外国,何时、何地:

1895年;1900—1905年;1907—1917年侨居国外(瑞士、法国、英国、德国、加利西亚)。

(13)熟悉俄国的哪些地区:

仅在伏尔加河流域和两个首都居住过

(14)是否在旧军队里服过役(军衔、部队、服役时间):没有

(15)是否参加过战斗,曾否负伤(何地、何时):没有

(16)现在何企业或机关工作(单位地址和电话号码),任何职:

人民委员会

(17)薪金收入多少,有无其他收入:

一万三千五百(13 500)[232]

其他收入:写作稿酬

(18)何时加入俄共:自建党时起及建党前(1893年)

(19)是否在征收党员周中入党:——否——

(20)哪个组织最初接收您为俄共党员:见第18项

(21)是否听过有关社会政治问题的讲演,何时、何地、由何人讲授,是否进过政治常识学校(学校等级):　乙

(22)现属何支部:克里姆林宫分区

(23)是否受过党内审查,何时、何因:

　　俄国社会民主工党分裂时受过孟什维克的审查

(24)是否参加过其他政党,何党、何时、以何身份参加:未

(25)您有什么文件或证明能说明您参加过我党秘密组织:

　　党的历史就是证明

(26)过去工作的主要地点:

　　1.二月革命以前:(a)非党工作:

　　　　　　　　　　(b)党的工作:　　在国外和

　　2.十月革命以前:(a)非党工作:　　彼得格勒

　　　　　　　　　　(b)党的工作:

(27)您参加过二月革命哪些活动:

　　除关系全党的工作外,没有参加其他活动

　　　　　　(因侨居国外)

(28)您参加过十月革命哪些活动:中央委员

(29)是否因政治罪受过迫害,何时、何地、受过何种刑罚:

　　　　被捕　　1887 年(数日)

　　　　被捕　　1895—1897 年(14 个月,后流放东西伯利亚

　　　　　　　　三年)

　　　　被捕　　1900 年(数日)

(30)何时、何地参加过何种工会:未

(31)现属何种工会(写明会员证号码):否

(32)二月革命后您是否担任过选任职务,在何地:

(a)苏维埃的：人民委员会主席

(b)工会的：未

(c)党的：中央委员

(d)工厂的：

(e)部队的：〕未

(f)其他的：

(33)是否受过军训(军衔)，是否编入特别任务部队，第几连队，个人编号：未

(34)是否被动员参加红军，何时，由何组织，以何种方式动员的(普遍动员还是党内动员)，在前线多长时间、何地(准确填写)，何时、何地执行过什么任务，何时、何地参加过战斗，是否负过伤：未

(35)是否被动员参加运输工作，何时，由何组织动员的：未

(36)能完成何种党的和苏维埃的工作(组织、行政、宣讲、鼓动、文化普及等)：　Z

(37)您是否在大型会议上发言并主持过大会：是

(38)现在在党内担任何种工作：中央委员

(39)您还想补充说明什么情况：　Z

(40)您的住址和电话号码：克里姆林宫。楼上总机

(41)您读过马克思、恩格斯、列宁、考茨基和普列汉诺夫的哪些著作：

几乎全部(指姓名下划线者)

(42)您向工人、农民作过何种题目的发言或演讲：

大部分是政治的

(43)您是否向报纸投稿,何处、什么题目:不经常,都是政治题目

(44)能否写传单、号召书,在这方面您写过什么:

能。因数量较多,无法列举。

(45)在哪些知识领域有特长,在哪些问题上能作演讲和任课:

大多是政治问题

(签名)**弗·乌里扬诺夫(列宁)**

1920 年 9 月 17 日

载于 1926 年莫斯科工人出版社
在莫斯科和列宁格勒出版的
《俄共(布)党员弗·伊·乌里扬诺夫
(列宁)的〈人事档案〉》一书

译自《列宁全集》俄文第 5 版
第 41 卷第 465—468 页

注　　释

1　《共产主义运动中的"左派"幼稚病》一书于共产国际第二次代表大会前夕写成并出版,分发给了代表大会全体代表。书中的论点和结论是代表大会决议的基础。

为了能赶在共产国际第二次代表大会开会之前出书,列宁曾亲自过问本书的排印计划。这本书于1920年4月27日脱稿,5月5日手稿发到国家出版社彼得格勒分社。5月9日,一校样发回莫斯科。5月23日,列宁将5月12日写完的本书增补部分连同经他校阅过的校样一起发往彼得格勒。6月12日本书俄文本出版,接着法文本和英文本也几乎同时于7月在俄国出版。列宁在5月23日写了一封有关这本书出版工作的信(见本版全集第49卷第413号文献)。

1920年下半年,这本书的德、英、法、意译本分别在柏林、汉堡、伦敦、纽约、巴黎和米兰出版。

在《共产主义运动中的"左派"幼稚病》一书的手稿上有一个副标题《(马克思主义战略和策略通俗讲话的尝试)》和一段讽刺性献词:"谨将此小册子献给最可敬的劳合-乔治先生,以对其1920年3月18日所作的几乎是马克思主义的、至少是对全世界共产党人和布尔什维克极有教益的演说表示谢忱。"但是,列宁亲自校阅过的该书第1版,以及根据这一版刊印的其他各种单行本和全集本都删去了这个副标题和献词,只有《列宁全集》俄文第2、3版刊印过这个副标题和献词。——1。

2　《火星报》(《Искра》)是第一个全俄马克思主义的秘密报纸,由列宁创办。创刊号于1900年12月在莱比锡出版,以后各号的出版地点是慕尼黑、伦敦(1902年7月起)和日内瓦(1903年春起)。参加《火星报》编辑部的有:列宁、格·瓦·普列汉诺夫、尔·马尔托夫、亚·尼·波特列索夫、帕·波·阿克雪里罗得和维·伊·查苏利奇。编辑部的秘书起初是因·格·斯米多维奇,1901年4月起由娜·康·克鲁普斯卡娅担任。列宁实际上是《火星报》的主编和领导者。他在《火星报》上发表了许多文章,阐述有关党的建设和俄国无产阶级的阶级斗争的基本问题,并评论国际生活中的重大事件。

《火星报》在国外出版后,秘密运往俄国翻印和传播。《火星报》成了团结党的力量、聚集和培养党的干部的中心。在俄国许多城市成立了俄国社会民主工党列宁火星派的小组和委员会。1902年1月在萨马拉举行了火星派代表大会,建立了《火星报》俄国组织常设局。

《火星报》在建立俄国马克思主义政党方面起了重大的作用。在列宁的倡议和亲自参加下,《火星报》编辑部制定了党纲草案,筹备了俄国社会民主工党第二次代表大会。这次代表大会宣布《火星报》为党的中央机关报。

根据俄国社会民主工党第二次代表大会的决议,《火星报》编辑部改由列宁、普列汉诺夫、马尔托夫三人组成。但是马尔托夫坚持保留原来的六人编辑部,拒绝参加新的编辑部,因此《火星报》第46—51号是由列宁和普列汉诺夫二人编辑的。后来普列汉诺夫转到了孟什维主义的立场上,要求把原来的编辑都吸收进编辑部,列宁不同意这样做,于1903年10月19日(11月1日)退出了编辑部。《火星报》第52号是由普列汉诺夫一人编辑的。1903年11月13日(26日),普列汉诺夫把原来的编辑全部增补进编辑部以后,《火星报》由普列汉诺夫、马尔托夫、阿克雪里罗得、查苏利奇和波特列索夫编辑。因此,从第52号起,《火星报》变成了孟什维克的机关报。人们将第52号以前的《火星报》称为旧《火星报》,而把孟什维克的《火星报》称为新《火星报》。

1905年5月第100号以后,普列汉诺夫退出了编辑部。《火星报》于1905年10月停刊,最后一号是第112号。——2。

3 指俄国社会民主工党中的右翼机会主义派别孟什维克和社会革命党。——7。

4 指1912年4月4日(17日)沙皇军队枪杀西伯利亚勒拿金矿工人的事

件。勒拿金矿工人因不堪资本家的残酷剥削和压迫,于 1912 年 2 月底
开始举行罢工。3 月中旬,罢工席卷各矿,参加者达 6 000 余人。罢工
者提出实行八小时工作制、增加工资、取消罚款、提供医疗救护、改善供
应和居住条件等要求。布尔什维克帕·尼·巴塔绍夫是领导罢工的总
委员会主席。沙皇当局调动军队镇压罢工,于 4 月 3 日(16 日)夜逮捕
了几乎全部罢工委员会成员。4 月 4 日(17 日),2 500 名工人前往纳杰
日金斯基矿向检察机关的官员递交申诉书。士兵们奉命向工人开枪,
当场死 270 人,伤 250 人。勒拿惨案激起了全俄工人的愤怒,俄国革命
运动从此迅速地向前发展。——8。

5　指俄国第四届国家杜马的布尔什维克代表阿·叶·巴达耶夫、格·
伊·彼得罗夫斯基、马·康·穆拉诺夫、费·尼·萨莫伊洛夫和尼·
罗·沙果夫。第一次世界大战爆发后,他们在 1914 年 7 月 26 日(8 月
8 日)的杜马会议上强烈抗议沙皇俄国参加帝国主义战争,并拒绝对军
事拨款投赞成票。他们访问了许多工业中心,召集了多次反对战争的
工人集会。1914 年 11 月 2—4 日(15—17 日),他们在彼得格勒近郊
的奥泽尔基村召开了有彼得格勒、伊万诺沃-沃兹涅先斯克、哈尔科夫
和里加等地布尔什维克代表参加的会议,讨论了列宁关于战争的提纲,
一致表示支持。11 月 4 日(17 日),他们和全体与会代表一起被捕,
1915 年 2 月被交付法庭审判,以"叛国"罪名被判处终身流放东西伯利
亚。——9。

6　龙格主义是以社会改良主义者让·龙格为代表的法国社会党中派的政
治观点。法国社会党中派(龙格派)于 1915 年形成,是该党的少数派。
该派对社会沙文主义者采取妥协态度,在第一次世界大战期间持社会
和平主义立场。俄国十月革命后,反对帝国主义列强对苏俄的武装干
涉,在口头上拥护无产阶级专政,实际上继续奉行同社会沙文主义者合
作的政策,并支持掠夺性的凡尔赛和约。反对法国社会党加入共产国
际。——9。

7　独立工党(I.L.P.)是英国改良主义政党,1893 年 1 月成立。领导人有
基·哈第、拉·麦克唐纳、菲·斯诺登等。党员主要是一些新、旧工联

的成员以及受费边派影响的知识分子和小资产阶级分子。独立工党从建党时起就采取资产阶级改良主义立场,把主要注意力放在议会斗争和同自由主义政党进行议会交易上。1900年,该党作为集体党员加入英国工党。在第一次世界大战期间,独立工党领袖采取资产阶级和平主义立场。1932年7月独立工党代表会议决定退出英国工党。1935年该党左翼成员加入英国共产党,1947年许多成员加入英国工党,独立工党不再是英国政治生活中一支引人注目的力量。——9。

8 费边派是1884年成立的英国改良主义组织费边社的成员,多为资产阶级知识分子,代表人物有悉·韦伯、比·韦伯、拉·麦克唐纳、肖伯纳、赫·威尔斯等。费边·马克西姆是古罗马统帅,以在第二次布匿战争(公元前218—前201年)中采取回避决战的缓进待机策略著称。费边社即以此人名字命名。费边派虽然认为社会主义是经济发展的必然结果,但只承认演进的发展道路。他们反对马克思主义的阶级斗争和无产阶级革命学说,鼓吹通过细微的改良来逐渐改造社会,宣扬所谓"地方公有社会主义"(又译"市政社会主义")。1900年费边社加入工党(当时称劳工代表委员会),但仍保留自己的组织。在工党中,它一直起制定纲领原则和策略原则的思想中心的作用。第一次世界大战期间,费边派采取社会沙文主义立场。关于费边派,参看列宁《社会民主党在1905—1907年俄国第一次革命中的土地纲领》第4章第7节和《英国的和平主义和英国的不爱理论》(本版全集第16卷和第26卷)。——9。

9 社会革命党人是俄国最大的小资产阶级政党社会革命党的成员。该党是1901年底—1902年初由南方社会革命党、社会革命党人联合会、老民意党人小组、社会主义土地同盟等民粹派团体联合而成的。成立时的领导人有马·安·纳坦松、叶·康·布列什柯-布列什柯夫斯卡娅、尼·谢·鲁萨诺夫、维·米·切尔诺夫、米·拉·郭茨、格·安·格尔舒尼等,正式机关报是《革命俄国报》(1901—1904年)和《俄国革命通报》杂志(1901—1905年)。社会革命党人的理论观点是民粹主义和修正主义思想的折中混合物。他们否认无产阶级和农民之间的阶级差别,抹杀农民内部的矛盾,否认无产阶级在资产阶级民主革命中的领导作用。在土地问题上,社会革命党人主张消灭土地私有制,按照平均使用原则将土地交村社支配,发展各种合作社。在策略方面,社会革命党人采用了社会民主党人进行群众性鼓动的方法,但主要斗争方法还是搞个人恐怖。为了进行恐怖活动,该党建立了事实上脱离该党中央的秘密战斗组织。

在 1905—1907 年俄国第一次革命中,社会革命党曾在农村开展焚烧地主庄园、夺取地主财产的所谓"土地恐怖"运动,并同其他政党一起参加武装起义和游击战,但也曾同资产阶级的解放社签订协议。在国家杜马中,该党动摇于社会民主党和立宪民主党之间。该党内部的不统一造成了 1906 年的分裂,其右翼和极左翼分别组成了人民社会党和最高纲领派社会革命党人联合会。在斯托雷平反动时期,社会革命党经历了思想上、组织上的严重危机。在第一次世界大战期间,社会革命党的大多数领导人采取了社会沙文主义的立场。1917 年二月革命后,社会革命党中央实行妥协主义和阶级调和的政策,党的领导人亚·费·克伦斯基、尼·德·阿夫克森齐耶夫、切尔诺夫等参加了资产阶级临时政府。七月事变时期该党公开转向资产阶级方面。社会革命党中央的妥协政策造成党的分裂,左翼于 1917 年 12 月组成了一个独立党——左派社会革命党。十月革命后,社会革命党人(右派和中派)公开进行反苏维埃的活动,在国内战争时期进行反对苏维埃政权的武装斗争,对共产党和苏维埃政权的领导人实行个人恐怖。内战结束后,他们在"没有共产党人参加的苏维埃"的口号下组织了一系列叛乱。1922年,社会革命党彻底瓦解。——10。

10　内阁派是主张社会党人参加资产阶级政府的机会主义流派。因法国社会党人亚·埃·米勒兰于 1899 年参加瓦尔德克-卢梭的资产阶级政府,所以这种机会主义策略也被称为米勒兰主义。1900 年 9 月 23—27日在巴黎举行的第二国际第五次代表大会讨论了米勒兰主义问题。大会通过了卡·考茨基提出的调和主义决议。这个决议虽谴责社会党人参加资产阶级政府,但却认为在"非常"情况下可以这样做。法国社会党人和其他国家的社会党人就利用这项附带条件为他们在第一次世界大战期间参加帝国主义资产阶级政府的行为辩护。列宁认为米勒兰主义是一种修正主义和叛卖行为,社会改良主义者参加资产阶级政府必定会充当资本家的傀儡,成为这个政府欺骗群众的工具。——10。

11　德国独立社会民主党是中派政党,1917年4月在哥达成立。代表人物是卡·考茨基、胡·哈阿兹、鲁·希法亭、格·累德堡等。基本核心是中派组织"工作小组"。该党以中派言词作掩护,宣传同公开的社会沙文主义者"团结",放弃阶级斗争。1917年4月—1918年底,斯巴达克派曾参加该党,但保持组织上和政治上的独立,继续进行秘密工作,并帮助工人党员摆脱中派领袖的影响。1920年10月,德国独立社会民主党在该党哈雷代表大会上发生了分裂,很大一部分党员于1920年12月同德国共产党合并。右派分子单独成立了一个党,仍称德国独立社会民主党,存在到1922年。——10。

12　四月代表会议即俄国社会民主工党(布)第七次全国代表会议。这次会议是布尔什维克党在合法条件下召开的第一次代表会议,1917年4月24—29日(5月7—12日)在彼得格勒举行。

　　由于中央内部在对革命的估计、革命的前途以及党的任务问题上有分歧,根据中央的一致决定,全党在代表会议召开以前,围绕列宁的《四月提纲》,就这些问题进行了公开争论。这样,地方组织就有可能预先讨论议程中的问题,并弄清普通党员对它们的态度。出席代表会议的有151名代表,其中133名有表决权,18名有发言权,他们代表78个大的党组织的约8万名党员。出席会议的还有前线和后方军事组织的代表,拉脱维亚、立陶宛、波兰、芬兰和爱沙尼亚等民族组织的代表。这次代表会议具有充分的代表性,因而起到了党代表大会的作用。代表会议的议程是:目前形势(战争和临时政府等);和平会议;对工兵代表苏维埃的态度;修改党纲;国际的现状和党的任务;同国际主义的社会民主党组织的联合;土地问题;民族问题;立宪会议;组织问题;各地的报告;选举中央委员会。列宁是主席团的成员,他领导了会议的全部工作,作了目前形势、修改党纲和土地问题等主要报告,发言20多次,起草了代表会议的几乎全部决议草案。斯大林作了民族问题的报告。代表会议以《四月提纲》为基础,规定了党在战争和革命的一切基本问题上的路线,确定了党争取资产阶级民主革命转变为社会主义革命的方针和"全部政权归苏维埃"的口号。列·波·加米涅夫作了关于目前形势的副报告,他和阿·伊·李可夫认为俄国资产阶级民主革命还未结束,社会主义革命尚不成熟,只能由孟什维克和社会革命党人领导的苏维埃监督资产阶级临时政府。在讨论民族问题时,格·列·皮达可夫反对各民族有自决直至分离的权利的口号。他们的错误观点受到了会议的批判。在讨论国际的现状和党的任务时,会议通过了格·叶·季诺维也夫提出的继续留在齐美尔瓦尔德联盟里和参加齐美尔瓦尔德第三次代表会议的决议案,列宁投票反对这一决议案。代表会议以无记名投票选举了党的中央委员会,列宁、季诺维也夫、加米涅夫、弗·巴·米柳亭、维·巴·诺根、雅·米·斯维尔德洛夫、伊·捷·斯米尔加、斯大林、Г.Ф.费多罗夫共9人当选为中央委员。这次会议的决议,参看《苏联共产党代表大会、代表会议和中央全会决议汇编》1964年人民出版社版第1分册第430—456页。

列宁这里指的是这次代表会议通过的《关于对临时政府的态度的决议》和《关于工兵代表苏维埃的决议》。——11。

13 格·瓦·普列汉诺夫在《Cant反对康德或伯恩施坦先生的精神遗嘱》(载于1901年12月《曙光》杂志第2—3期合刊)一文中写道:"在伯恩施坦先生的观点中现在只剩下了一点社会主义的影子。实际上他**离小资产阶级'社会改良'拥护者比离革命的社会民主党要近得多**。然而他还是一个'同志',并没有人请他脱党。"——14。

14 看来是指《德国工人运动中的哪些东西是不应该模仿的》一文(见本版全集第25卷)。列宁在这篇文章中揭露了德国社会民主党人卡·列金的叛卖行为。列金曾于1912年在美国国会向美国官方人士和资产阶级政党发表祝贺演说。列宁的文章发表于1914年4月的《启蒙》杂志。——14。

15 斯巴达克派(国际派)是德国左派社会民主党人的革命组织,第一次世界大战初期形成,创建人和领导人有卡·李卜克内西、罗·卢森堡、弗·梅林、克·蔡特金、尤·马尔赫列夫斯基、莱·约吉希斯(梯什卡)、威·皮克等。1915年4月,卢森堡和梅林创办了《国际》杂志,这个杂志是团结德国左派社会民主党人的主要中心。1916年1月1日,全德左派社会民主党人代表会议在柏林召开,会议决定正式成立组织,取名为国际派。代表会议通过了一个名为《指导原则》的文件,作为该派的纲领,这个文件是在卢森堡主持和李卜克内西、梅林、蔡特金参与下制定的。1916年至1918年10月,该派定期出版秘密刊物《政治书信》,署名斯巴达克,因此该派也被称为斯巴达克派。1917年4月,斯巴达克派加入了德国独立社会民主党,但保持组织上和政治上的独立。斯巴达克派在群众中进行革命宣传,组织反战活动,领导罢工,揭露世界大战的帝国主义性质和社会民主党机会主义领袖的叛卖行为。斯巴达克派在理论和策略问题上也犯过一些错误,列宁曾屡次给予批评和帮助。1918年11月,斯巴达克派改组为斯巴达克联盟,12月14日公布了联盟的纲领。1918年底,联盟退出了独立社会民主党,并在1918年12月30日—1919年1月1日举行的全德斯巴达克派和激进派代表会议上创建了德国共产党。——14。

16　布列斯特和约是1918年3月3日苏维埃俄国在布列斯特-里托夫斯克同德国、奥匈帝国、保加利亚和土耳其签订的条约,3月15日经全俄苏维埃第四次(非常)代表大会批准。和约共14条,另有一些附件。根据和约,苏维埃共和国同四国同盟之间停止战争状态。波兰、立陶宛全部、白俄罗斯和拉脱维亚部分地区脱离俄国。苏维埃俄国应从拉脱维亚和爱沙尼亚撤军,由德军进驻。德国保有里加湾和蒙海峡群岛。苏维埃军队撤离乌克兰、芬兰和奥兰群岛,并把阿尔达汉、卡尔斯和巴统各地区让与土耳其。苏维埃俄国总共丧失100万平方公里土地(含乌克兰)。此外,苏维埃俄国必须复员全部军队,承认乌克兰中央拉达同德国及其盟国缔结的和约,并须同中央拉达签订和约和确定俄国同乌克兰的边界。布列斯特和约恢复了对苏维埃俄国极其不利而对德国有利的1904年的关税税率。1918年8月27日在柏林签订了俄德财政协定,规定俄国必须以各种形式向德国交付60亿马克的赔款。布列斯特和约是当时刚建立的苏维埃政权为了摆脱帝国主义战争,集中力量巩固十月革命取得的胜利而实行的一种革命的妥协。这个和约的签订，虽然使苏维埃俄国受到割地赔款的巨大损失，但是没有触动十月革命的根本成果，并为年轻的苏维埃共和国赢得了和平喘息时机去巩固无产阶级专政，整顿国家经济和建立正规红军，为后来击溃白卫军和帝国主义的武装干涉创造了条件。1918 年德国十一月革命推翻了威廉二世的政权。1918 年 11 月 13 日，全俄中央执行委员会宣布废除布列斯特和约。——15。

17　指召回派和最后通牒派的活动。

召回派是 1908 年在布尔什维克中间出现的一种机会主义集团，主要代表人物有亚·亚·波格丹诺夫、格·阿·阿列克辛斯基、安·弗·索柯洛夫(斯·沃尔斯基)、阿·瓦·卢那察尔斯基、马·尼·利亚多夫等。召回派要求从第三届国家杜马中召回俄国社会民主党的代表，并停止党在合法和半合法组织中的工作，宣称在反动条件下党只应进行不合法的工作。召回派以革命词句作幌子，执行取消派的路线。列宁把召回派叫做"改头换面的孟什维克"。

最后通牒派是召回派的变种，产生于 1908 年，代表人物有维·拉·尚采尔(马拉)、格·阿·阿列克辛斯基、列·波·克拉辛等。在孟什维克的压力下，当时社会民主党国家杜马党团通过了党团对俄国社会民主工党中央委员会独立的决议。最后通牒派不是认真地教育杜马党团，纠正党团的错误，而是要求立即向杜马党团发出最后通牒，要它无条件地服从党中央的决定，否则就把社会民主党杜马代表召回。最后通牒主义实际上是隐蔽的、伪装的召回主义。列宁把最后通牒派叫做"羞羞答答的召回派"。

1909 年，召回派、最后通牒派和造神派组成发起小组，在意大利卡普里岛创办了一所实际上是派别中心的党校。1909 年 6 月，布尔什维克机关报《无产者报》扩大编辑部会议斥责了召回派和最后通牒派，号召同这些背离革命马克思主义的倾向作最坚决的斗争，并把波格丹诺夫从布尔什维克队伍中开除出去。——15。

18　指俄国沙皇政府计划在 1906 年 1 月中旬前召开的咨议性代表机关布

里根杜马。1905年8月6日(19日)沙皇颁布了有关建立国家杜马的诏书,与此同时,还颁布了《关于建立国家杜马的法令》和《国家杜马选举条例》。这些文件是受沙皇之托由内务大臣亚·格·布里根任主席的特别委员会起草的,所以这个拟建立的国家杜马被人们称做布里根杜马。根据这些文件的规定,在杜马选举中,只有地主、资本家和农民户主有选举权。居民的大多数——工人、贫苦农民、雇农、民主主义知识分子被剥夺了选举权。妇女、军人、学生、未满25岁的人和许多被压迫民族都被排除在选举之外。杜马只能作为沙皇属下的咨议性机构讨论某些问题,无权通过任何法律。布尔什维克号召工人和农民抵制布里根杜马。孟什维克则认为可以参加杜马选举并主张同自由派资产阶级合作。1905年十月全俄政治罢工迫使沙皇颁布10月17日宣言,保证召开立法杜马。这样布里根杜马没有召开就被革命风暴扫除了。——15。

19　指俄国第一次资产阶级民主革命期间的1905年十月全俄政治罢工。

十月全俄政治罢工是俄国第一次革命的最重要阶段之一。1905年10月6日(19日),在一些铁路线的布尔什维克组织的代表决定共同举行罢工后,俄国社会民主工党莫斯科委员会号召莫斯科铁路枢纽各线从10月7日(20日)正午起实行总罢工,全俄铁路工会中央常务局支持这一罢工。到10月17日(30日),铁路罢工已发展成为全俄总罢工,参加罢工的人数达200万以上。在各大城市,工厂、交通运输部门、发电厂、邮电系统、机关、商店、学校都停止了工作。十月罢工的口号是:推翻专制制度、积极抵制布里根杜马、召集立宪会议和建立民主共和国。十月罢工扫除了布里根杜马,迫使沙皇于10月17日(30日)颁布了允诺给予"公民自由"和召开"立宪"杜马的宣言。罢工显示了无产阶级运动的力量和声势,推动了农村和军队中革命斗争的展开。在十月罢工中,彼得堡及其他一些城市出现了工人代表苏维埃。十月罢工持续了十多天,是十二月武装起义的序幕。关于十月罢工,参看列宁《全俄政治罢工》一文(本版全集第12卷)。——15。

20　拉布分子即英国工党党员。

英国工党成立于 1900 年，起初称劳工代表委员会，由工联、独立工党和费边社等组织联合组成，目的是把工人代表选入议会。1906 年改称工党。工党的领导机关执行委员会同工联总理事会、合作党执行委员会共同组成所谓全国劳动委员会。工党成立初期就成分来说是工人的政党(后来有大批小资产阶级分子加入)，但就思想和政策来说是一个机会主义的组织。该党领导人从党成立时起就采取同资产阶级实行阶级合作的路线。第一次世界大战期间，工党领导机构多数人持沙文主义立场，工党领袖阿·韩德逊等参加了王国联合政府。从 1924 年起，工党领导人多次组织政府。——17。

21　立宪民主党人是俄国自由主义君主派资产阶级的主要政党立宪民主党的成员。立宪民主党(正式名称为人民自由党)于 1905 年 10 月成立。中央委员中多数是资产阶级知识分子、地方自治人士和自由派地主。主要活动家有帕·尼·米留可夫、谢·安·穆罗姆采夫、瓦·阿·马克拉柯夫、安·伊·盛加略夫、彼·伯·司徒卢威、约·弗·盖森等。立宪民主党提出一条与革命道路相对抗的和平的宪政发展道路，主张俄国实行立宪君主制和资产阶级的自由。在土地问题上，主张将国家、皇室、皇族和寺院的土地分给无地和少地的农民；私有土地部分地转让，并且按"公平"价格给予补偿；解决土地问题的土地委员会由同等数量的地主和农民组成，并由官员充当他们之间的调解人。1906 年春，曾同政府进行参加内阁的秘密谈判，后来在国家杜马中自命为"负责任的反对派"。第一次世界大战期间，支持沙皇政府的掠夺政策，曾同十月党等反动党派组成"进步同盟"，要求成立责任内阁，即为资产阶级和地主所信任的政府，力图阻止革命并把战争进行到最后胜利。二月革命后，立宪民主党在资产阶级临时政府中居于领导地位，竭力阻挠土地问题、民族问题等基本问题的解决，并奉行继续帝国主义战争的政策。七月事变后，支持科尔尼洛夫叛乱，阴谋建立军事独裁。十月革命胜利后，苏维埃政府于 1917 年 11 月 28 日(12 月 11 日)宣布立宪民主党为"人民公敌的党"。该党随之转入地下，继续进行反革命活动，并参与白卫将军的武装叛乱。国内战争结束后，该党上层分子大多数逃亡国外。

1921年5月,该党在巴黎召开代表大会时分裂,作为统一的党不复存在。——19。

22 原则上的反对派即德国"左派"共产党人集团。这一集团在1919年10月于海德堡举行的德国共产党第二次代表大会上被开除出德国共产党,1920年4月组成了德国共产主义工人党。为了促使德国所有共产主义力量联合起来,共产国际执行委员会于1920年11月暂时同意德国共产主义工人党作为同情政党加入共产国际,同时向该党提出同德国统一共产党合并和支持其一切行动的要求。1921年6—7月举行的共产国际第三次代表大会作出决议,要该党在一定期限内并入德国统一共产党。由于没有执行共产国际的这项决议,该党被认为自行退出共产国际。该党后来蜕化成为宗派小集团。——19。

23 沃拉皮尤克是德国语言学家约·施莱尔于1880年设计出的一种世界语方案。——21。

24 《共产主义工人报》(«Kommunistische Arbeiterzeitung»)是德国"左派"共产党人无政府工团主义集团的机关报,1919—1927年在汉堡出版。——23。

25 中心小组是列宁在1895年创立的彼得堡工人阶级解放斗争协会的领导机构。参加中心小组的成员有10多人,其中5人(列宁、格·马·克尔日扎诺夫斯基、瓦·瓦·斯塔尔科夫、阿·亚·瓦涅耶夫和尔·马尔托夫)组成领导核心。——25。

26 指俄共(布)第九次代表大会。

俄共(布)第九次代表大会于1920年3月29日—4月5日在莫斯科举行。参加代表大会的共有715名代表,其中有表决权的代表553名,有发言权的代表162名,共代表611 978名党员。这次代表大会是在红军取得了反对外国武装干涉和国内反革命的决定性胜利、苏维埃俄国获得了暂时的和平喘息时机的条件下召开的。大会主要议程是:中央委员会的工作报告;经济建设的当前任务;工会运动;组织问题;共产国际的任务；对合作社的态度；向民兵制过渡；选举中央委员会。列宁直接领导了代表大会的工作，作了中央委员会的工作报告，并就经济建设、合作社等问题发了言。

这次代表大会的中心议题是经济建设问题，即从军事战线的斗争转向劳动战线的斗争、战胜经济破坏、恢复和发展国民经济的问题。列·达·托洛茨基作了关于经济建设的当前任务的报告。大会就这个问题通过的决议指出，苏维埃俄国经济恢复的基本条件是贯彻执行最近一个历史时期的统一的经济计划。决议规定了完成统一计划的各项根本任务的先后顺序：(1)首先是改善运输部门的工作，调运和储备必要的粮食、燃料和原料；(2)发展为运输业和获取燃料、原料、粮食服务的机器制造业；(3)加紧发展为生产日用品服务的机器制造业；(4)加紧生产日用品。实现国家电气化在统一经济计划中居于重要地位；大会通过了关于制定电气化计划的指示。

代表大会要求各级党组织执行俄共(布)中央关于给运输部门调配5 000名优秀的经过考验的共产党员的指令，并决定动员这次代表大会的10％的代表投入运输战线。代表大会决定把1920年的"五一"节(适逢星期六)定为全俄星期六义务劳动日。

代表大会批准了俄共(布)中央关于动员工业无产阶级、实行劳动义务制、经济军事化以及为经济需要动用军队等问题的提纲，责成党组织帮助工会和劳动部门统计全部熟练工人，以便吸收他们参加生产，同时否决了托洛茨基关于把成立劳动军作为保证国民经济劳动力的唯一良策和把军事方法搬用于和平经济建设的意见。代表大会十分重视生产管理的组织问题。大会就这个问题通过的决议指出，必须在一长制的基础上建立熟悉业务、坚强得力的领导。以季·弗·萨普龙诺夫等为代表的民主集中派反对在企业中实行一长制和个人负责制，坚持无限制的集体管理制，同时也反对使用旧专家，反对国家的集中管理，他们得到了阿·伊·李可夫、米·巴·托姆斯基、弗·巴·米柳亭、阿·洛莫夫等的支持。大会谴责和拒绝了民主集中派的建议。

代表大会在关于工会问题的决议中明确规定了工会的作用、工会同国家和党的相互关系、共产党领导工会的形式和方法以及工会参加经济建设的方式,在关于合作社问题的决议中要求巩固党在合作社组织中的领导地位。

代表大会还作出了关于出版《列宁全集》的决定。

4月4日,在大会秘密会议上选出了由19名委员和12名候补委员组成的新的中央委员会。——25。

27　劳动派(劳动团)是俄国国家杜马中的农民代表和民粹派知识分子代表组成的小资产阶级民主派集团,1906年4月成立。领导人是阿·费·阿拉季因、斯·瓦·阿尼金等。劳动派要求废除一切等级限制和民族限制,实行自治机关的民主化,用普选制选举国家杜马。劳动派的土地纲领要求建立由官地、皇族土地、皇室土地、寺院土地以及超过劳动土地份额的私有土地组成的全民地产,由农民普选产生的地方土地委员会负责进行土地改革,这反映了全体农民的土地要求,同时它又容许赎买土地,则是符合富裕农民阶层利益的。在国家杜马中,劳动派动摇于立宪民主党和布尔什维克之间。布尔什维克党支持劳动派的符合农民利益的社会经济要求,同时批评它在政治上的不坚定,可是劳动派始终没有成为彻底革命的农民组织。六三政变后,劳动派在地方上停止了活动。第一次世界大战期间,劳动派多数采取沙文主义立场。二月革命后,劳动派积极支持资产阶级临时政府,1917年6月与人民社会党合并为劳动人民社会党。十月革命后,劳动派站在资产阶级反革命势力方面。——26。

28　1917年二月资产阶级革命后到1919年这一时期,俄共(布)党员人数变动如下:到1917年4月俄国社会民主工党(布)第七次全国代表会议时,共有党员8万人;到1917年7月俄国社会民主工党(布)第六次代表大会时,约有24万人;到1918年3月俄国共产党(布)第七次代表大会时,至少有30万人;到1919年3月俄国共产党(布)第八次代表大会时,有313 766人。——27。

29　指征收党员周。

征收党员周是根据俄共(布)第八次代表大会的决议举行的。在苏维埃共和国处于国内战争和外国武装干涉的极其困难的时刻,俄共

（布）彼得格勒党组织于 1919 年 8 月 10—17 日、莫斯科省党组织于同年 9 月 20—28 日相继举行了征收党员周。俄共（布）中央全会总结初步经验后，9 月 26 日决定在各城市、农村和军队中举行征收党员周。9 月 30 日，中央在给各级党组织的关于征收党员周的通告信中指出，在各地党组织已经完成党员重新登记的情况下，着手吸收新的党员是适时的。通告信要求在征收党员周期间只吸收工人、红军战士、水兵和农民入党。通过举行征收党员周，仅俄罗斯联邦欧洲部分 38 个省就有 20 多万人入党，其中 50% 以上是工人，在作战部队中被接受入党的约 7 万人。——27。

30　非党工农代表会议是 1918—1921 年期间俄共（布）和苏维埃政权联系群众的一种方式。这种会议由地方党政机关召集。参加会议的代表由工厂和农村按照召集机关规定的名额选出。非党工农代表会议在当时起了重大的积极作用，但也曾被孟什维克、社会革命党人和无政府主义者所利用。非党代表会议后来逐渐为共产党员和非党员都参加的代表会议所取代。——28。

31　《共产国际》杂志（«Коммунистический Интернационал»）是共产国际执行委员会的机关刊物，1919 年 5 月 1 日创刊，曾用俄、德、法、英、中、西班牙等各种文字出版，编辑部由参加共产国际的各国共产党代表组成。该杂志刊登理论文章和共产国际文件，曾发表列宁的许多篇文章。随着 1943 年 5 月 15 日共产国际解散，该杂志于 1943 年 6 月停刊。——32。

32　《人民政治日报》（«Folkets Dagblad Politiken»）是瑞典左派社会民主人的报纸，1916 年 4 月 27 日起在斯德哥尔摩出版，最初每两天出版一次，后改为日报（1917 年 11 月以前称《政治报》）。1918—1920 年该报的编辑是弗·斯特勒姆。1921 年，瑞典左派社会民主党改名为共产党后，该报成为瑞典共产党的机关报。1945 年停刊。——33。

33　世界产业工人联合会是美国的工会组织，成立于 1905 年，主要联合各种职业的非熟练工人和低工资工人。美国工人运动的活动家丹·德莱昂、尤·德布兹和威·海伍德积极参加了联合会的创建。总部设在芝加哥,在加拿大、澳大利亚、英国、拉丁美洲和南非也曾建立世界产业工人联合会的组织。成立之初,接近社会主义者,在纲领中强调阶级斗争,反对美国劳联领导人和右翼社会党人所执行的阶级合作政策,在美国组织了一系列群众性罢工(共计150多次)。第一次世界大战期间,联合会组织了美国工人阶级的群众性的反战斗争。联合会的某些领导人(海伍德等)欢迎俄国十月社会主义革命,并参加了美国共产党。但是联合会的领导职务从1908年起为无政府工团主义分子所掌握,因而在它的活动中也表现出无政府工团主义的特点,如不赞成无产阶级的政治斗争、否认无产阶级政党的领导作用和无产阶级专政的必要性、拒绝在美国劳联所属的工会会员中进行工作等。1920年,联合会的无政府工团主义领导人曾拒绝共产国际执行委员会向联合会发出的加入共产国际的邀请。在20世纪20年代,联合会逐步退出政治舞台。——34。

34 中央党是德国天主教徒的政党,1870—1871年由普鲁士议会和德意志帝国国会的天主教派党团联合而成,因这两个党团的议员的席位在会议大厅的中央而得名。中央党通常持中间立场,在支持政府的党派和左派反对派国会党团之间随风转舵。——37。

35 熊的帮忙意为帮倒忙,出典于俄国作家伊·安·克雷洛夫的寓言《隐士和熊》。寓言说,一个隐士和熊做朋友,熊热心地抱起一块大石头为酣睡的隐士驱赶鼻子上的一只苍蝇,结果把他的脑袋砸成了两半。——42。

36 共产主义者抵制派是意大利社会党的左派,因抵制资产阶级议会选举而得名,领导人是阿·博尔迪加,亦简称抵制派或弃权派。该派曾同大利社会党内的改良主义者作过有力的斗争,但他们反对参加资产阶级议会的策略是错误的。1921年1月21日,在里窝那代表大会上,该派同社会党决裂,随后参加创建意大利共产党。——45。

37 《苏维埃报》(«Il Soviet»)是意大利社会党的报纸。1918—1922年在那波利(那不勒斯)出版。1920年起成为意大利社会党抵制派(弃权派)

的机关报,阿·博尔迪加任主编。——45。

38　《共产主义》杂志(《Comunismo》)是意大利社会党的刊物(双周刊),
1919—1922 年在米兰出版,扎·梅·塞拉蒂任主编。——45。

39　意大利社会党于 1892 年 8 月在热那亚代表大会上成立,最初叫意大利
劳动党,1893 年改称意大利劳动社会党,1895 年开始称意大利社会党。
从该党成立起,党内的革命派就同机会主义派进行着尖锐的思想斗争。
1912 年在艾米利亚雷焦代表大会上,改良主义分子伊·博诺米、莱·
比索拉蒂等被开除出党。从第一次世界大战爆发到 1915 年 5 月意大
利参战,意大利社会党一直反对战争,提出"反对战争,赞成中立!"的口
号。1914 年 12 月,拥护资产阶级帝国主义政策、主张战争的叛徒集团
(贝·墨索里尼等)被开除出党。意大利社会党人曾于 1914 年同瑞士
社会党人一起在卢加诺召开联合代表会议,并积极参加齐美尔瓦尔德
(1915 年)和昆塔尔(1916 年)国际社会党代表会议。但是,意大利社会
党基本上采取中派立场。1916 年底意大利社会党在党内改良派的影
响下走上了社会和平主义的道路。俄国十月社会主义革命胜利后,意
大利社会党内的左翼力量增强。1919 年 10 月 5—8 日在波伦亚举行
的意大利社会党第十六次代表大会通过了加入第三国际的决议,该党
代表参加了共产国际第二次代表大会的工作。1921 年 1 月 15—21 日
在里窝那举行的第十七次代表大会上,处于多数地位的中派拒绝同改
良派决裂,拒绝完全承认加入共产国际的 21 项条件;该党左翼代表于
21 日退出代表大会并建立了意大利共产党。——45。

40　指匈牙利右派社会民主党人的叛卖活动。
　　1918 年 10 月 30 日深夜匈牙利爆发了革命。资产阶级的自由主
义激进派政党和社会民主党组成了联合政府。这个政府没有能力应付
内部和外部困难,于 1919 年 3 月 20 日辞职,并建议由社会民主党单独
组织政府。但是在当时革命危机尖锐化的形势下,社会民主党的领袖
们不敢成立没有共产党参加的政府,不得不同当时还在狱中的匈牙利
共产党领导人进行谈判。结果,双方签订了建立苏维埃政权的协议,同
时决定两党在共产主义原则基础上和承认无产阶级专政的条件下合

并,改称匈牙利社会党。3月21日,匈牙利苏维埃共和国宣告成立,匈牙利第一届苏维埃政府——革命政府委员会组成,社会民主党人加尔拜·山多尔任主席,匈牙利共产党领袖库恩·贝拉任外交人民委员。

　　匈牙利苏维埃政权采取了一系列革命措施,如实行工业企业、运输业、银行的国有化和对外贸易的垄断,没收地主土地建立大农场,把职工的平均工资提高25％,实行八小时工作制等等,并为保卫共和国建立了红军。但匈牙利苏维埃政权也犯了一些错误,特别是没有满足无地少地农民对土地的要求,因而未能建立起巩固的工农联盟。协约国帝国主义者从4月起利用罗马尼亚和捷克斯洛伐克的军队对匈牙利苏维埃共和国进行武装干涉,并对它实行经济封锁。在困难局势下,右派社会民主党人背叛革命,在军队中和后方加紧破坏活动,并在维也纳同协约国代表进行谈判。他们以匈牙利苏维埃共和国政府妨碍同协约国缔结和约和解除封锁为借口逼它辞职。1919年8月1日,匈牙利革命政府委员会被迫辞职。匈牙利苏维埃共和国存在了134天,就在国内外反革命势力的夹击下被扼杀。——45。

41　《人民国家报》(《Der Volksstaat》)是德国社会民主工党(爱森纳赫派)的中央机关报,其前身是《民主周报》。1869年10月2日—1876年9月29日在莱比锡出版,最初每周出两次,1873年7月起改为每周出三次。由威·李卜克内西领导编辑部工作,奥·倍倍尔负责出版工作。李卜克内西和倍倍尔因反对德国兼并阿尔萨斯—洛林于1870年12月被捕后,该报由卡·希尔施和威·布洛斯相继主持工作。马克思和恩格斯从该报创刊时起就为它撰稿,经常给编辑部提供帮助和指导,使这家报纸成了19世纪70年代优秀的工人报刊之一。——47。

42　国际联盟(国际联合会)是根据1919年在巴黎和会上通过的《国际联盟章程》于1920年1月成立的,总部设在日内瓦,先后参加的国家有60多个。美国本是国际联盟的倡议者之一,但因没有批准《国际联盟章程》,所以不是会员国。国际联盟自成立起就为英、法帝国主义所操纵。它表面上标榜"促进国际合作,维持国际和平与安全",实际上是帝国主义国家推行侵略政策、重新瓜分殖民地的工具。1920—1921年,国际联盟是策划武装干涉苏维埃俄国的中心之一。第二次世界大战爆发后，国际联盟无形中瓦解，1946年4月正式宣告解散。——49。

43 尼·加·车尔尼雪夫斯基在对美国经济学家亨·查·凯里《就政治经济问题致美利坚合众国总统的信》的评论中说："历史道路并不是涅瓦大街的人行道；它全然是在旷野上穿行，时而尘土飞扬，时而泥泞不堪，时而经过沼泽，时而穿过密林。谁怕沾上尘土和弄脏靴子，他就不要从事社会活动。"（见《尼·加·车尔尼雪夫斯基全集》1950年俄文版第7卷第923页）——51。

44 指《火星报》编辑部同彼·伯·司徒卢威就共同在国外出版秘密刊物《时评》的问题进行谈判并曾暂时达成协议一事。这次谈判于1900年12月16日（29日）—1901年1月底在慕尼黑举行，起因是：合法马克思主义者的代表司徒卢威等人想在国外创办机关刊物《时评》，同《火星报》和《曙光》杂志并行出版，但与社会民主党不发生公开的关系；《火星报》编辑部也希望通过司徒卢威获得政治材料和通讯稿。在谈判中，《火星报》编辑部要求新刊物《时评》作为《曙光》杂志的附刊，期数不得多于《曙光》杂志，《时评》编辑部应在平等基础上由《火星报》编辑部与司徒卢威和米·伊·杜冈-巴拉诺夫斯基组成。在谈判过程中发现，司徒卢威打算利用《火星报》编辑部为《时评》服务，企图把《时评》变成一个同《火星报》竞争的刊物。在拟定协议草案时，司徒卢威拒绝了《火星报》编辑部提出的第7条，即《火星报》编辑部有充分自由利用《时评》获得的一切政治材料。随后，格·瓦·普列汉诺夫代表《火星报》和《曙光》杂志、司徒卢威代表"民主反对派"小组草拟了关于出版《时评》的声明。这个刊物最后没有出版。《火星报》的代表同司徒卢威的进一步谈判以破裂告终。虽然如此，但由于存在这个协议，当时《火星报》刊登了司徒卢威的《专制制度和地方自治机关》一文，曙光杂志社协助出版了由司徒卢威作序加注的沙皇政府财政大臣谢·尤·维特的秘密记事。列宁对这次谈判的看法，参看他1901年1月30日给格·瓦·普列汉诺夫的信（本版全集第44卷第41号文献）。——51。

45 指1915年9月5—8日在瑞士齐美尔瓦尔德举行的国际社会党第一次

代表会议和1916年4月24—30日在瑞士昆塔尔举行的国际社会党第二次代表会议。参加齐美尔瓦尔德代表会议的布尔什维克代表是列宁和格·叶·季诺维也夫,孟什维克组织委员会代表是尔·马尔托夫和帕·波·阿克雪里罗得,社会革命党代表是马·安·纳坦松和维·米·切尔诺夫。参加会议的俄国代表还有拉脱维亚边疆区社会民主党代表扬·安·别尔津和《我们的言论报》代表列·达·托洛茨基。参加昆塔尔代表会议的布尔什维克代表是列宁、伊·费·阿尔曼德和季诺维也夫,孟什维克组织委员会代表是马尔托夫和阿克雪里罗得,社会革命党代表是纳坦松和化名为萨韦利耶夫、弗拉索夫的两个人。——52。

46 革命共产党人是在俄国左派社会革命党人叛乱以后退出该党的一部分人于1918年9月组织的革命共产党的成员。革命共产党的领导人是安·卢·柯列加耶夫、马·安·纳坦松等。该党谴责左派社会革命党人搞恐怖活动和企图破坏布列斯特和约,主张同俄共(布)合作。但是它的纲领是混乱和折中的,一方面认为苏维埃政权为建立社会主义制度创造了先决条件,另一方面又否认从资本主义到社会主义的过渡时期必须实行无产阶级专政。该党成立后不断有人退党,其中有些人加入了俄共(布),有些人回到了左派社会革命党内。该党曾被准许派两名有发言权的代表出席共产国际第二次代表大会。在这次代表大会作出了一个国家只应有一个共产党的决定之后,革命共产党于1920年9月决定加入俄共(布)。同年10月,俄共(布)中央作出决定,允许自己的党组织接受原革命共产党党员加入俄共(布)。——52。

47 左派社会革命党人是俄国小资产阶级政党社会革命党的左翼,于1917年12月2日(15日)组成了独立的政党,其领袖人物是玛·亚·斯皮里多诺娃、波·达·卡姆柯夫和马·安·纳坦松。

左派社会革命党人这一派别在第一次世界大战中形成,1917年七月事变后迅速发展,在十月革命中加入了军事革命委员会,参加了武装起义。在全俄苏维埃第二次代表大会上,左派社会革命党人在社会革命党党团中是多数派。当右派社会革命党人遵照社会革命党中央的指

示退出代表大会时,他们仍然留在代表大会中,并且在议程的最重要的
问题上和布尔什维克一起投票。但是在参加政府的问题上,他们拒绝
了布尔什维克的建议,而同孟什维克国际主义派一起要求建立有社会
革命党、孟什维克和布尔什维克参加的所谓"清一色的社会党人政府"。
左派社会革命党人在长期犹豫之后,为了保持他们在农民中的影响,决
定参加苏维埃政府。经过布尔什维克和左派社会革命党人的谈判,
1917 年底有 7 名左派社会革命党人加入了人民委员会,而左派社会革
命党人也保证在自己的活动中实行人民委员会的总政策。

　　左派社会革命党人虽然走上和布尔什维克合作的道路,但是反对
无产阶级专政,在建设社会主义的一些根本问题上同布尔什维克有分
歧。1918 年初,左派社会革命党人反对签订布列斯特和约,在同年 3
月苏维埃第四次(非常)代表大会批准布列斯特和约后退出了人民委员
会,但仍留在中央执行委员会和其他苏维埃机关中。左派社会革命党
人也反对苏维埃政权关于在企业和铁路部门中建立一长制和加强劳动
纪律的措施。1918 年夏天,随着社会主义革命在农村中的展开和贫苦
农民委员会的建立,左派社会革命党人中的反苏维埃情绪开始增长。
1918 年 6 月 24 日,左派社会革命党中央通过决议,提出用一切可行的
手段来"纠正苏维埃政策的路线"。接着,左派社会革命党人于 1918 年
7 月 6 日在莫斯科发动了武装叛乱。这次叛乱被粉碎之后,全俄苏维
埃第五次代表大会通过决议,把那些赞同其上层领导路线的左派社会
革命党人从苏维埃开除出去。左派社会革命党的很大一部分普通党员
甚至领导人并不支持其领导机构的冒险主义行动。1918 年 9 月,一部
分采取同布尔什维克合作立场的左派社会革命党人组成了民粹派共产
党和革命共产党。这两个党的大部分党员后来参加了俄共(布)。20
年代初,左派社会革命党不复存在。——52。

48　凡尔赛和约即第一次世界大战后英、法、意、日等国对德和约,于 1919
　　年 6 月 28 日在巴黎郊区凡尔赛宫签订。和约的主要内容是,德国将阿
　　尔萨斯—洛林归还法国,萨尔煤矿归法国;德国的殖民地由英、法、日等
　　国瓜分;德国向美、英、法等国交付巨额赔款;德国承认奥地利独立;限
　　制德国军备,把莱茵河以东 50 公里的地区划为非军事区。中国虽是战

胜国,但和约却把战前德国在山东的特权交给了日本。这种做法遭到了中国人民的强烈反对,中国代表因而没有在和约上签字。列宁认为凡尔赛和约"是一个闻所未闻的、掠夺性的和约,它把亿万人,其中包括最文明的一部分人,置于奴隶地位"(见本卷第394页)。——55。

49 英国社会党是由英国社会民主党和其他一些社会主义团体合并组成的,1911年在曼彻斯特成立。英国社会党是马克思主义的政治组织,但是由于带有宗派倾向,并且党员人数不多,因此未能在群众中展开广泛的宣传活动。第一次世界大战前夕和大战期间,在党内国际主义派(威·加拉赫、约·马克林、阿·英克平、费·罗特施坦等)同以亨·海德门为首的社会沙文主义派之间展开了激烈的斗争。但是在国际主义派内部也有一些不彻底分子,他们在一系列问题上采取中派立场。第一次世界大战爆发以后,1914年8月13日,英国社会党的中央机关报《正义报》发表了题为《告联合王国工人》的爱国主义宣言。1916年2月英国社会党的一部分活动家创办的《号召报》对团结国际主义派起了重要作用。1916年4月在索尔福德召开的英国社会党年会上,以马克林、英克平为首的多数代表谴责了海德门及其追随者的立场,迫使他们退出了党。该党从1916年起是工党的集体党员。1919年加入了共产国际。该党左翼是创建英国共产党的主要发起者。1920年该党的绝大多数地方组织加入了英国共产党。——57。

50 社会主义工人党是英国革命的马克思主义组织,1903年由一部分脱离社会民主联盟的左派社会民主党人(主要是苏格兰人)在苏格兰建立。

南威尔士社会主义协会是主要由威尔士革命煤矿工人组成的小团体。

工人社会主义联盟是1918年5月在妇女选举权保障协会基础上形成的一个小组织,盟员主要是妇女。

英国共产党成立大会于1920年7月31日—8月1日举行。大会通过的党纲中写入了党参加议会选举和加入工党的条文。上述三个组织因为不同意这些主张而没有加入英国共产党。1921年1月南威尔士社会主义协会和当时称为"共产党(第三国际不列颠支部)"的工人社会主义联盟同英国共产党合并。社会主义工人党的领导仍拒绝合并。
——57。

51　《工人无畏舰》周刊(《Workers' Dreadnought»)是英国刊物，1914 年 3
月—1924 年 6 月在伦敦出版。1917 年 7 月以前称《妇女无畏舰》。
1918—1919 年是英国工人社会主义联盟的机关刊物。1920—1921 年
是英国共产党的机关刊物。——57。

52　《曼彻斯特卫报》(《The Manchester Guardian»)是英国一家资产阶级报
纸，1821 年在曼彻斯特创刊。19 世纪中叶起为自由党的机关报。起初
是周报，从 1855 年起改为日报。

列宁在这里提到的戴·劳合-乔治的演说是在英国议会下院自由
党党团成员会议上发表的。——61。

53　指科尔尼洛夫叛乱。

科尔尼洛夫叛乱是发生在 1917 年 8 月的一次俄国资产阶级和地
主的反革命叛乱。叛乱的头子是俄军最高总司令、沙俄将军拉·格·
科尔尼洛夫。叛乱的目的是要消灭革命力量，解散苏维埃，在国内建立
反动的军事独裁，为恢复君主制作准备。立宪民主党在这一反革命阴
谋中起了主要作用。临时政府首脑亚·费·克伦斯基是叛乱的同谋
者，但是在叛乱发动后，他既害怕科尔尼洛夫在镇压布尔什维克党的同
时也镇压小资产阶级政党，又担心人民群众在扫除科尔尼洛夫的同时
也把他扫除掉，因此就同科尔尼洛夫断绝了关系，宣布其为反对临时政
府的叛乱分子。

叛乱于 8 月 25 日(9 月 7 日)开始。科尔尼洛夫调动第 3 骑兵军扑
向彼得格勒，彼得格勒市内的反革命组织也准备起事。布尔什维克党
是反对科尔尼洛夫叛乱的斗争的领导者和组织者。按照列宁的要求，
布尔什维克党在反对科尔尼洛夫的同时，并不停止对临时政府及其社
会革命党、孟什维克仆从的揭露。彼得格勒工人、革命士兵和水兵响应
布尔什维克党中央的号召，奋起同叛乱分子斗争，三天内有 15 000 名
工人参加赤卫队。叛军推进处处受阻，内部开始瓦解。8 月 31 日(9 月
13 日)，叛乱正式宣告平息。在群众压力下，临时政府被迫下令逮捕科

尔尼洛夫及其同伙,交付法庭审判。——72。

54 指卡普叛乱。

卡普叛乱是德国君主派、容克、最反动的银行资本与工业资本集团和军国主义分子发动的反动叛乱,为首的是沃·卡普、埃·鲁登道夫、瓦·吕特维茨等人。叛乱的目的是废除民主共和国和重建君主政体。1920年3月10日,吕特维茨将军向德国社会民主党领导的联合政府提出最后通牒,要求解散国民议会,改选总统。3月13日,受到国防军大多数将领同情的叛乱分子的军队,未经战斗开进了柏林。叛乱分子成立了以卡普为首的政府,宣布全德戒严。叛乱发生后,德国无产阶级立即投入保卫共和国的斗争。3月15日,总罢工席卷全德,参加的工人达1 200万人。工人们武装起来同叛乱军队展开战斗。在德国共产党领导下,鲁尔区还成立了红色鲁尔军。大部分官吏和职员以及大批农业劳动者也参加了反卡普叛乱的斗争。叛乱分子的队伍在许多地方被击败。3月17日,卡普政府垮台,卡普本人逃往瑞典。——72。

55 德雷福斯案件指1894年法国总参谋部尉级军官犹太人阿·德雷福斯被法国军界反动集团诬控为德国间谍而被军事法庭判处终身服苦役一案。法国反动集团利用这一案件煽动反犹太主义和沙文主义,攻击共和制和民主自由。在事实证明德雷福斯无罪后,当局仍坚决拒绝重审,引起广大群众强烈不满。法国社会党人和资产阶级民主派进步人士(包括埃·左拉、让·饶勒斯、阿·法朗士等)发动了声势浩大的运动,要求重审这一案件。在社会舆论压力下,1899年瓦尔德克-卢梭政府撤销了德雷福斯案件,由共和国总统赦免了德雷福斯。但直到1906年7月,德雷福斯才被上诉法庭确认无罪,恢复了军职。——77。

56 指1917年的七月事变。

1917年七月事变是俄国1917年二月革命后,继四月危机和六月危机而发生的又一次危机,是达到全国性危机的一个新的重要的阶段。

俄国资产阶级临时政府所组织的前线进攻以惨败告终,激怒了彼得格勒的工人和陆海军士兵。1917年7月3日(16日),由第一机枪团带头,自发的游行示威从维堡区开始,并有发展成为反对临时政府的武装行动的趋势。鉴于当时俄国革命危机尚未成熟,布尔什维克党不赞成搞武装行动。7月3日(16日)下午4时,党中央决定劝阻群众。但是示威已经开始,制止已不可能。在这种情况下,当夜,布尔什维克党中央又同彼得堡委员会和军事组织一起决定参加游行示威,以便把它引导到和平的有组织的方向上去。当时正在内沃拉村休息的列宁,闻讯后于7月4日(17日)晨赶回彼得格勒。7月4日(17日)这天参加游行示威的共50多万人。列宁在克舍辛斯卡娅公馆的阳台上向游行的水兵发表了演说,要求群众沉着、坚定和警惕。示威群众派代表要求苏维埃中央执行委员会夺取政权,遭到社会革命党、孟什维克领袖的拒绝。军事当局派军队镇压和平的游行示威,示威群众在市内好几个地方同武装的反革命分子发生冲突,死56人,伤650人。在人民意志表达以后,布尔什维克党于5日发表了停止游行示威的号召书。莫斯科、下诺夫哥罗德等城市也发生了反政府的游行示威。临时政府在孟什维克和社会革命党所领导的中央执行委员会的支持下,随即对革命人民进行镇压。7月5—6日(18—19日),《真理报》编辑部和印刷厂以及布尔什维克党中央办公处所被捣毁。7月6日(19日),临时政府下令逮捕列宁。工人被解除武装。革命的彼得格勒卫戍部队被调出首都,派往前线。七月事变后,政权完全转入反革命的临时政府手中,苏维埃成了它的附属品,革命和平发展时期告终,武装起义的任务提上了日程。列宁对七月事变的评述,见《三次危机》和《俄国革命和国内战争》(本版全集第30卷和第32卷)。——81。

57 德国1918年十一月革命胜利后,政权落在右翼社会民主党人领导的临时政府手里。德国资产阶级力图把革命镇压下去。1919年1月初,艾伯特政府把属于左翼独立社会民主党人的柏林警察总监埃·艾希霍恩免职,意在挑动工人举行为时过早的反政府武装起义。1月6日,为回答政府的挑衅,柏林工人举行了总罢工。但是参加领导起义的革命行动委员会中的独立社会民主党人采取了叛卖策略,他们与艾伯特政府商谈以"和平方式"解决"冲突",从而使政府赢得了时间。艾伯特政府在作了充分准备之后,于1月8日中断谈判,声称总清算的时刻已经到来。陆军部长、右翼社会民主党人古·诺斯克领导的反革命部队随即对柏林革命工人进行残酷镇压,包括卡·李卜克内西和罗·卢森堡在内的大批共产党人惨遭杀害。——81。

58　《红旗报》(«Die Rote Fahne»)是斯巴达克联盟的中央机关报,后来是德国共产党的中央机关报,由卡·李卜克内西和罗·卢森堡创办,1918年11月9日起在柏林出版。该报多次遭到德国当局的迫害。1933年被德国法西斯政权查禁后继续秘密出版。1935年迁到布拉格出版;从1936年10月至1939年秋在布鲁塞尔出版。——86。

59　奥吉亚斯的牛圈出典于希腊神话。据说古希腊西部厄利斯的国王奥吉亚斯养牛3 000头,30年来牛圈从未打扫,粪便堆积如山。奥吉亚斯的牛圈常被用来比喻藏垢纳污的地方。——87。

60　《自由报》(«Die Freiheit»)是德国独立社会民主党的机关报(日报),1918年11月15日—1922年9月30日在柏林出版。——88。

61　《红旗报》(«Die Rote Fahne»)是奥地利共产党的中央机关报,1918年11月起在维也纳出版。最初称《呐喊报》,1919年1月15日起改称《社会革命报》,1919年7月26日起始称《红旗报》。——88。

62　这里说的是1918年2月设立的隶属于工人、士兵、农民和哥萨克代表苏维埃的法律辩护员公会。资产阶级旧律师在许多法律辩护员公会中影响很大,他们歪曲苏维埃诉讼程序的原则,营私舞弊。因此早在1920年春就提出了取消法律辩护员公会的问题。1920年10月,法律辩护员公会被撤销。——92。

63　根据俄文版本,《共产主义运动中的"左派"幼稚病》这一著作中原先使用的"荷兰论坛派"一词,均已改为"荷兰共产党的某些党员"。——95。

64　指1919年9月25日晚反革命分子在列昂季耶夫斯基巷向俄共(布)莫斯科委员会大楼扔炸弹的事件。策划这一事件的是无政府主义者和左派社会革命党人联合组织的所谓"革命游击队全俄起义委员会"。在这一事件中,有12人被炸死,55人被炸伤。——98。

65　《从莫斯科—喀山铁路的第一次星期六义务劳动到五一节全俄星期六义务劳动》一文发表于《五一节星期六义务劳动特刊》。这张报纸是《真理报》、《全俄中央执行委员会消息报》、《经济生活报》、《贫苦农民报》、罗斯塔社的工作人员和全俄中央执行委员会印刷厂的工人在五一节星期六义务劳动中共同编辑排印的,于1920年5月2日出版。

　　第一次共产主义星期六义务劳动是莫斯科—喀山铁路莫斯科编组站机务段的15名共产党员于1919年4月12日举行的。此后,星期六义务劳动运动很快在俄国各地展开。列宁在《伟大的创举(论后方工人的英雄主义。论"共产主义星期六义务劳动")》(见本版全集第37卷)一文中总结了初期共产主义星期六义务劳动的经验。

　　五一节全俄星期六义务劳动是根据俄共(布)第九次代表大会的决议于1920年5月1日举行的。仅莫斯科一地参加这次义务劳动的就达425 000多人。列宁参加了这次义务劳动,同克里姆林宫军校学员一起清理了克里姆林宫里的建筑材料。——99。

66　列宁的这篇讲话是在莫斯科斯维尔德洛夫广场(原剧院广场)对开往波兰战线的红军战士发表的。讲话后,列宁在大剧院门前台阶上检阅了莫斯科卫戍部队。奔赴波兰战线的一批彼得格勒共产党员也参加了检阅。——102。

67　这是列宁在1920年5月5日全俄中央执行委员会、莫斯科苏维埃、工会和工厂委员会联席会议上的讲话。这次会议是在波兰白军进攻苏维埃俄国的形势下召开的。会议在莫斯科大剧院举行,奔赴波兰战线的300名彼得格勒工人共产党员也出席了会议。会议讨论了波兰战线状况,一致通过了一项决议,宣布俄国劳动群众决心以毁灭性的打击回答波兰资产阶级的进攻,并号召俄国工人和农民全力加强西方战线,在最后这条战线上早日取得全胜。——104。

68　指1920年4月19—26日在意大利圣雷莫举行的协约国会议。参加会议的有协约国最高会议的成员、政府首脑:法国的亚·埃·米勒兰,英国的戴·劳合-乔治,意大利的弗·尼蒂。日本代表为松井(大使)。比利时和希腊的代表只参加讨论涉及本国利益的问题。美国派了一名观察员参加。会议讨论了对土耳其和约和阿拉伯国家的委任统治权的分配问题,德国履行凡尔赛和约的军事条款问题以及盟国对苏维埃俄国的立场问题。会议虽然通过了一些决议,但并没有缓和协约国列强间的深刻矛盾。——106。

69 劳动军是在国内战争末期暂时用于国民经济战线而保持军队建制的苏俄红军部队。第 3 集团军革命军事委员会首先倡议把军队用于经济战线,得到列宁的赞同。1920 年 1 月 15 日,工农国防委员会把第 3 集团军改组成为第 1(乌拉尔)革命劳动军。此后陆续成立的劳动军有:乌克兰劳动军(由西南方面军组成)、高加索劳动军(由高加索方面军第 8 集团军组成)、第 2 特种铁路劳动军(由高加索方面军第 2 集团军组成)、彼得格勒劳动军(由第 7 集团军组成)、第 2 革命劳动军(由土耳其斯坦方面军第 4 集团军组成)、顿涅茨劳动军、西伯利亚劳动军等。劳动军从事修复铁路、采煤、伐木、征购和运输粮食等工作,并在人民群众中开展文化教育活动。1920 年对波战争爆发后,有些劳动军转为战斗部队。随着国内战争的结束,根据劳动国防委员会 1921 年 12 月 30 日的决定,劳动军被撤销。——108。

70 列宁致印度革命协会的贺词是 1920 年 5 月 10 日通过无线电发出的。

1920 年 2 月 17 日在喀布尔举行的印度革命者大会寄给了列宁一份大会通过的决议。决议对苏维埃俄国为所有被压迫阶级和被压迫民族的解放,特别是为印度的解放而进行的伟大斗争,表示深切的谢意和钦佩。列宁的贺词是对上述决议的答复。——111。

71 这里说的是 1919 年 3 月苏维埃政府同美国政府代表威·克·布利特在莫斯科进行的谈判。布利特前往莫斯科,是为了了解苏维埃政府同意在什么条件下同协约国媾和。

布利特在谈判中转达了美国总统伍·威尔逊和英国首相戴·劳合-乔治的建议。苏维埃政府为了尽快缔结和约,同意按照他们提出的条件进行谈判,但对这些条件作了一些重要修改(美国政府代表布利特和苏俄政府共同制定的和平建议草案全文见《苏联对外政策文件汇编》1958 年俄文版第 2 卷第 91—95 页)。

布利特离开苏维埃俄国之后不久,高尔察克军队在东线取得了一些胜利。帝国主义各国政府指望借助高尔察克的力量来消灭苏维埃俄国,于是拒绝了和平谈判。威尔逊不准公布布利特带回的协定草案,劳合-乔治则在议会宣称他同与苏维埃政府谈判一事根本没有关系。——114。

72 指根据1919年12月英国工联代表大会决定派赴俄国了解苏维埃俄国政治经济情况的英国工人代表团。代表团由工党和工联成员组成,以工党的本·特纳为团长。英国独立工党也派代表作为非正式成员随同前往访问。列宁认为该代表团的来访意义重大,要求全俄工会中央理事会对代表团热情接待,向他们广泛介绍苏俄人民的生活,以便他们回国后能向英国人民报告苏俄的真实情况。1920年5月12日英国工人代表团抵达彼得格勒,17日到达莫斯科,以后又参观了伏尔加河流域一些城市。他们到处受到苏俄劳动人民的隆重欢迎。代表团还到了前线,参加了星期六义务劳动。5月26日列宁接见代表团,和代表们谈了关于英国革命运动的前景、协约国反对苏俄的活动以及苏波战争等问题。代表团访问后表示要为加强英国和苏俄劳动人民的团结而努力,并对英国政府支持波兰政府发动对苏战争表示强烈抗议。代表团共访问6周,回国后发表了关于苏俄情况的报告。——114。

73 《人民委员会关于收购原料的决定草案》是列宁在人民委员会1920年5月25日会议上写的,并得到会议的通过。——115。

74 这是列宁在审阅人民委员会关于合理分配劳动居民住房的办法的法令草案时写下的意见。法令草案根据列宁的意见作了修改后,由人民委员会1920年5月25日会议通过。法令发表于1920年6月4日《全俄中央执行委员会消息报》。——116。

75 《给英国工人的信》是在英国工人代表团访问苏俄两周后写的,发表于1920年6月17日《真理报》、《全俄中央执行委员会消息报》、《共产主义劳动报》和《汽笛报》,同一天还刊载于英国社会党的机关报《号召报》。英国工人社会主义联盟机关刊物《工人无畏舰》周刊和《俄国展望》杂志于 6 月 19 日、英国社会党报纸《每日先驱报》于 6 月 22 日相继予以转载。这封信后来还多次为苏维埃俄国和其他国家的报刊所转载。——117。

76　《新政治家》杂志(《The New Statesman》)是英国费边社的刊物(周刊)，1913 年在伦敦创办，1931 年起改称《新政治家和民族》杂志。——119。

77　列宁同日本记者、《大阪朝日新闻》代表中平良的谈话是 1920 年 6 月 3 日在克里姆林宫列宁的办公室里进行的。中平在他的通讯中报道说："出乎我的意料，办公室里的陈设竟十分简单朴素，这使我感到很惊讶⋯⋯　列宁对我们非常亲切坦诚，就像接待老朋友一样。虽然他在俄国担任最高的职务，但是，在他的言谈举止中却没有一点摆架子的味道。"(1920 年 6 月 13 日《大阪朝日新闻》)据中平后来回忆，第二天，他把谈话记录稿送给列宁，列宁仔细地看了一遍，并作了几处修改。

　　这里收载的报道用日文发表于 1920 年 6 月 13 日《大阪朝日新闻》和 1920 年 6 月 15 日《东京朝日新闻》，还用英文发表于 1920 年 8 月 7 日出版的《苏维埃俄国》杂志第 6 期。根据《苏维埃俄国》杂志译出的这一报道的俄译文最初发表于 1963 年 4 月 16 日《消息报》第 91 号。——122。

78　指远东共和国。

　　远东共和国是 1920 年 4 月 6 日在东西伯利亚和远东地区成立的民主共和国，首都在上乌金斯克(现称乌兰乌德)，后迁到赤塔。政府领导人是布尔什维克亚·米·克拉斯诺晓科夫、彼·米·尼基福罗夫等。苏维埃俄国政府于 1920 年 5 月 14 日正式承认远东共和国，并提供财政、外交、经济和军事援助。远东共和国是适应当时极为复杂的政治形势而成立的，目的是防止苏维埃俄国同日本发生军事冲突，并为在远东地区消除外国武装干涉和白卫叛乱创造条件。为了领导远东地区党的工作，成立了俄共(布)远东局(后改为俄共(布)中央远东局)。这个特别党组织的任务之一就是保证俄共(布)中央和俄罗斯联邦人民委员会对远东共和国的对内对外政策起决定性作用。在远东大部分地区肃清了武装干涉者和白卫军后，远东共和国国民议会于 1922 年 11 月 14 日作出加入俄罗斯联邦的决定。1922 年 11 月 15 日,全俄中央执行委员会宣布远东共和国为俄罗斯联邦的一部分。——122。

79　列宁同日本记者、《大阪每日新闻》和《东京日日新闻》的代表布施胜治的谈话是在 1920 年 6 月 3 日或 4 日进行的。据布施报道,谈话进行了大约 20 分钟。谈话时,外交人民委员部东方司司长 A.H.沃兹涅先斯基在座。沃兹涅先斯基在他的回忆录中记述了这次谈话的详细情况。

"同日本记者的谈话别具一格。我们还没来得及坐下,列宁同志就把自己的圈椅挪过来,紧靠着布施先生,向他提出了一连串的问题:'你们那里无地农民的处境怎样? 他们怎样向地主交租,交多少? 你们那里有些什么样的地主? 中等地主和大地主有多少俄亩土地? 有农民组织吗?'布施恭顺地一一作了回答。'您本人是什么阶级出身? 是知识分子吗?'日本记者回答说:'我是小地主的儿子。''确切些说,您的父亲有多少俄亩土地呢?'列宁一再询问布施先生。布施用日本的度量单位作了回答。列宁坚持要他折合成俄亩。原来有几十俄亩。列宁急忙反驳说:'对不起,对不起,这根本不是小地主。在日本这已经是中等地主,几乎是大地主了。这么说,您是资产者了。'列宁没有察觉记者的窘态,就把话题转到了日本的电气化方面。在了解到日本这一方面取得的成就和普遍利用山区河流发电之后,他感到很惊讶。然后,列宁把话题又转到国民教育上,又向布施提出了不少问题:'你们那儿是什么时候实行普及义务教育的? 到几岁为止? 有文盲吗?'布施回答说在日本几乎没有文盲,列宁感叹地说:'幸福的国家。嗯,在你们那儿从来不惩罚孩子,不打他们,这是真的吗? 关于这件事,我在书里读到过。'布施回答说:'是的,在我们那儿不打孩子。就某种意义来说,尊重孩子是我们整个家庭和国家制度的基础。'列宁同志想了想说道:'那么,你们不仅是幸福的人民,而且是伟大的人民。就连欧洲的所谓先进国家也没有消除这一遗毒,即在教育中实行体罚这种野蛮的做法。'然后,列宁想了一想,审视着交谈者,问道:'难道在你们日本对孩子一巴掌也不打吗?'布施断然地回答说:'不,我们从不打孩子。'列宁把身子往后一仰,用询问的眼光看了看我们俩。我也证实了这一点,并补充说,我小时候在日本有过一个日本保姆,这时列宁总结说:'是的,这是优秀的人民,

这是真正的文明……'

布施急忙掏出自己的问题单,开始进行采访谈话。

我们走下楼梯的时候,布施问我:'说实在的,是谁采访谁? 是他采访我,还是我采访他?'他边说边擦去额头上的汗水。"(见《列宁与东方》1924年莫斯科俄文版第49—50页)

日本《东京日日新闻》于1920年6月10日报道了列宁同布施的谈话。6月26日,在符拉迪沃斯托克出版的社会革命党报纸《意志报》曾加以援引。这里收载的列宁同布施的谈话记录最初用俄文发表于1924年莫斯科出版的文集《列宁与东方》,后来编入了《列宁全集》俄文第1版。——124。

80　《共产主义》杂志(《Коммунизм》)是共产国际东欧书记处的机关刊物(周刊),1920—1921年在维也纳出版,共出了81期。该刊主编是伊斯列尔。——127。

81　这是列宁在全俄农村工作干部第二次会议第三天会上发表的讲话。

全俄农村工作干部第二次会议是由俄共(布)中央组织召开的,于1920年6月10—15日在莫斯科工会大厦圆柱大厅举行。出席会议的有来自61个省的300多名省、县、乡各级农村工作干部。米·伊·加里宁代表全俄中央执行委员会致了贺词。弗·伊·涅夫斯基在会上作了关于俄共(布)中央农村工作部工作情况的报告。会议根据这一报告通过了一项决议,强调指出在农村进行共产主义教育的重要性,表示要坚决贯彻党的第九次代表大会所作的关于在农民中加强宣传鼓动工作的指示。会议还听取了各地的报告,讨论了组织问题及其他问题。会议通过了《告全世界工人书》,向阻挠军用物资和军队运往波兰的英国、匈牙利、意大利等国工人致敬。——130。

82　这里说的是1920年1月28日俄罗斯联邦人民委员会告波兰政府和波兰人民书及1920年2月2日全俄中央执行委员会告波兰人民书。——130。

83　托尔斯泰主义是19世纪末—20世纪初在列·尼·托尔斯泰的宗教哲

学学说影响下产生的一种宗教空想主义社会派别。托尔斯泰主义者主张通过宗教道德的自我完善来改造社会,宣传"博爱"和"不用暴力抵抗邪恶"。列宁指出:托尔斯泰主义者正好是把托尔斯泰学说中最弱的一面变成一种教义(参看本版全集第 17 卷第 185 页)。——131。

84　指协约国最高会议于 1919 年 12 月 8 日发表的《关于波兰东部临时边界线的声明》。该声明载于 1920 年 6 月 11 日《全俄中央执行委员会消息报》第 125 号。——131。

85　十月党人是俄国十月党的成员。十月党(十月十七日同盟)代表和维护大工商业资本家和按资本主义方式经营的大地主的利益,属于自由派的右翼。该党于 1905 年 11 月成立,名称取自沙皇 1905 年 10 月 17 日宣言。十月党的主要领导人是大工业家和莫斯科房产主亚·伊·古契柯夫、大地主米·弗·罗将柯,活动家有彼·亚·葛伊甸、德·尼·希波夫、米·亚·斯塔霍维奇、尼·阿·霍米亚科夫等。十月党完全拥护沙皇政府的对内对外政策,支持政府镇压革命的一切行动,主张用调整租地、组织移民、协助农民退出村社等办法解决土地问题。第一次世界大战期间,号召支持政府,后来参加了军事工业委员会的活动,曾同立宪民主党结成"进步同盟",主张把帝国主义战争进行到最后胜利,并通过温和的改革来阻止人民革命和维护君主制。二月革命后,该党参加了资产阶级临时政府。十月革命后,十月党人反对苏维埃政权,在白卫分子政府中担任要职。——135。

86　民族民主党人是波兰地主和资产阶级的民族主义政党的成员,该党成立于 1897 年,领导人是罗·德莫夫斯基、济·巴利茨基、弗·格拉布斯基等。该党提出"阶级和谐"、"民族利益"的口号,力图使人民群众屈服于它的影响,并把人民群众拖进其反动政策的轨道。在 1905—1907 年俄国第一次革命期间,该党争取波兰王国自治,支持沙皇政府,反对革命。该党在波兰不择手段地打击革命无产阶级,直到告密、实行同盟歇业和进行暗杀。俄国社会民主工党第五次代表大会曾通过一个专门决议,强调必须揭露民族民主党人的反革命黑帮面目。在第一次世界大战时期,该党无条件支持协约国,期望波兰王国同德、奥两国占领的波兰领土合并,在俄罗斯帝国的范围内实现自治。1919年该党参加了波兰联合政府,主张波兰同西方列强结盟,反对苏维埃俄国。——135。

87　波兰社会党是以波兰社会党人巴黎代表大会(1892年11月)确定的纲领方针为基础于1893年成立的。这次代表大会提出了建立独立民主共和国、为争取人民群众的民主权利而斗争的口号,但是没有把这一斗争同俄国、德国和奥匈帝国的革命力量的斗争结合起来。该党右翼领导人约·皮尔苏茨基等认为恢复波兰国家的唯一道路是民族起义,而不是以无产阶级为领导的全俄反对沙皇的革命。从1905年2月起,以马·亨·瓦列茨基、费·雅·柯恩等为首的左派逐步在党内占了优势。1906年11月在维也纳召开的波兰社会党第九次代表大会把皮尔苏茨基及其拥护者开除出党,该党遂分裂为两个党:波兰社会党"左派"和波兰社会党"革命派"("右派",亦称弗腊克派)。

　　波兰社会党"左派"反对皮尔苏茨基分子的民族主义及其恐怖主义和密谋策略,主张同全俄工人运动密切合作,认为只有在全俄革命运动胜利的基础上才能解决波兰劳动人民的民族解放和社会解放问题。在1908—1910年期间,主要通过工会、文教团体等合法组织进行活动。该党不同意孟什维克关于在反对专制制度斗争中的领导权属于资产阶级的论点,可是支持孟什维克反对第四届国家杜马中的布尔什维克代表。第一次世界大战爆发后,该党持国际主义立场,参加了1915年的齐美尔瓦尔德会议和1916年的昆塔尔会议。该党欢迎俄国十月革命。1918年12月,该党同波兰王国和立陶宛社会民主党一起建立了波兰共产主义工人党(1925年改称波兰共产党,1938年解散)。

　　波兰社会党"革命派"于1909年重新使用波兰社会党的名称,强调通过武装斗争争取波兰独立,但把这一斗争同无产阶级的阶级斗争割裂开来。从第一次世界大战开始起,该党的骨干分子参加了皮尔苏茨基站在奥德帝国主义一边搞的军事政治活动(成立波兰军团)。1917年俄国二月革命后,该党转而对德奥占领者采取反对立场,开展争取建立独立的民主共和国和进行社会改革的斗争。1918年该党参加创建独立的资产阶级波兰国家,1919年同原普鲁士占领区的波兰社会党和原奥地利占领区的加利西亚和西里西亚波兰社会民主党合并。该党不反对地主资产阶级波兰对苏维埃俄国的武装干涉,并于 1920 年 7 月参加了所谓国防联合政府。1926 年该党支持皮尔苏茨基发动的政变,同年 11 月由于拒绝同推行"健全化"的当局合作而成为反对党。1939 年该党解散。——135。

88　关于普遍军训的问题是在 1918 年 3 月俄共(布)第七次代表大会通过的《关于战争与和平的决议》里提出的。决议说,党的首要的任务之一是对成年居民不分性别一律实行全面的、系统的和普遍的军事教育和军事训练。全俄中央执行委员会 1918 年 4 月 22 日的法令对普遍军训作了组织上的规定。——140。

89　中央委员会关于俄共(布)在土耳其斯坦的任务的决定草案是由俄共(布)中央政治局指定的委员会(格·瓦·契切林、尼·尼·克列斯廷斯基和土耳其斯坦委员会主席沙·祖·埃利亚瓦)制定的。这里收载的是列宁对这个决定草案提出的意见。

　　1920 年 6 月 22 日,俄共(布)中央政治局讨论了这个决定草案,委托克列斯廷斯基和埃利亚瓦参照列宁的意见和政治局会议提出的意见对决定草案进行修改。政治局会议还就这个问题通过了列宁起草的一项决定草案(见本卷第 147 页)。1920 年 6 月 29 日,俄共(布)中央政治局根据列宁的指示,通过了《关于我们在土耳其斯坦的任务》、《关于建立土耳其斯坦政权》、《关于土耳其斯坦党的建设》等决定,并批准了《对土耳其斯坦委员会的指示》。——143。

90　指 1920 年 5 月 23 日由图·雷·雷斯库洛夫、霍贾耶夫和别赫-伊万诺夫组成的土耳其斯坦代表团向俄共(布)中央提出的《俄罗斯社会主义联邦土耳其斯坦苏维埃自治共和国条例草案》。——145。

91　土耳其斯坦委员会即全俄中央执行委员会和俄罗斯联邦人民委员会土耳其斯坦事务委员会,是根据 1919 年 10 月 8 日全俄中央执行委员会和人民委员会的决定成立的,由沙·祖·埃利亚瓦任主席,成员有格·伊·博基、菲·伊·戈洛晓金、瓦·弗·古比雪夫、扬·埃·鲁祖塔克和米·瓦·伏龙芝。委员会具有国家机关和党的机关的权力,其主要任务是加强土耳其斯坦各族人民同苏维埃俄国劳动人民的联盟,巩固苏维埃政权,纠正当地在执行民族政策方面的错误和整顿党的工作。根据俄共(布)1922年8月16日的决定,该委员会于1923年3月撤销。——145。

92 为准备召开共产国际第二次代表大会,共产国际执行委员会于1920年6月19日举行会议,研究欧美各国共产主义运动情况。列宁在会议结束前作了总结发言。这里收载的是《真理报》和《全俄中央执行委员会消息报》关于列宁讲话的报道。——150。

93 指法国社会党。

法国社会党(工人国际法国支部)是由1902年建立的法国社会党(饶勒斯派)和1901年建立的法兰西社会党(盖得派)合并而成的,1905年成立。在统一的社会党内,改良派居领导地位。第一次世界大战一开始,该党领导就转向社会沙文主义立场,公开支持帝国主义战争,参加资产阶级政府。该党党内有以让·龙格为首的同社会沙文主义分子妥协的中派,也有站在国际主义立场上的革命派。俄国十月社会主义革命后,法国社会党内公开的改良派和中派同革命派之间展开了激烈的斗争。在1920年12月举行的图尔代表大会上,革命派取得了多数地位。代表大会通过了该党参加共产国际的决议,并创立了法国共产党。改良派和中派退党,另行建立一个独立的党,仍称法国社会党。——150。

94 这是列宁给全俄粮食工作会议主席团的电话指示。指示写于1920年6月30日,7月1日在全体会议上宣读。会议的参加者们复电列宁,表示决心全力完成提出的任务。

全俄粮食工作会议(全俄第二次粮食工作会议)于1920年6月29日—7月3日在莫斯科举行。参加会议的代表有257人。会议成立的征购、分配、组织、红军供给等4个小组讨论了约20个报告。在全体会议上听取了关于余粮收集制、苏维埃分配政策、粮食机关的建设和工人参加粮食机关、消费合作社的改组等问题的报告。会议强调必须广泛吸收劳动人民直接参加粮食工作,认为建立具有统一计划、统一领导的国家供应机关网具有重要意义。会议就主要议题分别作出了详尽的决定。——151。

95　指俄共(布)第九次代表大会通过的《关于对合作社的态度》的决议(参看《苏联共产党代表大会、代表会议和中央全会决议汇编》1964年人民出版社版第2分册第23—25页)。——151。

96　《给英国共产党临时联合筹备委员会的回信》译成英文后用无线电发出,发表于1920年7月22日英国社会党机关报《号召报》第224号,并在1920年7月31日—8月1日举行的英国共产党成立大会上宣读。——154。

97　车间代表委员会是第一次世界大战期间英国一些工业部门的工人组织,由车间工人选举的代表组成。它们同执行"国内和平"政策的工联领袖相对立,捍卫工人群众的利益和要求,领导工人罢工,进行反战宣传。在车间代表运动的中心克莱德地区,建立了克莱德工人委员会,其影响遍及该地区的所有工人。克莱德工人委员会的章程中规定,该委员会的任务是按阶级原则组织工人进行斗争,直到完全消灭雇佣劳动制度为止。在伦敦、设菲尔德等大工业中心也成立了工人委员会。1916年,车间代表委员会成立了全国性组织。俄国十月革命后,在外国武装干涉苏维埃共和国期间,车间代表委员会积极支持苏维埃俄国。车间代表委员会的许多活动家,包括威·加拉赫、哈·波立特等,后来加入了英国共产党。——154。

98　1920年7月16日俄共(布)中央全会讨论了彼得格勒消费公社和彼得格勒苏维埃发生冲突的问题。列宁为会议起草了这一决定草案。会议采纳了列宁的建议,决定把阿·叶·巴达耶夫和彼得格勒消费公社的其他一些干部调到莫斯科工作,以避免发生新的冲突。巴达耶夫被任命为莫斯科消费合作社主席。

　　彼得格勒消费公社和彼得格勒苏维埃发生冲突的原委如下。1920年夏,彼得格勒苏维埃执行委员会和彼得格勒工会理事会的一些领导人提出在节假日和非工作日也要发给工人劳动口粮。彼得格勒消费公社领导人巴达耶夫等不同意这一做法,认为这不符合发放劳动口粮的原则,而且粮食储备不足,无法保证供应。但是彼得格勒苏维埃不考虑彼得格勒消费公社理事会的意见,径自宣布节假日发放劳动口粮。巴达耶夫拒绝执行这一命令并声明理事会在这种情况下无法继续工作。1920年7月5日,俄共(布)彼得格勒省委会以巴达耶夫不服从省委决议为理由作出以下决定:要求彼得格勒消费公社各级负责干部坚守工作岗位,毫不迟延地执行任务;彻底改组彼得格勒消费公社理事会,由别人接替巴达耶夫等人的工作。——155。

99 1920年4月25日,波兰军队开始沿普里皮亚季河至第聂伯河一线进攻苏维埃俄国。5月6日,波军攻入基辅。5月26日,西南方面军开始反攻。6月12日,波兰军队被赶出基辅。7月4日,西方面军的红军部队发动进攻,7月11日解放了明斯克,7月14日解放了维尔诺。战斗转入波兰境内。7月11日,英国政府向苏维埃政府提出停止同波兰的战争并开始在伦敦进行谈判的建议。因此,当时决定在俄共(布)中央全会上讨论对英国政府照会的回复。列宁为全会准备了这份提纲草案,在此基础上全会通过了一份扩大的提纲(俄罗斯现代史文献保存和研究中心第17全宗,第2目录,第31卷宗,第24—27张和第2全宗,第1目录,第14706卷宗,第3张)。全会于7月16日举行,并作出了如下决定:"责成:(a)契切林同志起草对寇松照会的回复;(b)托洛茨基同志就寇松的照会以人民委员会的名义起草一封公开信;(c)组织局和共和国革命军事委员会为执行根据所附提纲拟定的方针详细制定一系列措施"(同上,第17全宗,第2目录,第31卷宗,第1—2张)。

　　格·瓦·契切林给乔·纳·寇松的回复于1920年7月17日寄出(见《苏联对外政策文件汇编》1959年俄文版第3卷第47—52页)。

　　列·达·托洛茨基起草的人民委员会致俄罗斯联邦和苏维埃乌克兰工人、农民及全体正直公民的公开信于1920年7月20日在俄罗斯联邦人民委员会会议上通过,并刊登在7月21日的中央各报上,信中表明,苏维埃政府在同波兰的谈判中拒绝接受英国的调停(见《苏维埃政权法令汇编》1978年俄文版第9卷第246—252页)。——156。

100　卡·李卜克内西和罗·卢森堡纪念碑奠基典礼在彼得格勒乌里茨基广场(原皇宫广场)举行。参加典礼的有成千上万的工人和陆海军士兵。列宁是在参加共产国际第二次代表大会开幕式以后来到这里发表讲话的。——159。

101　《民族和殖民地问题提纲初稿》是列宁为共产国际第二次代表大会起草的文件之一,写于1920年6月5日。当天列宁将它寄给了斯大林、格·瓦·契切林、尼·尼·克列斯廷斯基、莫·格·拉费斯、叶·阿·普列奥布拉任斯基、帕·路·拉品斯基等征求意见。对寄来的某些不正确的意见,列宁明确表示不同意。例如,契切林没有很好考虑列宁关于对资产阶级和农民要加以区别的意见,对此列宁写道:"我的提纲**更**强调同**农民**的联盟(而这并**不完全**＝资产阶级)。"普列奥布拉任斯基在意见中谈到未来社会主义欧洲各共和国同经济上落后的附属国之间的关系时说:"如果不能同这些民族的领导集团达成经济协议,那么用强力镇压它们和用强制手段把经济上重要的地区并入欧洲共和国联盟就在所难免。"对此,列宁写道:"说得太过分了。'用强力**镇压**''在所难免'之说是缺乏根据的和不正确的,完全不对。"

　　提纲初稿由代表大会的民族和殖民地问题委员会略加修改,交共产国际第二次代表大会讨论。提纲于1920年7月28日被代表大会通过。——160。

102　芬兰苏维埃共和国是指1918年芬兰革命后成立的芬兰社会主义工人共和国。芬兰革命于1918年1月在芬兰南部工业地区爆发。1918年1月27日夜,芬兰赤卫队占领了芬兰首都赫尔辛福斯,资产阶级的斯温胡武德政府被推翻。1月28日,工人们建立了芬兰革命政府——人民代表委员会。参加革命政府的有库·曼纳、奥·库西宁、尤·西罗拉等人。国家政权的基础是由工人选出的工人组织议会。芬兰革命政府在斗争初期还没有明确的社会主义纲领,主要着眼解决资产阶级民主革命的任务,但这一革命从性质上说是社会主义革命。革命政府的最主要的措施是:将一部分工商企业和大庄园收归国有;把芬兰银行收归政府管理,并建立对私营银行的监督;建立工人对企业的监督;将土地无偿地交给佃农。芬兰这次无产阶级革命只是在芬兰南部取得了胜利。斯温胡武德政府在芬兰北部站稳了脚跟后,集结了一切反革命力量,在德国政府的援助下向革命政权发动进攻。由于德国的武装干涉,芬兰革命经过激烈的内战以后于1918年5月初被镇压下去。——165。

103　在拉脱维亚无产阶级和农民奋起反对德国占领军和乌尔曼尼斯资产阶级临时政府的斗争高潮中,1918年12月17日,以彼·伊·斯图契卡为主席的拉脱维亚临时苏维埃政府发布宣言,宣布拉脱维亚的全部政权归苏维埃。12月22日,苏维埃俄国人民委员会宣布承认苏维埃拉脱维亚独立。拉脱维亚各地纷纷起义。到1919年1月底,拉脱维亚全境除利耶帕亚外都已解放。1月13—15日,在里加举行了全拉脱维亚苏维埃第一次代表大会。大会通过宪法,宣布拉脱维亚为社会主义苏维埃共和国,选举了拉脱维亚中央执行委员会,并制定了社会主义改造的纲领。苏维埃政府没收了地主的土地,将银行和大企业收归国有。1919年3月,在美英帝国主义的支持下,德国军队和白卫军向苏维埃拉脱维亚大举进攻。5月首都里加陷落。1920年1月初拉脱维亚全境为干涉军占领。拉脱维亚苏维埃共和国被颠覆。——165。

104　指尤·马尔赫列夫斯基的论文《土地问题和世界革命》。该文发表于1920年7月20日出版的《共产国际》杂志第12期。在这本杂志出版以前列宁已读过这篇文章。——170。

105　美国社会党是由美国社会民主党(尤·维·德布兹在1897—1898年创建)和以莫·希尔奎特、麦·海斯为首的一批原美国社会主义工人党党员联合组成的,1901年7月在印第安纳波利斯召开代表大会宣告成立。该党社会成分复杂,党员中有美国本地工人、侨民工人、小农场主、城市小资产阶级和知识分子。该党重视同工会的联系,提出自己的纲领,参加选举运动,在宣传社会主义思想和开展反垄断的斗争方面作出了贡献。后来机会主义分子(维·路·伯杰、希尔奎特等)在党的领导中占了优势,他们强使1912年该党代表大会通过了摒弃革命斗争方法的决议。以威·海伍德为首的一大批左派分子退党。第一次世界大战期间,社会党内形成了三派:支持美国政府帝国主义政策的社会沙文主义派;只在口头上反对帝国主义战争的中派;站在国际主义立场上反对帝国主义战争的革命少数派。1919年,退出社会党的左派代表建立了美国共产党和美国共产主义工人党。社会党的影响下降。——194。

106　指瑞士社会民主党。

瑞士社会民主党(在瑞士法语区和意大利语区称瑞士社会党)成立于1870年,加入过第一国际,1888年重新建立。机会主义分子在党内有很大势力,他们在第一次世界大战期间采取了社会沙文主义立场。1916年秋,该党右翼(格吕特利联盟)从党内分裂出去。以罗·格里姆为首的多数党员采取中派主义和社会和平主义立场。党内左派则坚持国际主义立场。在俄国十月革命的影响下,该党左翼增强。左派于1920年12月退出该党,1921年3月同1917—1918年出现的一些共产主义团体一起组成了统一的瑞士共产党(后称瑞士劳动党)。——194。

107　当时参加意大利社会党都灵支部的有该党左翼革命派的代表安·葛兰西、帕·陶里亚蒂等。都灵支部批评了社会党中央的调和派领导人,指出他们在无产阶级有可能夺取政权的1919—1920年革命高潮中没有对形势作出正确的分析,没有统一和协调群众的革命斗争,没有从党内清除改良主义者。都灵支部提出了许多实际建议:清除党内机会主义者,在各工厂、工会、兵营建立共产主义小组;建立工厂委员会,对工农业生产进行监督。该支部还要求立即发动人民群众着手建立苏维埃。

列宁这里提到的都灵支部对意大利社会党全国委员会的建议是由葛兰西草拟的。根据列宁的提议,《共产国际》杂志在1920年7月20日出版的第12期上转载了这一文件。——196。

108　《新秩序》周刊(《L'Ordine Nuovo》)是意大利社会党左翼的机关刊物,1919年在意大利都灵创刊。1921年起改为日报,成为意大利共产党的机关报。领导人是安·葛兰西和帕·陶里亚蒂。1922年10月,该报被法西斯政府查封,但仍秘密出版,直到同年12月为止。1924年该报在罗马复刊,但不久又被查封。——196。

109 参看注22。——196。

110 指瑞士的一些共产主义团体于1918年10月联合组成的瑞士共产党。这个组织当时人数很少。它有两名代表出席了共产国际第二次代表大会。

1920年12月,瑞士社会民主党的左翼从该党分离出来,提出了在瑞士建立一个强有力的共产国际支部的问题。1921年3月,在苏黎世召开了有共产党的28名代表和原社会民主党左翼的145名代表参加的代表大会。在这个会上正式成立了统一的瑞士共产党。——196。

111 这个文件的主要论点,列宁在《国际形势和共产国际的基本任务(报告提纲)》和《〈关于国际形势和共产国际基本任务的报告〉的草稿和提纲初稿》中作了详细的阐述(见本卷第497—500、488—496页),并在共产国际第二次代表大会第1次会议上所作的《关于国际形势和共产国际基本任务的报告》中作了发挥(见本卷第208—226页)。——199。

112 威尔逊主义指美国总统伍·威尔逊推行的一套对内对外政策。1913年威尔逊就任总统以后,进行了一些无损于资产阶级根本利益的"改革",实行了关税法、累进所得税法、反托拉斯法等等,同时残酷地镇压工人运动。第一次世界大战爆发后,他一方面发表"中立"宣言和"没有胜利的和平"的演说,另一方面加紧向拉丁美洲扩张。1917年美国参战后,他又叫嚷"以战争拯救世界民主"。1918年1月8日,他提出了所谓"十四点"和平纲领。在巴黎和会上,他参与制定了掠夺性的凡尔赛和约,并积极支持日本帝国主义侵略中国的要求。列宁在共产国际第二次代表大会上所作的《关于国际形势和共产国际基本任务的报告》中谈到了威尔逊主义的实质和威尔逊政策的破产(参看本卷第215—216页)。——200。

113 指1920年4月14日保·莱维在德国共产党代表大会上所作的《政治形势与议会选举》的报告。这次代表大会于1920年4月14—15日在柏林举行。——200。

114　共产国际第一次代表大会(国际共产党代表会议)于1919年3月2—6日在莫斯科举行。这次大会宣告了共产国际的成立。

　　1914年8—9月,列宁在他起草的提纲《革命的社会民主党在欧洲大战中的任务》和俄国社会民主工党宣言《战争和俄国社会民主党》(见本版全集第26卷)中提出了建立新的、排除机会主义分子的国际的任务。在第一次世界大战期间,列宁进行了大量工作来团结各国社会党中的左派分子,为建立新的国际奠定了组织基础。

　　1918年1月24日在彼得格勒召开的左派社会党人会议,讨论了筹备召开共产国际成立会议的问题,选举产生了筹备机构。1919年1月,由俄共(布)发起,召开了有俄国、匈牙利、德意志奥地利、拉脱维亚、芬兰五国的共产党和波兰共产主义工人党、巴尔干社会民主党联盟、美国社会主义工人党共8个党的代表参加的会议。会议讨论了召开各国革命无产阶级政党的代表大会以创立新的国际的问题,并向欧洲、亚洲、美洲、大洋洲的39个政党、团体和派别发出了邀请信。

　　代表大会于3月2日开幕。参加大会的有来自21个国家的35个政党和团体的代表52名。列宁主持了大会。他在3月4日的会议上宣读了关于资产阶级民主和无产阶级专政的提纲,并在自己的报告中论证了提纲的最后两点。代表大会一致赞同列宁的提纲,决定交执行局向世界各国广为传播。

　　代表大会通过了《共产国际的行动纲领》,指出无产阶级的社会主义革命的时代已经开始,无产阶级要团结所有力量同机会主义决裂,为建立无产阶级专政的苏维埃而斗争。代表大会在《关于对各“社会主义”派别和伯尔尼代表会议的态度的决议》中谴责了恢复第二国际的企图。代表大会还通过了题为《告全世界无产者》的宣言,宣称共产国际是《共产党宣言》宣布的事业的继承者和实践者,号召全世界无产者在工人苏维埃的旗帜下、在夺取政权和实行无产阶级专政的革命斗争的旗帜下、在共产国际的旗帜下联合起来。——201。

115　阿姆斯特丹黄色工会“国际”即国际工会联合会,是由一些国家的改良主义工会领导人在1919年7月26日—8月2日于阿姆斯特丹举行的代表会议上建立的。参加联合会的有英、法、德、美等14个国家的工会组织。阿姆斯特丹黄色工会国际主张无产阶级同资产阶级合作,摒弃工人阶级革命的斗争形式。该国际的领导人执行分裂工人运动的政策,拒绝红色工会国际提出的关于共同行动的一切建议。第二次世界大战爆发后,该国际停止活动。世界工会联合会成立后,阿姆斯特丹黄色工会国际于 1945 年 12 月 14 日正式宣布解散。——204。

116 红色工会国际联合组织指当时正在筹备而于 1921 年正式成立的革命工会的国际联合组织——红色工会国际。红色工会国际联合了未参加阿姆斯特丹工会国际的一些全国性工会组织以及改良主义工会组织中的反对派。红色工会国际为在革命斗争基础上建立工会运动的统一而斗争。1937 年底,红色工会国际停止活动。——204。

117 《加入共产国际的条件的第二十条》是 1920 年 7 月 25 日列宁在共产国际第二次代表大会制定加入共产国际的条件的委员会会议上提出的。列宁为共产国际第二次代表大会草拟的《加入共产国际的条件》的提纲,共有 19 条(见本卷第 201—206 页)。代表大会通过的加入共产国际的条件共有 21 条。第 21 条是:"**党员如果原则上否认共产国际所提出的义务和提纲,应该开除出党。**

　　这一条也适用于党的紧急代表大会的代表。"——207。

118 这是有关共产国际第二次代表大会的一组文献。

　　共产国际第二次代表大会于 1920 年 7 月 19 日—8 月 7 日举行(开幕式在彼得格勒举行,以后的会议从 7 月 23 日起在莫斯科举行)。出席大会的有来自 37 个国家的 67 个组织(其中有 27 个共产党)的 217 名代表。法国社会党和德国独立社会民主党派代表列席大会,有发言权。代表大会的全部筹备工作是在列宁的领导下进行的。他在会前写的《共产主义运动中的"左派"幼稚病》一书对规定共产国际的任务和制定共产国际的政治路线起了重要的作用。列宁以俄共(布)代表团成员身份出席大会,被选入了主席团。

　　代表大会的议程包括:国际形势和共产国际的基本任务;共产党在无产阶级夺取政权以前和以后的作用和结构;工会和工厂委员会;议会斗争问题;民族和殖民地问题;土地问题;对新中派的立场和加入共产

国际的条件;共产国际章程;组织问题(合法与不合法组织、妇女组织等等);青年共产主义运动;选举;其他事项。为了预先审议议程上的重大问题,在 7 月 24 日举行的大会第 3 次全体会议上成立了 6 个委员会:工会运动委员会、议会斗争委员会、土地问题委员会、国际形势和共产国际任务委员会、民族和殖民地问题委员会、制定加入共产国际的条件的委员会。列宁在代表大会上作了关于国际形势和共产国际的基本任务的报告、民族和殖民地委员会的报告,就共产党的作用、议会斗争等问题发了言,并积极参加了大多数委员会的工作。

　　代表大会将列宁起草的《关于共产国际第二次代表大会的基本任务的提纲》作为大会决议予以批准。在民族和殖民地问题上,代表大会通过了以列宁的初稿为基础的《民族和殖民地问题提纲》和《民族和殖民地问题补充提纲》。在土地问题上,代表大会通过了以列宁提纲为基础的决议。代表大会非常注意共产党争取和领导劳动群众的问题,它谴责了左倾学理主义,通过了《共产党和议会斗争》、《工会运动、工厂委员会和第三国际》等决议。代表大会通过的《共产党在无产阶级革命中的作用》的决议指出:共产党是工人阶级解放的主要的和基本的武器;共产党的作用在工人阶级夺得政权以后不但没有缩小,相反还无比地增大了。代表大会通过的《加入共产国际的条件》这一文件对于在革命纲领基础上巩固共产党和防止机会主义的和中派的政党钻入共产国际具有重大的作用。代表大会还批准了共产国际的章程,通过了《共产国际第二次代表大会宣言》和一系列号召书。

　　共产国际第二次代表大会奠定了共产国际的纲领的、策略的和组织的基础,对发展国际共产主义运动具有重大意义。——208。

119　《泰晤士报》(《The Times》)是英国最有影响的资产阶级报纸(日报),1785 年 1 月 1 日在伦敦创刊。原名《环球纪事日报》,1788 年 1 月改称《泰晤士报》。——214。

120　《外交人民委员部通报》即《俄罗斯社会主义联邦苏维埃共和国外交人民委员部通报》(《Вестник Народного Комиссариата по Иностранным Делам РСФСР》),是苏维埃俄国外交人民委员部的机关刊物,1919 年

6月20日—1922年6月在莫斯科出版。格·瓦·契切林、米·尼·波克罗夫斯基、费·阿·罗特施坦等参加过该刊的工作。——214。

121 第二半国际是在革命群众压力下退出了伯尔尼国际的各国中派社会党正在筹建的国际组织。这一组织在1921年2月22—27日举行的维也纳代表会议上成立,通称第二半国际或维也纳国际,正式名称是社会党国际联合会。参加这一组织的有英国独立工党、德国独立社会民主党等十多个中派社会党以及俄国的孟什维克和社会革命党。奥地利社会民主党的弗·阿德勒任总书记。成立第二半国际的真正目的是阻碍广大群众转向共产国际。第二半国际的领袖们(阿德勒、奥·鲍威尔、罗·格里姆、阿·克里斯平、让·龙格、尔·马尔托夫、维·米·切尔诺夫等)口头上批评第二国际,实际上在无产阶级运动的一切主要问题上都执行机会主义的中派路线。1923年5月,在革命浪潮开始低落的形势下,第二半国际同伯尔尼国际合并为社会主义工人国际。——215。

122 "基尔特"社会主义者("基尔特"是拉丁语"gilda"一词的音译,意为"行会")是20世纪初在英国工人运动中出现的改良主义派别,创始人是费边社成员乔·科尔、阿·约·彭蒂等。1914年,该派建立了"基尔特"全国联盟,制定了"基尔特"社会主义的纲领。"基尔特"社会主义者否认国家的阶级性,在工人中散布可以不通过阶级斗争而摆脱剥削的幻想。他们提出在现有工联的基础上由工人、工程技术人员按行业组成"基尔特"来管理工业生产,实行"产业民主"、"产业自治",并由国家来负责产品分配和保证全民的消费,认为这样一来就能和平地消灭资本主义,使劳动者得到解放。俄国十月社会主义革命后,"基尔特"社会主义者为了同阶级斗争和无产阶级专政的思想相对抗,特别起劲地宣传他们的理论。20年代,"基尔特"社会主义的影响逐渐消失。——225。

123 指美国劳工联合会和英国工党。

美国劳工联合会(劳联)是美国的工会联合组织,成立于1881年。劳联主要联合工人阶级的上层——熟练工人。参加劳联的工会基本是按行会原则组织的。劳联的改良主义领导人否定社会主义和阶级斗争原则,鼓吹阶级合作。第一次世界大战期间,支持帝国主义的战争政策。1935 年发生分裂,矿工联合会、纺织工人联合会等产业工会另组美国产业工会联合会(产联)。1955 年,劳联同产联重新合并,称做美国劳工联合会—产业工会联合会(简称劳联—产联)。

关于英国工党,见注 20。——228。

124 这是列宁代表民族和殖民地问题委员会所作的报告。

民族和殖民地问题委员会是共产国际第二次代表大会成立的,由英国、奥地利、保加利亚、匈牙利、德国、荷兰、印度、印度尼西亚、伊朗、爱尔兰、中国、朝鲜、墨西哥、俄国、美国、土耳其、法国、南斯拉夫等国的代表共 20 人组成。委员会于 1920 年 7 月 25 日讨论了列宁起草的民族和殖民地问题提纲,对提纲稍作修改,于 7 月 26 日提交大会审议。提纲经代表大会第 4 次和第 5 次全体会议讨论后,于 7 月 28 日通过。此外,委员会和代表大会全体会议还讨论和通过了马·纳·罗易的补充提纲。——232。

125 琼果主义即极端沙文主义。19 世纪 70 年代俄土战争期间,在英国流行过一首好战的军国主义歌曲,其歌词中反复出现"by Jingo"("Jingo"一词音译"琼果")一语,意即"以上帝的名义起誓"。"琼果"后来就成了表示极端沙文主义情绪的专用名词。——237。

126 巴塞尔宣言即 1912 年 11 月 24—25 日在巴塞尔举行的国际社会党非常代表大会一致通过的《国际局势和社会民主党反对战争危险的统一行动》决议,德文本称《国际关于目前形势的宣言》。宣言谴责了各国资产阶级政府的备战活动,揭露了即将到来的战争的帝国主义性质,号召各国人民起来反对帝国主义战争。宣言斥责了帝国主义的扩张政策,号召社会党人为反对一切压迫小民族的行为和沙文主义的表现而斗争。宣言写进了 1907 年斯图加特代表大会决议中列宁提出的基本论点:帝国主义战争一旦爆发,社会党人就应该利用战争所造成的经济危机和政治危机,来加速资本主义的崩溃,进行社会主义革命。——237。

127 这是列宁在 1920 年 7 月 30 日共产国际第二次代表大会第 8 次全体会议上就加入共产国际条件问题所作的发言。

　　共产国际第二次代表大会成立的制定加入共产国际的条件的委员会由保加利亚、荷兰、德国、匈牙利、俄国、美国、奥地利等国共产党以及法国共产主义小组、瑞士社会党左派、爱尔兰世界产业工人联合会的代表共 11 人组成。列宁参加了该委员会的工作。委员会讨论了列宁草拟的《加入共产国际的条件》(见本卷第 201—206、207 页)。7 月 29 日和 30 日,代表大会第 6、7、8 次全体会议讨论了委员会的报告和它提出的加入共产国际的条件的提纲。代表大会通过了提纲,并决定把所有的补充和修改意见交委员会审定。加入共产国际的 21 项条件的定稿在 8 月 6 日代表大会最后一次全体会议上以绝对多数(两票反对)通过。——238。

128　爱尔福特纲领是指 1891 年 10 月举行的德国社会民主党爱尔福特代表大会通过的党纲。它取代了 1875 年的哥达纲领。爱尔福特纲领以马克思主义关于资本主义生产方式必然灭亡和被社会主义生产方式所代替的学说为基础,强调工人阶级必须进行政治斗争,指出了党作为这一斗争的领导者的作用。它从根本上说是一个马克思主义的纲领。但是,爱尔福特纲领也有严重缺点,其中最主要的是没有提到无产阶级专政是对社会实行社会主义改造的手段这一原理。纲领也没有提出推翻君主制、建立民主共和国、改造德国国家制度等要求。对此,恩格斯在《1891 年社会民主党纲领草案批判》(见《马克思恩格斯文集》第 4 卷)中提出了批评意见。代表大会通过的纲领是以《新时代》杂志编辑部的草案为基础的。——238。

129　关于英国共产党加入工党的问题,在 1920 年 8 月 6 日共产国际第二次代表大会最后一次全体会议上进行了讨论。列宁在西·埃·潘克赫斯特(英国工人社会主义联盟)、威·麦克莱恩(英国社会党)和威·加拉赫(英国车间代表委员会)之后发言。大会多数代表赞同英国共产党加入工党(58 票赞成,24 票反对,2 票弃权)。但是,由于英国工党拒绝接受,英国共产党没有加入工党。——249。

130　《号召报》(《The Call》)是英国社会党的机关报,1916 年 2 月由英国社会党左翼国际派威·加拉赫、阿·英克平等在伦敦创办,总共出了 225

号。1920年7月停刊。——252。

131　指1920年7月11日英国外交大臣乔·纳·寇松给苏维埃政府的照会。1920年夏,红军从乌克兰和白俄罗斯击退了入侵的波兰军队。苏维埃军队不断发起进攻,几乎打到利沃夫和华沙。寇松的照会就是为了阻止红军继续推进、挽救地主资产阶级波兰和弗兰格尔白卫军而发出的。照会要求红军停止进攻,不得越过协约国最高会议1919年所建议的波兰东部临时国界线,即所谓"寇松线",照会要求苏维埃俄国同波兰签订停战协定,停止同弗兰格尔白卫军作战,并以协约国最高会议的名义威胁说,如不接受照会提出的建议,就将以其"拥有的一切手段"援助波兰。1920年7月17日,苏维埃政府根据列宁的建议发出复照,坚决拒绝寇松的调停,主张苏维埃俄国同波兰直接谈判。苏维埃政府对英国并吞克里木的企图表示抗议,提出只有在弗兰格尔及其军队立即完全投降的情况下,才能保障他们的生命安全。——255。

132　1920年《共产国际》杂志第12期以社论形式发表了阿·马·高尔基的《弗拉基米尔·伊里奇·列宁》一文,同时还发表了高尔基的《致赫·威尔斯的一封信》。针对《共产国际》杂志刊登这两篇文章,列宁写了这里收载的决定草案。决定于1920年7月31日由俄共(布)中央政治局会议通过。——257。

133　由于当时有大批外国工人和工程技术人员要求到苏维埃俄国工作,1920年3月16日和5月6日,苏维埃政府两次通过无线电播发声明,要求他们预先派遣专门的代表团前来实地了解劳动和生活条件。——259。

134　《给奥地利共产党人的信》是鉴于奥地利共产党作出抵制议会选举的决定而写的。1920年8月31日,在奥地利共产党全党代表会议开幕的前夕,奥地利共产党中央机关报《红旗报》发表了这封信。列宁的信帮助奥地利共产党人纠正了错误。1920年9月1日,奥地利共产党代表会议根据共产国际第二次代表大会的决定通过了党参加议会选举的决议。

　　　　在苏维埃俄国,列宁的这封信最初发表于 1925 年出版的《列宁文集》俄文版第 4 卷。——262。

135　1920 年 8 月 19 日,俄共(布)中央政治局会议讨论了波兰战线和弗兰格尔战线的军事形势问题,决定调骑兵第 1 集团军第 6 师到弗兰格尔战线。8 月 20 日,总司令谢·谢·加米涅夫写报告给共和国革命军事委员会,表示反对上述决定。他认为第 6 师是骑兵第 1 集团军的主力,就战斗力而言等于其余的三个师。斯大林在报告上批注了自己的意见:"这些材料**不确实**:其余三个师加在一起**不足** 10 000 名骑兵,此外,留在骑兵集团军的骑兵第 4 师比第 6 师更老,更重要。"列宁看过这个报告和斯大林的意见后,写下了自己的建议。看来,这些建议曾在会议上讨论过。

　　　　文件中各点编号是手稿中原有的。——267。

136　这是列宁为俄共(布)中央政治局起草的一个决定。这里说的命令是指西方面军革命军事委员会 1920 年 8 月 20 日的第 1847 号命令,其中说,波兰和谈代表团完全由间谍和反间谍人员组成,和约只能在"白色波兰的废墟上"签订。8 月 23 日,共和国革命军事委员会撤销了西方面军革命军事委员会的这个命令,并对它提出警告。共和国革命军事委员会同时指示同波兰谈判的苏维埃俄国代表团团长卡·克·达尼舍夫斯基:如果波兰代表团对苏维埃俄国代表团已作的解释仍不满意,可向它介绍共和国革命军事委员会关于撤销西方面军革命军事委员会命令的决定。——268。

137　1920 年 9 月 3 日《真理报》第 194 号刊载了关于列宁这个报告的简要报道。报道说:"列宁同志详细地谈到了俄国由于同波兰作战而面临的国际形势,谈到了我们就此问题同协约国代表进行的谈判。报告人指出,我们在同帝国主义者的斗争中一直从胜利走向胜利,其中最主要的胜利是:人所共见的协约国的分崩离析和英国无产阶级在同世界资产阶级斗争的基础上的团结。"——272。

138　这是列宁对英国《每日新闻报》记者塞格鲁来电的答复。塞格鲁给列宁的电报说："不久前从俄国归来的法国和德国社会党代表团的报告给你们事业带来的危害比近几年来一切反布尔什维克的宣传所带来的危害更大……　德国独立社会党人迪特曼在此间发表的报告对你们更为不利。他指出俄国枪毙拒绝工作的工人……　迪特曼说，在俄国实行军国主义的统治，逃兵要枪毙，不许工人罢工。他声称在俄国城市既没有社会主义，也没有共产主义，不是实行无产阶级专政，而只是对无产阶级实行专政。"塞格鲁请列宁就此谈谈自己的看法。塞格鲁的来电和列宁的答复一起刊登在 1920 年 9 月 12 日的《真理报》第 202 号和《全俄中央执行委员会消息报》第 202 号上。

《每日新闻报》(《The Daily News》)是英国自由派的报纸，1846 年 1 月 21 日由威·黑尔斯在伦敦创刊，1909 年起同时在伦敦和曼彻斯特出版，1930 年停刊。——273。

139　全俄中央执行委员会关于向波兰提出媾和建议问题的声明，于 1920 年 9 月 23 日在第七届全俄中央执行委员会第 3 次全体会议上通过。9 月 24 日由苏维埃俄国代表团在里加和谈会议上宣读。1920 年 9 月 24 日的《真理报》和《全俄中央执行委员会消息报》刊登了这一声明。——275。

140　这是有关俄共(布)第九次全国代表会议的一组文献。

俄共(布)第九次全国代表会议于 1920 年 9 月 22—25 日在莫斯科举行。出席会议的代表共 241 名，其中有表决权的 116 名，有发言权的 125 名，代表 70 万党员。会议议程是：波兰共产党人代表的报告；中央委员会的政治报告；中央委员会的组织报告；关于党的建设的当前任务；党史研究委员会的报告；关于共产国际第二次代表大会的报告。

列宁在会上作了中央委员会政治报告。根据列宁的报告，会议一致通过了苏维埃俄国同波兰缔结和约的条件的决议。会议同意在列宁直接领导下拟定的并经他审阅过的全俄中央执行委员会关于同波兰媾和的具体条件的声明。

关于党的建设的当前任务的讨论，在这次代表会议上占有很重要的位置。会议批评了民主集中派反对党的纪律和否定共产党在苏维埃和工会工作中的领导作用的错误意见,通过了由列宁起草的《关于党的建设的当前任务的决议》。决议在发扬党内民主、巩固党的团结和纪律、加强苏维埃机关和经济机关中的反官僚主义斗争、加强对青年党员进行共产主义教育工作等方面规定了一系列实际措施。代表会议指出,必须广泛吸收普通党员积极参加省代表会议和俄共(布)省委全体会议。为了同各种舞弊行为作斗争和审理党员提出的申诉,代表会议认为必须成立监察委员会,在省委会下面则成立党的专门委员会。

会议根据中央委员会的组织报告通过决议,建议加强中央委员会书记处在了解地方工作情况和总结地方工作经验方面的活动,改善中央委员会对红军和红海军部队中党的组织工作的直接领导,不要使这些组织的工作同社会生活脱节。——279。

141 指1920年苏维埃俄国同波兰的战争。从1918年波兰国家重建起,波兰的统治集团就实行敌视苏维埃俄国的政策。1919年波军占领了乌克兰和白俄罗斯的一些地区,包括明斯克在内。协约国帝国主义者在准备对苏维埃俄国发动新的军事进攻时把地主资产阶级的波兰和彼·尼·弗兰格尔纠集的邓尼金残部作为主要突击力量。在他们的唆使和大力援助下,波兰政府拒绝了苏维埃政府一再提出的媾和建议,并于1920年4月25日不宣而战,对苏维埃俄国发动了大规模进攻。这场苏波战争进程曲折。先是波军进攻,占领了日托米尔、科罗斯坚、基辅等地。5月底红军展开反攻,6月12日解放基辅,8月中旬逼近华沙和利沃夫。但红军由于指挥上的失误等原因,在波军反扑下又被迫撤退。9月19日,波军在白俄罗斯重新发动进攻,进展不大。至此波兰已疲惫不堪,不得不同意缔结和约。1920年10月12日双方签订了初步和约。1921年3月18日签订了正式和约。——279。

142 1919—1920年,苏维埃俄国政府为了同波兰建立睦邻关系,曾不止一次向波兰政府提出缔结和约的建议。1920年1月28日,苏俄人民委员会向波兰政府和波兰人民发表声明,重申它承认波兰国家的独立和主权,并表示它愿意在领土方面对波兰作出重大让步:同意两国边界沿明斯克以东一线划定。苏维埃俄国建议的这条边界线比同年10月12

日苏波双方缔结的初步和约所规定的边界线靠东一些。——279。

143　指俄国红十字会代表团和波兰红十字会代表团于1919年10—11月在白俄罗斯米卡舍维奇车站举行的谈判,双方经过谈判签订了《关于彻底解决俄罗斯联邦扣押的波兰人质的问题的协议》和《关于交换被俘平民的协议》。尤·约·马尔赫列夫斯基是作为俄国红十字会的代表参加谈判的。——280。

144　这里说的是德国独立社会民主党。1919年3月共产国际成立后该党退出第二国际并派代表参加了共产国际第二次代表大会,就加入共产国际一事举行了谈判。1919年11月30日—12月6日,该党在莱比锡举行了非常代表大会,通过了承认无产阶级专政和苏维埃制度的行动纲领,党的左翼在代表大会上建议立即无条件地加入共产国际。——284。

145　参看注72。——284。

146　1920年7月,当红军在波兰前线取得胜利之际,列·波·加米涅夫赴伦敦进行谈判。1920年8月4日,加米涅夫会见了英国首相戴·劳合-乔治,会见中英国政府首脑要求苏维埃军队停止进攻。红军在华沙城下败退之后谈判中断,加米涅夫于9月1日被逐出英国。驱逐的表面借口是指责加米涅夫对工人报纸《每日先驱报》的活动提供资助。列宁在文中所提到的加米涅夫的讲话,是1920年9月22日在代表会议第1次会议上列宁作完俄共(布)中央委员会政治报告之后作的。——286。

147　行动委员会是英国工人为阻止英国参加反对苏维埃俄国的战争而创建的群众组织。1920年8月初,英国外交大臣乔·纳·寇松向苏维埃政府发出最后通牒,要求苏维埃军队停止进攻波兰,否则将出兵干涉。英国政府的帝国主义行径引起广大英国工人的抗议。他们纷纷成立工人的战斗中心——行动委员会;各地的行动委员会总数达350个,其中一部分是共产党人主持的。在工人群众的强大压力下,工党和工联领袖们被迫参加了这一运动。8月9日,在伦敦召开了工联议会委员会、工党执行委员会和议会党团代表的联席会议,由这3个组织各出5名代表组成了中央行动委员会。8月13日,中央行动委员会召开了全英工人代表会议。会议要求给予苏维埃俄国以外交承认,同它建立正常的经济关系,并授权中央行动委员会在反战斗争中采用一切手段,直至举行总罢工。英国工人最终迫使英国政府放弃了公开参加对苏维埃俄国作战的打算。行动委员会于1921年初停止活动。——286。

148　指苏维埃俄国同爱沙尼亚于1920年2月2日在尤里耶夫签订的和约。根据和约,苏维埃俄国承认爱沙尼亚的独立,双方建立外交关系,并互相承担义务不允许外国的或敌视对方的武装集团在本国领土上驻扎。这个和约是苏维埃俄国同资本主义国家建立和平关系的第一步。它使苏维埃俄国开始有了同欧美进行商品交换的可能。列宁形象地称它是"一扇通向欧洲的窗户"(见本版全集第38卷第119页)。——289。

149　指以菲·谢德曼为代表的德国社会民主党右翼。——290。

150　指列宁1920年7月19日在共产国际第二次代表大会开幕式上所作的《关于国际形势和共产国际基本任务的报告》(见本卷第208—226页)。——290。

151　指共产国际第二次代表大会通过的《加入共产国际的条件》,这些条件是根据列宁制定的原则起草的,共有21条(见本卷第201—206、207页)。——292。

152　参看注146。——293。

153　看来是指根据美国社会团体"自由民族联合会"的倡议(1920年在纽约)出版的文集,该文集名为《俄美关系。1917年3月—1920年3月。文件和论文》。——297。

154　指1920年9月21日苏俄和波兰代表团就签订和平条约在里加开始举行的谈判。——298。

155　指代表农民利益的波兰人民党。——299。

156　指代表波兰共产主义工人党出席俄共(布)第九次全国代表会议的弗·乌兰诺夫斯基。——299。

157　看来是指美国社会党人、有关社会经济问题的作者约翰·斯帕戈。列宁在俄共(布)莫斯科省代表会议上的讲话、在全俄工会中央理事会共产党党团会议上关于租让问题的总结发言中,均称斯帕戈是社会沙文主义者,"像是一个美国的阿列克辛斯基"(见本版全集第40卷第25、41页;第41卷第175页)。——304。

158　在1920年9月22日第1次(上午)会议上,波兰共产主义工人党的代表弗·乌兰诺夫斯基作了关于波兰局势的报告(见《俄共(布)第九次代表会议(1920年9月)。记录》1972年俄文版第4—9页)。关于乌兰诺夫斯基报告的决议是格·叶·季诺维也夫起草的,经列宁修改并由代表会议在报告后立即通过。决议发表时,并未说明列宁作过修改(同上书,第9—10页)。——315。

159　指亚·米·柯伦泰的发言。柯伦泰在发言中危言耸听地说:提出批评要受迫害;有人提了批评意见,有时就被请到"炎热的好地方去吃桃子"。——319。

160　《争论专页》(《Дискуссионный Листок》)是俄共(布)中央委员会的不定期出版物,根据1920年9月举行的俄共(布)第九次全国代表会议的决定创办。最初是文集,从1923年起是俄共(布)中央机关报《真理报》的附刊。一般在党的代表大会召开前出版。刊物的主要任务是开展党内批评,讨论有关党的战略、策略以及经济建设方面的问题。在俄共(布)第十次代表大会前,《争论专页》出了两期:1921年1月的第1期和1921年2月的第2期。——323。

161　列宁在这个文件中提出的关于监察委员会的组成的建议,经过修改写进了俄共(布)第九次全国代表会议《关于党的建设的当前任务的决议》(参看《苏联共产党代表大会、代表会议和中央全会决议汇编》1964年人民出版社版第2分册第37—46页)。

从"关于人员调动"起到这句话的结尾被列宁删去,没有写进决议。
——324。

162　列宁在俄国共产主义青年团第三次代表大会上的讲话最初发表于
1920年10月5、6、7日《真理报》第221、222、223号,当年用《青年团的
任务(在俄国共产主义青年团第三次代表大会上的讲话)》为书名印成
小册子出版。讲话的这一最早的单行本经列宁审阅过,是政治教育总
委员会丛书第1种。这个版本印了20万册,仍不能满足需求,因而出
现了一些打字本和手抄本。此后,各出版社曾用《学什么和怎样学》、
《共青团员应当成为什么样的人》、《伊里奇的遗训》、《伊里奇对青年的
遗训》、《青年的任务》、《青年怎样学习共产主义》、《论共产主义教育和
共产主义道德》等书名多次重印这个讲话。1930年,青年近卫军出版
社出了《青年团的任务》出版十周年纪念版,这个版本的注释经娜·
康·克鲁普斯卡娅审阅过。在《列宁全集》俄文第5版中,这个讲话是
按1920年出版的单行本刊印的,删去了小册子编者所加的小标题。

俄国共产主义青年团第三次代表大会于1920年10月2—10日在
莫斯科斯维尔德洛夫共产主义大学举行。出席这次代表大会的约有
600名代表。大会议程如下:共和国的军事和经济形势;青年共产国
际;俄国共青团中央的工作报告;青年的社会主义教育;民兵和青年体
育;团纲;团章;选举俄国共青团中央委员会。根据列宁的指示,共青团
第三次代表大会强调指出:"俄国共产主义青年团的基本任务是对劳动
青年进行共产主义教育,在这一教育中要把理论教育与积极参加劳动
群众的生活、工作、斗争和建设紧密结合起来。"——328。

163　指无产阶级文化协会的代表人物。

无产阶级文化协会是十月革命前夕在彼得格勒成立的独立的无产
阶级文学艺术活动组织。十月革命后在国内各地成立分会。各地协会
最多时达1 381个,会员40多万。1918年春,亚·亚·波格丹诺夫及
其拥护者逐渐从思想上和组织上控制了协会,他们仍继续坚持协会对
共产党和苏维埃国家的"独立性",否认以往的文化遗产的意义,力图摆

脱群众性文教工作的任务,企图通过脱离实际生活的"实验室的道路"来创造"纯粹无产阶级的"文化。波格丹诺夫口头上承认马克思主义,实际上鼓吹马赫主义这种主观唯心主义哲学。列宁在《关于无产阶级文化》(见本卷第373—376页)等著作中批判了无产阶级文化派的错误。无产阶级文化协会于20年代初趋于衰落,1932年停止活动。——334。

164　这是列宁于1920年10月2日晚在俄国共产主义青年团第三次代表大会第1次会议上发表了题为《青年团的任务》的讲话之后对代表们所提问题的回答。——348。

165　1920年10月3日,在代表大会第2次会议上,尼·伊·布哈林作了题为《关于国内外形势》的报告。——348。

166　俄国共产主义青年团第三次代表大会所通过的《关于共和国的军事形势和经济形势》的决议强调指出,共青团同整个无产阶级一样,所面临的任务是集中一切力量支援前线。共青团给自己提出的目标就是:全力支援红军,在后方组织好有力的政治教育工作,参加为前线募集物品的运动,提高为红军生产的各工厂的劳动生产率等等。——348。

167　这里指伊万诺沃-沃兹涅先斯克省执行委员会主席兼纺织工厂开工突击委员会主席格·库·科罗廖夫。列宁于1920年10月1日会见了他。——351。

168　在速记记录中,具体数字的地方是用7个零代替的。格·库·科罗廖夫关于同列宁会见的回忆录使我们可以确定这个数字是12 000万。科罗廖夫是这样写的:"我简要地向伊里奇说明了我此行的目的和找他的原因。伊里奇走近我的身边,用手搭着我的肩膀对我说:'科罗廖夫同志,你们真能生产1亿多俄尺棉布吗?'我回答说,我有充分的材料可以证明这一点。弗·伊·列宁朝我手里厚厚的材料夹瞥了一眼……又说:'粮食人民委员会部今年一共只准备供应居民8 000万俄尺棉布,能够在6个月之内再得到12 000万俄尺,那太好了……'　在规定的6个月内,'尽管中央在原料、燃料和其他物资的供应方面只完成了计划的50％,伊万诺沃的纺织工人却为共和国提供了11 800万俄尺棉布。'"(见《回忆列宁》人民出版社1982年第1版第4卷第263、265页)——351。

169　在俄国共产主义青年团第三次代表大会召开之前,在一些青年团的积极分子中间流行着这样一种意见,认为青年团作为青年的政治组织应当对团员作一定限制,只有那些已经成为共产主义者的青年人才能被吸收加入共青团。这个观点形式上的表现就是:持这一观点的人建议将俄国共产主义青年团改名为俄国共产主义青年联盟。喀山代表团团长 X.加尔别尔尤其积极地坚持这种观点。他在代表大会上的发言中特别指出:"在革命的过程中,我们的青年团组织在发展,我们注意到它有一种倾向,就是它正从一个以共产主义为任务的组织变成一个由共产主义者构成的组织。"但是,代表大会的代表不同意这种观点,他们知道,按此观点就会取消青年团对广大青年群众进行政治工作的任务,把青年团组织变成搞关门主义的小团体,变成"青年共产党"。

　　列宁显然不知道这个建议,因此认为改变组织名称毫无意义,对青年团活动的性质不会产生实质性的影响。——351。

170　指 Л.A.沙茨金,他是俄国共产主义青年团中央委员会领导者之一,在代表大会开幕式上担任执行主席。——351。

171　这是列宁在全俄制革业职工第三次代表大会第1次会议上的讲话。这次制革业职工代表大会于1920年10月2—6日在莫斯科举行。参加大会的约300人。大会听取了制革业工会中央委员会的工作报告,讨论了工会的任务、生产管理、工资政策、劳动保护等问题。——355。

172　参看注158。——358。

173　国防委员会(工农国防委员会)是全俄中央执行委员会为贯彻它在1918年9月2日颁发的宣布苏维埃共和国为军营的法令而于1918年11月30日设立的。国防委员会是苏维埃俄国的非常最高机关,有动员人力物力保卫苏维埃国家的全权。国防委员会的决议,中央以及地方各部门和机关、全体公民都必须执行。在外国武装干涉和国内战争时期,国防委员会是组织共和国战时经济和编制计划的中心。革命军事委员会及其他军事机关的工作都处于它的严格监督之下。列宁被任命为国防委员会主席。1920 年 4 月初,国防委员会改组为劳动国防委员会,其任务是指导经济系统各人民委员部和所有国防机关的活动。劳动国防委员会一直存在到 1937 年 4 月。——366。

174　1920 年 10 月 6 日,列宁会见了英国共产党党员威·波尔,就英国共产党的策略问题同他进行了谈话。这里收载的是波尔所作的这次谈话的记录。波尔依据列宁的谈话写的《列宁论英国共产党的策略》一文,发表在 1920 年 12 月 2 日《共产主义者》杂志上。

　　　《共产主义者》杂志(《The Communist》)是英国共产党的机关刊物(周刊),1920 年 8 月 5 日创刊。1923 年为新创刊的《工人周刊》所代替。——370。

175　《关于无产阶级文化》这一决议草案是列宁在全俄无产阶级文化协会第一次代表大会期间写的。这次代表大会于 1920 年 10 月 5—12 日在莫斯科举行。10 月 9 日和 11 日,俄共(布)中央政治局开会,以列宁的这个草案为基础,讨论了无产阶级文化协会的问题。会议建议代表大会的共产党党团通过一个组织问题决议,规定中央和地方的无产阶级文化协会从属于教育人民委员部的同级机构。代表大会一致通过了根据列宁的建议起草的这个决议。但是代表大会后,无产阶级文化协会的某些领导人却声称他们不同意这个决议,并向协会普通会员歪曲传达决议的精神,说俄共(布)中央要限制工人在艺术创作领域中的主动性并想取消无产阶级文化协会的组织。俄共(布)中央在 1920 年 12 月 1日《真理报》上发表了《关于无产阶级文化协会》一信,驳斥了这些歪曲事实的说法,详细分析了无产阶级文化协会的错误。——373。

176　指 1920 年 10 月 8 日《全俄中央执行委员会消息报》对阿·瓦·卢那察尔斯基 10 月 7 日在全俄无产阶级文化协会第一次代表大会上的讲话的报道。报道说:"卢那察尔斯基同志指出,应该保证无产阶级文化协会有特殊的地位和最完全的自治。"

　　关于这件事,卢那察尔斯基在自己的回忆录中说:"1920年10月无产阶级文化协会举行代表大会时,弗拉基米尔·伊里奇要我去参加会议,并明确指出,无产阶级文化协会必须接受教育人民委员部的领导,把自己看成是它的一个机构等等。总之,弗拉基米尔·伊里奇要求我们把无产阶级文化协会吸引到国家这方面来,当时他还采取了种种措施使它靠近党。我在代表大会上的讲话,措辞相当婉转温和,而传到弗拉基米尔·伊里奇那里时就变得更加软弱无力。他把我叫去申斥了一顿,后来无产阶级文化协会就根据他的指示改组了。"——373。

177　这个决议草稿要点是列宁在1920年10月9日的俄共(布)中央政治局会议上写的,这次会议讨论了为无产阶级文化协会代表大会草拟决议的问题。列宁在这个草稿要点中重申了他在前一天(10月8日)所写的关于无产阶级文化的决议草案中的一些最重要的论点(见本卷第373—375页)。——376。

178　由资产阶级民族主义政党达什纳克党领导的资产阶级的亚美尼亚共和国,在协约国唆使下于1920年9月24日对土耳其发动进攻。由于达什纳克党的军队连连失利,亚美尼亚濒临毁灭的边缘。亚美尼亚共产党(布)中央于1920年10月初号召工人和农民推翻达什纳克党政府,建立苏维埃政权。格·瓦·契切林根据格·康·奥尔忠尼启则关于亚美尼亚形势的报告提出下列建议:(1)同意亚美尼亚共产党(布)中央和俄共(布)中央高加索局关于必须采取坚决行动建立亚美尼亚苏维埃政权的意见;(2)给它以政治援助以阻止土耳其的推进;(3)支持新的苏维埃政府。

　　1920年10月14日,俄共(布)中央政治局批准了契切林提出的三条建议。1920年11月29日,亚美尼亚建立了苏维埃政权。——381。

179　《同路易丝·布赖恩特的谈话》这篇记录稿经列宁审阅和补充过,原文为英文。谈话的基本内容最初刊登于1920年10月14日《华盛顿时报》。1920年10月23日,在芝加哥出版的塞尔维亚—克罗地亚文的南斯拉夫工人报纸《知识报》,以《苏维埃政权比以往任何时候都强大》

为题，发表了谈话全文。1966年4月17日，南斯拉夫《战斗报》转载了
《知识报》发表的谈话。1967年《苏共历史问题》杂志第7期根据《战斗
报》译载了这篇谈话。1970年出版的《列宁文集》俄文版第37卷发表
了谈话记录稿的俄译文，它和《知识报》发表的谈话全文在文字上略有
不同。

《知识报》在谈话全文前面刊登了路易丝·布赖恩特所写的报道：

"莫斯科10月13日电

尼古拉·列宁今天对国际记者联络局作了详尽的谈话。

他在从前的法院大厦的一间普通的大办公室(现在是人民委员(部
长)们开会的地方)接见了记者。既非警卫森严，也无繁文缛节。

列宁衣着简朴，非常亲切。谈话进行得很热烈。他兴致勃勃，常常
提出一些问题，这表明他对美国政治的了解是很深刻的。

列宁的桌子上放着一份报道工农党代表大会消息的美国报纸。

列宁浏览一下桌上的报纸说：这是最重要、最令人感兴趣的事件。
我相信，反动分子会把这些人叫做布尔什维克的！

列宁笑了笑，补充说：

'四十八人委员会'分子是一些什么人？他们是美国的费边派吗？
随后列宁把话题转到了美国对俄政策上。"

本卷依据1970年出版的《列宁文集》俄文版第37卷收载了这篇谈
话。——382。

180　指美国国务卿班·科尔比就美国同苏维埃俄国关系问题致意大利政府
的照会。照会刊登于1920年9月8日《全俄中央执行委员会消息报》
第198号。——383。

181　这个决定草案经过补充后在1920年10月14日俄共(布)中央政治局
会议上得到通过。——384。

182　东方各民族巴库代表大会是指1920年9月1—7日在巴库举行的东方
各民族第一次代表大会。出席这次大会的有高加索、中亚细亚、阿富
汗、埃及、印度、伊朗、中国、朝鲜、叙利亚、土耳其、日本等37个民族的
代表1 891名，其中共产党员1 273人。代表大会讨论了国际形势及东

方各民族劳动者的任务、民族和殖民地问题、土地问题、东方苏维埃问题以及组织问题等。大会同意共产国际第二次代表大会的各项决议,并根据这些决议通过了关于东方的苏维埃政权和关于土地问题这两个提纲。大会还发表了号召同殖民主义者作斗争的告东方各民族书和号召支持东方各民族解放运动的告欧洲、美洲和日本劳动者书。为了贯彻大会所通过的各项决议,大会在共产国际执行委员会之下建立了一个常设机构——东方各民族宣传及行动委员会。列宁对东方各民族第一次代表大会给予很高的评价(见本卷第398页)。——384。

183　民族委员会是民族事务人民委员部的一个机构,于1920年设立。在民族委员会里,俄罗斯社会主义联邦苏维埃共和国境内的每一民族都有一个由主席一人、成员二人组成的代表组。这种代表组同时负责领导民族事务人民委员部中相应的局。1922年,民族委员会改组成为民族事务人民委员部大部务委员会。——384。

184　这是列宁在莫斯科省的县、乡、村执行委员会主席会议上作的关于苏维埃共和国国内外形势的报告和总结发言。这次会议是根据莫斯科苏维埃的提议召开的,于1920年10月15—17日在莫斯科举行。参加会议的约有3 000人,其中相当一部分人对当时苏维埃政府的经济政策特别是余粮收集制不满。列宁的报告和总结发言扭转了会议的情绪。会议通过的决议表示赞同列宁的报告,对同芬兰签订了和约和同波兰签订了初步和约表示满意,并号召俄国劳动群众全力支援各条战线,为彻底消灭弗兰格尔白卫军而努力。会议接着讨论了支援西线、粮食状况、劳动和畜力运输义务制、国民教育等问题。——386。

185　指美国国务卿班·科尔比致意大利政府的照会。见注180。——388。

186　以俄罗斯社会主义联邦苏维埃共和国和乌克兰社会主义苏维埃共和国为一方,以波兰为另一方于1920年10月12日在里加签订了关于休战和媾和初步条件的条约。条约规定,乌克兰和白俄罗斯西部地区划归波兰;订约双方保证不支持针对对方的敌对行动,并且不要求赔款。苏维埃政府同意归还沙皇政府从波兰抢走的文物珍品。条约还规定从

1920 年 10 月 18 日 24 时开始,双方停止陆海空一切军事行动,休战期为 21 天,在此期间双方都有权中止休战,但应提前 48 小时通知对方。休战期满,如双方均未提出异议,则休战自动延长,直至正式和约批准之日为止,在此期间休战双方都有权中止休战,但应提前 14 天通知对方。双方的正式和约于 1921 年 3 月 18 日在里加签订。——399。

187 指农民别利亚耶夫的发言,他在发言中把工人和农民比做山羊和绵羊,把世界资本比做猞猁,并且说猞猁就等着山羊和绵羊干起来。——403。

188 《关于专政问题的历史》一文的手稿于 1920 年 10 月 20 日寄给彼得格勒《共产国际》杂志编辑部。随同手稿寄去的还有列宁的《十二年来》文集和《立宪民主党人的胜利和工人政党的任务》这本小册子。文章寄出的第二天,列宁就写信通知该编辑部,并要求他们将寄去的文章立即核对、发排,然后将材料全部退回。列宁亲自校对了文章的长条样,并作了许多修改。——409。

189 《曙光》杂志(《Заря》)是俄国马克思主义的科学政治刊物,由《火星报》编辑部编辑,1901—1902 年在斯图加特出版,共出了 4 期(第 2、3 期为合刊)。第 5 期已准备印刷,但没有出版。杂志宣传马克思主义,批判民粹主义和合法马克思主义、经济主义、伯恩施坦主义等机会主义思潮。——409。

190 《启蒙》杂志(《Просвещение》)是俄国布尔什维克的合法的社会政治和文学月刊,1911 年 12 月—1914 年 6 月在彼得堡出版,共出了 27 期。该杂志是根据列宁的倡议,为代替被沙皇政府查封的布尔什维克刊物——在莫斯科出版的《思想》杂志而创办的,受以列宁为首的国外编辑委员会的领导。出版杂志的实际工作,由俄国国内的编辑委员会负责。在不同时期参加国内编辑委员会的有:安·伊·乌里扬诺娃-叶利扎罗娃、列·米·米哈伊洛夫、米·斯·奥里明斯基、A.A.里亚比宁、马·亚·萨韦利耶夫、尼·阿·斯克雷普尼克等。从 1913 年起,《启蒙》杂志文艺部由马·高尔基领导。《启蒙》杂志作为布尔什维克机关刊物,曾同取消派、召回派、托洛茨基分子和资产阶级民族主义者进行过斗争,登过列宁的28篇文章。第一次世界大战前夕,《启蒙》杂志被沙皇政府查封。1917年秋复刊后,只出了一期(双刊号),登载了列宁的《布尔什维克能保持国家政权吗?》和《论修改党纲》两篇文章。——410。

191　《新莱茵报》(《Neue Rheinische Zeitung》)是德国和欧洲革命民主派中无产阶级一翼的日报,1848年6月1日—1849年5月19日在科隆出版。马克思任该报的主编,编辑部成员恩格斯、恩·德朗克、斐·沃尔弗、威·沃尔弗、格·维尔特、斐·弗莱里格拉特、亨·毕尔格尔斯等都是共产主义者同盟的盟员。报纸编辑部作为无产阶级革命运动的领导核心,实际履行了共产主义者同盟中央委员会的职责。该报揭露反动的封建君主派和资产阶级反革命势力,主张彻底解决资产阶级民主革命的任务和用民主共和国的形式统一德国。该报创刊不久,就遭到反动报纸的围攻和政府的迫害,1848年9—10月间曾一度停刊。1849年5月,普鲁士政府借口马克思没有普鲁士国籍而把他驱逐出境,并对其他编辑进行迫害,该报于5月19日被迫停刊。——413。

192　法兰克福议会是德国1848年三月革命以后召开的全德国民议会,1848年5月18日在美因河畔法兰克福正式开幕。法兰克福议会的选举由各邦自行办理,代表中资产阶级自由派占多数。由于自由派的怯懦和动摇以及小资产阶级左派的不坚定和不彻底,法兰克福议会害怕接管国家的最高权力,没有成为真正统一德国的机构,最后变成了一个没有实际权力,只能导致群众离开革命斗争的纯粹的争论俱乐部。直至1849年3月27日,议会才通过了帝国宪法,而这时反动势力已在奥地利和普鲁士得胜。法兰克福议会制定的宪法尽管很保守,但毕竟主张德国统一,有些自由主义气味,因此普鲁士、奥地利、巴伐利亚等邦纷纷宣布予以拒绝,并从议会召回自己的代表。留在议会里的小资产阶级左派不敢领导已经兴起的人民群众保卫宪法的斗争,于1849年5月30日把法兰克福议会迁至持中立立场的符腾堡的斯图加特。6月18日,法兰克福议会被符腾堡军队解散。——414。

193　1月9日是沙皇大规模枪杀彼得堡和平请愿工人的日子,史称"流血星期日"。1905年1月3日(16日),彼得堡普梯洛夫工厂爆发了罢工,1月7日(20日)罢工发展成全市总罢工。与俄国保安机关有联系的格·阿·加邦神父怀着挑衅的目的,建议工人列队前往冬宫向沙皇呈递请愿书。在讨论请愿书的工人集会上,布尔什维克进行解释工作,指出无产阶级只有进行革命斗争才能争得自己的权利。但工人对沙皇的信仰还很牢固,因此和平请愿未被阻止。在这种情况下,布尔什维克通过了参加游行示威的决议。沙皇政府从外地调集4万名士兵和警察加强彼得堡的卫戍部队,并于1月8日(21日)批准了驱散请愿队伍的计划。1月9日(22日),14万工人手执圣像和沙皇像向宫廷广场进发。根据彼得堡总督弗拉基米尔·亚历山德罗维奇大公的命令,军队对手无寸铁的工人和他们的妻子儿女开枪,结果有1 000多人被打死,2 000多人受伤。沙皇的暴行引起了工人的极大愤怒,当天,彼得堡街头就出现了街垒,工人同军警发生了武装冲突。1月9日成了1905—1907年俄国第一次革命的起点。——415。

194　指《我们的生活报》。

　　《我们的生活报》(《Наша Жизнь》)是俄国自由派的报纸(日报),多数撰稿人属于解放社的左翼。1904年11月6日(19日)—1906年7月11日(24日)断断续续地在彼得堡出版。——417。

195　布伦坦诺主义是19世纪70年代德国资产阶级经济学家、讲坛社会主义学派的主要代表人物之一路·布伦坦诺所倡导的改良主义学说,是资产阶级对马克思主义进行歪曲的一个变种。它宣扬资本主义社会里的"社会和平"以及不通过阶级斗争克服资本主义社会矛盾的可能性,认为可以通过组织工会和进行工厂立法来解决工人问题,调和工人和资本家的利益,实现社会平等。列宁称布伦坦诺主义是一种只承认无产阶级的非革命的"阶级"斗争的自由派资产阶级学说(参看本版全集第35卷第229—230页)。——425。

196　《无题》周刊(《Без Заглавия》)是俄国政治性刊物,1906年1月24日(2月6日)—5月14日(27日)在彼得堡出版,共出了16期。该杂志是一批原先信奉合法马克思主义和经济主义、后来参加了解放社的资产阶级自由派知识分子的刊物。参加编辑部的有：谢·尼·普罗柯波维奇（主编）、叶·德·库斯柯娃（出版者）、瓦·雅·鲍古查尔斯基、瓦·瓦·希日尼亚科夫等。无题派公开宣布自己是西欧"批判社会主义"的拥护者，支持孟什维克和立宪民主党的政策。列宁称无题派为孟什维克化的立宪民主党人或立宪民主党人化的孟什维克。第一届国家杜马开幕后，《无题》周刊停刊，出版该杂志的一批人加入了左翼立宪民主党的报纸《同志报》。——425。

197 航运补助金问题是指德意志帝国国会社会民主党党团内部在航运补助金问题上发生的分歧。1884年底，德国首相奥·俾斯麦为推行殖民掠夺政策，要求帝国国会批准发给轮船公司补助金，以便开辟通往亚洲东部、澳洲和非洲的定期航线。以奥·倍倍尔和威·李卜克内西为首的社会民主党党团左翼反对发放航运补助金，而以伊·奥尔、约·亨·威·狄茨等为首的党团的右翼多数，在帝国国会就这个问题正式辩论以前，就主张向轮船公司发放补助金。1885年3月，在帝国国会讨论这个问题时，社会民主党党团右翼投票赞成开辟通往亚洲东部和澳洲的航线，同时以政府接受它的一些要求，包括新的船只在德国造船厂建造，作为它同意俾斯麦提案的条件。只是在帝国国会否决了这一要求后，整个党团才投票反对政府的提案。党团多数的行为引起了《社会民主党人报》和一些社会民主党组织的强烈反对。争论极为激烈，几乎造成党的分裂。恩格斯尖锐地批评了社会民主党党团右翼的机会主义立场（参看《马克思恩格斯全集》第1版第36卷第258—259、259—260、265、289、291、314—315、321页）。——427。

198 青年派是德国社会民主党内一个小资产阶级的半无政府主义反对派，产生于1890年。核心成员是一些大学生和年轻的著作家，主要领导人有麦克斯·席佩耳、布鲁诺·维勒、保尔·康普夫迈耶尔、保尔·恩斯特等。青年派奉行"左"倾机会主义，否定议会斗争和改良性的立法活动，反对党的集中制领导，反对党同其他阶级和政党在一定条件下结成联盟。恩格斯同青年派进行了斗争。当青年派机关报《萨克森工人报》

企图宣布恩格斯和反对派意见一致的时候,恩格斯给了他们有力回击,指出他们的理论观点是"被歪曲得面目全非的'马克思主义'"(见《马克思恩格斯文集》第 4 卷第 396 页)。1891 年 10 月,德国社会民主党爱尔福特代表大会把青年派的一部分领导人开除出党,从此结束了青年派在党内的活动。——427。

199　《北方呼声报》(《Северный Голос》)是俄国社会民主工党公开出版的统一的机关报(日报)。该报是在《新生活报》和《开端报》被沙皇政府查封后在彼得堡出版的,由布尔什维克和孟什维克联合组成的编辑部编辑。该报于 1905 年 12 月 6 日(19 日)创刊,12 月 8 日(21 日)出版第 3 号时被政府查封。接替《北方呼声报》的是 1905 年 12 月 18 日(31 日)出版的《我们的呼声报》。《我们的呼声报》只出了一号,第 2 号被警察在印刷厂拆了版,没有出成。——428。

200　《开端报》(《Начало》)是俄国孟什维克的合法报纸(日报),1905 年 11 月 13 日(26 日)—12 月 2 日(15 日)在彼得堡出版,共出了 16 号。该报由达·马·赫尔岑施坦和 C.H.萨尔蒂科夫担任编辑兼出版者。参加该报工作的有尔·马尔托夫、亚·尼·波特列索夫、帕·波·阿克雪里罗得、费·伊·唐恩、列·格·捷依奇、尼·伊·约尔丹斯基等。——428。

201　《新生活报》(《Новая Жизнь》)是俄国布尔什维克的第一个合法报纸,实际上是俄国社会民主工党的中央机关报。1905 年 10 月 27 日(11 月9 日)—12 月 3 日(16 日)在彼得堡出版。正式编辑兼出版者是诗人尼·明斯基,出版者是女演员、布尔什维克玛·费·安德列耶娃。从1905 年 11 月第 9 号起,该报由列宁直接领导。参加编辑部的有:列宁、弗·亚·巴扎罗夫、亚·亚·波格丹诺夫、瓦·瓦·沃罗夫斯基、米·斯·奥里明斯基、阿·瓦·卢那察尔斯基和彼·彼·鲁勉采夫。马·高尔基参加了《新生活报》的工作,并且在物质上给予很大帮助。《新生活报》发表过列宁的 14 篇文章。该报遭到沙皇政府当局多次迫害,在 28 号中有 15 号被没收。1905 年 12 月 2 日(15 日)该报被政府当局查封。最后一号即第 28 号是秘密出版的。——428。

202　《北极星》杂志(《Полярная Звезда》)是俄国立宪民主党右翼的机关刊物(周刊),1905年12月15日(28日)——1906年3月19日(4月1日)在彼得堡出版,总共出了14期。主编为彼·伯·司徒卢威。参加编辑工作的有尼·亚·别尔嘉耶夫、亚·索·伊兹哥耶夫等。1906年4月改称《自由和文化》杂志。——429。

203　这个决定草案是在劳动国防委员会1920年10月23日会议上写的,当即为会议通过。1938年2月23日《真理报》第53号曾发表过这个文件的摘录。——431。

204　1920年10月23日,人民委员会讨论了苏维埃职员的劳动口粮和粮食定量问题。会议就此问题通过的决定全部采纳了这里收载的列宁的建议。会议还责成会上成立的委员会于1920年10月26日作报告。——432。

205　这个决定草案是在1920年10月26日俄共(布)中央政治局会议讨论关于党内情绪问题时提出的,草案稍加补充后为会议通过。——433。

206　1920年10月28日《真理报》第1版上发表了由监察委员会书记马·康·穆拉诺夫署名的题为《致俄共全体党员》的书面声明。——433。

207　为了贯彻执行俄共(布)第九次代表大会的决议,人民委员会于1920年10月26日讨论了经济系统各人民委员部之间建立联系的问题。列宁在会上作了关于协调经济系统各人民委员部在制定统一的经济计划方面的工作的报告,并提出了这里收载的决定草案。这个文件是当天人民委员会通过的决定的一部分。

俄共(布)第九次代表大会是1920年4月召开的。大会就这个问题通过的决议写道:"代表大会责成中央委员会在最近期间定出一项制度,确定最高国民经济委员会同其他与经济有直接关系的人民委员部(粮食人民委员部、交通人民委员部、农业人民委员部)之间在日常工作中的组织联系,以保证在执行党代表大会批准的经济计划时行动完全一致。"(参看《苏联共产党代表大会、代表会议和中央全会决议汇编》

1964 年人民出版社版第 2 分册第 17 页)——434。

208 根据人民委员会 1920 年 10 月 26 日的决定,11 月 1 日由列宁主持召开了研究经济系统各人民委员部之间联系问题的委员会第一次会议。这里收载的建议草稿是列宁在会议上写的。会议以这些建议为基础通过了决议。——435。

209 这个三人小组是人民委员会为收集各跨部门委员会的材料于 1920 年 10 月 26 日任命的。——435。

210 利用委员会即资源利用委员会,是根据人民委员会 1918 年 11 月 21 日的法令成立的,隶属于最高国民经济委员会。该委员会由最高国民经济委员会、粮食人民委员部、工商业人民委员部等单位的代表组成,主管食品及工业品等项物资的分配,其任务是:查明国内生产制造的以及国外进口的全国商品总储备量;查明和确定用于工业消费、居民分配、出口和建立国家后备这几项专门储备的数量;制定国家商品物资利用计划。根据人民委员会 1921 年 3 月 17 日的决定,利用委员会改属劳动国防委员会管辖。劳动国防委员会资源利用委员会作为分配物资的最高机关,其决定在作出后的 3 天内如劳动国防委员会内没有人提出异议或没有被劳动国防委员会撤销,即行生效。各部门必须将有充分根据的物资预算提交资源利用委员会审查。1921 年 12 月被撤销。——435。

211 在 1920—1921 年间,列宁不止一次地接见过萨·哈·阿古尔斯基。这篇谈话记录是阿古尔斯基整理的,他曾于 1920 年 10 月 28 日请求列宁加以审阅。——436。

212 工农党(农工党)是由美国激进的工人和农民团体联合组成的政党,1920 年 7 月在芝加哥成立。资产阶级自由派的改良主义组织"四十八人委员会"也曾加入该党。该党在竞选纲领中提出了实行被压迫民族自决原则和美国政治制度民主化等重大要求。工农党要求承认苏维埃俄国,不再对它进行武装干涉。1924 年以后,该党大多数组织陆续停止活动。——437。

213　人民党是19世纪末期的美国农民政党,1891年5月成立于辛辛那提。参加建立这个党的除农民团体外还有一些工人组织。1892年7月4日,该党奥马哈全国代表大会通过了下列各项基本的纲领性的要求:没收各公司的多余土地,并把这些土地分配给移民;铁路、电报、电话等收归国有;实行累进所得税;允许无限制地铸造银币和金币。后来,人民党放弃自己提出的激进口号,依附于民主党。到1900年,人民党作为独立政党实际上不复存在。——437。

214　这个决定草案全文列入了1920年10月28日俄共(布)中央政治局会议通过的关于政治教育总委员会的决议。娜·康·克鲁普斯卡娅被任命为政治教育总委员会主席。——439。

215　指全俄中央执行委员会《关于加强教育人民委员部工作的措施的决定》。该决定发表于1920年10月10日《全俄中央执行委员会消息报》第226号。——439。

216　这是列宁在全俄省、县国民教育局政治教育委员会工作会议第三次会议上的讲话。讲话发表于1920年11月5日和6日《真理报》第248号和第249号,还刊登于莫斯科出版的《全俄政治教育委员会工作会议公报(1920年11月1—8日)》。

　　　全俄省、县国民教育局政治教育委员会工作会议于1920年11月2—8日在莫斯科举行。参加会议的有283名代表。会议主要讨论了与建立共和国政治教育总委员会有关的一些问题。会议听取了阿·瓦·卢那察尔斯基关于政治教育工作问题的讲话、娜·康·克鲁普斯卡娅作的题为《政治教育总委员会当前工作计划》的报告和叶·亚·利特肯斯作的题为《地方政治教育委员会的组织》的报告。会议还讨论了粮食运动与政治教育工作、同恢复国家经济生活有关的生产宣传、扫除文盲等问题。——441。

217　根据列宁的建议(见本卷第439—440页)制定的人民委员会《关于共和

国政治教育总委员会的法令》于 1920 年 11 月 12 日由列宁签署，1920
年 11 月 23 日发表于《全俄中央执行委员会消息报》第 263 号。
——441。

218　《论意大利社会党党内的斗争》是由两篇同一题材的文章组成的。第一
篇文章写于 1920 年 11 月 4 日，题为《论意大利社会党党内的斗争》。
这篇文章在 1920 年 11 月 7 日《真理报》第 250 号上发表时，该报编辑
部加了以下按语："列宁同志的这篇文章是在他获悉达拉贡纳和机会主
义工会工作人员的卑劣行径以前写成的。这些人身为党员却执行反对
自己党的中央委员会的政策，与首相卓利蒂勾结起来破坏宏大的工人
运动。这些事实更清楚地证实了列宁同志观点的正确性。本报将在今
后予以详细论述。"第二篇文章写于 1920 年 12 月 11 日，题为《关于自
由的假话（代后记）》。文章手稿上有列宁写的批语："注意：如果发表，
则作为论意大利社会党党内斗争一文的后记。注意。"这两篇文章一并
载于 1920 年 12 月 20 日出版的《共产国际》杂志第 15 期，该刊编辑部
删去了两篇文章各自的标题，而将《关于自由的假话》作为总标题。《列
宁全集》俄文第 5 版把原第一篇文章的标题《论意大利社会党党内的斗
争》作为总标题。——451。

219　《前进报》（《Avanti!》）是意大利社会党中央机关报（日报），1896 年 12
月在罗马创刊。第一次世界大战期间，该报采取不彻底的国际主义立
场。1926 年该报被贝·墨索里尼的法西斯政府查封，此后在国外不定
期地继续出版。1943 年起重新在意大利出版。——451。

220　《人道报》（《L'Humanité》）是法国日报，由让·饶勒斯于 1904 年创办。
该报起初是法国社会党的机关报，在第一次世界大战期间为法国社会
党极右翼所掌握，采取了社会沙文主义立场。1918 年该报由马·加香
领导后，反对法国政府武装干涉苏维埃俄国的帝国主义政策。在法国
社会党分裂和法国共产党成立后，从 1920 年 12 月起，该报成为法国共
产党中央机关报。——454。

221　指十月革命胜利后不久布尔什维克党少数领导人（列·波·加米涅夫

等)主张成立有孟什维克和社会革命党参加的联合政府而与布尔什维克党中央多数发生冲突一事。关于这个问题,可参看《俄国社会民主工党(布)中央委员会关于中央内部反对派问题的决议》、《俄国社会民主工党(布)中央委员会多数派给少数派的最后通牒》、《俄国社会民主工党(布尔什维克)中央委员会的信》、《俄国社会民主工党(布尔什维克)中央委员会宣言(告全体党员及俄国一切劳动阶级书)》(本版全集第33卷)。——457。

222　《人民事业报》(《Дело Народа》)是俄国社会革命党的报纸(日报),1917年3月15日(28日)起在彼得格勒出版,1917年6月起成为该党中央机关报。先后担任编辑的有 B.B.苏霍姆林、维·米·切尔诺夫、弗·米·晋季诺夫等,撰稿人有尼·德·阿夫克森齐耶夫、阿·拉·郭茨、亚·费·克伦斯基等。该报反对布尔什维克党,号召工农群众同资本家和地主妥协、继续帝国主义战争、支持资产阶级临时政府。该报对十月革命持敌对态度,鼓动用武力反抗革命力量。1918年1月14日(27日)被苏维埃政府查封。以后曾用其他名称及原名(1918年3—6月)出版。1918年10月在捷克斯洛伐克军和白卫社会革命党叛乱分子占领的萨马拉出了4号。1919年3月20—30日在莫斯科出了10号后被查封。——461。

223　《民权报》(《Volksrecht》)是瑞士社会民主党、苏黎世州社会民主党组织和苏黎世工人联合会的机关报(日报),1898年在苏黎世创刊。第一次世界大战期间,该报刊登过一些有关工人运动的消息和齐美尔瓦尔德左派的文章。第一次世界大战后,该报反映瑞士社会民主党的立场,反对该党加入共产国际,不接受加入共产国际的21项条件。——464。

224　这个文件是列宁为撰写《关于共产国际第二次代表大会的基本任务的提纲》(见本卷第182—198页)而拟的纲要草稿。纲要草稿中大部分项目已被列宁勾掉,其中有一些看来是在撰写提纲的过程中划去的。——474。

225　指原定于1919年7月21日举行的国际工人政治罢工。罢工口号是:

支持俄国和匈牙利革命，不许帝国主义政府干涉俄国和匈牙利内政。英、意、德、挪等国的工人虽如期分别举行了罢工，但由于各国社会党和工会的右翼领袖的阻挠，各国无产阶级的统一行动未能实现。阿·梅尔黑姆、莱·茹奥和法国劳动总联合会的其他领导人起初赞成罢工，但到预定的罢工日期前夕又建议延期，从而破坏了罢工。——477。

226　劳动总联合会（工会总同盟）是法国工会的全国性组织，成立于1895年。总联合会长期受无政府工团主义者和改良主义者的影响，其领袖们仅承认经济斗争，不接受无产阶级政党对工会运动的领导。第一次世界大战期间，总联合会的领导核心倒向帝国主义者一边，实行阶级合作，鼓吹"保卫祖国"。第一次世界大战后，总联合会内部形成了革命的一翼。1921年，以莱·茹奥为首的改良主义领导采取分裂行动，把革命的工会开除出总联合会。这些工会于1922年另组统一劳动总联合会。——480。

227　《论坛报》(《De Tribune》)是荷兰社会民主工党左翼的报纸，1907年在阿姆斯特丹创刊。从1909年起是荷兰社会民主党的机关报。从1918年起是荷兰共产党的机关报。1940年停刊。——481。

228　这个文件同前一个文件一样也是列宁为撰写《关于共产国际第二次代表大会的基本任务的提纲》而拟的草稿。据《列宁全集》俄文第5版编者考证，这两个文件是用同样的墨水和铅笔写在同样的纸张上的，估计是在同一时间写的。——484。

229　《人民报》(《Le Populaire》)是法国中派分子于1916年在利摩日创办的报纸，最初每月出版一次，1918年迁巴黎后改为日报，由让·龙格和莱·勃鲁姆担任主编。撰稿人有皮·布里宗、阿·普雷斯曼、让·皮·拉芬-杜然、波·苏瓦林、保·福尔等。在原法国社会党机关报《人道报》随社长马·加香一起于1920年底转到共产党方面后，《人民报》从1921年起成为法国社会党（工人国际法国支部）的机关报。——485。

230　这是列宁在共产国际第二次代表大会第2次会议上听了英国工人组织

车间代表委员会代表杰·坦纳的发言后写的笔记。在同一次会上,他在作关于共产党的作用的发言(见本卷第227—231页)时,也谈到了坦纳的这次发言。——501。

231 列宁的这几条意见是写在阿·苏尔坦-扎德的报告的德文打字稿上的。这个报告显然是为共产国际第二次代表大会民族和殖民地问题委员会准备的。1920年7月28日,苏尔坦-扎德在代表大会全体会议上作了关于东方社会革命前途问题的报告。——502。

232 指1920年的纸卢布。在苏维埃政权初年,由于货币发行量不断增长,纸币迅速贬值。根据苏联财政人民委员部币制局的资料,1920年上半年1金卢布的平均值(相当于革命前的金币)等于1 633纸卢布,下半年则等于4 083纸卢布。——508。

人 名 索 引

A

阿德勒,弗里德里希(Adler,Friedrich 1879—1960)——奥地利社会民主党右翼领袖之一,"奥地利马克思主义"理论家,第二半国际和社会主义工人国际的组织者和领袖之一;维·阿德勒的儿子。1907—1911 年任苏黎世大学理论物理学讲师。1910—1911 年任瑞士社会民主党机关报《民权报》编辑,1911 年起任奥地利社会民主党书记。在哲学上是经验批判主义的信徒,主张以马赫主义哲学"补充"马克思主义。第一次世界大战期间主张社会民主党对帝国主义战争保持"中立"和促使战争早日结束。1914 年 8 月辞去书记职务。1916 年 10 月 21 日因枪杀奥匈帝国首相卡·施图尔克伯爵被捕。1918 年 11 月获释后重新担任党的书记,走上改良主义道路。1919 年当选为全国工人代表苏维埃执行委员会主席。1923—1939 年任社会主义工人国际书记。——2、10、17、263。

阿夫拉莫夫,П.Ф.(Аврамов,П.Ф. 1875 左右—1906)——俄国哥萨克军官。1905 年沙皇军队镇压坦波夫省农民运动时,表现极为残酷;被社会革命党人击毙。——422、423、424。

阿古尔斯基,萨莫伊尔·哈伊莫维奇(Агурский,Самуил Хаимович 1884—1947)——1918 年加入俄共(布)。曾参加 1905 年革命。1906 年起侨居英国和美国。1917 年二月革命后回国。1918 年为维捷布斯克军事委员会委员。1925—1934 年任白俄罗斯共产党中央党史研究所副所长。1935 年任白俄罗斯科学院少数民族研究所副所长。1936 年为白俄罗斯科学院通讯院士。写有白俄罗斯革命运动史方面的著作。——436—438。

阿克雪里罗得,帕维尔·波里索维奇(Аксельрод,Павел Борисович 1850—1928)——俄国孟什维克领袖之一。19 世纪 70 年代是民粹派分子。1883

年参与创建劳动解放社。1900年起是《火星报》和《曙光》杂志编辑部成员。这一时期在宣传马克思主义的同时,也在一系列著作中把资产阶级民主制和西欧社会民主党议会活动理想化。1903年在俄国社会民主工党第二次代表大会上是《火星报》编辑部有发言权的代表,属火星派少数派,会后是孟什维主义的思想家。1905年提出召开广泛的工人代表大会的取消主义观点。1906年在党的第四次(统一)代表大会上代表孟什维克作了关于国家杜马问题的报告,宣扬无产阶级同资产阶级实行政治合作的机会主义思想。斯托雷平反动时期和新的革命高涨年代是取消派的思想领袖,参加孟什维克取消派《社会民主党人呼声报》编辑部。1912年加入"八月联盟"。第一次世界大战期间表面上是中派,实际持社会沙文主义立场;曾参加齐美尔瓦尔德代表会议和昆塔尔代表会议,属于右翼。1917年二月革命后任彼得格勒苏维埃执行委员会委员,支持资产阶级临时政府。十月革命后侨居国外,反对苏维埃政权,鼓吹武装干涉苏维埃俄国。——51。

阿列克辛斯基,格里戈里·阿列克谢耶维奇(Алексинский, Григорий Алексеевич 1879—1967)——俄国社会民主党人,后蜕化为反革命分子。1905—1907年革命期间是布尔什维克。第二届国家杜马彼得堡工人代表,社会民主党党团成员,参加了杜马的失业工人救济委员会、粮食委员会和土地委员会,并就斯托雷平在杜马中宣读的政府宣言,就预算、土地等问题发了言。作为社会民主党杜马党团代表参加了俄国社会民主工党第五次(伦敦)代表大会的工作。斯托雷平反动时期是召回派分子、派别性的卡普里党校(意大利)的讲课人和"前进"集团的组织者之一。第一次世界大战期间是社会沙文主义者,曾为多个资产阶级报纸撰稿。1917年加入孟什维克统一派,持反革命立场;七月事变期间伙同特务机关伪造文件诬陷列宁和布尔什维克。1918年逃往国外,投入反动营垒。——304。

阿斯奎斯,赫伯特·亨利(Asquith, Herbert Henry 1852—1928)——英国国务活动家,自由党领袖之一。1886年首次当选为议会议员。1892年起多次担任大臣职务,1908—1916年任首相。反映英国帝国主义资产阶级的观点及其兼并意图,推行对外扩张、镇压工人运动和民族解放运动的政策。阿斯奎斯政府对第一次世界大战的爆发起了推动作用。第一次世界大战结束后领导反对同保守党人联合的自由党人。1924 年议会竞选失败后，在政治上不再起重要作用。——61、65。

阿瓦涅索夫，瓦尔拉姆·亚历山德罗维奇（Аванесов, Варлаам Александрович 1884—1930）——1903 年加入俄国社会民主工党，积极参加 1905—1907 年革命。1907—1913 年在瑞士，曾任俄国社会民主工党联合小组书记。1914 年回国，参加布尔什维克。1917 年二月革命后是莫斯科工人代表苏维埃布尔什维克党团成员和莫斯科苏维埃主席团委员。十月革命期间任彼得格勒军事革命委员会委员。1917—1919 年任全俄中央执行委员会秘书和主席团委员。1919—1920 年初任国家监察人民委员部部务委员，1920—1924 年任副工农检查人民委员、全俄肃反委员会会务委员，后任副对外贸易人民委员。1925 年起任最高国民经济委员会主席团委员。1922—1927 年任苏联中央执行委员会委员。——432、435。

埃勒，卡尔——见劳芬贝格，亨利希。

奥兰多，维多里奥·埃曼努埃勒（Orlando, Vittorio Emanuele 1860—1952）——意大利国务活动家，资产阶级自由派领袖之一。1917—1919 年任首相，曾率领意大利代表团出席巴黎和会。1919—1920 年任议会议长。墨索里尼法西斯专政建立后，不再积极参加政治活动。1948—1952 年任参议员。——218。

奥斯特尔利茨，弗里德里希（Austerlitz, Friedrich 1862—1931）——奥地利社会民主党领袖之一，该党中央机关报《工人报》主编，议员。第一次世界大战期间持社会沙文主义立场。——10。

B

巴布什金，伊万·瓦西里耶维奇（Бабушкин, Иван Васильевич 1873—1906）——俄国工人，职业革命家，布尔什维克。1891 年起在彼得堡谢米扬尼科夫工厂当钳工。1894 年加入列宁领导的工人马克思主义小组。曾参加列宁起草的社会民主党第一份鼓动传单《告谢米扬尼科夫工厂工人书》的撰写工作，并在厂内散发。从彼得堡工人阶级解放斗争协会建立时起，就是该协会最积极的会员和列宁最亲密的助手。参加列宁的《火星报》的组织工作，是该报首批代办员之一和通讯员。1902 年受党的委派到工人团体中进行革命工作,参加反对经济派和祖巴托夫分子的斗争,使工人摆脱祖巴托夫"警察社会主义"的影响。多次被捕、流放和监禁。参加 1905—1907 年革命,是俄国社会民主工党伊尔库茨克委员会和赤塔委员会委员,赤塔武装起义的领导人之一。1906 年 1 月从赤塔到伊尔库茨克运送武器时被讨伐队捕获,未经审讯即被枪杀。列宁为巴布什金写了悼文,高度评价他忠于革命的精神。——34。

巴达耶夫,阿列克谢·叶戈罗维奇(Бадаев, Алексей Егорович 1883—1951)——1904 年加入俄国社会民主工党,在彼得堡做党的工作。第四届国家杜马彼得堡省工人代表,参加布尔什维克杜马党团,同时在杜马外做了大量的革命工作,是中央委员会俄国局成员,为布尔什维克的《真理报》撰稿,出席了有党的工作者参加的俄国社会民主工党中央委员会克拉科夫会议和波罗宁会议。因进行反对帝国主义战争的革命活动,1914 年 11 月被捕,1915年流放图鲁汉斯克边疆区。1917 年二月革命后从流放地回来,在彼得格勒参加布尔什维克组织的工作,是十月武装起义的参加者。十月革命后在党、苏维埃和经济部门担任领导工作。在党的第十四至第十八次代表大会上当选为中央委员。1938—1943 年任俄罗斯联邦最高苏维埃主席团主席和苏联最高苏维埃主席团副主席。——155。

巴拉托诺,阿代尔基(Baratono, Adelchi 1875—1947)——意大利社会党人,哲学家,热那亚大学教授。1919—1922 年任意大利社会党中央委员时,采取中派立场,主张同改良主义者联盟。1921 年为议会议员。—— 452、454、458、462。

巴契,卓万尼(Bacci, Giovanni 1857—1928)——意大利社会党人。活动初期是资产阶级激进派。1903 年加入意大利社会党。曾为党中央委员、党中央机关报《前进报》的领导人之一;议会议员。1919—1920 年采取中派立场,主张同改良主义者保持"统一"。1921 年以意大利社会党中央委员会的名义签署了社会党人同法西斯分子订立的所谓"和解公约"。——452、454、458、462。

鲍威尔,奥托(Bauer, Otto 1882—1938)——奥地利社会民主党和第二国际领袖之一,"奥地利马克思主义"理论家。同卡·伦纳一起提出资产阶级民族主义的民族文化自治论。1907 年起任社会民主党议会党团秘书,同年参与创办党的理论刊物《斗争》杂志。1912 年起任党中央机关报《工人报》编辑。第一次世界大战期间应征入伍,在俄国前线被俘。俄国 1917 年二月革命后在彼得格勒,同年 9 月回国。敌视俄国十月革命。1918 年 11 月—1919 年 7 月任奥地利共和国外交部长,赞成德奥合并。1920 年在维也纳出版反布尔什维主义的《布尔什维主义还是社会民主主义?》一书。1920 年起为国民议会议员。第二半国际和社会主义工人国际的组织者和领袖之一。曾参与制定和推行奥地利社会民主党的机会主义路线,使奥地利工人阶级的革命斗争遭受严重损失。晚年修正了自己的某些改良主义观点。——2、10、17、51、56、81、220—222、266、490、491、500。

贝洛内,维尔吉利奥(Bellone, Virgilio)——意大利社会党人。1919—1921 年任意大利社会党中央委员时反对改良主义者。——452。

倍倍尔,奥古斯特(Bebel, August 1840—1913)——德国工人运动和国际工人运动活动家,德国社会民主党和第二国际的创建人和领袖之一,马克思和恩格斯的朋友和战友;旋工出身。19 世纪 60 年代前半期开始参加政治活动,1867 年当选为德国工人协会联合会主席,1868 年该联合会加入第一国际。1869 年与威·李卜克内西共同创建了德国社会民主工党(爱森纳赫派),该党于 1875 年与拉萨尔派合并为德国社会主义工人党,后又改名为德国社会民主党。多次当选国会议员,利用国会讲坛揭露帝国政府反动的内外政策。1870—1871 年普法战争期间持国际主义立场,在国会中投票反对军事拨款,支持巴黎公社,为此曾被捕和被控叛国,断断续续在狱中度过近六年时间。在反社会党人非常法施行时期,领导了党的地下活动和议会活动。19 世纪 90 年代和 20 世纪初同党内的改良主义和修正主义进行斗争,反对伯恩施坦及其拥护者对马克思主义理论的歪曲和庸俗化。是出色的政论家和演说家,对德国和欧洲工人运动的发展有很大影响。马克思和恩格斯高度评价了他的活动。——14。

边沁,耶利米(Bentham, Jeremy 1748—1832)——英国社会学家、哲学家和经济学家,功利主义理论的主要代表。认为"个人的利益是唯一现实的利益","社会利益只是一种抽象,它不过是个人利益的总和"。主张所谓"最大多数人的最大幸福"的"功利原则"。同时强调有利于资产者的就是有利于全社会的,而有利于资产者的就是道德的,功利就是道德的标准。他的学说把个人利益说成是社会幸福的基础,把资产阶级社会说成是通向"安宁、平等、幸福和富裕"的社会。——465。

别连基,阿布拉姆·雅柯夫列维奇(Беленький, Абрам Яковлевич 1883—1942)——1902年加入俄国社会民主工党,布尔什维克。1904年起侨居法国。1917年二月革命后回国;在彼得格勒主持党中央委员会印刷所的工作,后在全俄肃反委员会——国家政治保卫总局机关工作;1919—1924年任列宁的警卫队队长。以后在苏联内务人民委员部工作。——148。

波波夫,帕维尔·伊里奇(Попов, Павел Ильич 1872—1950)——苏联统计学家,1924年加入俄共(布)。1918年起任中央统计局局长、苏联国家计划委员会主席团委员。1926—1949年任俄罗斯联邦国家计划委员会主席团委员和全苏列宁农业科学院主席团委员、俄罗斯联邦国家计划委员会农业局领导人。后任苏联中央统计局科学方法论委员会委员。写有统计学方面的著作。——435。

波尔,威廉(Poole, William)——英国共产党创建人之一。——370。

波卢扬,Д.В.(Полуян, Д.В.1886—1937)——1919年12月起任全俄中央执行委员会哥萨克部主席和全俄中央执行委员会主席团委员,1920年7—9月兼任第15集团军政治部主任和该集团军革命军事委员会代理委员。——307。

波特列索夫,亚历山大·尼古拉耶维奇(Потресов, Александр Николаевич 1869—1934)——俄国孟什维克领袖之一。19世纪90年代初参加马克思主义小组。1896年加入彼得堡工人阶级解放斗争协会,后被捕,1898年流放维亚特卡省。1900年出国,参与创办《火星报》和《曙光》杂志。在俄国社会民主工党第二次代表大会上是《火星报》编辑部有发言权的代表,属火星派少数派,会后是孟什维克刊物的主要撰稿人和领导人。斯托雷平反动时期和新的革命高涨年代是取消派思想家,在《复兴》杂志和《我们的曙光》杂志中起领导作用。第一次世界大战期间是社会沙文主义者。1917年在反布尔什维克的资产阶级《日报》中起领导作用。十月革命后侨居国外,为克伦斯基的《白日》周刊撰稿,攻击苏维埃政权。——51。

伯恩施坦,爱德华(Bernstein, Eduard 1850—1932)——德国社会民主党和第二国际右翼领袖之一,修正主义的代表人物。1872年加入社会民主党,曾是欧·杜林的信徒。1879年和卡·赫希柏格、卡·施拉姆在苏黎世发表《德国社会主义运动的回顾》一文,指责党的革命策略,主张放弃革命斗争,适应俾斯麦制度,受到马克思和恩格斯的严厉批评。1881—1890年任党的中央机关报《社会民主党人报》编辑。从90年代中期起完全同马克思主义决裂。1896—1898年以《社会主义问题》为题在《新时代》杂志上发表一组文章,1899年发表《社会主义的前提和社会民主党的任务》一书,从经济、政治和哲学方面对马克思主义的理论和策略作了全面的修正。1902年起为国会议员。第一次世界大战期间持中派立场。1917年参加德国独立社会民主党,1919年公开转到右派方面。1918年十一月革命失败后出任艾伯特—谢德曼政府的财政部长助理。——14、238、409。

勃朗斯基,美契斯拉夫·亨利霍维奇(布劳恩,美·伊·)(Бронский, Мечислав Генрихович(Браун, М.И.)1882—1941)——波兰社会民主党人,后为布尔什维克。1902年加入波兰王国和立陶宛社会民主党。第一次世界大战期间是国际主义者。曾代表波兰王国和立陶宛社会民主党出席昆塔尔代表会议,属齐美尔瓦尔德左派,参加了瑞士社会民主党的活动。1917年6月起任俄国社会民主工党(布)彼得堡委员会的鼓动员和宣传员。十月革命后任副工商业人民委员。1918年采取"左派共产主义者"立场。1920年起任苏俄驻奥地利全权代表和商务代表,1924年起任财政人民委员部部务委员、对外贸易人民委员部部务委员。后从事教学和科研工作。——213—214、493—496。

博尔迪加,阿马德奥(Bordiga, Amadeo 1889—1970)——意大利政治活动家。1910年加入意大利社会党,领导党内接近无政府主义的派别。第一次世界大战期间是社会党革命派领袖之一,该派要求把同资产阶级合作的改良派开除出党。1919年提出抵制资产阶级议会的纲领,领导所谓"共产主义者抵制派"。曾出席共产国际第二次代表大会。1921年参与创建意大利共产党,1926年以前为该党领导机关成员;实行左倾宗派主义政策,反对共产国际关于建立反法西斯统一战线的策略。后宣扬托洛茨基主义观点,进行反对意大利共产党路线的派别活动,为此于1930年被开除出党。——45、89、90、245—248。

布勃诺夫,安德列·谢尔盖耶维奇(Бубнов, Андрей Сергеевич 1884—1940)——

1903年加入俄国社会民主工党。曾在伊万诺沃-沃兹涅先斯克、莫斯科、彼得堡等城市做党的工作,屡遭沙皇政府迫害。1912年在党的第六次(布拉格)全国代表会议上当选为候补中央委员,为《真理报》撰稿。1917年二月革命后是党的莫斯科区域局成员。在党的第六次代表大会上当选为中央委员,是中央委员会驻彼得堡委员会的代表。在十月革命的准备和进行期间参加领导武装起义的彼得格勒军事革命委员会和党总部。十月革命后任交通人民委员部部务委员、派驻南方的共和国铁路委员,曾参与平定卡列金叛乱。1918年参加"左派共产主义者"集团。1918年3月参加乌克兰苏维埃政府,先后当选为乌克兰共产党(布)中央委员和中央政治局委员。以乌克兰方面军革命军事委员会委员、第14集团军革命军事委员会委员和乌克兰国防委员会委员的身份参加了国内战争前线部队的领导工作。1921年起任北高加索军区和骑兵第1集团军革命军事委员会委员,党中央委员会东南局成员。1920—1921年参加民主集中派。1922—1923年主管党中央委员会鼓动宣传部的工作。1923年参加托洛茨基反对派,不久脱离。1924—1929年任工农红军政治部主任和苏联革命军事委员会委员,1925年任党中央委员会书记。1929—1937年任俄罗斯联邦教育人民委员。在党的第八、第十一和第十二次代表大会上当选为候补中央委员,在党的第十三至第十七次代表大会上当选为中央委员。——316。

布哈林,尼古拉·伊万诺维奇(Бухарин,Николай Иванович 1888—1938)——1906年加入俄国社会民主工党。1907年进入莫斯科大学法律系经济学专业学习。1908年起任党的莫斯科委员会委员。1909—1910年几度被捕,1911年从流放地逃往欧洲。在国外开始著述活动,参加欧洲工人运动。1917年二月革命后回国,当选为莫斯科苏维埃执行委员会委员、党的莫斯科委员会委员,任《社会民主党人报》和《斯巴达克》杂志编辑。在党的第六至第十六次代表大会上当选为中央委员。1917年10月起任莫斯科军事革命委员会委员,参与领导莫斯科的武装起义。同年12月起任《真理报》主编。1918年初反对签订布列斯特和约,是"左派共产主义者"集团的领袖。1919年3月当选为党中央政治局候补委员。1919年共产国际成立后任共产国际执行委员会委员和主席团委员。1920—1921年工会问题争论期间领导"缓冲"派。1924年6月当选为中央政治局委员。1926—1929年主持共产国际的工作。1929年被作为"右倾派别集团"的领袖受到批判，同年被撤销《真理报》主编、中央政治局委员、共产国际执行委员会委员和主席团委员职务。1931年起任苏联最高国民经济委员会主席团委员。1934—1937年任《消息报》主编。1934年当选为候补中央委员。1937年3月被开除出党。1938年3月13日被苏联最高法院军事审判庭以"参与托洛茨基的恐怖、间谍和破坏活动"的罪名判处枪决。1988年平反并恢复党籍。——16、306、307、378、433、439、487。

布赖恩特，路易丝（Bryant, Louise 1890—1936）——美国女作家和新闻工作者；约翰·里德的妻子。1917年秋随同一批新闻工作者来到俄国，后又多次访问苏维埃俄国。著有《在俄国度过的红色的六个月》（1919）和《莫斯科的写真》（1923）。——382—383。

布兰克，鲁维姆·马尔科维奇（Бланк, Рувим Маркович 生于1866年）——俄国政论家，化学家。1905年以前住在国外，为俄国自由派资产阶级刊物《解放》杂志撰稿。回到彼得堡后参加《我们的生活报》编辑部，后成为该报实际上的编辑；曾为左派立宪民主党人的《同志报》撰稿。1909—1912年参加立宪民主党人、人民社会党人和孟什维克取消派合办的《生活需要》杂志的出版工作，为该杂志编辑。——417—430。

布朗基，路易·奥古斯特（Blanqui, Louis-Auguste 1805—1881）——法国革命家，空想共产主义的代表人物。曾参加巴黎1830—1870年间的各次起义和革命，组织并领导四季社以及其他秘密革命团体。在从事革命活动的50多年间，有30余年是在狱中度过的。1871年巴黎公社时期被反动派囚禁在凡尔赛，缺席当选为公社委员。憎恨资本主义制度，但不懂得组织工人革命政党和依靠广大群众的重要意义，认为只靠少数人密谋，组织暴动，即可推翻旧社会，建立新社会。——46—47、69。

布劳恩，美·伊·——见勃朗斯基，美契斯拉夫·亨利霍维奇。

布里奇金娜，索菲娅·波里索夫娜（Бричкина, Софья Борисовна 1883—1967）——1903年加入俄国社会民主工党。1917年十月革命期间任莫斯科军事革命委员会秘书。1919年5月起先后任人民委员会办公室主任、人民委员会秘书、中央政治局和中央委员会全会的记录秘书，同时兼任党中央办公厅副主任。1921—1935年在共产国际工作,先后任全俄中央执行委员会秘书处副主任。1948—1949年为党中央马克思恩格斯列宁研究院研究员。——268。

布利特,威廉·克里斯蒂安(Bullitt,William Christian 1891—1967)——美国外交家,新闻工作者。1917年领导美国国务院中欧情报局。1919年是美国出席巴黎和会代表团的随员。同年被威尔逊总统派往苏俄执行特别使命,后辞职。1933年重返外交界。1934—1936年为美国首任驻苏大使。1936—1941年任驻法大使。1942—1943年任美国海军部长特别助理。——114、125、132、383。

布琼尼,谢苗·米哈伊洛维奇(Буденный,Семен Михайлович 1883—1973)——苏联军事活动家,苏联元帅(1935),苏联英雄。1919年加入俄共(布)。1919年3—8月任骑兵第4师师长,6—11月任骑兵军军长,11月起任骑兵第1集团军司令,该集团军对于歼灭邓尼金、波兰地主和弗兰格尔白卫军起了突出的作用。1921—1923年任北高加索军区革命军事委员会委员和副司令。1923—1924年任工农红军总司令助理(主管骑兵)和苏联革命军事委员会委员。1924—1937年任工农红军骑兵监。1937—1939年任莫斯科军区司令。1939年起任副国防人民委员。1941—1945年卫国战争时期担任多种指挥职务,1943年被任命为苏军骑兵司令和苏联国防人民委员部最高军事委员会委员。1947—1953年兼任农业部副部长,主管养马业。1953年5月起任苏联国防部骑兵监。1920年起先后当选为全俄中央执行委员会委员、苏联中央执行委员会委员、苏联最高苏维埃代表;1938年起为苏联最高苏维埃主席团委员。1934—1939年和1952—1973年为候补中央委员,1939—1952年为中央委员。——267。

布施胜治(1886—1953)——日本新闻工作者。早在俄国十月革命前即以日本报界记者身份来到俄国。1918年返回日本,后再次被派到俄国。1920年到莫斯科,6月3日或4日作为《大阪每日新闻》和《东京日日新闻》的代表受到列宁的接见。——124—126。

C

查苏利奇,维拉·伊万诺夫娜(Засулич,Вера Ивановна 1849—1919)——俄国

民粹主义运动和社会民主主义运动活动家。1868 年在彼得堡参加革命小组。1878 年 1 月 24 日开枪打伤下令鞭打在押革命学生的彼得堡市长费·费·特列波夫。1879 年加入土地平分社。1880 年侨居国外,逐步同民粹主义决裂,转到马克思主义立场。1883 年参与创建劳动解放社。80—90 年代翻译了马克思的《哲学的贫困》和恩格斯的《社会主义从空想到科学的发展》,写了《国际工人协会史纲要》等著作;为劳动解放社的出版物以及《新言论》和《科学评论》等杂志撰稿,发表过一系列文艺批评文章。1900 年起是《火星报》和《曙光》杂志编辑部成员。在俄国社会民主工党第二次代表大会上是《火星报》编辑部有发言权的代表,属火星派少数派,会后成为孟什维克领袖之一,参加孟什维克的《火星报》编辑部。1905 年回国。斯托雷平反动时期和新的革命高涨年代是取消派分子。第一次世界大战期间是社会沙文主义者。1917 年是孟什维克统一派分子。对十月革命持否定态度。——51。

车尔尼雪夫斯基,尼古拉·加甫里洛维奇(Чернышевский, Николай Гаврилович 1828—1889)——俄国革命民主主义者和空想社会主义者,作家,文学评论家,经济学家,哲学家;俄国社会民主主义先驱之一,俄国 19 世纪 60 年代革命运动的领袖。1853 年开始为《祖国纪事》和《同时代人》等杂志撰稿,1856—1862 年是《同时代人》杂志的领导人之一,发扬别林斯基的民主主义批判传统,宣传农民革命思想,是土地和自由社的思想鼓舞者。因揭露 1861 年农民改革的骗局,号召人民起义,于 1862 年被沙皇政府逮捕,入狱两年,后被送到西伯利亚服苦役。1883 年解除流放,1889 年被允许回家乡居住。著述很多,涉及哲学、经济学、教育学、美学、伦理学等领域。在哲学上批判了贝克莱、康德、黑格尔等人的唯心主义观点,力图以唯物主义精神改造黑格尔的辩证法。对资本主义作了深刻的批判,认为社会主义是由整个人类发展进程所决定的,但作为空想社会主义者,又认为俄国有可能通过农民村社过渡到社会主义。所著长篇小说《怎么办?》(1863)和《序幕》(约 1867—1869)表达了社会主义理想,产生了巨大的革命影响。——51。

D

达拉贡纳,卢多维科(D'Aragona, Ludovico 1876—1961)——意大利政治活

动家,意大利右派社会党人和工会运动改良派的领袖之一。1909—1918年任意大利劳动总联合会视察员,1918—1925年任总书记。1919—1920年意大利革命高潮时期实行妥协政策。1919—1924年为议会议员。1921年支持社会党人同法西斯分子订立的所谓"和解公约"。1922年意大利法西斯上台后,与其他改良派领袖一起解散了意大利劳动总联合会并签署了与法西斯合作的宣言(1927)。第二次世界大战后是分裂意大利社会党的策划者之一和意大利劳动社会党的组织者之一(1947);1949—1951年任劳动社会党总书记。1946—1951年在德加斯佩里政府中多次担任部长职务。——327。

达尼舍夫斯基,卡尔·尤利·克里斯蒂安诺维奇(Данишевский,Карл Юлий Христианович 1884—1938)——1900年加入俄国社会民主工党,布尔什维克。1907年在党的第五次(伦敦)代表大会上代表拉脱维亚边疆区社会民主党当选为俄国社会民主工党中央委员。1907—1914年在彼得堡、巴库、梯弗利斯、华沙、里加、利耶帕亚和莫斯科等地做党的工作。1917年二月革命后任党的莫斯科委员会委员和莫斯科苏维埃代表。同年5月起在拉脱维亚担任布尔什维克报纸《斗争报》和《战壕真理报》编辑。十月革命后任东方面军革命军事委员会委员、共和国革命军事委员会委员和共和国革命军事法庭庭长。拉脱维亚建立苏维埃政权后任拉脱维亚苏维埃政府副主席和革命军事委员会主席。在党的第八次代表大会上当选为候补中央委员。1921年起任党中央委员会西伯利亚局书记、林业总委员会主席、苏联对外贸易银行和全苏木材出口联合公司管理委员会主席等职。1932—1936年任苏联副森林工业人民委员。——268。

德莱昂,丹尼尔(De Leon,Daniel 1852—1914)——美国工人运动活动家,政论家。出生于加勒比海的库拉索岛,1872年移居美国。1890年加入社会主义工人党,很快成为该党的领袖和思想家。1895年成立包括熟练工人和非熟练工人在内的社会主义熟练和非熟练工人同盟。1905年参与创建世界产业工人联合会。捍卫阶级斗争思想,反对工联主义和改良主义,同工会运动中的机会主义领袖作过斗争;同时也犯过宗派主义的错误,否认党在工人运动中的领导作用和无产阶级专政的必要性,宣传过无政府工团主义观点。——32。

德利尼埃尔,律西安(Deslinières, Lucien 1857—1937)——法国社会党人,经济
　学家和政论家。活动初期属资产阶级共和派,反对社会党人。后来接近盖
　得派,1892 年加入法国工人党。1905 年起为法国社会党党员。曾积极为社
　会主义报刊撰稿,写过一些社会主义理论问题的文章。第一次世界大战期
　间是社会沙文主义者。俄国十月革命前来到俄国,革命后留在苏俄,从事苏
　维埃的工作,曾在乌克兰农业人民委员部任职。1920 年参加共产国际执行
　委员会的工作。回国后,于 20 年代中期转向反马克思主义立场。——487。

邓尼金,安东·伊万诺维奇(Деникин, Антон Иванович 1872—1947)——沙
　俄将军。第一次世界大战期间曾任旅长和师长。1917 年 4—5 月任俄军
　最高总司令的参谋长,后任西方面军司令和西南方面军司令。积极参加科
　尔尼洛夫叛乱。十月革命后参与组建白卫志愿军,1918 年 4 月起任志愿
　军司令。在协约国扶植下,1919 年 1 月起任“南俄武装力量”总司令。
　1919 年夏秋进犯莫斯科,被击溃后率残部退到克里木。1920 年 4 月将指
　挥权交给弗兰格尔,自己逃亡国外。——19、26、27、41、105、113、120、125、
　132、136、138、270、281、282、285、289、295、297、300、306、313、317、319、
　343、353、359、360、362、364、365、366、379、388、390、401、406。

狄慈根,约瑟夫(Dietzgen, Joseph 1828—1888)——德国社会民主党人,哲学
　家,制革工人。曾参加 1848 年革命,革命失败后流亡国外。漂泊美国和欧
　洲 20 年,一面做工,一面从事哲学研究。1869 年回到德国,结识了前来德
　国访友的马克思,积极参加德国社会民主党的工作。1884 年再度去美国,
　曾主编北美社会主义工人党机关报《社会主义者报》。在哲学上独立地得
　出了辩证唯物主义的结论,尖锐地批判了哲学唯心主义和庸俗唯物主义,
　捍卫了认识论中的唯物主义反映论,同时也夸大人类知识的相对性,把物
　质和意识混为一谈。主要著作有《人脑活动的实质》(1869)、《一个社会主
　义者在认识论领域中的漫游》(1887)、《哲学的成果》(1887)等。1919 年在
　斯图加特出版了《狄慈根全集》(共三卷)。——42。

迪特曼,威廉(Dittmann, Wilhelm 1874—1954)——德国社会民主党领袖之
　一,政论家。1894 年加入社会民主党,第一次世界大战前属该党左翼。
　1912 年起为帝国国会议员。大战期间属于哈阿兹—考茨基中派集团。
　1917—1922 年为德国独立社会民主党右翼领袖之一。1920 年作为独立

党代表团有发言权的代表出席了共产国际第二次代表大会,他的中派立场在大会上受到严厉批判。回国后反对共产国际的原则,对苏维埃俄国采取敌对立场。回到德国社会民主党后,从 1922 年起为该党执行委员会委员。德国法西斯上台后流亡瑞士。——238、243、273、325—327、430。

杜巴索夫,费多尔·瓦西里耶维奇(Дубасов, Федор Васильевич 1845—1912)——沙俄海军上将(1906),副官长,沙皇反动势力的魁首之一。1897—1899 年任太平洋分舰队司令。1905 年领导镇压切尔尼戈夫省、波尔塔瓦省和库尔斯克省的农民运动。1905 年 11 月—1906 年 7 月任莫斯科总督,是镇压莫斯科十二月武装起义的策划者。1906 年起为国务会议成员。1907 年起为国防会议成员。——416、424、426、428、429。

杜尔诺沃,彼得·尼古拉耶维奇(Дурново, Петр Николаевич 1845—1915)——俄国国务活动家,反动分子。1872 年起在司法部门任职,1881 年转到内务部。1884—1893 年任警察司司长,1900—1905 年任副内务大臣,1905 年10 月—1906 年 4 月任内务大臣,残酷镇压俄国第一次革命。1906 年起为国务会议成员。——424。

杜果尼,恩里科(Dugoni, Enrico 1874—1945)——意大利社会党人。20 世纪初属意大利社会党左翼。第一次世界大战前夕参加了屠拉梯—特雷维斯的改良派。1913 年起多次当选为议员。1919—1921 年担任农业劳动者全国联合会领导职务期间,阻挠意大利群众性农民运动的开展。1920 年作为意大利社会党人代表团成员访问了苏维埃俄国。回国后著书诽谤俄国革命。1922 年意大利法西斯上台后脱离政治活动。——89。

杜林,欧根·卡尔(Dühring, Eugen Karl 1833—1921)——德国哲学家和经济学家。毕业于柏林大学,当过见习法官,1863—1877 年为柏林大学非公聘讲师。70 年代起以"社会主义改革家"自居,反对马克思主义,企图创立新的理论体系。在哲学上把唯心主义、庸俗唯物主义和实证论混合在一起;在政治经济学方面反对马克思的劳动价值学说和剩余价值学说;在社会主义理论方面以资产阶级改良主义精神阐述自己的社会主义体系,反对科学社会主义。他的思想得到部分德国社会民主党人的支持。恩格斯在《反杜林论》一书中系统地批判了他的观点。主要著作有《国民经济学和社会主义批判史》(1871)、《国民经济学和社会经济学教程》(1873)、《哲学教程》(1875)等。——427。

E

恩格斯,弗里德里希(Engels, Friedrich 1820—1895)——科学共产主义创始人之一,世界无产阶级的领袖和导师,马克思的亲密战友。——14、22、32、46、47、51、465、510。

F

菲恩,Я.И.(Фин, Я.И. 1891—1937)——1917 年 3 月加入俄国布尔什维克党。十月革命后任维捷布斯克省列日察市一个县的工兵农代表苏维埃主席。1918—1921 年任全俄工会中央理事会出版部副主任,后任苏维埃职员工会主席。以后在出版、经济、合作社和工会部门担任领导工作。——432。

弗兰格尔,彼得·尼古拉耶维奇(Врангель, Петр Николаевич 1878—1928)——沙俄将军,君主派分子,男爵。第一次世界大战期间任骑兵军军长。十月革命后到克里木,1918 年 8 月参加白卫志愿军,先后任骑兵师师长、骑兵军军长、高加索集团军司令、志愿军司令。1920 年 4 月接替邓尼金任"南俄武装力量"总司令,11 月起任克里木"俄军"总司令;在克里木和南乌克兰建立了军事专政。1920 年 11 月中旬被红军击溃后逃亡国外。——118、120、131、132、136、137、138、139、157、267、298、299、300、301、309、313、348、351、352、364、365、366、367、368、378、379、387、389、392、393、399、400、401、402、405、406、408、436、448、449、506。

伏龙芝,米哈伊尔·瓦西里耶维奇(Фрунзе, Михаил Васильевич 1885—1925)——苏联军事活动家,军事理论家。1904 年加入俄国社会民主工党。曾在彼得堡、莫斯科、伊万诺沃-沃兹涅先斯克等城市从事革命工作。1905 年是伊万诺沃-沃兹涅先斯克罢工的领导人之一。1909—1910 年两次被判处死刑,两次改判终生流放。1915 年从流放地逃走,后到作战部队进行革命工作。1917 年在莫斯科参加十月武装起义。1918 年任伊万诺沃-沃兹涅先斯克省执行委员会主席、省军事委员会和党的省委员会主席。1919 年起先后任东方面军第 4 集团军和土耳其斯坦集团军司令、东方面军南方军队集群司令、东方面军和土耳其斯坦方面军司令。1920 年 9 月根据列宁的提议被任命为南方面军司令。国内战争结束后任共和国革命军事委员会驻乌克兰全权代表、乌克兰和克里木部队司令、乌克兰共产党（布）中央政治局委员和乌克兰人民委员会副主席（1922年2月起）。1925年起任苏联革命军事委员会主席和陆海军人民委员。1921年起为党中央委员，1924年起为中央政治局候补委员。——267。

G

盖得，茹尔（巴西尔，马蒂厄）（Guesde，Jules（Basile，Mathieu）1845—1922）——法国工人运动和国际工人运动活动家，法国工人党创建人之一，第二国际的组织者和领袖之一。19世纪60年代是资产阶级共和主义者。拥护1871年的巴黎公社。公社失败后流亡瑞士和意大利，一度追随无政府主义者。1876年回国。在马克思和恩格斯影响下逐步转向马克思主义。1877年11月创办《平等报》，宣传社会主义思想，为1879年法国工人党的建立作了思想准备。1880年和拉法格一起在马克思和恩格斯指导下起草了法国工人党纲领。1880—1901年领导法国工人党，同无政府主义者和可能派进行坚决斗争。1889年积极参加创建第二国际的活动。1893年当选为众议员。1899年反对米勒兰参加资产阶级内阁。1901年与其拥护者建立了法兰西社会党，该党于1905年同改良主义的法国社会党合并，盖得为统一的法国社会党领袖之一。20世纪初逐渐转向中派立场。第一次世界大战一开始即采取社会沙文主义立场，参加了法国资产阶级政府。1920年法国社会党分裂后，支持少数派立场，反对加入共产国际。——47、81。

高尔察克，亚历山大·瓦西里耶维奇（Колчак，Александр Васильевич 1873—1920）——沙俄海军上将（1916），君主派分子。第一次世界大战期间任波罗的海舰队作战部部长、水雷总队长，1916—1917年任黑海舰队司令。1918年10月抵鄂木斯克，11月起任白卫军"西伯利亚政府"陆海军部长。11月18日在外国武装干涉者支持下发动政变，在西伯利亚、乌拉尔和远东建立军事专政，自封为"俄国最高执政"和陆海军最高统帅。叛乱被平定后，1919年11月率残部逃往伊尔库茨克，后被俘。1920年2月7日根据伊尔库茨克军事革命委员会的决定被枪决。——19、41、105、113、120、125、132、136、138、139、270、281、285、289、295、297、298、300、306、313、

316、319、343、353、359、360、362、364、365、366、379、388、390、401、444。

高尔基，马克西姆(彼什科夫，阿列克谢·马克西莫维奇)（Горький，Максим（Пешков，Алексей Максимович）1868 — 1936)——苏联作家和社会活动家，社会主义现实主义文学的奠基人，苏联文学的创始人。出身于木工家庭，当过学徒、装卸工、面包师等。1892年开始发表作品。1901年起因参加革命工作屡遭沙皇政府迫害。1905年夏加入俄国社会民主工党，同年11月第一次与列宁会面，思想上受到很大影响。1906年发表反映俄国无产阶级革命斗争的长篇小说《母亲》，被认为是第一部社会主义现实主义作品。1906—1913年旅居意大利，一度接受造神说。第一次世界大战爆发后坚决谴责帝国主义战争，揭露战争的掠夺性，但也曾向资产阶级爱国主义方面动摇。十月革命后，积极参加社会主义文化建设工作。1934年发起成立苏联作家协会，担任协会主席，直到逝世。——257。

哥尔茨曼，阿布拉姆·季诺维耶维奇（Гольцман，Абрам Зиновьевич 1894 — 1933)——1910年参加俄国革命运动，1917年4月加入俄国社会民主工党(布)。十月革命后担任工会和经济部门的领导工作。1917—1920年任五金工会中央委员会委员，1920—1921年任全俄工会中央理事会主席团委员、劳动国防委员会俄罗斯联邦资源利用委员会委员。工会问题争论期间支持托洛茨基的纲领。1922年起在最高国民经济委员会、中央监察委员会—工农检查院和民航总局担任负责工作。——432。

格拉齐亚德伊，安东尼奥（Graziadei，Antonio 1873 — 1953)——意大利共产党人，经济学家，帕尔马大学教授。1893年加入意大利社会党。1910年起为议会议员。第一次世界大战期间持中派立场。1920年是意大利社会党出席共产国际第二次代表大会的代表。1921年参与创建意大利共产党。曾犯有一系列严重错误，用修正主义观点篡改马克思主义的政治经济学，参加右倾分子集团，因此于1928年被开除出意共。后承认错误，被重新吸收入党。——459。

格斯特，莱斯利·黑登（Guest，Leslie Haden 生于1877年)——英国社会活动家，政论家，工党党员；职业是军医。曾积极参加红十字会组织的活动。1920年作为英国工人代表团的秘书和医生访问了苏维埃俄国，回国后发表了代表团的访问报告。1923年当选为议员。——118。

龚帕斯，赛米尔（Gompers，Samuel 1850—1924）——美国工会运动活动家。生于英国，1863年移居美国。1881年参与创建美国与加拿大有组织的行业工会和劳工会联合会，该联合会于1886年改组为美国劳工联合会（劳联），龚帕斯当选为美国劳工联合会第一任主席，并担任此职直至逝世（1895年除外）。实行同资本家进行阶级合作的政策，反对工人阶级参加政治斗争。第一次世界大战期间是社会沙文主义者。敌视俄国十月革命和苏维埃俄国。——31、34、35、228、262。

郭茨，阿布拉姆·拉法伊洛维奇（Гоц，Абрам Рафаилович 1882—1940）——俄国社会革命党领袖之一。1906年参加社会革命党战斗组织，1907—1917年服苦役和流放。1917年二月革命后是彼得格勒苏维埃社会革命党党团领袖、第一届中央执行委员会副主席。十月革命期间加入反革命组织——拯救祖国和革命委员会，参与策划彼得格勒士官生叛乱。十月革命后反对苏维埃政权。1920年被捕，1922年因右派社会革命党人案被判刑。获释后从事经济工作。——292、312。

H

哈拉托夫，阿尔塔舍斯（阿尔捷米）·巴格拉托维奇（Халатов，Арташес（Артемий）Багратович 1896—1938）——1917年加入俄国社会民主工党（布）。1917年二月革命后任莫斯科市粮食委员会副主席。十月革命期间在莫斯科河南岸区军事革命委员会工作，后任莫斯科粮食和运输副特派员和特派员。1918—1923年历任莫斯科苏维埃粮食局领导成员、莫斯科区域粮食委员会委员、俄罗斯联邦粮食人民委员部部务委员、人民委员会工人供给委员会主席。1921—1931年任苏联人民委员会学者生活改善委员会主席。1927—1932年任教育人民委员部部务委员、国家出版社管理委员会主席。1932年起任交通人民委员部部务委员、全苏发明家协会主席。——432。

海德门，亨利·迈尔斯（Hyndman，Henry Mayers 1842—1921）——英国社会党人。1881年创建民主联盟（1884年改组为社会民主联盟），担任领导职务，直至1892年。曾同法国可能派一起夺取1889年巴黎国际工人代表大会的领导权，但未能得逞。1900—1910年是社会党国际局成员。1911年参与创建英国社会党，领导该党机会主义派。第一次世界大战期间是社会

沙文主义者。1916 年英国社会党代表大会谴责他的社会沙文主义立场
后,退出社会党。敌视俄国十月革命,赞成武装干涉苏维埃俄国。——81。

韩德逊,阿瑟(Henderson, Arthur 1863—1935)——英国工党和工会运动领
袖之一。1903 年起为议员,1908—1910 年和 1914—1917 年任工党议会
党团主席,1911—1934 年任工党书记。第一次世界大战期间是社会沙文
主义者。1915—1917 年先后参加阿斯奎斯政府和劳合-乔治政府,任教育
大臣、邮政大臣和不管部大臣等职。俄国 1917 年二月革命后到俄国鼓吹
继续进行战争。1919 年参与组织伯尔尼国际。1923 年起任社会主义工人
国际执行委员会主席。1924 年和 1929—1931 年两次参加麦克唐纳政府,
先后任内务大臣和外交大臣。——31、34、35、61、62、63、64、65、66、68、74、
87、228、229、254、370—372、506。

赫尔曼,拉迪斯劳斯(L.L.)(Hermann, Ladislaus(L.L.)死于 1962 年)——奥
地利政论家。1919—1920 年为奥地利共产党党员,党中央机关报《红旗
报》撰稿人和编委。1920 年退党。后移居德国,加入德国社会民主党。之
后又移居瑞典。——88。

怀恩科普,戴维(Wijnkoop, David 1877—1941)——荷兰左派社会民主党人,
后为共产党人。1907 年是荷兰社会民主工党左翼刊物《论坛报》创办人之
一,后任该报主编。1909 年参与创建荷兰社会民主党,并任该党主席。第
一次世界大战期间是国际主义者,曾为齐美尔瓦尔德左派理论刊物《先驱》
杂志撰稿。1918—1925 年和 1929 年起为议员。1918 年参与创建荷兰共
产党,并任该党主席。在共产国际第二次代表大会上当选为共产国际执行
委员会委员。1925 年从极左的宗派主义立场出发反对荷兰共产党和共产
国际的政策,为此于 1926 年被开除出荷兰共产党。1930 年重新入党,
1935 年当选为中央委员。——95、242—243。

霍格伦,卡尔·塞特·康斯坦丁(Höglund, Carl Zeth Konstantin 1884—
1956)——瑞典社会民主党人,瑞典社会民主主义运动和青年社会主义运
动的左翼领袖。1908—1918 年任《警钟报》编辑。第一次世界大战期间是
国际主义者,参加齐美尔瓦尔德左派。1916 年因进行反战宣传被捕入狱。
1917 年参与创建瑞典共产党,1917 年和 1919—1924 年任该党主席。1924
年因犯机会主义错误和公开反对共产国际第五次代表大会的决议,被开除

出瑞典共产党。1926年回到社会民主党。——44。

霍纳,克·——见潘涅库克,安东尼。

J

基泽韦捷尔,亚历山大·亚历山德罗维奇(Кизеветтер, Александр Александрович 1866—1933)——俄国历史学家和政论家,立宪民主党活动家。1904年参加解放社,1906年当选为立宪民主党中央委员。1909—1911年任莫斯科大学教授。曾参加立宪民主党人为进入第一届和第二届国家杜马而进行的竞选斗争,是第二届国家杜马代表。曾为《俄罗斯新闻》撰稿,参加《俄国思想》杂志编委会,为该杂志编辑之一。在历史和政论著作中否定1905—1907年革命。十月革命后反对苏维埃政权,1922年被驱逐出境,后任布拉格大学俄国史教授。在国外参加白俄流亡分子的报刊工作。——419—423。

吉尔波,昂利(Guilbeaux, Henri 1885—1938)——法国社会党人,新闻工作者。第一次世界大战期间是中派分子,出版《明日》杂志,主张恢复国际联系。1916年参加昆塔尔代表会议。20年代初起住在德国,是《人道报》通讯员。曾代表法国齐美尔瓦尔德左派出席共产国际第一次代表大会。——487。

吉季斯,弗拉基米尔·米哈伊洛维奇(Гиттис, Владимир Михайлович 1881—1938)——俄国旧军官。参加过第一次世界大战,任上校团长。十月革命后转向苏维埃政权。1918年2月起在红军中任职。1918年9—11月任北方面军第6集团军司令,12月起任南方面军第8集团军司令,1919年1—7月任南方面军司令,1919年7月—1920年4月任西方面军司令,1920年5月—1921年5月任高加索方面军司令。国内战争结束后先后任伏尔加河左岸军区和彼得格勒军区司令。1925年加入联共(布)。1926年起任工农红军供给部副部长。1930年起任陆海军人民委员部驻商业人民委员部全权代表。——267。

季诺维也夫(拉多梅斯尔斯基),格里戈里·叶夫谢耶维奇(Зиновьев (Радомысльский), Григорий Евсееви 1883—1936)——1901年加入俄国社会民主工党,党的第二次代表大会后是布尔什维克。在党的第五至第十四次代表大会上当选为中央委员。1908—1917年侨居国外,参加布尔什维克《无产者报》编辑部和党的中央机关报《社会民主党人报》编辑部。斯托雷平反动时期对取消派、召回派和托洛茨基分子采取调和主义态度。1912
年后和列宁一起领导中央委员会俄国局。第一次世界大战期间持国际主
义立场。1917 年 4 月回国，进入《真理报》编辑部。十月革命前夕反对举
行武装起义的决定。1917 年 11 月主张成立有孟什维克和社会革命党人
参加的联合政府，遭到否决后声明退出党中央。1917 年 12 月起任彼得格
勒苏维埃主席。1919 年共产国际成立后任共产国际执行委员会主席。
1919 年当选为党中央政治局候补委员，1921 年当选为中央政治局委员。
1925 年参与组织"新反对派"，1926 年与托洛茨基结成"托季联盟"。1926
年被撤销中央政治局委员和共产国际的领导职务。1927 年 11 月被开除
出党，后来两次恢复党籍，两次被开除出党。1936 年 8 月 25 日被苏联最
高法院军事审判庭以"参与暗杀基洛夫、阴谋刺杀斯大林及其他苏联领导
人"的罪名判处枪决。1988 年 6 月苏联最高法院为其平反。——319、
378、431、457、464。

加巴林，P.M.（Габалин，P.M.生于 1892 年）——1918 年加入俄共（布），在全
俄肃反委员会—国家政治保卫总局机关工作；1919—1920 年是列宁的警
卫员。1930 年起在工农检查人民委员部工作。——148。

加拉赫，威廉（Gallacher，William 1881—1965）——英国工人运动活动家，英
国共产党领导人之一。第一次世界大战期间领导英国无产阶级群众性的
车间代表运动和苏格兰工人罢工运动。1920 年是英国车间代表运动出席
共产国际第二次代表大会的代表。犯过左倾宗派主义的错误，反对共产党
人参加资产阶级议会和加入工党；但很快改正了错误。1921 年加入英国
共产党，多次当选为党的中央委员和政治局委员。1924 年起是英国工联
内反对工联领袖和工党领袖的改良主义政策的"少数派运动"的领导人之
一。1935—1950 年为议会议员。1943—1956 年任英国共产党执行委员
会主席，1956—1963 年任英共主席，1963 年起是英共执行委员会名誉委
员。——58—60、61、67、249—251、253、254。

加里宁，米哈伊尔·伊万诺维奇（Калинин，Михаил Иванович 1875—1946）——
1898 年加入俄国社会民主工党。曾在第一批秘密的马克思主义工人小组和
彼得堡工人阶级解放斗争协会中工作，是《火星报》代办员和 1905—1907
年革命的积极参加者。屡遭沙皇政府迫害。1912 年在党的第六次（布拉

格)全国代表会议上当选为候补中央委员,后进入中央委员会俄国局。《真理报》的组织者之一。1917年二月革命期间是彼得格勒工人和士兵武装发动的领导人之一,党的彼得堡委员会执行委员会委员。在彼得格勒积极参加十月武装起义。十月革命后任彼得格勒市长,1918年任市政委员。1919年雅·米·斯维尔德洛夫逝世后,任全俄中央执行委员会主席,1922年起任苏联中央执行委员会主席,1938年起任苏联最高苏维埃主席团主席。在党的第八至第十八次代表大会上当选为中央委员。1919年起为中央政治局候补委员,1926年起为中央政治局委员。写有许多关于社会主义建设和共产主义教育问题的著作。——257、317。

加米涅夫(罗森费尔德),列夫·波里索维奇(Каменев(Розенфельд),Лев Борисович 1883—1936)——1901年加入俄国社会民主工党,党的第二次代表大会后是布尔什维克。是高加索联合会出席党的第三次代表大会的代表。1905—1907年在彼得堡从事宣传鼓动工作,为党的报刊撰稿。1908年底出国,任布尔什维克的《无产者报》编委。斯托雷平反动时期对取消派、召回派和托洛茨基分子采取调和主义态度。1914年初回国,在《真理报》编辑部工作,曾领导第四届国家杜马布尔什维克党团。1914年11月被捕,在沙皇法庭上宣布放弃使沙皇政府在帝国主义战争中失败的布尔什维克口号,次年2月被流放。1917年二月革命后反对列宁的《四月提纲》。从党的第七次全国代表会议(四月代表会议)起多次当选为中央委员。十月革命前夕反对举行武装起义的决定。在全俄苏维埃第二次代表大会上当选为全俄中央执行委员会第一任主席。1917年11月主张成立有孟什维克和社会革命党人参加的联合政府,遭到否决后声明退出党中央。1918年起任莫斯科苏维埃主席。1922年起任人民委员会副主席,1924—1926年任劳动国防委员会主席。1923年起为列宁研究院第一任院长。1919—1925年为党中央政治局委员。1925年参与组织"新反对派",1926年1月当选为中央政治局候补委员,同年参与组织"托季联盟",10月被撤销政治局候补委员职务。1927年12月被开除出党,后来两次恢复党籍,两次被开除出党。1936年8月25日被苏联最高法院军事审判庭以"参与暗杀基洛夫、阴谋刺杀斯大林及其他苏联领导人"的罪名判处枪决。1988年6月苏联最高法院为其平反。——286、293、296、304、358、

362、391、396、457。

贾科米尼，吉诺(Giacomini，Gino)——意大利社会党人。1919—1921年任意
　大利社会党中央委员时，采取中派立场。——452、454、458、462。

杰纳利，埃吉迪奥(Gennari，Egidio 1876—1942)——意大利工人运动活动
　家，意大利共产党创建人之一。1897年加入意大利社会党，是党内左翼领
　袖之一，同改良主义者和中派分子作过斗争。第一次世界大战期间持国际
　主义立场。1918年起任社会党书记，1920年任总书记。主张社会党加入
　共产国际。从1921年意大利共产党建立时起即为该党中央委员。共产国
　际第三次和第四次代表大会代表，1921—1922年任共产国际执行委员会
　主席团委员。1921—1922年和1924—1926年为意大利议会议员。积极
　参加反法西斯斗争，屡遭法西斯迫害。1926年根据党的决定迁居国外，继
　续参加国际工人运动和反法西斯运动。——452。

捷尔任斯基，费利克斯·埃德蒙多维奇(Дзержинский，Феликс Эдмундович
　1877—1926)——波兰和俄国革命运动活动家，波兰王国和立陶宛社会民
　主党的组织者和领导人之一。1895年在维尔诺加入立陶宛社会民主党组
　织，1903年当选为波兰王国和立陶宛社会民主党总执行委员会委员。积
　极参加1905—1907年革命，领导波兰无产阶级的斗争。1907年在俄国社
　会民主工党第五次(伦敦)代表大会上被缺席选入中央委员会。屡遭沙皇
　政府迫害，度过十年以上的监禁、苦役和流放生活。1917年二月革命后在
　莫斯科做党的工作。在党的第六次代表大会上当选为中央委员，进入党中
　央书记处。十月革命期间是彼得格勒军事革命委员会委员和党的军事革
　命总部成员。十月革命后当选为全俄中央执行委员会委员和主席团委员。
　1917年12月起任全俄肃反委员会(1923年起为国家政治保卫总局)主席。
　1918年初在布列斯特和约问题上一度采取"左派共产主义者"的立场。
　1919—1923年兼任内务人民委员，1921—1924年兼任交通人民委员，
　1924年起兼任最高国民经济委员会主席。1920年4月起为党中央组织局
　候补委员，1921年起为中央组织局委员，1924年6月起为中央政治局候补
　委员。——307、433。

金丁(**金兹堡**)，雅柯夫·伊萨科维奇(Гиндин(Гинзбург)，Яков Исаакович
　1892—1938)——1917年加入俄国社会民主工党(布)。十月革命后担任

经济部门和党的领导工作。1918—1921年任劳动人民委员部某局局长、劳动国防委员会红军和红海军供给全权代表管理局劳动处处长和小人民委员会委员。1922年起在最高国民经济委员会、供给人民委员部和工农检查人民委员部机关工作。——432。

K

卡普，沃尔弗冈（Kapp，Wolfgang 1858—1922）——德国容克和帝国主义军阀的代表人物。1917年参与创建反动的祖国党。1920年3月领导反革命君主派发动军事政变，企图推翻共和国政府，恢复君主制度。暴动分子一度占领柏林，成立了以卡普为首的政府。政变失败后逃往瑞典。1922年回国。——72、74、86、87—88、241、288。

卡祖奇（Casucci）——意大利社会党人。1920—1921年任意大利社会党中央委员，反对改良主义者。——452。

凯恩斯，约翰·梅纳德（Keynes，John Maynard 1883—1946）——英国资产阶级经济学家。长期在剑桥大学任教和编辑《经济学杂志》，兼任英国财政部顾问和英格兰银行董事等职。1919年作为英国财政部首席代表参加了巴黎和会的工作。同年6月辞职，发表《和约的经济后果》一书，猛烈抨击凡尔赛和约，证明和约有关赔偿的条款在经济上是行不通的，并预言和约所定各款将对世界经济产生不良影响。1921年起是英国一家大保险公司的董事长。30年代创立了凯恩斯主义这一经济学的重要流派，提出失业和经济危机的原因是"有效需求"不足的理论和国家必须全面干预经济生活等主张。最重要的著作是《就业、利息和货币通论》（1936）。——211、212、213、215、216、217、383、489、490、493、498、499。

康普豪森，卢道夫（Camphausen，Ludolf 1803—1890）——普鲁士国务活动家，银行家，莱茵省自由派资产阶级领袖之一。1848年3月29日起任普鲁士首相，奉行同君主派妥协的政策，同年6月20日辞职。1848年6月—1849年4月为普鲁士驻德意志临时中央政府全权代表。1850年起为普鲁士邦议会贵族院议员，后为北德意志联邦国会议员。60年代脱离政治活动。——414。

考茨基，卡尔（Kautsky，Karl 1854—1938）——德国社会民主党和第二国际

的领袖和主要理论家之一。1875 年加入奥地利社会民主党,1877 年加入
德国社会民主党。1881 年与马克思和恩格斯相识后,在他们的影响下逐
渐转向马克思主义。从 19 世纪 80 年代到 20 世纪初写过一些宣传和解释
马克思主义的著作:《卡尔·马克思的经济学说》(1887)、《土地问题》
(1899)等。但在这个时期已表现出向机会主义方面摇摆,在批判伯恩施坦
时作了很多让步。1883—1917 年任德国社会民主党理论刊物《新时代》杂
志主编。曾参与起草 1891 年德国社会民主党纲领(爱尔福特纲领)。1910
年以后逐渐转到机会主义立场,成为中派领袖。第一次世界大战前夕提出
超帝国主义论,大战期间打着中派旗号支持帝国主义战争。1917 年参与
建立德国独立社会民主党,1922 年拥护该党右翼与德国社会民主党合并。
1918 年后发表《无产阶级专政》等书,攻击俄国十月革命,反对无产阶级专
政。——2—3、10、14、51、53、55—56、81、87、88、180、192、238、239、240、
241、242、273、430、464、469、510。

柯恩,费利克斯·雅柯夫列维奇(Кон, Феликс Яковлевич 1864—1941)——
波兰、俄国和国际革命运动活动家。1882 年参加波兰革命运动。1904 年加
入波兰社会党,1906 年起是波兰社会党"左派"的领导人之一。屡遭沙皇政
府迫害,1907 年起流亡国外。1917 年 5 月来到彼得格勒,1918 年加入俄共
(布)。曾在乌克兰和莫斯科做党的工作。从波兰共产党成立时起即为该党
党员。1919—1930 年任俄共(布)中央委员会波兰局成员。1919—1922
任乌克兰共产党(布)中央委员会书记。1922—1923 年任共产国际执行委
员会书记,1924 年起任国际监察委员会委员,1927—1935 年任副主席。
1925 年起担任一些报刊的编辑。1931—1933 年任全苏无线电广播委员
会主席。写有许多关于革命运动的文章、小册子和书籍。——102、307。

科尔比,班布里奇(Colby, Bainbridge 生于 1869 年)——美国律师和国务活动
家。1892 年去纽约开业当律师。1901 年当选纽约市议会议员。美国进步
党创建人之一。1920—1921 年任国务卿。——383。

科尔尼洛夫,拉甫尔·格奥尔吉耶维奇(Корнилов, Лавр Георгиевич 1870—
1918)——沙俄将军,君主派分子。第一次世界大战期间曾任师长和军长。
1917 年二月革命后任彼得格勒军区司令,5—7 月任第 8 集团军和西南方
面军司令。1917 年 7 月 19 日(8 月 1 日)—8 月 27 日(9 月 9 日)任最高总

司令。8月底发动叛乱,进军彼得格勒,企图建立反革命军事专政。叛乱很快被粉碎,本人被捕入狱。11月逃往新切尔卡斯克,和米·瓦·阿列克谢耶夫一起组建和领导白卫志愿军。1918年4月在进攻叶卡捷琳诺达尔时被击毙。——72、288、290、298。

克拉辛,列昂尼德·波里索维奇(Красин,Леонид Борисович 1870—1926)——1890年参加俄国社会民主主义运动,是布鲁斯涅夫小组成员。1895年被捕,流放伊尔库茨克三年。流放期满后进入哈尔科夫工艺学院学习,1900年毕业。1900—1904年在巴库当工程师,与弗·扎·克茨霍韦利一起建立《火星报》秘密印刷所。俄国社会民主工党第二次代表大会后加入布尔什维克党,被增补进中央委员会;在中央委员会里一度对孟什维克采取调和主义态度,帮助把三名孟什维克代表增补进中央委员会,但不久即同孟什维克决裂。俄国社会民主工党第三次代表大会的参加者,在会上当选为中央委员。1905年是布尔什维克第一份合法报纸《新生活报》的创办人之一。1905—1907年革命期间参加彼得堡工人代表苏维埃,领导党中央战斗技术组。在党的第四次(统一)代表大会上代表布尔什维克作了关于武装起义问题的报告,并再次当选为中央委员,在第五次(伦敦)代表大会上当选为候补中央委员。1908年侨居国外。一度参加反布尔什维克的"前进"集团,后脱离政治活动,在国内外当工程师。十月革命后是红军供给工作的组织者之一,任红军供给非常委员会主席、最高国民经济委员会主席团委员、工商业人民委员、交通人民委员。1919年起从事外交工作。1920年起任对外贸易人民委员,1920—1923年兼任驻英国全权代表和商务代表,参加了热那亚国际会议和海牙国际会议。1924年任驻法国全权代表,1925年起任驻英国全权代表。在党的第十三次和第十四次代表大会上当选为中央委员。——117、212。

克里斯平,阿尔图尔(Crispien,Artur 1875—1946)——德国社会民主党领袖之一,政论家。1917—1922年领导德国独立社会民主党右翼。1920年作为独立党代表团的成员出席共产国际第二次代表大会。回国后反对加入共产国际。1922年回到德国社会民主党,成为该党中央委员。法西斯上台后移居瑞士。——14、53、87、88、238—243、273、325—327、430、469。

克列孟梭,若尔日(Clemenceau,Georges 1841—1929)——法国国务活动家。

第二帝国时期属左翼共和派。1871 年巴黎公社时期任巴黎第十八区区长,力求使公社战士与凡尔赛分子和解。1876 年起为众议员,80 年代初成为激进派领袖,1902 年起为参议员。1906 年 3—10 月任内务部长,1906 年 10 月—1909 年 7 月任总理。维护大资产阶级利益,镇压工人运动和民主运动。第一次世界大战期间是沙文主义者。1917—1920 年再度任总理,在国内建立军事专制制度,积极策划和鼓吹经济封锁和武装干涉苏维埃俄国。1919—1920 年主持巴黎和会,参与炮制凡尔赛和约。1920 年竞选总统失败后退出政界。——215、218。

克林兹,约翰·罗伯特(Clynes,John Robert 1869—1949)——英国政治活动家,英国工党领袖之一。19 世纪 90 年代成为工联主义领袖。1893 年加入独立工党。1906—1931 年和 1935—1945 年为议员。第一次世界大战期间是社会沙文主义者。1918 年任粮食大臣。在麦克唐纳工党政府中任掌玺大臣(1924)和内务大臣(1929—1931),参与推行反劳工政策。——60。

克虏伯·冯·博伦和哈尔巴赫,古斯塔夫(Krupp von Bohlen und Halbach Gustav 1870—1950)——德国大垄断资本巨头,1906—1943 年领导德国主要军火库之一的军火钢铁康采恩。积极参与准备第一次世界大战,战后参与恢复德国军事工业和准备新的战争。与法西斯头子相勾结,为法西斯上台提供经费,是法西斯德国军事工业的首脑之一。——241。

克伦斯基,亚历山大·费多罗维奇(Керенский,Александр Федорович 1881—1970)——俄国政治活动家,资产阶级临时政府首脑。1917 年 3 月起为社会革命党人。第四届国家杜马代表,劳动派党团领袖。第一次世界大战期间是护国派分子。1917 年二月革命后任彼得格勒工兵代表苏维埃副主席、国家杜马临时委员会委员。在临时政府中任司法部长(3—5 月)、陆海军部长(5—9 月)、总理(7 月 21 日起)兼最高总司令(9 月 12 日起)。执政期间继续进行帝国主义战争,七月事变时镇压工人和士兵,迫害布尔什维克。1917 年 11 月 7 日彼得格勒爆发武装起义时,从首都逃往前线,纠集部队向彼得格勒进犯,失败后逃亡巴黎。在国外参加白俄流亡分子的反革命活动,1922—1932 年编辑《白日》周刊。1940 年移居美国。——19、26、52、63、79、120、128、220、221、223、245、362、392、444、500。

寇松,乔治·纳撒尼尔(Curzon,George Nathaniel 1859—1925)——英国国务

活动家和外交家,保守党领袖之一,侯爵。1898—1905 年任印度总督,残酷镇压当地的民族解放运动。1915—1918 年担任政府和议会的一些职务。1919—1924 年任外交大臣,是武装干涉苏维埃俄国的策划者之一。苏波战争期间,1920 年 7 月照会苏俄政府,要求红军不得越过 1919 年 12 月协约国最高会议规定的波兰东部边界线(所谓"寇松线")。1923 年 5 月又向苏联政府发出最后通牒,以新的武装干涉相威胁。——156、255、281、288、291、295、296、390、391、505。

库·贝·——见库恩·贝拉。

库恩·贝拉(库·贝·)(Kun Béla(K.B.)1886—1939)——匈牙利工人运动和国际工人运动活动家,匈牙利共产党创建人和领导人之一。1902 年加入匈牙利社会民主党。第一次世界大战初应征入伍,1916 年在俄国被俘,在托木斯克战俘中进行革命宣传,同俄国社会民主工党当地组织建立了联系,后加入布尔什维克党。俄国 1917 年二月革命后任俄国社会民主工党(布)托木斯克省委员会委员。1918 年 3 月建立俄共(布)匈牙利小组并任主席;同年 5 月起任俄共(布)外国人团体联合会主席。1918 年 11 月秘密回国,参与创建匈牙利共产党,当选为党的主席。1919 年 2 月被捕,3 月获释。匈牙利苏维埃共和国成立后任外交人民委员和陆军人民委员,是苏维埃政权的实际领导人。苏维埃政权被颠覆后流亡奥地利,1920 年到苏俄,先后任南方面军革命军事委员会委员、克里木革命委员会主席。1921 年起在乌拉尔担任党的领导工作,曾任全俄中央执行委员会主席团委员、俄共(布)中央驻俄国共产主义青年团中央委员会全权代表、共产国际执行委员会主席团委员等职。——127—129、461。

库斯柯娃,叶卡捷琳娜·德米特里耶夫娜(Кускова,Екатерина Дмитриевна 1869—1958)——俄国社会活动家和政论家,经济派代表人物。19 世纪 90 年代中期在国外接触马克思主义,与劳动解放社关系密切,但在伯恩施坦主义影响下,很快走上修正马克思主义的道路。1899 年所写的经济派的纲领性文件《信条》,受到以列宁为首的一批俄国马克思主义者的严厉批判。1905—1907 年革命前夕加入自由派的解放社。1906 年参与出版半立宪民主党、半孟什维克的《无题》周刊,为左派立宪民主党人的《同志报》撰稿。呼吁工人放弃革命斗争,力图使工人运动服从自由派资产阶级的政

治领导。十月革命后反对苏维埃政权。1921 年进入全俄赈济饥民委员
会,同委员会中其他反苏维埃成员利用该组织进行反革命活动。1922 年
被驱逐出境。——425。

库图佐夫,伊万·伊万诺维奇(Кутузов, Иван Иванович 1885 — 1943)——
1917 年加入俄国社会民主工党(布)。1917 年二月革命后任莫斯科苏维埃
委员、莫斯科纺织工会主席。1918 年起任纺织工会中央委员会主席。
1920—1921 年参加工人反对派。后任全苏工会中央理事会俄共(布)党团
委员会委员和主席团委员、苏联中央执行委员会国家贷款和储蓄事业促进
委员会主席。1920 年起为全俄中央执行委员会主席团委员,后为苏联中
央执行委员会主席团委员。——317。

奎尔奇,托马斯(Quelch, Thomas 1886—1954)——英国社会党人,后为共产
党人;工会活动家和政论家。活动初期是社会民主联盟盟员,后为英国社
会党党员。曾为社会党和工会报刊积极撰稿。第一次世界大战期间持国
际主义立场。1919 年起积极主张在英国建立共产党。共产国际第二次代
表大会的代表。1920 年加入英国共产党,1923 — 1925 年为该党中央委
员。1920—1931 年为《共产国际》杂志编辑部成员。1924 — 1953 年在建
筑工业工人联合会中央委员会工作。晚年退出共产党。——236 — 237。

L

拉狄克,卡尔·伯恩哈多维奇(Радек, Карл Бернгардович 1885 — 1939)——
生于东加利西亚。20 世纪初参加加利西亚、波兰和德国的社会民主主义
运动。1901 年起为加利西亚社会民主党的积极成员,1904 — 1908 年在波
兰王国和立陶宛社会民主党内工作。1908 年到柏林,为德国左派社会民
主党人的报刊撰稿。第一次世界大战期间持国际主义立场,但表现出向中
派方面动摇。1917 年加入俄国社会民主工党(布)。十月革命后在外交人
民委员部工作。1918 年是“左派共产主义者”。在党的第八至第十二次代
表大会上当选为中央委员。1920—1924 年任共产国际执行委员会书记、
委员和主席团委员。1923 年起属托洛茨基反对派。1925 — 1927 年任莫
斯科中山大学校长。长期为《真理报》、《消息报》和其他报刊撰稿。1927
年被开除出党,1930 年恢复党籍,1936 年被再次开除出党。1937 年 1 月

被苏联最高法院军事审判庭以"进行叛国、间谍、军事破坏和恐怖活动"的罪名判处十年监禁。1939年死于狱中。1988年6月苏联最高法院为其平反。——16、199。

拉林，尤·（**卢里叶，米哈伊尔·亚历山德罗维奇**）（Ларин，Ю.（Лурье，Михаил Александрович）1882—1932）——1900年参加俄国社会民主主义运动，在敖德萨和辛菲罗波尔工作。1904年起为孟什维克。1905年是俄国社会民主工党彼得堡孟什维克委员会委员。1906年进入党的统一的彼得堡委员会；是党的第四次（统一）代表大会有表决权的代表。维护孟什维克的土地地方公有化纲领，支持召开"工人代表大会"的取消主义思想。党的第五次（伦敦）代表大会波尔塔瓦组织的代表。斯托雷平反动时期和新的革命高涨年代是取消派领袖之一，参加了"八月联盟"。第一次世界大战期间是中派分子。1917年二月革命后领导出版《国际》杂志的孟什维克国际主义派。1917年8月加入布尔什维克党。在彼得格勒参加十月武装起义。十月革命后主张成立有孟什维克和社会革命党人参加的联合政府。在苏维埃和经济部门工作，曾任最高国民经济委员会主席团委员、国家计划委员会主席团委员等职。1920—1921年工会问题争论期间先后支持布哈林和托洛茨基的纲领。——435。

拉姆赛，戴维（Ramsay，David 1883—1948）——英国社会党人，后为共产党人；职业是翻砂工人。活动初期是社会民主联盟盟员，后为英国社会党党员。第一次世界大战期间是英国无产阶级群众性的车间代表运动的组织者之一。积极参加工人运动，犯过左倾宗派主义错误。共产国际第二次代表大会代表，在大会上反对共产党人加入工党。1920年加入英国共产党。之后从事党的工作，是党的中央委员会和苏格兰委员会的指导员，为英国共产主义报刊积极撰稿。——228、230。

拉品斯基，帕维尔·路德维霍维奇（**列文松，Я.**）（Lapinski，P.L.（Лапинский，Павел Людвигович（Левинсон，Я.））1879—1937）——波兰共产党员，1919年起为俄共（布）党员；经济学家和政论家。活动初期加入波兰社会党。1906—1918年是波兰社会党"左派"领导人之一，曾参加齐美尔瓦尔德代表会议和昆塔尔代表会议。后为波兰共产党活动家，党的多次代表大会代表。1920—1928年是俄罗斯联邦（苏联）驻德国全权代表处的工作人员。

30 年代在苏联从事学术和政论活动。写有一些论述世界经济和政治的著作。——199、214、496、498。

拉斯科尔尼科夫，费多尔·费多罗维奇（Раскольников，Федор Федорович 1892—1939）——1910 年加入俄国社会民主工党。曾在彼得堡做党的工作，为布尔什维克的《明星报》和《真理报》撰稿。第一次世界大战期间在海军服役。1917 年二月革命后任党的喀琅施塔得委员会委员、喀琅施塔得工兵代表苏维埃副主席和《真理呼声报》编辑。十月革命后任副海军人民委员、共和国革命军事委员会委员、东方面军革命军事委员会委员、伏尔加河—里海区舰队和波罗的海舰队司令。1920—1921 年工会问题争论期间支持托洛茨基的纲领。1921—1938 年从事外交工作，历任苏联驻阿富汗、爱沙尼亚、丹麦、保加利亚全权代表。——431。

莱维（哈特施坦），保尔（Levi（Hartstein），Paul 1883—1930）——德国社会民主党人；职业是律师。1915 年齐美尔瓦尔德代表会议的参加者，瑞士齐美尔瓦尔德左派成员；曾参加斯巴达克联盟。在德国共产党成立大会上被选入中央委员会。共产国际第二次代表大会代表。1920 年代表德国共产党被选入国会。1921 年 2 月退出中央委员会，同年 4 月被开除出党。1922 年又回到社会民主党。——200、212、215、499、503。

兰斯伯里，乔治（Lansbury，George 1859—1940）——英国工党领袖之一。1892 年加入社会民主联盟，1906 年加入工党。1910—1912 年和 1922—1940 年为议员。1912—1922 年任《每日先驱报》社长。1929—1931 年任公共工程大臣。1931—1935 年任工党主席。——16、47。

朗格塞特，霍华德（Langset，Howard）——挪威工程师，共产国际第二次代表大会的代表。1917 年加入挪威工党，1923 年加入挪威共产党。曾任挪威共产党中央委员和政治局委员、国际工人援助会挪威支部主席、一些杂志的编辑。写有一些挪威工人运动方面的小册子。——258—261。

劳芬贝格，亨利希（埃勒，卡尔）（Laufenberg，Heinrich（Erler，Karl）1872—1932）——德国左派社会民主党人，政论家。曾任社会民主党《杜塞尔多夫人民报》（1904—1907）编辑。第一次世界大战期间持国际主义立场。1918 年十一月革命后加入德国共产党，不久领导党内"左派"反对派，宣扬无政府工团主义观点和所谓"民族布尔什维主义"的小资产阶级民族主义纲领。1919年10月"左派"反对派被开除出共产党后,参与组织德国共产主义工人党,1920年底被该党开除。后脱离工人运动,为一些无政府主义刊物撰稿,写过有关文化问题的文章。——23、55。

劳合-乔治,戴维(Lloyd George, David 1863—1945)——英国国务活动家和外交家,自由党领袖。1890年起为议员。1905—1908年任商业大臣,1908—1915年任财政大臣。对英国政府策划第一次世界大战的政策有很大影响。曾提倡实行社会保险等措施,企图利用谎言和许诺来阻止工人阶级建立革命政党。1916—1922年任首相,残酷镇压殖民地和附属国的民族解放运动;是武装干涉和封锁苏维埃俄国的鼓吹者和策划者之一。曾参加1919年巴黎和会,是凡尔赛和约的炮制者之一。——61、62、63、64、65、66、68、74、212、215—216、218、255、296、370、371、506。

雷根特,伊万(Regent, Ivan 1884—1967)——南斯拉夫社会党人,后为共产党人。1919—1921年任意大利社会党中央委员时,反对改良主义者。——452。

雷斯库洛夫,图拉尔·雷斯库洛维奇(Рыскулов, Турар Рыскулович 1894—1938)——1917年加入俄国社会民主工党(布),在土耳其斯坦和吉尔吉斯参加十月革命。1919—1920年任土耳其斯坦中央执行委员会主席,俄共(布)土耳其斯坦边疆区委员会主席团委员。1921—1922年任俄罗斯联邦民族事务人民委员部部务委员和副人民委员。1922—1924年任土耳其斯坦人民委员会主席、俄共(布)中央委员会中亚局成员。1926—1937年任俄罗斯联邦人民委员会副主席。1923年在党的第十二次代表大会上当选为候补中央委员。——145。

累德堡,格奥尔格(Ledebour, Georg 1850—1947)——德国工人运动活动家,德国独立社会民主党创建人和领袖之一。1900—1918年和1920—1924年是国会议员。斯图加特国际社会党代表大会的参加者,在会上反对殖民主义。第一次世界大战期间是中派分子,主张恢复国际的联系;曾出席齐美尔瓦尔德代表会议,参加齐美尔瓦尔德右派。德国社会民主党分裂后,1916年加入帝国国会的社会民主党工作小组,该小组于1917年构成德国独立社会民主党的基本核心。曾参加1918年十一月革命。1920—1924年在国会中领导了一个人数不多的独立集团。1931年加入社会主义工人党。希特勒上台后流亡瑞士。——14、53、159、241。

李卜克内西，卡尔（Liebknecht，Karl 1871—1919）——德国工人运动和国际
　工人运动活动家，德国社会民主党左翼领袖之一，德国共产党创建人之一；
　威·李卜克内西的儿子；职业是律师。1900 年加入社会民主党，积极反对
　机会主义和军国主义。1912 年当选为帝国国会议员。第一次世界大战期
　间持国际主义立场，反对支持本国政府进行掠夺战争。1914 年 12 月 2 日
　是国会中唯一投票反对军事拨款的议员。是国际派（后改称斯巴达克派和
　斯巴达克联盟）的组织者和领导人之一。1916 年因领导五一节反战游行
　示威被捕入狱。1918 年 10 月出狱，领导了 1918 年十一月革命，与卢森堡
　一起创办《红旗报》，同年底领导建立德国共产党。1919 年 1 月柏林工人
　斗争被镇压后，于 15 日被捕，当天惨遭杀害。——37、44、159、241。

李可夫，阿列克谢·伊万诺维奇（Рыков，Алексей Иванович 1881—1938）——
　1899 年加入俄国社会民主工党。曾在萨拉托夫、莫斯科、彼得堡等地做党
　的工作。1905 年党的第三次代表大会起多次当选为中央委员。斯托雷平
　反动时期对取消派、召回派和托洛茨基分子采取调和主义态度。曾多次被
　捕流放并逃亡国外。1917 年二月革命后被选进莫斯科苏维埃主席团，同
　年 10 月在彼得格勒参与领导武装起义。十月革命后参加第一届人民委员
　会，任内务人民委员。1917 年 11 月主张成立有孟什维克和社会革命党人
　参加的联合政府，遭到否决后声明退出党中央和人民委员会。1918 年 2
　月起任最高国民经济委员会主席，1921 年夏起任人民委员会和劳动国防
　委员会副主席。1923 年当选为党中央政治局委员。1924—1930 年任苏
　联人民委员会主席。1929 年被作为“右倾派别集团”领袖之一受到批判。
　1930 年 12 月被撤销政治局委员职务。1931—1936 年任苏联交通人民委
　员。1934 年当选为候补中央委员。1937 年被开除出党。1938 年 3 月 13
　日被苏联最高法院军事审判庭以“参与托洛茨基的恐怖、间谍和破坏活动”
　的罪名判处枪决。1988 年平反昭雪并恢复党籍。——138、457。

李维诺夫，马克西姆·马克西莫维奇（Литвинов，Максим Максимович
　1876—1951）——1898 年加入俄国社会民主工党，在切尔尼戈夫省克林齐
　市工人小组中进行社会民主主义宣传。1900 年任党的基辅委员会委员。
　1901 年被捕，在狱中参加火星派。1902 年 8 月越狱逃往国外。作为《火星
　报》代办员，曾担任向国内运送《火星报》的工作。是俄国革命社会民主党

人国外同盟的领导成员，出席了同盟第二次代表大会。1903 年俄国社会民主工党第二次代表大会后是布尔什维克，任党的里加委员会、西北委员会委员和多数派委员会常务局成员；代表里加组织出席了党的第三次代表大会。1905 年参加了布尔什维克第一份合法报纸《新生活报》的出版工作。1907 年是出席国际社会党斯图加特代表大会的俄国社会民主工党代表团的秘书。1907 年底侨居伦敦。1908 年起任布尔什维克伦敦小组书记。1914 年 6 月起为俄国社会民主工党中央委员会驻社会党国际局的代表。1915 年 2 月受列宁委托在协约国社会党伦敦代表会议上发表谴责帝国主义战争的声明。十月革命后在外交部门担任负责工作。1918—1921 年任外交人民委员部部务委员，1921 年起任副外交人民委员。1922 年是出席热那亚国际会议的苏俄代表团团员和海牙国际会议的苏俄代表团团长。1930—1939 年任外交人民委员，1941—1943 年任副外交人民委员兼驻美国大使。从美国回国后至 1946 年任副外交人民委员。在党的第十七次和第十八次代表大会上当选为中央委员。曾任苏联中央执行委员会委员、第一届和第二届苏联最高苏维埃代表。——117。

李沃夫，格奥尔吉·叶夫根尼耶维奇（Львов，Георгий Евгеньевич 1861—1925）——俄国公爵，大地主，地方自治运动活动家，立宪民主党人。1903—1906 年任图拉县地方自治局主席，曾参加 1904—1905 年地方自治人士代表大会。第一届国家杜马代表，是负责安置远东移民和救济饥民的地方自治机关全国性组织的领导人。第一次世界大战期间是全俄地方自治机关联合会主席以及全俄地方自治机关和城市联合会军需供应总委员会的领导人之一。1917 年 3—7 月任临时政府总理兼内务部长，是七月事变期间镇压彼得格勒工人和士兵的策划者之一。十月革命后逃亡法国，参与策划对苏维埃俄国的武装干涉。——128。

利西斯（**勒太耶尔，欧仁**）（Lysis（Letailleur，Eugène））——法国经济学家，写有一些关于金融问题和政治问题的著作。——209。

列金，卡尔（Legien，Karl 1861—1920）——德国右派社会民主党人，德国工会领袖之一。1890 年起任德国工会总委员会主席。1903 年起任国际工会书记处书记，1913 年起任主席。1893—1920 年（有间断）为德国社会民主党国会议员。1919—1920 年为魏玛共和国国民议会议员。第一次世界大战期间是社会沙文主义者。1918 年十一月革命期间同其他右派社会民主党人一起推行镇压革命运动的政策。——14、26、31、34、35。

列宁,弗拉基米尔·伊里奇(乌里扬诺夫,弗拉基米尔·伊里奇;列宁,尼·)(Ленин,Владимир Ильич(Ульянов,Владимир Ильич,Ленин,Н.)1870 — 1924)——14、16、32、35、39、43、51、86、95、96、97、98、103、110、111、112、116、117 — 121、122 — 123、124 — 126、127、129、133、146、148 — 149、150、151 — 152、153、154、159、160 — 161、208、220、223、224、228 — 229、232、233、236、251、255 — 256、257、258 — 261、267、272、273 — 274、316、323、325 — 327、369、370 — 372、382 — 383、386、403、405、406、407、410、411 — 412、415、417、441、451、459、461、501、507。

列诺得尔,皮埃尔(Renaudel,Pierre 1871 — 1935)——法国社会党右翼领袖之一。1899 年参加社会主义运动。1906 — 1915 年任《人道报》编辑,1915 — 1918 年任社长。1914 — 1919 年和 1924 — 1935 年为众议员。第一次世界大战期间是社会沙文主义者。反对社会党参加共产国际,主张社会党人参加资产阶级政府。1927 年辞去社会党领导职务,1933 年被开除出党。——17。

龙格,让(Longuet,Jean 1876 — 1938)——法国社会党和第二国际领袖之一,政论家;沙尔·龙格和燕妮·马克思的儿子。19 世纪末至 20 世纪初积极为法国和国际的社会主义报刊撰稿。1914 年和 1924 年当选为众议员。第一次世界大战期间持中派和平主义立场。是法国中派分子的报纸《人民报》的创办人(1916)和编辑之一。谴责外国武装干涉苏维埃俄国。反对法国社会党加入共产国际,反对建立法国共产党。1920 年起是法国社会党中派领袖之一。1921 年起是第二半国际执行委员会委员。1923 年起是社会主义工人国际领导人之一。30 年代主张社会党人和共产党人联合起来反对法西斯主义,参加了反法西斯和反战的国际组织。——10、17、430、451、464。

卢·乔·——见卢卡奇·乔治。

卢卡奇·乔治(卢·乔·)(Lukács György(L.G.)1885 — 1971)——匈牙利哲学家和文学批评家。最初是唯心主义者,后来接受马克思主义。1918 年加入匈牙利共产党。1919 年先后任匈牙利苏维埃共和国教育人民委员和红军第 5 师政治委员。1919 年起多次当选为中央委员。匈牙利苏维埃政权被推翻后流亡奥地利和德国。20年代初期犯过左倾宗派主义的错误。1930年起住在莫斯科,先后在苏联马克思恩格斯列宁研究院和苏联科学院哲学研究所从事学术研究工作。1945年回国后任匈牙利科学院院士和布达佩斯大学教授。主要著作有《历史和阶级意识》(1923)、《青年黑格尔和资本主义社会问题》(1938)、《论现实主义的历史》(1939)、《理性的毁灭》(1954)和《美学》(1963)等。——127—128。

卢那察尔斯基,阿纳托利·瓦西里耶维奇(Луначарский,Анатолий Васильевич 1875—1933)——19世纪90年代初参加俄国社会民主主义运动。俄国社会民主工党第二次代表大会后是布尔什维克。曾先后参加布尔什维克的《前进报》、《无产者报》和《新生活报》编辑部。代表《前进报》编辑部出席了党的第三次代表大会,受列宁委托,在会上作了关于武装起义问题的报告。党的第四次(统一)代表大会和第五次(伦敦)代表大会的参加者,布尔什维克出席第二国际斯图加特代表大会(1907)和哥本哈根代表大会(1910)的代表。斯托雷平反动时期脱离布尔什维克,参加"前进"集团;在哲学上宣扬造神说和马赫主义。第一次世界大战期间持国际主义立场。1917年二月革命后参加区联派,在俄国社会民主工党(布)第六次代表大会上随区联派集体加入布尔什维克党。十月革命后到1929年任教育人民委员,以后任苏联中央执行委员会学术委员会主席。1930年起为苏联科学院院士。在艺术和文学方面著述很多。——138、373、374。

卢森堡,罗莎(Luxemburg,Rosa 1871—1919)——德国、波兰和国际工人运动活动家,德国社会民主党和第二国际左翼领袖和理论家之一,德国共产党创建人之一。生于波兰。19世纪80年代后半期开始革命活动,1893年参与创建和领导波兰王国社会民主党,为党的领袖之一。1898年移居德国,积极参加德国社会民主党的活动,反对伯恩施坦主义和米勒兰主义。曾参加俄国第一次革命(在华沙)。1907年参加俄国社会民主工党第五次(伦敦)代表大会,在会上支持布尔什维克。斯托雷平反动时期和新的革命高涨年代对取消派采取调和主义态度。1912年波兰王国和立陶宛社会民主党分裂后,曾谴责最接近布尔什维克的所谓分裂派。第一次世界大战期间持国际主义立场,是建立国际派(后改称斯巴达克派和斯巴达克联盟)的发起人之一。参加领导了德国1918年十一月革命,同年底参与领导德国

共产党成立大会,作了党纲报告。1919 年 1 月柏林工人斗争被镇压后,于
15 日被捕,当天惨遭杀害。主要著作有《社会改良还是革命》(1899)、《俄
国社会民主党的组织问题》(1904)、《资本积累》(1913)等。——37、156、
241、411。

卢托维诺夫,尤里·赫里桑福维奇(Лутовинов, Юрий Хрисанфович 1887—
1924)——1904 年加入俄国社会民主工党。曾在俄国一些城市做党的工
作,屡遭沙皇政府迫害。十月革命后在顿河流域和乌克兰积极参加国内战
争,1918 年是处于地下状态的乌克兰共产党(布)中央委员会委员。后从
事工会及苏维埃工作。1920 年起任五金工会中央委员会委员和全俄中央
执行委员会主席团委员;是全俄工会中央理事会主席团委员。1920—
1921 年工会问题争论期间是工人反对派的骨干分子。1921 年被撤销工会
负责职务,被任命为俄罗斯联邦驻德国副商务代表。——316。

鲁登道夫,埃里希(Ludendorff, Erich 1865—1937)——德国将军。曾领导德
国武装力量(1916—1918 年)。——505、506。

吕特维茨,瓦尔特(Lüttwitz, Walter 1859—1942)——德国将军,男爵,德国
帝国主义军阀的代表人物之一。第一次世界大战期间曾任德国一些集团
军和军的参谋长和司令。1918 年 12 月起任勃兰登堡省驻军总司令,残酷
镇压柏林无产阶级革命运动。1919 年夏起任全德部队司令。1920 年 3 月
是策动在德国恢复君主制度和建立军事专政的"卡普叛乱"的首领之一。
叛乱失败后逃往国外。1925 年获赦。——86、87—88。

伦纳,卡尔(Renner, Karl 1870—1950)——奥地利政治活动家,奥地利社会
民主党右翼领袖,"奥地利马克思主义"理论家。同奥·鲍威尔一起提出资
产阶级民族主义的民族文化自治论。1907 年起为社会民主党议员,同年
参与创办党的理论刊物《斗争》杂志并任编辑。第一次世界大战期间是社
会沙文主义者。1918—1920 年任奥地利共和国总理,赞成德奥合并。
1931—1933 年任国民议会议长。1945 年出任临时政府总理,同年 12 月当
选为奥地利共和国总统,直至 1950 年 12 月去世。——10、17、262、
265、266。

罗,安德鲁·博纳(Law, Andrew Bonar 1858—1923)——英国政治活动家,
保守党领袖之一。反对爱尔兰自治法案。1915—1916 年任殖民大臣,

1916—1918 年任财政大臣,1919 年起任掌玺大臣。曾参加巴黎和会,是协约国最高会议成员。1922—1923 年任首相。——118—119、371。

罗宾斯,雷蒙德(Robins,Raymond 1873—1954)——美国社会活动家,上校;职业是律师。1917—1918 年是美国红十字会驻俄国代表团的领导人,作为红十字会的代表会见了列宁。曾从事俄国社会问题研究。——382。

罗将柯,米哈伊尔·弗拉基米罗维奇(Родзянко,Михаил Владимирович 1859—1924)——俄国大地主,十月党领袖之一,君主派分子。20 世纪初曾任叶卡捷琳诺斯拉夫省地方自治局主席。1911—1917 年先后任第三届和第四届国家杜马主席,支持沙皇政府的反动政策。1917 年二月革命期间力图保持君主制度,组织并领导了国家杜马临时委员会,后参与策划科尔尼洛夫叛乱。十月革命后投靠科尔尼洛夫和邓尼金,企图联合一切反革命势力颠覆苏维埃政权。1920 年起为白俄流亡分子。——26。

罗易,马纳本德拉·纳特(Roy,Manabendra Nath 1892—1948)——印度政治活动家。1910—1915 年参加印度反对英国殖民主义者的革命运动。1915 年起侨居国外。后加入印度共产党。1920 年以前住在墨西哥。共产国际第二次至第五次代表大会代表。1922 年起是共产国际执行委员会候补委员,1924 年起是执行委员会委员。1927 年作为共产国际代表来过中国。1929 年被开除出印度共产党和共产国际。——232、233、236。

洛里欧,斐迪南(Loriot,Ferdinand 1870—1930)——法国社会党人。第一次世界大战期间是国际主义者,在昆塔尔代表会议上加入齐美尔瓦尔德左派。1920—1927 年是法国共产党党员。共产国际第三次代表大会代表。1925 年 1 月在法国共产党第四次代表大会上反对共产国际第五次代表大会的决议。1927 年作为右倾机会主义分子被开除出党。——120。

洛佐夫斯基(德里佐),索洛蒙·阿布拉莫维奇(Лозовский(Дридзо),Соломон Абрамович 1878—1952)——1901 年加入俄国社会民主工党。曾在彼得堡、喀山、哈尔科夫做党的工作。积极参加俄国第一次革命。1906 年被捕,1908 年在押解途中逃往国外。1909—1917 年流亡日内瓦和巴黎,1912 年参加布尔什维克调和派。第一次世界大战期间参与组织法国社会党和工会中的国际主义派。1917 年 6 月回国,在全俄工会第三次代表会议(1917 年 7 月)上被选为全俄工会中央理事会书记。1917 年 12 月因反对党的政策被开除出党。1918—1919 年领导社会民主党人国际主义派，1919 年 12 月以该派成员身份重新加入俄共（布）。1920 年任莫斯科省工会理事会主席。曾参加共产国际第二次代表大会的工作。1921—1937 年任红色工会国际总书记。1937—1939 年任国家文学出版社社长，1939—1946 年先后任苏联副外交人民委员和外交部副部长。1927 年党的第十五次代表大会起为候补中央委员，1939 年在党的第十八次代表大会上当选为中央委员。——487。

M

马尔赫列夫斯基，尤利安·约瑟福维奇（Marchlewski，Julian（Мархлевский，Юлиан Юзефович）1866—1925）——波兰工人运动和国际工人运动活动家。1889 年参与组织波兰工人联合会。1893 年流亡瑞士，是波兰王国社会民主党的创建人之一。曾帮助列宁组织出版《火星报》。在华沙积极参加俄国 1905—1907 年革命。1907 年在俄国社会民主工党第五次（伦敦）代表大会上当选为候补中央委员。第二国际苏黎世代表大会和斯图加特代表大会的代表。1909 年起主要在德国社会民主党内工作。第一次世界大战期间，反对社会沙文主义者，参与创建斯巴达克联盟。1916 年被捕入狱。在苏俄政府的坚决要求下，1918 年从德国集中营获释，来到苏俄；被选入全俄中央执行委员会，担任执行委员会委员直至逝世。执行过许多重要的外交使命，参加过与波兰、立陶宛、芬兰、日本和中国的谈判。1919 年当选为德国共产党中央委员。参与创建共产国际。1920 年为俄共（布）中央委员会波兰局成员、波兰临时革命委员会主席。1923 年起任国际支援革命战士协会中央委员会主席。写有一些经济问题、波兰历史和国际关系方面的著作。——170、280。

马尔齐亚利（Marziali）——意大利社会党人。1920—1921 年任意大利社会党中央委员时，反对改良主义者。——452。

马尔托夫，尔·（策杰尔包姆，尤利·奥西波维奇）（Мартов，Л.（Цедербаум，Юлий Осипович）1873—1923）——俄国孟什维克领袖之一。1895 年参与组织彼得堡工人阶级解放斗争协会。1896 年被捕并流放图鲁汉斯克三年。1900 年参与创办《火星报》，为该报编辑部成员。在俄国社会民主工

党第二次代表大会上是《火星报》组织的代表，领导机会主义少数派，反对
列宁的建党原则；从那时起成为孟什维克中央机关的领导成员和孟什维克
报刊的编辑。曾参加党的第五次（伦敦）代表大会的工作。斯托雷平反动
时期和新的革命高涨年代是取消派分子，编辑《社会民主党人呼声报》，参
与组织"八月联盟"。第一次世界大战期间是中派分子，参加齐美尔瓦尔德
代表会议和昆塔尔代表会议。曾参加孟什维克组织委员会国外书记处，为
书记处编辑机关刊物。1917年二月革命后领导孟什维克国际主义派。十
月革命后反对镇压反革命和解散立宪会议。1919年当选为全俄中央执行
委员会委员，1919—1920年为莫斯科苏维埃代表。1920年9月侨居德国。
参与组织第二半国际，在柏林创办和编辑孟什维克杂志《社会主义通报》。
——51、52、53、289、290、464、466。

马赫诺，涅斯托尔·伊万诺维奇（Махно, Нестор Иванович 1889—1934）——
苏联国内战争时期乌克兰无政府主义农民武装队伍的首领。农民出身。
1909年因参加恐怖行动被判处十年苦役。1917年二月革命后获释，回到
古利亚伊-波列村。1918年4月组织了一支无政府主义武装队伍。这支
队伍起初进行反对德奥占领军和盖特曼政权的游击斗争。1919—1920年
反对白卫军和佩特留拉分子，也反对红军。1921年同苏维埃政权三次达
成协议，又三次撕毁协议并发动叛乱，反对苏维埃政权。1921年春马赫诺
的队伍被苏维埃军队彻底歼灭，马赫诺本人逃往国外。——379、444。

马克思，卡尔（Marx, Karl 1818—1883）——科学共产主义的创始人，世界无
产阶级的领袖和导师。——14、22、32—33、46、51、81、96、128、333、413、
414—415、465、466。

马林，亨利克（Maring, Henryk 1883—1942）——荷兰社会民主党人。1902
年加入荷兰社会民主工党。1913—1919年在爪哇岛居住期间加入左派社
会民主党人行列，后成为爪哇共产党和荷兰共产党党员。1920年到苏俄，出
席共产国际第二次代表大会，曾任民族和殖民地问题委员会秘书。1921—
1923年是共产国际驻中国代表，负责远东各国的工作。1924—1927年是荷
兰共产党领导成员，倾向反对派。1927年退党，采取托洛茨基主义立场。
1929年建立了托洛茨基主义的"革命社会党"。1938年拒绝参加第四国际。
第二次世界大战期间参加了抵抗运动，死于希特勒的集中营。——232。

马林诺夫斯基,罗曼·瓦茨拉沃维奇(Малиновский, Роман Вацлавович 1876—1918)——俄国社会民主主义运动中的奸细,莫斯科保安处密探;职业是五金工人。1906 年出于个人动机参加工人运动,后来混入俄国社会民主工党;曾任工人委员会委员和五金工会理事会书记。1907 年起主动向警察局提供情报,1910 年被录用为沙皇保安机关密探。在党内曾担任多种重要职务,1912 年在党的第六次(布拉格)全国代表会议上当选为中央委员。在保安机关暗中支持下,当选为第四届国家杜马莫斯科省工人选民团的代表,1913 年任布尔什维克杜马党团主席。1914 年辞去杜马职务,到了国外。1917 年 6 月,他同保安机关的关系被揭穿后,1918 年回国,被捕后由全俄中央执行委员会最高法庭判处枪决。——25—26。

麦克莱恩,威廉(McLaine, William 1891—1960)——英国社会党人和工会活动家,政论家。1916—1946 年在机器制造工人联合会任职。第一次世界大战期间加入英国社会党,1918—1919 年为该党中央委员。1919—1929年在苏格兰和英格兰工人中间进行马克思主义的宣传。1920 年是英国社会党出席共产国际第二次代表大会的代表。20 年代是英国共产党党员,1929 年退党。30 年代起采取反共立场。1946—1956 年是英国卫生部和保险部的官员。——227、228、229、249、252。

麦克唐纳,詹姆斯·拉姆赛(MacDonald, James Ramsay 1866—1937)——英国政治活动家,英国工党创建人和领袖之一。1885 年加入社会民主联盟。1886 年加入费边社。1894 年加入独立工党,1906—1909 年任该党主席。1900 年当选为劳工代表委员会书记,该委员会于 1906 年改建为工党。1906 年起为议员,1911—1914 年和 1922—1931 年任工党议会党团主席。推行机会主义政策,鼓吹阶级合作和资本主义逐渐长入社会主义的理论。第一次世界大战初期采取和平主义立场,后来公开支持劳合-乔治政府进行帝国主义战争。1918—1920 年竭力破坏英国工人反对武装干涉苏维埃俄国的斗争。1924 年和 1929—1931 年先后任第一届和第二届工党政府首相。1931—1935 年领导由保守党决策的国民联合政府。——60、219—220、222、239、250、372、430、489、492、495、499。

梅德维捷夫,谢尔盖·巴甫洛维奇(Медведев, Сергей Павлович 1885—1937)——1900 年加入俄国社会民主工党。曾在彼得堡、塞瓦斯托波尔从事革命工作,屡遭沙皇政府迫害。十月革命后在红军中做政治工作。1918 年 7 月起在东方面军任职,1918 年 9 月—1919 年 1 月任第 1 集团军革命军事委员会委员。1920—1922 年任五金工会中央委员会主席,后在全俄中央执行委员会和苏联中央执行委员会工作。是工人反对派领袖之一,后为"新反对派"骨干分子。1924 年被开除出党,1926 年恢复党籍。1933 年清党时被再次开除出党。——316。

梅尔黑姆,阿尔丰斯(Merrheim, Alphonse 1881—1925)——法国工会活动家,工团主义者。1905 年起为法国五金工人联合会和法国劳动总联合会领导人之一。第一次世界大战初期是反对社会沙文主义和帝国主义战争的法国工团主义运动左翼领导人之一;曾参加齐美尔瓦尔德代表会议,属齐美尔瓦尔德右派。当时也表现动摇并害怕同社会沙文主义者彻底决裂,1916 年底转向中派和平主义立场,1918 年初转到公开的社会沙文主义和改良主义立场。——31、91。

梅林,弗兰茨(Mehring, Franz 1846—1919)——德国工人运动活动家,德国社会民主党左翼领袖和理论家之一,历史学家和政论家,德国共产党创建人之一。19 世纪 60 年代末起是资产阶级民主主义政论家,1877—1882 年持资产阶级自由主义立场,后向左转化,逐渐接受马克思主义。曾任民主主义报纸《人民报》主编。1891 年加入德国社会民主党,担任党的理论刊物《新时代》杂志撰稿人和编辑,1902—1907 年任《莱比锡人民报》主编,反对第二国际的机会主义和修正主义,批判考茨基主义。第一次世界大战爆发后坚决谴责帝国主义战争和社会沙文主义者的背叛政策;是国际派(后改称斯巴达克派和斯巴达克联盟)的组织者和领导人之一。1918 年参加建立德国共产党的准备工作。欢迎俄国十月革命,撰文驳斥对十月革命的攻击,维护苏维埃政权。在研究德国中世纪史、德国社会民主党史和马克思主义史方面作出重大贡献,在整理出版马克思、恩格斯和拉萨尔的遗著方面也做了大量工作。主要著作有《莱辛传奇》(1893)、《德国社会民主党史》(1897—1898)、《马克思传》(1918)等。——413、414。

米恩,格奥尔吉·亚历山德罗维奇(Мин, Георгий Александрович 1855—1906)——沙俄上校,谢苗诺夫近卫团团长。镇压莫斯科 1905 年十二月武装起义的首领之一。曾向莫斯科—喀山铁路讨伐队下达"格杀勿论、无情镇压"的命令。根据他的命令,1905 年 12 月 17 日(30 日)起义工人主力部队的集中地普罗霍罗夫纺织厂遭到炮击。为了嘉奖他血腥屠杀起义者,尼古拉二世晋升他为少将。后被社会革命党人杀死。——424。

米尔柏格,阿尔图尔(Mülberger, Arthur 1847—1907)——德国小资产阶级政论家,蒲鲁东主义者;职业是医生。1872 年在德国社会民主工党中央机关报《人民国家报》上发表了几篇论述住宅问题的文章,受到恩格斯的严厉批评。曾为赫希柏格出版的《未来》杂志撰稿,写过一些关于法国和德国社会思想史方面的著作。——427。

米留可夫,帕维尔·尼古拉耶维奇(Милюков, Павел Николаевич 1859—1943)——俄国立宪民主党领袖,俄国自由派资产阶级思想家,历史学家和政论家。1886 年起任莫斯科大学讲师。90 年代前半期开始政治活动,1902 年起为资产阶级自由派的《解放》杂志撰稿。1905 年 10 月参与创立宪民主党,后任该党中央委员会主席和中央机关报《言语报》编辑。第三届和第四届国家杜马代表。第一次世界大战期间为沙皇政府的掠夺政策辩护。1917 年二月革命后任第一届临时政府外交部长,推行把战争进行到"最后胜利"的帝国主义政策;同年 8 月积极参与策划科尔尼洛夫叛乱。十月革命后同白卫分子和武装干涉者合作。1920 年起为白俄流亡分子,在巴黎出版《最新消息报》。著有《俄国文化史概要》、《第二次俄国革命史》及《回忆录》等。——128。

米柳亭,弗拉基米尔·巴甫洛维奇(Милютин, Владимир Павлович 1884—1937)——1903 年参加俄国社会民主主义运动,起初是孟什维克,1910 年起为布尔什维克。曾在库尔斯克、莫斯科、奥廖尔、彼得堡和图拉做党的工作,屡遭沙皇政府迫害。1917 年二月革命后任俄国社会民主工党(布)萨拉托夫委员会委员、萨拉托夫苏维埃主席。在党的第七次全国代表会议(四月代表会议)和第六次代表大会上当选为中央委员。十月革命后参加第一届人民委员会,任农业人民委员。1917 年 11 月主张成立有孟什维克和社会革命党人参加的联合政府,遭到否决后声明退出党中央和人民委员会。1918—1921 年任最高国民经济委员会副主席。1922 年任西北地区经济会议副主席。1924 年起历任工农检查人民委员部部务委员、中央统计局局长、国家计划委员会副主席、苏联中央执行委员会学术委员会主席等职。1920—1922年为候补中央委员。1924—1934年为中央监察委员会委员。写有一些关于经济问题的著作。——259、457。

明岑贝格,威廉(Münzenberg,Wilhelm 1889—1940)——瑞士工人运动和德国工人运动活动家;职业是制鞋工人。1910年从德国移居瑞士。1914—1917年是瑞士社会民主主义青年组织的领导人和该组织刊物《自由青年》的编辑,1915—1919年任社会主义青年国际书记及其刊物《青年国际》的编辑。第一次世界大战期间持国际主义立场。1916年起为瑞士社会民主党执行委员会委员。回到德国后,加入德国共产党,被选入中央委员会。1919—1921年任青年共产国际书记。共产国际第二、第三、第四和第六次代表大会代表。1924年起为国会议员。法西斯掌权后流亡法国。30年代同托洛茨基派及其他机会主义分子反对各国共产党实行的工人和人民反法西斯统一战线的策略,被撤销德共中央委员的职务。1939年被开除出党。——242—243。

莫迪利扬尼,维多利奥·埃曼努埃勒(Modigliani,Vittorio Emanuele 1872—1947)——意大利社会党最早的党员之一,改良主义者;职业是律师。1913—1926年为众议员。第一次世界大战期间是中派分子。曾参加齐美尔瓦尔德代表会议和昆塔尔代表会议,反对齐美尔瓦尔德左派。1922年是改良主义的统一社会党的创建人之一。1926年流亡法国,编辑意大利改良派侨民刊物《新生的社会党人》。意大利从德国法西斯占领下解放后,于1944年回国。——89、204、451。

莫纳特,皮埃尔(Monatte,Pierre 1881—1960)——法国工会活动家和政论家。1904—1914年为法国劳动总联合会领导人之一。第一次世界大战期间是劳动总联合会革命少数派的领袖之一,追随齐美尔瓦尔德右派。1918—1920年参与组织法国无产阶级的罢工运动。1921—1924年参加法国共产党机关报《人道报》编辑部,1923—1924年为法国共产党党员。1924年组织托派集团,反对党的路线,因此被开除出党。1921年法国劳动总联合会发生分裂和革命派退出该组织后,仍留在联合会并转到同改良派领袖合作的立场。1925年起直至去世,一直出版托派刊物《无产阶级革命》。——120。

N

纳坦松,马尔克·安德列耶维奇(Натансон, Марк Андреевич 1851—1919)——
俄国革命民粹派代表人物,后为社会革命党人。1869 年参加革命运动,是
土地和自由社的创建人之一。1869—1877 年四次被捕,1879—1889 年流
放西伯利亚。1893 年积极参与创建民权党。1905 年加入社会革命党,为
该党中央委员。1907—1917 年十月革命前侨居国外。第一次世界大战期
间采取不彻底的国际主义立场,向中派方面动摇。1917 年二月革命后是
左派社会革命党的组织者和领袖之一。1918 年左派社会革命党人叛乱
后,与该党决裂,组织"革命共产党",主张同布尔什维克合作。曾任全俄中
央执行委员会主席团委员。——52。

诺布斯,恩斯特(Nobs, Ernst 1886—1957)——瑞士社会民主党领袖之一,政
论家。1912 年起为瑞士社会民主党报刊撰稿。1915 年起任党的机关报
《民权报》主编。第一次世界大战初期接近国际主义派,参加瑞士左派社会
民主党的工作,曾出席昆塔尔代表会议和斯德哥尔摩代表会议。1917 年
转向中派和平主义立场,20 年代转向社会民主党右翼;反对瑞士共产主义
运动和国际共产主义运动。1919—1943 年是国民院议员。1943—1951
年任联邦委员会委员。1949 年任瑞士联邦主席。——464、467、468。

诺根,维克多·巴甫洛维奇(Ногин, Виктор Павлович 1878—1924)——1898
年加入俄国社会民主工党,布尔什维克。曾在国内外做党的工作,是《火星
报》代办员。积极参加 1905—1907 年革命。1907 年和 1917 年两度当选
为党中央委员。屡遭沙皇政府迫害。斯托雷平反动时期对孟什维克取消
派采取调和主义态度。第一次世界大战期间在莫斯科和萨拉托夫的自治
机关工作,为《莫斯科合作社》等杂志撰稿。1917 年二月革命后先后任莫
斯科苏维埃副主席和主席。十月革命后参加第一届人民委员会,任工商业
人民委员。1917 年 11 月主张成立有孟什维克和社会革命党人参加的联
合政府,遭到否决后声明退出党中央和人民委员会。1918—1924 年历任
副劳动人民委员、最高国民经济委员会主席团委员、全俄纺织辛迪加管理
委员会主席等职。1921 年起任俄共(布)中央检查委员会主席。曾任苏联
中央执行委员会主席团委员。——432、457。

诺斯克，古斯塔夫（Noske，Gustav 1868—1946）——德国社会民主党右翼领袖之一。第一次世界大战爆发前就维护军国主义，大战期间是社会沙文主义者，在国会中投票赞成军事拨款。1918年12月任人民代表委员会负责国防的委员，血腥镇压了1919年柏林、不来梅及其他城市的工人斗争。1919年2月—1920年3月任国防部长，卡普叛乱平息后被迫辞职。1920—1933年任普鲁士汉诺威省省长。法西斯专政时期从希特勒政府领取国家养老金。——10、60、81、250、251—252、262。

P

潘克赫斯特，西尔维娅·埃斯特尔（Pankhurst，Sylvia Estelle 1882—1960）——英国工人运动活动家。第一次世界大战期间持和平主义立场。俄国十月革命后主张制止帝国主义国家对苏维埃俄国的武装干涉。是极左的工人社会主义联盟的组织者和领袖，编辑联盟刊物《工人无畏舰》周刊。曾参加共产国际第二次代表大会。1921年加入英国共产党，但不久因拒绝服从党的纪律被开除出党。——57、58、61、62、63、67、120、154、250、251、252、253、254。

潘涅库克，安东尼（霍纳，克·）（Pannekoek，Antonie（Хорнер，К.）1873—1960）——荷兰工人运动活动家，天文学家。1907年是荷兰社会民主工党左翼刊物《论坛报》创办人之一。1909年参与创建荷兰社会民主党。1910年起与德国左派社会民主党人关系密切，积极为该党的报刊撰稿。第一次世界大战期间是国际主义者，曾参加齐美尔瓦尔德左派理论刊物《先驱》杂志的出版工作。1918—1921年是荷兰共产党党员，参加共产国际的工作。20年代初是极左的德国共产主义工人党领袖之一。1921年退出共产党，不久脱离政治活动。——23、26、55、242。

佩特留拉，西蒙·瓦西里耶维奇（Петлюра，Симон Васильевич 1879—1926）——俄国乌克兰反革命资产阶级民族主义运动首领之一。1917年5月被选入反革命的乌克兰中央拉达全乌克兰军队委员会，任委员会主席；后任中央拉达总书记处军事书记（部长）。1918年初在德国占领军协助下重建了被基辅起义工人推翻的中央拉达。1918年11月起是乌克兰督政府（1918—1919年间的乌克兰民族主义政府）成员和"乌克兰人民共和国"军队总盖特曼（统领），1919年2月起任督政府主席。在督政府军队被红军击溃后逃往华沙,与地主资产阶级波兰订立军事同盟,1920 年参与波兰地主武装对乌克兰的进犯。1920 年夏逃亡国外。1926 年 5 月在巴黎被杀。——102、114、134、444。

皮尔苏茨基,约瑟夫(Pilsudski, Józef 1867—1935)——波兰国务活动家,法西斯独裁者。早年参与创建波兰社会党,1906 年起是波兰社会党"革命派"领导人。第一次世界大战期间统帅波兰军团配合德军对俄作战。1918—1922 年是地主资产阶级波兰的国家元首,残酷镇压革命运动。1920 年是波兰进攻苏维埃俄国的积极策划者之一。1926 年 5 月发动军事政变,建立法西斯独裁制度。1926—1935 年任国防部长,1926—1928 年和 1930 年任总理。1934 年与希特勒德国订立同盟。——120、279、280、294、299、364。

普拉姆波利尼,卡米洛(Prampolini, Camillo 1859—1930)——意大利社会党人,改良主义者,新闻工作者。1882 年起参加社会主义运动,1892 年是意大利社会党的创建人之一。1890—1926 年为议会议员。第一次世界大战期间持中派立场。1919—1920 年意大利革命高涨时期,与其他改良派领袖一起实行妥协政策。1926 年脱离政治活动。——327。

普列奥布拉任斯基,叶夫根尼·阿列克谢耶维奇(Преображенский, Евгений Алексеевич 1886—1937)——1903 年加入俄国社会民主工党,布尔什维克。曾在奥廖尔、布良斯克、莫斯科等地做党的工作,多次被捕和流放。1917 年二月革命后在乌拉尔做党的工作,在党的第六次代表大会上当选为候补中央委员。十月革命后做党的工作和军事政治工作。1918 年是"左派共产主义者"。国内战争期间任第 3 集团军政治部主任。1920 年在党的第九次代表大会上当选为中央委员、中央委员会书记。1920—1921 年工会问题争论期间支持托洛茨基的纲领。党的第十次代表大会后任中央委员会和人民委员会的财政委员会主席、教育人民委员部职业教育总局局长、《真理报》编辑等职。1923 年起是托洛茨基反对派的骨干分子。1927 年被开除出党,1929 年恢复党籍,后来被再次开除出党。——319、433、439。

普列汉诺夫,格奥尔吉·瓦连廷诺维奇(Плеханов, Георгий Валентинович 1856—1918)——俄国早期的马克思主义理论家,后来成为孟什维克和第二国际机会主义领袖之一。19世纪70年代参加民粹主义运动,是土地和自由社成员及土地平分社领导人之一。1880年侨居瑞士,逐步同民粹主义决裂。1883年在日内瓦创建俄国第一个马克思主义团体——劳动解放社。翻译和介绍了马克思和恩格斯的许多著作,对马克思主义在俄国的传播起了重要作用;写过不少优秀的马克思主义著作,批判民粹主义、合法马克思主义、经济主义、伯恩施坦主义、马赫主义。20世纪初是《火星报》和《曙光》杂志编辑部成员。曾参与制定俄国社会民主工党纲领草案和参加党的第二次代表大会的筹备工作。在代表大会上是劳动解放社的代表,属火星派多数派,参加了大会常务委员会,会后逐渐转向孟什维克。1905—1907年革命时期反对列宁的民主革命的策略,后来在孟什维克和布尔什维克之间摇摆。在俄国社会民主工党第四次(统一)代表大会上作了关于土地问题的报告,维护马斯洛夫的孟什维克方案;在国家杜马问题上坚持极右立场,呼吁支持立宪民主党人的杜马。斯托雷平反动时期和新的革命高涨年代反对取消主义,领导孟什维克护党派。第一次世界大战期间持社会沙文主义立场。1917年二月革命后支持资产阶级临时政府。对十月革命持否定态度,但拒绝支持反革命。最重要的理论著作有《社会主义与政治斗争》(1883)、《我们的意见分歧》(1885)、《论一元论历史观之发展》(1895)、《唯物主义史论丛》(1896)、《论个人在历史上的作用》(1898)、《没有地址的信》(1899—1900),等等。——13、14、51、76、81、238、293、409、425、510。

普罗柯波维奇,谢尔盖·尼古拉耶维奇(Прокопович, Сергей Николаевич 1871—1955)——俄国经济学家和政论家。曾参加国外俄国社会民主党人联合会,是经济派的著名代表人物,伯恩施坦主义在俄国最早的传播者之一。1904年加入资产阶级自由派的解放社,为该社骨干分子。1905年为立宪民主党中央委员。1906年参与出版半立宪民主党、半孟什维克的《无题》周刊,为左派立宪民主党人的《同志报》积极撰稿。1917年8月任临时政府工商业部长,9—10月任粮食部长。1921年在全俄赈济饥民委员会工作,同反革命地下活动有联系。1922年被驱逐出境。——425。

Q

契切林,格奥尔吉·瓦西里耶维奇(Чичерин, Георгий Васильевич 1872—

1936)——1904 年参加俄国革命运动,1905 年在柏林加入俄国社会民主工党。长期在国外从事革命活动。斯托雷平反动时期是孟什维主义的拥护者。第一次世界大战期间是国际主义者。1917 年底转向布尔什维主义立场,1918 年加入俄共(布)。1918 年初回国后被任命为副外交人民委员,参加了布列斯特的第二阶段谈判,同德国签订了布列斯特和约。1918 年 5 月——1930 年任外交人民委员,是出席热那亚国际会议和洛桑国际会议的苏俄代表团团长。曾任全俄中央执行委员会和苏联中央执行委员会委员。在党的第十四次和第十五次代表大会上当选为中央委员。——117、268、381。

切尔诺夫,维克多·米哈伊洛维奇(Чернов, Виктор Михайлович 1873 — 1952)——俄国社会革命党领袖和理论家之一。1902 — 1905 年任社会革命党中央机关报《革命俄国报》编辑。曾撰文反对马克思主义,企图证明马克思的理论不适用于农业。第一次世界大战期间持社会沙文主义立场,曾参加齐美尔瓦尔德代表会议和昆塔尔代表会议。1917 年 5 — 8 月任临时政府农业部长,对夺取地主土地的农民实行残酷镇压。敌视十月革命。1918 年 1 月任立宪会议主席;曾领导萨马拉的反革命立宪会议委员会,参与策划反苏维埃叛乱。1920 年流亡国外,继续反对苏维埃政权。在他的理论著作中,主观唯心主义和折中主义同修正主义和民粹派的空想混合在一起;企图以资产阶级改良主义的"结构社会主义"对抗科学社会主义。——52、243、461、464、466。

丘吉尔,温斯顿(Churchill, Winston 1874 — 1965)——英国国务活动家,保守党领袖。1906 — 1917 年历任副殖民大臣、商业大臣、内务大臣、海军大臣和军需大臣。1919 — 1921 年任陆军大臣和空军大臣,是武装干涉苏维埃俄国的策划者之一。1921 — 1922 年任殖民大臣。1924 — 1929 年任财政大臣。1939 年 9 月任海军大臣。1940 — 1945 年任联合政府首相。1951 — 1955 年再度出任首相。1955 年辞职后从事著述,写有一些回忆录和历史著作。——63、64、65、68、74、255、371、391。

R

日·克·(G.C.)——《我们会被封锁吗?》一文(载于意大利社会党《共产主

义》杂志第 24 期)的作者。——459。

茹奥,莱昂(Jouhaux,Léon 1879—1954)——法国工会运动和国际工会运动
　活动家。1909—1940 年和 1945—1947 年任法国劳动总联合会书记,
　1919—1940 年是阿姆斯特丹工会国际右翼领袖之一。20 世纪初支持无
　政府工团主义的"极左"口号。第一次世界大战期间是沙文主义者。——
　31、34、35、91。

S

塞格鲁(Segrew)——英国新闻工作者,曾任资产阶级自由党机关报《每日新
　闻报》(伦敦)记者。——273—274。

塞拉蒂,扎钦托·梅诺蒂(Serrati,Giacinto Menotti 1872 或 1876—1926)——意
　大利工人运动活动家,意大利社会党领导人之一,最高纲领派领袖之一。
　1892 年加入意大利社会党。与康·拉查理等人一起领导该党中派。曾被
　捕,先后流亡美国、法国和瑞士,1911 年回国。1914—1922 年任社会党中
　央机关报《前进报》社长。第一次世界大战期间是国际主义者,曾参加齐
　美尔瓦尔德代表会议和昆塔尔代表会议。共产国际成立后,坚决主张意
　大利社会党参加共产国际。1920 年率领意大利社会党代表团出席共产
　国际第二次代表大会;在讨论加入共产国际的条件时,反对同改良主义者
　无条件决裂。他的错误立场受到列宁的批评,不久即改正了错误。1924
　年带领社会党内的第三国际派加入意大利共产党。——45、229、238、239、
　243、451、452、454、455、456 — 457、458、459、460、461、462、464、467、
　468、487。

沙杜尔,雅克(Sadoul,Jacques 1881—1956)——法国军官,1903 年加入法国
　社会党。第一次世界大战期间持社会沙文主义立场。1917 年 9 月作为法
　国军事使团的成员被派往俄国。在俄国十月革命的影响下成为共产主义
　思想的拥护者,加入俄共(布)法国支部;在报刊上发表文章,强烈抗议协约
　国帝国主义者对苏维埃俄国的武装干涉,在占领乌克兰南部的法国军队中
　进行革命宣传。曾代表俄共(布)法国支部出席共产国际第一次和第二次
　代表大会。1919 年 11 月参加红军,因此被法国军事法庭缺席判处死刑。
　1924 年回到法国后被宣告无罪,后成为法国共产党活动家。——487。

施勒德尔,卡尔(Schröder, Karl 1884—1950)——德国左派社会民主党人,作家和政论家。德国 1918 年十一月革命后加入德国共产党。参加党内的劳芬贝格—沃尔弗海姆"左派"反对派,宣扬无政府工团主义观点。1919 年10 月"左派"反对派被开除出党后,参与组织所谓的德国共产主义工人党。不久退出该党,回到德国社会民主党。1924—1933 年任社会民主党一些报纸的编辑。法西斯上台后参加党的地下工作。1936 年被捕,在法西斯监狱和集中营囚禁四年。——23。

司徒卢威,彼得·伯恩哈多维奇(Струве, Петр Бернгардович 1870—1944)——俄国经济学家,哲学家,政论家,合法马克思主义主要代表人物,立宪民主党领袖之一。19 世纪 90 年代编辑合法马克思主义者的《新言论》杂志和《开端》杂志。1896 年参加第二国际第四次代表大会。1898 年参加起草《俄国社会民主工党宣言》。在 1894 年发表的第一部著作《俄国经济发展问题的评述》中,在批判民粹主义的同时,对马克思的经济学说和哲学学说提出"补充"和"批评"。20 世纪初同马克思主义和社会民主主义彻底决裂,转到自由派营垒。1902 年起编辑自由派资产阶级刊物《解放》杂志,1903 年起是解放社的领袖之一。1905 年起是立宪民主党中央委员,领导该党右翼。1907 年当选为第二届国家杜马代表。第一次世界大战爆发后鼓吹俄国的帝国主义侵略扩张政策。十月革命后敌视苏维埃政权,是邓尼金和弗兰格尔反革命政府成员,后逃往国外。——51、418、429。

斯大林(朱加施维里),约瑟夫·维萨里昂诺维奇(Сталин(Джугашвили), Иосиф Виссарионович 1879—1953)——苏联共产党和国家领导人,国际共产主义运动活动家。1898 年加入俄国社会民主工党,党的第二次代表大会后是布尔什维克。曾在梯弗利斯、巴统、巴库和彼得堡做党的工作。多次被捕和流放。1912 年 1 月在党的第六次(布拉格)全国代表会议选出的中央委员会会议上,被缺席增补为中央委员并被选入中央委员会俄国局;积极参加布尔什维克《真理报》的编辑工作。1917 年二月革命后从流放地回到彼得格勒,参加党中央委员会俄国局。在党的第七次全国代表会议(四月代表会议)以及此后的历次代表大会上当选为中央委员。在十月革命的准备和进行期间参加领导武装起义的彼得格勒军事革命委员会和党总部。在全俄苏维埃第二次代表大会上当选为全俄中央执行

委员会委员;参加第一届人民委员会,任民族事务人民委员。1919 年 3 月
起兼任国家监察人民委员,1920 年起为工农检查人民委员。国内战争时
期任共和国革命军事委员会委员和一些方面军的革命军事委员会委员。
1922 年 4 月起任党中央总书记。1941 年起同时担任苏联人民委员会主
席,1946 年起为部长会议主席。1941—1945 年卫国战争时期任国防委员
会主席、国防人民委员和苏联武装力量最高统帅。1919—1952 年为中央
政治局委员,1952—1953 年为苏共中央主席团委员。1925—1943 年为共
产国际执行委员会委员。——306、472。

斯克良斯基,埃夫拉伊姆·马尔科维奇(Склянский, Эфраим Маркович
1892—1925)——1913 年加入俄国布尔什维克。1916 年入伍,开始当兵,
后为军医。1917 年二月革命后任第 5 集团军委员会主席、俄国社会民主
工党(布)德文斯克委员会委员。十月革命期间任彼得格勒军事革命委员
会委员;先后任总参谋部政委和设在莫吉廖夫的最高总司令大本营政委。
十月革命后参加陆海军人民委员会。1918 年 1 月起任副陆军人民委员,
1918 年 10 月—1924 年 3 月任共和国革命军事委员会副主席。1920—
1921 年任劳动国防委员会委员和卫生人民委员部部务委员。1924 年 4 月
在最高国民经济委员会工作。——268。

斯库尔斯基,莱奥波德(Skólski, Leopold 生于 1878 年)——波兰政治活动
家。1919 年起是制宪议会议员,在议会中领导一个右翼派别。1919 年夏
起是资产阶级的"民族人民联盟"领袖,主张与皮尔苏茨基派接近。1919
年 12 月起任内阁总理。1920 年 6 月,苏联红军在乌克兰突破波兰战线后
被迫辞职。1920—1921 年任内务部长。1922—1927 年任国家法庭法官。
——135。

斯米尔加,伊瓦尔·捷尼索维奇(Смилга, Ивар Тенисович 1892—1938)——
1907 年加入俄国社会民主工党,布尔什维克。曾在莫斯科和彼得堡做党
的工作。1917 年二月革命后任的喀琅施塔得委员会委员,芬兰陆军、海
军和工人区域执行委员会主席。从党的第七次全国代表会议(四月代表会
议)起多次当选为中央委员和候补中央委员。十月革命后历任俄罗斯联邦
人民委员会驻芬兰全权代表,共和国革命军事委员会委员,以及一些方面
军的革命军事委员会委员。在党的第七次和第八次代表大会上当选为中

央委员。1920—1921 年工会问题争论期间支持托洛茨基的纲领。1921—
1923 年任最高国民经济委员会副主席和燃料总管理局局长,后任国家计
划委员会副主席。1927 年在联共(布)第十五次代表大会上作为托洛茨基
反对派的骨干分子被开除出党。1930 年恢复党籍,后被再次开除出党。
——268。

斯米尔诺夫,伊万·尼基季奇(Смирнов, Иван Никитич 1881—1936)——
1899 年加入俄国社会民主工党。1905—1907 年革命期间以及斯托雷平
反动时期和新的革命高涨年代在一些城市当鼓动员,曾在沙皇军队服役。
1917 年二月革命期间参加托木斯克工兵代表苏维埃。十月革命后先后任
东方面军和第 5 集团军革命军事委员会委员。1919—1921 年任西伯利亚
革命委员会主席。1921—1922 年在最高国民经济委员会工作,主管军事
工业。1922 年任彼得格勒委员会和俄共(布)中央西北局书记。1923—
1927 年任邮电人民委员。在党的第八次和第十次代表大会上当选为候补
中央委员,第九次代表大会上当选为中央委员。1927 年作为托洛茨基—
季诺维也夫反对派的骨干分子被开除出党,1930 年恢复党籍,1933 年被再
次开除出党。——298。

斯诺登,菲力浦(Snowden, Philip 1864—1937)——英国政治活动家,独立工
党右翼代表人物,工党领袖之一。1894 年加入独立工党,1900 年加入工
党。1903—1906 年和 1917—1920 年任独立工党主席。1906 年起为议
员。第一次世界大战期间是中派分子,主张同资产阶级联合。1924 年和
1929—1931 年先后任第一届和第二届工党政府财政大臣。1931 年参加
麦克唐纳的国民联合政府。写有一些关于英国工人运动的著作。——
60、63、64、65、66、67、68、87、250、372、430、489。

斯皮里多诺娃,玛丽亚·亚历山德罗夫娜(Спиридонова, Мария Александровна
1884—1941)——俄国社会革命党领袖之一。1906 年因刺杀策划黑帮暴
行、镇压坦波夫省农民起义的首领加·尼·卢热诺夫斯基而被判处终身苦
役。1917 年二月革命后是左派社会革命党的组织者之一,12 月起为该党
中央委员。十月革命后为全俄中央执行委员会委员。反对签订布列斯特
和约,参加 1918 年 7 月左派社会革命党人的叛乱。被捕后由全俄中央执
行委员会赦免。后脱离政治活动。——422、423、424。

斯汀尼斯,胡戈(Stinnes,Hugo 1870—1924)——德国垄断资本巨头,"斯汀尼斯"重工业金融联合公司的创始人。1893年起领导一个采矿工业公司。第一次世界大战期间靠军火生产发了财。战后低价收买了1 500多家工业企业(包括近600家国外企业),建立了一个庞大的康采恩。积极参与恢复德国军事工业。1920年起为国会议员,是代表德国帝国主义资产阶级利益的"德国人民党"领袖之一。——241。

苏达科夫,帕维尔·伊里奇(Судаков,Павел Ильич 1878—1950)——1897年参加俄国社会民主主义运动。1899—1905年和1911—1913年在彼得堡克赖顿股份公司的工厂里当钳工。1912年当选为第四届国家杜马复选代表后,转向孟什维克。1914年同孟什维克决裂,回到布尔什维克一边。十月革命后任红军供给非常委员会主席、北方地区国民经济委员会主席。1921—1924年任最高国民经济委员会金属工业总管理局局长。后在军事工业管理局和俄罗斯联邦国家计划委员会担任行政职务。——431。

苏尔坦-扎德,阿韦季斯·苏尔坦诺维奇(Султан-Заде,Аветис Султанович 1889—1938)——伊朗共产党人,政论家,东方学家。13岁起住在俄国。1907年起在外高加索参加社会民主主义宣传工作。1912年加入俄国布尔什维克党,在俄罗斯、外高加索和中亚细亚做党的工作。1919年底加入伊朗社会民主主义工人政党——正义党,1920年6月正义党改组为共产党后为共产党党员。1920—1923年和1927—1932年是伊朗共产党中央委员和该党驻共产国际的代表。共产国际第二、第三、第四和第六次代表大会代表,1920年当选为共产国际执行委员会委员。在民族和殖民地问题上犯过左倾宗派主义的错误,反对在伊朗资产阶级民主革命的反帝阶段实行无产阶级和农民同民族资产阶级合作的政策。1923—1927年和1932年起在苏联从事苏维埃工作和经济工作。——502。

苏希,奥古斯廷(Souchy,Augustin)——德国无政府工团主义领袖之一,政论家。1920年4—10月作为德国革命工团主义者的代表住在苏维埃俄国,是共产国际第二次代表大会的代表。后来敌视共产主义运动和苏维埃国家。1922—1927年任德国无政府工团主义者的《工团主义者报》编辑。1922年起先后任无政府工团主义的柏林工会国际执行局成员和书记处书记。——246。

T

坦纳,杰克(Tanner,Jack 生于 1889 年)——英国工联领袖之一;职业是机械
工人。第一次世界大战期间是英国无产阶级群众性的车间代表运动活动
家。1918 年起是机器制造、造船和五金工会领导人之一。宣扬左倾宗派
主义观点。共产国际第二次代表大会代表,1920—1921 年是英国共产党
党员。后加入工党,积极参加工党活动。1939—1954 年任机器制造工人
联合会主席。1943—1954 年任英国工联代表大会总理事会理事,是英国
工联代表大会驻政府一些经济部门的代表。40 年代末起加入英国工联代
表大会右翼,持反共立场。——227、228、230、501。

唐恩(**古尔维奇**),费多尔·伊里奇(Дан(Гурвич),Федор Ильич 1871 —
1947)——俄国孟什维克领袖之一;职业是医生。1894 年参加社会民主主
义运动,加入彼得堡工人阶级解放斗争协会。1896 年 8 月被捕,监禁两年
左右,1898 年流放维亚特卡省,为期三年。1901 年夏逃往国外,加入《火星
报》柏林协助小组。1902 年作为《火星报》代办员参加了俄国社会民主工
党第二次代表大会的筹备会议,会后再次被捕,流放东西伯利亚。1903 年
9 月逃往国外,成为孟什维克。俄国社会民主工党第四次(统一)代表大会
和第五次(伦敦)代表大会及一系列代表会议的参加者。斯托雷平反动时
期和新的革命高涨年代在国外领导取消派,编辑取消派的《社会民主党人
呼声报》。第一次世界大战期间是社会沙文主义者。1917 年二月革命后
任彼得格勒苏维埃执行委员会委员和第一届中央执行委员会主席团委员,
支持资产阶级临时政府。十月革命后反对苏维埃政权,1922 年被驱逐出
境,在柏林领导孟什维克进行反革命活动。1923 年参与组织社会主义工
人国际。同年被取消苏联国籍。——292、312。

特拉奇尼,翁伯托(Terracini,Umberto 1895 — 1983)——意大利工人运动活
动家,意大利共产党创建人和领导人之一,法学家。1911 年参加社会主义
青年运动,1916 年加入意大利社会党,属该党左翼。第一次世界大战期间
持国际主义立场。1920 年起为社会党中央委员。主张社会党加入共产国
际,对党内改良派采取不调和立场。1919 年起是都灵社会党人革命派"新
秩序"派的组织者和领导人之一,该派是共产党的基本核心。从 1921 年意

大利共产党建立时起即为该党中央委员和执行委员会委员。犯过左倾宗派主义错误，在共产国际第三次代表大会上受到列宁的批评，很快改正了错误。是共产国际第三次代表大会代表，会后被选入共产国际执行委员会。1926—1943年被法西斯监禁和流放。1944—1945年是抵抗运动的领导人之一。1945年起任意共候补中央委员，1955年起任中央委员。1947—1948年任制宪议会主席。1950年起为世界和平理事会理事。——452、455。

特雷维斯，克劳狄奥(Treves，Claudio 1868—1933)——意大利社会党改良派领袖之一。1909—1912年编辑社会党中央机关报《前进报》。1906—1926年为议员。第一次世界大战期间是中派分子，反对意大利参战。敌视俄国十月革命。1922年意大利社会党分裂后，成为改良主义的统一社会党领袖之一。法西斯分子上台后，于1926年流亡法国，进行反法西斯的活动。——89、455。

通塔尔，朱泽培(Tuntar，Giuseppe)——意大利社会党人。1919—1921年任意大利社会党中央委员，反对改良主义者。——452。

图哈切夫斯基，米哈伊尔·尼古拉耶维奇(Тухачевский，Михаил Николаевич 1893—1937)——苏联军事活动家，元帅(1935)。1918年加入俄共(布)。1918—1919年先后担任第1、第8和第5集团军司令。1920年2—4月任高加索方面军司令，1920年4月—1921年3月任西方面军司令，1921年3月任第7集团军司令，5月任坦波夫军区司令。9月起任工农红军军事学院院长。1922年1月—1924年4月再任西方面军司令。1924年7月起任工农红军副参谋长，1925年11月—1928年5月任参谋长。1928年5月—1931年6月任列宁格勒军区司令。1931年起任苏联副陆海军人民委员和革命军事委员会副主席，1934年起任副国防人民委员。在党的第十七次代表大会上当选为候补中央委员。——267、268。

屠拉梯，菲力浦(Turati，Filippo 1857—1932)——意大利工人运动活动家，意大利社会党创建人之一，该党右翼改良派领袖。1896—1926年为议员，领导意大利社会党议会党团。推行无产阶级同资产阶级合作的政策。第一次世界大战期间持中派立场。敌视俄国十月革命。1922年意大利社会党分裂后，参与组织并领导改良主义的统一社会党。法西斯分子上台后，于1926年流亡法国，进行反法西斯的活动。——9、10、45、88、89、90、150、192、204、229、243、327、430、454—455、457、458、461、462、469。

托洛茨基（**勃朗施坦**），列夫·达维多维奇（Троцкий（Бронштейн），Лев Давидович 1879—1940）——1897年参加俄国社会民主主义运动。在俄国社会民主工党第二次代表大会上是西伯利亚联合会的代表，属火星派少数派。1905年同亚·帕尔乌斯一起提出和鼓吹"不断革命论"。斯托雷平反动时期和新的革命高涨年代，打着"非派别性"的幌子，实际上采取取消派立场。1912年组织"八月联盟"。第一次世界大战期间持中派立场。1917年二月革命后参加区联派，在党的第六次代表大会上随区联派集体加入布尔什维克党，当选为中央委员。参加十月武装起义的领导工作。十月革命后任外交人民委员，1918年初反对签订布列斯特和约，同年3月改任共和国革命军事委员会主席、陆海军人民委员等职。参与组建红军。1919年起为党中央政治局委员。1920年起历任共产国际执行委员会候补委员、委员。1920—1921年挑起关于工会问题的争论。1923年起进行派别活动。1925年初被解除革命军事委员会主席和陆海军人民委员职务。1926年与季诺维也夫结成"托季联盟"。1927年被开除出党，1929年被驱逐出境，1932年被取消苏联国籍。在国外组织第四国际。死于墨西哥。——132、306、308、309、431。

托马，阿尔伯（Thomas，Albert 1878—1932）——法国政治活动家，右派社会党人。1904年起为社会党报刊撰稿。1910年起为社会党议会党团领袖之一。第一次世界大战期间是社会沙文主义者。曾参加资产阶级政府，任军需部长。俄国1917年二月革命后到俄国鼓吹继续进行战争。1919年是伯尔尼国际的组织者之一。1920—1932年任国际联盟国际劳工组织的主席。——223、262。

托马斯，詹姆斯·亨利（Thomas，James Henry 1874—1949）——英国政治活动家和工会活动家，工党领袖之一；职业是铁路工人。1906年起任铁路职员联合会书记，1917—1931年任全国铁路员工联合会总书记。1910—1936年为议员。第一次世界大战期间是社会沙文主义者。1920—1924年任改良主义的阿姆斯特丹工会国际主席。主张同资产阶级实行阶级合作，20年代同其他改良主义领袖一起破坏英国工人的罢工运动。在

1924—1931 年的工党政府中任殖民大臣、掌玺大臣、就业大臣、自治领大臣，1931—1936 年又在保守党政府中任自治领大臣和殖民大臣。——252、370—372。

托姆斯基(叶弗列莫夫)，米哈伊尔·巴甫洛维奇(Томский(Ефремов)，Михаил Павлович 1880—1936)——1904 年加入俄国社会民主工党。1905—1906 年在党的雷瓦尔组织中工作，开始从事工会运动。1907 年当选为党的彼得堡委员会委员，任布尔什维克的《无产者报》编委。曾参加党的第五次(伦敦)代表大会的工作。多次被捕和流放。1917 年二月革命后任党的彼得堡委员会执行委员会委员。十月革命后任莫斯科工会理事会主席。1919 年起任全俄工会中央理事会主席团主席。1920 年参与创建红色工会国际，1921 年工会国际成立后担任总书记。在党的第八至第十六次代表大会上当选为中央委员，1923—1930 年为中央政治局委员。1920 年起任全俄中央执行委员会主席团委员，1922 年 12 月起任苏联中央执行委员会主席团委员。支持民主集中派，坚持工会脱离党的领导的"独立性"。1929 年被作为"右倾派别集团"领袖之一受到批判。1934 年当选为候补中央委员。1936 年因受政治迫害自杀。1988 年恢复党籍。——318。

W

瓦尔加，叶夫根尼·萨穆伊洛维奇(Варга，Евгений Самуилович 1879—1964)——苏联经济学家。生于匈牙利布达佩斯，1906 年加入匈牙利社会民主党，属该党左翼。1918 年起任布达佩斯大学政治经济学教授。1919 年 3 月匈牙利建立苏维埃政权后，先后任匈牙利苏维埃共和国财政人民委员和最高国民经济委员会主席。匈牙利革命失败后逃到奥地利，1920 年移居苏维埃俄国，加入俄共(布)。积极参加共产国际的活动。1927—1947 年领导苏联科学院世界经济和世界政治研究所。1939 年起为苏联科学院院士。写有资本主义政治经济学方面的著作。——241。

瓦扬，爱德华·玛丽(Vaillant，Édouard-Marie 1840—1915)——法国工人运动活动家，布朗基主义者。1866—1867 年加入第一国际。1871 年为巴黎公社执行委员会委员，领导教育委员会。公社失败后流亡伦敦，被选为第一国际总委员会委员。曾被缺席判处死刑，1880 年大赦后返回法国，1881

年领导布朗基派革命中央委员会。参与创建第二国际,是第二国际1889年巴黎和1891年布鲁塞尔代表大会代表。1893年和1897年两度当选为议员。在反对米勒兰主义斗争中与盖得派接近,是1901年盖得派与布朗基派合并为法兰西社会党的发起人之一。1905—1915年是法国社会党(1905年建立)的领导人之一。第一次世界大战期间持社会沙文主义立场。——47。

万德利普,华盛顿·B.(Vanderlip, Washington B.生于1866年)——美国工业界代表,工程师。1920年和1921年曾访问苏维埃俄国,建议苏俄和美国签订堪察加石油和煤炭租让合同。——436。

威尔逊,伍德罗(Wilson, Woodrow 1856—1924)——美国国务活动家。1910—1912年任新泽西州州长。1913年代表民主党当选为美国总统,任期至1921年。任内镇压工人运动,推行扩张政策,对拉丁美洲各国进行武装干涉,并促使美国站在协约国一方参加第一次世界大战。俄国十月革命后是武装干涉苏维埃俄国的策划者之一。1918年提出帝国主义的和平纲领"十四点",妄图争夺世界霸权。曾率领美国代表团出席巴黎和会(1919—1920)。1920年总统竞选失败,后退出政界。——215、216、218、382、383。

威廉二世(**霍亨索伦**)(Wilhelm II(Hohenzollern)1859—1941)——普鲁士国王和德国皇帝(1888—1918)。——288、290、311、359。

韦威尔,厄内斯特·雅柯夫列维奇(Вевер, Эрнест Яковлевич 1882—1937)——1917年加入俄国社会民主工党(布)。十月革命期间是工人赤卫队员。1918—1924年任哥尔克疗养院院长。后从事党的工作和经济工作。——148—149。

文德尔,弗里德里希(Wendel, Friedrich 1886—1960)——德国左派社会民主党人,讽刺政论家。1918年十一月革命后加入德国共产党,参加党内的劳芬贝格—沃尔弗海姆"左派"反对派,宣扬无政府工团主义观点。1919年10月"左派"反对派被开除出党后,参与组织所谓的德国共产主义工人党。1920年底又被该党开除,不久回归德国社会民主党。1924—1932年任社会民主党的讽刺刊物《实话》杂志编辑。法西斯上台后脱离政治活动。——23。

沃尔弗海姆,弗里茨(Wolffheim, Fritz 1888—1942)——德国左派社会民主党人,政论家。第一次世界大战期间持国际主义立场,反对社会民主党右

翼领袖的社会沙文主义和中派和平主义政策。1918年十一月革命后加入
德国共产党,在党内与亨·劳芬贝格一起领导"左派"反对派,宣扬无政府
工团主义观点和所谓"民族布尔什维主义"的小资产阶级民族主义纲领。
1919年10月"左派"反对派被开除出共产党后,参与组织德国共产主义工
人党,1920年底被该党开除。后脱离工人运动。——23。

乌兰诺夫斯基,弗拉基斯拉夫(Ulanowski,Wladyslaw 1893—1937)——波兰
工人运动和共产主义运动活动家。1912—1914年为波兰社会党党员,后
为波兰王国和立陶宛社会民主党党员,该党总执行委员会委员,波兰共产
主义工人党党员。1920年作为波兰共产主义工人党的代表出席俄共(布)
第九次全国代表会议。——315。

X

希尔奎特,莫里斯(Hillquit,Morris 1869—1933)——美国社会党创建人之
一;职业是律师。起初追随马克思主义,后来倒向改良主义和机会主义。
出生在里加,1886年移居美国,1888年加入美国社会主义工人党。该党分
裂后,1901年参与创建美国社会党。1904年起为社会党国际局成员;曾参
加第二国际代表大会的工作。第一次世界大战期间是中派分子。敌视俄
国十月革命,反对共产主义运动。——411。

希法亭,鲁道夫(Hilferding,Rudolf 1877—1941)——奥地利社会民主党、德
国社会民主党和第二国际机会主义领袖之一,"奥地利马克思主义"理论
家。1907—1915年任德国社会民主党中央机关报《前进报》编辑。1910
年发表《金融资本》一书,对研究垄断资本主义起了一定的积极作用,但书
中有理论错误。第一次世界大战期间是中派分子,主张同社会帝国主义者
统一。战后公开修正马克思主义,提出"有组织的资本主义"的理论,为国
家垄断资本主义辩护。1917年起为德国独立社会民主党领袖之一。敌视
苏维埃政权和无产阶级专政。1920年取得德国国籍。1924年起为国会议
员。1923年和1928—1929年任魏玛共和国财政部长。法西斯分子上台
后流亡法国。——10、14、53、56、326、430、464。

肖,托马斯(Shaw,Thomas 1872—1938)——英国政治活动家和工会活动家。
19世纪90年代起是纺织工会领袖。1911—1929年和1931—1938年任国

际纺织工人联合会书记。第一次世界大战期间是社会沙文主义者。
1918—1931年为议员。1920年随英国工人代表团访问过苏维埃俄国。
1923—1925年任社会主义工人国际执行委员会书记。曾在麦克唐纳的工
党政府中任劳工大臣(1924)和陆军大臣(1929—1931)。——118。

谢德曼,菲力浦(Scheidemann, Philipp 1865—1939)——德国社会民主党右
翼领袖之一。1903年起参加社会民主党国会党团。1911年当选为德国社
会民主党执行委员会委员,1917—1918年是执行委员会主席之一。第一
次世界大战期间是社会沙文主义者。1918年10月参加巴登亲王马克斯
的君主制政府,任国务大臣。1918年十一月革命期间参加所谓的人民代
表委员会,借助旧军队镇压革命。1919年2—6月任魏玛共和国联合政府
总理。1933年德国建立法西斯专政后流亡国外。——10、52、53、55、56、
60、63、74、81、87、221、240、250、251—252、262、290、505、506。

Y

伊万内切夫,И.И.(Иванычев, И.И.生于1895年)——1918年加入俄共
(布),在全俄肃反委员会——国家政治保卫总局机关工作;1919—1920年是
列宁的警卫员。——148。

尤登尼奇,尼古拉·尼古拉耶维奇(Юденич, Николай Николаевич 1862—
1933)——沙俄将军。1905—1906年曾在亚美尼亚指挥讨伐队。第一次
世界大战初期任高加索集团军参谋长,1915年1月起任高加索集团军司
令。1917年3—4月任高加索方面军总司令。1918年秋侨居芬兰,后移居
爱沙尼亚。1919年任西北地区白卫军总司令,是反革命的"西北政府"成
员。1919年两次进犯彼得格勒,失败后率残部退到爱沙尼亚。1920年起
为白俄流亡分子。——27、105、120、125、136、138、270、281、282、285、289、
295、356、359、360、362、364、365、366、390、406、444。

Z

扎戈尔斯基(卢博茨基),弗拉基米尔·米哈伊洛维奇(Загорский(Лубоцкий),
Владимир Михайлович 1883—1919)——1905年加入俄国社会民主工党。
1902年因参加五一游行示威被捕,流放叶尼塞斯克省。1904年从流放地

逃往日内瓦。1905—1908年在莫斯科做党的工作。1908年流亡国外,在伦敦住了两年后回国。不久被迫再次出国,住在莱比锡,执行布尔什维克中央部署的任务。第一次世界大战期间被德国政府拘禁。十月革命和布列斯特和约签订后,由苏维埃政府任命为驻德国大使馆一等秘书,直接从集中营到达柏林。在大使到任前履行外交代表的职责。1918年7月回到莫斯科,当选为党的莫斯科委员会书记。1919年9月25日在反革命分子向俄共(布)莫斯科委员会大楼投掷的炸弹爆炸时殉难。——98。

扎纳里尼,埃米利奥(Zannarini, Emilio 生于1891年)——意大利社会党人,政治活动家。1914年加入意大利社会党,1920—1924年任党中央委员。1919—1922年采取中派立场,主张同改良主义者保持"统一"。1921年以意大利社会党中央委员会的名义签署了社会党人同法西斯分子订立的所谓"和解公约"。——452、454、458、462。

中平良(生于1894年)——日本新闻工作者,《大阪朝日新闻》记者。在苏俄遭到外国武装干涉和国内战争时期是驻符拉迪沃斯托克的记者,后于1919年被报社派往莫斯科。写过一些同情苏维埃俄国的通讯寄往日本。1920年6月3日受到列宁的接见。回国后继续在《朝日新闻》工作,直到1931年。后从事写作。——122—123。

祖巴托夫,谢尔盖·瓦西里耶维奇(Зубатов, Сергей Васильевич 1864—1917)——沙俄宪兵上校,"警察社会主义"(祖巴托夫主义)的炮制者和鼓吹者。1896—1902年任莫斯科保安处处长,组织政治侦查网,建立密探别动队,破坏革命组织。1902年10月到彼得堡就任警察司特别局局长。1901—1903年组织警方办的工会——莫斯科机械工人互助协会和圣彼得堡俄国工厂工人大会等,诱使工人脱离革命斗争。由于他的离间政策的破产和反内务大臣的内讧,于1903年被解职和流放,后脱离政治活动。1917年二月革命初期自杀。——34—35。

————

Б.——德国将军。——505、506。

Т.——1920年为公爵(德国)。——505、506。

L.L.——见赫尔曼,拉迪斯劳斯。

文 献 索 引

埃勒,卡·《论解散政党》(Erler, K. Die Auflösung der Partei.—«Kommunistische Arbeiterzeitung», Hamburg, 1920, Nr. 32, 7. Februar, S. 1—2)——23。

鲍威尔,奥·《布尔什维主义还是社会民主主义?》(Bauer, O. Bolschewismus oder Sozialdemokratie? Wien, Verl. der Wiener Volksbuchh., 1920. 120 S.)——220—222、490、500。

[博尔迪加,阿·《关于议会活动的提纲》]([Бордига, А. Тезисы о парламентаризме].—В кн.: 2-ой конгресс Коммунистического Интернационала. Стеногр. отчет. Пг., изд-во Коммунистич. Интернационала, 1921, стр. 355—358)——245—248。

布兰克,鲁·《论俄国社会民主党的当前问题》(Бланк, Р. К злобам дня русской социал-демократии.—«Наша Жизнь», Спб., 1906, №401, 23 марта(5 апреля), стр. 1)——417—430。

布劳恩,美·伊·《谁应该偿还战时债务?》(Braun, M. I. Wer soll die Kriegsrechnung bezahlen? Zur Wirtschaftspolitik des kapitalistischen Bankrotts. Leipzig, Frank, 1920. 80 S.)——213—214、493—496、498。

布利特,威·克·《布利特受命赴俄记》(Bullitt, W. C. The Bullitt Mission to Russia. Testimony before the Committee on Foreign Relations United States Senate. New York, Huebsch, 1919. 151 p.)——125、132。

车尔尼雪夫斯基,尼·加·《[书评:]〈亨·查·凯里《就政治经济问题致美利坚合众国总统的信》〉》(Чернышевский, Н. Г. [Рецензия на книгу:] «Политико-экономические письма к президенту Американских Соединенных Штатов» Г. Ч. Кэри)——51。

狄慈根,约·《哲学的成果和逻辑书简》(Dietzgen, J. Das Acquisit der Philosophie und Briefe über Logik. Speziell demokratisch-proletarische Logik. Stuttgart,Dietz,1895.232 S.)——42。

恩格斯,弗·《反杜林论(欧根·杜林先生在科学中实行的变革)》(Анти-Дюринг. Переворот в науке, произведенный господином Евгением Дюрингом.Сентябрь 1876—июнь 1878 г.)——465。

—《给奥·倍倍尔的信》(1875 年 3 月 18—28 日)(Письмо А.Бебелю.18—28 марта 1875 г.)——14。

—《给弗·阿·左尔格的信》(1886 年 11 月 29 日)(Письмо Ф.А.Зорге.29 ноября 1886 г.)——51。

—《给卡·马克思的信》(1858 年 10 月 7 日)(Письмо К.Марксу.7 октября 1858 г.)——32。

—《公社的布朗基派流亡者的纲领》(德文版)(Engels, F. II. Programm der blanquistischen Kommune—Flüchtlinge.(Volksstaat,1874,Nr.73).—In: Engels, F. Internationales aus dem Volksstaat (1871 — 75). Berlin, «Vorwärts»,1894,S.40—46)——46—47。

—《公社的布朗基派流亡者的纲领》(俄文版)(Энгельс,Ф. Программа коммунаров-бланкистов.(Volksstaat,1874 г.,№73).—В кн.:Энгельс,Ф. Статьи 1871—75 гг.Пер.с нем.Б.Смирнова,под ред.А.Санина.Изд.Союза коммун Северной обл.[Пг.],1919,стр.46—54)——46—47。

—《流亡者文献》(Flüchtlings-Literatur. II.—«Der Volksstaat», Leipzig,1874, Nr.73,26.Juni,S.1—2)——46—47。

—《1871—1875 年论文集》(Статьи 1871—75 гг. Пер. с нем. Б. Смирнова, под ред.А.Санина. Изд.Союза коммун Северной обл.[Пг.],1919.87 стр.)——46—47。

高尔基,马·《弗拉基米尔·伊里奇·列宁》(Горький, М. Владимир Ильич Ленин.—«Коммунистический Интернационал»,М.—Пг.,1920,12,стлб. 1927—1936)——257。

—《致赫·威尔斯的一封信》(1920 年 5 月 12 日)(Письмо к Г.Уэллсу.12 мая 1920 г.—«Коммунистический Интернационал»,М.—Пг.,1920, №12,стлб.2207—2208)——257。

［葛兰西,安·］《为了社会党的革新》（［Gramsci, A.］Per un rinnovamento del Partito Socialista.—«L'Ordine Nuovo», Torino, 1920, An. II.—N. 1, 8 maggio, p. 3—4）——196、482。

［季诺维也夫,格·《给恩·诺布斯的信》（1920 年 10 月 19 日）］（［Zinowjew, G. Der Brief an E. Nobs. 19. Oktober 1920］.—«Volksrecht», Zürich, 1920, Nr. 265, 11. November, S. 1, в ст.: Nobs, E. Ein Brief und eine Erklärung）——464。

加拉赫,威·［《以格拉斯哥苏格兰工人委员会名义给编辑的信》］（Gallacher, W. ［A Letter to the Editor in the Name of the Scottisch Workers Committee of Glasgow］.—«Workers' Dreadnought», London, 1920, vol. VI, No. 48, February 21, p. 2. Под. общ. загл.: Parliamentary Action）——58—60、67。

凯恩斯,约·梅·《和约的经济后果》（Keynes, J. M. The Economic Consequences of the Peace. London, Macmillan, 1919. 279 p.）——211、212、213、215、216、217、489、490、493、498、499。

考茨基,卡·《决定关头》（Kautsky, K. Entscheidende Stunden.—«Freiheit», Berlin. Morgen-Ausgabe, 1920, Nr. 97/A 53, 30. März, S. 1）——88。

——《斯拉夫人和革命》（Каутский, К. Славяне и революция.—«Искра», ［Мюнхен］, 1902, No 18, 10 марта, стр. 1）——2—3。

克里斯平,阿·《论政局》（Crispien, A. Zur politischen Situation.—«Freiheit», Berlin. Morgen-Ausgabe, 1920, Nr. 122, 14. April. Beilage zur «Freiheit», S. 1）——88。

库恩·贝拉《德国发生的事件》（Kun, B. Die Ereignisse in Deutschland.—«Kommunismus», ［Wien］, 1920, Hft. 14, 17. April, S. 403—411. Подпись: B. K.）——128。

——《论抵制议会的问题》（Die Durchführung des Parlamentsboykotts.—«Kommunismus», ［Wien］, 1920, Hft. 18, 8. Mai, S. 549—555. Подпись: B. K.）——127、128—129。

——［《说明》］（［Die Anmerkung］.—«Kommunismus», ［Wien］, 1920, Hft. 18, 8. Mai, S. 553, в ст.: Kun, B. Die Durchführung des Parlamentsboykotts）

——127。

拉品斯基,帕·路·《英国和美国》(Лапинский, П. Л. Англия и Америка. — «Вестник Народного Комиссариата Иностранных Дел», М., 1920, №3, 27 февраля, стр. 13—24)——214—215、496、498。

劳合-乔治《劳合-乔治先生对自由党议员的谈话》(Lloyd George. Mr. Lloyd George's Speech to the Liberal M. P—'S. —«The Manchester Guardian», 1920, No. 22, 965, March 19, p. 12)——61—62、64、65、66。

利西斯《反对法国金融寡头》(Lysis. Contre l'Oligarchie financière en France. Préf. de J. Finot. 5-me éd. Paris, «La Revue», 1908. XI, 260 p.)——209。

[列宁,弗·伊·]《布尔什维克能保持国家政权吗?》([Ленин В. И.] Удержат ли большевики государственную власть? Пб., «Прибой», 1917. 40 стр. (РСДРП). Перед загл. авт.: Н. Ленин)——461。

——《德国工人运动中的哪些东西是不应该模仿的》(Чему не следует подражать в немецком рабочем движении. — «Просвещение», Спб., 1914, №4, стр. 97—99. Подпись: В. И.)——14。

——《俄共给德国独立社会民主党的复信草稿(提纲)》(Проект (или тезисы) ответа от РКП на письмо Независимой с.-д. германской партии. [20 января 1920 г.])——35。

——《俄国党内斗争的历史意义》(Исторический смысл внутрипартийной борьбы в России. —«Дискуссионный Листок», Paris, 1911, №3, 29 апреля (12 мая), стр. 3—8. Подпись: Н. Ленин)——409。

——《给德国和法国工人的信(关于共产国际第二次代表大会的讨论)》(Письмо к немецким и французским рабочим по поводу прений о 2-ом конгрессе Коммунистического Интернационала. [24 сентября 1920 г.]. — «Правда», М., 1920, №213, 25 сентября, стр. 1. Подпись: Н. Ленин)——451—452。

——《给德国和法国工人的信》——见《列宁的严厉警告》。

——《工兵代表苏维埃代表大会土地法令》(10月26日凌晨2时通过) (Декрет о земле съезда Советов рабочих и с. д. (Принят на зас. 26 окт. в 2 ч. н.). —«Известия ЦИК и Петроградского Совета Рабочих и Солдатских

Депутатов», 1917, №209, 28 октября, стр. 1)——44、52。

—《共产主义运动中的"左派"幼稚病》(Детская болезнь « левизны » в коммунизме. ПБ., Госиздат, 1920. 111 стр. Перед загл. авт.: Н. Ленин)——95、127、128、228。

—《关于对临时政府的态度的决议》[1917年俄国社会民主工党(布)彼得格勒市代表会议通过](Об отношении к Временному правительству. [Резолюция, принятая на Петроградской общегородской конференции РСДРП(б). 1917 г.].—«Правда», Пг., 1917, №35, 1 мая (18 апреля), стр. 3. Под общ. загл.: Российская социал-демократическая рабочая партия)——11。

—《关于对中农的态度的决议》(Резолюция об отношении к среднему крестьянству.—«Правда», 1919, №71, 2 апреля, стр. 1)——261。

—《关于俄国社会民主工党统一代表大会的报告(给彼得堡工人的信)》(Доклад об Объединительном съезде РСДРП. Письмо к петербургским рабочим. М.—Спб., тип. «Дело», 1906, 112 стр. Перед загл. кн. авт.: Н. Ленин)——411、412。

—《关于工兵代表苏维埃的决议[1917年俄国社会民主工党(布)第七次全国代表会议(四月代表会议)通过]》(Резолюция о Советах рабочих и солдатских депутатов, [принятая на Седьмой(Апрельской) Всероссийской конференции РСДРП(б). 1917 г.].—«Правда», Пг., 1917, №46, 15(2) мая, стр. 3)——11。

—《关于共产国际第二次代表大会的基本任务的提纲》(德文版)([Lenin, W.I.]Leitsätze über die Grundaufgaben des zweiten Kongresses der Kommunistischen Internationale.—In: Leitsätze zum II. Kongreß der Kommunistischen Internationale. Petrograd, Verl der Kommunistischen Internationale, 1920, S. 87—111. Подпись: N. Lenin)——208。

—《关于共产国际第二次代表大会的基本任务的提纲》(俄文版)(Тезисы об основных задачах Второго конгресса Коммунистического Интернационала.—В кн.: Тезисы ко второму конгрессу Коммунистического Интернационала. Пг., изд-во Коммунистич. Интернационала, [1920], стр. 84 — 107. Подпись: Н.

Ленин)——208、220、223、228。

—《关于共产国际第二次代表大会的基本任务的提纲》(法文版)(Sur les tâches principales du 2-e Congrès de l'Internationale Communiste.(Présentées par N.Lénine).—In: Thèses présentées au deuxième congrès de l'Internationale Communiste(Petrograd—Moscou, 18 juillet 1920).Petrograd, éd.de l'Internationale Communiste, p.70—88.Подпись: N.Lénine)——208。

—《关于共产国际第二次代表大会的基本任务的提纲》(英文版)(Theses on the Fundamental Tasks of the Second Congress of the Communist International.—In: Theses Presented to the Second World Congress of the Communist International.(Petrograd—Moskow, July 1920).Petrograd, ed.of the Communist International, 1920, p.93—120.Подпись: N.Lenin)——208。

—《关于武装起义的决议[俄国社会民主工党第三次代表大会通过]》(Резолюция о вооруженном восстании,[принятая на III съезде РСДРП].—В кн.: Извещение о III съезде Российской социал-демократической рабочей партии. С прилож. устава партии и главнейших резолюций, принятых III съездом. Изд. ЦК РСДРП. Женева, кооп. тип., 1905, стр.9—10.(РСДРП).Под общ. загл.: Главнейшие резолюции)——410、418。

—《国家与革命》(Государство и революция. Учение марксизма о государстве и задачи пролетариата в революции. Вып. 1. Пг.,«Жизнь и Знание», 1918. 115 стр.(Б-ка обществоведения. Кн. 40-я). Перед загл. авт.: В. Ильин(Н. Ленин))——14。

—《和平法令(1917 年 10 月 26 日全俄工兵农代表苏维埃代表大会会议一致通过)》(Декрет о мире, принятый единогласно на заседании Всероссийского съезда Советов рабочих, солдатских и крестьянских депутатов 26 октября 1917 г.—«Известия ЦИК и Петроградского Совета Рабочих и Солдатских Депутатов», 1917, №208, 27 октября, стр. 1)——18。

—[《加入共产国际的条件的第二十条》]([Двадцатый пункт условий

приема в Коммунистический Интернационал].—« Коммунистический Интернационал », М.—Пг., 1920, №13, 28 сентября, стлб. 2392. Под общ. загл.: Условия приема в Коммунистический Интернационал) —— 325—326。

—《立宪会议选举和无产阶级专政》(Выборы в Учредительное собрание и диктатура пролетариата.—« Коммунистический Интернационал », Пг., 1919, №7—8, ноябрь—декабрь, стлб. 953—968. Подпись: Н. Ленин) —— 32、39—40。

—《立宪民主党人的胜利和工人政党的任务》(Победа кадетов и задачи рабочей партии. Спб., « Наша Мысль », [1906]. 79 стр. Перед загл. авт.: Н. Ленин) —— 415—430。

—《列宁同志论对波战争和世界政治》(Т. Ленин о войне с Польшей и мировой политике. (Краткий отчет о речи тов. Ленина на 1-м заседании Всеросс. конференции РКП).—« Правда », М., 1920, №216, 29 сентября, стр. 1. Под общ. загл.: Всероссийская конференция РКП) —— 316。

—《论俄国罢工统计》(О статистике стачек в России.—« Мысль », М., 1910, №1, декабрь, стр. 12—23; 1911, №2, январь, стр. 19—29. Подпись: В. Ильин) —— 410。

—《民族和殖民地问题提纲初稿(为共产国际第二次代表大会草拟)》(Первоначальный набросок тезисов по национальному и колониальному вопросам. (Для 2-го съезда Коммун. Интернационала).—« Коммунистический Интернационал », М.—Пг., 1920, №11, 14 июня, стлб. 1720—1724. Подпись: Н. Ленин) —— 232、233、235、236。

—《社会民主党在民主革命中的两种策略》(1905年版)(Две тактики социал-демократии в демократической революции. Изд ЦК РСДРП. Женева, тип. партии, 1905. VIII, 108 стр. (РСДРП). Перед загл. авт.: Н. Ленин) —— 411—412、413—415。

—《社会民主党在民主革命中的两种策略》(载于《十二年来》文集)(Две тактики социал-демократии в демократической революции.—В кн.: [Ленин, В. И.] За 12 лет. Собрание статей. Т. 1. Два направления в русском

марксизме и русской социал-демократии. Спб., тип. Безобразова,[1907],
стр.387—469. Перед загл. кн. авт.: Вл. Ильин. На тит. л. и обл. год изд.:
1908)——411—412。

—《十二年来》文集（За 12 лет. Собрание статей. Т. 1. Два направления в
русском марксизме и русской социал-демократии. Спб., тип. Безобразова,
[1907]. XII, 471 стр. Перед загл. кн. авт.: Вл. Ильин. На тит. л. и обл. год
изд.:1908)——411—412。

—[《提交俄国社会民主工党统一代表大会的策略纲领》]（[Тактическая
платформа к Объединительному съезду РСДРП]. Проект резолюций к
Объединительному съезду РСДРП.—«Партийные Известия»,[Спб.],
1906,№2,20 марта,стр.5—9)——411。

—《在俄共（布）第九次代表会议上所作的俄共（布）中央委员会政治报告
（[1920年]9月22日）》—见《列宁同志论对波战争和世界政治》。

—[《在共产国际第二次代表大会上关于加入共产国际的条件的发言
（1920年7月30日）》]（[Речь на II конгрессе Коммунистического
Интернационала об условиях приема в Коммунистический Интернационал 30
июля 1920 г.].—В кн.: 2-ой конгресс Коммунистического Интернационала.
Стеногр. отчет. Пг., изд-во Коммунистич. Интернационала, 1921, стр. 289—
295)——273。

—[《在莫斯科省的县、乡、村执行委员会主席会议上的讲话（1920年10月
15日）》]（[Речь на совещании председателей уездных, волостных и
сельских Исполнительных комитетов Московской губернии 15 октября
1920 г.].—«Стенографические отчеты Московского Совета рабочих и
красноармейских депутатов», М., 1920, №13, стр. 222—227)——
403、406。

[卢卡奇·乔·]《论议会活动问题》（[Lucács, G.]Zur Frage des Parlamenta-
rismus.—«Kommunismus»,[Wien], 1920, Hft. 6, 1. März, S. 161—172.
Подпись: G.L.)——127—128。

[罗易，马·纳·]《罗易同志[关于民族和殖民地问题]的提纲》（[Рой, М.Н.]
Тезисы тов. Роя [по национальному и колониальному вопросам].—

《Вестник 2-го Конгресса Коммунистического Интернационала》, М., 1920, №6,7 августа, стр.2; №7,8 августа, стр.2)——232、233、236。

马尔丁诺夫,亚·《在与马克思主义良心的斗争中》(Мартынов, А. В борьбе с марксистской совестью. III(Окончание). —«Искра», Genève, 1905, №103, 21 июня, стр.2—3)——413—414。

马尔赫列夫斯基,尤·约·《土地问题和世界革命》(Мархлевский, Ю. Ю. Аграрный вопрос и мировая революция. —«Коммунистический Интернационал», М.—Пг., 1920, №12, 20 июля, стлб.2019—2028)——170。

马克思,卡·《〈黑格尔法哲学批判〉导言》(Маркс, К. К критике гегелевской философии права. Введение. Конец 1843—январь 1844 г.)——184。

——科隆,9月13日。(Marx, K. Köln, 13. Sept.—«Neue Rheinische Zeitung», Köln, 1848, Nr.102, 14. September, S.1, в отд.: Deutschland)——372—373。

——《危机和反革命》——见马克思,卡·科隆,9月13日。

——《资本论。政治经济学批判》(第1卷第1册)——见马克思,卡·和恩格斯,弗·《马克思恩格斯文集》第4卷。

马克思,卡·和恩格斯,弗·《法兰克福激进民主党和法兰克福左派的纲领》——见马克思,卡·和恩格斯,弗·科隆,6月6日。

——《共产党宣言》(Маркс, К. и Энгельс, Ф. Манифест Коммунистической партии. Декабрь 1847—январь 1848 г.)——374。

——《马克思恩格斯文集》第4卷(Собрание сочинений. Т. 4. М., Госиздат, 1920. LIV, 799 стр.(РКП(б). Под общ. ред. И. Степанова))——465。

——科隆,6月6日。(Marx, K. u. Engels, F. Köln, 6. Juni.—«Neue Rheinische Zeitung», Köln, 1848, Nr. 7, 7. Juni, S. 1, в отд.: Deutschland)——414—415。

——《遗著》——见《卡·马克思、弗·恩格斯和斐·拉萨尔的遗著》。

麦克唐纳,詹·拉·《议会与革命》(MacDonald, J. R. Parliament and Revolution. Manchester, The National Labour Press, 1919. 116 p. (The Socialist Libr.—XII))——219—220、489—490、492、494—495、499。

[梅林,弗·]《[出版者为〈卡·马克思、弗·恩格斯和斐·拉萨尔的遗著〉一书加的]序言》([Mehring, F.]Einleitung[des Herausgebers zum Buch:

Aus dem literarischen Nachlaß von K.Marx,F.Engels und F.Lassalle].—
In:Aus dem literarischen Nachlaß von K.Marx,F.Engels und F.Lassalle.
Hrsg.von F.Mehring.Bd.Ⅲ.Gesammelte Schriften von K.Marx und F.
Engels.Von Mai 1848 bis Oktober 1850.Stuttgart,Dietz,1902,S.3—86)
——413—414。

诺布斯,恩·《一封来信和一点声明》（Nobs, E. Ein Brief und eine
Erklärung.—«Volksrecht»,Zürich,1920,Nr.265,11.November,S.1—2)
——464。

潘克赫斯特,西·埃·《向建立共产党的目标前进》(Pankhurst,S.E.Towards
a Communist Party.—«Workers' Dreadnought», London, 1920, vol. Ⅵ,
No.48,February 21,p.4—6)——57—58、61、62—63、67。

[普列汉诺夫,格·瓦·]《白色恐怖》([Плеханов,Г.В.]Белый террор.—«Искра»,
[Женева],1903,№48,15 сентября,стр.1)——13。

—《Cant 反对康德或伯恩施坦先生的精神遗嘱》(Cant против Канта или
Духовное завещание г. Бернштейна.—«Заря», Stuttgart, 1901, №2—3,
декабрь,стр.204—225)——14。

—《关于策略的讨论。我们为什么要感激他呢？（致卡·考茨基的公开
信）》(Plechanow,G.Erörterungen über die Taktik.Wofür sollen wir ihm
dankbar sein? Offener Brief an Karl Kautsky.—«Sächsische Arbeiter-
Zeitung»,Dresden,1898,Nr.253.2.Beilage,30.Oktober,S.[1];Nr.254.
Beilage,2.November,S.[1];Nr.255.Beilage,3.November,S.[1])——
238—239。

[塞格鲁]《伦敦〈每日新闻报〉记者给列宁同志的电报》([Сегрю] Радиоте-
леграмма корреспондента лондонской газеты«Дейли Ньюс» на имя тов.
Ленина.—«Правда»,М.,1920,№202,12 сентября,стр.2.Под общ.загл.:
Советская Россия и буржуазное общественное мнение)——273。

[塞拉蒂,扎·梅·]《第三国际第二次代表大会》([Serrati,G.M.]Ⅱsecondo
Congresso della Terza Internationale.Alcune osservazioni preliminari.—
«Comunismo»,Milano,1920,N.24,dal 15 al 30 settembre,p.1621—
1627)——455。

—《菲力浦·屠拉梯和布尔什维主义》(Filippo Turati e il massimalismo.—
　《Comunismo》,Milano,1919,N.3,dal 1 al 15 novembre,p.179—183)
　——45。

—《塞拉蒂的一封信》(Une lettre de Serrati.—《L'Humanité》,Paris,1920,
　N 6048,14 octobre,p.3. Под общ. загл.: Autour de la Troisième Interna-
　tionale)——454—455、460—461。

司徒卢威,彼·伯·《两个罢工委员会》(Струве, П. Б. Два забастовочных
　комитета.—«Полярная Звезда», Спб., 1905, №3, 30 декабря, стр. 223—
　228)——415—416。

瓦尔加,叶·《无产阶级专政的经济政策问题》(Varga, E. Die wirtschafts-
　politischen Probleme der proletarischen Diktatur. Wien, «Neue Erde»,
　1920.138 S.)——241。

伊兹哥耶夫,亚·索·《无产阶级专政》(Изгоев, А. С. « Диктатура проле-
　тариата».—«Полярная Звезда», Спб., 1906, №10, 18 февраля, стр. 715—
　724)——415—416。

E.C.《访问屠拉梯》(E.C.An interview with Turati.Rome.February 27.—«The
　Manchester Guardian»,1920,No.22,959,March 12,p.7. Под общ. загл.:
　The Internal Situation in Italy)——89。

G.C.《我们会被封锁吗?》(G.C.Saremo bloccati? —«Comunismo», Milano,
　1920,N.24,dal 15 al 30 settembre,p.1647—1649)——459。

L.L.《德国革命的新阶段》(L.L.Ein neuer Abschnitt der deutschen Revolu-
　tion.—«Die Rote Fahne»,Wien,1920,Nr.266,28.März,S.1—2;Nr.267,
　30.März,S.2—3)——87—88。

R.C.《英国工会运动》(R.C.Den engelska fackföreningsrörelsen. Imponerande
　siffror:sju och en halv million organiserade arbetare.—«Folkets Dagblad
　Politiken»,[Stockholm],1920,N:r 58,10 mars,s.4)——33。

＊　　　　＊　　　　＊

《艾米利亚雷焦的会晤》(Il Convegno di Reggio Emilia. La concentrazione

socialista in cerca di un programma.—«Avanti!»,Milano,1920,N.244,12 ottobre,p.1—2)——454—455。

《艾米利亚雷焦的会晤之后》(Dopo il Convegno di Reggio Emilia.—«Avanti!»,Milano,1920,N.245,13 ottobre,p.2)——454—455。

《奥地利统计》(Österreichische Statistik.Hrsg.von der K.K.Statistischen Zentralkommission.Bd.LXXXIII.Hft.1.Ergebnisse der landwirtschaftlichen Betriebszählung vom 3. Juni 1902 in den im Reichsrate Vertretenen Königreichen und Ländern.1.Hft.Analytische Bearbeitung Summarische Daten für das Reich die Verwaltungsgebiete und Länder,nebst Anhang,enthaltend Übersichten nach natürlichen Gebieten.Bearb.von dem Bureau der K.K.Statistischen Zentralkommission.Wien,1909,[4],XLV,65 S.)——174。

《巴拉托诺等人的决议》(L'o.d.g.Baratono.—«Avanti!»,Milano,1920,N.236,2 ottobre,p.1.Под общ.загл.：La Direzione del Partito delibera intorno alla scissione)——452—453。

《巴拉托诺、扎纳里尼等人的决议》——见《巴拉托诺等人的决议》。

《巴塞尔宣言》——见《国际关于目前形势的宣言[巴塞尔国际社会党非常代表大会通过]》。

《保卫苏维埃俄国》(载于 1920 年 11 月 2 日《真理报》第 245 号)(Оборона Советской России.—«Правда»,М.,1920,№245,2 ноября,стр.1)——448。

《保卫苏维埃俄国》(载于 1920 年 11 月 4 日《真理报》第 247 号)(Оборона Советской России.—«Правда»,М.,1920,№247,4 ноября,стр.1)——448。

《保卫苏维埃俄国。南方战线 11 月 2 日战报》(Оборона Советской России. Оперативная сводка от 2 ноября.Южный фронт.—«Правда»,М.,1920,№246,3 ноября,стр.1)——448。

《北方呼声报》(圣彼得堡)(«Северный Голос»,Спб.)——428。

《北极星》杂志(圣彼得堡)(«Полярная Звезда»,Спб.)——429。

—1905,№3,30 декабря,стр.223—228.——415—416。

—1906,№10,18 февраля,стр.715—724.——415—416。

彼得格勒，9 月 21 日（10 月 3 日）。*妥协的道路*（Петроград，21 сентября（3 окт.）. Пути соглашения.—«Дело Народа», Пг., 1917, №160, 21 сентября, стр.1）——461。

《*伯尔尼哨兵报*》（«Berner Tagwacht», 1915, Nr. 218, 18. September, S. 1）——52。

《*博洛尼亚社会党人代表大会*》（Il Congresso Socialista di Bologna.—«Comunismo», Milano, 1919, N.2, dal 15 al 30 ottobre, p.84—86）——45。

《*布尔什维克关于临时政府和革命政权的地方机关的决议草案*》（Проект большевистской резолюции о временном правительстве и местных органах революционной власти.—В кн.：［Ленин，В. И.］Доклад об Объединительном съезде РСДРП. Письмо к петербургским рабочим. М.—Спб., тип. «Дело», 1906, стр.92—93, в отд.：Приложения. Перед загл. кн. авт.：Н. Ленин）——411—412。

《*错误*》（Il Fallo.—«Il Soviet», Napoli, 1920, N.4, 1 febbraio, p.3）——45。

《*大剧院隆重集会*》（Торжественное заседание в Большом театре.—«Известия ВЦИК Советов Рабочих, Крестьянских, Казачьих и Красноарм. Депутатов и Моск. Совета Рабоч. и Красноарм. Депутатов», 1920, №213（1060），25 сентября, стр.2）——358。

《*党的当前任务*》（*俄共莫斯科委员会的决议*）（Очередные задачи партии. (Резолюция Московского ком. РКП).—«Правда», М., 1920, №206, 17 сентября, стр.2, в отд.：Партийная жизнь）——317、322。

《*党内消息报*》（*圣彼得堡*）（«Партийные Известия», ［Спб.］, 1906, №2, 20 марта, стр.5—9, 9—11）——411。

《*德国共产党*（*斯巴达克联盟*）*的分裂*》（Die Spaltung der K. P. D. (Spartakusbund). Frankfurt a/M., Verl. Kommunistische Partei Deutschlands. Ortsgruppe. 8 S.）—— 19—21、22、23、34、36、37、38、39、41—43、45、46、49、57。

《*德国共产党*（*斯巴达克联盟*）*中央委员会声明*》（Erklärung der Zentrale der K.P.D. (Spartakusbund).—«Die Rote Fahne», Berlin, 1920, Nr. 32, 26. März, S.2）——86—87、127。

《德国社会民主党纲领(1891年爱尔福特代表大会通过)》(Programm der So-
　　zialdemokratischen Partei Deutschlands, beschlossen auf dem Parteitag
　　zu Erfurt 1891.—In: Protokoll über die Verhandlungen des Parteitages
　　der Sozialdemokratischen Partei Deutschlands. Abgehalten zu Erfurt von
　　14. bis 20. Oktober 1891. Berlin. «Vorwärts». 1891, S. 3 — 6)——238
　　—239。

《德意志帝国统计》(Statistik des Deutschen Reichs. Bd. 212. Berufsund Betriebszählung
　　vom 12. Juni 1907. Landwirtschaftliche Betriebsstatistik. Hrsg. vom Kaiserli-
　　chen statistischen Amte. Teil 1a, 1b, 2a. Berlin, [1909 — 1910]. 3 Bde.)
　　——174。

《俄国共产党(布尔什维克)纲领》(1919年3月18—23日党的第八次代表大
　　会通过)》(Программа Российской Коммунистической партии (боль-
　　шевиков). Принята 8-м съездом партии 18 — 23 марта 1919 г. М.—Пг.,
　　«Коммунист», 1919. 24 стр. (РКП(б)))——439、471。

《俄共(布)中央通报》(莫斯科)(«Известия ЦК РКП(б)», [М.], 1920, №21,
　　4 сентября, стр. 1 — 3)——317、320、322。

　　—1920, №24, 12 октября, стр. 2 — 5.——324。

《俄国共产党全国代表会议(1920年9月22 — 28日)》(Всероссийская
　　конференция Российской Коммунистической партии. 22 — 28 сентября
　　1920 г. Баку, «Азерцентропечать», б. г. 98 стр.)——316、317。

《俄国共产党全国代表会议(9月22日上午会议)》(Всероссийская конференция
　　РКП. (Утреннее заседание 22-го сентября).—«Правда», М., 1920, №211, 23
　　сентября, стр. 1)——358、365。

《俄国共产党中央委员会给各级党组织和全体党员的信》(Письмо Центральн.
　　Комитета РКП. Всем партийным организациям, всем членам партии.—
　　«Известия ЦК РКП(б)», [М.], 1920, №21, 4 сентября, стр. 1 — 3)——317、
　　320、322。

《[俄国社会民主工党第三次代表大会]关于临时革命政府的决议》(Резолюция
　　[III съезда РСДРП] о временном революционном правительстве.—В кн.:
　　Извещение о III съезде Российской социал-демократической рабочей партии. С

прилож. устава партии и главнейших резолюций, принятых III съездом. Изд. ЦК РСДРП. Женева, кооп. тип., 1905, стр. 10. (РСДРП). Под общ. загл.: Главнейшие резолюции)——414。

《俄国社会民主工党纲领（党的第二次代表大会通过）》(Программа Российской соц.-дем. рабочей партии, принятая на Втором съезде партии.—В кн.: Второй очередной съезд Росс. соц.-дем. рабочей партии. Полный текст протоколов. Изд. ЦК. Genève, тип. партии, [1904], стр. 1—6. (РСДРП))——238、409。

《俄罗斯联邦人民委员会告波兰政府和波兰人民书》(От Совета Народных Комиссаров РСФСР правительству Польши и польскому народу. Заявление. [28 января 1920 г.].—«Правда», М., 1920, №20, 30 января, стр. 1. Под общ. загл.: Перед важным решением)——130—131、310、355。

《俄罗斯社会主义联邦苏维埃共和国宪法（根本法）》(Конституция (Основной закон) Российской Социалистической Федеративной Советской Республики. Постановление 5-го Всероссийского съезда Советов, принятое в заседании 10 июля 1918 г.—«Известия ВЦИК Советов Крестьянских, Рабочих, Солдатских и Казачьих Депутатов и Московского Совета Рабочих и Красноармейских Депутатов», 1918, №151 (415), 19 июля, стр. 3)——473。

《告欧洲无产者书！》(Proletarier Europas! —«Berner Tagwacht», 1915, Nr. 218, 18. September, S. 1. Под общ. загл.: Internationale sozialistische Konferenz zu Zimmerwald (Schweiz))——52。

《告遭破产和受迫害的人民书》(К разоряемым и умерщвляемым народам.— «Социал-Демократ», Женева, 1916, №54—55, 10 июня, стр. 1)——52。

[《革命公社》]([La commune révolutionnaire]. Aux communeux. [Londres], juin 1874]. 12 p.)——46、68。

《给寇松勋爵的电报（1920 年 7 月 17 日）》(Перевод радиотелеграммы лорду Керзону от 17-го июля 1920 г.—«Известия ВЦИК Советов Рабочих, Крестьянских, Казачьих и Красноарм. Депутатов и Моск. Совета Рабоч. и Красноарм. Депутатов», 1920, №157 (1004), 18 июля, стр. 1. Под общ. загл.: Ультиматум Англии и наш ответ)——391。

《给外交人民委员契切林的无线电报》(Народному комиссару по иностранным делам Чичерину. Москва. Весьма срочно. [Перевод радиотелеграммы министра иностранных дел Великобритании Керзона от 11-го июля 1920 г.].—«Правда», М., 1920, №157, 18 июля, стр. 1. Под общ. загл.: Англия предлагает посредничество. От Народного комиссариата по иностранным делам)——255、357、390。

《工农检查院条例》(Положение о Рабоче-Крестьянской инспекции.—«Известия ВЦИК Советов Рабочих, Крестьянских, Казачьих и Красноарм. Депутатов и Моск. Совета Рабоч. и Красноарм. Депутатов», 1920, №28(875), 8 февраля, стр. 3. Под общ. загл.: Постановления и резолюции Всероссийского Центрального Исполнительного Комитета 7-го созыва, принятые на 1-й сессии (2—7 февраля 1920 г.))——28。

《工人、农民、哥萨克和红军代表苏维埃全俄中央执行委员会及莫斯科工人和红军代表苏维埃消息报》(«Известия ВЦИК Советов Рабочих, Крестьянских, Казачьих и Красноарм. Депутатов и Моск. Совета Рабоч. и Красноарм. Депутатов», 1919, №110(662), 23 мая. стр. 1)——114、132、388。

—1920, №28(875), 8 февраля, стр. 3.——28。

—1920, №94(941), 4 мая, стр. 1.——105—106。

—1920, №125(972), 11 июня, стр. 1.——131。

—1920, №126(973), 12 июня, стр. 1.——131—132。

—1920, №157(1004), 18 июля, стр. 1.——390、391。

—1920, №198(1045), 8 сентября, стр. 2.——383、388。

—1920, №213(1060), 25 сентября, стр. 2.——358。

—1920, №224(1071), 8 октября, стр. 3.——373。

—1920, №226(1073), 10 октября, стр. 2.——439。

—1920, №263(1110), 23 ноября, стр. 3.——441、445。

《工人无畏舰》周刊(伦敦)(«Workers' Dreadnought», London)——57、482。

—1920, vol. VI, No. 48, February 21, p. 2, 4—6.——57—60、62—63、64、67、68。

《共产党和议会活动》(Коммунистические партии и парламентаризм.—В кн.:

2-ой конгресс Коммунистического Интернационала. Стеногр. отчет. Пг., изд-во Коммунистич. Интернационала, 1921, стр. 584 — 595)——262。

《共产国际》(Die Kommunistische Internationale. (Manifest, Leitsätze und Beschlüsse des Moskauer Kongresses 2.— 6. März 1919). Hamburg, Willaschek, [1919]. 56 S.)——467、478 — 479。

《共产国际第二次代表大会。速记记录》(2-ой конгресс Коммунистического Интернационала. Стеногр. отчет. Пг., изд-во Коммунистич. Интернационала, 1921. 682 стр.)——224、227 — 231、232、238、239 — 240、241、242、243、245 — 248、249、252、253 — 254、262、269 — 270、273、501。

《共产国际第二次代表大会通报》(莫斯科)(«Вестник 2-го Конгресса Коммунистического Интернационала», М., 1920, №6, 7 августа, стр. 2; №7, 8 августа, стр. 2)——232、233、235 — 236。

《共产国际决议和章程(1920 年 7 月 19 日 — 8 月 7 日举行的共产国际第二次代表大会通过)》(Резолюции и устав Коммунистического Интернационала, принятые Вторым конгрессом Коммунистического Интернационала (19-го июля — 7-го августа 1920 г.). Пг., изд-во Коммунистич. Интернационала, [1920]. 127 стр.)——237、250 — 251、252、253、254、467、478 — 479。

《共产国际》杂志(彼得格勒)(«Коммунистический Интернационал», Пг., 1919, №7 — 8, ноябрь — декабрь, стлб. 953 — 968)——32、39 — 40。

——М. — Пг., 1920, №9, 22 марта, стлб. 1381 — 1392.——35、195。

——1920, №11, 14 июня, стлб. 1720 — 1724.——232、233、235。

——1920, №12, 20 июля, стлб. 2019 — 2028.——170、257。

——1920, №13, 28 сентября, стлб. 2387 — 2392.——325、464。

《共产国际执行委员会致德国全体工人、德国共产党中央委员会及独立社会民主党中央委员会》(Ко всем рабочим Германии, Центральному комитету Германской коммунистической партии и Центральному комитету Независимой социал-демократической партии. От Исполнительного Комитета Коммунистического Интернационала. По поводу постановления Лейпцигского съезда независимых о III-м Интернационале. — «Коммунистический Интернационал», М. — Пг., 1920, №9, 22 марта, стлб. 1381 — 1392)——35、195。

《共产国际驻阿姆斯特丹临时办事处公报》(«Bulletin of the Provisional Bureau in Amsterdam of the Communist International»,1920,No.1,February,p.3)——36—37,40—43。

《共产主义工人报》(汉堡)(«Kommunistische Arbeiterzeitung»,Hamburg)——23。

—1920,Nr.32,7.Februar,S.1—2.——23。

《共产主义》杂志(米兰)(«Comunismo»,Milano,1919,NN.1—4,1 ottobre—dal 15 al 30 novembre)——45。

—1919,N.2,dal 15 al 30 ottobre,p.84—86.——45。

—1919,N.3,dal 1 al 15 novembre,p.179—183.——45。

—1920,N.24,dal 15 al 30 settembre,p.1621—1627,1647—1649.——455、459。

《共产主义》杂志(维也纳)(«Kommunismus»,Wien)——127、196、482。

—1920,Hft.1./2.,1.Februar—Hft.18,8.Mai.566 S.——127。

—1920,Hft.6,1.März,S.161—172.——127—128。

—1920,Hft.14,17.April,S.403—411.——128。

—1920,Hft.18,8.Mai,S.549—555.——127、128—129。

《共产主义者统一大会》(Communist Unity Convention.London,July 31-st and August 1-st 1920.Official Report.London,The Communist Party of Great Britain,1920.72 p.)——251。

《共产主义者》杂志(«The Communist»)——372。

《关于党的建设的当前任务》[俄共(布)第九次全国代表会议通过的决议](Об очередных задачах партийного строительства.[Резолюция,принятая на IX Всероссийской конференции РКП(б)].—«Известия ЦК РКП(б)»,[М.],1920,№24,12 октября,стр.2—5.Под общ.загл.:Резолюции)——324。

《关于党的莱比锡特别会议(1919年11月30日—12月6日)协商的记录》(Protokoll über die Verhandlungen des außerordentlichen Parteitages in Leipzig vom 30.November bis 6.Dezember 1919.Berlin,«Freiheit»,б.г.560 S.(Unabhängige Sozialdemokratische Partei Deutschlands))——53。

《关于德国共产党(斯巴达克联盟)成立大会(1918年12月30日—1919年1

月 1 日）的报道》(Bericht über den Gründungsparteitag der Kommunistischen Partei Deutschlands(Spartakusbund)vom 30.Dezember 1918 bis 1. Januar 1919. Hrsg. von der Kommunistischen Partei Deutschlands (Spartakusbund).Berlin,[1918].56 S.)——37。

《关于德国共产党(斯巴达克联盟)第四次代表大会(1920 年 4 月 14—15 日) 的报道》(Bericht über den 4. Parteitag der Kommunistischen Partei Deutschlands(Spartakusbund) am 14. und 15. April 1920. Hrsg. von der Kommunistischen Partei Deutschlands (Spartakusbund). Berlin, [1920]. 110 S.)——200、212、215、499。

《关于对合作社的态度》(Об отношении к кооперации.—В кн.：Девятый съезд Российской Коммунистической партии. Стеногр. отчет. (29-го марта— 4 апреля 1920 г.).М.,Госиздат,1920,стр.387—389)——151。

《关于夺取政权和参加临时政府》(О завоевании власти и участии во временном правительстве. [Резолюция первой общерусской конференции партийных работников].—В кн.：Первая общерусская конференция партийных работников. Отдельное приложение к №100 «Искры». Женева, тип. партии, 1905, стр. 23—24.(РСДРП))——413—414。

《关于共产国际的基本任务的决议》(Резолюция об основных задачах Коммунистического Интернационала.—В кн.：2-ой конгресс Коммунистического Интернационала. Стеногр. отчет. Пг., изд-во Коммунистич. Интернационала, 1921,стр.542—559)——252、460。

《[关于建立国家杜马的]诏书》(1905 年 8 月 6 日(19 日))——(Манифест [об учреждении Государственной думы. 6 (19) августа 1905 г.].— «Правительственный Вестник», Спб., 1905, №169, 6 (19) августа, стр. 1) ——15。

《关于民族和殖民地问题的决议》(Резолюция по национальному и колониальному вопросам.—В кн.：2-ой конгресс Коммунистического Интернационала. Стеногр. отчет. Пг., изд-во Коммунистич. Интернационала, 1921,стр.596—602)——232。

《关于议会活动的提纲》(Theses Concerning Parliamentarism.—«Bulletin of

Nachlaß von K. Marx, F. Engels und F. Lassalle. Hrsg. von F. Mehring. Bd. III. Gesammelte Schriften von K. Marx und F. Engels. Von Mai 1848 bis Oktober 1850. Stuttgart, Dietz, 1902. VI, 491 S.)——413。

《开端报》(圣彼得堡)(«Начало», Спб.)——431。

《列宁的严厉警告》(Il severo ammonimento di Lenin. «Si ammettono anche eccezroni».—« Avanti!», Milano, 1920, N. 238, 5 ottobre, p. 1)——451—452。

《列宁和弃权主义》(Lenin e l'astensionismo.—«Il Soviet», Napoli, 1920, N. 4, 1. febbraio, p. 1)——45。

[《卢卡奇·乔·〈论议会活动问题〉一书的编者按语》]([Die Anmerkung der Redaktion zum Artikel: Lucács, G. Zur Frage des Parlamentarismus].—«Kommunismus», Wien, 1920, Hft. 6, 1. März, S. 161)——127。

《论坛报》(阿姆斯特丹)(«De Tribune», Amsterdam)——482。

《曼彻斯特卫报》(«The Manchester Guardian», 1920, No. 22, 959, March 12, p. 7)——88—89。

—1920, No. 22, 965, March 19, p. 12.——60—62、64、65、66。

《每日新闻报》(伦敦)(«Daily News», London)——273。

《孟什维克关于临时政府和革命自治的决议草案》(Проект меньшевистской резолюции о временном правительстве и революционном самоуправлении.—В кн.: [Ленин, В. И.] Доклад об Объединительном съезде РСДРП. Письмо к петербургским рабочим. М.—Спб., тип. «Дело», 1906, стр. 91—92, в отд.: Приложения. Перед загл. кн. авт.: Н. Ленин)——411—412。

《"孟什维克"派及〈火星报〉编辑向本次代表大会提出的决议草案》(Проект резолюций к предстоящему съезду, выработанный группой «меньшевиков» с участием редакторов «Искры».—«Партийные Известия», [Спб.], 1906, №2, 20 марта, стр. 9—11)——411。

《民权报》(苏黎世)(«Volksrecht», Zürich)——464。

—1920, Nr. 265, 11. November, S. 1—2.——464。

《莫斯科省的县、乡、村执行委员会主席会议和莫斯科苏维埃全会的联席会议》(Совещание председателей уездных, волостных и сельских Исполнительных комитетов Московской губ. совместно с пленумом Московского Совета. Заседание 15 октября 1920 года. — «Стенографические отчеты Московского Совета рабочих и красноармейских депутатов», М., 1920, №13, стр. 221—235)——403、406。

《农民、工人、士兵和哥萨克代表苏维埃全俄中央执行委员会及莫斯科工人和红军代表苏维埃消息报》(«Известия ВЦИК Советов Крестьянских, Рабочих, Солдатских и Казачьих Депутатов и Московского Совета Рабочих и Красноармейских Депутатов», 1918, №151 (415), 19 июля, стр. 3)——463。

《潘克赫斯特被捕》(Арест Панкхерст. — «Правда», М., 1920, №114, 28 мая, стр. 1, в отд. : Телеграммы. Под общ. загл. : В Англии)——120。

《评价俄国社会民主工党统一代表大会工作的参考资料》(Материалы для оценки работ Объединительного съезда РСДРП. — В кн. : [Ленин, В. И.] Доклад об Объединительном съезде РСДРП. Письмо к петербургским рабочим. М. — Спб., тип. «Дело», 1906, стр. 63—110, в отд. : Приложения. Перед загл. кн. авт. : Н. Ленин)——411。

[评论]([Comments]. — «The New Statesman», London, 1920, No. 370, May 15, p. 149—152)——118—119。

《启蒙》杂志(圣彼得堡)(«Просвещение», Спб.)——410。

　—1914, №4, стр. 97—99.——14。

《前进报》(米兰)(«Avanti!», Milano)——451、452、462。

　—1920, N. 233, 29 settembre, p. 1.——452。

　—1920, N. 234, 30 settembre, p. 1.——452。

　—1920, N. 235, 1 ottobre, p. 1.——452、454、459。

　—1920, N. 236, 2 ottobre, p. 1.——452—453、455。

　—1920, N. 238, 5 ottobre, p. 1.——451—452。

　—1920, N. 244, 12 ottobre, p. 1—2.——455。

　—1920, N. 245, 13 ottobre, p. 2.——455。

《前外交部档案秘密文件汇编》(Сборник секретных документов из архива

бывшего министерства иностранных дел. №№1 — 7. Изд. Нар. ком. по иностр. делам. Пг. , тип. Ком. по иностр. делам, декабрь 1917 —февраль 1918. 7 кн.) ——18。

《全俄农民代表苏维埃消息报》(彼得格勒) (《Известия Всероссийского Совета Крестьянских Депутатов», Пг. , 1917, №88, 19 августа, стр. 3 — 4) —— 43—44、52。

《全俄无产阶级文化协会代表大会》(Всероссийский съезд пролеткультов. — «Известия ВЦИК Советов Рабочих, Крестьянских, Казачьих и Красноарм. Депутатов и Моск. Совета Рабоч. и Красноарм. Депутатов», 1920, №224(1071), 8 октября, стр. 3) ——373。

《全俄中央执行委员会的决定》(Решение ВЦИК.—«Правда», М. , 1920, №213, 24 сентября, стр. 1) ——275 —278。

《全俄中央执行委员会告波兰人民书》(Обращение ВЦИК к польскому народу.—«Правда», М. , 1920, №25, 5 февраля, стр. 1) ——130、355。

《全俄中央执行委员会[关于加强教育人民委员部工作的措施]的决定》(Постановление Всероссийского Центрального Исполнительного Комитета [о мерах к усилению деятельности Народного комиссариата просвещения].—«Известия ВЦИК Советов Рабочих, Крестьянских, Казачьих и Красноарм. Депутатов и Моск. Совета Рабоч. и Красноарм. Депутатов», 1920, №226(1073), 10 октября, стр. 2, в отд. : Действия и распоряжения правительства) ——439。

《人道报》(巴黎) (《L' Humanité», Paris) ——485。
　　—1920, N 6048, 14 octobre, p. 3.—— 454 —455、460 —461。

《人民报》(利摩日—巴黎) (《Le Populaire», Limoges—Paris) ——485。

《人民国家报》(莱比锡) (《Der Volksstaat», Leipzig, 1874, Nr. 73, 26. Juni, S. 1—2) ——46—47。

《人民事业报》(彼得格勒) (《Дело Народа», Пг.) ——416。
　　—1917, №160, 21 сентября, стр. 1.——416。

《人民委员会关于共和国政治教育总委员会的法令》(Декрет Совета Народных Комиссаров о Главном политико-просветительном комитете Республики（Главполитпросвете）.—《Известия ВЦИК Советов Рабочих, Крестьянских, Казачьих и Красноарм. Депутатов и Моск. Совета Рабоч. и Красноарм. Депутатов》, 1920, №263（1110）, 23 ноября, стр. 3, в отд.: Действия и распоряжения правительства）——441、445。

《人民政治日报》（斯德哥尔摩）（《Folkets Dagblad Politiken》, [Stockholm], 1920, N: r. 58, 10 mars, s. 4）——33。

《日托米尔缴获大批武器》（Трофеи в Житомире.—《Известия ВЦИК Советов Рабочих, Крестьянских, Казачьих и Красноарм. Депутатов и Моск. Совета Рабоч. и Красноарм. Депутатов》, М., 1920, №126（973）, 12 июня, стр. 1, в отд.: Война между панской Польшей и рабоче-крестьянской Россией. Красный фронт）——132。

《萨克森工人报》（德累斯顿）（《Sächsische Arbeiter-Zeitung》, Dresden, 1898, Nr. 253. 2. Beilage, 30. Oktober, S. [1]; Nr. 254. Beilage, 2. November, S. [1]; Nr. 255. Beilage, 3. November, S. [1]）——238—239。

《社会党领导机构讨论党的分裂问题》（La Direzione del Partito delibera intorno alla scissione—《Avanti!》, Milano, 1920, N. 236, 2 ottobre, p. 1）——452、454、455。

《社会党领导机构召开会议》（Riunione della Direzione del Partito.—《Avanti!》, Milano, 1920, N. 233, 29 settembre, p. 1）——452。

《社会党领导机构召开会议》（La riunione della Direzione del Partito Socialista.—《Avanti!》, Milano, 1920, N. 234, 30 settembre, p. 1）——452。

《社会民主党人报》（日内瓦）（《Социал-Демократ》, Женева, 1916, №54—55, 10 июня, стр. 1）——52。

《圣雷莫代表会议的结局》（Итоги конференции в Сан-Ремо.—《Известия ВЦИК Советов Рабочих, Крестьянских, Казачьих и Красноарм. Депутатов и Моск. Совета Рабоч. и Красноарм. Депутатов》, 1920, №94（941）, 4 мая, стр. 1. Под общ. загл.: За границей）——106。

《十月对彼得格勒的进攻及其失败的原因》（Октябрьское наступление на Петроград и причины неудачи похода. Записки белого офицера. Гельсингфорс, 1920. 59 стр.）——133。

《示范委托书》(Примерный наказ. Составленный на основании 242 наказов,
　　доставленных с мест депутатами на 1-й Всероссийский съезд Советов
　　Крестьянских депутатов в петрограде в 1917 году.—«Известия Всерос-
　　сийского Совета Крестьянских Депутатов», Пг., 1917, №88, 19 августа,
　　стр. 3—4)——44、52。

《世界革命》(Weltrevolution. Wien, Brand, 1919. 20 S. (Sozialistische Bücherei.
　　Hft. 11))——2。

《世界需要节约》(World's Need of Thrift. Call to Work and Save. Supreme
　　Council's Appeal. Germany's Power to Pay.—«The Times», London,
　　1920, No. 42,355, March 10, p. 17—18)——213—214、215、495、496、
　　498、499。

《曙光》杂志(斯图加特)(«Заря», Stuttgart)——409。
　　—1901, №2—3, декабрь, стр. 204—225.——14。

《思想》杂志(莫斯科)(«Мысль», М., 1910, №1, декабрь, стр. 12—23; 1911,
　　№2, январь, стр. 19—29)——410。

《苏维埃报》(那波利)(«Il Soviet», Napoli)——89。
　　—1920, N. 3, 18 gennaio, p. 1.——45。
　　—1920, N. 4, 1 febbraio, p. 1, 3.——45。
　　—1920, N. 7.——84、88—89。
　　—1920, N. 8.——84、88—89。

《泰晤士报》(伦敦)(«The Times», London, 1920, No. 42, 355, March 10, p.
　　17—18)——213—214、215、495、496、498、499。

《特拉奇尼等人的决议》(L'o. d. g. Terracini.—«Avanti!», Milano, 1920, N.
　　236, 2 ottobre, p. 1. Под общ. загл.: La Direzione del Partito delibera
　　intorno alla scissione)——452。

《特拉奇尼、杰纳利等人的决议》——见《特拉奇尼等人的决议》。

《同波兰的和平谈判》(Мирные переговоры с Польшей.—«Правда», М.,
　　1920, №218, 1 октября, стр. 2)——357—358。

《同波兰的和平谈判。初步和约已经签订》(Мирные переговоры с Польшей.
　　Предварительный договор.—«Правда», М., 1920, №232, 17 октября, стр.

2；№233，19 октября，стр.2）——386、387、388、389、393、399。

《外交人民委员部通报》(莫斯科)(《Вестник Народного Комиссариата Иностранных Дел》，М.，1920，№3，27 февраля，стр.13—24）——214、496、498。

《我们的生活报》(圣彼得堡)(《Наша Жизнь》，Спб.）——417、429。

——1906，№401，23 марта（5 апреля），стр.1.——417、430。

《无题》周刊(圣彼得堡)(《Без Заглавия》，Спб.）——425。

《西北政府的成立》(Образование Северо-Западного правительства.Объяснения членов Политического совещания при главнокомандующем Северо-Западного фронта В. Д. Кузьмина-Караваева, А. В. Карташева и М. Н. Суворова. Гельсингфорс, 1919. 48 стр. На обл. год. изд.：1920）——133—134。

《协约国给俄国实际上存在的各个政府拟定的和平建议》(Предполагавшееся мирное предложение Антанты всем фактическим правительствам России.—«Известия ВЦИК Советов Рабочих，Крестьянских，Казачьих и Красноарм.Депутатов и Моск.Совета Рабоч. и Красноарм.Депутатов»，1919，№110(662)，23 мая，стр.1）——114、121、388。

《[协约国]最高会议关于波兰东部临时边界线的声明》(Декларация Верховного совета [Антанты] о временных восточных границах Польши. [Париж, 8 декабря 1919 г.].—«Известия ВЦИК Советов Рабочих，Крестьянских，Казачьих и Красноарм.Депутатов и Моск. Совета Рабоч. и Красноарм. Депутатов»，1920，№125(972)，11 июня，стр.1）——131。

《新莱茵报》(科隆)(《Neue Rheinische Zeitung»，Köln）——413、414。

——1848，Nr.7，7.Juni，S.1.——414。

——1848，Nr.102，14.September，S.1.——414—415。

《新生活报》(圣彼得堡)(《Новая Жизнь»，Спб.）——428。

《新政治家》杂志(伦敦)(《The New Statesman»，[London]）——119。

——1920，No.370，May 15，p.149—152.——119。

《新秩序》周刊(都灵)(《L'Ordino Nuovo»，Torino）——243、482。

——1920，An.II.—N.1，8 maggio，p.3—4.——196。

《意大利社会党的共产主义弃权派》(Frazione Comunista Astensionista del

Partito Socialista Italiano.—«Il Soviet», Napoli, 1920, N. 3, 18 gennaio, p. 1)——45。

《意大利社会党领导机构会议上有关党内关系的广泛深入的辩论》（L' ampioe profondo dibattito sui rapporti interni del Partito Socialista alla riunione della Direzione.—«Avanti!», Milano, 1920, N. 235, 1 ottobre, p. 1）—— 452、454、457—458。

《英国伦敦工人举行集会》（В Англии. Рабочая конференция в Лондоне.— «Правда», М., 1920, №180, 15 августа, стр. 2, в отд. : Телеграммы）—— 361、396—397。

《在英国议会里》（В английском парламенте.—«Правда», М., 1920, №114, 28 мая, стр. 1. Под общ. загл.: К наступлению польских белогвардейцев. Отклики за границей）——118—119。

《真理报》（彼得格勒—莫斯科）（«Правда», Пг., 1917, №35, 1 мая（18 апреля）, стр. 3）——11。

—1917, №46, 15(2) мая, стр. 3.——11。

—М., 1919, №71, 2 апреля, стр. 1.——261。

—1920, №20, 30 января, стр. 1.——130、310、355—356。

—1920, №25, 5 февраля, стр. 1.——130、355—356。

—1920, №114, 28 мая, стр. 1.——118—119、120。

—1920, №157, 18 июля, стр. 1.——357、390—391。

—1920, №180, 15 августа, стр. 2.——361、396。

—1920, №202, 12 сентября, стр. 2.——273。

—1920, №206, 17 сентября, стр. 2.——317、322。

—1920, №211, 23 сентября, стр. 1.——358、365。

—1920, №213, 25 сентября, стр. 1.——451—452。

—1920, №216, 29 сентября, стр. 1.——316。

—1920, №218, 1 октября, стр. 2.——357—358。

—1920, №232, 17 октября, стр. 2; №233, 19 октября, стр. 2.——386、387、388、393、398—399。

—1920, №241, 28 октября, стр. 1.——433。

　　—1920，№245，2 ноября，стр.1.——448。

　　—1920，№246，3 ноября，стр.1.——448。

　　—1920，№247，4 ноября，стр.1.——448。

《争论专页》（巴黎）（«Дискуссионный Листок»，Paris，1911，№3，29 апреля（12 мая），стр.3—8）——410。

《争论专页》（莫斯科）（«Дискуссионный Листок»，М.）——323、433。

《政府通报》（圣彼得堡）（«Правительственный Вестник»，Спб.，1905，№169，6（19）августа，стр.1—4）——15。

《致俄共全体党员》（Всем членам РКП.—«Правда»，М.，1920，№241，28 октября，стр.1）——433。

《中央执行委员会和彼得格勒工兵代表苏维埃消息报》（«Известия ЦИК и Петроградского Совета Рабочих и Солдатских Депутатов»，1917，№208，27 октября，стр.1）——18。

　　—1917，№209，28 октября，стр.1.——44、52。

《自由报》（柏林）（«Freiheit»，Berlin）——88、485。

　　—Morgen-Ausgabe，1920，Nr.97/A 53，30.März，S.1.——88。

　　—Morgen-Ausgabe，1920，Nr. 122，14. April. Beilage zur «Freiheit»，S.1.——88。

年　表

(1920年5月1日—11月5日)

1920年

4月—5月

列宁写《共产主义运动中的"左派"幼稚病》一书。

不晚于5月1日

写《从莫斯科—喀山铁路的第一次星期六义务劳动到五一节全俄星期六义务劳动》一文。

5月1日

早晨,在克里姆林宫参加五一节全俄星期六义务劳动。当别人劝列宁别累着时,他回答:"我也是克里姆林宫的居民,这与我也有关系。"

下午2时,在斯维尔德洛夫广场卡·马克思纪念碑奠基典礼上讲话。

下午3时,在莫斯科河沿岸普列奇斯坚卡大街劳动解放纪念碑奠基典礼群众大会上讲话。

在美术博览馆(现国家普希金造型艺术博物馆)参观劳动解放纪念碑设计展览。

在莫斯科布拉古舍-列福尔托沃区扎戈尔斯基工人宫开幕式上讲话。

在巴乌曼区和莫斯科河南岸区工人群众大会上讲话。

在普列斯尼亚区普罗霍罗夫(现名三山)纺织厂工人群众大会上就国内外形势发表讲话,同工厂工人交谈。

5月3日

同消毒室的发明者、医助德·尼·叶罗申科夫谈话;要他持信去见卫生人民委员尼·亚·谢马什柯或副卫生人民委员季·彼·索洛维约夫,列宁在信中请求鉴定和利用叶罗申科夫的发明,并帮助他再学些医学。

5月4日

出席俄共（布）中央政治局会议。会议讨论关于1920年5月5日开往波兰战线的红军战士阅兵式和在大剧院举行全俄中央执行委员会、莫斯科苏维埃、工会和工厂委员会联席会议的问题,决定委托列宁在阅兵式和联席会议上发表讲话。会议还讨论了关于阿·阿·布鲁西洛夫将军的信、关于格鲁吉亚、关于波兰战线形势的宣传、关于俄共（布）中央波兰局、关于同英德奥的关系、关于全俄中央执行委员会会议、关于英国工联和工党代表团、关于鞑靼共和国等问题,以及波兰共产党员代表会议关于动员波兰共产党员上前线的决定。

主持人民委员会会议;把自己起草的给阿塞拜疆苏维埃社会主义政府的电报稿提交会议审议(获通过)。会议讨论关于奖励种植长纤维亚麻、关于马铃薯薯种的采购和运送、关于1920年的种子运动、关于各个组织和机关采购非定量食品等决定草案,以及关于支援西方面军的措施等问题。

受党中央政治局的委托,致电高加索方面军革命军事委员会委员格·康·奥尔忠尼启则,建议把军队从格鲁吉亚境内调出,因为有可能与格鲁吉亚媾和,并希望立即告知有关反对孟什维克政府的起义者的全部确切情况。

5月5日

致函副教育人民委员米·尼·波克罗夫斯基,请他检查和报告现代俄语辞典的编纂工作是否在进行。

由于写《共产主义运动中的"左派"幼稚病》一书的《增补》,致函副外交人民委员列·米·卡拉汉,请他找一份1920年3月12日的《曼彻斯特卫报》,上面刊登了该报驻罗马记者对意大利社会党领袖菲·屠拉梯的一篇访问记。

签署给阿塞拜疆苏维埃社会主义政府的电报。

在斯维尔德洛夫广场对开往波兰战线的红军战士讲话;讲话后检阅莫斯科卫戍部队。

在大剧院同捷克斯洛伐克社会民主工党左翼领导人博胡米尔·什麦拉尔谈欧洲特别是捷克斯洛伐克的形势、捷克和德国无产阶级建立统一战线的必要性、对波战争问题和民族问题。

在全俄中央执行委员会、莫斯科苏维埃、工会和工厂委员会联席会议上讲话。

5月5日和7日之间

签署人民委员会和中央统计局给各省执行委员会、莫斯科和彼得格勒市执行委员会、各省革命委员会、西伯利亚革命委员会的电报，电报要求各地全力协助将在1920年8月进行的人口、职业和农业统计调查。

5月5日和12日之间

读公开讨论意大利社会党分裂可能性问题的意大利报纸《苏维埃报》第7、8号。

5月6日

写对亚·亚·波格丹诺夫《经济学简明教程》一书新版本的意见，指出它有严重缺点。

读苏维埃政府1920年5月6日关于德国工人、工程技术人员迁居苏维埃俄国参加工作的声明；指示最高国民经济委员会副主席弗·巴·米柳亭：必须让所有到俄国来的外国工人代表团提交字据，他们了解苏维埃政府1920年3月16日和5月6日关于俄国生活条件和工作条件都很艰苦的声明。

出席俄共（布）中央政治局会议；会上就亚·亚·波格丹诺夫的《经济学简明教程》一书同政治局委员们交换便条。会议讨论关于对英国外交大臣寇松的答复、关于顿河区哥萨克代表大会、关于全俄中央执行委员会主席团工作的程序、关于接收崩得加入俄共（布）的条件、关于国家出版社、关于分配应征入伍的共产党员、关于加速从高加索方面军抽调部队支援西方面军、关于顿涅茨克省省界等问题。

5月6日—31日

《共产主义运动中的"左派"幼稚病》一书在彼得格勒第一国家印刷厂排印。

5月7日

致函俄共（布）中央组织局委员，建议向乌克兰共产党（布）中央发一指示：把粮食工作人员的人数增加一倍，人员从除陆军人民委员部以外的所有人民委员部抽调。

收到土耳其斯坦方面军红色公社战士第30团寄来的通心粉和面粉,把这些食品转送给莫斯科市的儿童,并致函土耳其斯坦方面军革命军事委员会,对第30团表示感谢。

主持劳动国防委员会全体会议;签署关于给第2革命劳动军增加几个步兵团以加快亚历山德罗夫盖—恩巴铁路线建设工程、关于表彰车里雅宾斯克煤矿职工超额完成生产计划等决定。会议讨论关于每周报告防御波兰进攻的措施、关于供应北方边疆区煤炭、关于撤销中央反逃跑委员会、关于改善乌拉尔林业的措施等问题。

5月7日和12日之间

签署给格·康·奥尔忠尼启则的直达电报,电报坚决要求他执行俄共(布)中央关于禁止红军越过格鲁吉亚边境的决定。

5月10日

给印度革命协会发贺电。

出席俄共(布)中央政治局会议。会议讨论关于出席全乌克兰苏维埃代表大会代表、关于在前线地区成立俄共(布)中央临时局、关于审判高尔察克的部长等问题。

主持劳动国防委员会紧急会议。会议讨论西方面军各集团军弹药、武器、军服和鞋子的供应以及军事形势等问题。

5月10日和23日之间

校阅《共产主义运动中的"左派"幼稚病》一书的校样,并作修改。

5月11日

出席俄共(布)中央政治局会议;在讨论克·格·拉柯夫斯基关于波兰战线形势的电报时,根据拉柯夫斯基的请求,提出拨给货币的申请。会议讨论关于小人民委员会工作、关于实行戒严和制定戒严地区法规的决定以及其他问题。

受党中央政治局的委托,致电正在伦敦的俄罗斯联邦贸易代表团团长列·波·克拉辛,解释先前寄给他的政治局的决定:签订用黄金通货支付的合同应预先交政治局审批,尽一切力量节省黄金极为必要。

主持人民委员会会议;就小人民委员会的工作和从全俄调查大纲中

删去宗教信仰这一项作说明。会议讨论关于采购和运送马铃薯薯种运动的情况,关于授权阿·阿·越飞和瓦·瓦·奥博连斯基与拉脱维亚进行谈判、缔结和签署和平条约问题,关于在俄罗斯联邦各工厂安排德国工人工作的通则,北方革命劳动军条例以及其他问题。

5 月 12 日以前

莫斯科省工会理事会主席索·阿·洛佐夫斯基被任命为全俄工会中央理事会接待英国工联和工党代表团的代表,在他去彼得格勒会见代表团之前,列宁同他谈话。

不晚于 5 月 12 日

写《共产主义运动中的"左派"幼稚病》一书的《增补》部分的要点。

5 月 12 日

写完《共产主义运动中的"左派"幼稚病》一书的《增补》部分。

在莫斯科第一机枪训练班举行红色指挥员第十一届毕业典礼时检阅学员并讲话。

同车里雅宾斯克粮食列车的押车工人谢·弗·穆拉诺夫和贡达列夫谈话,感谢他们运来粮食;委托人民委员会办公厅主任弗·德·邦契-布鲁耶维奇致函西伯利亚同志,对他们赠送粮食表示感谢。

主持劳动国防委员会调度会议。会议讨论关于军队服装和鞋子的供应状况,关于水路实行戒严的法令草案,以及延长劳动国防委员会1920 年 4 月 21 日关于确保马铃薯薯种的措施的法令有效期等问题。

打电话给在彼得格勒的索·阿·洛佐夫斯基,询问他会见英国工联和工党代表团的情况、代表团团员的情况以及他们对苏维埃俄国的态度。

5 月 12 日和 23 日之间

审阅和修改《共产主义运动中的"左派"幼稚病》一书《增补》部分的打字稿。

5 月 13 日

在罗戈日-西蒙诺沃区工人、红军战士扩大代表会议上讲话。

5 月 14 日

主持劳动国防委员会全体会议;就铺设运输木柴的窄轨铁路线问题作说

明;签署关于与走私作斗争的决定。会议讨论优先保证供应博戈罗茨克联合公司电站燃料的措施、西方面军服装供应、顿涅茨煤田的粮食状况、铺设亚历山德罗夫盖—恩巴铁路线等问题。

5月15日

出席俄共(布)中央政治局会议;在讨论关于改组民族事务人民委员部和确定与巴什基尔的相互关系问题时,与列·波·加米涅夫就这一问题交换便条。会议讨论关于接见英国工联和工党代表团、关于苏维埃代表团去米兰、关于协约国进行新的干涉的危险、关于约·维·斯大林对西南战线和西方战线的视察、关于米·伊·加里宁乘鼓动列车视察、关于地方苏维埃在监督军需库方面的权利等问题。

指示各人民委员部作好接待英国工联和工党代表团的准备。

5月15日—16日

在离尼古拉(现名十月)铁路列舍特尼科沃车站5公里处的扎维多夫斯基森林打猎。

不晚于5月16日

同粮食人民委员部部务委员阿·巴·哈拉托夫谈确保儿童公共伙食的粮食供应问题。

5月16日

致函彼得格勒劳动公社粮食委员阿·叶·巴达耶夫,请他确保米·安·沙特兰领导的俄罗斯国家电气化委员会彼得格勒小组成员的口粮。

5月17日以后

同伯·罗素谈英国政治和经济发展的特点、苏维埃俄国共产主义建设的道路以及关于同资本主义各国建立贸易关系等问题。

5月18日

出席俄共(布)中央政治局会议。会议讨论关于反革命组织"战术中心"、关于接待英国工联和工党代表团工作的安排、关于成立卡累利阿劳动公社、关于全俄中央执行委员会会议等事项,以及关于任命约·维·斯大林为共和国革命军事委员会委员并派他参加西南方面军革命军事委员会的问题。

主持人民委员会会议;分别就以下三个问题作说明:关于任命约·

维·斯大林为共和国革命军事委员会委员问题、关于雅·斯·加涅茨基参加中央消费合作总社问题、关于把顿河州以及苏维埃高加索全境划为高加索劳动军活动区域问题。会议讨论关于控制各组织和机关派自己的代表采购非定量食品和种子的措施、关于在国外订购除雪机、关于卡马河流域粮食区等问题。

5 月 19 日

出席俄共(布)中央政治局会议。会议讨论列·波·克拉辛 1920 年 5 月 16 日关于雷瓦尔贸易业务的电报以及其他问题。

5 月 21 日

从玛·伊·乌里扬诺娃那里得知作家亚·绥·绥拉菲莫维奇的儿子在前线牺牲，致函绥拉菲莫维奇表示深切同情，希望他坚强振作起来，强调大家都需要他的工作。

同捷克斯洛伐克社会民主工党左翼领导人博胡米尔·什麦拉尔谈关于建立捷克斯洛伐克共产党的途径问题。

主持劳动国防委员会会议；签署关于俄罗斯联邦的统计人员必须登记，关于确定弹药制造厂、枪械制造厂和机关枪制造厂的月产量，关于保证国防工厂工人的粮食、鞋子和服装并实行劳动报酬奖励制等决定。会议讨论关于巴库和阿斯特拉罕油田粮食供应、关于各苏维埃应对不利用夏季采伐附近森林木柴负责等问题，以及运输木材的窄轨铁路工程计划和实际进展情况。

5 月 22 日

出席俄共(布)中央政治局会议。在讨论交通人民委员部工作安排问题时，会议决定成立有列宁参加的专门委员会详细研究这一问题。在讨论补充民族事务人民委员部部务委员时，列宁与列·波·加米涅夫和列·达·托洛茨基就这个问题交换便条。会议还讨论了劳动纪律、土耳其斯坦等问题。

5 月 23 日

看完《共产主义运动中的"左派"幼稚病》一书的校样；把校样寄给国家出版社彼得格勒分社，并在附信中请出版社照改后把校样寄回，用电话告知负责检查和最后出版工作的同志的名字以及该书出版的日期。

5月24日—25日

同格·马·克尔日扎诺夫斯基、雅·斯·加涅茨基、韦·米·斯维尔德洛夫、弗·巴·米柳亭、扬·埃·鲁祖塔克等19人座谈交通人民委员人选问题，并记下他们的意见。

5月25日

写对合理分配劳动居民住房的办法的法令草案的意见。

致电塔什干土耳其斯坦方面军司令米·瓦·伏龙芝，询问石油开采及外运的情况。

出席俄共（布）中央政治局会议。会议讨论关于波兰前线的形势、关于苏维埃代表团访问米兰、关于英国工联和工党代表团在伏尔加河流域考察、关于交通人民委员部、关于对国际联盟的答复、关于同瑞典的贸易协定、关于同立陶宛的谈判、关于建立白俄罗斯革命委员会、关于土耳其斯坦、关于阿塞拜疆、关于对北高加索党的工作的领导、关于在北高加索建立苏维埃政权等问题。会议还讨论了米·巴·托姆斯基和尼·尼·克列斯廷斯基开会迟到的问题。

出席俄共（布）中央政治局第二次会议。会议讨论东方各民族的民族解放运动、克里木军事形势、亚美尼亚等问题。

主持人民委员会会议；在讨论1920—1921年度收购原料问题时，起草人民委员会关于这一问题的决定；通报各人民委员没有执行1920年4月30日劳动国防委员会关于每周报告支援西线情况的决定一事。会议讨论关于实际贯彻建立国营农场的措施、小人民委员会最近半年的工作、鞑靼苏维埃社会主义自治共和国条例草案以及其他问题。

5月26日

写人民委员会关于粮食资源问题的决定草稿。

接见英国工联和工党代表团，同他们谈英国革命运动的前途、协约国反对苏维埃俄国的斗争、对波战争等问题。

5月26日以后

从Л.多布龙拉沃夫来信得知，社会民主主义运动参加者、哲学家和文艺学家柳·伊·阿克雪里罗得（正统派）生活困难，健康状况欠佳；委托人民委员会秘书玛·伊·格利亚谢尔与卫生人民委员尼·亚·谢马什柯联系,急速给予救济。

5 月 27 日

签署《全俄中央执行委员会和人民委员会关于鞑靼苏维埃社会主义自治共和国的条例》。

主持人民委员会会议。会议通过根据列宁的意见起草的关于粮食资源问题的决定。列宁写便条给人民委员会秘书莉·亚·福季耶娃,指示要莫斯科和彼得格勒苏维埃提出统计和征收市郊菜农剩余蔬菜的办法。会议还讨论了全俄人口调查、改组全俄铁路员工粮食管理处等问题,以及关于扩大劳动农户土地使用面积的法令草案。

5 月 28 日

出席俄共(布)中央政治局会议。会议讨论关于在波兰前线缴获的英法产品、关于前往米兰访问的苏维埃代表团的成员、关于利用外交人民委员部和共产国际执行委员会收到的外国书刊建立图书馆、关于去英国访问的工会代表团的成员、全俄工会中央理事会关于实行新的工资率的建议、全俄工会中央理事会主席团关于采用奖励制和建立联合工资定额局的方案以及其他问题。

主持劳动国防委员会会议。会议听取工程师康·阿·阿尔费罗夫关于亚历山德罗夫盖—恩巴铁路线建设工程进展情况的汇报,并就这一问题作出决定。会议还讨论了关于保证供应全体教师粮食、关于各人民委员部每周汇报援助西线抗击波兰进攻的措施、关于抓紧地雷生产、关于修建和使用摩尔曼斯克铁路、关于博戈罗茨克联合公司各个电站燃料供应、关于批准卡希拉电站建筑工程职工的粮食和生活必需品的分配标准、关于护送粮食、关于建立调查军事供应机关非常委员会等问题。

5 月 30 日

写《给英国工人的信》。

致函外交人民委员格·瓦·契切林,要他利用约·维·斯大林在莫斯科逗留的机会向斯大林了解并收集英国援助弗兰格尔的材料,然后公布苏维埃政府向英国提出的抗议照会。

不晚于 5 月 31 日

同诺夫哥罗德省委书记尼·列·美舍利亚科夫谈该省旧俄县白卫分子

闹事的危险性。

5月31日

同被任命为驻格鲁吉亚全权代表的谢·米·基洛夫谈话,对他的工作给以指示。

写完对尼·伊·布哈林《过渡时期经济学》一书的评论。

5月31日—6月1日

看《共产主义运动中的"左派"幼稚病》一书的二校样。

6月初

阅读俄共(布)中央波兰局成员尤·约·马尔赫列夫斯基为《共产国际》杂志第12期写的《土地问题和世界革命》一文手稿。

为共产国际第二次代表大会草拟《土地问题提纲初稿》。

就建立国际工会理事会问题同索·阿·洛佐夫斯基谈话。

6月1日

出席俄共(布)中央政治局会议。会议讨论关于共产国际第二次代表大会的准备工作、关于卡累利阿、关于动员乌克兰铁路员工参加粮食工作、关于国家出版社等问题。

主持人民委员会会议;就改善第三国际印刷厂工人的粮食供应问题发言。会议批准关于向西伯利亚派征粮队的决定草案。会议还讨论了关于制定国家簿记和表报条例、关于把顿河州以及苏维埃高加索全境划为高加索劳动军活动区域、关于在北高加索建立苏维埃政权、关于水运员工的粮食状况、关于提高劳动生产率的奖励办法等问题,以及小人民委员会条例。

6月2日

致电在克列缅丘格的西南方面军革命军事委员会委员约·维·斯大林,谈西方面军和高加索方面军的状况,指出必须加强基辅方向的进攻并从克里木各师向那里派增援部队。

写便条给人民委员会秘书,请秘书用电话征求各人民委员的意见,他们是否同意对小人民委员会条例作如下补充:某些事务也可根据人民委员会主席的建议交小人民委员会审议。

6月3日

复电在巴库的高加索方面军革命军事委员会委员格·康·奥尔忠尼启

则,指示必须采取果断行动,解除资产阶级和不可靠分子的武装。

在约·维·斯大林1920年6月3日建议或者与弗兰格尔停战或者向他进攻的电报上作批示,委托列·达·托洛茨基电告斯大林,此事需经政治局讨论,在得到答复前不采取任何行动。

同日本记者、《大阪朝日新闻》代表中平良谈话。

6月3日或4日

同日本记者、《大阪每日新闻》和《东京日日新闻》代表布施胜治谈话。

6月4日

同吉尔吉斯边疆区的工作人员谈话;写便条给国家出版社社长瓦·瓦·沃罗夫斯基和最高国民经济委员会副主席弗·巴·米柳亭,请他们接见这些工作人员,并尽力协助他们解决印刷设备和纸张问题。

主持劳动国防委员会会议。会议讨论关于通过铁路把鱼运往西线的问题,关于从雷宾斯克、下诺夫哥罗德和雅罗斯拉夫尔装运粮食的进展情况,关于制革业工人、运输业职工及其家属、恩巴油田、军队的粮食供应以及其他事项。

致函电气工程师、发明家斯·伊·博京,坦率地指出他的错误,希望他要完全相信作为专家被派去工作的无线电委员会主席阿·马·尼古拉耶夫,同他一起进行试验。

不晚于6月5日

为共产国际第二次代表大会写《关于草拟民族和殖民地问题提纲》。

6月5日

为共产国际第二次代表大会草拟《民族和殖民地问题提纲初稿》。

致函俄共(布)莫斯科河南岸区委员会,介绍格·马·克尔日扎诺夫斯基和季·巴·克尔日扎诺夫斯卡娅。

从玛·伊·乌里扬诺娃那里得知弗·亚·奥布赫医生的儿子死去的消息以后,致函奥布赫,对他本人及其夫人所遭到的不幸表示同情,希望他们能经受住这个打击,坚强起来。

不早于6月5日

同负责接待英国工联和工党代表团的莫斯科省工会理事会主席索·阿·洛佐夫斯基谈话,向他询问英国工联和工党代表团到伏尔加河流域的城市和农村考察的情况,以及这次考察给代表团成员留下什么样的印象。

6月5日以后

阅读格·瓦·契切林、尼·尼·克列斯廷斯基、叶·阿·普列奥布拉任斯基、帕·路·拉品斯基以及巴什基尔、吉尔吉斯和土耳其斯坦的领导人对《民族和殖民地问题提纲初稿》的意见,就契切林和普列奥布拉任斯基的意见写了批语,表示不赞成。

6月8日以前

同芬兰工人运动活动家、共产党人尤·西罗拉和爱·居林谈建立卡累利阿劳动公社问题,并详细了解卡累利阿的情况。

6月8日

出席俄共(布)中央政治局会议。会议讨论关于把联邦中央苏维埃和党的机关中的负责的共产党员派往西线、关于利用关闭的企业的工人补充西方面军、关于鼓动列车、关于鞑靼共和国和楚瓦什共和国、关于全俄工会中央理事会副主席、关于外国工人移居俄国等问题,以及关于工资问题的报告。

致函中央统计局局长帕·伊·波波夫,请他把1907年德国农业统计资料汇编和1902年奥地利农业统计调查汇编寄来。

主持人民委员会会议;签署对外贸易委员会条例。会议讨论民警条例、关于外国工人移居俄国的手续的决定草案、关于调工人去西伯利亚做粮食工作等问题。

6月9日

主持劳动国防委员会调度会议。会议讨论关于红军补充兵员、关于免去尼·尼·苏汉诺夫第1革命劳动军委员会委员职务和留任农业人民委员部驻乌拉尔特派员等问题。

6月10日

接见匈牙利共产党出席共产国际第二次代表大会代表马·拉科西和安·鲁德尼扬斯基。

致电伊尔库茨克省执行委员会或革命委员会(抄送鄂木斯克西伯利亚革命委员会主席伊·尼·斯米尔诺夫),请尽力帮助同列宁一起在西伯利亚流放过的伊·卢·普罗明斯基。

不早于 6 月 10 日

读共产国际执行委员会转来的保加利亚共产党出席共产国际第二次代
表大会代表伊·涅杰尔科夫（H.沙布林）给《民族和殖民地问题提纲初
稿》提意见的信。

6 月 11 日

主持劳动国防委员会全体会议。会议讨论关于保证城市和工业中心冬
季取暖木柴、关于把工人从民用工厂调到地雷工厂等决定草案，以及关
于运输恢复工作的进展情况等问题。

　　苏维埃俄国驻伦敦贸易代表团团长列·波·克拉辛电告外交人民
委员格·瓦·契切林:英国首相劳合-乔治声明英国与弗兰格尔的进攻
没有关系。列宁读了这封电报以后,致函契切林,认为劳合-乔治是在撒
谎,建议契切林电告克拉辛不能相信劳合-乔治,还建议致电英国外交大
臣寇松,揭露弗兰格尔是在得到英国的武器、煤炭等物资后发动进攻的。

6 月 12 日

撰文评论共产国际为东南欧国家办的《共产主义》杂志。

　　致函教育人民委员部全俄电影委员会主席德·伊·列先科,指示把
在鄂木斯克审判高尔察克的部长们的照片和文件拍成影片广泛发行。

　　在党中央召开的全俄农村工作干部第二次会议上讲话。

　　《共产主义运动中的"左派"幼稚病》一书出版。

6 月 12 日以后

读民族事务人民委员约·维·斯大林 1920 年 6 月 12 日从克列缅丘格
寄来的信。斯大林在信中对列宁的《民族和殖民地问题提纲初稿》提出
意见,认为苏维埃自治共和国之间的联邦关系同独立共和国之间的联邦
关系没有区别,联邦制的形式对于独立共和国不合适,各民族劳动人民
接近的过渡形式除了联邦制以外,还要有邦联制,即独立国家的联盟。
列宁在信上作了着重标记和如下批注:"联邦制可能有各种类型"。

6 月 13 日

写对中央委员会关于俄共(布)在土耳其斯坦的任务的决定草案的意见。

6 月 14 日

在莫斯科省波多利斯克县哥尔克休息。

就哥尔克疗养院院长厄·雅·韦威尔指使砍伐疗养院花园内云杉一事起草关于处分他的决定。

6月15日

出席俄共(布)中央政治局会议。会议讨论左派社会革命党中央关于同俄共(布)中央指派的代表就左派社会革命党人参加对波兰战争的实际问题进行谈判的建议。会议还讨论了关于波兰进攻使国民教育局代表大会推迟，关于派遣一个由拉脱维亚的工人和步兵组成的委员会去拉脱维亚、关于彼得格勒劳动军、关于党中央全会等问题，以及对波兰士兵的宣言。

主持人民委员会会议；就召开跨部门磋商会议和有关人员必须到会的问题作说明。会议讨论农业人民委员谢·帕·谢列达关于调整农民迁移流向的建议并就这个问题通过决定。会议还讨论了关于改善中小学生伙食的措施的法令草案以及其他问题。

6月16日

致函莫斯科苏维埃燃料局，指示必须采取果断措施，动员莫斯科居民把森林中的木柴搬到铁路和窄轨铁路车站以保证首都燃料的供应，不尽职守和疏忽懒散是不能容忍的。

签署告波兰工人、农民和士兵书。

6月18日

同阿·马·高尔基一起来到总军械部军械委员会，听彼得格勒防空检查员亚·米·伊格纳季耶夫介绍他发明的对空射击用的仪器。

出席俄共(布)中央政治局会议。会议讨论共产国际执行委员会关于直接向德国独立社会民主党地方组织发呼吁书、关于给共产国际第二次代表大会代表提供膳宿及通讯和交通工具、关于在彼得格勒举行共产国际第二次代表大会隆重的开幕式等建议。会议还讨论了政治局对全俄中央执行委员会俄共(布)党团关于歉收问题的指示、关于在巴库举行东方各民族代表大会、关于鞑靼苏维埃社会主义自治共和国等问题，并通过了关于北高加索问题的决定。

主持劳动国防委员会会议。会议讨论关于利用夏季为莫斯科供应木柴、关于燃料机关和企业中1894—1900年出生的工作人员加入红军、关于停止从红军中抽调专家、关于重新审查所有军事化企业的名单等决定草案以及其他问题。

写便条给全俄工会中央理事会主席团委员扬·埃·鲁祖塔克,委托他召开有关部门会议,研究统一劳动力登记和调配工作的问题。

6 月 19 日

指示第 2 苏维埃大厦管理员全力协助到莫斯科来的芬兰共产党人,安排好他们的生活。

在共产国际执行委员会会议上讲话。

6 月 20 日

读普尔科沃俄国总天文台台长亚·亚·伊万诺夫请求创造必要条件以保证天文台科学工作正常开展的信;把信批给副教育人民委员米·尼·波克罗夫斯基,征求他的意见。

6 月 21 日和 7 月 26 日之间

读俄共(布)中央委员会各犹太人支部中央局委员莫·格·拉费斯的信,拉费斯在信中对《民族和殖民地问题提纲初稿》提出了自己的意见。

致函俄共(布)中央委员会各犹太人支部中央局委员阿·瑙·梅列任,认为必须根据拉费斯及其他人的材料对民族和殖民地问题提纲作一点补充,用乌克兰、白俄罗斯等地无产阶级专政的经验说明,民族斗争接近于消失。

看《民族和殖民地问题提纲初稿》的校样并根据其他同志的重要意见作某些补充。

6 月 22 日

致函农业人民委员部和粮食人民委员部,建议农业人民委员谢·帕·谢列达和粮食人民委员亚·德·瞿鲁巴同当地省执行委员会协商,在物质上帮助原民意党人、刺杀亚历山大二世的三月事件的参加者阿·弗·梯尔柯夫,从他原有庄园中拨给他两三俄亩土地并给他两头奶牛,供他一家使用。

收到哥尔克疗养院院长厄·雅·韦威尔关于砍伐疗养院花园内云杉一事的补充说明以后,起草给波多利斯克县执行委员会的电话稿,重申关于处分厄·雅·韦威尔的决定仍然有效,而且必须执行。

致函雅·斯·加涅茨基,传达中央政治局 6 月 15 日关于任命他为对外贸易人民部部务委员会委员和让他休假一个月的决定。

出席俄共(布)中央政治局会议;在讨论中央政治局指定的委员会起草的关于俄共(布)在土耳其斯坦的任务的决定时发言,强调与当地干部密切合作的必要性,把自己起草的关于这一问题的决定草案提交政治局审批(经稍加修改后通过)。会议讨论关于纸张供应、关于建立楚瓦什自治州、关于充分保证烈属生活、关于全俄中央执行委员会最高法庭的成员、关于高加索的政策等问题。会议还讨论了俄共(布)匈牙利组关于开展俄国工人——工会会员的抗议运动以声讨匈牙利政府的镇压的建议、爱沙尼亚共产党中央关于加入共产国际的通告。

主持人民委员会会议;签署全俄中央执行委员会和人民委员会关于楚瓦什自治州的决定、关于在共和国内统一采购原料和食品的法令。会议讨论关于使用射击武器、关于结算业务等法令草案以及其他问题。

6月25日

致函彼得格勒苏维埃主席格·叶·季诺维也夫,指示必须为生理学家伊·彼·巴甫洛夫提供良好的工作条件,供给他超标准的口粮,给他安排较舒适的环境。

主持劳动国防委员会会议。会议讨论关于动员俄罗斯联邦统计力量、关于保证顿巴斯煤矿企业马车运输等决定草案。会议还讨论了关于卡希拉电站粮食、饲料和纸币的供应,关于亚历山德罗夫盖—恩巴铁路线工程的进展情况等问题。在讨论关于新建同美国通电的无线电台、关于修复儿童村无线电台和关于从技术上改进若干主要电台的问题时,列宁同无线电委员会主席阿·马·尼古拉耶夫交换便条。

6月26日

接见劳动国防委员会乌拉尔—西伯利亚委员会主席亚·瓦·绍特曼和来自塞米巴拉金斯克州巴甫洛达尔县乌尔柳秋布镇的哥萨克共产党员伊·丹·普京策夫;致函西伯利亚苏维埃机关,请大力协助普京策夫在当地创办幼儿园等设施;给普京策夫写证明信,同意他乘坐亚·瓦·绍特曼的车厢返回家乡。

接见荷兰共产党出席共产国际第二次代表大会代表戴·怀恩科普,请他把《共产主义运动中的"左派"幼稚病》一书转交荷兰代表团征求意见。

读《全俄中央执行委员会消息报》编辑部转来的一个共产党员关于同投机倒把作斗争的措施的信；批示列·波·加米涅夫向中央委员宣读后把信退回，并说要同全俄肃反委员会会务委员瓦·亚·阿瓦涅索夫商量斗争的措施。

6月28日

读彼得格勒省执行委员会秘书达·阿·特里利谢尔的电话记录，得知该省执行委员会请求延期上报关于市郊菜园发展情况以及统计和征收剩余蔬菜的材料；委托秘书起草复电，对彼得格勒省执行委员会的这种不能容忍的拖拉作风提出警告。

6月29日

看了电气工程师斯·伊·博京进行远距离爆炸试验的材料以后，致函参加这一试验的无线电委员会主席阿·马·尼古拉耶夫，对他的工作作指示。

签署人民委员会秘书莉·亚·福季耶娃起草的给彼得格勒省执行委员会的复电；在电稿上批示司法人民委员德·伊·库尔斯基对办事拖拉者追究法律责任。

出席俄共（布）中央政治局会议；在讨论中央各部门与彼得格勒各机关相互关系研究小组成员变动问题时，转达米·伊·加里宁由于外出视察不参加该小组的请求；在讨论关于国家出版社问题时，写便条给中央委员会书记叶·阿·普列奥布拉任斯基，建议出版英国经济学家约·梅·凯恩斯《和约的经济后果》的节本，组织翻译其他优秀的新的经济著作，出版17世纪和18世纪唯物主义者的著作；就用德文和其他文字出版《帝国主义是资本主义的最高阶段》一书同格·叶·季诺维也夫交换便条，表示打算写一篇新序言。会议讨论关于在巴库召开东方各民族代表大会、关于巴什基尔、关于劳动人民委员部和普遍劳动义务制推行总委员会、关于合作社、关于党中央全会、关于土耳其斯坦的党的建设等问题，还讨论了关于党在土耳其斯坦的任务和关于在土耳其斯坦组织政权的决定草案，以及对土耳其斯坦委员会的指示。

致电在锡涅利尼科沃火车站的约·维·斯大林，向他通报俄共（布）

中央政治局会议情况。

　　主持人民委员会会议；建议1920年6月30日召开人民委员会专门会议，研究批准小人民委员会通过的各项决定；签署关于固定收购价格和出售价格、关于义务交售家禽和蜂蜜等项决定。会议讨论进口计划草案、关于由各有关部门代表组成专门机关来研究更有计划地利用西欧工人和技术人员的问题、关于提高1920年从市郊收购蔬菜数量的措施、关于农民迁移问题委员会的工作报告以及其他问题。

　　致电格·康·奥尔忠尼启则，委托他筹备在巴库召开东方各民族代表大会，告知中央决定由他负责指导阿塞拜疆全部对内对外政策。

6月30日

写给全俄粮食工作会议主席团的电话稿。

　　出席俄共（布）中央政治局会议。会议讨论全俄工会中央理事会共产党党团委员会关于工资政策的决定、俄共（布）中央委员会各犹太人支部中央局告共产国际书，以及关于国家出版社、关于合作社、关于米·伊·加里宁到乌拉尔视察等问题。

　　晚上10时，主持人民委员会会议。会议批准小人民委员会通过的各项决定。

6月30日和7月8日之间

收到荷兰共产党出席共产国际第二次代表大会代表戴·怀恩科普6月30日关于不是所有"论坛派"即荷兰共产党员都同意"左派"观点的信以后，在准备《共产主义运动中的"左派"幼稚病》英文版时声明，把俄文本中所用的"荷兰论坛派"一词改为"荷兰共产党的某些党员"，并把这一声明和怀恩科普的信收入该书的《增补》部分。

7月1日

写便条给人民委员会秘书莉·亚·福季耶娃，托她给彼得格勒打电话，要求尽快把《土地问题提纲初稿》的校样寄来并了解这本小册子出版的日期。

7月2日

为《红军伤员》杂志创刊号撰写《援助红军伤员！》一文。

不早于7月2日

收到俄共（布）中央波兰局成员尤·约·马尔赫列夫斯基对《土地问题提

纲初稿》提意见的信。

不晚于 7 月 4 日

写关于共产国际第二次代表大会的基本任务的提纲的草稿(《关于共产国际基本任务的提纲》和《关于"无产阶级专政"这个概念的内容和反对对这个口号的"时髦"曲解的决议提纲》)。

7 月 4 日

写《关于共产国际第二次代表大会的基本任务的提纲》。

7 月 5 日

写便条给人民委员会秘书莉·亚·福季耶娃,请她把《关于共产国际第二次代表大会的基本任务的提纲》复制一份,并于当天寄给彼得格勒的格·叶·季诺维也夫。

读意大利社会党都灵支部给该党全国委员会的报告的译文(报告由安·葛兰西起草,发表在《新秩序》周刊,题为《为了社会党的革新》),在译文上批示必须在共产国际第二次代表大会召开以前在《共产国际》杂志上或以专页的形式发表这篇报告;修改译文并写批语:"译文差,但仍然要发表。"

7 月 6 日

给《帝国主义是资本主义的最高阶段》一书的法文版和德文版写序言。

得知共和国革命军事委员会野战司令部政委德·伊·库尔斯基关于第 15 集团军在西线进攻获得胜利的报告以后,致函库尔斯基,询问在解放区是否采取了立即建立苏维埃政权、召开苏维埃代表大会、赶走地主和把地主土地分给贫苦农民等措施。

7 月 7 日

致函彼得格勒的格·叶·季诺维也夫,并给他寄去《帝国主义是资本主义的最高阶段》一书的《法文版和德文版序言》,指示把 1912 年巴塞尔宣言作为这一版的附录。

同英国车间代表委员会出席共产国际第二次代表大会代表约·托·墨菲谈话,向他询问英国革命运动、南威尔士矿工斗争的情况。

同法国社会党代表、《人道报》主编马·加香和党的书记吕·弗罗萨尔谈话。

出席俄共(布)中央政治局会议。会议讨论英国首相劳合-乔治就俄英协议条件发表的最后通牒式的声明,对高加索方面军革命军事委员会委员以及驻格鲁吉亚、亚美尼亚和土耳其的外交代表的指示,俄共(布)中央鼓动委员会关于组织"第三国际日"活动的建议,以及关于出席共产国际第二次代表大会的俄国代表团等问题。

7 月 8 日

给英国共产党临时联合筹备委员会写回信。

把戴·怀恩科普的信和自己关于纠正《共产主义运动中的"左派"幼稚病》一书中的个别提法的声明寄给共产国际的工作人员米·马·格鲁津贝格;在附函中请他检查一下该书的英译文的质量。

7 月 9 日

看了费·阿·罗特施坦报告列·波·克拉辛率领的苏维埃代表团与英国政府成员在伦敦谈判进展情况的信以后,把信批转俄共(布)中央政治局全体委员,建议指示苏维埃代表团要更强硬一些,不要怕谈判暂时中断。

不晚于 7 月 10 日

致函共产国际执行委员会,建议委托共产国际执行委员会书记卡·伯·拉狄克或帕·路·拉品斯基起草关于国际经济和政治形势的提纲。

7 月 10 日

读尤·约·马尔赫列夫斯基关于请求解决与立陶宛签订条约问题的电话记录,得知马尔赫列夫斯基认为该条约是不能接受的;在电话记录上批示尼·尼·克列斯廷斯基和格·瓦·契切林把条约文本和契切林的意见一并寄来。

7 月 10 日和 19 日之间

为在共产国际第二次代表大会上作关于国际形势和共产国际基本任务的报告作准备,写报告的草稿、提纲初稿、提纲。

7 月 12 日或 13 日

致函共和国革命军事委员会副主席埃·马·斯克良斯基,认为国际形势要求加速对波兰的进攻。

发出给在哈尔科夫的约·维·斯大林的电话稿,告知英国外交大臣寇松 1920 年 7 月 11 日建议俄国与波兰媾和的照会的具体内容,请斯大林下令加强在西南战线的攻势,并征求斯大林对照会的意见。列宁认为这一照会完全是一个骗局。

7 月 16 日

出席俄共(布)中央全会会议。会议研究共产国际第二次代表大会的准备工作,确定列宁代表俄国代表团参加共产国际代表大会主席团。列宁起草俄共(布)中央关于彼得格勒公社和彼得格勒苏维埃冲突问题的决定;起草关于答复寇松 1920 年 6 月 11 日照会的决定(略加修改后被通过)。会议还讨论了关于铁路工会代表大会、关于建立白俄罗斯革命委员会、关于赴英国的苏维埃代表团等问题。

不早于 7 月 16 日

指示发表波斯(伊朗)革命政府关于向莫斯科工人赠送 15 000 普特大米的电报。

7 月 17 日

电告西南方面军革命军事委员会约·维·斯大林和西方面军革命军事委员会伊·捷·斯米尔加,党中央全会已于 1920 年 7 月 16 日通过列宁提出的关于答复寇松 7 月 11 日照会的建议,并指示他们每周把前线战况报告两次。

从哥尔克打电话通知赴伦敦与英国政府进行谈判的列·波·加米涅夫,要他注意搜集英国出版的论证同苏维埃各共和国签订贸易协定对英国资产阶级更有利的书刊、有关现代经济问题的出版物、共产主义运动中各种派别的期刊,以及地理、政治、经济等方面的最新参考资料和综合统计材料。

出席俄共(布)中央全会会议。会议讨论关于远东共和国、关于赴英国的苏维埃工会代表团、关于俄共(布)中央定期向党的高级干部报告中央通过的最重要的决议、关于俄共(布)中央召开下届全会等问题,以及全俄中央执行委员会主席米·伊·加里宁关于废除对开小差者处死刑的建议。

不早于 7 月 17 日

收到远东共和国外交部长亚·米·克拉斯诺晓科夫 1920 年 7 月 17 日

电话记录,克拉斯诺晓科夫在电话中报告远东共和国已于 7 月 15 日与日本签订了停战协定,同时提出关于召开边疆区代表大会、关于共和国宪法和经济政策的原则以及关于它与苏维埃俄国的相互关系等问题。列宁在每个问题后面写了答复。

不晚于 7 月 18 日

读 1919 年在曼彻斯特出版的詹·拉·麦克唐纳的《议会与革命》一书,在书上作批注和标记。

参加制定加入共产国际的条件。

7 月 18 日

同共产国际第二次代表大会代表一起从莫斯科前往彼得格勒,出席代表大会的开幕式。

7 月 19 日

早晨,抵达彼得格勒,受到彼得格勒各工人代表团的热烈欢迎。

出席共产国际第二次代表大会第 1 次会议;被选为代表大会主席团常务委员;作关于国际形势和共产国际基本任务的报告。

代表大会第 1 次会议结束以后(下午 3 时左右),同部分代表前往石岛,参观工人休养所,同在那里休息的工人谈话,询问他们的伙食等情况。

下午 5 时,从石岛乘车前往革命烈士广场(马尔斯校场),参加向革命烈士墓敬献花圈的仪式;瞻仰俄国革命活动家弗·沃洛达尔斯基墓。

在乌里茨基广场(原皇宫广场)参加巴黎公社英雄纪念碑以及卡·李卜克内西和罗·卢森堡纪念碑奠基典礼,向成千上万的工人和陆海军士兵发表讲话。

晚上 8 时,离开彼得格勒前往莫斯科。

7 月 20 日

早晨,抵达莫斯科。

就苏维埃俄国同英国建立和平关系的前景和协约国各国之间的关系问题同一位外国记者谈话。

主持人民委员会会议;签署关于收集西伯利亚余粮的决定;修改人民委员会就寇松的照会发布的《告苏维埃俄国和苏维埃乌克兰工人、农

民及全体正直公民书》,建议加上一句话:"我们早就希望同波兰工人和
农民达成真正和平的协议,现在和平事业也主要取决于波兰工人和农民
对本国资产阶级和地主的压力。"会议讨论关于 1920 年增加从市郊收购
蔬菜数量的措施以及其他问题。

7 月 22 日

致函外交人民委员格·瓦·契切林,谈同德国的贸易谈判、答复英国外
交大臣寇松以及关于同波兰签订和约的可能性等问题。

不早于 7 月 22 日

致函劳动国防委员会各委员,建议通过一项决定,责成高加索方面军的
部队在通过乌克兰前往西线途中收集粮食和武器。

7 月 23 日

主持共产国际第二次代表大会第 2 次会议;以会议主席的身份两次发
言;作关于共产党的作用的发言;在英国车间代表委员会代表杰·坦纳
发言时作笔记。

出席俄共(布)中央政治局会议;通报土耳其斯坦的形势。会议讨论
内务人民委员兼全俄肃反委员会主席费·埃·捷尔任斯基关于改组国
内警卫部队的建议,以及关于与芬兰的谈判、关于与波兰和英国的谈判
等问题。

主持劳动国防委员会会议;就改组国内警卫部队问题发言;修改关
于改善俄罗斯联邦铁路和水路客运条件两项决定草案。会议讨论关于
各人民委员部支援西线工作的决定草案以及其他问题。

7 月 24 日

出席共产国际第二次代表大会第 3 次会议。俄共(布)代表团推选列宁
参加国际形势和共产国际基本任务问题委员会、民族和殖民地问题委员
会、土地问题委员会。列宁记下民族和殖民地问题委员会成员的姓名、
作记号和统计各国代表的人数。

7 月 24 日和 29 日之间

读波斯(伊朗)共产党代表阿·苏尔坦-扎德为共产国际第二次代表大会
准备的关于东方社会革命前途的报告,写了对这个报告的意见。

7 月 25 日

德国共产党出席共产国际第二次代表大会代表保·莱维就民族和殖民

地问题提纲提出若干建议,列宁用德文写了对这些建议的意见。

写《加入共产国际的条件的第二十条》。

主持共产国际第二次代表大会民族和殖民地问题委员会会议。会议讨论列宁起草的提纲(稍加修改后被一致通过)。列宁用英文修改印度代表马·罗易提出的关于民族和殖民地问题的补充提纲;在讨论罗易的报告时发言;用法文写便条给扎·梅·塞拉蒂,询问意大利同志为什么不出席会议来捍卫他们不支持资产阶级民主运动的主张。会议就落后国家资产阶级民主运动和落后国家能否避免资本主义发展阶段等问题展开热烈讨论。

出席共产国际第二次代表大会制定加入共产国际的条件的委员会会议。会议讨论列宁起草的《加入共产国际的条件》提纲。在委员会会议上列宁提出《加入共产国际的条件的第二十条》。

7 月 26 日

与格拉斯哥(苏格兰)车间代表委员会出席共产国际第二次代表大会代表威·加拉赫相识,并与他谈话。

从 7 月 26 日晚 8 时至 27 日晨 2 时 30 分,出席共产国际第二次代表大会第 4 次会议;代表民族和殖民地问题委员会作报告。

7 月 27 日

出席俄共(布)中央政治局会议。会议讨论关于同波兰的和平谈判、关于土耳其斯坦委员会的成员等问题。

不晚于 7 月 28 日

用法文为民族和殖民地问题委员会写意见。

7 月 28 日

同过去在西伯利亚一起流放的波兰工人伊·卢·普罗明斯基谈话,并给他开介绍信,让他持信去俄共(布)中央波兰局;在信中要求给予普罗明斯基信任和协助。

出席共产国际第二次代表大会土地委员会会议。会议讨论列宁起草的提纲。列宁同德国共产党出席共产国际第二次代表大会代表恩·迈耶尔谈话。

在法国社会党出席共产国际第二次代表大会代表、《人道报》主编马·加香和该党书记吕·弗罗萨尔返国之前,用法语同他们谈话,向他们询问法国工人运动情况,对拒绝装运英法帝国主义者支持波兰进攻苏维埃俄国的大炮和机枪的敦刻尔克码头工人表示热烈感谢。在谈话结束时,列宁希望尽快在法国建立起一个强大的共产党。

7 月 29 日

上午,出席共产国际第二次代表大会第 6 次会议。会议讨论关于加入共产国际的条件。在法国社会党代表马·加香和法国第三国际委员会代表雷·勒弗夫尔发言时,写关于法国社会党和其他问题的意见,指出把社会党改造成马克思主义革命政党的途径。

出席俄共(布)中央政治局会议。会议讨论关于选派党的负责工作人员去粮食部门工作、关于每个省委派 10—20 名党的工作人员归本省粮食委员会调遣、关于暂不动员粮食工作人员去做其他各种工作、关于已被动员脱离粮食工作的人员返回粮食机关等问题。

主持人民委员会会议;签署人民委员会关于国家粮食资源的决定。会议讨论关于有计划使用西欧工人和技术人员的报告、关于从西伯利亚运出蛋和油的紧急措施以及其他问题。

从 7 月 29 日晚 8 时 30 分至 30 日晨 1 时,出席共产国际第二次代表大会第 7 次会议。会议继续就加入共产国际的条件问题进行辩论。

7 月 30 日以前

同英国社会党出席共产国际第二次代表大会代表威·麦克莱恩和托·奎尔奇谈话。

不晚于 7 月 30 日

读 1920 年维也纳出版的叶·萨·瓦尔加《无产阶级专政的经济政策问题》一书,在书上作批注。

7 月 30 日

在共产国际第二次代表大会第 8 次会议上作关于加入共产国际的条件的发言。

7 月 31 日

出席俄共(布)中央政治局会议;就《共产国际》杂志第 12 期刊出阿·马·高尔基《弗拉基米尔·伊里奇·列宁》一文和高尔基给赫·威尔

斯的信提出抗议,严厉批评这两篇文章不恰当地歌颂列宁;起草中央政治局关于这一问题的决定。会议还讨论了格·瓦·契切林关于亚美尼亚、关于与德国恢复贸易关系谈判、关于与罗马尼亚共同成立边界委员会的建议,以及关于东南方面军劳动军委员会与高加索方面军革命军事委员会之间的相互关系等问题。

8月2日

致电乌拉尔区域革命军事委员会和萨拉托夫省执行委员会,指示采取紧急措施,坚决镇压土耳其斯坦第2师前任师长、左派社会革命党人萨波日科夫在布祖卢克区发动的反革命叛乱。

出席俄共(布)中央政治局会议。由于弗兰格尔的威胁增大,会议决定单独成立南方面军。列宁致电约·维·斯大林,告知中央的这一决定以及费·埃·捷尔任斯基和他的战友已建立波兰革命委员会等情况。

晚上,出席共产国际第二次代表大会第10次会议,作关于议会活动问题的发言。

8月2日和9月15日之间

接见伊·雅·伊林为首的切列姆霍沃煤矿工人代表团,伊林转交了6千名煤矿工人和技术人员签名的给列宁的贺信。列宁向代表们询问矿井机械供应、提高劳动生产率、劳动报酬和粮食供应等方面的情况,与他们谈煤矿的现状和远景,感谢他们为莫斯科工人运来粮食。

8月3日

收到西南方面军革命军事委员会委员约·维·斯大林报告西南战线局势吃紧并对中央单独成立南方面军的决定表示不满的来电;复电斯大林,对他不满意中央的决定表示不能理解,要他说明不满的原因。

主持人民委员会会议;签署关于卡累利阿劳动公社的决定。会议讨论关于巴库石油工人以及伐木工人的粮食供应、关于建立专门委员会解决俄罗斯和爱沙尼亚发展经济关系中出现的问题等事项。

8月4日

致电约·维·斯大林,请他在8月5日举行俄共(布)中央全会之前告知他对西南战线形势的看法,说这可能关系到极重要的政治决策。

8月5日

出席俄共(布)中央全会会议。会议讨论关于米·伊·加里宁乘鼓动列

车去库班、关于同罗马尼亚的和谈、关于同德国的谈判、关于阿塞拜疆共
和国和俄罗斯联邦之间的相互关系、关于同拉脱维亚和芬兰的谈判情
况、关于拟将举行的讨论吉尔吉斯情况的会议、关于弗兰格尔战线和库
班的形势、关于外国工人迁入苏维埃俄国问题以及约·维·斯大林关于
南方战线和西南战线的电报等事项。

8月6日

出席共产国际第二次代表大会第 16 次会议；作关于英国共产党加入英
国工党问题的发言。

出席俄共（布）中央政治局会议。会议讨论与共产国际新一届执行
委员会即将举行的会议有关的问题，决定提名列宁为执行委员会委员候
选人。

主持劳动国防委员会全体会议；签署关于先前应征入伍的粮食工作
人员返回粮食机关的决定。会议讨论关于成立最高国民经济委员会工
业复员和动员委员会，关于汽车工业的一批重点工厂在燃料、原料和半
成品供应方面享受和国防重点企业同等待遇，关于保证车里雅宾斯克煤
矿的劳动力，关于铁路的供应等问题，以及 1920 年 8 月 3 日人民委员会
任命的巴库石油工人和伐木工人粮食供应委员会的报告、动员劳动力从
事燃料工作情况的报告、关于执行中央纺织工业委员会供应红军毛织品
计划的必要措施的决定草案。

8月7日

致电约·维·斯大林，告知俄共（布）中央全会没有作出任何改变既定政
策的决定；强调许多事情取决于对弗兰格尔和波兰的军事胜利。

出席共产国际新一届执行委员会的第一次会议。

8月8日

致函国家出版社、俄共（布）中央书记叶·阿·普列奥布拉任斯基和《真
理报》主编尼·伊·布哈林，建议成立一个委员会专门收集国内外报纸
上关于协约国对外政策的材料，并按月出版小册子，把容易散失的极有
价值的材料保存下来。

在苏维埃工会代表团访问英国之前，就这次访问的目的同代表团成
员瑞·马·安采洛维奇、阿尔乔姆（费·安·谢尔盖耶夫）和索·阿·洛

佐夫斯基谈话。

接见英国车间代表委员会出席共产国际第二次代表大会代表威·加拉赫,同他谈英国的形势、英国的工人运动、党的作用以及加拉赫和其他苏格兰同志加入英国共产党的问题。

8月9日

致电西方面军革命军事委员会委员伊·捷·斯米尔加、波兰临时革命委员会委员费·埃·捷尔任斯基和尤·约·马尔赫列夫斯基,请他们立即报告波兰雇农和华沙工人的情绪以及整个政治前景的详细情况。

8月10日

致电高加索劳动军委员会副主席亚·格·别洛博罗多夫,请他火速报告高加索和库班两地镇压反革命暴乱的情况。

致函彼得格勒苏维埃,建议出版一本教学用的俄罗斯联邦地图册。

出席俄共(布)中央政治局会议。会议讨论关于在国外的外交人民委员部代表和对外贸易人民委员部代表之间的相互关系、关于召开党的代表会议、关于波兰等问题。

主持人民委员会会议。会议讨论收集粮食的进展情况以及图拉和莫斯科的粮食状况、关于供应铁路粮食的计划、关于供应伐木场饲料用粮的决定草案、关于调整手工业和非国有工业的决定草案以及其他问题。

接见爱尔兰工党出席共产国际第二次代表大会代表帕·克温兰德。

8月11日

收到苏维埃代表团团长列·波·加米涅夫从伦敦发来的关于和平谈判的急电。加米涅夫在急电中报告,英国被总罢工吓坏了,所以劳合-乔治宣称要建议波兰接受苏维埃俄国提出的停战条件。列宁把这一情况电告西南方面军革命军事委员会委员约·维·斯大林,指示要尽一切努力,立即收复克里木,强调现在一切都决定于此。

写便条给俄共(布)中央书记尼·尼·克列斯廷斯基,请他安排有病的老党员亚·西·沙波瓦洛夫在克里姆林宫食堂就餐,在口粮等方面尽量给予照顾。

接见旅俄华工联合会长刘泽荣(刘绍周);写便条给尼·尼·克列

斯廷斯基,说刘泽荣有一些问题需要同他商谈,请予接待。

不早于 8 月 11 日

全俄扫除文盲特设委员会主席 И.П.布里赫尼切夫来信请求提供必要的干部、办公用房、交通工具以及苏维埃工作人员的口粮。列宁把信批转给小人民委员会,请他们研究并尽量满足布里赫尼切夫的请求。

不晚于 8 月 12 日

写便条给司法人民委员德·伊·库尔斯基,指出 1919 年的法令汇编编得不好,建议单独出一本 1920 年现行主要法令汇编。

8 月 13 日

得知亨·奥·格拉夫季奥教授住地的贫民住宅委员会主席要搜查他的住宅和没收其财产的消息后,致电彼得格勒苏维埃主席格·叶·季诺维也夫,指示必须保护格拉夫季奥教授,不准贫民住宅委员会主席胡作非为。

出席俄共(布)中央政治局会议。会议讨论外交人民委员格·瓦·契切林关于土耳其和亚美尼亚的建议、关于在明斯克同波兰和平谈判的建议以及关于远东共和国等问题。

主持劳动国防委员会会议;签署关于向煤炭工业提供劳动力的决定和关于铺设红库特—亚历山德罗夫盖—恩巴军事专用铁路线的决定。会议讨论车里雅宾斯克煤矿的状况、更充分满足铁路员工粮食需要的措施、一批重点运输器材厂实行军事化、保证军工厂必要机械的措施以及关于向莫斯科运送木柴等问题。

8 月 14 日

致函外交人民委员格·瓦·契切林,指示把帝国主义者企图破坏苏维埃俄国与波兰谈判一事告诉在伦敦的苏维埃政府代表团团长列·波·加米涅夫;随信寄去给加米涅夫的复电。

分别接见出席共产国际第二次代表大会的部分外国代表,他们是:法国五金工人和挖土工人工会代表路·莱珀蒂和马·韦尔扎;德意志奥地利共产党代表卡·施泰因加尔德(格鲁别尔)和卡·托曼;保加利亚共产党代表赫·卡巴克奇耶夫;德国共产党代表保·莱维和恩·迈耶尔等;比利时瓦隆共产主义联盟代表万-奥韦尔斯特拉膝;匈牙利共产党代表库恩·贝拉；挪威工党代表霍·朗格塞特。

接见土耳其政府代表团，解释苏维埃政府对东方各民族的政策，强调支援被压迫民族是苏维埃政府政策的基本原则之一。

8月15日

写《给奥地利共产党人的信》。

8月17日

写便条给高加索疗养地和疗养院管理局，请求协助伊·费·阿尔曼德及其儿子前去治疗。

主持人民委员会会议；签署人民委员会关于俄国东南劳动军革命委员会的法令（条例）；在讨论财产保险问题时，向保险工作者提出若干问题，建议成立由有关部委和工会代表组成的专门委员会，以便向人民委员会提出切实的建议；草拟这些建议所应遵循的原则。会议讨论关于吉尔吉斯苏维埃社会主义自治共和国的法令草案、关于外国工人的迁入及有计划使用、关于奖励煤矿工人、关于各地的纸币分配、关于向粮食人民委员部提供纺织品供应居民等问题。

同美国新闻工作者约翰·里德谈话，里德请求列宁帮助曾为共产主义出版物撰稿的共产党人政论家路易·弗雷纳了解俄国的书刊。

致函各部人民委员和部务委员，请为路易·弗雷纳找几位英文好的翻译并通知秘书处。

8月17日以后

分别写便条给人民委员会几位秘书，请留心为路易·弗雷纳物色几位翻译，并分配好他们同弗雷纳一起工作的时间。

8月18日

致电西方面军革命军事委员会委员伊·捷·斯米尔加，指示必须竭尽全力制止敌人的进攻。

致函俄共（布）中央高加索局委员兼高加索方面军革命军事委员会委员格·康·奥尔忠尼启则，请他协助伊·费·阿尔曼德及其儿子在基斯洛沃茨克治疗。

分别接见出席共产国际第二次代表大会的部分外国代表，他们是：捷克斯洛伐克社会民主党"马克思主义左派"代表米·瓦涅克和克拉德

诺工人组织书记安·萨波托斯基;丹麦教师共产主义俱乐部代表玛·尼
尔森;美国社会主义工人党代表波·雷恩施坦;英国社会主义工人联盟
代表西·潘克赫斯特;英国车间代表委员会代表威·加拉赫。列宁同加
拉赫谈到无产阶级革命和共产党的作用,表示不赞成在苏格兰建立独立
的共产党。

8 月 19 日

出席俄共(布)中央政治局会议;建议给在英国的苏维埃代表团发指示。
会议讨论对波兰和弗兰格尔作战前线的军事形势、关于尽快调土耳其斯
坦方面军司令米·瓦·伏龙芝前往正在激战的前线、关于确定 8 月 21
日召开劳动国防委员会紧急会议研究修理运输工具问题等事项。

　　致电全俄中央执行委员会委员卡·伯·拉狄克,要求更迅速、更有
力地镇压波兰的地主和富农,把他们的土地和森林分给农民。

　　致电加利西亚革命委员会主席弗·彼·扎东斯基,要他详细报告发
动农民的工作,指示无情镇压地主和富农,使广大农民感到急剧变革对
他们是有利的。

　　签署俄共(布)中央致俄共(布)彼得格勒委员会的电报,要求集中人
力和物力加强西方战线和西南方战线。

　　签署俄共(布)中央致西方面军革命军事委员会的电报,指示红军必
须再一次竭尽全力击败波兰军国主义者。

8 月 20 日以前

同副教育人民委员米·尼·波克罗夫斯基谈话,指出必须在尽可能短的
时间里写出十月革命史或十月革命大事记。

不晚于 8 月 20 日

写便条给米·尼·波克罗夫斯基,询问无产阶级文化协会的法律地位及
其他情况。

8 月 20 日

收到约·维·斯大林给俄共(布)中央政治局的信,斯大林在信中建议让
格·康·奥尔忠尼启则立即离开巴库去顿河畔罗斯托夫履行高加索方
面军革命军事委员会委员的职责。列宁在信上批示:"我赞成"。

　　致电格·康·奥尔忠尼启则,告知政治局决定他离开巴库前往顿河

畔罗斯托夫,参加围歼在库班和黑海沿岸登陆的白卫军。

致电卡·伯·拉狄克、费·埃·捷尔任斯基以及波兰共产主义工人党中央委员会全体委员,指出波兰革命委员会必须颁布一项把地主的部分土地分给农民的法令。

致函国家第一地图绘制委员会,感谢给寄来《俄罗斯铁路路线图》,并建议出版标明新的行政区划的地图册。

致电在伦敦的苏维埃和平代表团团长列·波·加米涅夫,告知英国援助波兰对苏维埃俄国作战的情况,要求向工人揭露英国政府的政策。

主持劳动国防委员会全体会议。会议讨论关于授权卡希拉电站在自由市场购买必要材料、关于确定8月21日召开劳动国防委员会研究修理运输工具问题的紧急会议、关于供应莫斯科木柴等问题。

不早于8月20日

写关于军事问题的几条建议即关于加强对弗兰格尔作战前线的建议。

8月20日和24日之间

起草俄共(布)中央政治局关于西方面军革命军事委员会发布的命令的决定。

8月21日

主持劳动国防委员会全体紧急会议。会议讨论关于修复运输工具的决定草案、关于派遣200名医生去顿巴斯防治霍乱等问题。

8月24日

读米·尼·波克罗夫斯基寄来的关于无产阶级文化协会的材料。材料中说,无产阶级文化协会是在教育人民委员部监督下工作的自治组织。列宁在"监督"二字下面划了三条线,并在旁边写道:"如何实现监督?"

主持人民委员会会议;签署关于吉尔吉斯苏维埃社会主义自治共和国的法令和关于建立和发展木船制造业的决定。会议讨论关于保证秋播作物种子的供应、关于各地的纸币分配、关于奖励基金的状况、关于按照爱沙尼亚政府的建议在爱沙尼亚的工厂用俄国原料生产各种商品的情况以及其他问题。

8月25日

出席俄共(布)中央政治局会议。会议讨论寇松的照会以及约·维·斯大林提出的关于建立战斗预备队等问题。

8 月 26 日以前

同从喀山来莫斯科搜集十月革命史料的弗·维·阿多拉茨基谈话,委托他编译、出版俄文版马克思和恩格斯书信集。

8 月 26 日

出席俄共(布)中央政治局会议。会议讨论波兰和西线形势等问题。

前往克里姆林宫医院看望在那里住院的瓦·瓦·沃罗夫斯基;同医生和病人谈话;请人民委员会办公厅主任弗·德·邦契-布鲁耶维奇了解沃罗夫斯基的家庭生活情况以便发给补助金。

不晚于 8 月 27 日

致函尼·伊·布哈林,建议用俄文出版美国社会主义者丹尼尔·德莱昂《古罗马历史片断》一书(路易·弗雷纳写序作注的 1920 年纽约版)。

8 月 27 日

致函共产国际工作人员、美国共产主义工人党出席共产国际代表大会代表爱德华·马丁,对他生病表示慰问。

读俄共(布)中央给各省委的通告信。中央在信中指出,由于发生旱灾,必须特别重视粮食采购运动。列宁赞同信中提出的这个意见。

写便条给小人民委员会,请急速拨发一笔补助金,供身患重病的瓦·瓦·沃罗夫斯基治病和加强营养之用。

在共产国际执行委员会给意大利社会党中央委员会和全体党员以及意大利革命无产阶级的信上签名。

不早于 8 月 27 日

致函费·埃·捷尔任斯基,认为在库班发生反革命暴动的危险极大,指示采取紧急防范措施。

8 月 28 日—30 日

同德·伊·乌里扬诺夫、尼·瓦·克雷连柯、伊·巴·茹柯夫一起在斯摩棱斯克省别利斯克森林休息和打猎;同附近乡村的农民谈话。

8 月 31 日

主持人民委员会会议;在讨论副对外贸易人民委员安·马·列扎瓦关于该部的报告时,对人民委员会关于各人民委员部和中央机关派遣专家出国的决定草案作补充。会议讨论关于农民迁居西伯利亚、关于成立奥洛涅茨省等问题。

8月—9月

写《共产国际第二次代表大会》一文。

9月1日

写便条给鲁勉采夫博物院图书馆，请求在夜间闭馆时借给他两本希腊语词典、几部较好的哲学词典和两本关于希腊哲学史的书（一本是爱·策勒的，一本是泰·龚佩茨的），答应次日早晨归还。

出席俄共（布）中央政治局会议；建议对军事和外交通讯采取更严格的保密措施。会议讨论粮食人民委员部关于免征粮食工作人员入伍的请示报告、关于同波兰进行谈判的新的苏维埃代表团的成员和谈判的地点、约·维·斯大林关于解除他的军事工作的请求、斯大林关于成立战斗预备队的草案、关于成立十月革命史研究委员会、关于军事形势，以及组织关于军队供应的专题讨论会等问题。

在全俄教育和社会主义文化工作者第二次代表大会上作关于时局的报告。

9月2日以前

同弗·德·邦契-布鲁耶维奇谈话，希望尽快出版《唯物主义和经验批判主义》一书的第2版，并强调这在亚·亚·波格丹诺夫以"无产阶级文化"为幌子加紧宣传反马克思主义观点的情况下尤其必要。

阅读并修改弗·伊·涅夫斯基《辩证唯物主义和僵死反动派的哲学》一文。这篇文章是受列宁委托写的，是《唯物主义和经验批判主义》一书第2版的附录。

9月2日

写《唯物主义和经验批判主义》一书的第2版序言。

收到国家纸币印刷厂管理局出版的小册子《关于修建国家专用造纸厂问题》，并把这一小册子转寄给尼·尼·克列斯廷斯基，在附信中建议把浪费纸张和经费出版这一无用小册子的人撤职、逮捕、送交法庭审判。

不早于9月2日

写便条给尼·伊·布哈林，谈亚·亚·波格丹诺夫的哲学观点以及弗·

伊·涅夫斯基《辩证唯物主义和僵死反动派的哲学》一文对这些哲学观点的批评。

9月3日

主持劳动国防委员会会议；就红军无线电通讯问题作报告；签署关于防止火车装载不足的措施的决定。会议讨论关于尽快抓紧红军被服储备，关于红军补充年轻指挥员，关于乌拉尔矿区各个企业实行军事化，关于免征粮食工作人员入伍，关于派调查组了解顿巴斯采煤情况，关于向林业总委员会的重点工程供应粮食、饲料、资金和劳动力等问题。

9月5日以前

同旅俄华工联合会会长刘泽荣（刘绍周）谈话，刘泽荣请求允许已在下乌金斯克的以张斯麐将军为团长的中国军事外交使团前往莫斯科，而不必等中国政府对使团的目的和性质作出答复。

9月5日

访问莫斯科省波多利斯克县博格丹诺沃村，在附近森林打猎，并同当地农民谈话。农民向列宁反映村苏维埃征收余粮过头的情况，还递交了要求减少征粮的呈文。

9月6日

致电波多利斯克县粮食委员会，指示马上受理该县博格丹诺沃村农民的呈文，要求尽可能减少那里的征粮数，改善他们的困难处境。

出席俄共（布）中央政治局会议。会议讨论格·瓦·契切林关于提请全俄中央执行委员会主席团批准对拉脱维亚和立陶宛的和约的建议，外交人民委员部关于保证并正式公布卡累利阿公社在经济上和组织上完全自主，不再受奥洛涅茨省管辖的建议，以及关于与波兰进行和谈的苏维埃代表团的成员、关于军事形势的报告、关于尽快公布共产国际第二次代表大会的各项决定、关于伊朗形势等问题。

9月7日

主持人民委员会会议；修改和补充小人民委员会提出的《俄罗斯联邦中央物质资源开发委员会条例》草案。会议讨论关于调整土耳其斯坦货币流通的提纲、关于莫斯科亚美尼亚研究所改组为中央东方现代语言研究所的决定草案、关于整顿手工业的决定草案、关于满足扫除文盲特设委员会的需要等问题。

9月8日

书面回答《每日新闻报》记者塞格鲁1920年9月3日来电提出的问题。

致函共和国革命军事委员会主席列·达·托洛茨基,建议任命米·瓦·伏龙芝为南方面军司令。

接见列·尼·托尔斯泰的朋友及其宗教学说的信徒弗·格·切尔特科夫,同他谈出版托尔斯泰全集的问题。在谈话时,切尔特科夫作为宗教团体联合委员会主席,还向列宁报告某些苏维埃负责人违反了人民委员会1919年1月4日关于因宗教信仰不能服兵役者可以经法院批准从事医务或其他工作的法令。

同青年共产国际书记威·明岑贝格谈青年共产国际面临的任务。

同授权与波兰谈判和签署和约的苏维埃代表团团长阿·阿·越飞谈话。

同尼·伊·布哈林谈梁赞省、图拉省、坦波夫省的形势和农民的情绪等问题,并记下谈话的主要内容。

9月9日

致电格·康·奥尔忠尼启则,指示必须迅速地消灭高加索和库班的土匪和白卫军残部,并且要经常地准确地报告情况。

9月10日

同阿·马·高尔基谈话,了解到学者生活改善委员会缺乏木柴。

致函彼得格勒公社燃料局局长伊·格·鲁达科夫,请他给学者生活改善委员会供应一批木柴。

签署给最高国民经济委员会主席阿·伊·李可夫和副对外贸易人民委员安·马·列扎瓦的电话稿,其中指出苏维埃贸易代表团在伦敦签订的出口木材的合同具有重大的政治意义和经济意义,必须严格履行这些合同;建议制定关于加强出口木材采伐的措施的法令草案。

在莫斯科第一届机枪训练班第6连党员大会上讲话。

主持劳动国防委员会会议。会议讨论关于红军中的无线电通讯、关于向意大利发运粮食、关于通过铁路和水路从西伯利亚和北高加索运粮的计划等问题。

9 月 10 日和 12 日之间

致电各省执行委员会、各省革命军事委员会、第 1 劳动军委员会、高加索劳动军委员会、西伯利亚革命委员会、土耳其斯坦革命委员会、巴什基尔革命委员会、鞑靼革命委员会和吉尔吉斯革命委员会,建议采取各种措施加速全俄人口职业统计和农业统计工作。

9 月 11 日

签署《告弗兰格尔男爵军队军官书》,号召这些军官放下武器,保证赦免他们。

同卢森堡社会党代表 E.赖兰德谈建立卢森堡共产党问题。

9 月 13 日

批示全俄中央执行委员会秘书阿·萨·叶努基泽,按照《真理报》编辑部的请求,为作家亚·绥·绥拉菲莫维奇安排膳宿。

9 月 14 日

出席俄共(布)中央政治局会议。会议讨论约·维·斯大林关于清查国家贵重物品仓库的报告、革命共产党中央关于该党与俄共(布)合并时承认其党员的党龄和允许在地方党委中有该党代表的请求、关于《全俄中央执行委员会消息报》和《真理报》印刷厂的经济状况以及其他问题。

主持人民委员会会议;签署关于收集球果燃料的决定。会议讨论关于在库班进行统计调查的法令草案、关于各地没有完成征粮数的报告、关于卡累利阿劳动公社的法令草案、关于土耳其斯坦苏维埃社会主义自治共和国的决定草案以及其他问题。

9 月 15 日

复函切列姆霍沃煤矿工人和技术人员,感谢他们的贺信,认为贺信中特别宝贵的是对苏维埃政权必将彻底战胜地主和资本家的信念以及克服一切困难的顽强意志和决心。

出席俄共(布)中央政治局会议。会议讨论高加索的局势、顿河畔罗斯托夫党的工作状况,以及确定在俄共(布)第九次全国代表会议上党的工作的当前任务报告的报告人等问题。

9 月 16 日

致电在里加参加对波和谈的俄罗斯和乌克兰代表团团长阿·阿·越飞,

指示他在 9 月 20 日召开党中央全会之前报来他对与波兰媾和的可能性和条件的看法。

读关于成立十月革命和俄共(布)历史资料征集研究委员会的决定草案,并修改这一决定草案的第 6 条和第 9 条。

写便条给克里姆林宫总务部门负责人 A.Π.普拉东诺夫,要求立即给伊·伊·斯克沃尔佐夫-斯捷潘诺夫安排住房。

同农业人民委员部部务委员尼·伊·穆拉洛夫谈前线和军队的情况、农业人民委员部的工作、农业发展的前景等问题。

9 月 17 日以前

听取人民委员会秘书莉·亚·福季耶娃的汇报,她曾同尼·加·车尔尼雪夫斯基的儿子谈话,询问了萨拉托夫市尼·加·车尔尼雪夫斯基博物馆的情况。

9 月 17 日

填写俄共(布)莫斯科组织党员重新登记表。

同从西伯利亚回来的西伯利亚革命委员会委员 C.И.波罗斯昆谈话,记下他提出的援助西伯利亚农民的措施。

主持劳动国防委员会会议;签署关于免征库尔斯克地磁异常带勘探工作所需的马匹、关于向居民征购全套马车供应西南方面军等项决定。会议讨论关于供应前线红军战士服装、鞋子和其他物品,关于为顿巴斯提供粮食,关于恢复铁路运输等问题。

9 月 17 日以后

收到捷克斯洛伐克社会民主党左翼出席共产国际第二次代表大会代表布·古尔关于右翼分子弗·贝奈什在捷克斯洛伐克社会民主党右翼 7 月 12 日布拉格代表会议上的发言内容的来信,以及随信寄来的捷克斯洛伐克社会民主党右翼对捷克斯洛伐克工人的宣言,在宣言上批示送共产国际。

9 月 18 日

签署人民委员会关于萨拉托夫市尼·加·车尔尼雪夫斯基博物馆实行国有化的决定。该决定的草案是由教育人民委员部提出、在小人民委员会 9 月 17 日会议上一致通过的。

9 月 20 日

填写俄共(布)第九次全国代表会议代表登记表。

下午 1 时 30 分,同将被任命为南方面军司令的米·瓦·伏龙芝谈话。

接见德意志奥地利共产党出席共产国际第二次代表大会代表卡·施泰因加尔德和瑞士共产党员齐默尔曼。

9 月 20 日和 21 日

出席俄共(布)中央全会会议;介绍他所准备的俄共(布)中央委员会向党的第九次全国代表会议的政治报告的内容。全会讨论外交人民委员部关于向意大利发运第二批粮食的建议、格·瓦·契切林关于加拿大几项贸易建议的报告、与阿塞拜疆签订的条约草案、第九次全国代表会议的日程和主要报告的内容、教育人民委员部和交通人民委员部工作调查委员会的报告、中央机关和地方机关之间相互关系委员会的报告,以及关于同波兰进行和平谈判等问题。

9 月 20 日和 22 日之间

接见约·里德和他的妻子路·布赖恩特。布赖恩特是作为主张承认苏维埃俄国的美国报刊的代表秘密来到苏维埃俄国的。

9 月 21 日

主持人民委员会会议;签署关于给严重歉收的梁赞省、卡卢加省、图拉省、布良斯克省和奥廖尔省粮食救济的决定。会议讨论人民委员会1920 年 8 月 24 日关于各地纸币分配的决定的执行情况,以及关于向意大利出口粮食等问题。

不晚于 9 月 22 日

补充并修改全俄中央执行委员会关于向波兰提出媾和建议问题的声明草案初稿。

9 月 22 日

签署人民委员会关于成立十月革命和俄共(布)历史资料征集研究委员会的决定。

上午,受党中央委员会的委托,主持俄共(布)第九次全国代表会议;被选入代表会议主席团;在波兰共产党员弗·乌兰诺夫斯基作关于波兰问题的报告时,审阅并修改关于这一问题的决议草案;代表中央委员会作政治报告;报告以后,阅读递给他的字条。

晚上,出席代表会议第2次会议;作关于政治报告的总结发言。

9月23日

上午,出席代表会议第3次会议。会议听取并讨论中央委员会的组织报告和党史研究委员会的报告。会上,列宁会见刚刚抵达莫斯科的克·蔡特金。

出席党中央全会会议。会议讨论同波兰媾和建议的条文以及从国外订购机车等问题。

以中央全会的名义致电在里加参加和谈的苏维埃代表团团长阿·阿·越飞,指出代表团的任务就是要在短期内保证实现停战,如果波兰在苏维埃俄国让步的情况下仍然拒绝停战,那就要揭露他们拖延时间。

9月23日和27日之间

同克·蔡特金谈国际妇女和青年运动、苏维埃俄国妇女的状况以及关于道德等问题。

不晚于9月24日

同共产国际执行委员会其他委员一起签署共产国际告德国独立社会民主党书,号召反对党内的机会主义派,争取加入共产国际。

9月24日

写《给德国和法国工人的信(关于共产国际第二次代表大会的讨论)》。

起草俄共(布)第九次全国代表会议关于党的建设的当前任务的决议。

晚上,在俄共(布)第九次全国代表会议第5次会议上作关于党的建设的当前任务的讲话。在会议期间,收到共和国革命军事委员会来电的抄件,来电说波兰军队在西线发动全线进攻,请求或者尽快结束党代表会议或者让西线军人代表先走。列宁指示当夜结束会议,让西线军人代表立即返回。

通过直达电报同格·康·奥尔忠尼启则谈巴库的形势。

同美国劳工联合会领导人施莱辛格谈美国两个共产党对推举尤·维·德布兹为副总统候选人的态度。

不早于9月24日

读格·瓦·契切林写来的报告,报告反映彼得格勒各报编辑部违反了刊登涉及国际形势和对外政策的材料的规定。列宁在报告上作批示,建议契切林向中央提出关于这一问题的决定草案,具体控告每一件违反规定的事并通过中央任命一个负责人监督这些材料的发表。

9月25日

致电俄国红十字会驻布拉格全权代表索·伊·吉列尔松,请他立即在报刊上宣布并向捷克斯洛伐克社会民主党代表大会转告:弗·贝奈什引述的列宁关于捷克斯洛伐克是否可能实行无产阶级专政的谈话,是彻头彻尾的谎言;列宁从来没有见过贝奈什。

列宁审阅从《真理报》编辑部收到的他在俄共(布)第九次全国代表会议上作的政治报告的秘书记录稿,并对第二句话作了订正;在装这份记录稿的信封上写道:"存档。关于波兰。对我的讲话所作的不成功的记述。"

同谢斯特罗列茨克苏维埃主席尼·亚·叶梅利亚诺夫谈话。列宁1917年7—8月曾隐藏在他的家中,地点在拉兹利夫湖畔。

同西班牙共产党临时执行委员会书记梅·格拉西亚谈西班牙社会主义工人党分裂和建立西班牙共产党等问题。

写便条给最高国民经济委员会主席阿·伊·李可夫和副对外贸易人民委员安·马·列扎瓦,请他们作好准备,把向华·万德利普租让的问题提交人民委员会9月28日会议讨论。

致函最高国民经济委员会林业总委员会主席团委员 C.И. 利别尔曼,指示他尽快把关于租让的材料准备好,因为人民委员会9月28日会议将要讨论这个问题。

9月26日

致函西伯利亚革命委员会主席伊·尼·斯米尔诺夫,向他转告西伯利亚革命委员会委员 C.И. 波罗斯昆在同列宁谈话时提出的帮助西伯利亚农民的各项措施,请革命委员会对这个问题发表意见。

晚上,出席第七届全俄中央执行委员会第三次会议;在阿·瓦·卢那察尔斯基报告教育人民委员部的工作时作笔记。

9月27日

上午,继续出席第七届全俄中央执行委员会第三次会议;在弗·伊·涅夫斯基代表全俄中央执行委员会教育人民委员部工作调查委员会作补充报告以及其他人发言时作笔记。

9月28日

同西伯利亚领导人伊·尼·斯米尔诺夫、П.К.卡冈诺维奇、亚·瓦·绍特曼和C.A.库德里亚夫采夫谈话。

同俄罗斯联邦驻格鲁吉亚全权代表谢·米·基洛夫谈高加索的形势。

同远东共和国部长会议主席波·扎·舒米亚茨基谈远东共和国的问题。

写对俄共(布)第九次全国代表会议决议《关于党的建设的当前任务》的第13条和第14条的意见。

主持人民委员会会议。会议讨论奖励物品采办委员会的工作报告以及其他问题。

9月29日

就监察委员会的组成和人员调动问题,对俄共(布)第九次全国代表会议关于党的建设的当前任务的决议提出建议。这些建议为代表会议所接受。

接见萨马拉省布古鲁斯兰县苏尔坦洛沃乡农民武·沙施科夫。沙施科夫向列宁反映,他们那里歉收,如果要完成余粮收集任务,农民就没有种子播种。列宁委托秘书把沙施科夫带来的关于这一问题的信件送副粮食人民委员尼·巴·布留哈诺夫征求意见。

出席俄共(布)中央全会会议;在讨论党中央给南方党组织的通告信草稿时,审阅这一草稿并表示同意。全会在关于工资政策问题的决定中,委托列宁同副劳动人民委员列·彼·谢列布里亚科夫和全俄工会中央理事会书记瓦·弗·施米特一起提出劳动人民委员部关于工资问题的意见。会议还讨论了远东的军事形势,对法国以轰炸南方沿海港口相威胁提出强硬要求的答复,俄共(布)第九次全国代表会议决议《关于党的建设的当前任务》,格·瓦·契切林、沙·祖·埃利亚瓦和谢·米·基洛夫关于同亚美尼亚谈判的建议,契切林关于批准同希瓦签订的条约的建议,以及关于俄国共产主义青年团代表大会等问题。

9月30日

致函粮食人民委员部部务委员恩·奥新斯基,请他重视农民武·沙施科夫反映的情况,亲自同沙施科夫谈一谈。

主持人民委员会会议;在讨论关于财产保险问题的报告时,主张对农民实行保险,提议成立研究保险问题的专门委员会,并口授人民委员会关于这个问题的决定;在讨论关于森林租让问题时,读林业总委员会关于这一问题的报告书,并在报告书上作批示;签署关于制糖业的决定和关于从全国的储备中向彼得格勒省、莫斯科省、伊万诺沃-沃兹涅先斯克省国民经济委员会提供原料的决定。会议讨论关于租让(美国万德利普辛迪加的建议)、关于收集球果燃料、关于战争和封锁对国民经济和社会生活各方面的影响的调查结果等问题。

10月1日

就歼灭弗兰格尔的作战计划问题同共和国革命军事委员会副主席埃·马·斯克良斯基交换便条;致函列·达·托洛茨基,对推迟进攻克里木一事深表关切。

致函副交通人民委员韦·米·斯维尔德洛夫,请求给长期从事运输工作、积劳成疾的阿·安·普列奥布拉任斯基3个月假期,工资和口粮照发。

出席俄共(布)中央政治局会议。会议讨论同芬兰和谈的进展情况。

同受共产国际执行委员会委派出国归来的 B.A.杰戈季谈话,了解意大利和法国工人运动及其领导人的情况。

主持劳动国防委员会会议;就伊万诺沃-沃兹涅先斯克省一批正在恢复生产的重点纺织厂的燃料和粮食供应问题作报告。会议讨论关于供应顿巴斯矿工衣服,关于查明铁路和水路运输装载不足的责任,关于从土耳其斯坦运出棉花、从顿巴斯运出煤炭、从格罗兹尼运出石油、从西伯利亚和乌克兰运出粮食,关于供应彼得格粮食等问题。

10月1日或2日

接见俄国共产主义青年团第三次代表大会代表团;听取团中央书记 JL A.沙茨金关于青年团状况的汇报;同意在代表大会上讲话。

10月2日

起草俄共(布)中央政治局给阿·阿·越飞和扬·安·别尔津关于尽快

与波兰和芬兰签订和约的指示。

写《告乌克兰贫苦农民书》。

上午,在全俄制革业职工第三次代表大会第1次会议上讲话。

晚上8时以后,在俄国共产主义青年团第三次全国代表大会上发表题为《青年团的任务》的讲话。讲话以后,回答代表们提出的各种问题。

10月3日

同高加索方面军特别部部长、驻顿河区和北高加索的全权代表卡·伊·兰德尔谈话,了解北高加索的局势、居民的情绪、采购粮食的情况、在库班提高征粮数的可能性,建议他向俄共(布)中央提出关于北高加索局势的报告。

10月3日或4日

起草俄共(布)中央政治局决议,建议接受波兰代表团提出的有关边界的条件,委托阿·阿·越飞在最近三四天内同波兰草签条约。

10月4日

致电骑兵第1集团军革命军事委员会,指示他们必须尽快开往南线。

10月5日

主持人民委员会会议;就奖金的分配问题发言;就组织法典编纂工作问题作报告。会议讨论高加索的内部运输、交通人民委员部的进口计划、支援国家建筑工程委员会一些紧迫工程的措施、根据各地歉收情况调整的征粮比例、各中央机关的口粮分配等问题。

10月6日

致函尼·尼·克列斯廷斯基,请他把改善病人伙食的问题提交中央组织局讨论。

同英国共产党党员威·波尔谈话。

同英国作家赫·威尔斯谈无产阶级专政、电气化、租让政策、俄国的未来和英国的当前状况。

出席俄共(布)中央政治局的两次会议;同列·达·托洛茨基一起提出派卫生人民委员尼·亚·谢马什柯暂时到南线去加强鼓动工作的建议。会议讨论格·康·奥尔忠尼启则关于就基马尔分子进攻亚美尼亚一事复照格鲁吉亚外交部长的汇报、谢·伊·古谢夫关于派教育人民委员阿·瓦·卢那察尔斯基去南线的建议、党的彼得格勒委员会关于撤销中央组织局动员 30 名党内同志去南线的决定的请求、尼·伊·布哈林关于研究苏维埃俄国经济问题的建议、关于批准参加万国邮政联盟代表大会的代表团成员、关于批准叶·阿·普列奥布拉任斯基提出的课本编写人员名单等问题。

10 月 7 日

同教育人民委员阿·瓦·卢那察尔斯基谈话,指示他在无产阶级文化协会第一次全国代表大会发言时强调该协会必须服从教育人民委员部的领导。

10 月 8 日

写关于无产阶级文化的决议草案,建议在中央通过后立即以中央的名义提交教育人民委员部部务委员会和无产阶级文化协会代表大会。

　　主持劳动国防委员会会议。会议讨论关于急速向西伯利亚调运商品,关于向居民征收制作军服所需物品,关于提高毡靴、树皮鞋和马具采购效率等问题。

10 月 9 日

在俄共(布)莫斯科组织积极分子会议上作关于共和国内外形势的报告。

　　出席俄共(布)中央政治局会议;在讨论无产阶级文化协会问题时多次发言;写关于无产阶级文化决议草稿要点。会议讨论关于俄国共青团中央委员会的组成、关于同波兰和谈的进展情况、关于出席在巴库召开的东方各民族代表大会的代表团等问题。

10 月 9 日深夜—10 日凌晨

通过直达电报同在里加参加对波和谈的俄罗斯和乌克兰代表团团长阿·阿·越飞商谈同波兰签订停战协定的问题。

10 月 10 日

列宁受俄共(布)中央政治局委托,致电列·达·托洛茨基,通报波兰战线的局势、他同阿·阿·越飞商谈同波兰签订停战协定的情况、政治局为尽快消灭弗兰格尔把一些部队从西南战线调到南方战线的决定。

10 月 11 日

出席俄共(布)中央政治局会议;在讨论无产阶级文化协会问题时,写便条给尼·伊·布哈林,指示他在协会第一次代表大会共产党党团会议上发言不必涉及分歧,只强调有关无产阶级文化建设的几条主要原则就够了。会议讨论格·瓦·契切林关于苏维埃俄国和罗马尼亚之间相互关系的信,以及关于召开全俄中央执行委员会会议等问题。

10月12日

收到副财政人民委员谢·叶·丘茨卡耶夫关于国家珍宝库1920年9月16日至30日的工作简报,复函提出应该补充说明有关古董的清点和外销的几个问题。

同娜·康·克鲁普斯卡娅一起在红场参加国际工人运动活动家伊·弗·阿尔曼德的葬礼;在阿尔曼德的墓前献了花圈。

主持人民委员会会议;签署关于扩大亚麻和大麻播种面积的措施的决定和关于省粮食委员会下设省工人粮食供应委员会的决定。会议讨论人民委员会1920年9月30日任命的委员会关于租让问题的报告、西伯利亚革命委员会条例草案以及其他问题。在会议期间,列宁同人民委员会办公厅主任弗·德·邦契-布鲁耶维奇交换便条,指示为从西伯利亚来莫斯科工作的伊·阿·泰奥多罗维奇及其家属解决膳宿问题。

10月12日以后

同娜·康·克鲁普斯卡娅一起探望患病的克·蔡特金,询问她的伙食和护理情况,向她介绍对波战争、同波兰媾和以及南线局势等情况。

10月12日或13日

读格·瓦·契切林1920年10月12日就亚美尼亚形势问题给俄共(布)中央政治局的信,建议政治局批准契切林信中提出的三条建议。

10月13日

读总司令谢·谢·加米涅夫给共和国革命军事委员会的报告,加米涅夫在报告中建议利用同波兰停战这一时机尽快粉碎弗兰格尔白卫部队。列宁在报告上写批语,建议政治局同意总司令的报告。

就苏美关系问题同美国女记者路·布赖恩特谈话。

晚6时30分至11时,分别接见无线电委员会主席阿·马·尼古拉耶夫,共产国际执行委员会工作人员米·马·格鲁津贝格、彼得格勒公社主席A.C.库克林、国家建筑工程总委员会主席兼小人民委员会委员

康·阿·阿尔费罗夫、俄罗斯联邦驻英国全权代表马·马·李维诺夫、
土耳其斯坦共和国财政人民委员部部务委员德·彼·博哥列波夫、西方
面军革命军事委员会委员伊·捷·斯米尔加。

10 月 13 日或 14 日

起草俄共(布)中央政治局关于俄共(布)在东方各民族聚居地区的任务
问题的决定。

10 月 13 日和 23 日之间

审阅 10 月 13 日同美国女记者路·布赖恩特谈话记录稿,作修改和补充。

10 月 14 日

出席俄共(布)中央政治局会议。会议补充并通过列宁起草的关于俄共
(布)在东方各民族聚居地区的任务问题的决定。会议还讨论了关于必
须召开全俄中央执行委员会会议批准对波和约、关于无产阶级文化协
会、关于民族事务人民委员部部务委员会的人员组成和该部机关报《民
族生活报》等问题,以及格·瓦·契切林就亚美尼亚问题和寇松来照问
题提出的两项建议。

主持人民委员会会议。会议批准小人民委员会通过的各项决定。

10 月 15 日

致函红军通讯局局长英·安·哈列普斯基,指出莫斯科—哈尔科夫通话
效果很差,要求立即检修,并警告说,如果不能调好,将追究责任。

读 1920 年 10 月 14 日跨部门磋商会议记录。会议认为有必要把最
高国民经济委员会改组为工业人民委员部并在劳动国防委员会下设立
超越部门的经济计划协调机关。列宁在记录上写批语,表示坚决不同意
这个方案,建议在劳动国防委员会下面设立一个由列宁主持的跨部门常
设委员会。

在莫斯科省的县、乡、村执行委员会主席会议上就苏维埃共和国的
国内外形势问题发表讲话并作总结发言。

10 月 16 日

致电南方面军司令米·瓦·伏龙芝,强调无论如何要紧追敌人,直抵克
里木,并作好充分准备,拿下克里木。

致电乌克兰苏维埃政府和南方面军司令部,回答他们提出的对待贫

苦农民的政策问题。

受俄共（布）中央政治局委托，致函俄罗斯联邦驻爱沙尼亚代表伊·埃·古科夫斯基、格·亚·索洛蒙、季·伊·谢杰尔尼科夫和阿·斯·雅库波夫，谈俄罗斯联邦驻爱沙尼亚代表团的工作。

致函《共产国际》杂志编辑部，表示来不及为该刊第14期写一篇新文章，建议转载他1906年写的《立宪民主党人的胜利和工人政党的任务》这本小册子中有关专政的部分，并答应写一篇短序。

致函最高国民经济委员会印刷局，询问《真理报》印刷质量不好的原因，要求报告改进印刷质量的措施。

同红军通讯局局长英·安·哈列普斯基谈话，哈列普斯基向列宁汇报了为保证莫斯科—哈尔科夫电话线路正常工作所采取的措施。

致函休罗沃车站水泥厂全体职工，祝贺工厂开工，相信他们能够恢复并超过以前的生产水平，请他们过一两个月后汇报工厂工作的情况。

10月19日

写《关于党的当前任务的意见》。

致函国内警卫部队司令瓦·斯·科尔涅夫，指示必须尽快平定坦波夫省的反革命叛乱，并请报告正在采取哪些措施。

写便条给农业人民委员谢·帕·谢列达，征求他对人民委员会收到的关于在农业中使用机械力量（拖拉机）的报告书的意见，指示必须尽快起草相应的计划。

主持人民委员会会议。会议讨论关于原哥萨克居住地区的土地使用和土地规划、关于成立国立乌拉尔大学等法令草案、政府通告《工农俄国的敌人策划的新的流血阴谋》以及其他问题。

翻阅他1907年出版的《十二年来》文集第1卷，并在书上作批注。

10月20日

为《共产国际》杂志第14期写完《关于专政问题的历史》一文并把它寄给杂志编辑部。

收到俄共（布）图拉省委员会主席团委员 П.Ф.阿尔先耶夫和 М.Я.捷利克曼1920年10月18日的来信，信中反映图拉省某些党员企图把经济任务和教育任务放在第一位而使军事任务受到损害。列宁致函图拉省的同志们,强调在没有彻底粉碎弗兰格尔和攻克整个克里木之前,军事任务总是占首要地位。

同西伯利亚来的伊·阿·泰奥多罗维奇谈话。

在 Е.П.彼什科娃住所同阿·马·高尔基谈话;听钢琴家伊赛·多勃罗韦因演奏贝多芬的奏鸣曲以及其他音乐家的作品。

10 月 21 日

接见斯塔夫罗波尔省农民代表团;感谢他们给挨饿的儿童运来粮食,询问他们的需要,听取他们关于发展农业的建议。农民代表反映,省粮食委员在完成余粮收集任务以前禁止合作社出售车轮润滑油、火柴和其他生活必需品。列宁致函副粮食人民委员尼·巴·布留哈诺夫,指示赶快研究此事,最晚在明天提出意见。

致函副对外贸易人民委员安·马·列扎瓦和副教育人民委员米·尼·波克罗夫斯基,指示抓紧挑选可供出口的古董,尽快在国外出售。

阿·马·高尔基致函全俄学者生活改善委员会,反映彼得格勒发生的几起挤占科学工作者住房的事。列宁得知后,致函彼得格勒苏维埃主席团,指示必须保证学者办公室和试验室的用房。

写便条给彼得格勒《共产国际》杂志编辑部,告知昨天寄出了《关于专政问题的历史》一文的手稿以及《十二年来》文集和《立宪民主党人的胜利和工人政党的任务》一书,请他们用后归还。

10 月 23 日

接见克·蔡特金,同她谈妇女和青年中的共产主义工作,建议她写一个关于妇女工作的提纲。

主持劳动国防委员会会议;签署关于保证尼古拉铁路正常运营的紧急措施、关于加紧为红军生产罐头食品等项决定;在讨论关于恢复波罗的海舰队问题时,起草关于这一问题的决定。会议通过这一决定。会议还讨论了关于支援西线委员会的工作、关于装载煤炭和供应铁路燃料、关于采伐乌克兰第聂伯河右岸地区森林等问题。

主持人民委员会会议;在讨论苏维埃职员的劳动口粮和粮食定量问题时起草关于这一问题的决定。会议通过这一决定。会议还讨论了跨部门的奖励问题讨论会的报告、实物奖励暂行条例草案以及其他问题。

10月24日

　　致电骑兵第1军革命军事委员会和谢·谢·加米涅夫,指示采取最坚决果断的措施,集中力量加速粉碎弗兰格尔的军队。

10月25日

　　接见美国工业家华·万德利普,同他谈堪察加半岛的租让、美国与苏维埃俄国的经济关系等问题。

　　　　主持劳动国防委员会讨论南方铁路燃料供应问题的紧急会议;修改劳动国防委员会关于这一问题的决定草案。

　　　　接见经济学教授彼·谢·奥萨德奇、乌克兰粮食人民委员米·康·弗拉基米罗夫、运输总委员会委员安·卢·柯列加耶夫以及财政人民委员部的几位部务委员。

10月26日

　　出席俄共(布)中央政治局会议;在讨论党内情绪问题时,起草关于中央监察委员会工作的决定。列宁起草的这一文件稍加补充后被通过。会议还讨论了关于乌克兰党代表会议、关于召开全俄苏维埃第八次代表大会等问题。

　　　　主持人民委员会会议;就在西伯利亚实行租让问题、协调经济系统各人民委员部在制定统一经济计划方面的工作问题作报告;提出关于建立经济系统各人民委员部之间的联系的决定草案。会议通过列宁提出的决定草案。会议还讨论了乌克兰劳动军委员会条例草案、关于向国外出售古董的决定草案,以及关于在德国和瑞典签订的合同等问题。

　　　　同《贫苦农民报》主编列·谢·索斯诺夫斯基谈罗·爱·克拉松工程师发明的泥炭水力开采法,介绍索斯诺夫斯基认识克拉松,并邀请他第二天到克里姆林宫来观看记录泥炭水力开采法的电影。

10月27日

　　接见弗拉基米尔省亚历山德罗夫县党代表会议代表团,他们向列宁反映特罗茨基军工厂营私舞弊的情况以及党员上访中央机关所遇到的重重困难。列宁致函弗拉基米尔省委,认为代表团同志向他反映情况是完全正确的,要省委汇报:对县党组织成员上访作了哪些规定。致函俄共(布)监察委员会费·埃·捷尔任斯基、马·康·穆拉诺夫和叶·阿·普列奥布拉任斯基,请他们务必亲自接见该代表团并尽快查处此案。

出席罗·爱·克拉松工程师介绍泥炭水力开采法的报告会,观看苏维埃俄国第一部反映生产的影片《泥炭水力开采法》,对影片给予肯定的评价,同时指出其中有几个镜头应重拍。

同泥炭总委员会和运输总委员会的代表就罗·爱·克拉松的发明交换意见,指出这一发明具有重大意义。

10 月 28 日以前

同塞·阿古尔斯基谈美苏关系和美国共产主义运动等问题。

10 月 28 日

致函最高国民经济委员会阿·伊·李可夫(或者弗·巴·米柳亭)和泥炭总委员会伊·伊·拉德琴柯,告知昨天同泥炭总委员会和运输总委员会代表交换意见时提出的一系列建议,并征求他们对这些建议的意见。

收到南方面军司令米·瓦·伏龙芝 1920 年 10 月 26 日来电,伏龙芝报告了攻占克里木半岛的措施,并相信一定会粉碎敌人的主力部队。列宁复电米·瓦·伏龙芝,警告他不要过分乐观,指示采取调运重炮、调给工兵等"最紧急措施",以保证红军在彼列科普战胜弗兰格尔的军队。

出席俄共(布)中央政治局会议。会议决定列宁在全俄苏维埃第八次代表大会上代表全俄中央执行委员会和人民委员会作关于俄罗斯联邦国内外形势的报告。在讨论关于政治教育总委员会问题时,列宁起草关于这一问题的决定。列宁的这一文件被全文写进政治局就该问题所通过的决定。

10 月 29 日

收到共和国革命军事委员会委员约·维·斯大林 1920 年 10 月 26 日关于高加索局势的来电;复电斯大林,认为协约国一定会进攻巴库,建议采取紧急措施,扼守巴库水路和陆路要冲,调运重炮等等。

主持劳动国防委员会会议;就修改 1920 年 10 月 27 日劳动国防委员会调度会议关于改善有外籍人员的工厂的供应的决定及各部门的协议、分歧和申请提交劳动国防委员会和人民委员会的程序这两个问题作报告;签署关于从乌克兰运出食糖的决定、关于向居民强制收集军大衣的决定以及戒严地区条例。会议讨论关于供应顿巴斯马匹和马具、关于采购和运出马铃薯等问题。

10 月 30 日

中央统计局局长帕·伊·波波夫向列宁请示在整理关于 1920 年莫斯科苏维埃职员的统计材料时应该回答哪些问题。列宁写便条给波波夫，提出要回答的问题。

出席俄共(布)中央政治局会议。会议讨论关于莫斯科党组织的状况、关于米·伊·加里宁乘鼓动列车视察西伯利亚或库班、关于俄共(布)中央全会等问题。

主持人民委员会会议；就利用泥炭水力开采法问题作报告；在讨论人民委员会关于黄金储备只能用于购买外国生产资料这一指示的执行情况时，对有关决定草案提出修改意见；签署关于妇女为红军缝制衣服的义务劳动、关于改善工厂工人的居住条件两项决定。会议通过根据列宁和有关部门代表提出的建议起草的关于推广泥炭水力开采法的决定草案。会议还讨论了关于在全俄中央执行委员会下设各苏维埃自治共和国代表机关的决定草案、人民委员会 1920 年 10 月 22 日任命的委员会关于苏维埃职员的劳动定额和口粮标准问题的报告、关于民族事务人民委员部的工作、关于在西伯利亚的租让项目等问题。

11 月 1 日

审阅副工农检查人民委员瓦·亚·阿瓦涅索夫为全俄苏维埃第八次代表大会准备的关于工农检查院工作经验的报告提纲草稿；致函阿瓦涅索夫，对提纲提出修改意见。

主持经济系统各人民委员部组织联系问题委员会第一次会议；两次发言；写建议草稿。

读阿·马·高尔基的来信，高尔基对国家出版社委派萨·马·扎克斯在国外出版书籍有异议，担心这样会损害他所支持的格尔热宾出版社的信誉。列宁把来信转给俄共(布)中央书记、国家出版社社务委员叶·阿·普列奥布拉任斯基，征求他的意见。

11 月 2 日

致函罗·爱·克拉松，请他密切注意 1920 年 10 月 30 日人民委员会通过的关于泥炭水力开采法的决定的执行情况,如有违反决定的事就毫不留情地上告。

尼·亚·谢马什柯来电话反映西方面军革命军事委员会没有执行人民委员会 1920 年 10 月 4 日关于军事机关腾出所占的斯摩棱斯克大学校舍的决定,列宁批示共和国革命军事委员会副主席埃·马·斯克良斯基,并致电西方面军革命军事委员会,要求立即执行人民委员会的决定并报告执行情况。

接见第二天就要离开莫斯科回国的中国军事外交使团团长张斯麔将军,同他进行友好的谈话,认为中国军事外交使团的来访是与苏维埃俄国接近的一个步骤,相信这种关系会巩固起来,因为反对帝国主义压迫的共同目的把中国和俄罗斯联邦联结在一起。中国军事外交使团感谢列宁的接见,向列宁赠送一把中国古代军刀。

主持人民委员会会议;签署关于恢复棉花种植面积的决定和关于设立卡尔梅克族自治州、沃特族自治州、马里族自治州的决定。会议讨论关于统一管理拖拉机行业的法令草案和关于实行工人供给基本标准的决定草案、粮食人民委员部关于人民委员会 1920 年 9 月 12 日决定执行情况的报告和关于五省严重歉收情况的调查报告,以及关于美国人在苏维埃俄国租让地区用拖拉机垦荒的计划等问题。会议还原则通过了关于政治教育总委员会的决定草案。

11 月 3 日

在全俄省、县国民教育局政治教育委员会工作会议上讲话。

主持人民委员会会议。会议批准小人民委员会通过的各项决定。

签署共和国革命军事委员会副主席埃·马·斯克良斯基起草的给实物奖励委员会主席阿·季·哥尔茨曼、劳动国防委员会红军供给副特派员尼·博·埃斯蒙特和服装工业总管理局的指示,要他们把完成 2 万双猎人靴生产任务的奖励问题交奖励委员会研究,因为这个问题对于在南方的胜利具有重大意义。

不早于 11 月 3 日

1920 年 11 月 3 日共产国际执行委员会全体会议通过决议,认为对让·龙格及其一派在加入共产国际的条件上可以作些例外。列宁就这个问题写了自己的意见,指出这样做为时尚早,应具体说明作出例外的理由。

11月4日

写《论意大利社会党党内的斗争》一文。

接见克·蔡特金,同她谈俄国劳动群众的境况,指出必须提高群众的阶级觉悟和文化水平,相信人民是会摆脱贫困的。

11月5日

出席俄共(布)中央政治局会议。会议讨论无产阶级文化协会与教育人民委员部合并的方式、西南战线的形势、专门委员会关于改组对外贸易委员会和关于黄金储备的报告、全俄工会中央理事会主席米·巴·托姆斯基关于工会代表会议的报告,以及关于米·伊·加里宁乘鼓动列车视察西伯利亚等问题。会议还讨论了关于堪察加、关于中东铁路等远东事务。

主持劳动国防委员会会议。会议讨论运输总委员会关于修复运输工具工作进展情况的报告、关于各地的运输情况以及对完成2万双猎人靴生产任务给予实物奖励等问题。

项目统筹：崔继新

责任编辑：崔继新

装帧设计：石笑梦

版式设计：周方亚

责任校对：吕　飞

图书在版编目（CIP）数据

列宁全集.第39卷/(苏)列宁著;中共中央马克思恩格斯列宁斯大林著作编译局编译.
　—2版(增订版)-北京:人民出版社,2017.3(2024.7重印)
ISBN 978‑7‑01‑017123‑4

Ⅰ.①列… Ⅱ.①列… ②中… Ⅲ.①列宁著作‑全集 Ⅳ.①A2

中国版本图书馆CIP数据核字(2016)第316460号

书　　名　**列宁全集**
　　　　　LIENING QUANJI
　　　　　第三十九卷
编 译 者　中共中央马克思恩格斯列宁斯大林著作编译局
出版发行　人民出版社
　　　　　（北京市东城区隆福寺街99号　邮编 100706）
邮购电话　（010）65250042　65289539
经　　销　新华书店
印　　刷　北京新华印刷有限公司
版　　次　2017年3月第2版增订版　2024年7月北京第2次印刷
开　　本　880毫米×1230毫米 1/32
印　　张　23.875
插　　页　6
字　　数　629千字
印　　数　3,001—6,000册
书　　号　ISBN 978‑7‑01‑017123‑4
定　　价　58.00元